KB048358

行政判例研究　XXII-2

晴潭 崔松和 教授 喜壽記念 論文集 제2권

社團法人 韓國行政判例研究會 編

2017

博英社

Studies on Public Administration Cases

Korea Public Administration Case Study Association

Vol. XXII-2(2)

2017

Parkyoung Publishing & Company

刊 行 辭

2017년도 하반기를 마무리하면서 [행정판례연구] 제22집 제2호를 발간하게 되었습니다.

한국행정판례연구회가 발족한 이래 해마다 발간되어온 행정판례 연구는 역사와 전통을 자랑하는 학술지로서 행정판례의 이론적 기초 와 아울러 실천적 적용범위를 제시해왔다고 자부합니다. 행정판례연구 는 우리나라 행정판례의 역사이고 또한 행정판례를 두고서 선학과 후 학이 시공을 초월하여 대화하고 만나는 곳입니다.

특히 이번에 발간되는 행정판례연구는 올해 희수를 맞으시는 청 담 최송화 선생님께 봉정하기 위한 것으로서 우리 회원 모두가 기뻐 하고 경하드리는 바입니다. 청담선생님의 이력과 문주반생에 대하여는 박윤흔 교수님의 축하의 글에서 기리고 있기 때문에 더 언급할 필요 가 없겠습니다만, 무엇보다도 우리 행정판례연구회의 회장을 역임하시 면서 연구회의 기반을 다지셨고 우리 연구회의 오늘과 미래를 위한 소중한 다리를 새롭게 만들어 주셨습니다. 최근까지도 월례발표회에 직접 참여하시어 후학들을 격려하고 모범을 보이시는 등 우리 연구회 의 발전에 크게 기여하고 계십니다. 언제나 훌륭하고 따뜻한 성품을 지닌 선생님에 대한 우리 모두의 존경심을 담고 우리 연구회에 대한 선생님의 평생의 헌신을 되새기고자 이 책을 봉정하고자 합니다. 다시 한 번 선생님의 희수를 진심으로 축하드리고 앞날의 행운과 만수무강을 축원 드립니다.

　　지난 2월 제가 행정판례연구회의 회장을 맡으면서, 회장을 지내신 선대회장님들께서 고희, 희수, 산수, 미수, 백수 등을 맞이하거나, 고인이 된 경우 탄신 100주년을 맞이하는 때에는 이를 축하드리기 위하여 기념논문집을 봉정하는 축하의 마당을 마련하여 드리는 전통을 만들어 나갔으면 좋겠다는 제의를 하였고, 이에 따라 청담선생님께서 희수를 맞이하게 되어 제일 먼저 기념논문집을 봉정하게 되었으니 경하의 마음이 더욱더 크고 흐뭇하게 생각하는 바입니다. 회원 여러분께 진심으로 감사드립니다.

　　이번 제22집 제2호에 실린 논문은 월례발표회와 청담선생님을 위하여 개별적으로 투고한 논문들 중 엄격한 심사를 통하여 선정되었습니다. 옥고를 보내주신 학계의 교수님과 실무 법조계 여러분, 아울러 이러한 학술지가 계획에 따라 순조롭게 출간될 수 있도록 헌신적으로 노력해준 출판이사와 간사 그리고 편집위원과 심사위원 여러분에게 감사의 마음을 올립니다. 그리고 청담선생님의 희수를 기념하는 축하의 글을 써 주신 박윤흔 교수님에게도 깊이 감사드립니다. 청담선생님의 이력과 활동상에 대하여 너무나 상세한 내용을 보태어 주셨기에 기념논문집의 가치가 한층 더 올라갔음을 실감합니다.

　　지난 12월에 우리 행정판례연구회에서는 "행정판례와 사법정책"이란 주제로 사법정책연구원과 공동으로 매우 유익하고 성공적인 학술세미나를 개최하였습니다. 이 자리를 빌려 학술세미나를 공동으로 개최하여 주신 호문혁 대법원 사법정책연구원장님께 깊은 감사를 드립니다.

　　최근에 젊은 회원님들이 월례발표회에 적극적으로 참여하여 다양한 시각에서 행정판례를 새로이 자리매김하려는 매우 고무적이고 역동적인 분위기가 조성되고 있습니다. 지금 행정을 비롯한 국가 전체가 과거와는 현저히 다른 환경에 처하여 근본적인 변화를 요구받고 있듯이, 행정판례 역시 시대와 호흡하고 나아가 시대를 견인해야 하는 결코 쉽지 않은 과제를 안고 있습니다. 우리 연구회의 적극성과 역동성이야말로 능히 이런 과제의 성공적인 수행을 이끌어 갈 수 있다고 확신합니다.

이 기념논문집의 봉정을 통하여 변하고 있는 환경에서 행정판례 연구의 새로운 모색을 강구하기 위한 출발점으로 삼고자 합니다. 아울러 행정판례 또한 획기적 전기가 마련될 수 있는 뜻 깊은 계기가 되었으면 합니다.

끝으로 행정상의 분쟁을 정의롭고 타당하게 해결할 책무를 지고 있는 실무가들과 이들의 관계를 때로는 교정하고 때로는 지원해준 이론가분들이 앞으로 공동체 속의 우리의 삶의 모습을 결정할 것이라고 저는 확신합니다. 행정판례에 대한 관심과 열정을 소유하고 있는 분들의 모임인 우리 연구회를 지탱하는 힘은 무엇보다도 회원 여러분들의 상호간의 존경과 우정, 그리고 유대감으로부터 우러나오고 있다고 생각합니다. 다시 한 번 회원 여러분들의 부단한 성원과 협조를 부탁드리면서 앞으로도 더욱 건강하시고 희망하는 일들이 모두 이루어지시기를 기원 드립니다.

2017년 12월
사단법인 한국행정판례연구회
회장 김동건

目次(第2卷)

Table of Contents(Vol. 2)

目次(第1卷)

Table of Contents(Vol. 1)

정보공개법의 적용범위

유진식*

대법원 2016. 12. 15. 선고 2013두20882 판결을 소재로 하여

Ⅰ. 사건의 개요

원고, X는 2007. 1. 10. 대전지방법원에서 중감금죄 등으로 징역 9년의 유죄판결을, 공소사실 중 살인의 점에 대하여는 무죄판결을 선고받았다[2006고합234, 239(병합)]. 이에 대하여 X와 검사가 항소하였고, 대전고등법원은 2007. 11. 23. 살인죄를 유죄로 인정하여 1심판결을 파기하고 X에 대하여 무기징역형을 선고하였다(2007노53). 이에 대하여 X가 상고하였고, 대법원은 2008. 3. 13. 공소사실 중 살인의 점을 유죄로 인정한 것은 위법하다는 이유로 원심판결을 파기하고 사건을 대전고등법원에 환송하였다(2007도 10754). 파기환송심에서 대전고등법원은 2008. 7. 17. X와 검사의 항소를 모두 기각하는 판결을 선고하였고(2008

---

* 전북대학교 법학전문대학원, 교수

노146), 대법원이 2008. 10. 9. X와 검사의 상고를 모두 기각하는 판결을 선고함으로써 X에게 징역 9년을 선고한 위 1심판결이 확정되었다(2008도6891).

그 후 X는 2011. 9. 19. 공공기관의 정보공개에 관한 법률(이하 '정보공개법'이라고 한다) 제10조 제1항에 따라 피고(대전○○검찰청 검사장), Y에게 ① 2006고합234 사건의 ㉮ 증거기록 중 녹취서, 수사보고, B에 대한 진술조서, 사진, ㉯ 공판기록 중 증인 C, D, E, F, G, L에 대한 각 증인신문조서, ② 2007노53 사건의 공판기록 중 증인 I, B에 대한 각 증인신문조서(이하 '이 사건 공개청구정보'라고 한다)를 공개해 달라는 청구를 하였다(이하 '이 사건 정보공개청구'라고 한다).

이에 대하여 Y는 2011. 9. 30. X에 대하여 '형사소송법 및 정보공개법에 의거하여 비공개 결정을 한다'는 취지의 처분을 하였다(이하 '이 사건 처분'이라고 한다).

Ⅱ. 재판의 경과

1. 제1심(대전지방법원 2013. 1. 16. 선고 2012구합1633 판결)

제1심은 이 사건이 정보공개법 제4조 제1항에 해당하는가에 대한 판단을 함이 없이 다음과 같이 판시하여 원고의 청구를 기각하였다.

「…이 법원이 비공개로 열람·심사한 이 사건 공개청구청보의 내용에 변론 전체의 취지를 더하여 인정할 수 있는 다음과 같은 사정, 즉 ① 원고가 관련 형사사건에서 유죄판결을 받은 범죄사실의 요지는 '원고가 ㉮ J과 공동하여 동거녀 K의 언니인 L을 (K와의 동거를 반대한다는 등의 이유로) 납치하여 감금한 후 폭행하였고, ㉯ 그 사건 전후로 K를 협박,

감금, 폭행하였다'는 것인데, 원고는 그 사건에서 자신의 범행을 대체로 부인하였으나, 공동피고인을 비롯한 참고인들의 진술에 의하여 유죄판결이 이루어졌는바, 원고가 자신에게 불리한 진술을 하였던 참고인들에 대하여 보복을 하거나 그 진술을 번복시키려는 시도를 할 가능성이 있는 점, ② 특히 이 사건 공개청구정보 중 증인신문조서의 해당 증인들은 피고인의 면전에 서 충분한 진술을 할 수 없다고 하여 당시 재판장의 명에 따라 피고인인 원고가 퇴정 한 상태에서 증언을 하였는바, 당시 위 증인들은 원고에 대하여 불리한 진술을 하는 경우 보복을 당할 위험성이 있다고 느끼고 있었던 것으로 보이는 점, ③ 원고가 위 증 인들의 증언내용의 요지를 고지 받아 알고 있을 것으로 보이기는 하나, 원고에게 위 증인신문조서가 공개되어 원고가 그 증언내용을 상세히 알게 될 경우 보복범죄를 감행 할 위험성이 증가할 것으로 판단되는 점, ④ 이 사건 공개청구정보 중 수사보고서는 피해자의 실종 전 행적과 관련한 수사에 관한 것으로 수사의 방법이 포함되어 있어 공개될 경우 그 직무수행을 곤란하게 할 우려가 있다고 보이는 점, ⑤ 뿐만 아니라, 위 수사보고서에는 사건관계인의 휴대전화번호가 기재되어 있어 공개될 경우 개인의 사생활의 비밀 또는 자유를 침해할 우려도 있다고 인정되는 점<u>(정보공개법 제9조 제1항 제 6호 다목에 따르면, 그러한 우려가 있다고 하더라도 그 정보가 원고의 권리구제를 위하여 필요하다고 인정되는 정보에 해당한다면 공개되어야 하나, 위 수사보고서가 원고 의 권리구제를 위하여 필요한 정보에 해당하는 것으로 보이지는 않는다)</u> 등을 종합하여 보면, 이 사건 공개청구정보는 정보공개법 제9조 제1항 단서 제3,4,6호에서 말하는 비공개대상정보에 해당한다고 봄이 상당하다.

따라서 같은 이유로 원고의 이 사건 정보공개청구를 받아들이지 않은 이 사건 처분은 적법하다.」(밑줄은 필자)

다만, 제1심은 위의 밑줄 부분에서 알 수 있듯이 이 사건 공개청구

정보가 원고의 권리구제를 위하여 필요하다고 인정되는 정보에 해당하지 않는다는 견해를 보이고 있다.

2. 원심(대전고등법원 2013. 9. 5. 선고 2013누251 판결)

이에 대하여 원심은 이 사건 공개청구정보가 정보공개법 제9조 제1항 제3, 4, 6호에서 정한 비공개대상정보에 해당하지 않는다고 판단하여 원고의 청구를 인용하였다. 그리고 이 사건이 다음과 같은 이유로 정보공개법 제4조 제1항에 해당하지 않는다고 판시하고 있다.

2) 형사소송법 제59조의 2 제2항 제3호와 검찰보존사무규칙 제22조의 3, 그리고 사건기록 열람·등사에 관한 업무처리지침 제5조 관련 주장에 대한 판단

형사소송법 제59조 이 2는 국민의 알권리를 보장하고 사법에 대한 국민의 신뢰를 제고하기 위하여 누구든지 권리구제·학술연구 또는 공익적 목적으로 재판이 확정된 사건의 소송기록을 보관하고 있는 검찰청에 그 소송기록 열람 또는 등사를 신청할 수 있도록 하고(제1항), 심리가 비공개로 진행된 경우 등 예외적인 경우에 한하여 이를 제한하되, 소송관계인이나 이해관계 있는 제3자가 열람 또는 등사에 정당한 사유가 있다고 인정되는 경우 제한을 허용하지 아니하도록 규정하고 있다(제2항).

한편, 심리가 비공개로 진행된 경우와 같이 소송기록의 열람 또는 등사를 제한하도록 한 형사소송법 제59조의2 제2항 각 호의 규정은, 일반에게 공표되는 것을 금지하여 소송관계인의 명예를 훼손하거나 공서양속을 해하거나 재판에 대한 부당한 영향을 야기하는 것을 방지하려는 취지이지, 피고인이 자신의 소송기록을 열람하는 것을 제한하려는 취지는 아니므로 ,이와 같은 형사소송법 제59조의 2 제2항 의 공개금지 정보공

개법 제9조 제1항 제1호의 '다른 법률 또는 법률에 의한 명령에 의하여 비공개사항으로 규정된 경우'해 해당한다고 볼 수 없다. (밑줄은 필자)

3. 상고심(대상판례)

대상판례인 상고심은 아래와 같이 이 사건은 정보공개법 제4조 제1항에서 규정하고 있는 '다른 법률에 특별한 규정이 있는 경우'에 해당되기 때문에 형사소송법 제59조의2의 규정에 따라 공개여부를 결정해야 한다고 하여 원심을 파기, 환송하였다.

1. 구 공공기관의 정보공개에 관한 법률(2013. 8. 6. 법률 제11991호로 개정되기 전의 것, 이하 '정보공개법'이라고 한다) 제4조 제1항은 "정보의 공개에 관하여는 다른 법률에 특별한 규정이 있는 경우를 제외하고는 이 법이 정하는 바에 의한다."라고 규정하고 있다. 여기서 '정보공개에 관하여 다른 법률에 특별한 규정이 있는 경우'에 해당한다고 하여 정보공개법의 적용을 배제하기 위해서는, 그 특별한 규정이 '법률'이어야 하고, 나아가 그 내용이 정보공개의 대상 및 범위, 정보공개의 절차, 비공개대상정보 등에 관하여 정보공개법과 달리 규정하고 있는 것이어야 한다(대법원 2007. 6. 1. 선고 2007두2555 판결 등 참조).

재판확정기록의 열람·등사와 관련하여 형사소송법 제59조의2는 제1항에서 "누구든지 권리구제·학술연구 또는 공익적 목적으로 재판이 확정된 사건의 소송기록을 보관하고 있는 검찰청에 그 소송기록의 열람 또는 등사를 신청할 수 있다."라고 정하고 있고, 제2항 본문에서 "검사는 다음 각 호의 어느 하나에 해당하는 경우에는 소송기록의 전부 또는 일부의 열람 또는 등사를 제한할 수 있다."라고 정하면서 그 각 호의 사유로 "심리가 비공개로 진행된 경우"(제1호), "소송기록의 공개로 인하여 국가의 안전보장, 선량한 풍속, 공공의 질서유지 또는 공공복리를 현저히 해할 우려가 있는 경우"(제2호), "소송기록의 공개로 인하여 사건 관계인의 명예나 사생활의 비밀 또는 생명·신체의 안전이나 생활의 평온을 현저히 해할 우려가 있는 경우"(제3호), "소송기록의 공개로 인하여 공범관계에 있는 자 등의 증거인멸 또는 도주를 용이하게 하거나 관련 사건의 재판에 중대한 영향을 초래할 우려가 있는 경우"(제4호), "소송기록의 공개로 인하여 피고인의 개선이나 갱생에 현저한 지장을 초래할 우려가 있는 경우"(제5호), "소송기록의 공개로 인하여 사건관계인의 영업비밀(부정경쟁방지 및 영업비밀보호에 관한 법률 제2조 제2호의 영업비밀을 말한다)이 현저하게 침해될 우려가 있는 경우"(제6호), "소송기록의 공개에 대하여 당해 소송관계인이 동의하지 아니하는 경우"(제7호)를 규정하고 있으며, 제6항과 제7항에서 검사의 열람·등사 제한에 대하여는 당해 기록을 보관하고 있는 검찰청에 대응한 법원에 그 처분의 취소 또는 불복을 신청할 수 있되 그 불복신청에 대하여 준항고의 절차를 준용하도록 규정하고 있다.

위와 같은 형사소송법 제59조의2의 내용·취지 등을 고려하면, 형사소송법 제59조의2는 형사재판확정기록의 공개 여부나 공개 범위, 불복절차 등에 대하여 정보공개법과 달리 규정하고 있는 것으로 정보공개법 제4조 제1항에서 정한 '정보의 공개에 관하여 다른 법률에 특별한 규정이 있는 경우'에 해당한다고 볼 수 있다. 따라서 형사재판확정기록의 공개에 관하여는 정보공개법에 의한 공개청구가 허용되지 아니한다.

Ⅲ. 평석

1. 처음에

정보공개법 제4조 제1항에 대한 판결은 아래에서 살펴보는 것처럼 대상판결이 처음이 아니다. 그럼에도 불구하고 위 조항의 해석을 둘러싸고 계속 혼선이 빚어지고 있는 것은 정보공개법의 기본적인 사항에 대한 체계적인 이해의 결여에서 비롯되고 있다고 할 수 있다. 이 사건에서 제1심과 원심이 서로 정반대의 결론을 취하고 있고 특히 대상판례인 상고심은 정보공개법 제4조 제1항에 따라 이 사건은 형사소송법 제59조의 2의 규정에 따라 판단하여야 한다는 입장을 취하고 있다. 같은 사건을 두고 각 재판부가 이처럼 서로 다른 입장을 취하게 된 데에는, 아래에서 살펴보는 것처럼, 정보공개법의 기본적인 내용에 대한 체계적인 이해의 결여에서 온다고 할 수 있다.

이하에서는 위와 같은 점을 염두에 두고 대상판례가 갖는 의미를 검토해 나가기로 한다.

2. 정보공개법 제4조 제1항의 입법취지

정보공개법은 「공공기관이 보유·관리하는 정보에 대한 국민의 공개청구 및 공공기관의 공개의무에 관하여 필요한 사항을 정함으로써 국민의 알권리를 보장하고 국정에 대한 국민의 참여와 국정운영의 투명성을 확보함을 목적」으로 제정되었다(동법 제1조). 그리고 동법이 공개의 대상으로 삼고 있는 '정보'의 정의는 다음과 같다. 즉, "정보"란 공공기관이 직무상 작성 또는 취득하여 관리하고 있는 문서(전자문서를 포함한다. 이하 같다)·도면·사진·필름·테이프·슬라이드 및 그 밖에 이에 준하는 매체 등에 기록된 사항」(동법 제2조 제1호)(밑줄은 필자)이다. 이 정의에서 주의

해야 할 점은 청구대상이 되는 기관을 '공공기관'이라고 규정하고 있다
는 점이다. 이 공공기관에는 국가기관, 지방자치단체는 물론 「공공기관
의 운영에 관한 법률」 제2조에 따른 공공기관 그리고 그 밖에 대통령령
으로 정하는 기관(동법 제2조 제3호)까지 포함된다. 이것은 다시 말하면
청구대상이 되는 기관을 행정기관에 한정하고 있지 않다는 점이다.

　　이상에서 알 수 있는 것처럼 한국의 정보공개법은 청구대상이 되
는 기관을 행정기관에 한정하지 않고 포괄적으로 규정하고 있다. 즉, 한
국의 정보공개법은 객관법적인 입장에서 규정되어 있다고 할 수 있다.[1]
이와 같은 입법태도는 국민이 필요로 하는 정보를 얻을 수 있는 가능성
을 폭넓게 열어두고 있다는 점에서는 긍정적으로 평가할 수 있을 것이
다. 그러나 이 방식이 늘 바람직한 결과만을 낳는 것은 아니다. 그것은
다름 아닌 정보공개제도가 존재하는 이유에서 유래한다.

　　정보공개제도가 존재하는 실제적인 이유에는 다음과 같은 두 가지
차원이 있다. 먼저 첫 번째로 들 수 있는 것은 공공기관의 활동에 대한
민주적 통제와 시민의 국정참여의 전제조건으로서 시민이 올바른 판단·
결정을 하기 위하여 충분한 정보가 필요한 차원이다. 둘째로 시민 각자
가 예를 들면 자기의 인격, 생명, 건강, 안전, 재산 등을 지키기 위하여
필요한 정보를 어떻게 손에 넣을까 하는 차원이 바로 그것이다.[2]

　　이처럼 공공기관의 정보는 객관적인 측면과 함께 주관적인 측면을
가지고 있기 때문에[3] 이것을 동일한 평면에서 운용할 경우 많은 문제

---

1) 유진식, 정보공개법상 비공개사유 — 학교폭력대책자치위원회의 회의록의 공개여
　부(대법원 2010.6.10. 선고 2010두2913 판결) —, 행정판례연구 17-2(2012), 130쪽.
2) 礒部哲´ 行政保有情報の開示·公表と情報的行政手法´ 礒部力·小早川光郎·芝池義一
　編´ 行政法の新構想Ⅱ´ 有斐閣(2008)´ 347-348쪽. 한수웅, 헌법상의 알 권리-헌
　법재판소 주요결정에 대한 판례평석을 겸하여-, 법조 통권551호(51권 8호)(법조
　협회, 2002), 17-21쪽, 참조.
3) 한국의 정보공개법의 주관법적인 측면에 대한 학설, 판례에 대한 분석에 대해서는,
　유진식, 상게논문, 128-131쪽, 참조. 한편, 「정보공개제도는 자기의 주관적 권리
　이익을 보호하기 위해 해당정보의 공개가 필요하다는 사정의 존재가 필요하지 않

점을 낳을 수 있다. 즉, 다시 말하면, 원래 정보공개법이 없어도 보호되어야 할 자신의 이해관계와 직접 관련이 있는 정보에 대한 청구권(개별적 정보청구권)이 정보공개법의 제정에 의해서 오히려 청구가 제한이 되는 엉뚱한 경우도 발생할 수 있다.[4] 이와 같은 결과는 정보공개법의 제정목적에도 어긋날 뿐만 아니라 상대방의 권익을 크게 제한하게 될 것이다. 특히 형사사법과 관련된 정보는 다른 사안과 비교해볼 때 '개별성(=주관성)'이 더욱 두드러지게 되기 때문에 달리 취급되어야 한다.[5]

위와 같은 문제점을 해결하기 위하여 특수한 분야에 관해서는 개별법에 관련 정보의 공개에 관한 규정을 두는 경우가 있다.[6] 정보공개법 제4조 제1항은 바로 이러한 개별법의 규정을 염두에 두고 있으며, 대상판례에서 문제가 되고 있는 형사소송법 제59조의 2가 바로 그 예라고 할 수 있다.

3. 정보공개법의 적용배제요건

「공공기관의 정보공개에 관한 법률」(이하, '정보공개법'이라 한다) 제4

는 객관법제도」라는 입장을 취하는 학설도 있다. 정하명, 행정정보공개대상 정보의 적정 범위 : 대법원 2008. 11. 27. 선고 2005두15964판결을 중심으로. 법학연구(부산대) 제51권 제1호(2000. 2.), 51쪽. 김창조, 정보공개법상 정보존부의 확인거부, 법학논고(경북대), 제31호, 370쪽, 참조.
4) 학교폭력대책자치위원회의 회의록의 공개여부에 대한 대법원 2010.6.10. 선고 2010두2913 판결도 이러한 예에 속한다. 이 점에 대해서는, 유진식, 정보공개법상 비공개사유 ― 학교폭력대책자치위원회의 회의록의 공개여부 ―, 행정판례연구 19−2(2012), 참고.
5) 나영민, (박사학위논문) 형사사법정보의 이용과 보호에 관한 연구, 성균관대(2016), 참조. 이 점에 대해서는 법제처도 같은 입장이다. 「형법」 제126조에 해당하는 정보가 「공공기관의 정보공개에 관한 법률」 제9조제1항제1호에 해당하는지 여부(「공공기관의 정보공개에 관한 법률」 제9조제1항 제1호 등 관련)[법제처 11−0349, 2011.8.4, 행정안전부], 참조.
6) 홍준형, 정보공개청구권과 정보공개법, 법과 사회(1992), 81쪽.

조 제1항은 「정보의 공개에 관하여는 다른 법률에 특별한 규정이 있는 경우를 제외하고는 이 법에서 정하는 바에 따른다.」라고 규정하고 있다. 이것은 동법이 정보공개에 관한 일반법임을 나타내고 있는데7) 이 법의 적용을 배제하기 위해서는 '다른 법률에 특별한 규정'이 있을 것을 요구하고 있다. 문제는 이 '다른 법률에 특별한 규정'의 내용이 무엇이냐 하는 점이다. 정보공개법 제4조 제1항에 대한 리딩케이스로 소개되고 있는 「아파트 분양원가 정보공개 청구사건」(대법원 2007. 6. 1. 선고 2007두2555 판결)은 그 요건에 대하여 다음과 같이 말하고 있다.

　　「공공기관의 정보공개에 관한 법률(이하 '정보공개법'이라 한다) 제4조 제1항은 "정보의 공개에 관하여는 다른 법률에 특별한 규정이 있는 경우를 제외하고는 이 법이 정하는 바에 의한다"고 규정하고 있는바, 여기서 '정보공개에 관하여 다른 법률에 특별한 규정이 있는 경우'에 해당한다고 하여서 정보공개법의 적용을 배제하기 위해서는, 그 특별한 규정이 '법률'이어야 하고, 나아가 그 내용이 정보공개의 대상 및 범위, 정보공개의 절차, 비공개대상정보 등에 관하여 정보공개법과 달리 규정하고 있는 것이어야 할 것이다. 」

　　위의 판례에 의하면 일반법으로서의 정보공개법의 적용을 배제하기 위한 요건으로서는 그 특별한 규정의 법형식이 '법률'이어야 하고 또 그 내용(정보공개의 대상 및 범위, 정보공개의 절차, 비공개대상정보 등)이 정보공개법과 달라야 한다는 점을 들고 있다. 즉, 두 가지 요건은 법형식으로서 '법률'과 당해 규정의 '내용'인 것이다. 이하에서 지금까지의 판례를 중심으로 살펴보기로 하자.

---

7) 김동희, 행정법Ⅰ, 박영사(2014), 423쪽.

1) '법률' 요건

먼저 시민단체에 소속된 시민이 감사원장에 대하여 헬기도입사업에 대한 감사결과보고서의 공개를 청구한 사건에서 서울행정법원은 다음과 같이 군사기밀보호법과 시행령 그리고 보안업무규정에 규정된 정보공개관련 규정이 정보공개법 제4조 제1항 '정보의 공개에 관하여 다른 법률에 특별한 규정이 있는 경우'에 해당한다고 보고 있다.

「살피건대, 정보공개법 제4조 는 정보공개법 적용 범위에 관하여 규정하면서, 정보의 공개에 관하여 다른 법률에 특별한 규정이 있는 경우에는 우선 그 법률을 적용하고, 다른 법률에 특별한 규정이 없는 경우에 한하여 정보공개법이 보충적으로 적용되도록 하고 있는바, 이 사건의 경우, 앞에서 본 바와 같이 피고는 군사기밀보호법 제4조 제2항, 같은 법 시행령 제4조 제2항 제1호, 보안업무규정 제7조 제1항 제3호 규정에 의하여 군사기밀지정권자로서 이 사건 감사결과보고서를 군사 2급 비밀로 지정하였고, 이와 같은 군사기밀의 경우에는 군사기밀보호법 제7조, 제9조, 같은 법 시행령 제7조, 제9조 에 별도의 공개절차가 규정되어 있으므로, 이 사건 감사결과보고서의 공개 여부는 우선 군사기밀보호법에서 규정하고 있는 절차에 의하여야 하고, 보충적으로 정보공개법을 적용하여야 할 것이다.」[8]

한편 대법원은 법률에 근거를 두고 있지 않는 정보공개와 관련한 행정입법은 그것이 설령 부령일지라도 정보공개법 제4조 제1항 '정보의 공개에 관하여 다른 법률에 특별한 규정이 있는 경우'에 해당하지 않는다고 보고 있다. 예를 들면, 불기소사건기록의 열람·등사의 제한을 정하고 있는 「검찰보존사무규칙」제22조가 정보공개법 제4조 제1항 '정보의 공개에 관하여 다른 법률에 특별한 규정이 있는 경우'에 해당하는지

---

8) 서울행정법원 2005. 9. 7. 선고 2005구합3127 판결【정보공개거부처분취소】

여부가 다투어진 사건에서 판례는 다음과 같이 말하고 있다.

「<u>검찰보존사무규칙이 검찰청법 제11조 에 기하여 제정된 법무부령</u>
<u>이기는 하지만</u>, 그 중 불기소사건기록의 열람·등사의 제한을 정하고 있
는 위 규칙 제22조는 <u>법률상의 위임근거가 없는 행정기관 내부의 사무</u>
<u>처리준칙으로서 행정규칙에 불과하므로</u>, 위 규칙 제22조에 의한 열람·
등사의 제한을 공공기관의 정보공개에 관한 법률(이하 정보공개법이라 한
다) 제4조 제1항 의 '정보의 공개에 관하여 다른 법률에 특별한 규정이
있는 경우' …에 해당한다고 볼 수 없다.」(밑줄은 필자)9)

위와 같은 입장은 분양가공개를 둘러싸고 다투어진 사건에서 「임
대주택법 시행규칙」 제2조의 3¹⁰⁾이 정보공개법 제4조 제1항 '정보의 공
개에 관하여 다른 법률에 특별한 규정이 있는 경우'에 해당하지 않는다
고 한 판례¹¹⁾에서도 확인되고 있다.

---

9) 대법원 2012. 6. 28. 선고 2011두16735 판결【정보공개거부처분취소】
10) 임대주택법 시행규칙 제2조의3 (분양전환가격등의 공고 <개정 2003.6.27.>) 법
    제12조제1항제3호 및 영 제9조제1항제1호의 공공건설임대주택의 입주자모집공고
    를 할 때에는 다음 각 호의 사항을 포함시켜야 한다. 다만, 영 제9조제5항 각 호의
    주택의 경우에는 제1호 및 제3호의 사항을 공고하지 아니할 수 있다.
    1. 별표 1의 공공건설임대주택 분양전환가격의 산정기준에 의하여 산정한 입주자
       모집공고 당시의 주택가격(「주택법」 제16조제1항의 규정에 의하여 임대주택으
       로 사업계획변경승인을 얻은 주택인 경우에는 사업계획변경승인전 최초 입주
       자모집공고시점을 기준으로 산정한 가격으로 한다)
    2. 임대의무기간 및 분양전환시기
    3. 분양전환가격의 산정기준
    4. 분양전환시의 당해 임대주택에 대한 수선·보수의 범위
    5. 「주택임대차보호법」에 의한 보증금의 회수에 관한 사항
    6. 영 제9조의2의 규정에 의한 임대보증금에 대한 보증에 가입한 경우에는 보증
       기관, 보증금액, 보증범위, 보증기간, 보증료 및 보증료 부담주체
11) 행정정보비공개결정처분취소〔서울행법 2007. 10. 9, 선고, 2007구합6342, 판결〕

2) '내용' 요건

정보공개법 제4조 제1항의 적용배제요건으로서 '내용'요건과 관련하여 인정된 사례가 민사소송법 제162조(소송기록의 열람과 증명서의 교부청구)이다. 대법원은 동조(同條)가 「정보공개의 청구인과 정보공개의 대상 및 범위, 정보공개의 절차, 비공개대상정보 등에 관하여 정보공개법과 달리 규정하고 있는 것으로서 정보공개법 제4조 제1항에서 정한 '정보의 공개에 관하여 다른 법률에 특별한 규정이 있는 경우'에 해당한다」12)고 판단하였다. 위의 판례에서 언급한 내용을 법조문을 참조해서 살펴보면 다음과 같다.

먼저 정보공개의 청구인은 제1항의 경우 당사자나 이해관계를 소명한 제3자이며 정보공개의 대상 및 범위는 「소송기록의 열람·복사, 재판서·조서의 정본·등본·초본의 교부 또는 소송에 관한 사항의 증명서의 교부」를 법원사무관등에게 신청할 수 있다. 그리고 소송기록을 열람·복사한 사람에게는 열람·복사에 의하여 알게 된 사항을 이용하여 공공의 질서 또는 선량한 풍속을 해하거나 관계인의 명예 또는 생활의 평온을 해하는 행위를 하여서는 안 된다는 의무가 부여된다(동조 제4항).

제2항에서는 권리구제·학술연구 또는 공익적 목적인 경우 누구든지 대법원규칙으로 정하는 바에 따라 법원사무관등에게 재판이 확정된 소송기록의 열람을 신청할 수 있다고 규정하고 있다. 다만, 공개를 금지한 변론에 관련된 소송기록은 열람신청을 할 수 없으며 열람 신청시 당해 소송관계인이 동의하지 아니하는 경우에는 열람이 허용되지 않는다(동조 제2항 단서, 제3항 제1문).

한편 정보공개법 제4조 제1항의 적용배제요건으로서 '내용'요건과 관련하여 이를 배척한 사례는 앞서 언급한 분양가공개를 둘러싸고 다투

---

12) 대법원 2014. 4. 10. 선고 2012두17384 판결【정보공개거부처분취소】

어진 사건이다. 이 사건에서 판례는 다음과 같이 판단하고 있다.

「임대주택법 시행규칙 제2조의3 은 공공건설임대주택의 입주자모집공고를 함에 있어서 공고에 포함시켜야할 사항을 규정한 것으로 공공건설임대주택 분양전환가격의 산정기준에 의하여 산정한 입주자모집공고 당시의 주택가격, 임대의무기간 및 분양전환시기, 분양전환가격의 산정기준, 분양전환시의 당해 임대주택에 대한 수선·보수의 범위, 주택임대차보호법에 의한 보증금의 회수에 관한 사항, 임대보증금에 대한 보증에 가입한 경우에는 보증기관, 보증금액, 보증범위, 보증기간, 보증료 및 보증료 부담주체 등을 그 내용으로 하고 있으며, 이와 같은 사항들은 임대주택의 입주를 희망하는 사람들의 공개청구가 없이도 당해 임대주택에 입주신청을 할 것인지 여부를 결정할 수 있도록 하기 위하여 사전에 공개가 요구되는 최소한의 정보를 규정하고 있는 것일 뿐이고, 국민의 정보공개청구시 공공기관이 공개의무를 부담하는 정보의 범위를 한정하여 그 밖의 정보를 비공개대상 또는 비밀유지의 대상으로 규정하고 있는 취지라거나 또는 임대주택의 분양전환과 관한 정보의 공개와 관련하여 정보공개법의 적용을 배제하고 배타적으로 적용되어야 하는 규정이라고 볼 수는 없다.」

4. 대상판례에 대한 검토

이 사건에서 X가 청구하고 있는 정보는 자신이 기소되어 형사재판이 진행되는 과정에서 생산된 ① 증거기록 중 녹취서, 수사보고, 진술조서, 사진, ② 공판기록 중 각 증인에 대한 증인신문조서 등이다. 따라서 이 건은 정보공개제도가 실제로 왜 존재하는가 하는 관점에서 볼 때 자기의 인격, 생명, 건강, 안전, 재산 등을 지키기 위하여 필요한 정보를 어떻게 손에 넣을까 하는 차원에 속하는 사안이다. 이 차원에서의 정보공개에 대한 규율은 공공기관의 활동에 대한 민주적인 통제와 국정참여를 전제로 하는 차원의 그것과는 다르다. 즉, 후자의 경우에는 민주적인 통제와 참여와 관련된 중요한 사항과 연관이 있는 정보는 폭넓게 공개되어야 한다. 그러나 전자의 경우 개인의 권리, 이익의 관련성(이해관계의 존재)을 전제로 하기 때문에[13] 어떠한 주체가, 언제, 무슨 목적으로, 어떠한 내용의 정보를 어디에서, 어떠한 수법 내지 경로로 입수를 원하는가에 대해서는 실로 다양한 형태가 존재한다.[14] 따라서, 앞서 언급했던 것처럼, 이들 문제에 대해서는 개별법에 규정을 두어 규율하는 것이 바람직하다고 할 수 있다. 이 사건의 대상인 형사소송법 제59조의2는 바로 이러한 관점에서 이해할 수 있는 것이다.

그런데 형사소송법 제59조의 2의 규정은 동법이 제정될 당시부터 존재했던 규정이 아니다. 원래 재판확정기록의 열람·등사에 관한 규정은 검찰보존사무규칙에 포함되어 있었다. 그런데 후술하는 것처럼 열람제한 등에 대한 내용이 매우 포괄적이어서 이에 대한 헌법소원이 제기되었고 이것이 인용됨으로써 동사무규칙의 내용을 정비하여 형사소송법에 담게 된 것이다.

이하에서는 위와 같은 점을 염두에 두고 형사소송법 제59조의 2가 제정되기까지의 과정을 살펴봄으로써 개인의 이해관계를 가지는 정보에 대한 규율이 갖는 법적 의미를 살펴보고자 한다.

1) 재판확정기록의 열람·등사와 정보공개

(1)「형소법 제59조의 2」의 입법에 이르기까지의 과정
① 헌재결정

재판확정기록의 공개요구에 대한 사법적 판단에서 처음으로 인용된 사례가 「헌법재판소 1991. 5. 13. 자 90헌마133 결정【기록복사신청

---

13) 홍준형, 상계논문, 80쪽.
14) 유진식, 상계논문, 129쪽.

에 대한 헌법소원]」이다. 사안은 다음과 같았다. 무고죄의 유죄판결이 확정(징역 8월의 실형)된 후 청구인은 1990.7.1. 위 형사소송기록의 보관처인 서울지방검찰청 의정부지청의 민원실 담당공무원에게 청구인이 무고죄로 재판을 받은 형사확정소송기록(서울지방법원 의정부지원 89고단1052, 서울형사지방법원 89노7592, 대법원 90도905)의 일부인 서울지방검찰청 의정부지청 89형제5571.11958호 병합수사기록의 복사를 신청하였다. 이 신청에 대하여 위 담당공무원은 위 형사확정소송기록은 아직 대검찰청에서 의정부지청에 반환되지 아니하며 보관 중에 있지 아니할 뿐만 아니라, 설사 보관하고 있다고 하더라도 확정된 형사소송기록은 열람 및 복사가 허용되지 아니한다는 이유로 청구인의 복사신청서의 접수 자체를 거절하여 청구인은 위 신청서마저 접수시키지 못하였다. 그리하여 청구인은 같은 해 8.2. 위 형사확정소송기록이 피청구인(서울지방검찰청 의정부지청장)에게 송부되어 보존이 된 이후인 같은 달 13. 위 담당공무원에게 다시 복사신청을 하였으나 형사확정소송기록의 복사는 허용되지 않는다는 이유로 거절당하였다. 이에 청구인은 피청구인이 청구인의 복사신청을 거절한 행위는 청구인의 알 권리를 침해한 것이므로 위헌이라고 주장하면서 같은 달 17. 헌법재판소에 헌법소원심판을 청구하였다.

이에 대하여 헌재는 다음과 같은 내용으로 청구를 인용하고 있다.

① 청구인이 침해받은 헌법상의 알 권리 및 그 제한

헌법 제21조 는 언론·출판의 자유, 즉 표현의 자유를 규정하고 있는데 이 자유는 전통적으로 사상 또는 의견의 자유로운 표명(발표의 자유)과 그것을 전파할 자유(전달의 자유)를 의미하는 것으로서 사상 또는 의견의 자유로운 표명은 자유로운 의사의 형성을 전제로 한다. 자유로운 의사의 형성은 정보에의 접근이 충분히 보장됨으로써 비로소 가능한 것이며, 그러한 의미에서 정보에의 접근·수집·처리의 자유, 즉 알 권리는 표현의 자유와 표리일체의 관계에 있으며 자유권적 성질과 청구권적 성질을 공유하는 것이다. 자유권적 성질은 일반적으로 정보에 접근하고 수집·처리함에 있어서 국가권력의 방해를 받지 아니한다는 것을 말하며, 청구권적 성질을 의사형성이나 여론 형성에 필요한 정보를 적극적으로 수집하고 수집을 방해하는 방해제거를 청구할 수 있다는 것을 의미하는 바 이는 정보수집권 또는 정보공개청구권으로 나타난다. 나아가 현대 사회가 고도의 정보화사회로 이행해감에 따라 알 권리는 한편으로 생활권적 성질까지도 획득해 나가고 있다. 이러한 알 권리는 표현의 자유에 당연히 포함되는 것으로 보아야 하며 인권에 관한 세계선언 제19조도 알 권리를 명시적으로 보장하고 있다.

헌법상 입법의 공개(제50조 제1항), 재판의 공개(제109조)와는 달리 행정의 공개에 대하여서는 명문규정을 두고 있지 않지만 알 권리의 생성기반을 살펴볼 때 이 권리의 핵심은 정부가 보유하고 있는 정보에 대한 국민의 알 권리, 즉 국민의 정부에 대한 일반적 정보공개를 구할 권리(청구권적 기본권)라고 할 것이며, 이러한 알 권리의 실현은 법률의 제정이 뒤따라 이를 구체화시키는 것이 충실하고도 바람직하지만, 그러한 법률이 제정되어 있지 않다고 하더라도 불가능한 것은 아니고 헌법 제21조에 의해 직접 보장될 수 있다고 하는 것이 헌법재판소의 확립된 판례인 것이다(위 결정 참조). 이러한 알 권리의 보장의 범위와 한계는 헌법 제21조 제4항, 제37조 제2항 에 의해 제한이 가능하고 장차는 법률에 의하여 그 구체적인 내용이 규정되겠지만, 알 권리에 대한 제한의 정도는 청구인에게 이해관계가 있고 타인의 기본권을 침해하지 않으면서 동시에 공익실현에 장애가 되지 않는다면 가급적 널리 인정하여야 할 것이고 적어도 직접의 이해관계가 있는 자에 대하여는 특단의 사정이 없는 한 의무적으로 공개하여야 한다고 할 것이다(위 결정 참조). 위와 같이 해석하는 것이 헌법 제21조에 규정된 표현의 자유의 한 내용인 국민의 알 권리를 충실히 보호하는 것이라고 할 것이며 이는 국민주권

주의(헌법 제1조), 인간의 존엄과 가치(제10조), 인간다운 생활을 할 권리
(제34조 제1항)도 아울러 신장시키는 결과가 된다고 할 것이다.

　　형사확정소송기록에 대하여 이를 국민이나 사건당사자에게 공개할
것인지에 관하여 명문의 법률규정이 없다고 하여 헌법 제21조의 해석상
당연히 도출되어지는 위와 같은 결론을 좌우할 수는 없을 것이다. 일반
행정문서의 경우 정부공문서규정 제36조 제2항 이 행정기관은 일반인
이 당해 행정기관에서 보관 또는 보존하고 있는 문서를 열람·복사하고
자 할 때에는 특별한 사유가 없는 한 이를 허가할 수 있다. 다만, 비밀
또는 대외비로 분류된 문서의 경우에는 허가할 수 없으며 외교문서의
경우에는 외무부령이 정하는 바에 따라 허가하여야 한다고 규정하여 장
애사유가 없을 때에는 공문서를 개시할 수 있도록 하고 있는 정신이나
취지를 전향적으로 수용한다면 형사확정소송기록도 일정한 조건하에
공개가 가능하다고 할 것이며, 그러한 기록보관청의 공개에 있어서 실
정법령의 제정이 뒤따르지 않고 있다고 하여 불가능한 것은 아니라 할
것이다. (밑줄은 필자)

② 형사확정소송기록의 열람·복사 및 그 제한

　　표현의 자유에 포함되는 알 권리의 기본권보장법리에 의할 때 확
정된 형사확정소송기록이라 할지라도 이에 대한 열람이나 복사는 원칙
적으로 정당한 이익이 있는 국민에게 인정된다고 할 것이고, 따라서 특
단의 사정이 없는 한 사건 당사자에 대하여서는 검찰청이 보관하고 있
는 형사확정소송기록에 대한 접근의 자유가 보장되어야 할 것이다.

　　다만, 형사사건이 가지는 특수성에 비추어 볼 때 모든 사건에 대해
누구나 항상 형사확정소송기록을 열람하거나 복사할 수 있다고 한다면
국가안전보장, 질서유지, 공공복리의 보호이익과 충돌되는 경우가 있을
수 있고 또는 사건에 직접·간접으로 관계를 가지고 있는 피의자, 피고
인, 고소인이나 참고인, 증인, 감정인 등의 명예나 인격, 사생활의 비밀,

생명·신체의 안전과 평온 등 기본권보호에 충실하지 못하게 되는 경우
가 있을 수 있기 때문에 이들 기본권이 다같이 존중될 수 있도록 상호
조화점을 구하지 않으면 안 될 것이다. 그것은 정보에의 자유로운 접근,
수집 및 그 처리가 정보의 횡포를 의미하는 것은 아니기 때문이다. 또
한 형사확정소송기록의 공개에 있어서는 위와 같은 사정 외에도 그 재
판이 국가적 또는 사회적 법익의 보호를 위하여 비공개로 진행되었던
경우에는 추후에 사정변경이 있는지의 여부가 고려되어야 할 것이며,
당해 사건의 피고인의 반사회성의 교정 및 정상적인 사회인으로 순조롭
게 복귀하는 교화갱생의 면에 있어서 장애사유가 되는지의 여부도 검토
되지 않으면 안 될 것이다. 이러한 여러 사정은 곧 형사확정소송기록을
열람·복사할 수 있는 사람의 범위와 아울러 열람·복사할 수 있는 기록
의 범위 내지 한계를 설정해주는 지침이 될 수 있을 것이고 열람 또는
복사한 자에게 부과될 수 있는 일정한 의무와 책임을 규정지어 준다고
할 것이다.

　　형사확정소송기록의 열람·복사에 관한 이러한 헌법적 법리에 비추
어 보면, 피고인이었던 자가 자신의 형사피고사건이 확정된 후 그 소송
기록에 대하여 열람·복사를 요구하는 것은 특별한 사정이 없는 한, 원
칙적으로 허용되어야 한다고 할 수 있을 것이며, 특히 자신의 진술에
기초하여 작성된 문서나 자신이 작성·제출하였던 자료 등의 열람이나
복사는 제한되어야 할 아무런 이유를 찾을 수 없다.

　　형사확정소송기록의 열람·복사에 따른 기록의 멸실, 손괴, 변조 등
기록보존상의 문제나 열람·복사로 인하여 초래될지도 모를 검찰청 업
무의 폭주나 지장 등의 문제는 기술적으로 처리, 해결될 수 있는 성질
의 것이어서 이러한 다소간의 현실적 문제점 등이 국민의 기본권을 제
한할 수 있는 근거로 될 수는 없다고 할 것이다.(밑줄은 필자)

　　위의 결정을 보면 헌재도 '개별적 정보청구권'을 명시적으로 언급

하고 있지는 않지만 이 점을 충분히 고려하고 있음을 알 수 있다. 또 형 사사건의 경우 「사건에 직접·간접으로 관계를 가지고 있는 피의자, 피 고인, 고소인이나 참고인, 증인, 감정인 등의 명예나 인격, 사생활의 비 밀, 생명·신체의 안전과 평온 등 기본권보호에 충실하지 못하게 되는 경우가 있을 수 있기 때문에 이들 기본권이 다같이 존중될 수 있도록 상호 조화점을 구하지 않으면 안 될 것」이라고 하여 형사재판기록의 공 개가 갖는 의미를 잘 보여주고 있다. 정보공개법과 개인정보보호법에 의한 규율로는 부족하고 개별법에 의한 규율이 필요한 까닭이 여기에 있다.

③ 검찰보존사무규칙

위의 헌재결정에 대한 조치로 법무부는 1993년 12월 10일 법무부 령인 「검찰보존사무규칙」을 개정하여(1994년 1월 1일, 시행) ① 피고인, ② 형사소송규칙 제26조제1항의 소송관계인 그리고 ③청구사유를 소명 한 고소인·고발인 또는 피해자에게 재판확정기록의 전부나 일부에 대하 여 열람·등사를 청구할 수 있도록 하였다(동규칙 제20조 제1항).[15] 허가여 부에 대한 결정권자는 검사로 청구의 전부나 일부를 허가하지 아니하는 경우에는 청구인에게 사건기록열람·등사불허가통지서에 그 이유를 명 시하여 통지하도록 규정하였다.

그러나 열람·등사의 제한이 포괄적인 예시 등에 의해 너무나 광범 위하게 규정되었다는 비판이 제기되었다.[16] 동 규칙의 제한 사유는 다 음과 같았다.

제22조 (열람·등사의 제한) 검사는 다음 각호의 1에 해당하는 경우

---

15) 이와는 별도로 학술연구목적의 기록열람 등에 대해서는 검사가 소속검찰청(지청 의 경우에는 소속지방검찰청)의 장의 허가를 받아 허가할 수 있도록 하였다(동 규 칙 제25조).
16) 신평, 판례를 중심으로 한 수사기록의 열람, 등사권 고찰, 헌법학연구 제1호, 225쪽.

에는 기록의 열람·등사를 제한할 수 있다.

1. 재판이 비공개로 진행되었던 경우. 다만, 추후에 사정변경이 있
   는 경우는 예외로 한다.
2. 사건의 확정 또는 결정 후 3년이 경과한 경우. 다만, 특별한 사
   유가 있는 경우는 예외로 한다.
3. 기록의 공개로 인하여 국가의 안전보장, 선량한 풍속 기타 공공
   의 질서유지나 공공복리를 해할 우려가 있는 경우
4. 기록의 공개로 인하여 사건관계인의 명예나 사생활의 비밀 또는
   생명·신체의 안전이나 생활의 평온을 해할 우려가 있는 경우
5. 기록의 공개로 인하여 공범관계에 있는 자등의 증거인멸 또는
   도주를 용이하게 하거나 관련사건의 재판에 중대한 영향을 초
   래할 우려가 있는 경우
6. 기록의 공개로 인하여 피고인의 개선이나 갱생에 지장을 초래할
   우려가 있는 경우
7. 기록의 공개로 인하여 비밀로 보존하여야 할 수사방법상의 기밀
   이 누설되거나 불필요한 새로운 분쟁이 야기될 우려가 있는 경우
8. 기타 기록을 공개함이 적합하지 아니하다고 인정되는 현저한 사
   유가 있는 경우

그 후(1988년 4월 4일) 법무부는 동 규칙에 제20조의 2를 신설하여
피의자이었던 자 등에게 불기소사건기록, 진정·내사 사건기록 등 검사
의 처분으로 완결된 사건기록 중 본인의 진술이 기재된 서류에 대하여
는 열람을, 본인이 제출한 증거서류에 대하여는 열람·등사를 청구할 수
있도록 하였다. 그리고 피고인이었던 자가 본인의 진술이 기재된 서류나
본인이 제출한 서류에 대하여 열람·등사를 청구하는 경우에는 열람·등
사를 제한하지 못하도록 하였다(동 규칙 제22조 단서).

③ 형사소송법의 개정

가. 개정배경 및 의의

정부는 2007년 6월 1일 형사소송법을 개정하여 재판확정기록의 열람·등사에 관한 규정을 두게 되었다. 정부는 헌법에 규정된 재판공개의 원칙(헌법 제27조 제3항, 제109조)의 실질적인 구현과 형사사법 영역에서 국민의 알 권리의 충분한 보장을 개정배경으로 들었다.[17] 이 재판확정기록의 열람·등사에 관한 규정(제59조의2)은 「공공기관의 정보공개에 관한 법률」의 특칙에 해당하기 때문에 전자가 우선적으로 적용된다는 것이 형사소송법학계의 통설이다.[18] 이 점과 관련하여 법안 성안 당시 형사소송법에 「공공기관의 정보공개에 관한 법률」의 적용을 배제하는 규정을 신설하는 방안이 논의되었으나 「공공기관의 정보공개에 관한 법률」 제4조 제1항이 동법의 적용배제에 관한 특칙을 두고 있기 때문에 형사소송법에 형사재판 확정기록의 공개규정을 두는 것만으로도 충분하다는 이유에서 채택되지 않았다고 한다.[19]

나. 재판확정기록의 열람·등사

ㄱ. 열람·등사의 허용범위

누구든지 권리구제·학술연구 또는 공익적 목적으로 재판이 확정된 사건의 소송기록을 보관하고 있는 검찰청에 그 소송기록의 열람 또는 등사를 신청할 수 있다(동법 제59조 제1항). 소송관계인의 인적사항, 사생활 관련사항 등 사건의 본질과 관련이 없는 사항은 제외하고 나머지 형사재판 확정기록의 전부 또는 일부에 대한 열람·등사가 허용된다.[20]

ㄴ. 열람·등사의 제한사유

검사는 다음 각 호의 어느 하나에 해당하는 경우에는 소송기록의

---

17) 법무부, 개정 형사소송법(2007), 32쪽.
18) 신동운, 형사소송법, 법문사(2014), 720쪽. 이은모, 형사소송법, 박영사(2015), 151쪽.
19) 법무부, 개정 형사소송법(2007), 34쪽.
20) 법무부, 개정 형사소송법(2007), 37쪽.

전부 또는 일부의 열람 또는 등사를 제한할 수 있다. 다만, 소송관계인이나 이해관계 있는 제3자가 열람 또는 등사에 관하여 정당한 사유가 있다고 인정되는 경우에는 그러하지 아니하다(동법 제59조 제2항).

1. 심리가 비공개로 진행된 경우
2. 소송기록의 공개로 인하여 국가의 안전보장, 선량한 풍속, 공공의 질서유지 또는 공공복리를 현저히 해할 우려가 있는 경우
3. 소송기록의 공개로 인하여 사건관계인의 명예나 사생활의 비밀 또는 생명·신체의 안전이나 생활의 평온을 현저히 해할 우려가 있는 경우
4. 소송기록의 공개로 인하여 공범관계에 있는 자 등의 증거인멸 또는 도주를 용이하게 하거나 관련 사건의 재판에 중대한 영향을 초래할 우려가 있는 경우
5. 소송기록의 공개로 인하여 피고인의 개선이나 갱생에 현저한 지장을 초래할 우려가 있는 경우
6. 소송기록의 공개로 인하여 사건관계인의 영업비밀(「부정경쟁방지 및 영업비밀보호에 관한 법률」 제2조 제2호의 영업비밀을 말한다)이 현저하게 침해될 우려가 있는 경우
7. 소송기록의 공개에 대하여 당해 소송관계인이 동의하지 아니하는 경우

ㄷ. 열람 또는 등사자의 의무 및 불복방법

소송기록을 열람 또는 등사한 자는 열람 또는 등사에 의하여 알게 된 사항을 이용하여 공공의 질서 또는 선량한 풍속을 해하거나 피고인의 개선 및 갱생을 방해하거나 사건관계인의 명예 또는 생활의 평온을 해하는 행위를 하여서는 아니 된다(동법 제59조 제5항).

검사는 소송기록의 열람 또는 등사를 제한하는 경우에는 신청인에

게 그 사유를 명시하 여 통지하여야 한다(동법 제59조 제3항). 소송기록의 열람 또는 등사를 신청한 자는 열람 또는 등사에 관한 검사의 처분에 불복 하는 경우에는 당해 기록을 보관하고 있는 검찰청에 대응한 법원에 그 처분의 취소 또는 변경을 신청할 수 있다(동법 제59조 제6항).

2) 대상판결에 대한 논평

정보공개법 제4조 제1항과 관련해서는 이미 대상판결과 유사한 판결21)이 있고 또 대상판결이 위 조항에 대하여 새로운 해석을 시도한 것도 아니다. 그러나 정보공개법에 대한 기본적인 내용에 대한 체계적인 이해의 결여에서 법원에서의 법적용에 혼선이 여전히 계속되고 있다. 이 사건에서 제1심과 원심 그리고 상고심의 판단이 제 각각이라는 점에서도 드러난다. 대상판결은 정보공개법 제4조 제1항에 대한 적용요건에 대하여 종래의 판결을 이어받아 교통정리를 함으로써 앞으로 위 조항에 대한 적용에서의 혼선을 피할 수 있게 되었다는 점에서 의미 있는 판결이라고 할 수 있다. 이상에서 살펴본 것처럼 형사재판 확정기록에 대한 열람·등사의 문제에 대해서는 정보공개법이 아니라 형사소송법 제59조의 2가 적용된다고 한 대상판례의 판단은 정당하다.

IV. 맺음말

한국의 정보공개법은 객관법 중심으로 구성되어 있으나 주관법적인 요소도 함께 하고 있음을 잊어서는 안 된다. 즉, 정보공개제도가 존재하는 이유에는 두 가지 측면이 있는데 첫째는 행정의 민주적 통제와 시민의 국정참여의 전제조건으로서 시민이 올바른 판단·결정을 하기

---

21) 민사소송법 제162조(소송기록의 열람과 증명서의 교부청구)에 관한 대법원 2014. 4. 10. 선고 2012두17384 판결【정보공개거부처분취소】(본고, III. 3. 참조)

위하여 충분한 정보가 필요한 차원과 시민 각자가 자기 자신의 권익과 직접 관련된 정보를 어떻게 손에 넣을까 하는 차원이 그것이다. 그럼에도 불구하고 헌재는 정보공개청구권의 헌법적 근거를 알권리라고 하는 매우 불확실한 개념에서 구하고 이에 대한 체계적인 논리를 제시하지 못함으로써 당해 제도에 대한 논의를 매우 복잡한 상황으로 이끌고 말았다. 위의 논점이 중요한 이유는 우리 정보공개법이 대단히 추상적이고 대부분 어떠한 불합리한 일이 발생할 「우려」를 비공개의 요건으로 하고 있기 때문에(정보공개법 제9조 제1항 각호, 참조), 개별적 정보청구권이 정보공개법의 제정으로 제한되는 사례도 발생할 수 있기 때문이다.

위와 같은 관점에서 볼 때, 대상판례에서 다루고 있는 형사재판 확정기록과 같은 경우에는 주관성이 매우 높기 때문에 특별한 취급이 필요하다고 할 것이다. 그렇기 때문에 형사재판 확정기록에 대한 소송관계인의 열람·등사청구권은 헌법상의 재판청구권(헌법 제27조 제1항)에서 구할 수도 있을 것이다. 따라서 이와 관련된 법적 규율은 정보공개법이 아닌 형사소송법에 의해서 행해지는 것은 당연하다고 할 것이다.

참고문헌

김동희, 행정법 I, 박영사(2017)
김철용, 행정법 I, 박영사(2010)
박균성, 제8판 행정법강의, 박영사(2017)
김의환 정보공개법 일반론 행정소송. [Ⅱ] 행정소송(II)/한국사법행정학회
    (2008)
신동운, 형사소송법, 법문사(2014)
이은모, 형사소송법, 박영사(2015)
최창호, 정보공개법상 비공개정보에 관한 일고찰, 저스티스 62호(2001.8)
한위수, 정보공개청구사건의 재판실무상 제문제, 인권과 정의(2001년 12월)
경 건, 미국 정보공개법제의 개관, 법학(서울대) 제15권 제1호
김용수, 학교폭력대책자치위원회의 회의자료 및 회의록에 대한 정보가 비
    공개대상정보인지의 여부, 판례연구 25집(1)(2011.09, 서울변호사회),
김용찬, 정보공개사건에서의 몇 가지 쟁점, 법조(2003.9.)(Vol. 564)
김창조, 정보공개법상 비공개사유, 법학논고(경북대) 제25집(2006. 12.)
김창조, 정보공개법상 정보존부의 확인거부, 법학논고(경북대), 제31집
    (2009)
나영민, (박사학위논문) 형사사법정보의 이용과 보호에 관한 연구, 성균관
    대(2016)
박진우, 정보공개법상 법령에 의한 비공개정보에 관한 고찰— 공공기록
    물관리에 관한 법률과의 관계를 중심으로—, 동아법학 제43호
신평, 판례를 중심으로 한 수사기록의 열람, 등사권 고찰, 헌법학연구 제1호
유진식, 정보공개법상 비공개사유— 학교폭력대책자치위원회의 회의록의
    공개여부(대법원 2010.6.10. 선고 2010두2913 판결)—, 행정판례연구
    17-2(2012)
윤강열, '학교폭력대책자치위원회 회의록'이 정보공개 대상이 되는지 여부,
    대법원판례해설 83호(2010 상반기)
이인호, 공영방송사의 방송의 자유와 정보공개법의 충돌: KBS 추적60분

정보공개청구사건을 중심으로, 공법학연구 제12권 제3호(2011.8.)

정하명, 행정정보공개대상 정보의 적정 범위: 대법원 2008. 11. 27. 선고 2005두15964판결을 중심으로. 법학연구(부산대) 제51권 제1호(2000. 2.)

표성수, 정보공개법 소정의 예외사유(비공개정보)에 관한 연구, 법조 (2008.7.)(Vol. 622)

한수웅, 헌법상의 알 권리—헌법재판소 주요결정에 대한 판례평석을 겸 하여—, 법조 통권551호(51권 8호)(법조협회, 2002)

홍준형, 정보공개청구권과 정보공개법, 법과 사회(1992)

浜田純一´ 情報法´ 有斐閣(1998)

藤田宙靖´ 第四版行政法´ 青林書院(2003)

礒部哲´ 行政保有情報の開示·公表と情報的行政手法´ 礒部力· 小早川光郎· 芝池義一編´ 行政法の新構想Ⅱ´ 有斐閣(2008)

枝根茂´ 審議検討に係る情報の公開´ 第5版行政判例百選Ⅰ´ 有斐閣(2006)

西鳥羽和明´ 会議 議事録の公開´ 第3版 行政法の争点´ 有斐閣(2004)

松井茂記´ 意思形成過程情報と非公開事由の該当性´ 民商法雑誌 第113巻 第2号

情報公開·個人情報保護´ 法学教室(2002. 1—No.256)

宇賀克也´ 行政法概説Ⅰ〔第2版〕´ 有斐閣(2006)

宇賀克也´ 情報公開法の逐条解説(1999年)

岩橋健定´ 情報公開法における開示請求対象文書の特定´ 国際公共政策研 究 4(1)(1999. 9)

岩橋健定´「情報公開法18条·36条一不服申立て·情報公開訴訟」´ ジュリ スト1156号(1999年)

荏原明則´「情報公開法3条·4条一開示請求権と請求の手続」´ ジュリスト 1156号(1999年)

角替晃´「情報公開法6条·8条一部分的開示´ 公益上の理由による裁量的開 示´ 行政文書の存否に関する情報」´ ジュリスト1156号(1999年)

角替晃´ ”ある”とも”ない”とも言わないで不開示一存否情報の応答 拒否と救済手続のあり方´ 法学セミナー(1998.6)〔No.522〕

국문초록

　　한국의 정보공개법은 객관법 중심으로 구성되어 있으나 주관법적인 요소도 함께 하고 있음을 잊어서는 안 된다. 즉, 정보공개제도가 존재하는 이유에는 두 가지 측면이 있는데 첫째는 행정의 민주적 통제와 시민의 국정 참여의 전제조건으로서 시민이 올바른 판단·결정을 하기 위하여 충분한 정보가 필요한 차원과 시민 각자가 자기 자신의 권익과 직접 관련된 정보를 어떻게 손에 넣을까 하는 차원이 그것이다. 그럼에도 불구하고 헌재는 정보공개청구권의 헌법적 근거를 알권리라고 하는 매우 불확실한 개념에서 구하고 이에 대한 체계적인 논리를 제시하지 못함으로써 당해 제도에 대한 논의를 매우 복잡한 상황으로 이끌고 말았다. 위의 논점이 중요한 이유는 우리 정보공개법이 대단히 추상적이고 대부분 어떠한 불합리한 일이 발생할 「우려」를 비공개의 요건으로 하고 있기 때문에(정보공개법 제9조 제1항 각호, 참조), 개별적 정보청구권이 정보공개법의 제정으로 제한되는 사례도 발생할 수 있기 때문이다.

　　위와 같은 관점에서 볼 때, 대상판례에서 다루고 있는 형사재판 확정 기록과 같은 경우에는 주관성이 매우 높기 때문에 특별한 취급이 필요하다고 할 것이다. 그렇기 때문에 형사재판 확정기록에 대한 소송관계인의 열람·등사청구권은 헌법상의 재판청구권(헌법 제27조 제1항)에서 구할 수도 있을 것이다. 따라서 이와 관련된 법적 규율은 정보공개법이 아닌 형사소송법에 의해서 행해지는 것은 당연하다고 할 것이다.

　　주제어: 정보, 정보공개, 공공기관의 정보공개에 관한 법률, 우려,
　　　　　　형사사건기록

Abstract

A Range of application of
Official Information Disclosure Act

Yoo, Jin Sik*

It is important to remember that Korean Official Information Disclosure Act has also an aspect of subjective law while it has that of objective law. There are two aspects of the reason why we should have Official Information Disclosure System. One is how to get the information to keep the government a democratic. The other is to do to secure a citizen's right and interest. But the idea mentioned above is not generally accepted. The reason why we should understand it fully is that Article 9(Information subject to Non−Disclosure) employ the term 'fearfulness' as the standard to judge whether thw information is or not. An so it possibly makes difficult for a citizen to get the information closely related to his right and interest.

In this respect the records about criminal case should be specially dealt because they are highly subjective. An so it can be said this case dealt in this paper has a good ground in interpreting Article 4(1).

Keywords: Information, Information Disclosure, Korean Official Information Disclosure Act, fearfulness, the records about criminal case

---

* Conbuk National University Law School, Professor

투고일 2017. 12. 11.
심사일 2017. 12. 25.
게재확정일 2017. 12. 28.

公開된 個人情報 處理의 違法性*

咸仁善**

대법원 2016. 8. 17. 선고 2014다235080 판결

Ⅰ. 대상판결의 개관

1. 사건의 개요

(1) 원고(X)는 1990년부터 현재까지 A대학교(1994년 3월 공립대학교로 전환되었다가 2013년 1월 국립대학법인으로 전환되었다) 법과대학 법학과 교수로 재직 중이다.

한편, 피고 Y1은 종합적인 법률정보를 제공하는 사이트인 '로앤비'를 운영하는 회사로서, 주식회사 법률신문사로부터 제공받은 법조인 데

---

* 본고는 한국행정판례연구회 제330차 월례발표회(2017.8.18.)에서 발표된 내용에 수정·가필한 것임을 밝힌다.
** 전남대학교 법학전문대학원 교수

이터베이스상의 개인정보와 자체적으로 수집하여 데이터베이스로 구축한 국내 법과대학 교수들의 개인정보를 로앤비 내의 '법조인' 항목에서 유료로 제공하는 사업을 영위한다.

피고 Y2(제이티비씨콘텐트허브)는 인물정보를 제공하는 사이트인 '조인스인물정보'를 운영하는 회사이며, 피고 Y3(디지틀조선일보)는 인물정보를 제공하는 사이트인 '피플조선'을 운영하는 회사로서, 국내 인물들의 성명, 직업, 학력, 경력 등의 개인정보를 데이터베이스로 구축·관리하면서 그 개인정보를 유료로 불특정 다수의 제3자에게 제공하는 사업을 영위하였다.

피고 Y4(네이버)는 포털사이트 '네이버'를 운영하는 회사이며, 피고 Y5(에스케이커뮤니케이션즈)는 포털사이트 '엠파스'를 운영하였던 회사로서, 각 인물정보 제공 사이트를 운영하는 회사와 업무제휴를 맺고 그 인물정보 제공 사이트의 인물정보 데이터베이스상의 개인정보에 대한 메타정보(성명, 성별, 직업 등의 기본적인 인물정보와 상세 정보의 유무 등)를 제공받아 이를 각 사이트 내의 '인물검색' 항목에서 불특정 다수의 제3자에게 제공하면서 보다 상세한 사항은 제휴사가 이를 유료로 제공하고 있다는 취지를 안내함과 아울러 제휴사 사이트의 링크를 제공하였다.

(2) 피고 Y1은 2010. 12. 17.경 원고 X의 사진, 성명, 성별, 출생연도, 직업, 직장, 학력, 경력 등의 개인정보를 수집하여 로앤비 내의 '법조인' 항목에 올린 다음 이를 유료로 제3자에게 제공하여 오다가, 2012. 6. 18. 이 사건 소장 부본을 송달받자 2012. 7. 30.경 이 사건 사이트 내의 '법조인' 항목에서 이 사건 개인정보를 모두 삭제하였다.

피고 Y2는 2000. 2. 23.경 원고 X의 성명, 성별, 생년월일, 직업, 직장, 이메일 주소, 학력, 경력 등의 개인정보를 수집하여 조인스인물정보 사이트에 올린 다음 이를 유료로 불특정 다수의 제3자에게 제공하여 오다가 X로부터 2008. 12. 22.경 항의를 받고, 2009년 1월에는 개인정보분쟁조정신청까지 당하게 되자 2009. 1. 23. 위 사이트의 인물정보 데이터베이스에서 그 개인정보를 모두 삭제하였는데, 그 이후부터 2012년 12월 말경까지 기술적인 문제 등으로 위 사이트 내에 X의 인물정보에 대한 기본검색 화면(원고의 성명, 박사학위 취득처, 현 소속 대학 및 직위가 게재되어 있다)은 삭제되지 않은 채 그대로 남아 있었다.

피고 Y3은 X의 사진, 성명, 성별, 생년월일, 직업, 직장, 학력, 경력 등의 개인정보를 수집하여 2004년 9월경부터 피플조선 사이트에 올린 다음(다만 원고의 사진은 2005년에 수집하여 올림) 이를 유료로 제3자에게 제공하여 오다가 2008. 12. 22.경 원고로부터 항의를 받고 2008. 12. 24.경 위 사이트 내에서 그 개인정보를 모두 삭제하였다.

피고 Y4는 제휴사인 피고 Y2, Y3로부터 제공받은 X의 성명, 직업, 현 소속 등의 개인정보를 2008. 3. 18.경부터 네이버 사이트 내의 '인물정보' 항목에 올린 다음 이를 불특정 다수의 제3자에게 제공하면서 보다 상세한 사항은 피고 Y2, Y3가 이를 유료로 제공하고 있다는 취지를 안내함과 아울러 이들 사이트의 링크를 제공하다가, 2008. 12. 22.경 X로부터 항의를 받고 2008. 12. 25.경 네이버 사이트 내의 '인물검색' 항목에서 그 개인정보를 모두 삭제하였다.

피고 Y5는 피고 Y2로부터 제공받은 X의 성명, 생년월일, 직업, 현 소속 등의 개인정보를 2004. 3. 24.경부터 엠파스 사이트 내의 '인물검색' 항목에 올린 다음 이를 불특정 다수의 제3자에게 제공하면서 보다 상세한 사항은 피고 Y2가 이를 유료로 제공하고 있다는 취지를 안내함과 아울러 그 사이트의 링크를 제공하다가, 2008. 12. 16.경 X로부터 항의를 받고 2008. 12. 24.경 위 사이트 내의 '인물검색' 항목에서 그 개인정보를 모두 삭제하였다.

(3) 이 사건 X의 개인정보 중 출생연도를 제외한 나머지 정보는 A대학교 법과대학 법학과 홈페이지에 이미 공개되어 있고, 출생연도는

1992학년도 사립대학 교원명부(비매품)와 1999학년도 A대학교 교수요람
(비매품)에 이미 게재되어 있으며, 피고 Y1 내지 Y5는 위와 같이 X의 개
인정보를 수집하여 불특정 다수의 제3자에게 제공함에 있어서 정보주
체인 X의 동의를 받은 적이 없다.

(4) 이에, 원고 X는 첫째로, 피고 Y1 내지 Y5는 구 정보통신망 이
용촉진 및 정보보호 등에 관한 법률(2011. 3. 29. 법률 제10465호로 개정되
기 전의 것, 이하 '구 정보통신망법'이라 한다) 제22조, 제23조, 제24조의2의
규정에 위반하여 X의 동의 없이 자기의 개인정보를 수집하여 이를 불
특정 다수의 제3자에게 제공한 것은 구 정보통신망법에 위반한 것이며,
둘째로, 설령 피고 Y1 내지 Y5가 구 정보통신망법을 위반하지 아니하
였다고 하더라도, 피고 Y1 내지 Y5가 X의 동의 없이 그 개인정보를 수
집하여 이를 불특정 다수의 제3자에게 제공한 행위는 X의 성명권, 초상
권, 사생활의 비밀과 자유, 개인정보자기결정권을 침해한 것이고, 셋째
로, 피고 Y1, Y5는 2011. 9. 30. 개인정보 보호법이 시행된 이후에도 개
인정보 보호법에 위반하여 원고의 개인정보를 불특정 다수의 제3자에
게 제공하는 불법행위를 저질렀다고 주장하여, X가 입은 정신적 고통에
대한 위자료를 청구하는 소를 제기하였다.

2. 판결의 요지

(1) 원심판결[1]: 서울중앙지법 2014.11.4. 선고 2013나49885 판결【부당이득금반환】

1) 구 정보통신망법 제22조, 제23조, 제24조의2의 규정은 정보통신

---

[1] 제1심법원(서울중앙지법 2013. 8. 29 선고 2012가단133614 판결)은 원고의 손해배상
청구에 대해 시효로 소멸하였다고 판단하였으며, 원고가 구 정보통신망법에 의한
개인정보분쟁조정신청으로 소멸시효가 중단되었다는 주장에 대해서도 조정신청
이 소멸시효 중단사유인 재판상 청구에 해당하지 않는다고 하여, 기각하였다.

서비스 제공자가 이용자의 동의 없이 이용자의 개인정보를 수집하여 이를 제3자에게 제공하는 행위를 규제하고 있는바, 피고 Y1 내지 Y5가 정보통신서비스 제공자이기는 하나, X가 피고 Y1 내지 Y5가 제공하는 정보통신서비스의 이용자인 사실을 인정할 만한 증거는 없고, 설령 이용자라 하더라도, 피고 Y1 내지 Y5는 정보주체인 원고 이외로부터 이 사건 개인정보를 수집하였을 뿐, 정보통신서비스 제공자 대 그 이용자의 관계에서 X로부터 이 사건 개인정보를 수집한 것이 아니므로, 피고 Y1 내지 Y5가 이 사건 개인정보를 수집하여 이를 불특정 다수의 제3자에게 제공한 행위와 관련하여서는 위 규정들이 적용되지 아니한다.

2) 정보주체의 동의 없이 공개된 개인정보를 수집하여 이를 제3자에게 제공하는 행위는 그것이 비영리 목적으로 이루어진 경우 특별한 사정이 없는 한 적법하다고 볼 것이며, 영리목적으로 이루진 경우 언론사가 언론 고유의 목적을 달성하기 위하여 이루어진 경우라면 다른 특별한 사정이 없는 한 적법하다고 할 것이지만, 언론 고유의 목적을 달성하기 위한 것이 아니라 단순히 영리 목적으로 공개된 개인정보를 수집하여 이를 제3자에게 제공하는 행위를 정보주체의 동의 없이 한 경우에는, 설령 정보주체가 공적인 존재라 하더라도 다른 특별한 사정이 없는 한 위법하다고 보아야 할 것이다.2)3)

---

2) 원심판결은 그 이유로서, 개인정보자기결정권의 핵심은 개인정보의 처리에 관한 동의 여부, 동의 범위 등을 선택·결정할 권리가 해당 정보주체에게 있다는 것인데, 공개된 개인정보라 하더라도 사회통념상 정보주체가 그 개인정보를 영리 목적에 이용하는 것에 대하여까지 동의한 것으로 보기는 어렵다는 점 등을 상세히 들고 있다.
3) 원심판결은, 이 사건에 관하여 보건대, 피고 Y₁ 내지 Y₅가 수집하여 제3자에게 제공한 X의 개인정보를 따로 떼어놓고 보면, X의 성명권, 초상권, 사생활의 비밀과 자유의 침해 여부도 문제가 된다고 볼 수 있겠으나, 피고 Y₁ 내지 Y₅는 X의 성명, 사진, 직업, 학력, 경력 등을 X의 프로필이라는 개인정보로 수집하여 이를 제3자에게 제공한 것이므로, 피고 Y₁ 내지 Y₅의 행위가 불법행위에 해당하는지 여부는

3) 개인정보 보호법 시행일 이후에 피고 Y1이 원고 X의 동의 없이 그 개인정보를 제3자에게 제공한 행위가 불법행위에 해당하는지 여부와 관련하여, 이 사건 개인정보의 제3자 제공에 대하여 정보주체인 X의 묵시적 동의가 있었다고는 인정하기 어렵고, 따라서 피고 Y1이 2011. 9. 30.부터 2012. 7. 30.경까지 이 사건 개인정보를 영업으로서 제3자에게 유료로 제공한 행위는 개인정보 보호법에 위반된 불법행위에 해당한다.

(2) 상고심판결: 대법원 2016. 8. 17. 선고 2014다235080 판결[부당이득금반환]

1) 개인정보자기결정권이라는 인격적 법익을 침해·제한한다고 주장되는 행위의 내용이 이미 정보주체의 의사에 따라 공개된 개인정보를 그의 별도의 동의 없이 영리 목적으로 수집·제공하였다는 것인 경우에는, 그와 같은 정보처리 행위로 침해될 수 있는 정보주체의 인격적 법익과 그 행위로 보호받을 수 있는 정보처리자 등의 법적 이익이 하나의 법률관계를 둘러싸고 충돌하게 된다. 이때는 정보주체가 공적인 존재인지, 개인정보의 공공성과 공익성, 원래 공개한 대상 범위, 개인정보 처리의 목적·절차·이용형태의 상당성과 필요성, 개인정보 처리로 침해될 수 있는 이익의 성질과 내용 등 여러 사정을 종합적으로 고려하여, 개인정보에 관한 인격권 보호에 의하여 얻을 수 있는 이익과 정보처리 행위로 얻을 수 있는 이익 즉 정보처리자의 '알 권리'와 이를 기반으로 한 정보수용자의 '알 권리' 및 표현의 자유, 정보처리자의 영업의 자유, 사회 전체의 경제적 효율성 등의 가치를 구체적으로 비교 형량하여 어느 쪽 이익이 더 우월한 것으로 평가할 수 있는지에 따라 정보처리 행위의 최종적인 위법성 여부를 판단하여야 하고, 단지 정보처리자에게 영리 목적이 있었다는 사정만으로 곧바로 정보처리 행위를 위법하다고 할 수

피고들의 행위가 X의 개인정보자기결정권을 부당하게 침해하였는가의 문제로 일원화하여 판단하는 것이 적절하다고 하였다.

는 없다.4)

2) 개인정보 보호법은 개인정보처리자의 개인정보 수집 · 이용(제15
조)과 제3자 제공(제17조)에 원칙적으로 정보주체의 동의가 필요하다고
규정하면서도, 대상이 되는 개인정보를 공개된 것과 공개되지 아니한
것으로 나누어 달리 규율하고 있지는 아니하다.

정보주체가 직접 또는 제3자를 통하여 이미 공개한 개인정보는 공
개 당시 정보주체가 자신의 개인정보에 대한 수집이나 제3자 제공 등의
처리에 대하여 일정한 범위 내에서 동의를 하였다고 할 것이다.

따라서 이미 공개된 개인정보를 정보주체의 동의가 있었다고 객관
적으로 인정되는 범위 내에서 수집·이용·제공 등 처리를 할 때는 정보주
체의 별도의 동의는 불필요하다고 보아야 하고, 별도의 동의를 받지 아
니하였다고 하여 개인정보 보호법 제15조나 제17조를 위반한 것으로
볼 수 없다.

Ⅱ. 평석

1. 처음에

대상판결의 사안은 학교 홈페이지 등에 공개된 국립대학 교수인

---

4) 대법원판결도 원심판결과 마찬가지로, 원고의 성명권, 초상권, 사생활의 비밀과 자
유, 개인정보자기결정권이 침해되었다는 주장 중에서, 개인정보자기결정권으로 일
원화하여 검토하고 있다. 이러한 태도에 대해서는 각각의 주장에 대한 개별적인
검토가 필요하다고 하는 주장으로서, 김민중, 공개된 사진, 성명, 성별, 출생연도,
직업, 직장, 학력, 경력 등을 동의 없이 수집 · 제공한 행위에 대한 책임-대법원
2016. 8. 17. 선고 2014다235080 판결을 중심으로-,동북아법연구 10권 2호(2016.9),
592쪽.

원고 X의 사진, 성명, 성별, 출생연도, 직업, 직장, 학력, 경력 등의 개인
정보를 그의 동의 없이 수집하여 유료로 불특정 다수의 제3자에게 제공
한 행위의 위법성 여부가 다투어진 것이다. 이러한 사례는 현대정보사
회에서 흔히 발생가능한 것으로서 이 사건과 관련하여 말하자면, 하급
심에서 그 판단이 엇갈린 것을 대법원이 개인정보자기결정권의 침해 여
부를 판단하는 기준을 제시한 최초의 사례라는 점에서도 그 의미가 적
지 않다고 할 수 있다5). 대상판결은 정보주체의 개인정보자기결정권이
반드시 개인의 내밀한 영역에 속하는 정보에 국한되지 아니하며 공적
생활에서 형성되었거나 이미 공개된 개인정보까지 포함한다는 입장에
서면서도, 그 침해 여부를 판단함에 있어서는 정보주체의 개인정보에
관한 인격권 보호에 의하여 얻을 수 있는 이익과 정보처리자의 '알 권
리'와 이를 기반으로 한 정보수용자의 '알 권리' 및 표현의 자유, 정보처
리자의 영업의 자유, 사회 전체의 경제적 효율성 등의 가치를 구체적으
로 비교 형량하여 어느 쪽 이익이 더 우월한 것으로 평가할 수 있는지
에 따라 정보처리 행위의 최종적인 위법성 여부를 판단하여야 한다고
하였다. 그리고, 이러한 판단기준으로서 "정보주체가 공적인 존재인지,
개인정보의 공공성과 공익성, 원래 공개한 대상 범위, 개인정보 처리의
목적·절차·이용형태의 상당성과 필요성, 개인정보 처리로 침해될 수
있는 이익의 성질과 내용 등 여러 사정을 종합적으로 고려하여"야 한다
고 하였다. 이러한 판단기준 자체는 이미 이른바 로마켓사건6)에서 제시
된 바 있지만, 공개된 개인정보를 정보주체의 동의없이 처리한 행위의
위법성판단과 관련하여서는 대상판결이 최초의 사례에 해당한 셈이다.
　　한편, 대상판결의 평석은 먼저, 대상판결의 사안이 개인정보 보호
법의 제정·시행 전후에 걸쳐서 일어난 것과 관련하여 적용법률의 문제
를 다루고, 이어서 대상판결이 중점적으로 다루고 있는 개인정보자기결

---

5) 김민중, 전게논문, 592쪽.
6) 대법원 2011.9.2. 선고 2008다42430 전원합의체 판결

정권에 대해 검토한 다음, 마지막으로 공개된 개인정보를 정보주체의 동의없이 처리한 경우와 관련한 대법원의 판단에 대해 검토하는 순으로 기술하도록 한다.

2. 적용법률의 문제

(1) 원고 X가 주장하는 이 사건 개인정보 침해사실은 개인정보 보호법의 제정·시행 전후에 걸쳐있어서 그 적용법률이 문제된다. 즉, 개인정보 보호법의 제정·시행 전에는 개인정보 보호와 관련한 법적 규제는 크게 공공부문과 민간부문으로 나누어, 전자에 대해서는 「공공기관의 개인정보보호에 관한 법률」을 1994년 1월에 제정하여 1995년 1월부터 시행하여 왔고, 후자에 대해서는 주로 「정보통신망 이용촉진 및 정보보호 등에 관한 법률」을 2001년 전부개정하여7) 동년 7월부터 시행하였다. 그리고, 2011년 3월 29일에 「개인정보 보호법」이 제정·공포되었고, 동년 9월 30일부터 시행되었기 때문이다8).

(2) 이 사건에서 원고 X는 피고들이 구 정보통신망법 제22조, 제23조, 제24조의2에 위반하여 X의 동의 없이 개인정보를 수집하여 이를 불특정 다수의 제3자에게 제공하였다고 주장한다. 이에 대해, 원심은 위 규정들의 적용과 관련하여, 피고들이 정보통신서비스 제공자인 것은 인정하지만, 피고들은 정보주체인 X 이외로부터 이 사건 개인정보를 수집하였을 뿐, 정보통신서비스 제공자 대 그 이용자의 관계에서 X로부터 이 사건 개인정보를 수집한 것이 아니므로, 피고들이 이 사건 개인정보

---

7) 정보통신망법은 1985년에 제정된 「전산망보급확장과 이용촉진에 관한 법률」이 그 모태이다. 그 후, 1998년에 이 법률을 대체하여 「정보통신망 이용촉진 등에 관한 법률」로 개정되었다가, 2001년에 전면개정되었다.

8) 동법의 시행으로 「공공기관의 개인정보 보호에 관한 법률」은 폐지되었다.

를 수집하여 이를 불특정 다수의 제3자에게 제공한 행위와 관련하여서는 위 규정들의 적용을 부정하였다. 그리고, 대법원은 이러한 원심의 판단에 대해 별다른 판단을 내리지 않고, 일부 피고(Y1)의 개인정보 보호법 시행 이후의 동 법에의 위반 여부만을 판단하고 있다.

(3) 이와 관련하여서는, 우선, 구 정보통신망법상의 해당 규정들이 정보통신서비스 제공자(이 사건 피고들이 이에 해당한다.)가 이용자(원고는 이용자로 추정된다)의 개인정보를 수집·제공과 관련된 것이라는 점을 지적할 수 있다. 동 규정들은 정보통신서비스 제공자들이 정보주체인 이용자로부터 직접 그 개인정보를 수집하였는지 또는 이용자 이외로부터 수집하였는지를 구분함이 없이 규정하고 있으며, 또한, 동 규정들이 "정보통신서비스 제공자는 …"이라고 하여, 정보통신서비스 제공자에 대해 의무를 부과하는 규정방식을 취하고 있음을 고려하여야 한다. 따라서, 이 사건 개인정보의 처리와 관련하여서는 구 정보통신망법의 관련규정들이 적용되어야 한다고 볼 것이다.

다음으로, 개인정보 보호법의 제정 및 시행 이후의 피고 Y1의 행위에 대한 적용법률이 문제된다. Y1은 2010. 12. 17.경 원고 X의 사진, 성명, 성별, 출생연도 등의 개인정보를 수집하여 이를 유료로 제3자에게 제공하여 오다가, 2012. 7. 30.경 이 사건 개인정보를 모두 삭제하였기 때문이다. 2011년 제정 당시의 개인정보 보호법은 "개인정보 보호에 관하여는 「정보통신망 이용촉진 및 정보보호 등에 관한 법률」, 「신용정보의 이용 및 보호에 관한 법률」 등 다른 법률에 특별한 규정이 있는 경우를 제외하고는 이 법에서 정하는 바에 따른다."(제6조)고 하여, 정보통신망법이 특별법으로서의 지위를 가짐을 명시적으로 규정하였다.9)

---

9) 동 조는 2014년 3월의 개인정보 보호법의 개정으로 "개인정보 보호에 관하여는 다른 법률에 특별한 규정이 있는 경우를 제외하고는 이 법에서 정하는 바에 따른다."로 변경되었다.

따라서, 정보통신서비스 제공자인 피고 Y1의 X의 개인정보의 수집 및
제3자 제공에는 정보통신망법이 우선적으로 적용되고, 그 규정이 흠결
되거나 불명확한 경우에 개인정보 보호법이 보완적으로 적용된다고 하
여야 할 것이다.

　이러한 관점에서 이 사건에서의 적용법조항을 검토하면, 먼저, 원
고 X가 주장하는 바와 같이, 정보통신망에서의 정보통신서비스 제공자
에 의한 이용자의 개인정보 수집·이용·제공 등에 관한 구 정보통신망
법 제22조, 제23조, 제24조의2가 적용되어야 할 것이다. 그런데, 정보주
체의 개인정보 수집·이용·제공 등과 관련하여서는 개인정보 보호법도
제15조부터 제20조까지에 걸쳐서 규정하고 있다. 양 법률의 관련규정의
차이를 살펴보면, 구 정보통신망법에서의 개인정보의 수집에는 일정한
사항을 이용자에게 알리고 동의를 받아야 하고(제22조 제1항), 예외적으
로 일정한 경우에 동의 없이 개인정보를 수집·이용할 수 있다(동조 제2
항)고 규정하고 있는데 대하여, 개인정보 보호법은 정보주체의 동의와
함께 5가지의 사항을 열거하여, 그러한 경우에는 개인정보를 수집·이용
할 수 있다고 규정하고 있다.[10] 개인정보의 제3자 제공과 관련하여서도
양 법은 유사한 방식으로 규정하고 있다. 그러나, 이러한 차이는 실제

---

10) 제15조(개인정보의 수집·이용) ① 개인정보처리자는 다음 각 호의 어느 하나에 해
　당하는 경우에는 개인정보를 수집할 수 있으며 그 수집 목적의 범위에서 이용할
　수 있다.
　1. 정보주체의 동의를 받은 경우
　2. 법률에 특별한 규정이 있거나 법령상 의무를 준수하기 위하여 불가피한 경우
　3. 공공기관이 법령 등에서 정하는 소관 업무의 수행을 위하여 불가피한 경우
　4. 정보주체와의 계약의 체결 및 이행을 위하여 불가피하게 필요한 경우
　5. 정보주체 또는 그 법정대리인이 의사표시를 할 수 없는 상태에 있거나 주소불
　　명 등으로 사전 동의를 받을 수 없는 경우로서 명백히 정보주체 또는 제3자의
　　급박한 생명, 신체, 재산의 이익을 위하여 필요하다고 인정되는 경우
　6. 개인정보처리자의 정당한 이익을 달성하기 위하여 필요한 경우로서 명백하게
　　정보주체의 권리보다 우선하는 경우. 이 경우 개인정보처리자의 정당한 이익과
　　상당한 관련이 있고 합리적인 범위를 초과하지 아니하는 경우에 한한다.

적용에 있어서는 그다지 크지 않을 수 있다. 왜냐하면, 구 정보통신망법[11]상에서도 동의없이 이용자의 개인정보를 수집·이용·제공할 수 있는 경우로서 "이 법 또는 다른 법률에 특별한 규정이 있는 경우"를 들고 있기 때문에 개인정보 보호법의 관련규정이 적용될 수 있기 때문이다. 다만, 양 법률의 관련규정을 비교할 때, 개인정보 보호법은 정보주체 이외로부터 수집한 개인정보의 수집 출처 등 고지에 관한 규정(제20조)을 두고 있는 대하여, 구 정보통신망법은 그와 관련된 규정이 없는 것이 차이점이라고 할 수 있다. 이에 대해서는 구 정보통신망법이 정보주체인 이용자의 개인정보를 이용자로부터 직접 수집하는 경우나 이용자 이외로부터 수집하는 경우를 구별하지 않고 통합적으로 규율하고 있다고 해석할 수도 있고, 입법의 흠결로 해석할 수도 있을 것이다. 후자의 경우에는 개인정보 보호법의 규정이 보완적으로 적용될 여지가 있게 된다.

　　이처럼 개인정보의 처리와 관련하여, 우리 법제는 일반법으로서의 개인정보 보호법과 특별법의 규정이 유사한 사항에 대하여 각자 중복된 형태로 규율을 하고 있는 혼란상을 보이고 있으며, 이는 궁극적으로 입법의 개선에 의해 해결해야 할 것이다. 이러한 법적용의 곤란은 있으나, 원심이나 대법원이 구 정보통신망법의 관련규정의 적용을 부정하고, 개인정보 보호법의 관련규정만을 다루고 있는 것은 의문이라고 할 것이다.

---

11) 제22조(개인정보의 수집·이용 동의 등) ② 정보통신서비스 제공자는 다음 각 호의 어느 하나에 해당하는 경우에는 제1항에 따른 동의 없이 이용자의 개인정보를 수집·이용할 수 있다.
　　1. 정보통신서비스의 제공에 관한 계약을 이행하기 위하여 필요한 개인정보로서 경제적·기술적인 사유로 통상적인 동의를 받는 것이 뚜렷하게 곤란한 경우
　　2. 정보통신서비스의 제공에 따른 요금정산을 위하여 필요한 경우
　　3. 이 법 또는 다른 법률에 특별한 규정이 있는 경우

3. 개인정보자기결정권의 과부하 문제

(1) 이 사건 원심과 대법원 판결은 개인정보자기결정권을 판단의 주요한 법적 쟁점으로 다루고 있기 때문에, 이에 대해서 검토하여본다. 개인정보자기결정권은 헌법재판소 2005년 결정[12]을 기점으로 하여,[13] 그 개념 및 헌법적 근거 등이 정립된 것이라고 할 수 있다.[14] 동 결정에 의해 정립된 개인정보자기결정권은 이후 개인정보 보호 관련사건에 있어서 중요한 법적 근거로 제시되고 있다고 할 수 있으며, 이 사건 원심 및 대법원판결도 그러하다. 뿐만 아니라, 개인정보자기결정권은 입법에도 중요한 영향을 미쳤다고 할 수 있다. 그러한 단적인 예로서, 개인정보 보호법과 정보통신망법상의 정보주체(이용자)의 개인정보의 수집·이용·제공 등에 대한 동의제도를 들 수 있다. 정보주체(이용자)의 개인정보의 수집·이용·제공에 대한 개인정보자기결정권의 완전한 구현은 그 정보주체(이용자)의 의사에 얽매이게 하는 것이며, 그것의 현행 법제상의 제도가 다름 아닌 동의제도라고 할 수 있기 때문이다.[15]

먼저, 개인정보 보호법상의 주요한 동의제도를 살펴보면, ① 개인정보의 처리에 관한 동의 여부, 동의 범위 등을 선택하고 결정할 정보

---

12) 헌법재판소 2005. 5. 26. 선고 99헌마513,2004헌마190(병합) 전원재판부【주민등록법제17조의8등위헌확인등】
13) 이후의 헌법재판소의 일련의 결정들에 대해서는, 정한신, 개인정보자기결정권에 관한 헌법재판소 결정의 비판적 검토, 법학연구 56권 4호(2015.11), 2쪽 이하.
14) 2005년의 헌법재판소 결정에 앞서, 관련 개념 등을 다룬 법원의 판결로서는 서울고법 1995. 8. 24. 선고 94구39262 판결【정보공개청구거부처분취소】(확정), 서울고법 1996. 8. 20. 선고 95나44148 판결【손해배상(기)】, 대법원 1998. 7. 24. 선고 96다42789 판결【손해배상(기)】(상고심) 등을 들 수 있다. 권건보, 개인정보보호와 자기정보통제권, 경인문화사, 2005, 81쪽 이하.
15) 동의를 통해 정보주체의 자기결정이 표출되기 때문에 개인정보 보호 법제에서 개인정보 자기결정권을 보호하는 핵심적인 수단은 동의제도라고 보는 견해로서, 권영준, 개인정보 자기결정권과 동의제도에 대한 고찰, 법학논총 36권 1호(2016.3), 675쪽.

주체의 권리(제4조 제2호), ② 개인정보의 수집·이용에 대한 동의와 고지사항의 변경에 대한 동의(제15조 제1항, 제2항), ③ 개인정보의 제3자 제공에 대한 동의와 고지사항의 변경에 대한 동의(제17조 제1항, 제2항), ④ 개인정보의 국외의 제3자 제공에 대한 동의(제17조 제3항), ⑤ 개인정보의 목적외 이용·제공에 대한 동의(제18조 제2항), ⑥ 개인정보를 제공받은 자의 목적 외 이용·제공에 대한 동의(제19조) 등을 들 수 있다. 다음으로, 정보통신망법상의 주요한 동의제도를 살펴보면, ① 개인정보의 수집·이용에 대한 동의와 고지사항의 변경에 대한 동의(제22조 제1항), ② 이동통신단말장치에의 접근권한에 대한 동의(제22조의2), ③ 개인정보의 제3자 제공에 대한 동의와 고지사항의 변경에 대한 동의(제24조의2 제1항), ④ 개인정보를 제공받은 자의 목적 외 이용·제공에 대한 동의(제24조의2 제2항), ⑤ 개인정보의 국외이전에 대한 동의(제63조 제1항) 등이 있다.

    이처럼, 양 법률은 개인정보의 처리와 관련하여 정보주체(이용자)의 사전동의를 요구하고 있다.16) 그렇다면, 개인정보 처리와 관련한 동의제도는 정보주체(이용자)의 권리이익을 충분히 보호하고 있는가? 이에 대해서는, 주지하다시피 특히 정보통신망에서의 동의제도의 형식화 또는 기능부전이 지적되고 있다17). 또한, 이러한 동의제도는 이용자(소비자)의 프라이버시의 보호를 위한 법정책으로서 다수 이용되고 있으나, 근본적으로 프라이버시 보호책임을 개인에게 전가시킨다는 점이 지적되고 있다.18) 나아가서, 형식적인 동의의 존재를 이유로 하여 개인정보

---

16) 이러한 사전동의는 다양한 상황에서 발생하는 다종의 개인정보 처리에 대응하기에는 지나치게 경직된 규제방식이며, 경우에 따라서는 정보주체의 권리를 보호하는 적절한 수단이 되지 못하는데도 불구하고, 단지 집행이 용이하다는 이유만으로 제도로서 채택되어서는 곤란하다고 하는 견해로서는, 권헌영 외, 4차산업혁명 시대 개인정보권의 법리적 재검토, 저스티스 158-1호(2017.2), 32쪽.

17) 행정자치부·개인정보보호위원회의 개인정보보호 실태조사에 따르면 정보주체의 76.8%가 개인정보 제공 시 동의서를 확인하지 않는다고 한다. 행정자치부·개인정보보호위원회, 2016년 개인정보보호 실태조사, 2016.12, 126쪽.

에 대한 통제권이 사실상 개인정보처리자에게 넘어가게 된다는 사실도 직시할 필요가 있다[19].

생각건대, 개인정보는 '정보'로서의 성격과 '개인'의 인격주체성이 결합된 형태로 존재한다. 전자로서의 개인정보는 이 사건에서 보는 바와 같이 다양한 분야에서 경제행위의 대상, 즉 정보재[20][21]가 되었다.[22] 그러한 의미에서 정보는 원칙적으로 '유통의 자유'를 그 속성으로 한다고 할 수 있다. 그러나, 개인정보는 그 정보주체가 개인이라는 특성으로 인하여 그 밖의 다른 정보와는 달리 취급되어야 한다고 할 수 있다. 개인의 인격과 사생활의 비밀은 헌법이 보장하는 중요한 가치이기 때문이다. 이로 인하여, 개인정보의 처리, 즉, 개인정보의 수집, 이용, 제공 등에 있어서 정보주체인 개인에게 적극적인 참여를 통하여 통제권을 행사하도록 하자는 개인정보자기결정권의 당위성이 나오게 된다. 따라서, 개인정보와 관련하여서는 '정보'로서 원칙적으로 '자유로운 유통'을 전제로 하면서, '개인'의 인격성과 프라이버시가 관계되는 경우에는 그 보호를 위하여 개인정보의 처리과정에 참여하도록 함으로써 '유통(이용)'과 '보호'를 조화하도록 할 것이 요청된다. 그러나, 개인정보 보호와 관련한 일반법으로서의 개인정보 보호법과 특별법인 정보통신망법에서는 개인정보의 '보호'에 편중함으로써 개인정보의 정보로서의 '유통'의 측면을 상대적으로 소홀히 하고 있다고 지적된다.[23] 또한, 위에서 지적한

---

18) Executive Office of the President President's Council of Advisors on Science and Technology, (REPORT TO THE PRESIDENT) BIG DATA AND PRIVACY: A TECHNOLOGICAL PERSPECTIVE, May 2014, p.38.

19) 정찬모, 개인정보보호에 있어 정보주체의 동의, 법학연구 18집 1호(2015.3), 81쪽.

20) 한편, 디지털정보를 기존의 물권이나 채권과는 구별되는 독자적 지위를 가지는 것으로 보는 견해로서, 오병철, 디지털정보계약법, 법문사, 2005, 25쪽 이하.

21) 한편, 개인정보를 활용하여 얻는 재산적 이익이 있다고 하여 개인정보 자체가 재산인지 의문을 제기하는 견해로서, 권영준, 전게논문, 682쪽.

22) 함인선, 개인정보 처리와 관련된 법적 문제-우리나라 「개인정보 보호법」과 EU의 '2012년 규칙안'을 중심으로 하여-, 경제규제와 법 6권 1호(2013.5), 153쪽 이하.

23) 한편, 입법론으로서는 개인정보 보호법의 법 명칭에도 보호와 이용이라는 두 가지

바와 같이, 정보통신망에서의 동의제도가 그 기능을 다하지 못하고 통과의례와 같이 형식화하는 경향을 보이고 있으며, 그러한 동의의 취득을 근거로 하여 개인정보의 남용·오용이 빈번히 이루어지고 그로 인한 책임을 정보주체(이용자)에게 전가하는 상황이 전개되고 있다.

(2) 그렇다면, 이러한 우리 법제의 현안에 대한 해법을 어디에서 구할 수 있을 것인가? 이에 대해서는 세계 개인정보 보호입법을 리드하고 있다고 할 수 있는 유럽, 특히 EU의 입법례에서 그 모델을 구할 수 있다고 생각한다. 즉, EU의 헌법이라고 할 수 있는 유럽연합운영조약(The Treaty on the Functioning of the European Union; TFEU) 제16조 제1항과 유럽연합기본권헌장(The Charter of Fundamental Rights of the EU) 제8조 제1항은 "모든 사람은 자기에 관한 개인정보보호권을 가진다."고 규정하고 있다. 이에 근거하여, 2016년 4월에 제정된 일반정보보호규칙[24](General Data Protection Regulation: GDPR)은 그 입법목적에서 "본 규칙은 자연인의 기본적 권리 및 자유와 특히 개인정보보호권을 보호한다."(제1조 제2항)고 규정하고 있으며, 또한 동 조 제3항에서는 "연합 역내에서의 개인정보의 자유로운 이동은 개인정보의 처리와 관련하여 자연인의 보호와 연결되었다는 이유로 제한되거나 금지되어서는 안된다."고 규정하고 있다. 이러한 규정으로부터 EU의 2016년 GDPR은 '자연인의 개인정보보호권의 보호'와 '개인정보의 자유로운 이동'을 그 목적으로 하고 있음을 알 수 있다. 이러한 점에서, EU개인정보보호법은 EU에서의 개인정보의 '보호'와 함께 그 '이동', 즉 '유통'도 또 다른 중요한 목

목표가 함께 반영되도록 고치는 것이 바람직하다고 하는 견해로서, 권영준, 전게 논문 각주 32), 683쪽.

24) REGULATION (EU) 2016/679 OF THE EUROPEAN PARLIAMENT AND OF THE COUNCIL of 27 April 2016 on the protection of natural persons with regard to the processing of personal data and on the free movement of such data, and repealing Directive 95/46/EC (General Data Protection Regulation), OJ L 119, 2016.5.4, p.1.

적으로 삼고 있다고 할 수 있다.25) 이상의 개인정보 보호와 관련된 EU
법제에서 '개인정보자기결정권'이라는 용어는 사용되지 않고, '개인정보
보호권'이라는 용어가 사용되고 있으며, 개인정보의 '보호'와 함께 '이동
(유통)'도 동등한 입법목적임을 확인할 수 있다.

(3) 그렇다면, 양자의 개념은 구체적으로 어떠한 법제도상의 차이
를 나타내는 것일까? 이와 관련하여서는 개인정보의 제3자 제공, 특히
국외의 제3자 제공 또는 개인정보의 국외이전과 관련한 우리나라와 EU
의 법제도를 비교해보자. 먼저, 우리나라 개인정보보호법과 정보통신망
법은 개인정보의 국외이전과 관련하여, 정보주체(이용자)의 동의에 맡기
고 있다. 즉, 개인정보 보호법은 "개인정보처리자가 개인정보를 국외의
제3자에게 제공할 때에는 제2항 각 호에 따른 사항을 정보주체에게 알
리고 동의를 받아야 하며, 이 법을 위반하는 내용으로 개인정보의 국외
이전에 관한 계약을 체결하여서는 아니 된다."(제17조 제3항)고 하는 하
나의 조항만을 규정하고 있으며, 정보통신망법도 "정보통신서비스 제공
자등은 이용자의 개인정보를 국외에 제공(조회되는 경우를 포함한다)·처
리위탁·보관(이하 이 조에서 "이전"이라 한다)하려면 이용자의 동의를 받
아야 한다."고 하고, 다만, 일정한 경우에는 동의절차를 거치지 않도록
규정하고 있다. 이에 대해, EU GDPR은 EU역내의 정보주체의 개인정보
의 국외이전에 대해서는 원칙적으로 적합성결정(adequacy decision)에 근
거한 이전(제45조), 적절한 안전장치(appropriate safeguards)에 따른 이전
(제46조) 및 구속적 기업규칙(binding corporate regulation; BCR)에 따른 이
전(제47조)을 채택하고, 이에 대해서는 EU의 집행기관인 유럽위원회
(European Commission)가 이를 결정하도록 하고 있다. 그리고, 특별한
상황에서 이들에 대한 예외들을 규정하고 있는 바,26) 그들 중 하나로서

---

25) 함인선, EU개인정보보호법, maronie, 2016, 16-17쪽.
26) (a) 적합성결정과 적절한 안전장치가 없기 때문에 그러한 이전의 가능한 위험을

정보주체의 동의를 들고 있을 뿐이다(제49조 제1항 제a호). 이들 양자의 비교에서 우리나라법제는 개인정보의 국외이전을 정보주체(이용자)의 동의에 전적으로 의존하게 하고 있는 데 대하여, EU는 정보주체의 개인 정보 보호를 위한 제도적 장치를 마련하여, 그 집행기관인 유럽위원회 의 이에 대한 관여(결정)를 인정하고 있으며, 특별한 예외적인 상황에서 정보주체의 명시적인 동의를 국외이전사유의 하나로 규정하고 있을 뿐 이다. 이와 같은 법제도에서 우리나라 법제가 정보주체의 개인정보 보 호에 우월한지에 대해서는 주지하다시피 동의제도의 형식화 내지 기능 부전으로 인해 의문이라 하지 않을 수 없다.27) 또한, 외국의 개인정보 보호입법에 대부분 문외한인 정보주체에게 그 책임을 전가함으로써 우 리 관련국가기관이 자기의 책임을 방기하였다는 비판도 피할 수 없을 것이다. 나아가서, 개인정보자기결정권이 정보주체(이용자)의 동의를 매 개로 그 이후의 상황에서 제 기능을 다하지 못할 우려가 있음에 비하 여, 개인정보보호권은 그러하지 않다는 점도 주목할 필요가 있다.28)

통지받은 후에, 정보주체가 제안 받은 이전을 명시적으로 동의한 경우
(b) 정보주체와 관리자 간의 계약의 이행, 또는 정보주체의 요청으로 취해진 계약 전 조치의 이행을 위하여 이전이 필요한 경우
(c) 관리자와 다른 자연인이나 법인 간에 정보주체를 위해 체결된 계약의 체결이 나 이행을 위해 이전이 필요한 경우
(d) 중대한 공익상의 이유로 이전이 필요한 경우
(e) 법적 청구권의 설정, 행사 또는 방어를 위하여 이전이 필요한 경우
(f) 정보주체가 사실상 또는 법률상 동의할 수 없는 경우에, 정보주체나 타인의 중 대한 이익을 보호하기 위하여 이전이 필요한 경우
(g) EU법이나 회원국법에 따라서 일반에게 정보를 제공하도록 예정되어있으며, 일반공중이나 정당한 이익을 입증할 수 있는 사람에 의해 조회하도록 개방되 어 있으나, EU법이나 회원국법에서 규정된 조회의 조건이 특정한 경우에 충 족된 범위에서만 개방되어 있는 등록부로부터 이전이 이루어진 경우
27) 개인정보 자기결정권은 자유롭게 합리적인 인간상을 전제로 하지만, 현실 속에 존 재하는 인간이 늘 이러한 인간상에 부합하는 모습을 지니는 것은 아니기 때문에, 개인정보 자기결정권을 부여하여 개인정보에 대한 자유와 책무를 개인에게만 짊어 지우는 것은 현실적이지 않다고 하는 견해에 대해서는, 권영준, 전게논문, 696쪽.
28) 한편, 개인정보자기결정권에 대체하여 보다 중립적인 개념인 '개인정보권'을 주장

(3) 이상의 검토에서도 알 수 있듯이, 개인정보보호권의 한 분지인 개인정보자기결정권에 대해 과도한 기능을 담당하게 함으로써 개인정보 보호입법과 적용실제에 있어서 기능부전 또는 기능장애를 초래한 측면이 있음을 부정할 수 없다[29]. 따라서, 개인정보자기결정권에 대체하여 개인정보보호권을 본래의 위상에 자리매김함으로써 개인정보 보호입법과 적용실제에 있어서 개인정보의 보호와 유통의 조화를 도모할 것이 요청된다고 본다.

4. 공개된 개인정보의 처리 문제

(1) 대법원은 피고 Y1이 원고 X의 개인정보를 그의 동의를 얻지 않고 온라인상에서 제3자에게 제공한 행위의 위법성 판단의 법적 근거로서 헌법상의 개인정보자기결정권과 개인정보 보호법상의 관련규정을 들고 있다. 그런데, 이러한 판단에 있어서 중요한 요소로서 작용하고 있는 것이 X의 개인정보가 공개된 개인정보라는 점이다.

대법원판결에 의하면, 정보주체의 의사에 따라 공개된 개인정보를 그의 별도의 동의 없이 영리 목적으로 수집·제공한 행위가 헌법상의 개인정보자기결정권을 침해하여 위법한지 여부는 그 정보주체가 공적인 존재인지, 개인정보의 공공성과 공익성, 원래 공개한 대상 범위, 개인정보 처리의 목적·절차·이용형태의 상당성과 필요성, 개인정보 처리로 인하여 침해될 수 있는 이익의 성질과 내용 등 여러 사정을 종합적으로 고려하여, 개인정보에 관한 인격권 보호에 의하여 얻을 수 있는 이익과 그 정보처리 행위로 인하여 얻을 수 있는 이익 즉 정보처리자의 '알 권

하는 견해로서, 권헌영 외, 전게논문, 22쪽.

29) "개인정보자기결정권을 기계적으로 집행하려고 하다 보면 문명의 존립근거가 되고 있는 정보의 유통이 각종 정보주체들의 요구에 의해서 마비될 수 있다"고 하는 견해로서는, 박경신, "구글 스페인" 유럽사법재판소 판결 평석—개인정보자기결정권의 유래를 중심으로—, 세계헌법연구 20권 3호(2014), 54쪽.

리'와 이를 기반으로 한 정보수용자의 '알 권리' 및 표현의 자유, 정보처리자의 영업의 자유, 사회 전체의 경제적 효율성 등의 가치를 구체적으로 비교 형량하여 어느 쪽 이익이 더 우월한 것으로 평가할 수 있는지에 따라 그 정보처리 행위의 최종적인 위법성 여부를 판단하여야 한다고 하였다[30]. 또한, 대법원판결은 피고 Y1의 행위가 개인정보 보호법 제15조 및 제17조 등에 위반하는지 여부와 관련하여, 정보주체가 직접 또는 제3자를 통하여 이미 공개한 개인정보는 그 공개 당시 정보주체가 자신의 개인정보에 대한 수집이나 제3자 제공 등의 처리에 대하여 일정한 범위 내에서 동의를 하였다고 할 것이며, 따라서 이미 공개된 개인정보를 정보주체의 동의가 있었다고 객관적으로 인정되는 범위 내에서 수집·이용·제공 등 처리를 할 때는 정보주체의 별도의 동의는 불필요하다고 보아야 할 것이고, 그러한 별도의 동의를 받지 아니하였다고 하여 개인정보 보호법 제15조나 제17조를 위반한 것으로 볼 수 없다고 하였다.

(2) 이러한 대법원의 판단에 대해서는, 우선, 대법원도 지적한 바와 같이, 공개된 개인정보도 개인정보자기결정권의 보호대상이 되는 개인정보에 포함되며, 따라서 공개된 개인정보를 이유로 정보주체의 동의 없이 그 개인정보를 수집·이용·제공하는 경우에는 개인정보자기결정권의 침해에 해당한다는 견해가 있을 수 있다.[31] 역시, 대법원이 지적한 바와 같이, 개인정보 보호법은 개인정보처리자의 개인정보 수집·이용(제15조)과 제3자 제공(제17조)에 원칙적으로 정보주체의 동의가 필요하다고 규정하면서도, 대상이 되는 개인정보를 공개된 것과 공개되지

---

30) 이러한 판단방법은 이미 대법원 2011.9.2. 선고 2008다42430 전원합의체 판결에서 취한 바 있다. 이에 대한 평석으로, 권태상, 개인정보에 관한 인격권과 표현의 자유-대법원 2011.9.2.선고 2008다42430 전원합의체 판결-, 법학논집 18권 1호(2013.9), 461쪽 이하.

31) 김민중, 전게논문, 579-580쪽.

아니한 것으로 나누어 달리 규율하고 있지는 아니하다. 따라서, 개인정보자기결정권을 철저히 보장하고, 개인정보 보호법의 관련규정을 엄격히 적용한다면 개인정보의 공개를 이유로 하여 피고 Y1이 정보주체인 X의 동의없이 그 개인정보를 수집하거나 제3자에게 제공하는 행위는 개인정보자기결정권의 침해이며, 개인정보 보호법을 위반하는 불법행위에 해당한다고 하여야 할 것이다.[32] 이러한 관점에 선다면, 피고 Y1이 원고 X의 개인정보를 제3자에게 유료로 제공한 행위는 개인정보보호법에 위반된 불법행위에 해당한다고 한 원심의 판단에도 수긍할 수 있는 측면이 있다고 할 것이다.

그러나, 위에서 살펴본 바와 같이, 개인정보 보호와 관련한 헌법상의 기본권으로서 인정되는 개인정보자기결정권이 개인정보의 보호와 유통의 조화를 이루지 못한 개념으로서 본래의 위상에 어울리지 않는 과도한 기능을 담당함으로써 개인정보 보호입법이나 그 법적용 실제의 양면에 걸쳐 적지 않은 문제점을 야기하고 있는 점을 고려할 필요가 있다. 즉, 동의제도를 매개로 하여, 과도하게 개인정보 보호에 편중된 현행법제를 그 해석에 의해 완화시킬 것이 요청된다고 본다. 이러한 관점에서, 대법원이 "공개된 개인정보를 객관적으로 보아 정보주체가 동의한 범위 내에서 처리하는 것으로 평가할 수 있는 경우에도 그 동의의 범위가 외부에 표시되지 아니하였다는 이유만으로 또다시 정보주체의 별도의 동의를 받을 것을 요구한다면 이는 정보주체의 공개의사에도 부합하지 아니하거니와 정보주체나 개인정보처리자에게 무의미한 동의절차를 밟기 위한 비용만을 부담시키는 결과가 된다"는 점을 이유로, "정보주체가 직접 또는 제3자를 통하여 이미 공개한 개인정보는 그 공개

---

32) 개인정보 보호법은 이미 공개된 개인정보의 삭제에 관한 아무런 규정도 두고 있지 않은 관계로 이미 공개된 개인정보로부터 발생하는 개인정보의 침해를 막을 방법이 없는 문제가 있다고 하는 견해로서, 윤영철, '개인정보 보호법'의 문제점과 개선방안에 관한 고찰, 과학기술법연구 18집 2호(2012), 123쪽.

당시 정보주체가 자신의 개인정보에 대한 수집이나 제3자 제공 등의 처리에 대하여 일정한 범위 내에서 동의를 하였다"고 해석하여, "이미 공개된 개인정보를 정보주체의 동의가 있었다고 객관적으로 인정되는 범위 내에서 수집·이용·제공 등 처리를 할 때는 정보주체의 별도의 동의는 불필요하다고 보아야 하고, 별도의 동의를 받지 아니하였다고 하여 개인정보 보호법 제15조나 제17조를 위반한 것으로 볼 수 없다"고 한 판단은 적정한 것으로 평가될 수 있다고 본다.

5. 마치며

정보통신서비스 제공자들이 그 이용자의 개인정보를 동의 없이 일반의 제3자에게 제공함으로써 제기된 이 사건은 현대정보사회에서 흔히 발생할 수 있는 사안의 하나라고 할 수 있을 것이다. 개인정보 보호의 필요성이 인식되면서 그를 위한 법적 규율이 이루어지는 과정에서 문제되는 개별영역별 입법을 거쳐 일반법으로서의 개인정보 보호법이 제정·시행되는 시기에 걸쳐서 발생한 이 사건은, 지금까지 살펴본 바와 같이, 여러 가지 중요한 쟁점을 포함하고 있음을 알 수 있었다.

첫째로, 이 사건이 구 정보통신망법과 새로운 개인정보 보호법의 시행이 이루어지는 과정에서 발생함으로써 그 적용법률의 문제가 존재하였다. 당시의 개인정보 보호법이 명문의 규정으로 두었던 것처럼 구 정보통신망법은 그 특별법으로서의 지위를 가지고 있었다. 따라서, 이 사건에 있어서는 우선 구 정보통신망법이 적용되어야 했고, 동 법에 흠결이나 불명확한 부분이 있는 경우에 보완적으로 개인정보 보호법이 적용되어야 했다. 그러나, 위에서도 검토했던 바와 같이, 유사한 사항에 대해 서로 유사한 법적 규제를 함으로써 그 법적용상의 혼란을 초래한 입법상의 불비를 먼저 지적하여야 할 것이며, 따라서, 이 부분에 대해서는 입법적 개선이 요구된다고 할 것이다. 즉, 특별법인 정보통신망법에서 정보통신망에서의 정보통신서비스 제공자가 그 이용자의 개인정보의 보호와 관련된 특별한 사항에 대해서만 규율하고, 개인정보 보호와 관련된 그밖의 사항은 개인정보 보호법에 맡겨서 법규제의 정합성과 법적용의 간명함을 확보하여야 할 것이다.[33]

둘째로, 이 사건 대법원판결 등을 포함하여, 개인정보 보호와 관련된 사안에 있어서 금과옥조와 같이 제시되어온 개인정보자기결정권은 위에서 검토한 바와 같이 현대정보사회에서 요청되는 개인정보의 보호와 유통의 조화를 위한 개념으로서는 부적절함을 지적하였다. 개인정보자기결정권에 기반하여 도입된 동의제도는 실질적으로 그 기능을 다하지 못하고, 새로운 정보통신산업의 발전에도 장애가 될 수 있음을 알 수 있었다. 그리고, 이에 대해서는 EU개인정보보호법제로부터 개인정보보호권이 개인정보자기결정권에 대체될 수 있음을 살펴보았다.

셋째로, 이 사건 대법원판결은 개인정보자기결정권에 근거하면서도 원고 X의 개인정보가 공개된 것임을 이유로 충돌하는 법익간의 비교형량에 의하여 피고의 개인정보 처리행위의 최종적인 위법성 여부를 판단하고 있다. 그리고, 이미 공개된 개인정보를 정보주체의 동의가 있었다고 객관적으로 인정되는 범위 내에서 수집·이용·제공 등 처리를 할 때는 정보주체의 별도의 동의는 불필요하다고 보아야 하고, 별도의 동의를 받지 아니하였다고 하여 개인정보 보호법 제15조나 제17조를 위반한 것으로 볼 수 없다고 판단하였다. 이러한 대법원의 판단은 현대정보사회에서 개인정보 보호입법과 그 적용실제 간의 갭을 메우는 유연한 사고로서 적정한 것으로 평가되어야 할 것이다.

---

33) 함인선, 개인정보 보호법의 법적용관계와 입법적 과제 – 위치정보법과의 관계를 중심으로 하여 –, 인권과정의 419호(2011), 62쪽.

참고문헌

권건보, 개인정보보호와 자기정보통제권, 경인문화사, 2005
오병철, 디지털정보계약법, 법문사, 2005
함인선, EU개인정보보호법, maronie, 2016

권영준, 개인정보 자기결정권과 동의제도에 대한 고찰, 법학논총 36권 1
    호(2016.3)
권태상, 개인정보에 관한 인격권과 표현의 자유-대법원 2011.9.2.선고
    2008다42430 전원합의체 판결-, 법학논집 18권 1호(2013.9)
권헌영 외, 4차산업혁명시대 개인정보권의 법리적 재검토, 저스티스
    158-1호(2017.2),
김민중, 공개된 사진, 성명, 성별, 출생연도, 직업, 직장, 학력, 경력 등을
    동의 없이 수집·제공한 행위에 대한 책임-대법원 2016.8.17. 선고
    2014다235080 판결을 중심으로-, 동북아법연구 10권 2호(2016.9)
박경신, "구글 스페인" 유럽사법재판소 판결 평석 ― 개인정보자기결정권
    의 유래를 중심으로 ―, 세계헌법연구 20권 3호(2014)
윤영철, '개인정보 보호법'의 문제점과 개선방안에 관한 고찰, 과학기술법
    연구 18집 2호(2012)
정찬모, 개인정보보호에 있어 정보주체의 동의, 법학연구 18집 1호
    (2015.3)
정한신, 개인정보자기결정권에 관한 헌법재판소 결정의 비판적 검토, 법
    학연구 56권 4호(2015.11)
함인선, 개인정보 보호법의 법적용관계와 입법적 과제- 위치정보법과의
    관계를 중심으로 하여 -, 인권과의 419호(2011)
함인선, 개인정보 처리와 관련된 법적 문제-우리나라 「개인정보 보호법」
    과 EU의 '2012년 규칙안'을 중심으로 하여-, 경제규제와 법 6권 1호

(2013.5)

행정자치부·개인정보보호위원회, 2016년 개인정보보호 실태조사, 2016.12

Executive Office of the President President's Council of Advisors on
    Science and Technology, (REPORT TO THE PRESIDENT) BIG
    DATA AND PRIVACY: A TECHNOLOGICAL PERSPECTIVE, May
    2014

国文抄録

정보통신서비스 제공자들이 그 이용자의 개인정보를 동의 없이 일반의 제3자에게 제공함으로써 제기된 이 사건은 현대정보사회에서 흔히 발생할 수 있는 사안의 하나라고 할 수 있을 것이다. 개인정보 보호의 필요성이 인식되면서 그를 위한 법적 규율이 이루어지는 과정에서 문제되는 개별영역별 입법을 거쳐 일반법으로서의 개인정보 보호법이 제정·시행되는 시기에 걸쳐서 발생한 이 사건은, 다음과 같이 크게 3가지 쟁점으로 정리할 수 있다.

첫째로, 이 사건이 구 정보통신망법과 새로운 개인정보 보호법의 시행이 이루어지는 과정에서 발생함으로써 그 적용법률의 문제가 존재하였다. 당시의 개인정보 보호법이 명문의 규정으로 두었던 것처럼 구 정보통신망법은 그 특별법으로서의 지위를 가지고 있었다. 따라서, 이 사건에 있어서는 우선 구 정보통신망법이 적용되어야 했고, 동 법에 흠결이나 불명확한 부분이 있는 경우에 보완적으로 개인정보 보호법이 적용되어야 했다. 그러나, 유사한 사항에 대해 서로 유사한 법적 규제를 함으로써 그 법적용상의 혼란을 초래한 입법상의 불비를 먼저 지적하여야 할 것이며, 따라서, 이 부분에 대해서는 입법적 개선이 요구된다고 할 것이다. 즉, 특별법인 정보통신망법에서 정보통신망에서의 정보통신서비스 제공자가 그 이용자의 개인정보의 보호와 관련된 특별한 사항에 대해서만 규율하고, 개인정보 보호와 관련된 그 밖의 사항은 개인정보 보호법에 맡겨서 법규제의 정합성과 법적용의 간명함을 확보하여야 할 것이다.

둘째로, 이 사건 대법원판결 등을 포함하여, 개인정보 보호와 관련된 사안에 있어서 금과옥조와 같이 제시되어온 개인정보자기결정권은 현대정보사회에서 요청되는 개인정보의 보호와 유통의 조화를 위한 개념으로서는 부적절함을 지적하였다. 개인정보자기결정권에 기반하여 도입된 동의제도는 실질적으로 그 기능을 다하지 못하고, 새로운 정보통신산업의 발전에도 장애가 될 수 있음을 알 수 있었다. 그리고, 이에 대해서는 EU개인정보보호 법제로부터 개인정보보호권이 개인정자기결정권에 대체될 수 있음을 살펴보았다.

셋째로, 이 사건 대법원판결은 개인정보자기결정권에 근거하면서도 원고 X의 개인정보가 공개된 것임을 이유로 충돌하는 법익간의 비교형량에 의하여 피고의 개인정보 처리행위의 최종적인 위법성 여부를 판단하고 있으며, 또한 이미 공개된 개인정보를 정보주체의 동의가 있었다고 객관적으로 인정되는 범위 내에서 수집·이용·제공 등 처리를 할 때는 정보주체의 별도의 동의는 불필요하다고 보아야 하고, 별도의 동의를 받지 아니하였다고 하여 개인정보 보호법 제15조나 제17조를 위반한 것으로 볼 수 없다고 판단하였다. 이러한 대법원의 판단은 현대정보사회에서 개인정보 보호입법과 그 적용실제 간의 갭을 메우는 유연한 사고로서 적정한 것으로 평가되어야 할 것이다.

주제어: 개인정보, 개인정보보호권, 개인정보 자기결정권,
　　　　공개된 개인정보, 알 권리, 표현의 자유

Abstract

On the illegality of processing of personal data publicized by data subject

Ham In Seon*

This case raised by the user of the information communication service whose personal data were collected by the information communication service providers and provided to the public third parties without consent can be said to be a common case in modern information society.

The subject matter of this supreme court's judgment is whether the conduct of the information communications service providers to collect personal data such as photographs, name, sex, birth year, occupation, workplace, educational background, career, etc. of the plaintiff X, who is a national university professor is illegal. This case can be summarized into three legal issues as follows.

Firstly, this case occurred in the process of implementation of the new Personal Information Protection Act and the former Information and Communications Network Act, and there was a legal problem of the applicable law. The Personal Information Protection Act is a kind of general law, whereas the former Information and Communications Network Act is a special law. Therefore, in this case, the former Information and Communications Network Act had to be applied first, and in case of defective or unclear part of the Act, the Personal

---

* Law School of Chonnam National University Professor

Information Protection Act had to be supplemented.

Secondly, it is pointed out in matters with regard to the protection of personal data, including this Supreme Court decision, that the right to self—determination of personal data was inappropriate as a concept for harmonizing the protection and flow of personal data in modern information society. It was found that the consent system based on the right of self—determination of personal data could not fulfill its function effectively and could be a hindrance to the development of the information and communication industry. In this regard, we have seen that the right to protect personal data from the EU Personal Information Protection Act can be substituted for the right of self—determination of personal data.

Thirdly, the Supreme Court finded whether the processing of the plaintiff's personal data is ultimately illegal depending on the balancing between the conflicting legal interests. The Supreme Court 's judgment should be evaluated as a flexible thinking that fills the gap between privacy legislation and its application in modern information society.

Keywords: personal data, right to protect personal data, right to control his own personal data, publicized personal data, right to know, freedom of expression

투고일 2017. 12. 11.
심사일 2017. 12. 25.
게재확정일 2017. 12. 28.

행정청의 행위기준으로서의 재량준칙에 대한 법적 고찰

康鉉浩*

Ⅰ. 들어가는 글

과연 법이란 무엇인가라고 할 때, 개인적으로는 법이란 기준 (Kriterien)이라고 말하고 싶다. 민사법이란 사인들 상호간의 관계에 있어서 야기되는 여러 문제들에 대해서 적용될 수 있는 기준들이고, 공법이란 국가와 공공기관 상호간 또는 공공부문과 사인들 사이에서 제기되는 여러 문제들에 대해서 마련된 기준들의 집합체라고 할 수 있을 것이다.[1] 공법의 영역에서 많은 기준들이 만들어지고 있는데, 이러한 기준

---

* 성균관대학교 법학전문대학원 교수.

[1] http://biz.chosun.com/site/data/html_dir/2016/07/29/2016072902338.html: 최승필 교수는 조선일보에서 법이란 무엇인가라는 질문에 다음과 같이 말하고 있다: "법이란 사물의 이치와 시민의 합의라고 생각합니다. 사회가 복잡하게 분화되기 이전에는 법은 도덕의 최소한이라는 말이 맞았습니다. 도덕이라는 것이 마땅히 지켜야 할 것이라는 점에서 사물의 이치죠. 그런데 사회가 복잡해지면서 기술적인 법

들을 만드는 것과 관련하여 우리 헌법은 제40조에서 "입법권은 국회에
속한다"라고 규율하고 있다. 이 조항으로 인하여 우리 나라에서 설정되
는 국민의 권리와 의무에 있어서 중요한 기준들은 국회가 제정하는 것
이 원칙이 된다.[2] 다만, 국회가 기준들을 모두 다 정하는 것은 정치적
타협의 문제, 전문적 지식의 문제 또는 시간적 제약의 문제 등의 이유
로 어려울 경우가 있으므로, 우리 헌법은 제75조와 제95조에서 "대통령
은 법률에서 구체적으로 범위를 정하여 위임받은 사항과 법률을 집행하
기 위하여 필요한 사항에 관하여 대통령령을 발할 수 있다." "국무총리
또는 행정각부의 장은 소관사무에 관하여 법률이나 대통령령의 위임 또
는 직권으로 총리령 또는 부령을 발할 수 있다."라고 규정하면서 소위
행정부에게도 기준을 마련할 수 있는 권능을 부여하고 있다.[3] 주목할
점은 행정부가 제정하는 기준을 반드시 대통령령이나 부령 등으로 발급
할 필요는 없다는 점이며, 행정실무적으로도 이러한 법형식과 독립적으
로 수많은 행정부의 규범들이 제정되고 있다.

　　법률에서 행정부에게 특정한 사항에 대해서 대통령령이나 부령을
발할 수 있도록 하는 경우에, 이들 행정청이 법률의 수권에 기초하여
기준을 설정할 권한을 행사할 수 있을 것인바, 여타의 영역에 있어서는
행정부의 기준설정과 관련하여 커다란 문제가 제기되고 있는 것 같지는
아니한데, 유독 법률에서 행정청에게 행동에 있어서 운신의 폭을 주는
재량권을 부여하는 수권법률에 있어서 행정청이 그러한 수권에 기초하
여 기준들을 제정한 경우에 문제가 야기되고 있다. 나아가 행정청이 대
통령령이나 부령의 형식을 사용하지 아니하고 자체적으로 사무처리준
칙으로서 예를 들면 훈령이나 지침, 통첩(Rundschreiben), 준칙(Richtlinie)

들이 주류를 차지했고, 사람들 사이에서 일어나는 복잡한 이해관계를 어떻게 정
리할 것인가가 중요해졌어요. <u>사람 사이의 그 기준</u>을 합의한 게 법이죠."
2) 한수웅, 헌법학, 법문사, 2013, 1109면.
3) 정재황, 헌법입문, 박영사, 2012, 644면 이하; Voßkuhle Andreas/Kaufhold Ann -
　　Katrin, Grundwissen Öffentliches Recht: Verwaltungsvorschriften, JuS 2016, S. 314.

또는 고시(Erlass)나 예규의 형식으로 제정한 기준과도 관련하여서도 함께 문제가 되고 있다.

　우리 법원은 그러한 행정입법 즉 재량준칙의 경우에 때로는 행정부 내부의 사무처리준칙에 불과하다고 보기도 하다가는,[4] 때로는 - 예를 들면 대통령령의 형식으로 발급된 경우에는 - 법규명령이라고 하는 등 논리적인 일관성을 상실한 채 혼돈의 늪에 빠져 있다.[5] 또한 대통령령의 형식으로 된 재량준칙을 법규명령으로 보면서도 다시금 그 구속성에 의문을 제기하기도 한다.[6] 학설들 역시 아직까지는 이러한 혼돈

---

4) 대법원 2014. 11. 27. 선고 2013두18964 판결[부정당업자제재처분취소]: 공공기관의 운영에 관한 법률 제39조 제2항, 제3항에 따라 입찰참가자격 제한기준을 정하고 있는 구 공기업·준정부기관 계약사무규칙(2013. 11. 18. 기획재정부령 제375호로 개정되기 전의 것) 제15조 제2항, 국가를 당사자로 하는 계약에 관한 법률 시행규칙 제76조 제1항 [별표 2], 제3항 등은 비록 부령의 형식으로 되어 있으나 규정의 성질과 내용이 공기업·준정부기관(이하 '행정청'이라 한다)이 행하는 입찰참가자격 제한처분에 관한 행정청 내부의 재량준칙을 정한 것에 지나지 아니하여 대외적으로 국민이나 법원을 기속하는 효력이 없으므로, 입찰참가자격 제한처분이 적법한지 여부는 이러한 규칙에서 정한 기준에 적합한지 여부만에 따라 판단할 것이 아니라 공공기관의 운영에 관한 법률상 입찰참가자격 제한처분에 관한 규정과 그 취지에 적합한지 여부에 따라 판단하여야 한다.

5) 대법원 1997. 12. 26. 선고 97누15418 판결: 당해 처분의 기준이 된 주택건설촉진법 시행령 제10조의3 제1항 [별표 1]은 주택건설촉진법 제7조 제2항의 위임규정에 터잡은 규정형식상 大統領令이므로 그 성질이 部令인 시행규칙이나 또는 지방자치단체의 규칙과 같이 통상적으로 行政組織 내부에 있어서의 行政命令에 지나지 않는 것이 아니라 대외적으로 국민이나 법원을 구속하는 힘이 있는 法規命令에 해당한다.

6) 대법원 2001. 3. 9. 선고 99두5207 판결: 구 청소년보호법(1999. 2. 5. 법률 제5817호로 개정되기 전의 것) 제49조 제1항, 제2항에 따른 같은법시행령(1999. 6. 30. 대통령령 제16461호로 개정되기 전의 것) 제40조 [별표 6]의 위반행위의종별에따른과징금처분기준은 법규명령이기는 하나 모법의 위임규정의 내용과 취지 및 헌법상의 과잉금지의 원칙과 평등의 원칙 등에 비추어 같은 유형의 위반행위라 하더라도 그 규모나 기간사회적 비난 정도·위반행위로 인하여 다른 법률에 의하여 처벌받은 다른 사정·행위자의 개인적 사정 및 위반행위로 얻은 불법이익의 규모 등 여러 요소를 종합적으로 고려하여 사안에 따라 적정한 과징금의 액수를 정하여야 할 것이므로 그 수액은 정액이 아니라 최고한도액이다.

의 어두움을 몰아내고 있지는 못하고 있다. 재량준칙의 법적 성질과 관련하여 법형식에 의거하여 판단하여야 한다는 견해로서 대통령령의 형식으로 제정된 경우에는 법규명령으로 보고, 그렇지 아니하면 행정규칙으로 보는 견해와 행정부 내부의 사무처리준칙에 불과하다는 견해 그리고 원칙적으로는 사무처리준칙이지만 평등원칙을 매개로 하여 간접적으로 대외적인 효력을 갖는다는 견해까지 다양한 학설들이 주장되고 있다. 그러나, 이러한 판례의 입장과 학설들은 모두 재량준칙의 법적 성격을 대외적 구속력의 관점에서 법규명령인가 아니면 행정부 내부의 사무처리준칙인가의 구분에 초점을 맞추고 있다. 그런데, 재량준칙의 본질적 내용(Wesensgehalt)을 과연 법규명령이 되기도 하고 행정규칙이 되기도 하는 그러한 것으로만 바라볼 것이 아니라, 하나의 새로운 관점을 제시하고자 최근의 대법원 판결을 매개로 논의하고자 한다.

Ⅱ. 사건의 개요

1. 사실관계

원고는 식품접객업을 영위하고자 하는 자로서, 2011. 11. 23. 서울특별시 강남구청장에게 「식품위생법」(2013. 5. 22. 법률 제11819호로 개정되어 2013. 11. 23. 시행되기 전의 것. 이하 '법'이라 한다) 제36조, 제37조 제4항의 규정에 따라 'ㅇㅇㅇㅇ'라는 명칭으로 서울 강남구 소재 건물의 지하1층에서 면적은 226.16㎡(이하 '이 사건 영업장'이라 한다)로 하여 식품접객업(일반음식점) 영업신고를 하였다. 이 사건 영업장에는 객실이나 별도의 무대가 설치되어 있지는 않았다. 그렇지만 전체적으로 매우 어둡고 레이저조명 등 특수조명시설이 설치되어 있고, 대형스피커를 통하여 큰 소리의 음악이 제공되었다. 테이블이 10개 정도로 많지 않아 바에서

자리가 나기를 기다리는 손님들이 많고, 농구 이벤트·포켓 볼 토너먼트·
링 던지기 등 이벤트가 벌어지는 때에는 대부분의 손님들이 이벤트 게
임에 참여하기 위하여 줄을 서서 기다리는데, 위와 같이 자리나 이벤트
참여 순서를 기다리는 손님들은 테이블과 테이블 사이의 빈 공간에 서
서 흥겨운 음악에 맞춰 자유롭게 춤을 추곤 하였다.

　　원고가 일반음식점영업을 하고 있었던바, 강남구청장은 2013. 11.
14. 원고의 영업형태가 무대는 설치되어 있지 아니하지만, 전체적으로
매우 어둡고 레이저조명 등 특수조명시설이 설치되어 있고, 대형스피커
를 통하여 큰 소리의 음악이 제공되었으며, 손님들이 테이블과 테이블
사이의 빈 공간에 서서 흥겨운 음악에 맞춰 자유롭게 춤을 춘 사실에
기초하여 원고의 음식점에 무도장이 설치되어 있다고 판단하였고 따라
서 식품위생법시행규칙 제89조 별표 23의 행정처분 기준 Ⅱ. 개별기준
3. 식품접객업 위반사항으로 8. 라. 1) 유흥주점 외의 영업장에 무도장
을 설치한 경우에 근거하여 법 제74조를 적용하여 원고에게 2013. 12.
12.까지로 기간을 정하여 무도장을 개수하도록 시설개수명령을 발급하
였다. 이에 원고는 강남구청장의 시설개수명령이 위법하다고 하여 그
취소를 구하는 소송을 서울행정법원에 제기하였다.[7]

---

7)　강주영, 행위제한법규의 규정형식과 행정법규의 해석 – 대상판결: 대법원
　　2015.7.9. 선고 2014두47853 판결, 강원법학 51, 356면 이하에서 인용하였다.
　　원고에게 시설개수명령 외에도 강남구청장은 식품위생법 제94조 제3호에 의거하
　　여 원고를 고발하였고, 법원은 원고가 2012. 5.경부터 2013. 10. 3.경까지 이 사건
　　영업장에 유흥시설에 해당하는 무도장을 별도로 설치하지 않았다고 하더라도 영
　　업장의 빈 공간을 이용하여 손님들이 춤을 출 수 있도록 하는 것을 주요한 영업형
　　태로 삼았으므로, 이는 무허가 유흥주점 영업에 해당한다는 것을 이유로 원고에
　　게 벌금 1천만 원의 형을 확정하였다.

2. 관련법령

(1) 식품위생법

제36조(시설기준) ① 다음의 영업을 하려는 자는 총리령으로 정하
는 시설기준에 맞는 시설을 갖추어야 한다. <개정 2010.1.18.,
2013.3.23.>

3. 식품접객업

② 제1항 각 호에 따른 영업의 세부 종류와 그 범위는 대통령령으
로 정한다.

제37조(영업허가 등) ① 제36조제1항 각 호에 따른 영업 중 대통령
령으로 정하는 영업을 하려는 자는 대통령령으로 정하는 바에 따라 영
업 종류별 또는 영업소별로 식품의약품안전처장 또는 특별자치도지사·
시장·군수·구청장의 허가를 받아야 한다. 허가받은 사항 중 대통령령
으로 정하는 중요한 사항을 변경할 때에도 또한 같다. <개정
2013.3.23.>

④ 제36조제1항 각 호에 따른 영업 중 대통령령으로 정하는 영업
을 하려는 자는 대통령령으로 정하는 바에 따라 영업 종류별 또는 영업
소별로 식품의약품안전처장 또는 특별자치도지사·시장·군수·구청장에
게 신고하여야 한다. 신고한 사항 중 대통령령으로 정하는 중요한 사항
을 변경하거나 폐업할 때에도 또한 같다. <개정 2013.3.23.>

제44조(영업자 등의 준수사항) ① 식품접객영업자 등 대통령령으로
정하는 영업자와 그 종업원은 영업의 위생관리와 질서유지, 국민의 보
건위생 증진을 위하여 총리령으로 정하는 사항을 지켜야 한다. <개정
2010.1.18., 2013.3.23.>

제74조(시설 개수명령 등) ① 식품의약품안전처장, 시·도지사 또는
시장·군수·구청장은 영업시설이 제36조에 따른 시설기준에 맞지 아니
한 경우에는 기간을 정하여 그 영업자에게 시설을 개수(改修)할 것을 명

할 수 있다. <개정 2013.3.23.>

제75조(허가취소 등) ① 식품의약품안전처장 또는 특별자치도지사·시장·군수·구청장은 영업자가 다음 각 호의 어느 하나에 해당하는 경우에는 대통령령으로 정하는 바에 따라 영업허가 또는 등록을 취소하거나 6개월 이내의 기간을 정하여 그 영업의 전부 또는 일부를 정지하거나 영업소 폐쇄(제37조제4항에 따라 신고한 영업만 해당한다. 이하 이 조에서 같다)를 명할 수 있다. <개정 2010.2.4., 2011.6.7., 2013.3.23.>

6. 제36조를 위반한 경우

13. 제44조제1항·제2항 및 제4항을 위반한 경우

(2)식품위생법 시행령[시행 2013.10.16.] [대통령령 제24800호, 2013.10.16., 타법개정]

제21조(영업의 종류) 법 제36조제2항에 따른 영업의 세부 종류와 그 범위는 다음 각 호와 같다. <개정 2010.3.15., 2011.3.30., 2013.3.23.>

8. 식품접객업

나. 일반음식점영업: 음식류를 조리·판매하는 영업으로서 식사와 함께 부수적으로 음주행위가 허용되는 영업

다. 단란주점영업: 주로 주류를 조리·판매하는 영업으로서 손님이 노래를 부르는 행위가 허용되는 영업

라. 유흥주점영업: 주로 주류를 조리·판매하는 영업으로서 유흥종사자를 두거나 유흥시설을 설치할 수 있고 손님이 노래를 부르거나 춤을 추는 행위가 허용되는 영업

제25조(영업신고를 하여야 하는 업종) ① 법 제37조제4항 전단에 따라 특별자치시장·특별자치도지사 또는 시장·군수·구청장에게 신고를 하여야 하는 영업은 다음 각 호와 같다. <개정 2016.7.26.>

8. 제21조제8호가목의 휴게음식점영업, 같은 호 나목의 일반음식점영업, 같은 호 마목의 위탁급식영업 및 같은 호 바목의 제과점영업

(3) 식품위생법 시행규칙 [시행 2014.2.19.] [총리령 제1066호, 2014.2.19., 타법개정]

제36조(업종별 시설기준) 법 제36조에 따른 업종별 시설기준은 별표 14과 같다.

[별표 14] 〈개정 2013.10.25〉

업종별시설기준(제36조 관련)

8. 식품접객업의 시설기준

가. 공통시설기준

...

나. 업종별시설기준

1) 휴게음식점영업·**일반음식점영업** 및 제과점영업

가) 일반음식점에 객실(투명한 칸막이 또는 투명한 차단벽을 설치하여 내부가 전체적으로 보이는 경우는 제외한다)을 설치하는 경우 객실에는 잠금장치를 설치할 수 없다.

...

마) 휴게음식점·일반음식점 또는 제과점의 영업장에는 손님이 이용할 수 있는 자막용 영상장치 또는 자동반주장치를 설치하여서는 아니 된다. 다만, 연회석을 보유한 일반음식점에서 회갑연, 칠순연 등 가정의 의례로서 행하는 경우에는 그러하지 아니하다.

바) 일반음식점의 객실 안에는 무대장치, 음향 및 반주시설, 우주볼 등의 특수조명시설을 설치하여서는 아니 된다.

사) 삭제 〈2012.12.17〉

2) 단란주점영업

가) 영업장 안에 객실이나 칸막이를 설치하려는 경우에는 다음 기준에 적합하여야 한다.

(1) 객실을 설치하는 경우 주된 객장의 중앙에서 객실 내부가 전체적으로 보일 수 있도록 설비하여야 하며, 통로형태 또는 복도형태로 설비하여서는 아니 된다.

(2) 객실로 설치할 수 있는 면적은 객석면적의 2분의 1을 초과할 수 없다.

(3) 주된 객장 안에서는 높이 1.5미터 미만의 칸막이(이동식 또는 고정식)를 설치
할 수 있다. 이 경우 2면 이상을 완전히 차단하지 아니하여야 하고, 다
른 객석에서 내부가 서로 보이도록 하여야 한다.
...

3) 유흥주점영업
...

제89조(행정처분의 기준) 법 제71조, 법 제72조, 법 제74조부터 법
제76조까지 및 법 제80조에 따른 행정처분의 기준은 별표 23과 같다.

[별표 23] 〈개정 2017. 5. 16.〉

행정처분 기준(제89조 관련)

Ⅰ. 일반기준
...

Ⅱ. 개별기준
1. 식품제조·가공업 등
...

3. 식품접객업
영 제21조제8호의 식품접객업을 말한다.

위반사항	근거 법령	행정처분기준		
		1차 위반	2차 위반	3차 위반
8. 법 제36조 또는 법 제37조를 위반한 경우 가. 변경허가를 받지 아니하거나 변경신고를 하지 아니하고 영업소를 이전한 경우	법 제71조, 법 제74조 및 법 75조	영업 허가취소 또는 영업소 폐쇄		
라. 시설기준 위반사항으로 1) 유흥주점 외의 영업장에 무도장을 설치한 경우		시설 개수명령	영업정지 1개월	영업정지 2개월

2) 일반음식점의 객실 안에 무대장치, 음향 및 반주시설, 특수조명시설을 설치한 경우		시설개수명령	영업정지 1개월	영업정지 2개월
3) 음향 및 반주시설을 설치하는 영업자가 방음장치를 하지 아니한 경우		시설개수명령	영업정지 15일	영업정지 1개월
마. 법 제37조제2항에 따른 조건을 위반한 경우		영업정지 1개월	영업정지 2개월	영업정지 3개월

3. 하급심

서울행정법원은 시설개수명령이 시설개수명령의 대상을 특정하지 않아서 위법하다는 원고의 주장에 대해서, 처분 전후에 송달된 문서나 기타 사정을 종합하여 특정될 수 있으므로 적법하다고 판시하였다. 서울행정법원에서는 시설개수명령을 발급하는 근거가 되는 기준에 대해서는 다루어지지 아니하였다.

서울고등법원에서는 이 사건 영업장에 일반음식점의 시설기준에 맞지 않는 부분이 존재하지 않음을 확인하고, 음향시설이나 특수조명시설 등의 춤을 추기 위한 시설들은 일반음식점의 시설기준에 어긋나지 않는 한 적법하며, 이들 시설들을 무허가 유흥주점영업에 이용하였을 때 비로소 그 이용이 위법하게 되는 것이므로 시설개수명령으로써 춤을 추기 위한 시설들의 철거를 명할 수 없고, 또한, 「식품위생법 시행규칙」[별표 17]에 따른 식품접객업영업자 등의 준수사항 위반으로 규제하는 것은 가능하나 같은 별표 7. 타. 2)가 일반음식점 영업자가 손님이 춤을 추도록 허용하는 행위를 금지하는 것을 내용으로 개정되지 않는 한, 이 규정을 근거로 개수명령을 할 수 없다고 하여 현행 규정 아래에서는 강남구청장의 원고에 대한 시설개수명령이 위법하다고 판시하였다.[8]

4. 대법원

구 식품위생법 시행규칙(2014. 3. 6. 총리령 제1068호로 개정되기 전의 것, 이하 '시행규칙'이라 한다) 제36조 [별표 14](이하 '시행규칙 조항'이라 한다)에 규정된 업종별 시설기준의 위반은 시설개수명령[식품위생법(이하 '법'이라 한다) 제74조 제1항]이나 영업정지 및 영업소폐쇄 등(법 제75조 제1항 제6호) 행정처분의 대상이 될 뿐만 아니라 곧바로 형사처벌의 대상도 되므로(법 제97조 제4호), 업종별 시설기준은 식품위생법상 각 영업의 종류에 따라 필수적으로 요구되는 시설의 기준을 제한적으로 열거한 것이다. 그리고 시행규칙 조항은 침익적 행정행위의 근거가 되는 행정법규에 해당하므로 엄격하게 해석·적용하여야 하고 행정행위의 상대방에게 불리한 방향으로 지나치게 확장해석하거나 유추해석해서는 안 되며, 입법 취지와 목적 등을 고려한 목적론적 해석이 전적으로 배제되는 것은 아니라고 하더라도 해석이 문언의 통상적인 의미를 벗어나서는 아니 된다.

그런데 시행규칙 조항에는 일반음식점에서 손님들이 춤을 출 수 있도록 하는 시설(이하 '무도장'이라 한다)을 설치해서는 안 된다는 내용이 명시적으로 규정되어 있지 않고, 다만 시행규칙 제89조가 법 제74조에 따른 행정처분의 기준으로 마련한 [별표 23] 제3호 8. 라. 1)에서 위반사항을 '유흥주점 외의 영업장에 무도장을 설치한 경우'로 한 행정처분 기준을 규정하고 있을 뿐이다.

그러나 이러한 행정처분 기준은 행정청 내부의 재량준칙에 불과하

---

8) 서울고법 2014. 12. 5. 선고 2014누52208 판결.

므로, 재량준칙에서 위반사항의 하나로 '유흥주점 외의 영업장에 무도장을 설치한 경우'를 들고 있다고 하여 이를 위반의 대상이 된 금지의무의 근거규정이라고 해석할 수는 없다. 또한 업종별 시설기준에 관한 시행규칙 조항의 '8. 식품접객업의 시설기준'의 구체적 내용을 살펴보더라도, 시설기준 위반의 하나로서 '유흥주점 외의 영업장에 무도장을 설치한 경우'를 금지하고 있다고 해석할 만한 규정이 없고, 달리 식품위생법령에 이러한 내용의 시설기준 위반 금지의무를 부과하고 있는 규정을 찾아보기 어렵다.[9]

  그리고 법 제37조 제1항, 제4항, 식품위생법 시행령 제21조가 식품접객업의 구체적 종류로 허가 대상인 유흥주점영업과 신고 대상인 일반음식점영업을 구분하고 있지만, 업종 구분에 기반한 영업질서를 해치는 위반행위를 반드시 업종별 시설기준 위반으로 규제해야 하는 것은 아니고, 이를 업태 위반(법 제94조 제1항 제3호)이나 식품접객영업자의 준수사항 위반(법 제44조 제1항, 제75조 제1항 제13호)으로도 규제할 수 있는 것이므로, 이러한 식품위생법령상 업종 구분만으로 일반음식점에 무도장을 설치하는 것이 업종별 시설기준을 위반한 것이라고 볼 수는 없다.

  또한 업종별 시설기준은 각 영업의 종류에 따라 갖추어야 할 최소한의 기준을 정한 것일 뿐이므로, 업종별 시설기준에서 명시적으로 설치를 금지하지 아니한 개개 시설의 이용 형태나 이용 범위를 제한하는 것은 본질적으로 업태 위반이나 식품접객영업자의 준수사항 위반으로 규율해야 할 영역이라고 보인다.

  이상과 같은 여러 사정과 식품위생법령의 전반적인 체계 및 내용을 종합하면, 업종별 시설기준에 관한 시행규칙 조항에서 '유흥주점 외

---

9) 이러한 문제를 야기하게 된 근본원인은 식품위생법령의 규율방식에서 찾아 볼 수 있을 것이다. 식품위생법령에서 영업의 종류를 나누고 그러한 종류별로 가능한 영업행위를 규율하였더라면 되었을 것인데, 그렇지 아니하고 그러한 종류별로 할 수 없는 행위나 시설들을 규율하였으므로 문제가 된 것이다. 향후 식품위생법령에 대한 근본적인 개정이 요청된다고 사료된다.

의 영업장에 무도장을 설치한 것'을 금지하고 있다고 보기 어려우므로,
일반음식점 내 무도장의 설치·운영행위가 업태 위반으로 형사처벌의 대
상이 되는 등은 별론으로 하더라도, 이러한 행위가 시행규칙 조항에 정
한 업종별 시설기준 위반에 해당하여 시설개수명령의 대상이 된다고 볼
수는 없다.[10]

Ⅲ. 쟁점

여기서 쟁점은 여러가지가 있을 수 있겠으나, 본고에서는 대법원의
"다만 시행규칙 제89조가 법 제74조에 따른 행정처분의 기준으로 마련
한 [별표 23] 제3호 8. 라. 1)에서 위반사항을 '유흥주점 외의 영업장에
무도장을 설치한 경우'로 한 행정처분 기준을 규정하고 있을 뿐이다. 그
러나 이러한 행정처분 기준은 행정청 내부의 재량준칙에 불과하므로,
재량준칙에서 위반사항의 하나로 '유흥주점 외의 영업장에 무도장을 설
치한 경우'를 들고 있다고 하여 이를 위반의 대상이 된 금지의무의 근거
규정이라고 해석할 수는 없다."라는 판시에 근거하여 과연 행정처분의
기준의 법적 성격을 무엇으로 보아야 하는가 라는 점을 다루고자 한다.
식품위생법시행규칙 제89조에 의거한 [별표23]을 재량준칙으로 보고
있는바, 이를 계기로 재량준칙의 법적 성질에 대한 보다 근본적인 물음
을 던져보고, 그에 대한 견해를 피력하고자 한다.

---

10) 대법원 2015. 7. 9. 선고 2014두47853 판결 [시설개수명령처분취소].

Ⅳ. 재량권 행사에 있어서 기준설정의 이유와 모순

입법부가 행정부에게 활동의 영역과 내용의 대강을 제시하면서 재량을 부여하는 경우에,11) 재량의 행사와 관련하여 개별적 재량행사와 일반적 재량행사로 구분할 수 있으며, 후자에 있어서 이러한 임무를 수권 받은 행정부 그 중에서도 사무처리를 담당하는 기관으로서 행정청은 재량행사와 관련된 기준을 설정하게 된다.12) 사실상 행정청은 수권법률에서 부여된 재량권을 행사하여 사무를 처리하면 된다. 다만, 수권법률에서 부여한 재량의 범위가 넓다거나 다루어야 할 사안이 대단히 전문적이어서 재량권 행사에 있어서 다소간의 매개가 필요한 경우에, 행정청은 사무를 처리함에 필요한 기준을 설정하게 되고 이를 재량준칙이라고 할 수 있다.13) 이러한 사무처리를 위한 기준들을 설정하는 것이 수권법률 그 자체에서 또는 시행령 내지 시행규칙에서 예정되어 있는 경우도 있고, 경우에 따라서는 그러한 규정이 없음에도 행정청이 스스로 훈령이나 지침의 형식으로 기준들을 만드는 경우도 있다. 식품위생법시

---

11) 대법원 2014.06.26. 선고 2012두1815 판결[시정조치등취소청구의소]: 전자상거래법 제32조 제1항, 제2항 제3호에 의하면 공정거래위원회는 전자상거래법을 위반한 사업자에 대하여 시정조치를 받은 사실의 공표를 명할 수 있다. 이러한 규정의 문언과 공표명령 제도의 취지 등에 비추어 보면, 공정거래위원회는 그 공표명령을 할 것인지 여부와 공표를 명할 경우에 어떠한 방법으로 공표하도록 할 것인지 등에 관하여 재량을 가진다고 봄이 타당하다.

12) Maurer, Hartmut, AllgVerwR, 18. Aufl. 2011, Verlag. C.H.Beck, § 7 Rn. 14; Detterbeck, Steffen, Allgemeines Verwaltungsrecht, 11. Aufl., 2013 § 14 Rn. 860 ff.

13) 대법원 2014.06.26. 선고 2012두1815 판결[시정조치등취소청구의소]: 공정거래위원회 예규인 「공정거래위원회로부터 시정명령을 받은 사실의 공표에 관한 운영지침」(이하 '공표지침'이라 한다)은 법 위반행위로 시정명령을 받은 사업자에 대하여 공표를 명할 수 있는 요건과 공표방법 등을 규정하고 있는데, 이는 그 형식 및 내용에 비추어 재량권 행사의 기준에 관한 행정청 내부의 사무처리준칙이라 할 것이고, 그 기준이 객관적으로 보아 합리적이 아니라든가 타당하지 아니하여 재량권을 남용한 것이라고 인정되지 아니하는 이상 행정청의 의사는 가능한 한 존중되어야 한다(대법원 2013. 11. 14. 선고 2011두28783 판결 등 참조).

행령 상의 과태료 부과기준을 살펴보면[14] 이러한 재량행사의 기준을 설정하는 이유는 어디에 있는가 하는 의문을 던져볼 필요가 있는데, 재량준칙이라는 기준을 정립하는 이유는 첫째, 일선 행정실무자의 행정작용에 있어서 어느 정도의 가이드라인을 부여하여서 소위 자의적이라고 판단될 수 있는 재량권 행사를 미연에 방지하고, 둘째, 재량권의 행사가 행정실무자가 누구인가에 따라서 커다란 편차를 보이는 것을 방지하여 어느 정도 통일성을 유지함과 동시에 행정의 상대방인 국민에 대하여 행정작용의 예측가능성을 보장하며, 셋째, 행정실무자의 재량권 행사에 있어서 행정사무처리의 곤란성을 경감시켜 신속한 행정작용을 할 수 있도록 하기 위함에 있다.[15]

[별표 2] 과태료의 부과기준(제67조 관련)

1. 일반기준
   가. 위반행위의 횟수에 따른 과태료의 부과기준은 최근 2년간 같은 위반행위를 한 경우에 적용한다. 이 경우 위반행위에 대하여 과태료 부과처분을 한 날과 그 처분 후에 다시 같은 위반행위를 하여 적발한 날을 기준으로 위반횟수를 계산한다.
   나. 식품의약품안전처장, 시·도지사 또는 시장·군수·구청장은 다음의 어느 하나에 해당하는 경우에는 제2호의 개별기준에 따른 과태료 금액의 2분의 1 범위에서 그 금액을 줄일 수 있다. 다만, 과태료를 체납하고 있는 위반행위자에 대해서는 그러하지 아니하다.
      1) 위반행위자가 「질서위반행위규제법 시행령」 제2조의2제1항 각 호의 어느 하나에 해당하는 경우
      2) 위반행위자가 위반행위를 바로 정정하거나 시정하여 위반상태를 해소한 경우
   다. 식품의약품안전처장, 시·도지사 또는 시장·군수·구청장은 다음의 어느 하나에 해당하는 경우에는 제2호의 개별기준에 따른 과태료 금액의 2분의 1 범

---

14) 식품위생법 시행령 제67조(과태료의 부과기준) 법 제101조제1항부터 제3항까지의 규정에 따른 과태료의 부과기준은 별표 2와 같다.
15) 윤영선, 행정소송과 재량준칙, 공법연구 제28집 제1호, 1999, 58면; 강현호, 재량준칙의 법적 성격, 공법연구 제29집 제4호, 283면 이하; 전훈, 행정규칙의 법규성의 이해 – 프랑스 행정법원 판례를 중심으로, 법학논고 제21집(2004/12), 116면 이하. Wolff/Decker, VwGO VwVfG, 2007, C.H.Beck, § 114 Rn. 37 ff; Voßkuhle Andreas/ Kaufhold Ann–Katrin, Grundwissen – Öffentliches Recht: Verwaltungsvorschriften, JuS 2016, S. 314.

위에서 그 금액을 늘릴 수 있다. 다만, 금액을 늘리는 경우에도 법 제101조제
1항부터 제3항까지의 규정에 따른 과태료 금액의 상한을 넘을 수 없다.
1) 위반의 내용 및 정도가 중대하여 이로 인한 피해가 크다고 인정되는 경우
2) 법 위반상태의 기간이 6개월 이상인 경우
3) 그 밖에 위반행위의 정도, 동기 및 그 결과 등을 고려하여 과태료를 늘릴
  필요가 있다고 인정되는 경우
2. 개별기준

위반행위	근거 법조문	과태료 금액(단위: 만원)		
		1차 위반	2차 위반	3차 이상 위반
가. 법 제3조(법 제88조에서 준용하는 경우를 포함한다)를 위반한 경우	법 제101 조제2항제 1호	20만원 이상 200만원 이하의 범위에서 총리령으로 정하는 금액		
나. 법 제11조제2항을 위반하여 영양표시 기준을 준수하지 않은 경우	법 제101 조제1항제 1호			
1) 영양표시를 전부 하지 않은 경우		200	400	600
2) 영양성분 표시 시 지방(포화지방 및 트랜스지방), 콜레스테롤, 나트륨 중 1개 이상을 표시하지 않은 경우		100	200	300
3) 영양성분 표시 시 열량, 탄수화물, 당류, 단백질 중 1개 이상을 표시하지 않은 경우		20	40	60
4) 실제측정값이 영양표시량 대비 허용오차범위를 넘은 경우				
가) 실제측정값이 영양표시량 대비 100분의 50 이상을 초과하거나 미달한 경우		50	100	150
나) 실제측정값이 영양표시량 대비 100분의 20 이상 100분의 50 미만의 범위에서 초과하거나 미달한 경우		20	40	60

이러한 의도로 태어난 재량준칙이 행정청의 재량권 행사를 원천적
으로 제거하는 경우에는 그 자체로 모순성을 지닐 수밖에 없게 되는데,
왜냐하면 재량준칙이 법률에서 행정청에게 부여한 재량권의 행사를 제
한하게 되기 때문이다.16) 입법부가 행정부에게 또는 상급행정청이 하급

---

16) Maurer, Hartmut, AllgVerwR, 18. Aufl. 2011, Verlag. C.H.Beck, § 7 Rn. 15; 김동희,
  프랑스 행정법상의 재량준칙에 관한 고찰, 법학, 1986, 27권 213호, 59면 이하: 참
  고로 프랑스 꽁세이 데따의 1942년 Piron 판결에서는 행정청의 특정 처분이 재량

행정청에게 법률이나 시행령 또는 시행규칙에서 재량권을 부여한 취지
는, 행정청이 그 사안을 처리함에 있어서 구체적인 여러 사정들을 충분
히 고려하여 개별적 타당성이 있는 행정작용을 하라는 취지인데[17], 재
량준칙에게 강한 구속력을 긍정하게 되면 이러한 취지가 제한당하는 문
제가 발생한다. 특히나 어떤 특정한 행위에 대해서 일대일 대응방식으
로 재량권 행사의 기준을 설정하게 되는 경우에 행정실무자들은 이러한
기준에 따라서 기계적으로 행정작용을 수행하는 경우가 통상적이었다.
물론 최근에는 이러한 점을 보다 완화하기 위하여 통상적으로 재량준칙
을 제정함에 있어서 일반기준과 개별기준으로 구분하고 있기는 하지만,
그렇다고 하여 이러한 모순이 완전히 해결되는 것은 아니다. 왜냐하면,
이러한 규정으로도 재량을 부여한 취지를 온전히 구현하지 못하는 경우
가 발생할 수 있는데, 일반기준에서는 최대한 이분의 일 범위 내에서만
개별기준을 벗어나도록 하고 있으며, 과태료가 체납되고 있는 경우에는
이 마저도 제외하고 있고, 행정실무에서는 여전히 개별기준에 따라서
기계적으로 처분이 이루어지는 경우가 많기 때문이다.

V. 재량준칙에 대한 기존의 논의

　　재량준칙을 접근함에 있어서 기존의 논의와 관련하여, 먼저 우리나
라의 학자들과 판례는 재량준칙에 대해서 어떤 입장을 취하고 있는 살

　　준칙에 입각하였다는 사실만으로 그것은 행정청에게 부여한 재량을 제한하는 것
　　으로서 법의 착오가 되고 위법사유가 된다고 판결한 점에서 잘 알 수 있다. 그후
　　꽁세이 데따는 아르노 판결(C.E. 13 juillet 1962)에서 당해 재량준칙이 강행성을 갖
　　지 아니하고, 실정법규에 위배되지 아니하며 또한 행정청이 당해 사건의 특수성
　　을 구체적으로 심사한 경우에 있어서는 재량준칙을 적용한 처분은 위법하지 않다
　　고 판시하였다.
17) Lange, Klaus, Ermessens— und Beurteilungsspielräume als Transformatoren von
　　Innen— und Außenrecht, NJW 1992, S. 1193.

펴보기로 한다.

1. 학자들의 입장

우리나라의 행정법학자들은 재량준칙을 일단 행정규칙의 일종으로 설명하면서, 다만 제재적 행정처분의 기준으로 마련된 재량준칙이 수권 법률에서 대통령령·총리령 또는 부령의 형식으로 제정하도록 위임규정이 있는 경우에는 이와 결합하여 법규명령의 성질을 지니게 된다고 설명하는 것이 일반적이다.

홍정선 교수는 재량준칙을 행정규칙의 한 종류로 보고 있으면서, 제재적 행정처분의 기준으로 제정된 재량준칙의 경우 그 제정형식에 착안하여 법령의 위임을 받아 대통령령 총리령 부령으로 제정되었다면 법규명령으로 그렇지 않고 법령의 위임이 없이 제정되었다면 행정규칙으로 본다. 형식설 또는 수권여부기준설의 입장에 서는 경우에도, 행정처분 기준에 가중 또는 감경 규정을 두게 되면 재량성도 부여하게 되어 법규명령에서의 행정청의 재량권행사에 문제가 없다고 하고 있다.[18]

정하중 교수는 재량준칙을 법규범이 행정에게 재량권을 부여하는 경우에 상급행정기관이 하급행정기관의 재량권을 행사하는 방식에 대하여 정하는 행정규칙을 말한다고 하고, 행정규칙은 헌법상의 평등의 원칙을 매개로 하여 간접적으로 외부적 효력을 갖는다고 설명한다.[19] 재량준칙의 전형적인 예로 들 수 있는 제재적 처분의 기준의 법적 성질

---

18) 홍정선, 행정법특강, 박영사, 2013, 139면, 155면; 홍정선, 의료업면허와 그에 대한 행정처분기준의 성질에 관한 판례연구, 한국의료법학회지 제11권 제1호, 2003, 76면.

19) 정하중, 행정법개론, 법문사, 2016, 140면: 정하중 교수는 재량준칙의 예로서 국토교통부장관이 시장·군수·구청장에 대하여 철거대상이 되는 위법건축물의 기준을 정한다든지, 지방자치단체장이 지방공무원 채용에 이어서 면접기준을 정하는 경우를 들고 있으나, 이러한 기준들은 재량준칙이 아니라, 법령해석준칙 내지 구체화준칙에 해당된다고 볼 것이다.

에 대해서 정하중 교수는 국민의 기본권 행사와 직접적 관련성을 갖고 있는 점에 비추어 그것이 내용상 행정규칙의 성질을 갖는 것인지도 의문이며, 훈령적 사항이라도 그것이 법률의 수권을 근거로 법규명령의 형식으로 제정된 경우는 법규명령이라고 한다.[20] 정하중 교수는 재량준칙이 법규명령 형식으로 제정되면 법규명령이고 그렇지 아니하면 행정규칙으로 보는 입장이다.

박균성 교수는 재량준칙은 기본적으로 행정부 내부 조치이며, 재량준칙에 대해서 평등원칙을 매개로 하여 재량준칙의 간접적 대외적 구속력을 인정하는 견해가 타당하고 한다.[21]

배영길 교수는 법규명령과 행정규칙의 구별은 강학(학문)상의 구별이며 양자의 구별은 상위법의 수권 유무라는 '형식적 요건'에 의거하여 수권이 있으면 법규명령이고, 그렇지 아니하면 행정규칙으로 보는 것이 타당하다고 한다.[22]

김중권 교수는 위임재량준칙이라는 제목 하에 법률은 허가취소 등을 규정함에 있어서 처분사유와 함께 불이익처분을 세분하여 규정하지 않고 그 사유만을 일반적으로 규정할 뿐이므로 행정으로서는 법집행의 통일을 기하기 위해 처분사유와 그에 따른 불이익처분을 세분화 하는 기준이라고 소개하고 있다. 김중권 교수는 재량준칙이 개별적 수권이 없이 제정된 경우에는 내부적 준칙에 그치는데, 문제는 법령의 위임에 의거하여 법규명령의 형식으로 발해질 때라고 한다. 특히 제재적 행정처분의 기준으로 제정된 재량준칙은 - 그에 의하면 법규성을 지니므로 - 법규명령의 성질을 지녀야 하고, 만약 그렇지 아니하면 법률유보의 원칙에 배치된다고 본다. 따라서 부령의 형식으로 제정된 제재적 행정처분의 재량준칙 역시 법규명령으로 보아야 한다고 주장한다.[23]

20) 정하중, 행정법개론, 법문사, 2016, 151면.
21) 박균성, 행정법강의, 박영사, 2013, 157면 이하.
22) 배영길, 공법의 규범 체계, 공법연구 제37집 제1호(2008/10), 106면.
23) 김중권, 행정법, 법문사, 2013, 343면 이하.

　　김남철 교수는 재량준칙을 원칙적으로 행정규칙이라고 설명하면서
도, 제재적 처분의 기준으로서의 재량준칙과 관련하여서는 그 발령형식
에 초점을 두어 판단하고 있다.[24)

　　홍강훈 교수에 의하면, 제재적 처분의 기준으로서 제정되는 재량준
칙과 관련되는 논의를 법규명령형식의 행정규칙과 관련된 논의로 보아,
이를 법규명령과 행정규칙의 중간영역에 존재하는 규정에 있어서 본질
적 정체성의 관점에서 논의하고 있다.[25)

　　강주영 교수는 "이와 같이 제재기준의 규정형식이 대통령령이냐
부령이냐 아니면 고시 또는 훈령이냐에 따라 법적 성격을 달리하는 것
은, 헌법 해석의 차원에서 그리고 수범자인 국민의 입장에서도 혼란을
가중하는 것이다. 또한 제재기준이 국민의 기본권과 관련 될 수 있으며
권리의무에 직접적인 영향을 준다고 하여서 고시 또는 훈령에 규정되어
있는 경우에 대해서도 법규명령적인 행정규칙이라고 하기에는 어려움
이 있다. 왜냐하면 제재기준은 본원적으로 재량준칙인 행정규칙의 성격
을 가지고 있기 때문이다. 따라서 대통령령이라는 규범형식이 가지는
무게에 압도되어 제재적 행정처분기준을 법규명령으로 파악하거나 또
는 그 외의 규범형식이 가지는 가벼움으로 인해 쉬이 행정규칙으로 이
해하는 이중적 태도보다는, 제재적 행정처분기준이 가지는 재량준칙으
로서의 본원적 성격에 집중할 필요가 있다.[26)"라고 하여 재량준칙의 법
적 성질에 대한 기존의 논의에 문제가 있음을 지적하고 있다.

　　이러한 우리나라의 대다수 학자들의 견해와는 달리 독일의
Ossenbühl 교수에 의하면 재량준칙은 행정권이 지니는 독자적인 입법

---

24) 김남철, 행정법강론, 박영사, 2014, 273면 이하.
25) 홍강훈, 법규명령과 행정규칙의 경계설정을 위한 새로운 기준 ― 소위 행정규칙형
　　식의 법규명령과 법규명령형식의 행정규칙의 정체성 규명기준, 공법연구 제43집
　　제1호(2014/10), 362면.
26) 강주영, 행위제한법규의 규정형식과 행정법규의 해석 ― 대상판결: 대법원
　　2015.7.9. 선고 2014두47853 판결, 강원법학 제51권(2017. 6), 374면.

권능에 의거하여 제정된 법규이며, 헌법상의 평등의 원칙을 매개로 하지 아니하더라도 법규성을 지닌다고 보는데, 왜냐하면 行政權도 일정한 한도 내에서 고유한 法規制定權이 있기 때문이다. 이러한 법규제정권이 긍정되는 근거는 행정권 역시 입법부와 마찬가지로 민주적 정통성을 지니고 있는 자주적인 국가기관이며, 국가기능 중에서 입법이나 사법은 때때로 휴지 또는 정지 상태에 있더라도 국가의 운영에 커다란 지장을 초래하지 아니한데 비하여, 행정은 잠시도 중단할 수 없는 영속적인 기능을 갖고 있으며, 입법권과 사법권의 범위는 비교적 명확한데 반하여 행정은 다양하고 광범한 기능을 수행하게 됨으로 인하여 국가의 보충적 기능을 수행하게 된다는 점 등에서 찾고 있다.[27] 재량준칙의 법적 성질을 논함에 있어서 재량준칙이 대외적 효력을 지니는 것에 준하여 취급하여야 한다는 의미에서 준법규(Quasi-Rechtsverordnung)라는 입장도 제시되고 있는바, 이러한 준법규설에서 명확하게 하여야 할 점은 재량준칙이라는 기준 그 자체가 준법규로 전환되어서 구속력을 지니게 되는 것이 아니라, 재량준칙의 적용이 '거듭됨'으로 인하여 평등의 원칙 (Gleichheitsatz) 내지 신뢰보호의 원칙(Vertrauensschutz)의 적용에 따라서 즉 이러한 원칙들의 효력들이 구속력을 발휘하는 것이지, 재량준칙 그 자체가 준법규로서의 효력을 지니게 되는 것은 아니라고 할 것이다.[28]

2. 판례의 입장

먼저 재량준칙과 관련된 판례의 입장은 재량준칙을 행정부 내부의 사무처리 규정으로 보는 입장으로부터 법규명령으로 보는 입장까지 다

---

27) Ossenbühl, Fritz, Rechtsquellen und Rechtsbindungen der Verwaltung, in Erichsen S. 155 ff. Rn. 41 ff.
28) Ossenbühl, Fritz, Rechtsquellen und Rechtsbindungen der Verwaltung, in Erichsen S. 160f. Rn. 49 f.

양하다. 판례의 기본입장은 재량준칙은 원칙적으로 행정부 내부의 사무
처리준칙으로 보는 입장이고 설령 그러한 재량준칙이 부령의 형식으로
발급된 경우에도 동일하게 평가한다. 다만, 재량준칙의 발급형식이 대
통령령인 경우에는 이를 법규명령으로 보고 있다.

(1) 대법원 1986. 11. 25. 선고 86누533 판결

"자동차운수사업법 제31조 등의 규정에 의한 사업면허의 취소 등
의 처분에 관한 규칙(1982.7.31 교통부령 제724호)은 그 규정의 성질과 내
용으로 보아 자동차운수사업면허의 취소처분 등에 관한 基準과 처분절
차 등 행정청내의 사무처리준칙을 정한 行政命令에 불과한 것이어서 이
는 행정조직 내부에서 관계행정기관이나 직원을 구속함에 그치고 대외
적으로 국민이나 법원을 구속하는 것은 아니므로 자동차운수사업면허
취소 등의 처분의 적법여부는 위 규칙에 적합한 것인가의 여부에 따라
판단할 것이 아니고 어디까지나 자동차운수사업법의 규정 및 그 취지에
적합한 것인가의 여부에 따라 판단하여야 한다."[29]

동 판결에서 재량준칙의 내용을 기능적으로 살펴보니 이는 행정청
이 준수하여야 할 기준을 정한 것이어서 행정부 내부의 사무처리준칙으
로 판단하였다는 점에서 재량준칙의 적용대상을 행정부 내부로 보았다.
판례의 입장에서는 제재적 행정처분의 기준을 정한 재량준칙에 대하여
종래 훈령으로 정하였던 사항을 부령으로 정하였으므로 그 실질에 변화
가 없다는 점에서 이 역시 행정청 내부의 사무처리준칙에 불과한 행정
명령이라고 판시하였다.[30]

---

29) 同旨: 대법원 1984. 2. 2. 선고 883누551 판결; 대법원 1990. 10. 12. 선고 90누3546
    판결.
30) 판례의 입장을 따라가 보자면, 자동차운수사업법 제31조 등의 규정에 의한 사업면
    허의 취소 등의 처분기준이 처음에 교통부훈령으로 되어 있었던 것을 그 법적 효
    력을 강화하고자 자동차운수사업법 제31조 등의 규정에 의한 사업면허의 취소등
    의 처분에 관한 규칙으로 격상시킨데서 연유한다. 판례는 처음에 훈령으로 정해

(2) 대법원 1991. 3. 8. 선고 90누6545 판결

"공중위생법 제23조 제1항은 처분권자에게 영업자가 법에 위반하는 種類와 정도의 경중에 따라 제반 사정을 참작하여 위 법에 규정된 것 중 적절한 종류를 선택하여 합리적인 범위내의 행정처분을 할 수 있는 재량권을 부여한 것이고, 이를 시행하기 위하여 동 제4항에 의하여 마련된 공중위생법시행규칙 제41조 별표7에서 위 행정처분의 기준을 정하고 있더라도 위 시행규칙은 형식은 부령으로 되어 있으나 그 性質은 행정기관내부의 사무처리 준칙을 규정한 것에 불과한 것으로서 보건사회부장관이 관계 행정기관 및 직원에 대하여 그 직무권한 행사의 指針을 정하여 주기 위하여 발한 行政命令의 성질을 가지는 것이지, 위 법 제23조 제1항에 의하여 보장된 재량권을 기속하거나 대외적으로 국민을 기속하는 것은 아니다."

동판결에서 '위 시행규칙은 형식은 부령으로 되어 있으나'라고 판시하여 판례도 그 형식의 무게를 느끼고는 있으나, 기능을 살펴보니 그 性質은 행정기관내부의 사무처리 준칙을 규정한 것이므로 행정명령이라고 판시하고 있다.

(3) 대법원 1993. 06. 29. 선고 93누5635 판결[대중음식점업 영업정지처분취소]

"같은 법 시행규칙 제53조에 따른 별표 15의 행정처분기준은 행정기관 내부의 사무처리준칙을 규정한 것에 불과하기는 하지만 규칙 제53조 단서의 식품 등의 수급정책 및 국민보건에 중대한 영향을 미치는 특별한 사유가 없는 한 행정청은 당해 위반사항에 대하여 위 처분기준에 따라 행정처분을 함이 보통이라 할 것이므로, 행정청이 이러한 처분기

___
져 있었던 사항을 단지 형식만 바꾸어 부령의 형식으로 제정하였다고 해서 그 법적 성질이나 효력이 달라지지는 않는다고 본 것이다.

준을 따르지 아니하고 특정한 개인에 대하여만 위 처분기준을 과도하게
초과하는 처분을 한 경우에는 재량권의 한계를 일탈하였다고 볼 만한
여지가 충분하다."

동판결에서 재량준칙의 기능적인 측면에 착안하여 살펴보아 재량준
칙의 벗어나는 것을 정당화하는 사유가 있는 지 여부도 고려하고 있다.

(4) 대법원 1998. 3. 27. 선고 96누19772 판결

"주유소배치계획의 기준에 관한 관리규정 제5조의8 제1항 제1호,
제4항의 각 조항(1995. 11. 11. 개정시 신설된 것)은 상급기관인 建設部長
官이 法令에 의하여 권한을 수임한 하급기관인 시장·군수에 대하여 통
일적이고도 동등한 裁量行使를 확보하기 위하여 그 재량권 행사방법을
정하여 발하고 있는 것으로서 행정기관 내부의 사무처리준칙에 불과할
뿐 대외적인 구속력을 가지는 것은 아니라 할 것이므로, 당해 불허가처
분이 위 規則에 위배되는 것이라 하여 違法의 문제는 생기지 아니하고
또한 그 처분의 적법 여부는 위 규칙에 적합한 지의 여부에 의하여 판
단할 것이 아니고 관계 법령의 규정 및 취지에 적합한 지의 여부에 따
라 個別的·具體的으로 판단하여야 한다."

동판결에서 재량준칙을 적용한 처분의 위법 여부는 결국 모법으로
돌아가서 모법과 구체적 처분 사이에서 재량권의 일탈·남용 여부를 판
단하여야 한다고 판시하였는바, 재량준칙은 이처럼 기능적으로 매개하
는 역할을 하는 것에 그침을 판시하였다.

(5) 대법원 1998. 3. 27. 선고 97누20236 판결

"도로교통법시행규칙 제53조 제1항이 정한 [별표 16]의 운전면허
행정처분기준은 관할 행정청이 운전면허의 취소 및 운전면허의 효력정
지 등의 사무처리를 함에 있어서 처리기준과 방법 등의 세부사항을 규
정한 행정기관 내부의 처리지침에 불과한 것으로서 대외적으로 국민이

나 법원을 기속하는 효력이 없으므로, 자동차운전면허취소처분의 적법 여부는 위 운전면허행정처분기준만에 의하여 판단할 것이 아니라 도로교통법의 규정 내용과 취지에 따라 판단되어야 하며, 위 운전면허행정처분기준의 하나로 삼고 있는 벌점이란 자동차운전면허의 취소·정지처분의 기초자료로 활용하기 위하여 법규 위반 또는 사고야기에 대하여 그 위반의 경중, 피해의 정도 등에 따라 배점되는 점수를 말하는 것으로서, 이러한 벌점의 누산에 따른 처분기준 역시 행정청 내의 사무처리에 관한 裁量準則에 지나지 아니할 뿐 법규적 효력을 가지는 것은 아니다."

동판결은 재량준칙은 기능적으로 매개하는 역할을 함에 그치므로, 재량준칙을 적용한 처분의 위법 여부는 재량준칙으로서 운전면허행정처분기준만에 의하여 판단할 것이 아니라 도로교통법의 규정 내용과 취지에 따라 재량권의 일탈·남용 여부를 판단하여야 한다고 보았다.

(6) 대법원 2013. 07. 11. 선고 2013두1621 판결[토지분할신청불허가처분취소]

"행정청 내부의 사무처리에 관한 재량준칙의 경우 대외적으로 국민이나 법원을 기속하는 효력 즉 법규적 효력이 없으므로, 이러한 재량준칙에 기한 행정처분의 적법 여부는 그 처분이 재량준칙의 규정에 적합한 것인가의 여부에 따라 판단할 것이 아니고 그 처분이 관련 법률의 규정에 따른 것으로 헌법상 비례·평등의 원칙 위배 등 재량권을 일탈·남용한 위법이 없는지의 여부에 따라 판단하여야 한다."

동판결은 재량준칙은 기능적으로 매개하는 역할을 함에 그치므로, 재량준칙을 적용한 처분의 위법 여부는 모법과 구체적 처분 사이에서 재량권의 일탈·남용 여부를 판단하여야 한다고 판시하였다.

(7) 대법원 1997. 12. 26. 선고 97누15418 판결

"당해 처분의 기준이 된 주택건설촉진법시행령 제10조의3 제1항

[별표 1]은 주택건설촉진법 제7조 제2항의 위임규정에 터잡은 규정형식
상 대통령령이므로 그 성질이 部令인 시행규칙이나 또는 지방자치단체
의 규칙과 같이 통상적으로 행정조직 내부에 있어서의 행정명령에 지나
지 않는 것이 아니라 대외적으로 국민이나 법원을 구속하는 힘이 있는
법규명령에 해당한다."

　　기존의 판례의 입장이 제재적 행정처분의 기준이 대통령령의 형식
의 제정된 경우에는 법규명령에 해당한다고 보았다. 동판결에서 대법원
은 그 내용상 재량준칙에 해당되는 처분의 기준을 단지 대통령령의 형
식으로 제정되었다고 하여 법규명령으로 보고 있는바, 이러한 입장은
재량준칙이 가지는 기능적 측면을 도외시하고 있는 문제가 있다.

(8) 대법원 2001. 3. 9. 선고 99두5207 판결

　　"구 청소년보호법(1999. 2. 5. 법률 제5817호로 개정되기 전의 것) 제49
조 제1항, 제2항에 따른 같은법시행령(1999. 6. 30. 대통령령 제16461호로
개정되기 전의 것) 제40조 [별표 6]의 위반행위의종별에따른과징금처분기
준은 법규명령이기는 하나 모법의 위임규정의 내용과 취지 및 헌법상의
과잉금지의 원칙과 평등의 원칙 등에 비추어 같은 유형의 위반행위라
하더라도 그 규모나 기간·사회적 비난 정도·위반행위로 인하여 다른
법률에 의하여 처벌받은 다른 사정·행위자의 개인적 사정 및 위반행위
로 얻은 불법이익의 규모 등 여러 요소를 종합적으로 고려하여 사안에
따라 적정한 과징금의 액수를 정하여야 할 것이므로 그 수액은 정액이
아니라 최고한도액이다."

　　판례는 대통령령의 형식으로 제정된 처분기준을 법규명령으로 보
면서도 과징금의 액수를 정한 기준을 최고한도액으로 보아서, 법규명령
으로 보는 것으로부터 파생되는 구속력을 완화하고자 하였다.

3. 소결

판례는 재량준칙의 법적 성격에 대하여 처음에는 '그 규정의 성질과 내용으로 보아 … 행정청 내의 사무처리준칙을 정한 행정명령에 불과한 것이어서'라고 판시하여 규정의 성질과 내용을 기준으로 재량준칙의 법적 성격을 판단하였다. 다음에는 '행정처분의 기준을 정하고 있더라도 위 시행규칙은 형식은 부령으로 되어 있으나 그 성질은 행정기관 내부의 사무처리준칙을 규정한 것에 불과한 것으로서'라고 판시하여, 재량준칙의 법적 성격을 판단함에 있어서 부령의 형식보다도 그 성질을 기준으로 하였다.

그러다가 주택건설사업영업정지처분취소판결에서는 '당해 처분의 기준이 된 주택건설촉진법시행령 제10조의3 제1항 [별표 1]은 … 규정형식상 대통령령이므로 … 대외적으로 국민이나 법원을 구속하는 힘이 있는 법규명령에 해당한다'라고 판시하여 재량준칙의 법적 성격을 그 규정형식에 따라서 형식적으로 판단하였다. 이어서 대법원은 과징금부과처분취소판결에서 대통령령 형식의 재량준칙인 위반행위의종별에따른과징금처분기준에 대해서 '법규명령이기는 하지만 … 그 수액은 정액이 아니라 최고한도액이라고 할 것이다'라고 판시하면서 법규명령인 재량준칙에 대하여 신축적인 구속력을 부여하였다. 즉, 판례는 재량준칙의 법적 성격에 대해서 처음에는 그 성질에 따라서 판단하다가 추후에는 그 형식에 따라서 판단하다가 다시금 법규명령이기는 하나 그 수액은 정액이 아니라 최고한도액이라고 판시하였다. 이러한 판례의 변화를 따라가 보면 결국 판례는 재량권 행사의 준칙으로 마련된 기준을 당해 사안에 적용하는 것과 관련하여 어떠한 신축성을 지속적으로 견지하고자 하는 것으로 귀결될 수 있다.[31]

---

31) 참고: 김중권, 행정법, 법문사, 2013, 343면.

이와 관련하여 재량준칙으로 마련된 기준은 법형식과 결부될 것이
아니라는 점을 지적할 수 있다. 재량준칙으로 마련된 기준은 법규명령인
가 아니면 행정규칙인가와 같이 대외적 구속력의 관점에서 제정된 기준
이 아니기 때문이다. 그러므로 우리 판례는 재량준칙의 법적 성격을 판
단함에 있어서 이를 법규명령인가 아니면 행정부 내부의 사무처리준칙
인가의 구분으로 들어가서 논의를 전개할 필요가 없다. 그러한 구분을
시도하다 보니 재량준칙을 처음에는 행정부 내부의 사무처리준칙으로서
내부적인 효력을 갖는 것으로 보다가, 대통령령으로 제정된 재량준칙에
있어서는 갑자기 법규명령에 해당한다고 판시하였던바, 이러한 판시에 대
해서는 학자들의 비판의 십자포화(Kreuzfeuer)가 있었다.[32] 판례는 재량준
칙이라는 기준을 대외적 구속력의 관점에서 접근하다 보니까, 재량준칙이
일대일 대응방식으로 규정되어 있어 이를 적용한 결과가 구체적·개별적
인 사정을 반영하지 못하게 되는 결과를 극복하고자 하였다. 이러한 시
도의 연장선상에 서서 구체적인 타당성(Einzelfallentscheidung)을 기하고자
부령으로 정한 재량준칙의 법규성을 부인하게 되었다.[33] 그렇지만, 부령
으로 제정된 기준을 행정부 내부의 사무처리준칙으로 평가절하하는 것은
기존의 법령체계와 관련하여 중대한 혼란을 야기하게 된다.[34]

---

32) 홍정선, 의료업면허와 그에 대한 행정처분기준의 성질에 관한 판례연구, 한국의료
   법학회지 제11권 제1호, 2003, 74면; 강현호, 재량준칙의 법적 성격, 28면 이하: 이
   러한 판례의 입장에 대해서 첫째, 재량권 행사의 기준이라는 실질적인 점에 변화
   가 없이 대통령령으로 규정이 되었더라도 이를 행정규칙으로 보았어야 논리의 일
   관성을 유지하는 것은 아닌가, 둘째, 헌법에서 규정하고 있는 총리령이나 부령을
   행정청 내부의 사무처리준칙으로 볼 수 있는가, 즉 부령과 행정규칙 사이에는 그
   형식의 무게에 있어서 현저한 차이가 있음에도 이를 동일시하는 것은 사물의 본
   질에 반하는 것이 아닌가 셋째, 대통령령과 부령 사이에는 발령권자의 차이 그리
   고 국무회의의 심의를 거치는가 하는 절차상의 차이밖에 나지 않음에도 전자는
   법규명령으로 후자는 행정명령으로 평가하는 것은 정의의 본질에 부합된다고 보
   기 어렵지 아니한가 등의 의문이 제기된다.
33) 윤영선, 행정소송과 재량준칙, 공법연구, 제28집 제1호, 1999, 46면 이하.
34) 김동희, 프랑스 행정법상의 재량준칙에 관한 고찰, 법학, 1986, 27권 213호, 66면;

판례가 흑암의 동굴로 빠져들어가는 단초는 바로 재량권 행사의 기준으로 마련된 재량준칙을 기왕의 대외적 구속력의 관점에서 세워진 기준인 법규명령 또는 행정규칙의 어느 하나에 편입(Einordnung)시켜 버렸다는 것에 있다. 그렇다면 이러한 재량준칙의 이러한 기준으로의 편입책 외에 다른 어떤 방법이 존재하는가 하는 의문이 제기될 수 있다.

VI. 판례에 대한 평석

1. 재량준칙에 대한 새로운 접근
- 기능적 매개규범으로서의 재량준칙

법규범(Rechtsnorm)이란 일반인들에게 적용되는 규율을 포함하는 모든 고권적 규율이라고 할 수 있다.[35] 이러한 법규범은 계층적으로 구분하여 보면 헌법, 법률, 명령, 규칙 그리고 조례로 순서 지을 수 있다. 법규범은 적용영역과 관련하여 국제법, 국내법, 연방법 그리고 주법, 게마인데법 등으로 구분할 수 있다. 법규범은 또한 수범자들의 행위를 지도하는 방식과 관련하여 의무부과적 규범과 권한부여적 규범으로 구분할 수도 있다. 전자는 사람들에게 특정한 행위를 선택하도록 강제하는 방식으로만 사람들의 행위를 지도하는 규범이고, 후자는 자기 또는 타인의 법적 지위를 변경시킬 수 있는 권한을 부여하는 규범이다.[36] 법규범을 완전한 법규범과 불완전한 법규범으로 구분하고, 후자에는 설명적 법규범, 제한적 법규범 그리고 인용적 법규범으로 분류하기도 한다.[37]

황도수, 법규명령과 행정규칙의 본질적 구분(상), 판례월보 제355호, 47면.

[35] Maurer, Hartmut, AllgVerwR, 18. Aufl. 2011, Verlag. C.H.Beck, § 4 Rn. 4.

[36] 권경휘, 법의 규범적 성격에 관한 연구 : 법은 수범자의 행위를 어떠한 방식으로 지도하는가?, 법학논문집 제36집 제1호(2012), 27면.

[37] 허일태, 법규론, 동아법학 제24호(1998/11), 494면 이하.

이처럼 법규범은 다양한 방식으로 여러 모습으로 분류될 수 있는 것이다.

행정부가 제정하는 법규범을 구분하여 보자면 다음과 같이 구분할수 있다. 대외적 구속력을 기준으로 하여 법규범은 법규명령과 행정규칙으로 구분된다. 법규명령이란 행정권이 법령의 수권에 의하여 정립하는 일반적·추상적 규정으로서 법규의 성질을 가지는 행정입법을 말한다. 법규명령은 성질은 입법이지만, 행정의 행위형식의 하나이다. 법규란 국민의 권리와 의무를 규율하는 규범으로서, 법규성을 지닌다는 것은 국민과 행정권을 모두 구속하고 재판에 있어서도 근거규범이 되는성질을 말한다. 법규명령을 위반하는 경우에 국민은 법규명령에 규정된제재를 부과받게 되고, 행정권의 행정작용은 위법한 작용이 되어서 행정상 손해배상의 책임을 부담하게 되고 나아가 행정쟁송의 대상이 되며, 법원은 예외적 사정이 없는 한 법규명령을 재판의 근거규범으로 삼아야 하며 이로부터 벗어난 재판은 상소의 사유가 된다. 이에 반하여행정규칙이란 실무에서는 훈령 · 통첩 · 예규 · 지침 · 고시 등으로 불리우면서 행정조직 내부관계 또는 특별권력관계 내부에서 조직·업무처리절차·활동기준 등에 관하여 규율하는 일반 · 추상적 규범으로서, 법규성이없는 규범이다.[38] 특별권력관계 내부에서는 특별권력관계의 구성원으

---

38) 헌법재판소 2008. 11. 27. 2005헌마161: 헌법재판소는 행정청이 제정하는 기준에
   대해서 대외적 구속력을 부여할 수 없는 이유와 관련하여 다음과 같은 결정을 내
   리고 있다: "일반적 구속력을 갖는 법규명령과 중앙 또는 지방행정기관에 의하여
   발령되는 고시 · 훈령 · 통첩 등 행정규칙은 그 생성과정 및 효력에 있어서 매우 다
   르다. 우리 행정절차법에 의하면, 국민의 권리 · 의무 또는 일상생활과 밀접한 관
   련이 있는 법령 등을 제정 · 개정 또는 폐지하고자 할 때에는 당해 입법안을 마련
   한 행정청은 이를 예고하여야 하고(제41조), 누구든지 예고된 입법안에 대하여는
   의견을 제출할 수 있으며(제44조), 행정청은 입법안에 관하여 공청회를 개최할 수
   있는데 반하여(제45조), 고시나 훈령 등 행정규칙 등을 제정 · 개정 · 폐지함에 관하
   여는 아무런 규정이 없다. 또한 법규명령은 법제처의 심사를 거치고(대통령령은
   국무회의에 상정되어 심의된다) 반드시 공포되어야 효력이 발생되는데 반하여,
   행정규칙 등은 법제처의 심사를 거칠 필요도 없고 공포 없이도 효력이 발생된다.

로서의 사람을 수범자로 하는 점에서 행정조직 내부에서의 조직이나 업무처리절차 등에 관한 규칙과는 속성을 달리한다고 하여 '특별명령'이라고도 한다. 법규명령에 있어서 그 대외적 구속력을 긍정하는 이유는 수권법률에서 구속력을 부여하였기 때문이다. 그러므로 어떠한 기준의 대외적 구속력의 구비여부는 결국 수권법률에서 수권을 함에 있어서 어떠한 구속력을 부여하려고 하였는가 하는 것을 기준으로 판단하여야 할 것이다. 과연 법률이나 시행령 또는 시행규칙에서 재량준칙을 규정하도록 수권하는 것은 법적 함의(Konnotation)는 어디에 있는가를 탐구하는 것이 요청된다. 재량준칙의 제정을 근거 지우는 수권은 구속력의 관점이 아니라 대내적 기능성(innere Funktionalität)의 관점에 그 함의가 있다고 보아야 할 것이다. 이러한 대내적 기능성은 모법 자체의 규율방식으로부터 도출된다. 모법이 행정부의 사무처리와 관련하여 일의적인 처리를 상정하고 있는 경우를 기속규정(verbindliche Regelung)이라고 하고, 행정부에게 처리 자체의 여부 또는 처리의 내용과 관련하여 재량을 부여하는 경우를 재량규정(Ermessensregelung)이라고 할 수 있다. 기속규정과 관련하여 행정부는 그 규정의 요건의 해석 내지 구체화와 관련되는 기준들을 마련할 수 있을 것이고 즉 규범해석규칙39) 내지 규범구체화

결국 위임입법에 대한 국회의 사전적 통제수단이 전혀 마련되어 있지 아니한 우리나라에서는, 행정규칙 등은 그 성립과정에 있어서 타기관의 심사·수정·통제·감시를 받지 않고 또 국민에 의한 토론·수정·견제·반대 등에 봉착함이 없이 은연중 성립되는 것이 가능하다. 그러다 보니 행정기관으로서는 당연히 규율의 방식으로서 법규명령보다 행정규칙 등을 선호하게 되고, 이는 결국 국민의 자유와 권리를 행정의 편의에 맡겨버리는 위험을 초래할 수밖에 없다."
대법원 2010.12.9. 선고 2010두16349 판결[호봉정정거부처분취소]: 2006년 교육공무원 보수업무 등 편람은 교육인적자원부(현재는 교육과학기술부)에서 관련 행정기관 및 그 직원을 위한 업무처리지침 내지 참고사항을 정리해 둔 것에 불과하고 법규명령의 성질을 가진 것이라고는 볼 수 없다고 본 원심판결은 정당하다.
39) 대법원 2008. 3. 27. 선고 2006두3742,3759 판결[목욕장영업신고서처리불가처분취소;영업소폐쇄명령처분취소]: 상급행정기관이 하급행정기관에 대하여 업무처리지침이나 법령의 해석적용에 관한 기준을 정하여 발하는 이른바 행정규칙은 일반적

규칙40)들을 제정할 수 있으며, 재량규정과 관련하여서는 행정부는 재량

으로 행정조직 내부에서만 효력을 가질 뿐 대외적인 구속력을 갖는 것은 아니지만, 법령의 규정이 특정 행정기관에게 그 법령 내용의 구체적 사항을 정할 수 있는 권한을 부여하면서 그 권한행사의 절차나 방법을 특정하고 있지 아니한 관계로 수임 행정기관이 행정규칙의 형식으로 그 법령의 내용이 될 사항을 구체적으로 정하고 있다면 그와 같은 행정규칙은 위에서 본 행정규칙이 갖는 일반적 효력으로서가 아니라, 행정기관에 법령의 구체적 내용을 보충할 권한을 부여한 법령 규정의 효력에 의하여 그 내용을 보충하는 기능을 갖게 된다 할 것이고, 따라서 이와 같은 행정규칙은 당해 법령의 위임한계를 벗어나지 아니하는 한 그것들과 결합하여 대외적인 구속력이 있는 법규명령으로서의 효력을 가지는 것이다(대법원 1987. 9. 29. 선고 86누484 판결, 대법원 2003. 9. 26. 선고 2003두2274 판결 등 참조).

대법원 2008. 4. 10. 선고 2007두4841 판결【건축불허가처분취소】: 산지관리법 제18조 제1항 제8호에서 산지전용허가기준의 하나로 "사업계획 및 산지전용면적이 적정하고 산지전용방법이 자연경관 및 산림훼손을 최소화하고 산지전용 후의 복구에 지장을 줄 우려가 없을 것"이라는 추상적 기준을 설정하면서 같은 조 제4항에 의하여 그 세부기준을 대통령령으로 정하도록 위임하고 있고, 같은 법 시행령 제20조 제4항 [별표 4] 7.의 바.항에서 위 세부기준의 하나로 "전용하고자 하는 산지의 표고(표고)가 높거나 설치하고자 하는 시설물이 자연경관을 해치지 아니할 것"이라고 규정하여 전용하고자 하는 산지의 위치에 대한 대강의 제한을 제시하고 있으면서 같은 비고 2.에 의하여 위 기준을 적용하는 데 필요한 세부적인 사항은 산림청장이 정하여 고시하도록 위임하고 있으며, 이에 따라 산림청장이 법령에 따른 구체적인 기준으로서 전용하고자 하는 산지의 높이에 있어서의 한계로서 "산지의 경관을 보전하기 위하여 전용하고자 하는 산지는 당해 산지의 표고(산자락 하단부를 기준으로 한 산정부의 높이로 지반고를 말한다)의 50/100 미만에 위치하여야 한다"고 정한 산지전용허가기준의 세부검토기준에 관한 규정(2003. 11. 20. 산림청 고시 제2003-71호, 이하 '이 사건 고시'라고 한다) 제2조 [별표 3] (바)목 가.의 규정은 위 산지관리법령이 위임한 바에 따라 그 법령의 내용이 될 사항을 구체적으로 정한 것으로서, 당해 법령의 위임 한계를 벗어나지 않으므로, 그와 결합하여 대외적으로 구속력이 있는 법규명령으로서 효력을 가진다고 할 것이다.

40) BVerwGE 72, 300: 독일법상 규범구체화행정규칙이란 고도의 전문성과 기술성이 요구되는 환경이나 보건 등의 행정영역에 있어서 입법기관이 규범내용을 구체화하지 못하고 규범내용을 구체화(具體化)하는 기능을 행정권에 맡긴 경우에 행정기관이 당해 규범을 구체화한 행정규칙으로서, 무엇보다도 법규성을 지닌다는 점에서 다른 행정규칙과는 구별된다. 일정한 경우에는 법령의 명시적인 수권이 없이도 이러한 규범구체화 행정규칙이 제정될 수 있다고 본다. 이러한 규범구체화행정규칙의 관념은 독일 연방행정법원의 Wyhl(빌)판결에서 정립되었으나, 아직까지 완전히 정착된 것은 아니다.

권 행사에 있어서 기준들을 정립할 수 있을 것이다. 전자는 규범의 요건(Tatbestand)과 관련되어 제정되는 기준들이고, 후자는 규범의 효과(Rechtsfolge)와 관련되어 제정되는 규범이라고 할 수 있다. 여기서 재량규정의 경우에 행정부가 마련하는 기준들을 재량준칙이라고 할 수 있는데, 재량준칙은 대외적 구속력의 관점에서 마련되는 것이 아니라 대내적 기능성의 관점에서 제정되는 것이고, 대내적 기능성의 관점에서 마련되는 재량준칙은 대외적 구속력이라는 차원과는 전혀 다른 차원의 규범으로서 기능적 매개규범(funktionale Vermittlungsnorm)으로서 작동을 하게 된다.[41]

입법부가 행정부에게 사무의 처리를 수권하고 그러한 사무처리와 관련하여 어느 정도의 재량을 부여한 경우에, 행정부는 그러한 사무처리를 위하여 재량권 행사의 기준을 제정할 수 있다. 행정부는 수권법률에서 재량을 부여한 사무의 처리에 있어서 수권법률 그 자체만을 가지고 사무를 처리할 수도 있고, 다시 한 번 더 중간적인 기준(Vermittlungsnorm)을 정립한 연후에 처리할 수도 있다. 재량준칙을 제정하는 이유는 앞에서 보았듯이 통일성, 예측가능성, 효율성 등의 관점에서 제정하게 되는데, 재량준칙의 제정여부 역시 원칙적으로는 행정청의 재량에 속한다고 볼 것이지만, 경우에 따라서는 수권법률 그 자체에서 재량준칙의 제정을 규정하고 있는 경우도 있다.[42] 그러나, 이처럼 수권법률에서 재량준칙

---

41) 참조: 전훈, 행정규칙의 법규성의 이해 - 프랑스 행정법원 판례를 중심으로, 법학논고 제21집(2004/12): 유도적 성격의 재량준칙으로서의 directive라는 제목하에 directive는 행정청이 재량권한을 보유하고 있는 부분에 있어서 행정청이 취할 개별적 행정처분의 진행방향이나 기준을 정한 것이다.

42) 식품위생법 제80조(면허취소 등) ① 식품의약품안전처장 또는 특별자치시장·특별자치도지사·시장·군수·구청장은 조리사가 다음 각 호의 어느 하나에 해당하면 그 면허를 취소하거나 6개월 이내의 기간을 정하여 업무정지를 명할 수 있다. 다만, 조리사가 제1호 또는 제5호에 해당할 경우 면허를 취소하여야 한다. 1. … ② 제1항에 따른 행정처분의 세부기준은 그 위반 행위의 유형과 위반 정도 등을 고려하여 총리령으로 정한다.<개정 2010.1.18., 2013.3.23.>

의 제정을 규정하고 있다고 하여도, 재량준칙은 어디까지나 대외적인 구속력의 관점에서 규율되는 것이 아니라 내부적인 기능성의 관점에서 제정되는 것이라고 할 것이다.

　　먼저, 이러한 재량권 행사의 기준을 왜 기존의 대외적 구속력의 관점에서 세워진 법규명령 또는 행정부 내부의 사무처리준칙이라는 범주에 포함시키려고 하는가 의문을 제기해 본다. 재량준칙은 행정부 내지 행정담당자에 대하여 그 재량권의 행사와 관련하여 일응 합리적이고 타당성이 있다라고 판단되어지는 기준으로 제시된 것이다. 이러한 기준은 행정담당자가 하나의 가이드라인으로 삼아서 행정작용을 수행하라는 것으로서 법규명령이나 행정규칙과 같은 대외적 구속력의 관점에서 제정된 기준과는 완전히 차원이 다른 기준(ungesicherte dritte Kategorie der Rechtsnorm)이다.[43] 이러한 규범을 일컬어 기능적 매개규범(funktionale Vermittlungsnorm)이라고 할 수 있다. 기능적 매개규범이란 문자 그대로 기능적인 측면에서 접근하여야 하는 규범이어서 구속력의 관점에서 접근하여서는 아니되는 규범이다. 기능적 매개규범이 제정되어 있는 곳에서는 행정의 사무처리자는 그러한 규범을 기능적인 측면에서 바라보고, 당해 사안에 이를 참고자료로 사용하면 되는 것이고, 사안의 처리와 관련한 적법 여부는 재량준칙의 적용 여부가 판단기준이 되는 것이 아니다. 행정의 상대방인 국민도 재량준칙이라는 기준의 적용을 배제할 수 있는 특별한 사정을 진술하여 처분의 발급에 있어서 고려될 수 있도록 주장할 수도 있는 것이다. 행정사무처리자는 사안을 바라보고 이에 어떠한 처분을 발급할 것인지는 원칙적으로 수권법률 그 자체에 근거하여야 하며, 재량준칙은 하나의 권고 내지 유도의 의미를 지니는데 불과한 것으로 보아야 할 것이다. 우리 판례도 "자동차운수사업면허취소 등의 처분의 적법여부는 위 규칙에 적합한 것인가의 여부에 따라 판단할 것

---

43) Voßkuhle/Kaufhold: Grundwissen - Öffentliches Recht: Verwaltungsvorschriften JuS
　　2016, 314.

이 아니고 어디까지나 자동차운수사업법의 규정 및 그 취지에 적합한 것인가의 여부에 따라 판단하여야 한다."라고 하여 재량준칙의 이러한 의미를 어느 정도는 이해하고 있다.[44]

사안을 파악하여 재량준칙에 규정된 기준을 고려할 수 있으며 재량준칙을 적용하여 사무를 처리하는 것을 방해하는 다른 사정들이 없다면 재량준칙을 적용하여 사무를 처리할 수 있으며, 그런데 행정사무처리자가 구체적인 사정들을 고려하여 판단함에 있어서 다른 고려변수가 있는 경우에는 그러한 변수를 고려하여 기능적 매개규범과 다른 결정에 도달하여도 무방하다.[45] 행정사무처리자는 재량이 부여된 처분을 할 경우에 재량준칙을 맹목적으로 적용하여서는 아니되고, 설령 준칙의 내용이 합리적이라 하더라도 개개의 사건의 특수성에 대하여 조사를 하여야만 할 의무를 부담한다.

기능적 매개규범은 하나의 규범이므로 특정의 사안과 관련하여 문제가 된 경우에 법원은 그러한 기능적 매개규범을 적용한 행정작용에 대해서는 먼저 그러한 기능적 매개규범에 대해서 수권법률의 관점에서 정당성을 심사하여야 할 것이다. 이러한 심사는 설령 그러한 재량준칙이 대통령령의 형식으로 제정된 경우라고 하더라도 불가능한 것이 아니라 - 재량준칙은 대외적 구속력의 관점에서 제정된 것이 아니므로 대통령령의 형식으로 제정되었다고 하여 법규명령이어서 심사를 하지 못하거나 하지 아니하여야 할 것이 아니라 - 반드시 심사를 하여야만 하는

---

44) 대법원 1986. 11. 25. 선고 86누533 판결: 同旨: 대법원 1984. 2. 2. 선고 883누551 판결; 대법원 1990. 10. 12. 선고 90누3546 판결.
45) 김동희, 프랑스 행정법상의 재량준칙에 관한 고찰, 법학, 1986, 27권 213호, 66면; 이광윤, 행정법이론, 성대출판부, 2000, 100면; 대법원 1998. 3. 27. 선고 96누19772 판결: 이러한 다른 결정의 가능성에 대해서도 우리 판례는 "당해 불허가처분이 위 規則에 위배되는 것이라 하여 違法의 문제는 생기지 아니하고 또한 그 처분의 적법 여부는 위 규칙에 적합한 지의 여부에 의하여 판단할 것이 아니고 관계 법령의 규정 및 취지에 적합한 지의 여부에 따라 個別的·具體的으로 판단하여야 한다."라고 판시하고 있다.

것이라고 할 것이다. 이러한 심사에 대해서 하나의 예시로 들 수 있는 것이 - 물론 대통령령의 형식으로 제정된 재량준칙은 아니지만 재량준칙에 대한 심사의 예로서 들 수 있는 비교적 최신의 판례로서 - 바로 다음 대법원 판결이다: "관계 법령 및 규정 등의 취지와 피고 시 관내 여건을 종합하여 보면, 피고 시가 관내 개인택시 면허발급의 우선순위를 정함에 있어 1차적으로 버스나 다른 사업용 자동차의 운전경력보다 택시 운전경력을 우대하는 것에 더하여, 동일 순위 내 경합이 있으면 다시 택시운전경력자를 우선하도록 하는 내용의 이 사건 규정을 둔 취지는, 그 면허의 대상이 개인택시운송사업이어서 거기에 종사하게 될 자를 정함에 있어서는 버스나 다른 사업용 자동차의 운전경력에 비해 업무의 유사성이 높은 택시운전경력이 더욱 유용하다는 판단과 아울러, 피고 시의 지역 실정상 택시기사 부족사태의 해결 및 균형적인 여객운송사업의 발전을 도모하기 위해서는 관내 안정적인 영업 기반을 갖춘 택시회사의 영업활동에 대한 지원이 필요하다는 판단이 주로 고려된 것으로 보이고, 여기에다가 이 사건 규정을 신뢰하고 장기간 근무하고 있는 관내 택시회사 운전자들의 신뢰이익을 보호할 필요가 있으며, 그로 말미암아 원고와 같은 택시 이외의 운전경력자가 입는 불이익은 정당한 행정목적 달성을 위한 수익적 행정행위에 따르는 반사적인 것에 불과하다는 점까지 보태어 보면, 이 사건 규정 제4조 제2항은 합목적적인 행정의 수단 내지 기준으로서 나름대로 합리적이고 타당한 것이라 할 것이고"라고 판시하면서, 재량준칙에 대하여 먼저 그 정당성 여부에 대한 심사를 하고 있다.[46]

---

46) 대법원 2009. 7. 9. 선고 2008두11099 판결【개인택시운송사업면허제외처분취소】의 사실관계: 동해시는 2006. 1. 17. 여객자동차 운수사업법 제5조, 같은 법 시행규칙 제17조 및 '동해시 개인택시운송사업면허 사무처리규정'(1996. 3. 11. 동해시 훈령 제156호로 제정되고, 2005. 9. 12. 동해시 훈령 제283호로 최종 개정된 것, 이하 '이 사건 규정'이라고 한다)을 근거로 개인택시운송사업면허대상자 모집공고(동해시 공고 제2006-37호, 이하 '면허계획공고'라고 한다)를 하면서, 면허예정대수 10

판례의 입장을 살펴보면 재량준칙을 실질적으로 기능적 매개규범으로 보고 있으면서도 판례와 학설이 미궁으로 빠져드는 이유는 재량권 행사의 기준으로 정립된 재량준칙을 기능적 매개규범의 관점에서 접근하지 아니하고, 대외적 구속력의 관점에서 세워진 기준의 관점에서 재량준칙을 법규명령이나 행정규칙 중에서 어느 하나로 귀속(Zuordnung)시키려고 하는 것에서 발생된다. 재량준칙을 법규명령이나 행정규칙과는 차원이 다른 기능적 매개규범으로 평가하는 것이 현재의 흑암(Dunkelheit)으로부터 벗어나는 첩경이라고 할 것이다. 매개규범의 특성은 구속력의 관점에서 제정된 것이 아니라, 재량의 적정한 집행이라는 기능적 관점에서 제정된 규범이므로 그 대외적 내지 대내적 구속력에

대를 면허발급 우선순위에 따라서 발급하기로 하되, 업종 간 운전경력의 합산 없이 ① 10년 이상 택시 무사고 운전자와 ② 13년 이상 버스 무사고 운전자로서 각 일정기간 근속요건을 갖춘 자 및 ③ 20년 이상 사업용 자동차 무사고 운전자를 동순위의 우선순위자(제1순위 "가"목)로 정한 사실, 이 사건 규정 제2조 제3항은 개인택시운송사업면허 신규발급의 우선순위는 위 공고내용과 같은 우선순위에 의하도록 하면서 시장이 지역실정을 감안하여 따로 정할 수 있도록 하고, 위 규정 제4조 제2항은 동순위의 운전경력은 동일기준 경력으로 산정하면서, 동일기준 경력자 사이에 경합이 있으면 '택시 장기무사고 운전경력자 → 장관표창 수상자 → 연장자'의 순으로 우선하되, 다만 위 우선순위 "가"목의 경우 거기에 열거한 순서 순으로 우선하여 처분한다는 취지로 규정함으로써, 결국 동일 순위 내에서 차종별로 운전경력에 경합이 있는 경우에는 '택시 무사고 운전경력자 → 버스 무사고 운전경력자 → 사업용 자동차 무사고 운전경력자'의 순으로 우선순위가 정해지게 된 사실, 위 규정들은 피고 시가 1996년경 이를 제정한 이래 변동 없이 계속 적용하여 온 사실, 피고 시 관내 택시회사(법인택시) 운전자들 중 상당수는 위 규정에 따른 신규면허의 우선발급을 기대하고 저임금 등 열악한 근무여건을 감내하면서 택시운전업무에 종사해 온 것으로 보이는 사실, 피고 시는 2004년 말경 정부의 지역별 택시총량제 시행지침에 맞추어 관내 개인택시 적정 공급대수를 2005년부터 2009년까지 향후 5년간 23대로 대폭 축소하기로 확정하였고, 그 결과 택시회사 운전자들의 경우에도 개인택시 면허발급의 가능성이 현저히 낮아져 그에 따른 대량 이직사태 및 구인난으로 2007년 10월경만 해도 관내 2개 택시회사(합계 38대)가 여객자동차 운수사업의 폐지를 신청·수리된 사실 등이 인정된다. 이러한 사정하에서 피고는 원고를 개인택시운송사업면허발급대상자로부터 제외하는 처분을 발급하였다.

대해서 일의적으로 판단할 수가 없는 규범이다. 재량의 적정한 집행을 위한 매개규범(Vermittlungsnorm)은 수권법률과 행정청의 재량처분 사이를 신축적이고도 탄력적으로 연결(flexible und elastische Verknüpfung)하는 것을 고려하고 있다. 즉, 매개규범은 모법에서 부여한 재량권에 대한 가이드라인을 제시하는 규범으로서 유도적인 기능을 수행하고 있음에 그치는 것이어서 그 구속력에 대해서 일의적으로 논단할 수는 없다. 매개규범은 매개규범을 준수하지 아니하여도 그 자체로 위법하게 되는 것이 아니라 준수하지 아니하는 것을 정당화하는 사유가 있는지 여부를 살펴보아야 한다.47) 즉 행정담당자는 재량준칙이 존재하는 경우에도 그에 따르는 것이 수권법률의 재량의 범위 내에 포함될 수 있는지의 관점에서 그러한 재량준칙이 재량권 행사를 하는 기준으로 적합한지 여부와 사안에 있어서 그러한 기준의 적용을 배제하는 사유는 없는 지를 구체적 그리고 개별적으로 살펴보아야 한다. 기능적 매개규범으로서 재량준칙은 재량권의 행사에 있어서 하나의 기준을 제시하는 의미가 있으므로 재량권 행사를 원활하게 한다. 하지만, 재량준칙은 다양한 기준 중에서 하나의 유력한 기준을 제시하는 의미가 있을 뿐이고, 그 자체로 그것을 벗어나는 사유가 있는 경우에는 다르게 결정할 수 있는 것을 예정하고 있다. 그러므로 재량권이 부여되어 있고 재량준칙이 제정되어 있는 영역에서의 처분에 대한 심사는 언제든지 모법 내지 수권법률에 기초하여 심사를 하여야 한다.48) 처분에 대한 위법여부의 심사를 함에 있어서 법

---

47) 이광윤, 행정법이론, 성대출판부, 2000, 100면: 이광윤 교수 역시 재량준칙의 이러한 점을 "재량준칙은 행정집행자에 대하여 명령하는 것이 아니고 다만 유도하는 것이므로 행정집행자는 처분에 대한 재량권을 보유하고 있으며, 따라서 정당한 이유가 있으면 준칙을 적용하지 않을 수도 있는 것이다."라고 하여 타당하게 적시하고 있다.

48) 대법원 2013.07.11. 선고 2013두1621 판결[토지분할신청불허가처분취소] : 행정청 내부의 사무처리에 관한 재량준칙의 경우 대외적으로 국민이나 법원을 기속하는 효력 즉 법규적 효력이 없으므로, 이러한 재량준칙에 기한 행정처분의 적법 여부는 그 처분이 재량준칙의 규정에 적합한 것인가의 여부에 따라 판단할 것이 아니

원은 재량권의 일탈·남용 여부에 대해서 심사를 하게 될 것이고, 이 경우에 재량준칙을 적용한 처분에 대해서는 법원은 통상적으로 재량준칙이라는 기준의 정당성 내지 타당성을 먼저 심사하게 될 것이고, 다음으로는 재량준칙의 적용을 배제하는 특별한 사유가 있는 지 여부를 심사하게 될 것이다.[49] 재량준칙에서 규정하고 있는 기준을 벗어나는 처분이라 하더라도 그 자체로 재량권의 일탈·남용에 해당되는 것은 아니고, 처분의 위법성을 심사하기 위해서는 재량준칙의 정당성과 재량준칙의 적용의 배제를 정당화하는 사유에 대해서 심사를 하여야 한다.[50] 재량준칙의 정당성에 대해서 법원이 심사를 하게 되는 경우에, 그러한 재량준칙의 제정 역시 크게는 재량권의 행사의 범주에 포함되므로 법규명령에 대한 위법 여부의 판단과 같은 엄격심사를 하여서는 아니되고 재량권 일탈·남용에 대한 심사로서 재량의 유월, 재량의 오용 등 재량의 하자가 존재하는 지 여부에 대해서만 심사를 하여야 할 것이다.[51]

고 그 처분이 관련 법률의 규정에 따른 것으로 헌법상 비례·평등의 원칙 위배 등 재량권을 일탈·남용한 위법이 없는지의 여부에 따라 판단하여야 한다.

[49] 대법원 2004. 05. 28. 선고 2004두961.폐기물처리업 허가와 관련된 법령들의 체제 또는 문언을 살펴보면 이들 규정들은 폐기물처리업 허가를 받기 위한 최소한도의 요건을 규정해 두고는 있으나, 사업계획 적정 여부에 대하여는 일률적으로 확정하여 규정하는 형식을 취하지 아니하여 그 사업의 적정 여부에 대하여 재량의 여지를 남겨 두고 있다 할 것이고, 이러한 경우 사업계획 적정 여부 통보를 위하여 필요한 기준을 정하는 것도 역시 행정청의 재량에 속하는 것이므로, 그 설정된 기준이 객관적으로 합리적이 아니라거나 타당하지 않다고 볼 만한 다른 특별한 사정이 없는 이상 행정청의 의사는 가능한 한 존중되어야 할 것이나, 그 설정된 기준이 객관적으로 합리적이 아니라거나 타당하지 않다고 보이는 경우 또는 그러한 기준을 설정하지 않은 채 구체적이고 합리적인 이유의 제시 없이 사업계획의 부적정 통보를 하거나 사업계획서를 반려하는 경우에까지 단지 행정청의 재량에 속하는 사항이라는 이유만으로 그 행정청의 의사를 존중하여야 하는 것은 아니고, 이러한 경우의 처분은 재량권을 남용하거나 그 범위를 일탈한 조치로서 위법하다.

[50] 이러한 요청은 현실적으로 행해지는 행정의 실무를 고려할 때, 행정청에게 행정처분을 함에 있어서 고도의 고려의무를 부여하는 것이다. 행정청이 裁量準則에 근거하여 기계적으로 처분을 하여서는 아니되고, 개개의 경우에 있어서 구체적 타당성 및 정당성의 요소들까지 고려의 대상으로 삼아야 할 것을 요청하고 있다.

2. 사안에 대한 비판적 고찰

재량준칙의 법적 성질과 관련하여 이를 기능적 관점에서 제정된 기능적 매개규범으로 자리매김을 시킨 후 그러한 관점에서 본 사안을 바라본다면, 다음과 같은 분석을 할 수 있을 것이다.

행정청이 시설개수명령을 발하는 것은 식품위생법 제74조 제1항에 의거하여 법적 요건이 충족되는 경우에 가능하다. 원고가 설치한 영업시설이 법 제36조에 따른 시설기준에 맞지 아니하는 경우에라야 하는데, 법 제36조에서는 총리령으로 위임하고 있으며, 그에 따라서 식품위생법 시행규칙 제36조 [별표 14]가 규정되어 있다. [별표 14] 8. 식품접객업의 시설기준에서 정하고 있는 시설기준을 원고가 위반하지는 아니하였다. 따라서 행정청이 시설개수명령을 발급할 법적 요건이 충족되지 못하였으므로 동 명령은 위법하다고 판단받았다. 문제는 식품위생법 시행규칙 제89조가 법 제74조에 따른 행정처분의 기준으로 마련한 [별표 23] 제3호 8. 라. 1)에서 위반사항을 '유흥주점 외의 영업장에 무도장을 설치한 경우'로 한 행정처분 기준을 규정하고 있다는 점이었다. 판례는 [별표 23]에서 정하고 있는 기준을 행정처분 기준을 규정하고 있을 뿐이고, 이러한 행정처분 기준은 행정청 내부의 재량준칙에 불과하다고 판시하였다. 이러한 판시에 의하면 재량준칙의 법적 성질을 행정부 내

---

51) Ossenbühl, Fritz in Erichsen/Ehlers, AllgVerwR, 12. Aufl., 2002, § 6 Rn. 48 f; Voßkuhle/Kaufhold: Grundwissen - Öffentliches Recht: Verwaltungsvorschriften, JuS 2016, S. 315; 대법원 1993.06.29. 선고 93누5635 판결[대중음식점업영업정지처분취소]: 같은 법 시행규칙 제53조에 따른 별표 15의 행정처분기준은 행정기관 내부의 사무처리준칙을 규정한 것에 불과하기는 하지만 규칙 제53조 단서의 식품 등의 수급정책 및 국민보건에 중대한 영향을 미치는 특별한 사유가 없는 한 행정청은 당해 위반사항에 대하여 위 처분기준에 따라 행정처분을 함이 보통이라 할 것이므로, 행정청이 이러한 처분기준을 따르지 아니하고 특정한 개인에 대하여만 위 처분기준을 과도하게 초과하는 처분을 한 경우에는 재량권의 한계를 일탈하였다고 볼 만한 여지가 충분하다.

부의 사무처리의 기준으로 보고 있는 듯 하다. 물론 동 판례에서 그 법적 성질을 행정규칙이라고 명확하게 하고 있지는 아니하지만, 그러한 판단의 연장선상에 서 있다고 볼 수 있을 것이다.

그러나, 재량준칙으로서 제정된 법규범은 구속력이라는 관점에서 제정된 것이 아니라, 기능적 관점에서 제정된 것이라고 전제되어야 할 것이다. 그렇다면, 이러한 재량준칙은 행정청이나 행정의 상대방을 구속하려는 것이 아니라 유도하려는 것으로서 볼 수 있다. 재량준칙을 적용하여 이루어진 처분에 대해서는 원칙적으로 모법에 근거하여 사법심사가 이루어져야 하는 것이다. 모법에 의거하여 처분을 심사하는 경우에 당연히 선제적으로 당해 사안에 있어서 재량준칙의 정당성 여부, 재량준칙을 당해 사안에 적용할 수 있는 지 여부 그리고 재량준칙의 적용을 배제하는 예외적 사정의 존재 여부를 함께 심사하여야 할 것이다. 여기에서 재량준칙에 대한 심사는 법규에 대한 엄격한 심사가 아니라 재량준칙의 제정 역시 재량행위의 일종으로서 엄격심사가 아니라 재량심사가 이루어져야 할 것이다.

동 사안에서는 재량준칙에서 "라. 시설기준 위반사항으로 1) 유흥주점 외의 영업장에 무도장을 설치한 경우"를 적시하고 있으나, 처분의 위법 여부에 대한 심사는 원칙적으로 식품위생법 제74조에 의거하여 이루어져야 하는 것이고, 여기서는 "영업시설이 제36조에 따른 시설기준에 맞지 아니한 경우"에 해당되지 아니하는 바, 그 법적 요건이 충족되지 아니하여 재량처분으로서 시설개수명령에 대한 재량준칙이 적용될 여지가 없다고 할 것이다.

Ⅶ. 결론

이상에서 재량준칙의 법적 성질에 대해서 고찰하여 보았으며, 재량준칙의 본질을 기능적 매개규범으로 볼 필요가 있음을 논증하였다. 우리의 학설과 판례는 재량준칙의 본질을 외면하고, 법규명령 아니면 행정규칙 양자 중 어느 하나로 귀속시키려고만 보아왔다. 그러나 재량준칙은 대외적 구속력의 관점에서 제정된 법규범이 아니라 대내적인 기능성의 관점에서 제정된 기능적 매개규범으로 자리매김하여야 한다. 수권법률과 구체적 법현실에의 적용 사이에서 매개하는 규범으로서 구속력과는 결부시키기에 곤란하며, 행정의 집행자는 그러한 기준을 하나의 유도적인 내지 권고적인 기준으로 삼아서 행정을 처리할 수 있다. 그렇지만 재량준칙은 행정의 집행자에게 구속을 발하는 것이 아니라 그 자체로 다른 결정의 가능성을 내포하고 있는 기준이다. 행정의 상대방 역시 그러한 기준을 하나의 유력한 기준으로 볼 수 있으나, 즉 특별한 사정이 없는 한은 그러한 기준대로 행정이 수행되리라는 예측을 할 수는 있으나, 다른 고려요소를 통해서 변경될 가능성도 충분히 있다는 기대를 할 수 있다. 법원 역시 재량준칙에 의거한 처분에 대한 위법 심사를 함에 있어서 원칙적으로 모법에 기초하여 재량권의 일탈·남용 여부를 심사하여야 할 것이고, 이러한 과정에서 재량준칙에 대해서 그 정당성의 여부에 대해서 심사를 하게 될 것이다. 그리고 재량준칙의 정당성 여부에 대한 심사에 있어서도 재량준칙의 제정 역시 재량권의 행사의 일종이므로 재량준칙의 정당성에 대해서는 재량심사를 하여야 할 것이다. 재량준칙은 모법대로 재량처분이 이루어졌는가를 판단함에 있어서 하나의 참고자료가 됨에 불과하다. 재량준칙을 적용한 처분의 심사에 있어서는 재량준칙의 정당성에 대한 심사 그리고 재량준칙의 적용 배제를 정당화하는 사유의 존재 여부에 대한 심사가 함께 이루어져야 할 것이다.

참고문헌

강주영, 행위제한법규의 규정형식과 행정법규의 해석 – 대상판결: 대법
    원 2015.7.9. 선고 2014두47853 판결, 강원법학 제51권(2017. 6),
    355 – 378면.
강현호, 재량준칙의 법적 성격, 공법연구 제29권 제4호.
권경휘, 법의 규범적 성격에 관한 연구 : 법은 수범자의 행위를 어떠한
    방식으로 지도하는가?, 법학논문집 제36집 제1호(2012).
김남철, 행정법강론, 박영사, 2014.
김동희, 프랑스 행정법상의 재량준칙에 관한 고찰, 법학, 1986, 27권 213호.
김중권, 행정법, 법문사, 2013.
김현준, 의회입법과 행정입법의 관계, 좋은 입법을 위한 입법평가, 2016
    공동학술대회.
박균성, 행정법강의, 박영사, 2013.
배영길, 공법의 규범 체계, 공법연구 제37집 제1호(2008/10).
윤영선, 행정소송과 재량준칙, 공법연구, 제28집 제1호, 1999.
이광윤, 행정법이론, 성대출판부, 2000.
전훈, 행정규칙의 법규성의 이해 – 프랑스 행정법원 판례를 중심으로, 법
    학논고 제21집(2004/12).
정하중, 행정법개론, 법문사, 2016.
최정일, 부령으로 정한 제재적 행정처분기준의 법적 성질 및 효력에 관한
    소고 –대법원 2010.4.8. 선고 2009두22997판결을 중심으로–, 행정법
    연구 제27호.
한수웅, 헌법학, 법문사, 2013.
황도수, 법규명령과 행정규칙의 본질적 구분(상), 판례월보 355호,
    2000/4.
허일태, 법규론, 동아법학 제24호(1998/11).

홍강훈, 법규명령과 행정규칙의 경계설정을 위한 새로운 기준 — 소위 행
    정규칙형식의 법규명령과 법규명령형식의 행정규칙의 정체성 규명기
    준, 공법연구 제43집 제1호(2014/10).

홍정선, 행정법특강, 박영사, 2013.

홍정선, 의료업면허와 그에 대한 행정처분기준의 성질에 관한 판례연구,
    한국의료법학회지 제11권 제1호, 2003.

Detterbeck, Steffen, Allgemeines Verwaltungsrecht, 11. Aufl., 2013,
    Verlag C.H.Beck.

Lange, Klaus, Ermessens — und Beurteilungsspielräume als
    Transformatoren von Innen— und Außenrecht, NJW 1992.

Maurer, Hartmut, AllgVerwR, 18. Aufl. 2011, Verlag C.H.Beck.

Ossenbühl, Fritz in Erichsen/Ehlers, AllgVerwR, 12. Aufl., 2002.

Reimer, Grundfragen der Verwaltungsvorschriften, Jura 2014, 678.

Voßkuhle Andreas/Kaufhold Ann—Katrin, Grundwissen - Öffentliches
    Recht: Verwaltungsvorschriften, JuS 2016.

Wolff, Heinrich A./Decker, Andreas, VwGO VwVfG, 2007, Verlag
    C.H.Beck.

국문초록

　행정법학에 있어서 오랜 논의가 있어 왔으나 여전히 미궁을 헤매고 있는 분야가 바로 재량준칙의 법적 성격에 대한 문제이다. 학자들은 재량준칙의 법적 성격을 행정규칙의 일종으로 보는 전제 하에, 다만 법률의 수권에 의거하여 법규명령의 형식으로 제정된 경우에는 법규명령으로 보는 입장이 다수를 이루고 있다. 판례는 처음에는 재량준칙의 법적 성격을 행정부 내부의 사무처리준칙으로 판시하였고, 그래서 부령의 형식으로 제정된 재량준칙 역시 행정부 내부의 사무처리준칙에 불과하다고 판시하였으나, 대통령령의 형식으로 제정된 재량준칙에 이르러서는 그 법적 성질을 부령의 형식으로 제정된 준칙과는 달리 법규명령으로 보기에 이르렀다. 그렇지만 법규명령으로 보다가도 다시금 탄력적인 구속성을 인정하게 되었다. 그러나 이러한 논의는 재량준칙의 본질에 대해서 정확하게 이해하지 못하는 기초 위에 재량준칙의 법적 성격을 기왕의 법규명령 혹은 행정규칙 어느 하나로 분류하고자 하는 시도에서 비롯되었다. 그러나 이러한 시도는 번번히 실패하고 재량준칙에 대한 논의를 점점 더 미궁으로 몰아넣게 되었으며, 결과적으로 법규명령형식의 행정규칙이라는 이상한 용어법까지 탄생시키게 되었다.

　본고에서는 재량준칙의 본질에 대해서 고찰한 결과 재량준칙은 대외적 구속력의 관점에서 제정된 법규범이 아니라 대내적인 기능성(Funktionalität)의 관점에서 제정된 기능적 매개규범이라고 판단하게 되었다. 재량준칙은 수권법률과 구체적 법현실에의 적용 사이에서 양자를 상호간에 매개(Vermittlung)하는 규범으로서 구속력이라는 기준으로 제정된 법규명령인가 혹은 행정규칙인가 라는 법적 성격과는 결부시키기에 곤란하며, 행정의 집행자는 재량준칙을 하나의 유도적인 내지 권고적인 기준으로 삼아서 행정을 처리할 수 있도록 하는데 그 존재의의가 있다고 보는 것이 타당하다는 결론에 이르게 되었다. 재량준칙은 행정의 집행자에게 절대적인 구속력을

발하는 것이 아니라 그 자체로 다른 결정의 가능성을 내포하고 있는 기준
이고, 행정의 상대방 역시 그러한 기준을 하나의 유력한 기준으로 볼 수
있기는 하나, 즉 특별한 사정이 없는 한은 그러한 기준대로 행정이 수행되
리라는 예측을 할 수 있기는 하지만, 다른 고려요소를 통해서 변경될 가능
성도 있다는 것을 염두에 두고 있어야만 하는 것이다. 법원 역시 재량준칙
에 의거한 처분에 대한 위법 심사를 함에 있어서는 재량준칙의 구속성을
원천적으로 부정하거나 그 반대로 그 구속성을 긍정하여서는 아니되며, 원
칙적으로 모법에 기초하여 재량처분 그 자체의 재량권의 일탈·남용 여부를
심사하여야 할 것이다. 심사과정에서 재량준칙을 적용한 처분에 대해서는
우선 이 사안을 규율하는 것과 관련하여 재량준칙을 적용하는 것의 정당성
의 여부에 대해서 심사를 하게 될 것이며, 재량준칙이 당해 사안에 적용되
는 것이 타당하다면 다음으로는 재량준칙에 의거한 처분의 재량권 일탈·남
용 여부에 대하여 심사를 하여야 할 것이다.

주제어: 재량준칙, 행정규칙, 법규명령, 기능적 매개규범, 유도적 효력,
재량심사

Zusammenfassung

Eine rechtliche Untersuchung über Ermessensrichtlinie als Handlungsmaßstab der Verwaltungsbehörde

Kang, Hyun Ho*

Obwohl viel Diskussion über den Rechtscharakter von einer Ermessensrichtlinie seit jeher durchgeführt worden ist, steht immer noch diese Frage in tiefem Labyrinth. Unter der Voraussetzung daß die Wissenschaftler den Rechtscharakter von der Ermessensrichtlinie als eine Verwaltungsvorschrift qualifizieren, aber der Rechtscharakter von der Ermessensrichtlinie nur dann als Rechtsverordnung anzunehmen ist, wenn eine Ermächtigung für den Erlaß von der Ermessensrichtlinie durch das ermächtigende Gesetz erfolgt und auch die Ermessensrichtlinie als eine Form von Rechtsverordnungen erlassen wird. Die Rechtsprechung zog auch am Anfang einen Schluß, daß die Ermessensrichtlinie als einen verwaltungsinternen Sacherledigungsgrungssatz zu qualifizieren war. Die Rechtsprechung sprach, daß die Ermessensrichtlinie ein verwaltungsinterner Sacherledigungsgrungssatz sei, obwohl sie als eine Form von Ministerverordnung erlassen worden ist. Aber die Rechtsprechung ändert ihre Meinung dramatisch, als sie einer Ermessensrichtlinie begegnete, die als eine Form von Präsidentverordnung erlassen worden ist, und sie bewertete die Präsidentverordnung als Rechtsverordnung.

M.E. diese Auffassungen basieren auf die Missverständnisse über

---

* Sungkyunkwan University, Law School

die Natur der Ermessensrichtlinie, weil sie die Ermessensrichtlinie in eins von den Beiden   Rechtsverordnung oder Verwaltungsvorschrift zuordnen wollen, obwohl die Ermessensrichtlinie nicht aus der Außenwirkungsmaßstab geschaffen worden ist. Dieser Versuch führt die Diskussion über die Ermessensrichtlinie noch tiefer in die Dunkelheit. Die Natur von Ermessensrichtlinie ist auf die Sicht der inneren Funktionalität zurückzuführen, nicht auf die Außenwirkungsperspektive. Die Ermessensrichtlinie ist als funktionale Vermittlungsnorm zu qualifizieren, denn sie vermittelt das der Verwaltung ein Ermessen einzuräumende Ermächtigungsgesetz und die konkrete Tatsache. Die Amtsträger der Verwaltungsbehörde nimmt die Ermessensrichtlnie als eine lenkende bzw. leitende Guideline an. In der Ermessensrichtlinie gibt es von Geburt her die abweichende Möglichkeit. Ein Bürger sieht die Ermessensrichtlinie als einen wichtigen Maßstab und erwartet die Befolgung der Ermessensrichtlinie von der Verwaltungsbehörde, aber er denkt auch an der Möglichkeit der Abweichung wegen anderer Gründe. Die Rechtsprechung überprüft einen konkreten Verwaltungsakt, der aufgrund der Ermessensrichtlinie erlassen worden ist, normalerweise von der Sicht des Ermächtigungsgesetz. Die Rechtmäßigkeit der Ermessensrichtlinie wird auch überprüft, ob diese Ermessensrichtlinie gerechtfertigt werden und auch in diesem Fall angewandt werden könnte. Die Überprüfung der Ermessensrichtlinie ist auf der Weise der Ermessenskontrolle nämlich in der Kategorie der Ermessensfehlerlehre zu erfolgen.

Keywords: Ermessensrichtlinie, Verwaltungsvorschrift, funktionale Vermittlungsnorm, lenkende Effekt, Ermessensüberprüfung

투고일 2017. 12. 11.
심사일 2017. 12. 25.
게재확정일 2017. 12. 28.

命令·規則 등의
不眞正行政立法不作爲에 대한
法院의 規範統制
-특히 獨逸의 規範補充訴訟을 中心으로-

鄭南哲*

Ⅰ. 序 論

　　규범은 불특정다수인을 규율대상으로 하고 있다는 점에서 일응 '공익'에 기여하는 것이 보통이지만, 개인의 주관적 공권에 대한 법적 근거를 제공한다는 점도 간과해서는 아니된다. 근래에 위법한 법률하위규범

─────────────

* 숙명여자대학교 법과대학 교수

의 사법적 통제에 관한 문제가 늘어나고 있다. 위법한 법규명령이나 조례에 대한 권리구제를 행정소송의 방식으로 실현할 수 있는지가 논의되고 있다. 위법한 법률하위규범에 대한 사법적 통제의 방식은 規範統制制度이다. 우리 헌법 제107조 제2항에는 "명령·규칙 또는 처분이 재판의 전제가 된 경우"에 대법원이 최종적인 심사권을 가진다고 규정함으로써, 부수적 규범통제만 허용된다고 보는 것이 통설·판례의 입장이다.[1] 법규명령은 원칙적으로 항고소송의 대상이 될 수 없고, 법규명령의 위헌·위법성은 재판의 전제성이 인정된 경우에 한하여 심사할 수 있다. 대법원은 소위 '처분적 조례'에 대해 예외적으로 항고쟁송의 대상을 인정한 사례가 있지만,[2] 위법한 조례는 대부분 기관소송의 형식으로 다투어지고 있다. 다만, 이러한 소송은 부분적으로 추상적 규범통제의 의미도 가진다.

한편, 헌법재판소는 법무사법시행규칙(대법원규칙)에 대한 헌법소원이 "명령·규칙 그 자체에 의하여 직접 기본권이 침해되었음을 이유로 하여 헌법소원심판을 청구하는 경우에" 허용된다고 결정하고 있다.[3] 그 이후에도 헌법재판소는 법규명령에 대한 헌법소원을 인정하고 있다.[4] 또한 헌법재판소는 조례에 대해서도 헌법소원의 대상을 인정하고 있을 뿐만 아니라, 원칙적으로 행정조직 내부에서만 효력을 가지는 행정규칙에 대해서도 일정한 경우에 헌법소원의 대상을 인정하고 있다.[5] 행정규

---

[1] 대법원 1994. 4. 26. 자 93부32 결정.
[2] "조례(경기도 두밀분교통폐합에 관한 조례)가 집행행위의 개입 없이 그 자체로서 국민의 권리의무나 법적 이익에 영향을 미치는 등의 법률상의 효과를 발생하는 경우 그 조례는 항고소송의 대상이 되는 행정처분에 해당한다."(대법원 1996. 9. 20. 선고 95누8003 판결)
[3] 헌재 1990. 10. 15. 89헌마178, 판례집 2, 365.
[4] 헌재 1997. 6. 26. 94헌마52, 판례집 9-1, 659.
[5] 헌법재판소는 원칙적으로 행정규칙에 대한 헌법소원의 대상성을 부인하고 있다 (헌재 1991. 7. 8. 91헌마42, 판례집 3, 380; 헌재 2013. 8. 29. 2012헌마767, 공보 제203호, 1207).

칙에 대해 헌법소원을 인정하는 것은 외국의 입법례에 비추어 매우 異例的이지만, 헌법재판소가 이를 인정하는 論據에 있어서는 법리적으로 문제가 있다. 행정규칙이 헌법소원의 대상이 되는 경우는 "법령의 구체적 내용을 보충할 권한을 부여한 경우", "재량권 행사의 준칙인 규칙이 그 정한 바에 따라 되풀이 시행되어 행정관행이 성립되면 평등의 원칙이나 신뢰보호의 원칙에 따라 행정기관이 그 상대방에 대한 관계에서 자기구속을 당하는 경우"이다.6) 후자의 경우에는 '行政의 自己拘束의 法理'에 관한 내용이다. 이는 행정규칙의 비법규성을 전제로 발전된 이론임에도 불구하고 이를 매개로 행정규칙에 대해 헌법소원을 인정하는 것은 그 자체로 모순이다. 전자에 해당하는 법령보충적 행정규칙의 경우에도 '위임'의 법리를 확대하여 적용하는 것은 문제가 있다. 이러한 현상은 헌법재판소가 헌법소원의 대상을 확대함에 있어서 행정법의 법리를 무리하게 적용한 결과이다.

이와 같이 위헌·위법인 법규명령에 대한 사법적 통제는 매우 미흡하고 불완전하다. 행정입법에 대한 추상적 규범통제제도가 도입되지 못한 것이 결정적 원인의 하나이다. 법률하위규범에 대한 사법적 통제를 효율적으로 운영하기 위해서는 추상적 규범통제제도를 도입하는 것이 선행되어야 한다. 그러나 보다 중요한 것은 규범통제권의 기능적 배분이다. 예컨대 독일에서는 연방법이나 주(란트)법에 대한 추상적 규범통제의 권한을 헌법재판소에 부여하는 반면(기본법 제93조 제1항 제2호 및 독일 연방헌법재판소법 제13조 제6호, 제76조 이하),7) 도시계획조례에 해당하는 都市建設計劃(Bebauungsplan)이나 일부 법규명령에 대한 규범통제는 고등행정법원의 관할로 하고 있다(독일 행정법원법 제47조 제1항 제1호).

---

6) 헌재 1990. 9. 3. 90헌마13, 판례집 2, 298, 303; 헌재 2007. 8. 30. 2004헌마670, 판례집 19-2, 297.

7) 이러한 연방법이나 주(란트)법에는 법규명령이나 자치법규(조례)도 포함된다 (Schlaich/Korioth, Das Bundesverfassungsgericht, 9. Aufl., Rn. 128).

한편, 적극적인 법규명령이나 조례에 대한 사법적 통제 외에 이러한 법률하위규범의 제정을 구하는 소송이 논의되고 있다. 이러한 경우는 주로 행정입법부작위에 대한 사법적 통제의 문제로서 시행령이나 시행규칙의 흠결이나 보충 등이 쟁점이다. 이와 관련하여 대법원은 행정입법부작위의 위법확인을 구하는 사건에서, 추상적인 법령의 제정 여부 등은 항고소송의 대상이 되지 아니한다고 판시한 바 있다.[8] 이 사건은 특정다목적댐법 제41조에서 다목적댐 건설로 인한 손실보상 의무가 국가에 있다고 규정하고, 또한 같은 법 제42조에서 손실보상의 절차와 그 방법 등 필요한 사항을 대통령령에 위임하고 있음에도 불구하고 이를 제정하지 않아 부작위위법확인소송을 제기한 것이다. 그러나 헌법재판소는 행정입법부작위에 대해서도 헌법소원을 인정하고 있다.[9] 행정입법의 제정의무가 있음에도 불구하고 이를 제정하지 아니하는 경우는 헌법쟁송의 문제가 아니라 행정소송의 문제라고 보는 것이 독일의 지배적 견해이다.[10] 따라서 행정입법부작위에 대한 사법적 통제를 행정소송의 방식으로 관철할 수 있는지가 검토되어야 한다. 특히 법률이 위임한 시행령이나 시행규칙, 또는 조례를 제정하지 않아 일정한 범주의 이해관계인이 권리나 이익을 침해받는 경우가 생길 수 있다. 이러한 경우에 행정소송을 통해, 그리고 어떠한 소송형식의 방식으로 권리구제를 받을 수 있는지를 검토할 필요가 있다. 또한 법률의 위임에 따라 시행령이나 시행규칙 등을 제정하였으나 그 내용이나 범위 등이 불충분하거나 불완전한 경우 그 규범의 보충 내지 보완을 요구하는 소송을 제기할 수 있는지가 문제된다. 의료법이나 사회보장법 등에서 이러한 불완전한 입법에 의해 의

---

8) 대법원 1992. 5. 8. 선고 91누11261 판결.
9) 헌재 1998. 7. 16. 96헌마246, 판례집 10－2, 283, 305.
10) Schmitt Glaeser/Horn, Verwaltungsprozeßrecht, 15. Aufl., Rn. 332; Thomas Würtenberger, Verwaltungsprozessrecht, 3. Aufl., §39 Rn. 701; Hufen, Verwaltungsprozessrecht, 7. Aufl., §20 Rn. 4; Schübel－Pfister, Aktuelles Verwaltungsprozessrecht, JuS 2014, S. 415 f.

료보험이나 사회보장수급 등을 받지 못하는 경우가 발생할 수 있다. 이러한 문제와 관련하여 독일에서는 規範制定要求訴訟(Normerlassklage)을 인정하고 있다. 특히 법률하위규범의 내용이 불완전하거나 불충분한 경우에 規範補充訴訟(Normergänzungsklage)을 인정하고 있다. 이 경우에는 평등의 원칙을 위반하였는지 여부가 문제되고 있다. 이하에서는 위법한 법률하위규범에 대한 공법상 권리구제(Ⅱ), 독일의 규범보충소송(Ⅲ), 그리고 위법성 판단기준으로서 평등원칙(Ⅳ) 등을 중심으로 고찰하기로 한다.

Ⅱ. 違法한 法律下位規範에 대한 權利救濟

1. 違法한 法規命令에 대한 司法的 統制

(1) 법규명령과 조례는 법규범이다. 이러한 법률하위규범에 대한 사법적 통제는 '규범통제'의 방식으로 해야 한다. 규범통제의 방식에는 추상적 규범통제와 구체적 규범통제가 있다. 추상적 규범통제는 특정한 헌법기관이 규범에 대한 사법적 통제를 요구하는 경우에 사법기관이 직접 규범의 위헌·위법을 심사하는 것이다. 이를 독일에서는 '主位的 規範統制(prinzipale Normenkontrolle)'라고도 한다.11) 이에 반하여 구체적 규범통제는 사법기관이 구체적 사건을 전제로 하여 해당 수권규범의 효력 여부를 심사하는 것이다. 추상적 규범통제에서는 신청인의 자기관련성이 현존할 필요가 없다.12) 우리 헌법 제107조 제2항에서는 구체적 규범통제를 규정하여, 위법한 법규명령이나 조례에 대해서는 부수적 규범통제의 방식으로 이루어질 수밖에 없다. 이러한 규범통제의 방식 외에

---

11) Würtenberger, a.a.O., § 26 Rn. 433.
12) 이에 대해서는 Schlaich/Korioth, a.a.O., Rn. 121.

헌법소원의 방식으로 규범의 심사가 이루어지는 경우도 있다. 독일의 경우에도 예외적으로 직접 법률에 대해 헌법소원을 제기하는 경우가 있다(독일기본법 제93조 제1항 제4a호 참조). 이를 法規訴願 내지 法令訴願 (Rechtssatzverfassungsbeschwerde)으로 부르며, 신청인의 기본권 관련성이나 권리보호필요가 법률의 심사범위를 정한다.[13] 그러나 독일에서도 이러한 법령소원은 규범통제의 소송유형에 포함시키지 아니한다.[14] 우리 헌법에는 추상적 규범통제제도가 도입되어 있지 않다. 위헌법률심판도 구체적 사건을 전제로 법원의 제청에 의해 헌법재판소가 심판한다는 점에서 구체적 규범통제의 제도를 채택하고 있다.[15] 그러한 이유에서 헌법재판소는 헌법소원 사건을 통해 - 일정한 경우에는 보충성의 요건을 완화하여 - 행정입법에 대한 규범통제권을 우회적으로 행사하고 있다. 헌법소원은 최후의 수단으로서 청구인이 자신의 기본권을 직접 그리고 현재 침해받아야 하며, 보충성의 요건을 충족해야 한다. 규범통제제도와 헌법소원제도는 서로 구별될 필요가 있다.

한편, 대법원도 헌법소원과 규범통제를 혼동한 사례가 있다. 대법원은 X군 甲군수의 가축사육제한과 관련된 건축불허가처분의 취소를 구하는 사건에서 주민의 권리제한 또는 의무부과에 관한 사항을 법률로부터 위임을 받아 제정된 조례가 지방자치단체의 장이 정하는 규칙이나 고시 등에 다시 위임을 하는 것을 허용하고 있다.[16] 이 사건에서 고시를 법령보충적 행정규칙으로 판단하면서 이에 대해 포괄위임금지의 원칙을 위반하였는지 여부를 심사하고 있다. 이 사건에서 '고시'를 법규명령으로 보는 견해에 의하면, 법률에서 조례에 위임하고 조례에서 다시 '법규명령'(!)에 위임하는 결과를 초래한다. 고시에 재위임을 허용하는 것은 규범체계의 통일성을 깨뜨리는 모순에 이를 수 있다. 이러한 고시

---

13) Schlaich/Korioth, a.a.O., Rn. 121.
14) Schlaich/Korioth, a.a.O., Rn. 121.
15) 한수웅, 헌법학, 제7판, 249면; 허영, 헌법소송법론, 제2판, 79면.
16) 대법원 2015. 1. 15. 선고 2013두14238 판결.

에 재위임을 허용하고, 고시에 의해 기본권 제한을 허용하는 것은 신중할 필요가 있다. 대법원은 이 사건 고시 조항이 상위법령의 위임한계를 벗어나거나 과잉금지원칙에 위배되어 법규적 효력을 인정할 수 없다고 판시하고 있다. 그러나 여기에서 언급된 과잉금지의 원칙은 헌법소원에서 공권력 행사에 의한 기본권의 침해 여부를 심사하는 경우에 사용되며, 규범통제와는 무관하다는 점을 유의할 필요가 있다.

(2) 헌법소송과 행정소송의 관할권은 서로 구별되어야 한다. 행정입법에 대한 사법적 통제에 있어서 헌법재판소와 대법원은 관할권을 두고 긴장관계에 서 있는 것이 사실이다. 헌법재판소가 행정규칙에 대해 헌법소원의 대상을 인정하는 것뿐만 아니라, 대법원이 소위 '處分的 條例'나 '處分的 命令' 등을 인정하여 법률하위규범에 대해 항고소송의 대상을 인정하는 것도 그러한 점을 반영하고 있다. 그러나 당해 사건은 대법원이 경상남도 거제군의 위치에 관한 대통령령에 대해 원칙적으로 행정소송법상 처분이라고 볼 수 없다고 판시하면서, 예외적으로 처분이 인정될 수 있는 경우를 인정하고 있다. 즉 "법령의 효력을 가진 명령이라도 그 효력이 다른 행정행위를 기다릴 것 없이 직접적으로 또 현실히 그 자체로서 국민의 권리훼손 기타 이익침해의 효과를 발생케 하는 성질의 것이라면 행정소송법상 처분이라고 보아야 할 것이(다)"라고 판시하고 있다.17) 이러한 성질의 법규명령을 소위 '처분적 명령'이라고 부르고 있다. 또한 대법원은 전술한 바와 같이 경기도 두밀분교통폐합에 관한 조례에 관한 사건에서도 "조례가 집행행위의 개입 없이도 그 자체로서 직접 국민의 구체적인 권리의무나 법적 이익에 영향을 미치는 등의 법률상 효과를 발생하는 경우"에 처분성을 인정하고 있다(대법원 1996. 9. 20. 선고 95누8003 판결).

이와 관련하여 독일에서는 개별적인 집행행위를 통해 집행이 가능한

---

17) 대법원 1954. 8. 19. 선고 4286행상37 판결.

執行可能規範(vollziehbare Normen)과 이러한 개별적인 집행행위의 매개 없이 직접 주관적 권리의 형성이나 폐지를 하는 執行規範(Vollzugsnormen)으로 구분하고 있다.[18] 이러한 집행가능규범에 대해서는 원칙적으로 부수적 규범통제의 방식으로 사법적 통제를 할 수 있다. 집행행위를 대상으로 취소소송을 제기하면서 권리구제를 보장할 수 있다. 그러나 '집행규범'에는 집행행위가 없기 때문에 이에 대해서는 취소소송이 아니라 거의 '확인소송'을 제기하고 있다.[19] 이러한 확인소송을 통해 권리의 존재를 주장하거나, 선결문제(Vorfrage)의 방식으로 그 수권규범의 효력에 대해 판단하게 된다.[20] 그 구체적 사례로는 법률에서 직업적 활동을 금지하여 직업의 자유를 제한하는 경우에 이러한 활동의 권한이 있는지 여부에 대해 확인소송을 제기할 수 있다는 것이다.[21] 이 견해는 이러한 권한이 독일 행정법원법 제43조의 "법률관계"에 해당한다고 보고 있다.[22]

이러한 부수적 규범통제의 방식 외에 예외적으로 주위적 규범통제를 하는 경우도 있다. 이러한 주위적 규범통제에서는 규범이 일반적으로 적용이 불가능하다는 것을 선언함으로써 규범의 위법을 '주위적'으로 확인하는 것이다.[23] 일부학설은 처분적 법규명령과 집행적 법규명령을 구별하고 있다. 이 견해는 처분적 법규명령은 "개별·구체적 규율로서 실질적으로 행정행위의 성격"을 가지는 반면, 집행적 법규명령은 "집행행위의 매개 없이 직접 수범자의 권리와 의무를 규율하는 규범"

---

18) Schenke, Rechtsschutz bei normativem Unrecht, NJW 2017, S. 1062. 특히 후자의 경우는 법규범 스스로 직접 집행한다는 의미에서 自己執行規範(self-executing-Normen)이라고 부르기도 한다.
19) Schenke, NJW 2017, S. 1062.
20) Schenke, NJW 2017, S. 1062.
21) Schenke, Altes und Neues zum Rechtsschutz gegen untergesetzliche Normen, NVwZ 2016, S. 720 f.
22) Schenke, NVwZ 2016, S. 721.
23) 이에 대해서는 Schenke, NJW 2017, S. 1062 참조.

에 해당한다고 설명한다.[24] 그러나 이러한 구별은 명확하지 않을 뿐만 아니라, 집행적 법규명령에 관한 내용은 판례에서 설시한 소위 처분적 명령의 내용과 다르지 않다. 특히 처분적 법규명령을 행정행위로 파악하고 있으나, 법규명령이 행정행위의 성질을 가진다는 논증은 쉽게 납득하기 어렵다.[25] 독일에서 거론되는 집행규범은 우리 판례에서 인정하는 처분적 명령이나 처분적 조례와 대단히 유사하다. 그럼에도 불구하고 이에 대해 취소소송을 제기할 수 있다고 해석하는 것은 재고할 필요가 있다.

(3) 한편, 고시의 법적 성질도 논란이 되고 있다. 소위 '약가고시'[26] 사건에 대해서도 처분성이 있는 '법규명령의 효력이 있는 행정규칙', 즉 처분의 성질을 가지는 법령보충적 행정규칙으로 파악하는 견해가 있다.[27] 이러한 견해에 의하면, 해당 고시는 "행정규칙→법령보충적 행정규칙(법규명령)→처분적 명령"이라는 圖式이 성립된다. 그러나 이러한 해석은 타당하지 않으며, 판례에서도 이러한 도식을 전제하고 있지 않다. 이러한 해석은 "행정규칙(고시)은 예외적으로 법규적 성질을 가지는 경우에 행정처분이다"라는 잘못된 결론에 이르게 된다. 당해 사건에서 약가고시는 그 자체로 '처분'의 성질을 가질 뿐이다. 그럼에도 불구하고 대법원 판례에서 오해의 원인을 제공한 점도 없지 않다. 즉 "어떠한 고시가 일반적·추상적 성격을 가질 때에는 법규명령 또는 행정규칙에 해당할 것이지만, 다른 집행행위의 매개 없이 그 자체로서 직접 국민의 구체적인 권리의무나 법률관계를 규율하는 성격을 가질 때에는 행정처분에 해당한다"고 판시하고 있다. 그러나 이 사건의 고시는 판례가 적절히 적시한 바와 같이 "약제급여·비급여목록 및 급여상한금액표(보

---

24) 정하중, 행정법개론, 제11판, 136면.
25) 한편, 집행적 법규명령에 대해서는 상위법령의 집행을 위한 모든 법규명령이라고 이해하는 견해도 있다(홍정선, 행정법원론(상), 제23판, 220면).
26) 대법원 2006. 9. 22. 선고 2005두2506 판결.
27) 박균성, 행정법론(상), 제15판, 1121면.

건복지부 고시 제2002-46호로 개정된 것)는 특정 제약회사의 특정 약제에 대하여 국민건강보험가입자 또는 국민건강보험공단이 지급하여야 하거나 요양기관이 상환받을 수 있는 약제비용의 구체적 한도액을 특정하여 설정하고" 있는 것이다. 물론 고시는 행정규칙 외에 일반처분 등의 성격을 가지는 경우도 적지 않으며, 또한 일정한 요건을 충족하는 경우에는 법령보충적 행정규칙의 성질도 가진다. 그러나 고시가 처음부터 법규명령에 해당한다는 판례의 전제는 그 자체가 타당하지 않으며, 법령보충적 행정규칙의 법적 성질에 대해서도 학설이 첨예하게 대립하고 있다.

법규명령에 대해서도 항고소송(취소소송)의 대상으로 삼아야 한다는 견해가 있다.[28] 또한 법규명령에 대한 취소소송을 인정하는 프랑스의 입법례도 있다. 프랑스의 월권소송은 객관소송에 기초하고 있지만, 이러한 객관소송을 근거로 하는 입법례는 매우 드문 경우이다. 오히려 주관소송에 근거한 입법례(예: 독일, 오스트리아, 이탈리아 등), 절충적인 형태의 소송형식을 취하는 입법례(예: 영국, 네덜란드, 덴마크 등)가 대부분이다.[29] 주관소송을 근거로 하는 독일에서도 단체소송을 도입하여 객관적 행정통제를 보완하고 있음은 주지의 사실이다. 또한 행정소송을 담당하는 최고기관인 프랑스의 국사원(Conseil d'État)은 행정부 소속이다. 이러한 특수한 상황을 우리 현실에 그대로 반영하기는 어렵다. 행정입법을 항고소송의 대상으로 삼는 것은 현행 행정소송법은 물론이고, 개정 논의에서도 행정작용의 체계를 형해화시킬 수 있다는 이유로 상당한 반대에 직면하였다. 이러한 방식으로 항고소송의 대상을 확대하는 것이 立法政策的으로나 司法政策的으로 바람직한지에 대해서는 신중한 판단을 요한다. 법규명령은 법규범에 해당하므로 규범통제의 방식으로

---

28) 박균성, 전게서(상), 216-217면.
29) 정남철, "행정법학의 구조변화와 행정판례의 과제", 저스티스 통권 제154호(2016. 6), 176면 이하.

사법적 통제를 하는 것이 바람직하다. 국회를 중심으로 개헌 논의가 진행 중인데, 규범통제의 기능적 분배는 매우 중요한 현안이 아닐 수 없다. 적어도 일부 법규명령(예컨대 총리령·부령)이나 조례에 대해서는 법원에 규범통제권을 인정하고 이를 2심제로 운영하는 방안을 고려할 수 있다. 또한 행정소송법의 개정을 통해 이러한 규범통제방식을 명문으로 규정해야 한다.

부수적 규범통제에 있어서는 위헌·위법으로 판정된 시행령이나 시행규칙 등의 효력이 문제된다. 위헌·위법으로 판정된 법규명령이 당해 사건 외에는 폐지 전까지 유효한지, 아니면 일반적으로 무효로 판단해야 하는지가 문제된다. 이에 대해 판결주문에서 법규명령이 무효라는 것을 선언하지 아니한다는 점을 논거로 당해 사건에 대해서만 적용을 배제해야 한다는 견해가 유력하다.[30] 이 경우 위헌·위법으로 판단된 법규명령은 여전히 효력을 유지한다고 보고 있다. 대법원 판례는 이유 부분에서 법규명령의 위법·무효를 판단할 뿐, 해당 법규명령의 폐지를 주문에서 선언한 사례는 없다. 또한 대법원은 "당해 사건에 대한 적용 여부의 판단을 구할 수 있을 뿐"이라고 표현하여, 위법한 행정입법의 적용배제에 그치고 있다.[31] 부수적 규범통제라는 점에서 위법이 인정된 명령·규칙 등에 대해서는 일반적으로 무효라고 선언할 수 없고, 당해 사건에 한하여 적용을 배제한다고 해석하는 것이 타당하다. 다만, 이러한 경우 비록 위법이 인정된 명령·규칙이 여전히 유효하다고 하더라도 선결적 효력을 가지는 것으로 해석해야 한다. 또한 해당 법규명령의 위법이 인정되더라도 기판력이 인정되기 어렵다. 기판력은 당사자 및 당사자와 동일시할 수 있는 자에게만 미치고, 객관적 범위에 있어서도 확정판결의 주문에 포함된 것에 한하여 인정되기 때문이다. 행정소송상

---

30) 김남진/김연태, 행정법 I, 제20판, 172면; 김동희, 행정법 I, 제21판, 153면; 박균성, 전게서(상), 213면; 홍정선, 전게서(상), 240-241면.
31) 대법원 1994. 4. 26. 자 93부32 결정.

소송물은 처분의 위법성 일반으로 보는 것이 판례의 입장이다.32) 독일
에서도 附隨的 規範統制(inzidente Normenkontrolle)를 함에 있어서 행정
행위의 수권근거인 법규명령의 위법·무효가 인정된 경우에도 그 결정
은 그 구체적 사건에 대해서만 중요한 의미를 가진다. 이 경우 이후의
다른 사건에서 다른 법원뿐만 아니라 동일한 법원이 법규명령이 적법하
다고 판단할 수 있지만, 상급법원의 경우에는 이러한 부수적 결정이 先
決的 效力(Präjudizwirkung)을 가진다고 보고 있다.33)

2. 違法한 條例에 대한 行政訴訟

처분적 조례를 제외하고 조례는 항고소송의 대상이 되지 아니한다.
따라서 부수적 규범통제의 방식으로 조례의 위법·무효를 심사할 뿐이
다. 이 경우 일반적으로 구속력을 가지는 무효선언을 할 수 없다는 점
은 법규명령의 경우와 동일하다.34) 위법한 조례는 대부분 조례제정권과
입법형성권이 충돌하는 경우이며, 조례제정이 상위법령을 위반하거나
지방자치단체의 장의 권한을 침해하는 경우가 대부분이다. 지방자치단
체의 장은 지방의회의 의결에 대하여 재의를 요구할 수 있고, 지방자치
법 제107조 제2항에 의해 재의결된 사항이 법령에 위반된다고 판단되
는 경우에는 지방자치단체의 장이 대법원에 조례안재의결무효확인의
소를 제기하게 된다(지방자치법 제107조 제3항 및 같은 법 제172조 제3항).
이러한 소송은 '기관소송'으로 보는 것이 통설이지만, 부분적으로 추상

---

32) 대법원 1996. 4. 26. 선고 95누5820 판결. 그러나 이러한 소송물이론은 매우 낡은
이론이며, 오늘날 독일의 학설 중에는 이를 지지하는 견해를 찾아보기 어렵다. 오
히려 계쟁 행정행위가 위법하고, 이러한 위법한 행정행위에 의해 자신의 권리가
침해되었다는 원고의 '법적 주장'을 소송물로 보는 견해가 지배적이다. 소송물이
론의 문제점에 대해서는 정남철, 국가배상소송과 선결문제, 저스티스 통권 제116
호(2010. 4), 114-117면.
33) Maurer, Allgemeines Verwaltungsrecht, 18. Aufl., §13 Rn. 19.
34) Burgi, Kommunalrecht, 5. Aufl., § 15 Rn. 47.

적 규범통제의 의미도 가진다고 보는 견해가 유력하다.35)

기관소송은 일정한 한계가 있다. 기관소송 법정주의에 의해 지방자치단체의 장만 조례안재의결무효확인소송을 제기할 수 있을 뿐이다. 주민들은 지방자치법 제15조에 의해 조례의 제정·개폐를 청구할 수 있지만, 조례에 의해 직접 자신의 권리나 이익을 침해받거나 예견가능한 시기에 침해받을 수 있는 경우 조례의 무효를 주장하는 소를 제기할 수는 없다. 다만, 주민들은 부수적 규범통제의 방식에 의해 처분에 대한 항고소송을 제기하면서, 그 근거규범인 조례의 위법을 다툴 수 있을 뿐이다. 따라서 조례에 대한 실질적인 사법적 통제를 위해서는 이에 대한 주위적 규범통제제도를 도입해야 한다. 독일 행정법원법 제47조 제1항 제1호에서 도시계획조례에 대해 규범통제를 규정하고 있음은 전술한 바와 같다.

3. 違法한 行政立法不作爲에 대한 司法的 統制

헌법소송의 대상이 아닌 사안을 헌법소원의 방식으로 접근하는 것은 이론적으로 타당하지 않다. 행정입법의 부작위는 행정의 産物이며, 헌법소송의 대상이 아니다. 즉 시행령이나 시행규칙의 제정이나 보충은 행정부의 과제이다. 이에 반해 입법부작위는 헌법쟁송의 문제이다. 헌법재판소는 '입법부작위'에 대해 헌법소원을 인정하고 있다. 헌법재판소는 입법부작위를 진정입법부작위와 부진정입법부작위로 구별하고 있다. 즉 전자는 헌법상 입법의무가 있음에도 불구하고 입법행위의 흠결이 있는 입법권의 불행사에 해당하는 경우를 말한다. 이에 반해 후자는 입법의 내용·범위·절차 등이 불완전하거나 불충분하게 規律된 경우에 해당한다.36) 헌법재판소는 소위 '조선철도주식사건'에서 군정법령 제75호에

---

35) 홍정선, 新지방자치법, 박영사, 2009, 345면.
36) 헌재 1996. 10. 31. 94헌마108, 판례집 8-2, 480, 489.

근거한 수용에 대해 보상규정을 규정하지 아니한 사례에서 위헌을 결정한 바 있다.37)

　　헌법재판소는 치과전문의 자격시험 불실시에 대한 위헌확인사건38)에서 치과전문의제도의 실시를 법률 및 시행령이 위임하고 있음에도 불구하고 시행규칙에서 이를 정비하지 않아 청구인들의 기본권(직업의 자유, 행복추구권 등)을 침해하였다고 결정한 바 있다. 이 결정에 주목되는 부분은 행정입법부작위의 성립요건을 판단하고 있다는 점이다. 이에 의하면, 행정명령의 제정 또는 개정의 지체가 위법으로 되어 그에 대한 법적 통제가 가능하기 위해서는 아래와 같은 요건을 충족하여야 한다. 첫째, 행정청에게 시행명령을 제정(개정)할 법적 의무가 있어야 하고 둘째, 상당한 기간이 경과하여야 하고, 마지막으로 명령제정(개정)권이 행사되지 않아야 한다고 해석하고 있다. 다만, 헌법재판소는 이러한 행정입법의 제정의무를 헌법적 의무로 파악하고 있다. 즉 "보건복지부장관의 작위의무는 의료법 및 위 규정에 의한 위임에 의하여 부여된 것이고 헌법의 명문규정에 의하여 부여된 것은 아니다. 그러나 삼권분립의 원칙, 법치행정의 원칙을 당연한 전제로 하고 있는 우리 헌법하에서 행정권의 행정입법 등 법집행의무는 헌법적 의무라고 보아야 한다"고 보고 있다. 그러나 이러한 문제는 헌법적 사안이 아니며, 이에 근거한 공법상 법률관계의 문제이다. 또한 헌법재판소도 적절히 지적하고 있는 바와 같이 헌법의 명문규정에 의해 도출될 수도 없고, 법률이나 시행령의 위임에 따른 행정입법이 제정되지 않거나 불완전한 것이므로 '행정쟁송'의 문제로 다루는 것이 타당하다. 그 밖에 이 사건은 不眞正行政立法不作爲의 문제로 접근할 여지가 있는 바, 이에 대해서는 후술하기로 한다.

　　한편, 행정입법부작위에 대한 행정소송과 관련하여 '항고소송설'과 '당사자소송설'이 대립되어 있다. 항고소송을 주장하는 견해는 "시행명

---

37) 헌재 1994. 12. 29. 89헌마2, 판례집 6−2, 395, 409.
38) 헌재 1998. 7. 16. 96헌마246.

령제정신청에 대한 부작위로 직접 구체적으로 권익침해를 당한 경우"에 부작위위법확인소송의 대상이 된다고 보고 있다.[39] 나아가 이 견해는 처분적 명령이 항고소송의 대상이므로 처분성이 있는 행정입법의 부작위도 부작위위법확인소송의 대상이 된다고 보고 있다.[40] 그러나 처분적 명령의 그 자체의 문제에 대해서는 전술한 바와 같이 법규명령이 처분과 동일하다고 보기 어렵고, 여기에서는 규범 그 자체에 대한 행정소송의 가능성을 논하고 있음을 간과할 수 없다. 또 다른 견해는 행정입법의 제정의무도 행정소송법 제2조 제1항 제2호의 '부작위'에 해당한다고 보아 행정입법의 처분성을 주장한다.[41] 부작위는 '처분'의 부작위에 해당하여야 하며, 규범의 부작위가 아니다. 또한 현행 행정소송법의 해석상 행정입법은 처분에 포함할 수 없다고 보는 견해가 지배적이다. 이에 반해 당사자소송설은 행정입법의 제정의무와 이에 상응하는 주관적 공권은 공법상의 법률관계를 확인하는 소송을 제기할 수 있다고 보고 있다.[42] 또한 이 견해는 후술하는 바와 같이 독일의 입법례에서는 규범제정요구소송을 확인소송으로 제기하는 견해와 이행소송으로 제기할 수 있다는 견해가 유력하므로, 확인소송과 이행소송의 성질을 모두 포함하는 '당사자소송'으로 다툴 수 있다고 보고 있다. 독일행정소송법에 있어서 확인소송이나 일반이행소송은 1960년 1월 21일 행정법원법이 제정되면서 當事者訴訟(Parteistreitigkeit)을 폐지하고 도입된 것이다.[43]

당사자소송설에 대해 "규범제정과 같은 권력적 행위는 당사자소송의 대상이 아니다"라는 비판이 제기되고 있다.[44] 그러나 당사자소송설

---

39) 박균성, 전게서(상), 제15판, 226면.
40) 박균성, 전게서(상), 226면.
41) 朴正勳, "행정입법부작위에 대한 행정소송: 독일법과 우리법의 비교, 특히 처분 개념을 중심으로", 판례실무연구 Ⅵ, 2003. 8, 192-193면.
42) 정남철, "행정입법부작위에 대한 사법적 통제: 당사자소송에 의한 규범제정요구소송의 실현가능성을 중심으로", 저스티스 통권 제110호(2009. 4), 194면 이하.
43) 이에 대해서는 정남철, "공법상 당사자소송의 발전과 과제", 행정판례연구 제19집 제1호(2014. 6), 280-283면.

은 규범제정을 대상으로 하는 것이 아니라, 법규명령의 제정을 요구할
공권과 이에 상응하는 법규명령의 제정의무를 확인하는 것을 내용으로
하고 있음을 주장하고 있다. 독일에서도 규범제정요구소송의 대상은 원
고와 피고의 법률관계에 관한 것으로 보고 있다.[45] 또한 당사자소송에
의할 경우 피고가 규범을 제정한 행정청이 아니라 행정주체가 국가가
되며, 주위적 규범통제가 된다는 점을 비판하는 견해도 있다.[46] 그러나
독일에서는 이러한 확인소송의 피고는 대체로 란트(주), 군 등 행정주체
이다. 또한 당사자소송에 의한다고 하여 주위적 규범통제가 발생한다는
비판은 수용하기 어렵다. 당사자소송에 의해서는 행정입법의 제정의무
와 이러한 행정입법의 제정에 대해 이해관계를 가지는 일정한 범주의
인적 그룹이 가지는 주관적 공권을 확인할 뿐이다. 독일의 경우에서 보
는 바와 같이 이러한 행정법원법 제43조의 확인소송은 주관적 규범통제
와 무관하다.

독일에서는 規範制定要求訴訟(Normerlassklage) 그 자체를 명시하고
있지 않지만, 이에 대해 학설은 다른 소송유형의 방식으로 제기할 수
있다고 보고 있다. 즉 一般履行訴訟으로 제기할 수 있다는 견해,[47] 確
認訴訟으로 제기할 수 있다는 견해,[48] 독일 행정법원법 제47조의 유추
적용에 의한 獨自的인(sui generis) 訴訟類型으로 보는 견해[49] 등이 대립

---

44) 박균성, 전게서(상), 227면.
45) Schmitt Glaeser/Horn, Verwaltungsprozeßrecht, 15. Aufl., Rn. 333.
46) 서보국, "행정입법부작위에 대한 행정소송", 충남대학교 법학연구 제25권 제2호
   (2014. 9), 108면.
47) Hufen, a.a.O., §20 Rn. 8; Kopp/Schenke, VwGO, 18. Aufl., Vorb § 40 Rn. 8a; Axer,
   Normenkontrolle und Normerlaßklage in der Sozialgerichtsbarkeit, NZS 1997, S. 16;
   Duken, Normerlaßklage und fortgesetzte Normerlaßklage, NVwZ 1993, S. 548;
   Pietzcker, in: Schoch/Schmidt—Aßmann/Pietzner, VwGO, § 42 Abs. 1 Rn. 160.
48) Schmitt Glaeser/Horn, a.a.O., Rn. 332; Sodan, Der Anspruch auf Rechtsetzung und
   seine prozessuale Durchsetzbarkeit, NVwZ 2000, S. 609; Würtenberger, a.a.O., Rn.
   705.
49) VGH München, BayVBl. 1980, 209 (211).

하고 있다.50) 그러나 오늘날에는 진정규범제정요구소송을 행정법원법
제47조에 따라 규범통제소송으로 제기할 수 없다는 점에 대해서는 견해
의 일치를 이루고 있다고 한다.51) 규범통제소송은 현존하는 규범의 효
력 유무를 심사하고 무효를 선언하므로 규범제정권자의 절대적 부작위
에 대해서는 적합한 소송형식이 아니라는 것이다. 연방행정법원의 판례
는 확인소송설을 따르고 있다.52) 일반이행소송을 주장하는 견해는 확인
소송의 보충성을 이유로 확인소송설을 비판하고 있지만53), 독일 연방행
정법원은 확인소송이 일반이행소송에 대해 반드시 '보충적'인 것은 아니
라고 보고 있다.54) 하급심 중에는 규범제정요구소송 및 규범보충소송에
대해 일반이행소송이 허용된다고 본 경우도 있다.55) 일반이행소송에 대
해서는 법규범을 대상으로 할 수 없다는 비판이 제기되었지만, 유력설
은 일반이행소송의 대상은 개별 사례의 사실행위뿐만 아니라 모든 형식
의 행정작용을 포함하는 포괄적 소송이라고 반박하고 있다.56)

Ⅲ. 獨逸의 立法例 – 소위 規範補充訴訟

1. 規範補充訴訟의 特徵 및 機能

규범보충소송은 규율이 필요한 생활영역에서 평등원칙에 위배되거

50) 이에 대해서는 졸저, 행정구제의 기본원리, 제1전정판, 488–490면.
51) Schoch, in: Hoffmann–Riem/Schmidt–Aßmann/Voßkuhle (Hg.), Grundlagen des Verwaltungsrechts, Bd. III, § 50 Rn. 224.
52) BVerwG, NVwZ 2002, 1506; BVerwGE 80, 355; 111, 276 (278 f.); 115, 81 (92 ff.).
53) Kopp/Schenke, VwGO, § 47 Rn. 13; Köller/Haller, Prozessuale Durchsetzbarkeit eines Anspruchs auf Rechtsetzung, JuS 2004, S. 191; Ehlers, in: Ehlers/Pünder (Hg.), Allgemeines Verwaltungsrecht, 15. Aufl., §2 Rn. 140.
54) BVerwGE 80, 355 (361).
55) BayVGH, BayVBl. 1981, 499 (503); VGH Mannheim, NVwZ–RR 2000, 701.
56) Hufen, a.a.O., § 20 Rn. 8.

나 규범의 제정의무를 위반하여 특정한 실제 영역의 요소를 규율하지
않은 경우에 인정된다.[57] 이와 같이 규범보충소송은 제정되어 있는 규
범의 보충을 요구하는 것을 목적으로 하며, 규범이 평등원칙을 위반하
여 불완전한 경우에 허용된다.[58] 규범보충소송은 부진정규범제정요구
소송에 해당하며, 규범제정요구소송의 하위유형으로 보고 있다.[59] 규범
에 의해 보장되는 수익(예컨대 사회보장)을 향유하지 못하는 경우에 고려
된다. 이러한 경우에 법원은 생활관계의 본질에서 나오는 합리적 이유
가 있는지 여부를 심사한다. 이러한 합리적 이유나 근거가 없으면 평등
원칙을 위반한 '부작위'가 존재한다고 보게 된다.[60] 규범에서 보장하는
수익에서 배제된 인적 그룹을 포함시켜 평등원칙의 위반을 제기할 경우
에 연방헌법재판소는 그 배제된 인적 그룹까지 법률상 규정을 확대해서
제정(보충)할 것을 요구하고 있다.[61] 이러한 규범보충소송의 중요한 기
능은 법제정의 부작위 내지 규범의 부작위에 대해 권리구제를 보장하
는 것에 있다.[62] 독일 기본법 제19조 제4항에서는 공권력 행사에 의해
침해된 권리를 소송상 다툴 수 있도록 보장하는 포괄적 권리구제를 규
정하고 있다.[63] 이와 관련하여 규범보충소송은 법률하위규범의 부작위

---

57) Schoch, in: Hoffmann－Riem/Schmidt－Aßmann/Voßkuhle(Hg.), Grundlagen des
   Verwaltungsrechts, Bd. III, § 50 Rn. 226.
58) Würtenberger, a.a.O., § 39 Rn. 698.
59) Würtenberger, a.a.O., § 39 Rn. 690.
60) Würtenberger, a.a.O., § 39 Rn. 698.
61) BVerfGE 55, 100 (113); 62, 256 (288 f.).
62) Würtenberger, a.a.O., § 39 Rn. 691.
63) 한편, 독일에서 포괄적 권리구제에 관한 독일 기본법 제19조 제4항의 규정을 의회
   가 제정한 형식적 의미의 법률에까지 확대하여 적용할 수 있는지에 대해 논란이
   있다. 즉 이러한 형식적 의미의 법률도 공권력의 행사에 속하는지가 다투어지고
   있다. 이에 대해 연방헌법재판소는 오래 전에 부정적인 입장을 밝힌 바 있다
   (BVerfGE 24, 33 (49.); 25, 352 (365)). 그러나 근래에는 포괄적 권리구제에 관한
   조항은 의회의 법률뿐만 아니라 법률하위규범에 대해서도 모두 적용된다고 보는
   견해가 유력하다(Schenke, NJW 2017, S. 1068; Schmdit－Aßmann, in Maunz/Dürig,
   GG, Art. 19 IV, Rn. 93 ff.).

에 대한 권리구제를 보장하고 있는 것이다.[64] 또한 독일 행정법원법에는 규범보충소송에 관한 명문의 규정은 없지만, 동법 제40조 제1항에는 특히 "非憲法的 性質의 公法上 爭訟(öffentlich–rechtliche Streitigkeiten nichtverfassungsrechtlicher Art)"을 행정소송의 대상으로 규정하고 있다. 여기에서 修正된 主體說 내지 歸屬說(Zuordnungstheorie)[65]에 근거하여 규범보충소송은 '공법적' 성질을 가지는 것으로 보고 있다.[66] 규범보충소송이 헌법적 성질을 가지는지가 문제되고 있다. 의회가 제정한 형식적 의미의 법률의 부작위에 대한 소송은 그러한 법률에 필요한 민주적 정당성이나 자유롭고 민주적인 의사형성의 헌법구속 과정 등의 문제로 보아 헌법소송으로 파악되고 있다. 이에 반해 법률하위규범의 제정이나 보충을 요구하는 소송은 '행정쟁송'으로 이해되고 있다.[67] 이러한 입장이 독일의 통설 및 판례이다.

2. 規範補充訴訟의 適合한 訴訟形式

독일 연방행정법원은 행정소송으로 법규명령이나 조례의 보충을 구하는 소를 허용하고 있다.[68] 규범보충소송의 적법한 소송형식이 무엇

---

64) Pietzcker, in: Schoch/Schmidt–Aßmann/Pietzner(Hg.), VwGO, § 42 Abs. 1 Rn. 160; Würtenberger, a.a.O., §39 Rn. 693; Schmtt Glaeser/Horn, a.a.O. Rn 332.

65) 종래의 주체설 내지 종속설에 따르면 귀속주체가 국가인 모든 법규에 대해 체계적인 분석 없이 모두 공법에 포함시켰다 그러나 오늘날 통설인 歸屬說 내지 수정된 주체설(新主體說)에 따르면 우선 法規를 통해 권리·의무 있는 주체가 단지 高權力의 主體(Hoheitsträger)인 경우만을 목적으로 한다(Wolff/Bachof/Stober, Verwaltungsrecht I, 10. Aufl., §22 Rdn. 27; Maurer, a.a.O.,§ 3 Rdn. 18). 귀속설의 창안자는 볼프(Hans J. Wolff) 교수이다. 특히 행정법에 있어서 공법과 사법의 구별은 行政訴訟의 對象과 관련하여 논의되어야 한다(Battis, Allgemeines Verwaltungsrecht, 3. Aufl., S. 48 f.).

66) Würtenberger, a.a.O., § 39 Rn. 699.

67) 이에 대해서는 Würtenberger, a.a.O., § 39 Rn. 693.

68) BVerwG, NJW 1997, 956 (957 f.).

인지에 대해 학설은 '규범통제소송'을 제기할 수 있다는 견해와 '일반이
행소송'이나 '확인소송'을 제기할 수 있다는 견해가 서로 대립하고 있다.
우선 규범보충소송은 不眞正規範制定要求訴訟(unechte Normerlassklage)
으로서 규범제정권자의 상대적 부작위를 대상으로 하고 있다는 점에서 진
정규범제정요구소송과 구별된다.[69] 규범보충소송의 적합한 소송형식으로
행정법원법 제47조에 따라 규범통제소송을 제기할 수 있다는 견해가 있
다. 이 견해는 부진정규범제정요구소송은 신청인이 위법한 규범제정의 부
작위로 인해 수익을 받지 못한 것을 이유로 그 규범의 위법성을 주장하는
것이므로 행정법원법 제47조의 規範統制訴訟(Normenkontrollverfahren)과
다르지 않다고 보고 있다.[70] 또한 도시계획조례에 해당하는 都市建設計
劃(Bebauungsplan)에 포함되지 않은 자신의 토지에 대해 다투고자 하는
경우 토지소유자가 불평등한 내용의 규범을 제거하는 것을 목적으로 하
므로 통상의 규범통제에 해당한다고 주장한다. 그리고 부당하게 특정한
규율이 누락 내지 흠결된 경우에 해당하여 규범의 하자를 다투는 소송
이라는 점에서 부분적으로 규범통제소송을 제기할 수 있다는 견해도 동
일한 입장이다.[71] 특히 이 견해는 법률하위규범의 부작위에 대한 소송
은 주위적 규범통제의 대상이라고 보고 있다.[72] 그 밖에 규범통제절차
에서 확인신청을 할 수 있다는 견해도 있다. 즉 규범보충소송은 규범통
제소송의 사례이지만, 문제가 되는 규정의 효력이 없다고 선언할 수 없
고, 불완전하여 위법한 규범을 단지 잠정적으로 적용할 수 없다고 '확
인'할 수밖에 없다고 보는 견해가 그러하다.[73] 부수적 규범통제에 수반

---

69) Schoch, in: Hoffmann-Riem/Schmidt-Aßmann/Voßkuhle(Hg.), Grundlagen des
Verwaltungsrechts, Bd. III, § 50 Rn. 226.
70) Hufen, a.a.O., §20 Rn. 1.
71) Kopp/Schenke, VwGO § 47 Rn. 14.
72) Schenke, Rechtsschutz bei normativem Unrecht, NJW 2017, S. 1064.
73) Schoch, in: Hoffmann-Riem/Schmidt-Aßmann/Voßkuhle(Hg.), Grundlagen des
Verwaltungsrechts, Bd. III, § 50 Rn. 224. 규범제정요구소송은 대체로 확인소송이
적합한 소송형태이지만, 규범보충소송은 규범통제소송을 제기하면서 확인신청을

하여 규범의 효력 유무에 관한 확인을 구하는 소를 제기할 특별한 가능
성은 열려져 있다. 즉 규범에서 도출되는 원고의 권리에 관한 존재 여
부에 대해 확인을 구하는 소를 제기할 수 있다는 것이다.[74]

　　이에 대해 一般履行訴訟이나 확인소송으로 제기해야 한다는 주장
이 있다. 즉 대체로 소송형식을 열어 두고 (일반)이행소송이나 확인소송
으로 다툴 수 있다고 보고 있다.[75] 규범보충소송은 현존하는 규범의 보
충을 목적으로 하지만, 규범통제소송은 규범의 효력이 없음을 확정해야
하는 소송이므로 허용될 수 없다고 보는 견해가 유력하다.[76] 이 견해는
행정법원법 제45조에 따라 제1심 행정법원에 관할이 있는 경우 확인소
송이나 일반이행소송의 형식으로 다투어야 한다고 보고 있다.[77] 또한
확인소송은 보충성의 원칙에 따라 일반이행소송이 허용되지 않는 경우
에 인정되며, 일반이행소송은 규범제정권자에 형성여지가 부여되어 있
어 구체적인 규범의 제정의무를 선언할 수 없기 때문에 예외적인 경우
에 허용된다는 견해도 있다.[78] 이러한 예외적인 경우는 대체로 평등원
칙의 위반이 문제되는 경우이다.[79] 그 밖에 권력분립원칙에 근거한 비
판과 관련하여 행정청의 재량이 인정되는 경우에 허용되는 재결정명령
소송이나 適正裁量決定訴訟(Bescheidungsklage)[80]이 법제정기관의 결정

　　해야 한다고 보는 견해도 있다(Sodan, a.a.O., S. 608).

74) Schenke, NJW 2017, S. 1062.
75) Ule, Verwaltungsprozeßrecht, 9. Aufl., § 31 Rn. 7: Happ, in: Eyermann(Hg.),
　　VwGO, 14. Aufl., §42 Rn. 63, 그리고 § 43 Rn. 9c 참조.
76) Würtenberger, a.a.O., § 39 Rn. 703.
77) Würtenberger, a.a.O., § 39 Rn. 705. 한편, 규범보충소송은 규범통제소송이 아니므
　　로 고등행정법원은 이에 대해 관할권을 가지지 못한다고 보고 있다(행정법원법
　　제47조 제1항 참조).
78) Würtenberger, a.a.O., § 39 Rn. 704.
79) Kopp/Schenke, VwGO § 43 Rn. 8j.
80) 2013. 3. 20. 입법예고된 법무부 행정소송법 개정안 제44조 제2호에는 이러한 소송
　　유형을 규정하고 있으나, 용어의 통일적 사용이 고려되어야 한다. 즉 "행정청이
　　처분을 하지 않는 것이 재량권의 한계를 넘거나 그 남용이 있다고 인정하는 경우
　　에는 행정청에게 판결의 취지를 존중하여 처분을 이행하도록 선고"할 수 있다는

의 자유가 인정되는 경우에 규범제정요구소송이나 규범보충소송에 대
해서도 적용될 수 있다고 보는 견해가 있다. 이러한 견해는 재결정명령
소송이나 적정재량결정소송을 일반이행소송과 관련된 것으로 보고 있
다.81) 그러나 다수설은 이러한 소송을 의무이행소송(Verpflichtungsklage)
의 하나로 파악하고 있다(행정법원법 제113조 제5항 제2문 참조). 이러한 소
송은 행정청에 재량이나 판단여지 등이 부여되어 있고 사건이 성숙하지
않은 경우에 인정되며, 행정청에 특정한 결정을 요구하는 것이 아니라
하자 없는 결정을 구하는 경우에 제기된다. 재결정명령소송 내지 적정
재량결정소송은 행정법원법 제42조 제1항에는 이를 규정하고 있지 않
지만, 독일의 통설 및 학설은 이를 의무이행소송의 범주 내의 독자적인
제도로서 인정하고 있는 것이다.82) 실제 독일의 의무이행소송에 있어서
사건의 '성숙성'은 본안에서 원고가 희망하는 행정처분의 발급의무를 행
정청에게 부과할 수 있는지 여부를 판단하는 중요한 기준이 되고 있다.
즉 사안이 성숙성 요건을 충족한 경우에는 특정한 행정행위의 발급의
이행을 구하는 소를 제기할 수 있지만, 이러한 성숙성 요건을 충족하지
못한 경우에는 법원의 법해석을 존중하여 사안에 적합한 행정청의 결정
이행을 구하는 소를 제기할 수 있다.83) 이와 같이 구체적 사안에 있어
서 행정청에게 재량이 부여되어 있으나 아직 '성숙성'의 요건을 구비하

내용이 그러하다. 이러한 소송유형에 대해 "지령소송", "재량행위요구소송", "재결
정명령" 등의 용어를 사용하고 있다. 그러나 이러한 소송은 법원의 판결취지에 따
라 재량행사를 적정하게 해 줄 것을 요구하는 것이라는 점을 감안할 필요가 있다.
대부분의 취소소송에서도 취소판결의 취지에 따라 '재처분' 내지 '재결정'을 해야
하며, 이러한 소송이 재량행위를 요구하는 것은 아니라는 점에 주의해야 한다. 지
령소송이라는 용어는 일본의 문헌에서 유래한 것이며, 이러한 소송의 내용에 부
합하지 않는다. 이에 대해서는 졸저, 행정구제의 기본원리, 412-413면(각주 31)
참조.
81) Duken, a.a.O., S. 547; Kopp/Schenke, VwGO, § 42 Rn. 9.
82) Pietzcker, in: Schoch/Schmidt—Aßmann/Pietzner(Hg.), VwGO, § 42 Abs. 1 Rn. 101.
83) 정남철, "부작위위법확인소송의 위법판단 및 제소기간", 행정판례연구 제17집 제1
호(2012. 6), 229면 이하.

지 못한 경우, 법원은 행정청에 대하여 법원의 판단을 존중하여 적정한
재량결정을 하도록 이행명령을 내릴 수 있다(독일 행정법원법 제113조 제5
항 제2문).

　　한편, 確認訴訟을 주장하는 견해는 규범보충소송의 문제가 공법
상 법률관계의 존부에 관한 것이며, 법률관계의 존재를 위해서는 법적
으로 규율된 생활관계가 있어야 한다고 보고 있다.[84] 또한 이러한 생
활관계의 법질서는 지배적인 판례의 입장에 의하면 규범제정의무를
정하고 있는 법규정에서 도출되며, 이 경우 기본법상의 보호의무나 평
등한 취급의무가 중요한 역할을 한다고 보고 있다.[85] 연방행정법원도
권력분립원칙에 비추어 이행소송이 허용될 수 없다고 보고 있다. 즉
연방행정법원은 "개인의 권리보호를 위해 불가피한 범위에서만 법제
정기관의 결정에 司法的으로 영향을 미친다"는 사고에 기초하고 있는
것이다.[86] 이 때문에 연방행정법원은 대체로 규범제정요구소송뿐만
아니라 규범요구소송에 대해 행정법원법 제43조 제1항에 의한 '확인
소송'을 제기할 수 있다고 보고 있다.[87] 나아가 최근 연방행정법원은
게마인데연합(Gemeindeverwaltungsverband)이 조례로서 제정된 지역계
획(Regionalplan)에 대한 규범통제소송을 제기한 사건에서, 법률하위규
범의 효력 유무가 아니라, 그 보충필요성의 확인을 구하는, 행정법원법
제47조 제1항 제2호에 의한 규범통제의 신청은 허용되지 아니한다고
판시하고 있다.[88]

---

84) Würtenberger, a.a.O., § 39 Rn. 705.
85) Würtenberger, a.a.O., § 39 Rn. 705.
86) BVerwG, NVwZ 1990, 162.
87) BVerwGE 80, 355(363); BVerwG, NVwZ 2008, 423 ff.
88) BVerwG, NVwZ 2015, 984.

3. 規範補充訴訟의 原告適格

규범보충소송의 원고적격이 문제된다. 규범제정을 요구하는 주관적 공권이 허용되는지가 문제되었지만, 오늘날에는 대체로 이를 긍정하고 있다.[89] 독일 행정법원법 제42조 제2항의 소권 내지 원고적격에 관한 규정은 원칙적으로 일반확인소송에 그대로 적용하기는 어렵지만, 남소를 방지하기 위해 유추적용될 수 있다는 견해가 유력하다.[90] 따라서 규범제정요구소송이나 규범보충소송의 경우에도 개별 법률에 근거하여 주관적 공권이 요구된다고 보고 있다. 규범은 불특정다수인에 대해 적용되고 일반적으로 공익에 기여하지만, 행정소송상 주관적 공권은 기본권이나 개별 법률에서 도출될 수 있어야 한다.[91] 예컨대 직업공무원제를 규정한 기본법 제33조 제5항과 관련하여, 舊 聯邦給與法(BBesG) 제49조 제3항의 규정이 그러한 사례로 거론되고 있다.[92] 독일 연방헌법재판소는 상당한 생계의 최소요건을 준수하는 급여변경을 하지 않아 독일 기본법 제33조 제4항에서 규정한 공무원의 권리를 침해한다고 판단하고, 입법자에게 헌법적으로 이에 상응하는 작용을 하도록 결정한 바 있다.[93] 하지만 규범에서 사익보호성을 도출할 수 없는 경우에는 주관적 공권이 성립할 수 없지만, 기본권을 국가의 보호의무나 평등취급의무 등에서 도출하는 경우에는 규범제정요구소송이나 규범보충소송을 제기할 수 있다.[94]

규범보충소송을 제기하기 위해서는 원고가 규범의 보충을 요구할 청구권이 있어야 한다. 규범제정요구소송과 관련하여, 유력설은 법률하

---

89) Köller/Haller, a.a.O., S. 191.
90) Axer, NZS 1997, 10 (16); Würtenberger, a.a.O., § 39 Rn. 706.
91) Happ, in: Eyermann(Hg.), VwGO, § 42 Rn. 150.
92) Köller/Haller, a.a.O., S. 191.
93) BVerfGE 8, 1; Sodan, a.a.O., S. 606.
94) Hufen, a.a.O., §20 Rn. 10; Würtenberger, a.a.O., § 39 Rn. 706.

위규범의 제정요구청구권이 개별 법률, 평등 취급에 관한 청구권 및 다른 기본권이나 헌법원칙 등에서 도출된다고 보고 있다.95) 또 다른 견해는 기본권의 보호의무, 일반적 평등원칙 및 개별 법률 등에서 찾고 있다.96) 규범제정요구소송이나 규범보충소송에는 규범제정권자, 즉 명령제정권자나 조례제정권자가 규범적 형성여지를 하자 없이 행사하였는지 여부를 심사한다.97) 규범보충소송에서 청구권의 근거는 대체로 평등원칙이 중요한 의미를 가진다. 사안에 적합한 규범보충이란 평등원칙의 위반을 제거하여 규범에서 배제된 그룹이 규정에 편입될 수 있어야 하며, 규범적 수익을 폐지하거나 모두 포함될 수 있는 새로운 규범의 제정을 통해 실현될 수 있다.98)

4. 獨逸 聯邦行政法院의 判例

독일에서도 종전에는 개인이 규범제정을 요구할 주관적 공권이 보장되지 않았다. 독일 연방헌법재판소는 개인이 입법행위를 사법적으로 요구할 청구권을 가질 수 없다고 결정한 바 있다.99) 또한 연방행정법원도 이미 1958년에 "법규명령의 제정을 구하는 청구권은 없다"100)고 판시한 바 있다.101) 그러나 뷔르텐베르거(Würtenberger) 교수의 논문이 1980년에 발표된 이후에 규범제정을 구하는 청구권이 허용되는지 여부가 본격적으로 논의되기 시작하였다.102) 그 후 연방헌법재판소는 이와

---

95) Pietzcker, in: Schoch/Schmidt—Aßmann/Pietzner(Hg.), VwGO, § 42 Abs. 1 Rn. 160.
96) Sodan, a.a.O., S. 609.
97) Würtenberger, a.a.O., § 39 Rn. 709.
98) Würtenberger, a.a.O., § 39 Rn. 710.
99) BVerfGE 1, 97 (100f.).
100) BVerwGE 7, 188.
101) 이러한 독일 판례의 변천에 대한 내용은 Sodan, a.a.O., S. 601 f. 참조.
102) Würtenberger, Die Normerlaßklage als funktionsgerechte Fortbildung verwaltungsprozessualen Rechtsschutzes, AöR 105 (1980), S. 370 ff.

달리 긍정적으로 판단하였고,[103] 연방행정법원의 판례 중에도 이를 긍정하기 시작하였다. 연방행정법원은 임금협약에 있어서 一般拘束宣言 (Allgemeinverbindlichkeitserklärung)의 제정을 요구하는 확인소송을 제기할 수 있다는 점을 인정하였다.[104] 또한 바이에른 주 郡議會의 여성의원이 평등원칙을 위반함을 이유로 군의회가 제정한 소위 보상조례 (Entschädigunsgsatzung)의 보충을 구하는 소송을 인용하고 있다.[105] 이 사건에서는 화장품영업점의 점주인 해당 여성의원이 의정활동으로 인한 逸失된 임금의 보상에 관한 규정을 근로자로서 독립적으로 활동하는 군의원에까지 확대 적용해야 한다고 주장하였고, 이에 대해 연방행정법원은 헌법합치적 해석을 통해 해당 규정을 보충해야 한다고 판시한 것이다.

　　한편, 연방의 법규명령은 이러한 확인소송에서 배제된다는 견해도 있다.[106] 그러나 연방행정법원은 연방의 법규명령에 대해서도 이러한 확인소송을 허용하고 있다. 우편서비스업무의 강제적 근로조건에 관한 연방 노동사회부의 법규명령에 의한 임금협약의 효력 연장에 대해 확인을 구하는 소를 인용하였다.[107] 이와 같이 연방행정법원은 행정법원법 제43조에 의한 확인소송을 통해 독자적인 법규범의 성격을 가지는 일반구속선언, 지방자치단체의 자치법규인 조례, 그리고 법규명령 등 법률하위규범의 제정요구에 대한 소송을 인정하고 있다. 확인소송을 행정법원법 제43조에 의한 규범의 존부에 관한 확인으로 오해하는 경우도 있으나, 법률관계의 존부에 관한 확인이라는 점을 간과해서는 아니 된다.

---

103) BVerfGE 77, 170; 79, 174; BVerfG, NJW 1988, 2961.

104) BVerwGE 80, 355; BVerwG, NJW 1990, S. 1495 ff. 한편, 연방헌법재판소는 일반구속선언을 독자적인 법규범(Rechtsnorm sui generis)으로 이해하고 있다 (BVerfGE 44, 322). 그러나 일반구속선언은 법률보다 하위에 있는 법규범으로 이해된다(BVerwGE 80, 355 (357 f.)).

105) BVerwG, NVwZ 1990, S. 162 ff.

106) 서보국, 전게논문, 103-104면.

107) BVerwG, NVwZ 2010, 1300.

나아가 확인소송을 부수적 규범통제로만 이해하는 견해도 있다.[108] 독일 기본법 제100조에는 구체적 규범통제에 대해서도 규정하고 있다. 즉 재판의 전제가 된 법률이 위헌이라고 판단되는 경우에 법원은 재판을 정지하고, 주(란트)의 법률이 州憲法에 위반되는 경우에는 州 헌법재판소에, 그리고 연방법률이나 주의 법률이 기본법을 위반하는 경우나 주의 법률이 연방법률에 일치하지 않는 경우 등에는 연방헌법재판소에 위헌 여부의 심판을 제청한다.[109] 그러나 부수적 규범통제의 방식으로 제기되는 확인소송은 원고에게만 규범의 무효선언을 하는 특수한 확인소송으로서 비전형적인 것이며, 행정법원법 제43조에 규정된 행정법원에 의한 통상의 일반확인소송과 구별된다.[110] 그러한 점에서 권리의 존부에 관한 확인소송을 제기하면서 선결문제로서 규범의 효력을 확인하는 소송은 부수적 규범통제의 방식이며, 행정법원법 제47조의 주위적 규범통제와 일치하지 않는다.[111]

5. 小結

독일에서는 명령·규칙 등에 관한 부진정행정입법부작위에 대한 소송을 헌법소송이 아니라 행정소송으로 파악하고 있다. 또한 이에 대해 독일 행정법원법에 명문의 규정이 없음에도 불구하고 소위 규범보충소송이 인정되고 있지만, 그 소송형식을 둘러싸고 견해대립이 있다. 대체로 규범통제의 방식으로 해결해야 한다는 견해와 일반이행소송 내지 확인소송이 적합한 소송형식이라는 견해가 첨예하게 대립하고 있다. 규범통제소송설을 주장하는 견해가 있지만, 주위적 규범통제는 제정된 규범의 효력 유무를 판단하는 소송이라는 점에서 설득력이 약하다. 일반이

---

108) 서보국, 전게논문, 105면.
109) Jarass, in: Jarass/Pieroth, GG, 10. Aufl., Art. 100 Rn. 4.
110) Schenke, Verwaltungsprozessrecht, 12. Aufl., § 26 Rn. 1073.
111) Schenke, Verwaltungsprozessrecht, § 26 Rn. 1073; Schenke, NJW 2017, S. 1062.

행소송은 규범의 보충이라는 목적을 효과적으로 달성할 수 있지만, 명령제정권자의 결정여지가 인정되는 법규범의 특성에 비추어 일정한 한계가 있다. 그러한 이유에서 적정재량결정소송을 주장하는 견해가 등장하고 있는 것으로 판단된다. 대체로 '확인소송'이 설득력을 가진다. 독일에서는 확인소송의 보충성이 인정되고 있지만, 일반이행소송이 매우 예외적인 경우에만 허용될 수 있다는 점에서도 확인소송을 제기할 이유는 충분하다. 연방행정법원의 판례도 일관되게 확인소송설의 입장이며, 학설의 비판에도 불구하고 확인소송의 보충성에 크게 구애받고 있지 않다. 부수적 규범통제에 있어서도 '확인소송'이 특별한 의미를 가지는 경우가 있다. 그러나 이러한 확인소송은 원고에게만 규범의 무효를 선언하는 특수한 확인소송으로서 비전형적인 것이라는 점에서, 행정법원법 제43조에 규정된 행정법원에 의한 통상의 확인소송과 구별된다.[112] 다만, 부수적 규범통제에서 확인신청을 통해 선결문제로서 평등원칙을 위반한 법률하위규범의 위법을 인정하는 방식은 오히려 구체적 규범통제 내지 부수적 규범통제의 방식을 취하는 우리 행정소송법에 있어서 활용될 여지가 있다.

IV. 違法性 判斷基準으로서 平等原則

1. 問題의 所在

독일에서는 부진정행정입법부작위에 대해 평등원칙에 위배되었는지 여부를 기준으로 판단하고 있다. 대체로 사회보장의 영역에서 규범이 보장하는 수익을 향유하지 못하거나 규정에서 배제되어 수급권을 청

---

112) Schenke, Verwaltungsprozessrecht, § 26 Rn. 1073.

구할 수 없는 경우가 여기에 속한다. 진정행정입법부작위의 경우에는 제정의무와 이에 상응하는 규범제정요구권을 도출하는 것이 문제된다. 여기에서는 기본권의 보호의무, 개별 법률 등에서 이러한 규범제정요구권을 도출할 수 있다. 그러나 규범보충소송에서는 평등원칙이 중요한 기준이 되며, 해당 규정을 배제한 것에 합리적 이유나 근거가 있는지 여부를 기준으로 평등원칙 위반 여부를 심사한다. 이러한 평등원칙을 위반한 경우에 위법한 행정입법부작위가 있다고 판단하고, 배제된 인적 그룹을 포함하는 소송을 제기한다.

부진정행정입법부작위 경우에도 제정된 행정입법이 존재하므로 수범자의 예측가능성이나 기대가능성을 기준으로 포괄위임금지의 원칙 내지 명확성원칙에 의해 행정입법의 위법성을 검토할 수 있다.[113] 법률에서 기본적인 정의 규정만 두고, 그 구체적인 수혜나 급부 등에 대해서는 포괄적 위임을 하는 경우도 적지 않다. 예컨대 법률에 규율의 대상에 관한 정의규정만 두고, 그 구체적인 '종류'와 '기준'을 시행령이나 시행규칙 등에 위임하는 경우가 그러하다. 법적 안정성과 예측가능성 등 법치국가원리의 요청에 비추어 법률에서 기본권의 실현과 관련된 본질적인 사항을 직접 규정하고, 수권의 목적이나 기준, 범위 등이 명확하게 확정되어야 한다. 그러한 의미에서 법률유보의 원칙(특히 본질사항유보설)은 위임의 한계로서 작동하고 있는 것이다. 다만, 부진정행정입법부작위가 문제되는 경우는 대부분 사회보장과 관련된 급부행정에 해당하는 사례가 적지 않다. 포괄위임금지의 원칙과 관련하여 그 구체성과 명확성에 대한 심사강도는 규제의 영역이나 대상에 따라 다르다.[114] 기본권의 실현에 있어서 본질적인 사항일수록 규율밀도나 심사강도는 높

---

113) 최근 대법원은 기존의 질병이 원인이 되거나 악화된 경우를 국가유공자에서 제외한다고 규정한 「국가유공자 등 예우 및 지원에 관한 법률 시행령」 제3조 [별표 1] 제2호의 2−8이 모법의 위임범위를 일탈한 것이 무효인지 여부에 대해 부정적으로 판시한 바 있다(대법원 2017. 3. 9. 선고 2016두55933 판결).
114) 헌재 1997. 12. 24. 95헌마390; 대법원 2000. 10. 19. 선고 98누6265 판결.

아져야 한다. 그러나 이러한 급부행정이나 수익적 내용을 포함한 위임 입법에는 상대적으로 명확성심사의 강도가 완화되고 있다.[115) 그러한 이유에서 부진정행정입법부작위에 대한 포괄위임금지의 원칙은 상대적으로 어려운 점이 있다. 따라서 부진정행정입법부작위에 대해서는 평등 원칙을 통해 그 위법성을 판단해야 한다.

2. 平等原則의 違反 與否에 대한 判斷

(1) 平等原則의 審査方法

심사기준으로서 평등원칙은 실제 매우 광범위하게 적용되고 있지만, 개별적 사안에서 평등원칙의 위반 여부를 판단하는 것은 쉽지 않다. 오늘날 절대적 평등을 상정하는 것은 비현실적이며, 합리적인 차별의 이유가 있는 경우에는 차별이 허용되는 상대적 평등의 의미로 이해되고 있다.[116) 또한 법적용의 평등을 의미하는 형식적 평등에 국한되지 아니하며, 법의 내용에 있어서 평등을 위해 법제정의 평등, 즉 실질적 평등이 중요한 의미를 가진다.[117) 그러나 이러한 실질적 평등의 실현은 법적 평등을 규정한 헌법 제11조의 문제가 아니라 사회국가원리와 관련된 것으로 보는 견해가 유력하다.[118) 이러한 평등원칙은 입법자에 대해서도 적용된다는 것이 통설이다. 그 밖에 이러한 평등원칙은 인간의 존엄권과 밀접한 관련을 가지고 있으며, 단순히 방어권뿐만 아니라 사인에 대해서도 국가의 기본권 보호의무가 문제된다.[119)

특히 급부청구권의 보장과 관련하여, 이러한 실질적 평등이 중요하

---

115) 정남철, "명확성원칙의 판단기준과 사법심사의 한계", 법조 통권 제624호(2008. 9), 108-134면.
116) 계희열, 헌법학(중), 신정판, 229면.
117) 계희열, 전게서(중), 232-233면.
118) 한수웅, 전게서, 577면.
119) Zippelius/Würtenberger, Deutsches Staatsrecht, 32. Aufl., § 23 Rn. 51.

다. 평등은 "정의의 요청(Gebot der Gerechtigkeit)"이자 "정의의 정신 (Seele der Gerechtigkeit)"이다.[120] 독일에서는 평등원칙을 "헌법국가의 중심 원리이자 전체 법질서의 지도원리"[121]로 이해하고 있고, 독일의 정치시스템과 사회질서에 이러한 지도원칙이 투영되어 있다.[122] 또한 독일 연방헌법재판소는 일찍이 "본질적으로 동등한 것은 법적으로 동등 하게 취급하고, 본질적으로 동등하지 않은 것은 생활관계의 종류에 따 라 달리 취급해야 한다"는 원칙을 확립한 바 있다.[123] 여기에서 "본질 적으로 동등한 것(wesentlich Gleichem)"이 무엇인지가 쟁점이다. 이러한 기준은 사안이나 개인, 인적 그룹 등과 관련하여 동등한 기본권적 자유 나 국가의 동등한 급부청구권이 문제되는 경우에 본질적으로 동등한 것 인지가 문제되며, 그 판단을 위해서는 비교대상이 필요하다.[124] 독일 기본법 제3조 제1항에는 "모든 인간은 법률 앞에 평등하다"라고 규정하 고 있으며, 입법자도 그 이행의 수범자이다.[125] 급부의 부작위에 관한 문제는 '사회국가원리'와 밀접한 관련을 가지며, 일반적 평등원칙을 규 정한 독일 기본법 제3조 제1항에서 시원적인 급부청구권을 도출할 수 없다고 보고 있다.[126] 사회보장법의 영역에서는 입법자에게 비교적 넓 은 형성여지가 보장되어 있다.[127]

개별 사례에서 동등한 비교대상을 동등하게 취급하지 않는 것은 평등원칙에 위배되며, 비교대상인 사안의 동등성 여부를 판단함에 있어 서 본질성 여부는 매우 중요한 기준이다. 이러한 경우에 유력설은 본질 적인 부분의 판단은 비교에 설정된 '관점'이 중요하다고 보고 있다. '사

---

120) BVerfGE 54, 277 (296).
121) BVerfGE 1, 208 (233); 23, 98 (99).
122) Zippelius/Würtenberger, a.a.O., § 23 Rn. 1.
123) BVerfGE 1, 14 (52); 98, 365 (385); 103, 310 (318); 116, 164 (180).
124) Zippelius/Würtenberger, a.a.O., § 23 Rn. 9.
125) Jarass, in: Jarass/Pieroth, GG, 10. Aufl., Art. 3 Rn. 1a.
126) Jarass, in: Jarass/Pieroth, GG, Art. 3 Rn. 12.
127) BVerfGE 113, 167 (215).

람'이라는 기준이 본질적인 경우에는 국적 여부는 중요하지 않으며 외
국인도 내국인과 동등하게 대우해야 한다는 것이다.[128] 이러한 평등원
칙의 위반 여부를 판단함에 있어서는 보다 구체적인 판단기준이 요구된
다. 독일의 학설 및 판례는 "객관적으로 명백한 근거 없이 차별"하는 것
을 금지하는 소위 恣意禁止(Willkürverbot)의 원칙이 오랫동안 지배하였
다. 따라서 민주적 정당성을 부여받은 입법자는 최소한의 불평등한 차
별을 함에 있어서 비교적 넓은 형성적 자유를 가지고 있지만, 明白性審
査(Evidenzkontrolle)를 통해 불평등한 법제정에 있어서 사항적으로 명백
한 차별의 이유가 없는 경우는 자의금지원칙을 위반하게 된다.[129] 그러
나 이러한 원칙만 가지고 입법자를 구속하기 쉽지 않아 비례원칙 내지
과잉금지의 원칙을 도입하여 엄격한 심사를 하는 소위 '새로운 公式
(neue Formel)'이 적용되고 있다.[130]

　새로운 공식은 심사기준을 구별하여 사안이나 행태와 관련된 경우
에는 종래의 자의금지원칙을 적용하지만, 인적 평등과 관련된 경우에는
비례의 원칙을 적용하고 있다.[131] 이러한 새로운 공식에 따라 비례성심
사가 적용될 경우에는 이러한 불평등한 취급을 하는 규범의 목적이 정
당해야 하고, 적합하고 필요한 수단이어야 하며, 또한 그 불평등한 취급
의 종류나 정도가 상당한 비례관계에 있어야 한다.[132] 그러나 인적 평
등과 사항적·행태적 평등의 구별이 현실적으로 쉽지 않아 새로운 공식
은 수정을 경험하게 되고, 사항이나 행태와 관련된 불평등취급에 대해
서도 엄격한 심사기준을 확대하는 소위 수정된 새로운 이론이 등장하게

---

128) Konrad Hesse, Grundzüge des Verfassungsrechts der Bundesrepublik Deutschland, 20. Aufl., § 12 Rn. 432.

129) Zippelius/Würtenberger, a.a.O., § 23 Rn. 16.

130) 계희열, 전게서(중), 238면 참조.

131) Britz, Der allgemeine Gleichheitssatz in der Rechtsprechung des BVerfG, NJW 2014, S. 346.

132) 이에 대해서는 Zippelius/Würtenberger, a.a.O., § 2 3 Rn. 20 ff.

된다.133)

특히 독일 연방헌법재판소는 1993년 성전환자 결정(Transsexuellen–Entscheidung)에서 이러한 이원화된 심사기준을 수정하였다.134) 이 결정에서 사안의 불평등한 취급이 인적 그룹의 불평등한 취급에 '간접적'으로 영향을 줄 수 있다는 점이 인정되었다.135) 그 후 2010년 10월 12일 독일 연방헌법재판소의 제1부 결정136)에서 여러 가지 측면에서 변경된 수정된 새로운 공식이 등장하게 되었다. 여기에서는 사안이나 행태와 관련된 불평등에 대해서도 인적 평등처럼 엄격한 심사를 적용하고 있다.137) 나아가 연방헌법재판소 제1부는 이러한 양 기준을 '통합'하려는 시도를 하고 있다. 즉 "일반적 평등원칙에서 규율대상이나 차별의 표지에 따라 입법자에 대한 서로 다른 한계가 나오고, 이러한 한계는 단순한 자의금지의 원칙에서 비례성의 요청에 대한 강한 구속까지 충족해야 한다"고 결정한 바 있다.138) 미연방대법원의 판결에서도 평등보호에 관한 위헌심사기준으로 합리성심사(rationality review), 엄격심사(strict scutiny), 그리고 중간심사(intermediate scrutiny) 등이 적용하고 있다.139)

한편, 우리 헌법재판소의 결정 중에서 평등원칙과 관련하여 엄격한

---

133) 소위 '새로운 공식'에 관한 독일 연방헌법재판소 판례의 변화와 발전에 대해서는 Britz, a.a.O., S. 346 ff.
134) BVerGE 88, 87 = NJW 1993, 1517. 이 사건에서는 성전환자의 경우에 이름을 변경하는 연령을 25세 미만으로 제한한 것이 문제되었고, 연방헌법재판소는 이러한 규정이 기본법 제3조 제1항에 위반된다고 결정하였다.
135) BVerfGE 88, 87 (96)
136) 제1부 결정에서 문제가 된 사건에서는 이혼한 부모 중 자녀와 함께 생활을 하지 않는 일방이 법적으로 가능한 범주 내에서 자녀에 대한 사실상 책임을 지고, 교섭을 통해 정기적으로 체류하면서 밤을 지내는 경우에 동거하는 경우와 동일한 방식으로 함께 생활하지 않는 이혼한 부모의 일방과 자녀 사이에도 거주공동체가 발생한다는 것이 주된 쟁점이었다.
137) BVerfGE 127, 263 = NJW 1993, 1793.
138) BVerfGE 88, 87 (96); 89, 15 (22); 105, 73 (110).
139) 이에 대해서는 김현철, "미국연방대법원의 평등보호에 관한 판례와 위헌심사기준", 헌법논총 제11집(2000), 353면 참조.

심사를 한 대표적 사례는 '제대군인 가산점' 사건이다.[140] 먼저 제1차 국가유공자 가산점 사건에서는 비례심사를 하되 완화된 기준을 적용하여 평등권을 침해한 것이 아니라고 결정한 바 있다.[141] 그 후 제2차 국가유공자 가산점 사건에서는 이 결정을 변경하여, 헌법불합치를 결정하면서 국가유공자 가족들에 대해 비례의 원칙을 통해 엄격한 심사를 하고 있다.[142] 평등심사와 관련하여 어떠한 경우에 비례의 원칙 내지 과잉금지의 원칙을 적용할 것인지, 또한 비례의 심사에 있어서도 어떠한 경우에 완화된 기준을 적용할 것인지 등이 문제된다.[143] 헌법재판소는 평등원칙뿐만 아니라 비례의 원칙을 심사함에 있어서도 다시 엄격한 심사와 완화된 심사를 구별하여 적용하고 있다. 이러한 입장은 어떠한 경우에 엄격한 심사를 해야 하는지, 평등원칙과 비례의 원칙 사이의 관계가 무엇인지에 대한 의문을 제기하게 된다. 이와 관련하여 좁은 의미의 비례의 원칙과 평등원칙 사이에는 구조적인 동일성이 있다는 견해도 있다.[144]

---

140) "평등위반 여부를 심사함에 있어 엄격한 심사척도에 의할 것인지, 완화된 심사척도에 의할 것인지는 입법자에게 인정되는 입법형성권의 정도에 따라 달라지게 될 것이나, 헌법에서 특별히 평등을 요구하고 있는 경우와 차별적 취급으로 인하여 관련 기본권에 대한 중대한 제한을 초래하게 된다면 입법형성권은 축소되어 보다 엄격한 심사척도가 적용되어야 할 것인바, 가산점제도는 헌법 제32조 제4항이 특별히 남녀평등을 요구하고 있는 '근로' 내지 '고용'의 영역에서 남성과 여성을 달리 취급하는 제도이고, 또한 헌법 제25조에 의하여 보장된 공무담임권이라는 기본권의 행사에 중대한 제약을 초래하는 것이기 때문에 엄격한 심사척도가 적용된다."(헌재 1999. 12. 23. 98헌마363)
141) "차별적 취급으로 인하여 관련 기본권에 대한 중대한 제한을 초래하게 되는 경우에 해당하여 원칙적으로 비례심사를 하여야 할 것이나, 구체적인 비례심사의 과정에서는 헌법 제32조 제6항이 근로의 기회에 있어서 국가유공자 등을 우대할 것을 명령하고 있는 점을 고려하여 보다 완화된 기준을 적용하여야 할 것이다."(헌재 2001. 2. 22. 2000헌마25)
142) 헌재 2006. 2. 23. 2004헌마675 등, 판례집 18-1상, 269.
143) 제대군인 가산점 사건에서 헌법재판소가 엄격한 심사기준을 일관되게 적용하지 못하였음을 비판하는 견해도 있다(한수웅, 전게서, 597면).
144) 이준일, "헌법재판의 법적 성격", 헌법학연구 제12권 제2호(2006. 6), 335-336면.

최근에는 이러한 비례성심사를 도입하는 것과 관련하여, 학계에서 비판이나 문제점이 제기되고 있다. 즉 자유권과 관련될수록 불평등한 취급의 최소한도가 더 적어지게 되어 입법자의 형성여지를 헌법이나 헌법재판에서 제한할 리스크가 있다는 지적이 있다.[145] 이러한 새로운 공식이 도입되었다고 하더라도 자의금지의 원칙이 완전히 배제되는 것은 아니다. 오히려 새로운 공식은 자의금지의 원칙을 보완하는 것으로 이해하는 견해가 유력하다.[146] 여전히 어려운 점은 어떠한 경우에 자의금지의 원칙을 적용할 것인지, 아니면 비례의 원칙을 적용할 것인지를 결정해야 하는지 여부이다. 그리고 평등원칙과 자유권의 제한에 관한 비례의 원칙을 서로 구별하려는 견해도 부각되고 있다.[147] 국내학설 중에도 양자의 차이와 관련하여 자의금지원칙은 단지 차별의 정당화를 위한 합리적 사유의 유무에 대해서만 검토하지만, 비례의 원칙은 그 외에 차별대우 사이의 상관관계가 타당한지 여부에 대해서도 심사한다고 보는 견해가 있다.[148] 또한 이 견해는 구조적으로 비례의 원칙은 법익의 충돌을 전제로 목적과 수단의 상호관계를 통해 수단이 적절한지 여부를 판단하는 것이지만, 평등의 원칙은 법익의 충돌이 아니라 대상이 되는 둘 이상의 기본권 주체의 법적 지위를 서로 비교하는 것이라는 점에서 차이가 있다고 지적한다.[149] 다만, 이 견해는 입법의 목적과 관련하여 차별의 적합성을 판단하는 단계에서는 양자의 차이가 크지 않지만, 법익균형성 내지 상당성의 단계에서 헌법재판소가 주관적인 법익형량을 함으로써 입법자의 판단을 배척할 수 있다고 지적한다.[150] 나아가 이

---

145) Britz, a.a.O., S. 351.
146) Osterloh, in: Sachs (Hg.), GG, Art. 3 Rn. 25.
147) 독일 연방헌법재판소 제2부는 양자를 구별하는 입장에 서 있고, 과잉금지의 원칙을 명확히 사용하지 않고 사항이나 규율영역에서 특별한 형량의 문제로 접근하고 있다(BVerfGE 90, 145 (195 f.)). 이에 대해서는 Osterloh, in: Sachs (Hg.), GG, Art. 3 Rn. 35.
148) 한수웅, 전게서, 588-589면.
149) 한수웅, 전게서, 603면.

견해는 과잉금지의 원칙을 적용하여 평등심사를 할 경우 위헌심사의 기
준으로서 평등권의 고유한 기능이 상실될 수 있으며, 자유권 제한의 문
제가 적은 급부작용에 대해서는 입법자의 형성적 자유를 인정하기 위해
자의금지의 원칙이 적용되어야 한다고 보고 있다.151) 이러한 비판적 견
해는 긍정할 수 있는 점이 적지 않다. 다만, 규범의 제정권자에 형성적
자유가 보장된 경우에 자의금지의 원칙만으로 평등심사를 할 수 없는
어려운 측면이 있고, 기본권 침해와 관련된 경우에는 엄격한 심사가 요
구된다.

(2) 平等原則이 適用된 具體的 事例의 檢討

(가) 憲法裁判所 判例의 立場

이하에서는 행정입법부작위와 관련하여 평등원칙이 적용된 사례를
검토하기로 한다. 전술한 바와 같이 헌법재판소는 진정행정입법부작위
뿐만 아니라 부진정행정입법부작위에 대한 헌법소원을 인정하고 있다.
대표적 사례는 치과전문의 자격시험 불실시에 대한 위헌확인사건이
다.152) 헌법재판소는 이 사건을 '진정입법부작위'라고 파악하고 있지만,
행정입법부작위에 관한 사건이다. 또한 이 사건은 엄밀한 의미에서 진
정행정입법부작위가 아니라 '부진정행정입법부작위'에 가깝다.153) 치과
의사로서 전문의가 되고자 하는 자는 대통령령이 정하는 수련을 거쳐
보건복지부장관의 자격인정을 받아야 하고(의료법 제55조 제1항) 전문의
의 자격인정 및 전문과목에 관하여 필요한 사항은 대통령령으로 정하고
있다(동조 제3항). 이에 따라 「전문의의수련및자격인정등에관한규정(이하

---

150) 한수웅, 전게서, 589면.
151) 한수웅, 전게서, 605면.
152) 헌재 1998. 7. 16. 96헌마246, 판례집 10-2, 283.
153) 한편, 2003. 6. 30. 대통령령 제18040호로「치과의사전문의의수련및자격인정등에
    관한규정」이, 그리고 2003. 9. 18. 보건복지부령 제258로「치과의사전문의의수
    련및자격인정등에관한규정시행규칙」이 별도로 제정되었다.

'규정'이라 한다)」제2조의2 제2호(개정 1995. 1. 28)는 치과전문의의 전문과목을 "구강악안면외과 · 치과보철과 · 치과교정과 · 소아치과 · 치주과 · 치과보존과 · 구강내과 · 구강악안면방사선과 · 구강병리과 및 예방치과"로 정하고 있다. 또한 규정 제17조(개정 1994. 12. 23)에서는 전문의자격의 인정에 관하여 "일정한 수련과정을 이수한 자로서 전문의자격시험에 합격"할 것을 요구하고 있고, 전문의자격시험의 방법 · 응시절차 기타 필요한 사항을 보건복지부령에 위임하고 있다(제1항 및 제3항). 헌법재판소는 그 위임에 따라 제정된 「전문의의수련및자격인정등에관한규정시행규칙(이하 '시행규칙'이라 한다)」이 개정입법 및 새로운 입법을 하지 않은 것은 진정입법부작위에 해당하고, 이러한 입법부작위가 청구인들의 직업의 자유와 행복추구권을 침해하여 전공의 수련과정을 거치지 않은 일반 치과의사나 전문의시험이 실시되는 다른 의료분야의 전문의에 비하여 불합리한 차별을 받고 있다고 결정하였다. 이 사건은 시행규칙이 전혀 제정되지 않은 것이 아니라, 피청구인 대한치과의사협회의 의견에서 나타난 바와 같이 "치과전공의의 수련기간, 수련병원 및 수련기관의 지정기준, 수련과목 및 기타 치과전문의자격시험의 실시에 필요한 사항 등을 불완전하게 규정한" 경우에 해당한다. 따라서 이 사건은 시행규칙의 내용을 보완하는 개정을 하지 않은 것이 쟁점이라는 점에서 '부진정행정입법부작위'에 해당한다. 특히 "다른 의료분야의 전문의에 비하여 불합리한 차별을 받고 있다"고 결정한 부분에서 비교집단과의 관계에서 평등원칙을 위반하여 기본권을 침해하고 있다고 보고 있다. 이러한 비교집단에는 전공의수련과정을 거치지 않은 일반 치과의사나 전문의시험이 실시되는 다른 의료분야의 전문의를 설시하고 있다. 이러한 심사는 명확하지는 않지만, 비교집단과의 "불합리한 차별"을 검토하고 있다는 점에서 일종의 '자의금지의 원칙'이 적용된 것이다. 그러나 이러한 행정입법부작위는 치과전문의라고 하는 인적 범위와 관련된 자유권의 제한에 관한 사안이지만, 비례의 원칙 내지 과잉금지의 원칙은 고려되어 있지 않다.

한편, 헌법재판소는 건축사법시행령 제4조 제1항에서 새로이 건축
사면허를 취득하고자 하는 사람들만을 대상으로 할 뿐, 건축사면허를
취소당한 사람들에 관하여는 규정을 두고 있지 않은 것은 '부진정(행정)
입법부작위'라고 보고 각하결정을 내린 바 있다.154) 이 사건은 청구인이
건축사법시행령에 건축사면허취소기간이 경과한 후 다시 면허를 신청
하려는 자에 대한 건축사면허증재교부 등의 절차규정을 두지 아니한 행
정입법부작위로 기본권 침해를 받았음을 이유로 헌법소원을 청구한 것
이다. 이 사건에서 헌법재판소가 행정입법부작위에 관한 사건을 '입법
부작위'로 본 것은 잘못이지만, '진정행정입법부작위'와 '부진정행정입법
부작위'를 구별하고 있음을 알 수 있다. 진정행정입법부작위와 부진정
행정입법부작위의 구별은 실제 어려운 경우가 적지 않고, 상대적인 측
면이 있는 것이 사실이다. 그러나 헌법소원에 있어서 청구기간의 적용
여부에 차이가 있다는 점에서 주의를 요한다. 즉 헌법재판소는 진정 (행
정)입법부작위에 대한 헌법소원 심판청구에 대해서는 청구기간의 제한
을 받지 않는다고 보지만, 부진정(행정)입법부작위에 대해서는 헌법소원
청구기간의 제한을 받는다고 보고 있다.155) 즉 불완전입법에 대하여 재
판상 다툴 경우에는 그 입법규정이 헌법위반이라는 적극적인 헌법소원
을 제기하여야 할 것이고, 이때에는 헌법재판소법 제69조 제1항 소정의
청구기간의 적용을 받는다고 결정하고 있다.156)

---

154) 헌재 1998. 11. 26. 97헌마310, 판례집 10-2, 564, 571.
155) 헌재 1998. 7. 16. 96헌마246.
156) "침구술무면허자의 침구술 시술행위를 처벌하는 것이 신체의 자유를 침해한 것
이라는 주장에 대하여 살펴건대, 청구인은 처벌의 근거법규인 의료법을 문제삼
아 헌법소원의 대상으로 하고 있는 취지로 이해되는 바, 기록상 청구인은 과거
에 무면허침술행위를 이유로 의료법위반으로 1971. 5. 13. 처벌을 받은 일이
있는 것으로 되어 있는데, 그 시경에 이미 처벌된다는 것을 알았다고 볼 것이
므로 1989.4.27.에 제기한 이 사건 청구는 헌법재판소법 제69조 제1항 소정의
청구기간 도과 후의 부적법한 청구임을 면할 수 없을 것이다."(헌재 1993. 3.

헌법재판소는 공무원보수규정 제5조 등 위헌확인사건에서, "군법무관의 봉급을 군인의 봉급표에 의하도록 하면서 수당의 신설 등을 통하여 전체 보수를 일반공무원에 비하여 우대하는 수준으로 정하고 있는 공무원보수규정 제5조 [별표 13] 등 조항들이 모법의 위임에 따른 대통령령 제정의무를 제대로 이행하지 아니한 불완전한 입법으로서 청구인들의 재산권을 침해한다고 볼 수 없다"고 결정하고 있다. 이 결정에서 헌법재판소가 평등원칙을 충분히 심사하였는지는 명확하지 않지만, 판사와 검사, 그리고 일반공무원의 봉급기준표를 비교하고 있다. 이를 토대로 헌법재판소는 공무원보수규정 제5조에서 일반 군인의 봉급표에 의하도록 하는 대신 '공무원수당 등에 관한 규정' 제14조의3 및 '군인 등의 특수근무수당에 관한 규칙' 제4조로 군법무관수당을 신설함으로써 전체 보수를 일반공무원에 비하여 우대하면서 법관 등의 예에 준하는 상당한 수준으로 정하고 있다고 판단하고 있다. 또한 헌법재판소는 명령제정권자의 넓은 형성적 자유를 고려하고 있다. 즉 헌법재판소는 "행정부는 군법무관에 대한 보수를 시행령으로 정함에 있어 군법무관을 일반공무원에 비하여 우대함으로써 법관 등의 보수와 엇비슷한 수준으로 하는 한도 내에서는 군법무관의 업무의 성격, 군 조직의 특성 및 다른 군인들과의 형평성 등을 두루 참작하여 구체적인 보수액은 물론 이를 봉급과 수당에 어떻게 배분할 것인지를 적절하게 정할 수 있는 재량권을 가진다"고 판단하고 있다.157)

헌법재판소는 구 대기환경보전법 시행규칙 제78조 [별표 21]에서 자동차에 대한 운행차배출허용기준에 '이륜자동차'에 대한 운행차배출허용기준을 규정하지 않은 것을 부진정행정입법부작위로 판단하고 있

---

11. 89헌마79, 판례집 5-1, 92)
157) 헌재 2008. 5. 29. 2006헌마170. 이와 관련하여 반대의견(재판관 김종대, 재판관 목영준)은 대통령령 제정의무를 제대로 이행치 아니한 위헌성을 가진 규정에 해당한다고 보고 있다.

다. 대기환경보전법 시행규칙 제62조 [별표 17]과 제78조 [별표 21]에
는 각각 제작차 배출가스 허용기준과 운행차 배출가스 허용기준을 규정
하면서 이륜자동차에 대한 기준을 정하지 않고 있다. 이 사건에서 청구
인은 이러한 행정입법부작위로 인하여 이륜자동차에 대한 배출가스 규
제가 이루어지지 않아 청구인의 환경권을 침해한다고 주장하면서 헌법
소원을 제기한 것이다. 헌법재판소는 이 부분 청구가 헌법재판소법 제
69조 제1항 소정의 청구기간의 적용을 받으며, 이 부분 청구 또한 위
[별표 21]이 시행된 2010. 7. 1.부터 1년이 경과하여 제기되었으므로 청
구기간을 도과하여 부적법하다고 결정하였다.

　　그 밖에 사회보장의 영역에서 부진정(행정)입법부작위를 인정하면
서도 입법부작위위헌확인심판의 대상이 되지 아니한다고 결정한 사례
도 있다.158) 특히 심장 장애 등급을 규정하면서 선천성 심장질환에 의
한 합병증의 위험 때문에 정상적인 사회생활을 할 수 없는 자를 심장장
애인으로 인정하는 입법을 하지 아니 하는 부작위는 부진정입법부작위에
해당하므로 입법을 하지 아니하는 부작위, 즉 진정입법부작위로 인한
헌법소원의 심판대상이 되지 않는다고 결정하였다.159) 이 사건에서 문
제가 된 것은 선천성 심장질환에 의한 합병증의 위험 때문에 정상적인
사회생활을 할 수 없는 자를 심장장애인으로 규정하지 않은 것이다. 그
러나 헌법재판소는 장애인복지법시행규칙 제2조 제1항 별표1 제10호에
서 심장장애의 경우를 1등급에서 3등급까지 나누어 규정하고 있으므로
진정입법부작위로 볼 수 없고, 이러한 규정은 심장장애인을 보호하기
위한 기본규정으로서 심장장애에 관한 규정이 전혀 없는 경우에 해당하
지 않는다고 판단하였다.

　　(나) 大法院判例의 立場
　　대법원은 행정입법부작위에 대한 항고소송(부작위위법확인소송)을

---

158) 헌재 1996. 11. 28. 93헌마258, 판례집 8-2, 636, 644
159) 헌재 2000. 4. 11. 2000헌마206, 공보 제45호, 412.

부인하고 있다.[160] 대법원 91누11261 판결에서는 특정다목적댐법 제41조에서 다목적댐 건설로 인한 손실보상 의무를 국가에 있다고 규정하고, 같은 법 제42조에서 손실보상의 절차와 그 방법 등 필요한 사항을 대통령령에 위임하고 있음에도 불구하고 이를 제정하지 않은 것이 소송의 대상이며, 이는 진정행정입법부작위에 해당한다고 보았다. 보상규정을 시행령에 제정하지 않은 것이 처분의 부작위에 해당한다고 보기는 어렵다. 다만, 법률의 위임에도 불구하고 시행령에 보상규정을 규정하지 않으면, 이에 대해 이해관계를 가지는 인적 그룹은 보상을 청구할 수 없게 된다. 헌법재판소가 설시하고 있는 바와 같이 행정입법부작위가 성립하기 위해서는 기본권 보호의무나 법률의 위임에 의해 제정의무를 도출할 수 있어야 하고, 이에 상당한 기간이 경과하였음에도 불구하고 시행령이 제정되지 않아 권리나 이익이 침해되어야 한다. 이러한 집행부에 행정입법의 제정의무가 인정되면, 이에 상응하는 규범제정요구권이 인정될 수 있어야 한다. 이러한 공법상의 법률관계는 행정소송의 영역이며, 이를 확인소송과 이행소송의 성질을 가지는 당사자소송을 통해 적어도 행정입법부작위가 '위법'하다는 확인해야 한다. 이러한 판결에 의해 시행령이 제정되지 않은 것이 위법하다는 점이 인정되어야 한다.

대법원 판례 중에는 위 사건을 제외하고 행정입법부작위가 문제된 사건은 거의 없다.[161] 또한 부진정행정입법부작위가 문제된 사례는 근

---

160) 대법원 1992. 5. 8. 선고 91누11261 판결.
161) 다만, 대법원은 사법시행령과 관련하여 행정입법부작위으로 인한 위헌 또는 위법을 판단하고 있을 뿐이다. 즉 "사법시험령 제15조 제8항이 행정자치부장관에게 제2차시험 성적을 포함하는 종합성적의 세부산출방법 기타 최종합격에 필요한 사항을 정하는 것을 위임하고 있을지라도 행정자치부장관에게 그와 같은 규정을 제정할 작위의무가 있다고 보기 어렵고, 행정자치부장관이 이를 정하지 아니하고 원고에게 불합격처분을 하였다 하더라도, 그 처분이 행정입법부작위로 인하여 위헌 또는 위법하다고 할 수 없다"고 판시하고 있다(대법원 2007. 1. 11. 선고 2004두10432 판결).

래에 하급심 판결에서 일부 발견될 뿐이다. 바로 군무원지위확인청구의 소에서 부진정행정입법부작위의 문제가 쟁점이 된 바 있다. 즉 별정군무원들의 정년이 일반군무원들에 비해 근무상한연령을 짧게 규정한 군무원인사법 시행령과 예비전력관리 업무담당자 인사관리 훈령으로 인해 군무원들의 평등권의 침해와 과잉금지원칙에 반하여 헌법상 보장된 원고들의 공무담임권이 침해받았다는 것 등이 주된 쟁점이었다. 그러나 서울행정법원은 공무원 정년제도는 입법정책의 문제로서 입법자에 형성적 자유가 보장된 것으로서 매년 정년연령을 단계적으로 조정한 것은 합리적인 차별이며, 별정군무원들의 청구인들을 차별취급한다고 보기 어렵다고 판단하였다. 특히 입법적 배경이나 이유, 합리적 차별의 근거 등 차별의 정당한 사유를 검토하고 있는 점이 주목된다. 이 사건에서 사울행정법원은 자의금지의 법리에 의한 평등권 위반 여부를 통해 부진정행정입법부작위의 문제를 다루고 있지만, 과잉금지의 원칙을 검토하지 않았다.

그 밖에 하급심 판결 중에는 보상금 가격에서 토지의 사용으로 인한 잔여지 가격의 하락에 대한 보상이 제외되어 있는 것이 부진정입법부작위에 해당한다는 이유로 소가 제기된 사건이 있다. 즉 「공익사업을 위한 토지 등의 취득 및 보상에 관한 법률」제73조 제1항에서 일단의 토지의 일부가 '사용'됨으로 인하여 잔여지의 가격이 감소하는 경우를 보상하도록 되어 있으나, 같은 법 시행규칙 제32조에서는 이러한 경우를 제외하고 있다. 그러나 서울행정법원은 이러한 원고의 주장을 정면으로 다루지 않고, 이와 관련된 전기사업법의 규정에서 토지의 지상공간에 송전선로의 설치와 관련된 손실보상에 관한 규정이 있고 보정률을 통해 정당한 보상이 이루어지고 있다고 판시하고 있다.[162] 그러나 이러한 사건은 헌법 제23조 제3항의 보상법률주의와 불가분조항

---

162) 서울행정법원 2016. 7. 12. 선고 2015구합1923 판결. 同旨判例: 서울행정법원 2016. 12. 13. 선고 2014구합63404 판결.

(Junktimklausel)과 관련된 것이며, 행정입법부작위의 사안으로 다루는
것은 타당하지 않다.

한편, 대법원은 조세분야에서 평등원칙을 적용한 판례가 적지 않
다. 다만, 연금이나 퇴직수당 등 사회보장의 영역과 관련하여 주목할 판
결은 퇴직법관의 명예퇴직수당지급거부의 취소를 구하는 사건이다. 대
법원은 퇴직법관의 명예퇴직수당지급거부처분취소소송163)에서 평등원
칙을 심사하고 있는데, "자의적으로 차별"하였는지 여부를 기준으로 판
단하고 있다는 점에서 자의금지의 원칙을 적용하고 있다. 즉 대법원은
"명예퇴직수당 수급권의 형성에 관한 폭넓은 재량에 기초하여 구 법관
및 법원공무원 명예퇴직수당 등 지급규칙(2011. 1. 31. 대법원규칙 제2320
호로 개정되기 전의 것) 제3조 제5항 본문에서 법관의 명예퇴직수당액에
대하여 정년 잔여기간만을 기준으로 하지 아니하고 임기 잔여기간을 함
께 반영하여 산정하도록 한 것이 합리적인 이유 없이 동시에 퇴직하는
법관들을 자의적으로 차별하는 것으로서 평등원칙에 위배된다고 볼 수
없다"고 판시하고 있다.

3. 檢討 및 評價

부진정행정입법부작위가 문제되는 사안에서, 헌법재판소는 본안에
서 평등원칙 위반 여부를 정면으로 다룬 사례는 거의 없으며, 대부분
진정행정입법부작위와의 차이를 이유로 각하한 사례가 대부분이다. 헌
법재판소는 공무원보수규정 제5조 등 위헌확인결정(2000헌마206)에서 당
해 사건이 부진정행정입법부작위에 해당함에도 진정(행정)입법부작위로
제기한 것을 각하하였다. 그러나 진정행정부작위와 부진정행정입법부작
위의 구별은 쉽지 않은 경우도 있다. 예컨대 법률의 위임에도 불구하고

---

163) 대법원 2016. 5. 24. 선고 2013두14863 판결.

현존하는 시행령의 해당 조항에 입법을 전혀 하지 않은 것으로 볼 경우
에는 진정행정입법부작위에 해당하지만, 기존의 현존하는 관련 시행령
에 해당 규정이 흠결된 경우에는 부진정행정입법부작위에 해당하기 때
문이다. 전술한 헌법재판소 97헌마310 결정의 별개의견(재판관 조승형)은
이러한 2분법적 구별의 문제점을 제기하고 있다. 여기에서 입법여부만
으로 진정입법부작위와 부진정입법부작위로 구별하는 것은 모호하며
국민의 기본권 보호에 실효성이 없다고 지적하고 있다. 각 입법사항을
모두 규율하고 있지만 질적·상대적으로 불완전하거나 불충한 경우를
부진정입법부작위로 보고, 일부의 입법사항에 대해 규율하면서 나머지
일부의 입법사항에 대해 전혀 규율하지 않는 경우, 즉 양적·절대적으로
규율하고 있지 아니한 경우에는 진정입법부작위로 보아야 한다고 한다.
그러나 대부분의 부진정행정입법부작위는 일부의 입법사항에 대해 규
율하면서 나머지 일부의 입법사항에 대해 전혀 규율하지 않는 경우가
적지 않고, 양적·질적인 구별도 판단도 상대적이다. 진정입법부작위는
시행령이나 시행규칙 등에 명백히 위임하였음에도 불구하고 전혀 제정
하지 않은 경우로 이해해야 한다. 실제 이러한 경우는 매우 제한적이다.
독일에서도 그러한 이유에서 대부분 부진정행정입법부작위가 문제되고
있다.

　　헌법재판소나 대법원은 헌법문제인 입법부작위와 행정쟁송의 문제
인 행정입법부작위를 서로 구별해야 한다. 헌법재판소는 이러한 문제를
입법부작위의 문제로 접근하여 헌법적 사안으로 다루는 경향에 있다.
하급심 판결 중에는 행정입법부작위를 입법부작위로 판단한 사례가 있
다. 부진정행정입법부작위의 문제가 아직 법원에서 충분히 다루어지지
않고 있고, 하급심의 사례에서 보는 바와 같이 주로 부수적 규범통제의
방식으로 이루어지고 있다. 오늘날 진정행정입법부작위의 문제는 거의
발생하지 않으며, 대부분 부진정행정입법부작위가 쟁점이 되고 있다.
헌법재판소는 일부의 입법사항에 대해 규율하면서 나머지 일부의 입법

사항에 대해 전혀 규율하지 않는 경우를 부진정입법부작위의 문제로 접근해야 한다. 또한 이와 관련된 사안을 진정입법부작위의 문제로 헌법소원을 제기한 경우에 각하결정을 내리는 것은 신중할 필요가 있다. 독일에서는 부진정행정입법부작위와 관련된 규범보충소송을 규범제정요구소송의 하위 유형으로 다루고 있다는 점을 고려할 필요가 있다.

　　헌법재판소는 행정입법부작위와 관련하여, 평등원칙을 심사기준으로 적용한 사례도 치과전문의 자격시험 불실시에 대한 위헌확인사건(96헌마246)이다. 여기에서는 명확하지 않지만, 차별금지의 원칙이 적용되었을 뿐 비례의 원칙이 특별히 고려되지 않았다. 법원의 판결 중에는 행정입법부작위가 정면으로 문제된 사건이 많지 않다. 다만, 대법원은 평등원칙의 심사에 있어서 대체로 자의금지의 원칙에 따라 판단하고 있다. 부진정행정입법부작위의 문제에 있어서는 '평등원칙'이 중요한 심사기준이다. 이러한 평등원칙의 심사와 관련하여, 자의금지의 원칙이 적용되고 있다. 이 경우 비교기준을 선택하여 본질적으로 동등한 것에 대해 법적으로 동등하게 취급하고 있는지 여부를 판단하는 것이 중요하다. 비교기준의 선정은 비교의 대상 및 범위를 가늠하는 것이므로 평등원칙의 위반에 있어서 결정적이다. 사회보장수급권이나 급부청구권 등이 문제되는 경우에는 그 비교대상이 되는 사안, 개인이나 인적 그룹이 동등한 것으로 판단할 수 있는지가 중요하다. 또한 평등원칙의 심사에 있어서는 차별금지의 원칙이 기본이 되어야 한다. 또한 차별금지의 원칙을 심사함에 있어서 불평등한 취급이 있는 경우에 차별을 정당화할 수 있는 명백한 사유가 있는지 여부를 심사하는 것이 중요하다. 그러나 인적인 차별에 있어서는 비례의 원칙을 고려한 엄격한 심사가 보완적으로 적용되어야 한다. 자유권의 제한과 관련된 경우에는 보완적으로 비례의 원칙을 적용할 필요성이 제기되지만, 급부행정이나 사회보장 등과 관련된 경우에는 입법자에 폭넓은 형성적 자유가 인정된다.

V. 結 論

　　이상의 고찰에서 행정입법부작위의 문제는 헌법소송이 아니라 행정소송의 문제라는 인식을 할 필요가 있다. 부진정행정입법부작위는 행정입법이 전혀 제정되지 않은 것이 아니라, 불완전하거나 불충분하게 규정된 것이다. 법률의 위임에도 불구하고 시행령이나 시행규칙 등을 전혀 제정하지 않은 경우는 매우 적다. 대부분 입법사항에 대해 규율하면서 입법사항의 일부를 규율하지 않거나 불완전하게 규율하는 경우가 대부분이다. 규범보충을 구하는 소를 항고소송(부작위위법확인소송)으로 제기할 수는 없다. 독일의 사례에 비추어, 우리나라에서도 부진정행정입법부작위에 대한 적합한 행정소송의 형식으로 두 가지 가능성이 고려된다.

　　우리 행정소송법에는 독일 행정법원법 제47조에 의한 규범통제의 방식이 규정되어 있지 않아 부진정행정입법부작위에 대해 주위적 규범통제소송을 제기할 수는 없다. 다만, 헌법 제107조 제2항에는 원칙적으로 구체적 규범통제제도를 채택하고 있다. 따라서 취소소송이 제기될 경우 부수적 규범통제의 방식에 의해 그 수권근거인 명령·규칙 등의 위법 확인을 구하는 방식이 가능하다. 독일에서는 이러한 부수적 규범통제에 있어서 법원의 제청에 의해 헌법재판소가 직접 하지만, 우리나라에서는 명령·규칙 등에 대해서는 법원이 직접 심사해야 한다. 예컨대 시행령이나 시행규칙 등에 해당 규정이 없어 수익신청이 거부되는 경우에 이에 대한 취소소송을 제기하면서 수권규범인 시행령이나 시행규칙 등의 위법성을 판단하는 것이다. 이 경우 위법이 인정된 시행령이나 시행규칙 등은 당해 사건에 한하여 적용이 배제될 뿐이다. 그러나 이러한 소송에 있어서는 처분의 위법성 일반이 소송물이며, 수권규범인 법규명령의 효력을 일반적으로 무효로 할 수는 없다.

　　이와 관련하여 고려할 수 있는 또 다른 방안은 독일의 일반이행소

송이나 확인소송에 상응하는 '당사자소송'을 제기하는 것이다. 행정입법
은 처분 개념에 포섭할 수 없어 진정행정입법부작위뿐만 아니라 부진정
행정입법부작위에 대해서도 부작위위법확인소송을 제기할 수는 없다.
이러한 확인소송이나 일반이행소송은 당사자소송에서 연원하고 있다.
당사자소송을 통해 규범의 보충을 요구할 원고의 주관적 공권과 이에
상응하는 규범의 보충의무를 확인하도록 판시할 수 있다. 이러한 원고
는 해당 법률의 규정에서 배제된 인적 그룹에 속하여야 하고, 그러한
규정에서 법률상 이익을 도출할 수 있어야 한다. 우리나라에서 당사자
소송은 이행소송과 확인소송의 성격을 모두 가지고 있으며, 확인소송의
보충성에 관한 제한규정도 없다는 점에서 독일과 같은 소송상 문제점도
적은 편이다. 그러나 규범제정권자의 형성적 자유가 부여되어 있으므로
일반이행소송을 제기하는 것은 권력분립원칙에 비추어 문제가 있고, 의
무이행소송이 도입되지 않은 상황에서 이행소송을 규범제정에까지 확
대하는 것은 무리한 해석이 될 수 있다. 따라서 이러한 당사자소송을
통해 적어도 규범의 보충을 구할 원고의 권리와 이에 상응하는 명령제
정권자의 제정의무(규범보충의무)의 존부 확인을 구하는 소를 제기할 수
있다. 규범보충소송에 있어서 명령제정권자의 형성적 자유가 인정되는
경우가 적지 않아, 이행소송을 인정하기 어려운 점이 있다. 이 소송에서
는 법률관계의 근거가 되는 규범(법규명령이나 조례 등)의 보충을 주된 대
상으로 하여 그 위법을 확인한다는 점에서 차이가 있다.

　　독일의 규범보충소송에서 보는 바와 같이, 이러한 부진정행정입법
부작위는 대부분 평등원칙을 위반하여 규범이 불완전하게 규율된 경우
이다. 따라서 해당 명령·규칙 등에 대해 '평등원칙'을 위반하였는지 여
부를 심사하는 것이 관건이다. 평등원칙에 관한 판단은 원칙적으로 '자
의금지의 원칙'을 적용하되, 자유권의 제한과 관련된 경우에는 비례의
원칙 내지 과잉금지의 원칙을 보완적으로 검토하여야 한다. 그러나 급
부작용과 관련된 부진정행정입법부작위의 경우에는 엄격한 심사를 요

하지 아니한다. 자의금지의 원칙과 관련하여 가장 중요한 것은 비교의 '기준'이나 '척도'를 확정하는 것이다. 본질적으로 같은 대상에 속하는지 여부를 판단해야 한다. 또한 사회보장이나 급부행정의 영역에서는 명령 제정권자에 형성여지가 부여되어 있고 국가재정이 관련되어 명확성의 강도가 완화되는 경우가 적지 않다. 이러한 경우에 불평등한 취급이 있 더라도 그 차별을 정당화할 수 있는 명백한 사유가 있는지 여부를 심사 하는 것이 필요하다. 그러나 명령제정권을 충분히 행사하지 않아서 시 행령이나 시행규칙 등에서 장애인의 종류 및 기준을 면밀히 세분화하여 규정하지 않거나, 다른 장애인의 유형보다 큰 장애를 가지고 있음에도 불구하고 합리적 이유 없이 이러한 장애인의 범주에서 제외하여 차별하 는 것은 평등원칙을 위반하게 되는 것이다. 또한 동일한 장애의 경우에 도 장애의 정도를 구별하지 않고 일률적으로 배제하는 경우도 있다. 이 러한 경우에도 장애의 경중을 구분하여, 다른 장애와 비교하여 합리적 차별의 이유가 있는지를 면밀히 검토할 필요가 있다. 이러한 차별이 정 당화되기 위해서는 합리적이고 명백한 사유가 제시되어야 한다.

헌법이나 법률에 의한 법규명령의 제정의무는 행정부의 임무이며, 헌법소송이 아닌 행정소송의 문제로 접근해야 한다. 부수적 규범통제의 방식에 의해 규범의 제정이나 보충을 요구하는 것은 일정한 한계를 露 呈할 수 밖에 없다. 왜냐하면 규범의 흠결이나 불완전이 인정되더라도 명령제정권자의 형성적 자유가 인정되고 있을 뿐만 아니라 권력분립원 칙으로 인하여 사법부가 규범의 제정을 요구하기는 쉽지 않기 때문이 다. 규범의 부작위에 대한 위법확인을 통해 행정부가 법규명령의 위법 성을 인식하고 스스로 이를 정비하도록 유도해야 한다. 규범의 보충을 구하는 소송과 관련하여, 부수적 규범통제의 방식으로 처분의 위법성을 판단하는 것은 권리구제를 충분히 보장할 수 없다. 설사 처분의 위법성 이 인정되어 취소판결이 나더라도 그 근거규정을 마련하지 않는 한 행 정청은 상대방이 처음에 신청한 수익처분을 발급할 수 없다. 따라서 취소판결의 주문이나 이유에서 헌법상 '평등원칙'을 매개로 이러한 규범의 불완전성에 대한 위법 '확인'을 명시하는 것이 바람직하다. 이 경우 행정청은 취소판결의 기속력에 의해 사실상 구속을 받게 되고, 이러한 판결의 취지에 따라 법규명령이나 조례 등을 개정하도록 노력해야 한다.

실무에 있어서 주문 작성의 어려움이 있는 것이 사실이지만, 柔軟한 입장이 요구된다. 행정소송법의 제한된 소송형식으로 인해 국민의 권리구제는 실질적으로 어려움에 처해 있음을 깊이 인식할 필요가 있다. 최근에 부각되고 있는 행정입법의 '부작위'는 행정소송에 있어서 새로운 도전이며, 이러한 難題에 대해 사법부의 轉向的인 접근이 요구된다. 현대 행정법학의 과제는 公益의 實現과 불가분의 관계에 서 있다. 부진정행정입법부작위에 대한 사법적 통제의 문제는 대부분 급부행정과 밀접한 관련을 가지며, 당해 사건의 일회적 분쟁해결에 만족하여서는 아니 된다. 사법부는 권력분립의 원칙을 준수하면서 행정부로 하여금 행정입법의 제정과 보충을 통해 국민의 권익구제에 기여하도록 노력해야 한다.

참고문헌

[국내문헌]

桂嬉悅, 憲法學(中), 신정판, 박영사, 2004.

김남진/김연태, 행정법 I, 제20판, 법문사, 2016.

김동희, 행정법 I, 제21판, 박영사, 2015.

김현철, "미국연방대법원의 평등보호에 관한 판례와 위헌심사기준", 헌법
　　　재판소, 헌법논총 제11집(2000), 349-386면.

박균성, 행정법론(상), 제15판, 박영사, 2016.

＿＿＿, "행정판례 30년의 회고와 전망- 행정법총론 I", 행정판례연구
　　　제19집 제2호(2014. 12), 391-437면.

＿＿＿, "행정입법부작위에 관한 고찰", 인권과 정의 제224호(1995. 5),
　　　67-82면.

朴正勳, "행정입법부작위에 대한 행정소송: 독일법과 우리법의 비교, 특히
　　　처분 개념을 중심으로", 판례실무연구 Ⅵ(2003. 8), 167-197면.

서보국, "행정입법부작위에 대한 행정소송", 충남대학교 법학연구 제25권
　　　제2호(2014. 9), 87-115면.

이준일, "헌법재판의 법적 성격", 헌법학연구 제12권 제2호(2006. 6),
　　　313-346면.

정남철, "행정법학의 구조변화와 행정판례의 과제", 저스티스 통권 제154
　　　호(2016. 6), 153-188면.

＿＿＿, "공법상 당사자소송의 발전과 과제", 행정판례연구 제19집 제1호
　　　(2014. 6), 277-312면.

＿＿＿, "부작위위법확인소송의 위법판단 및 제소기간", 행정판례연구 제
　　　17집 제1호(2012. 2), 229-270면.

＿＿＿, "국가배상소송과 선결문제", 저스티스 통권 제116호(2010. 4),
　　　102-132면.

_____, "명확성원칙의 판단기준과 사법심사의 한계", 법조 통권 제624호
    (2008. 9), 108－134면.
정하중, 행정법개론, 제11판, 법문사, 2017.
한수웅, 헌법학, 제7판, 법문사, 2017.
허 영, 헌법소송법론, 제2판, 박영사, 2007.
홍정선, 행정법원론(상), 제23판, 박영사, 2015.

[독일문헌]

Axer, Normenkontrolle und Normerlaßklage in der
    Sozialgerichtsbarkeit, NZS 1997, S. 10 ff.
Battis, Allgemeines Verwaltungsrecht, 3. Aufl., 2002.
Britz, Gabriele, Der allgemeine Gleichheitssatz in der Rechtsprechung
    des BVerfG: Anforderungen an die Rechtfertigung von
    Ungleichbehandlungen durch Gesetz, NJW 2014, S. 346 ff.
Burgi, M., Kommunalrecht, 5. Aufl., München 2015.
Duken, Normerlaßklage und fortgesetzte Normerlaßklage, NVwZ 1993,
    S. 546 ff.
Ehlers/Pünder (Hg.), Allgemeines Verwaltungsrecht, 15. Aufl.,
    Berlin/Boston 2016.
Eyermann (Hg.), Verwaltungsgerichtsordnung, 14. Aufl., München
    2014.
Hesse, Grundzüge des Verfassungsrechts der Bundesrepublik
    Deutschland, 20. Aufl., Heidelberg 1995.
Hoffmann－Riem/Schmidt－Aßmann/Voßkuhle (Hg.), Grundlagen des
    Verwaltungsrechts, Bd. III, München 2009.
Hufen, Verwaltungsprozessrecht, 7. Aufl., München 2008.
Jarass/Pieroth, Grundgesetz, Kommentar, 10. Aufl., München 2012.
Kopp/Schenke, Verwaltungsgerichtsordnung, Kommentar, 18. Aufl.,
    2012.

Köller/Haller, Prozessuale Durchsetzbarkeit eines Anspruchs auf Rechtsetzung, JuS 2004, S. 189 ff.

Maurer, Hartmut, Allgemeines Verwaltungsrecht, 18. Aufl., München 2011.

Sachs(Hg.), Grundgesetz, Kommentar, 3. Aufl., München 2003.

Schlaich/Korioth, Das Bundesverfassungsgericht, 9. Aufl., München 2012.

Schenke, Wolf−Rüdiger, Altes und Neues zum Rechtsschutz gegen untergesetzliche Normen, NVwZ 2016, S. 720 ff.

_____, Rechtsschutz bei normativem Unrecht, NJW 2017, S. 1062 ff.

_____, Verwaltungsprozessrecht, 12. Aufl., Heidelberg 2009.

Schmitt Glaeser/Horn, Verwaltungsprozeßrecht, 15. Aufl., 2000.

Schoch/Schmidt−Aßmann/Pietzner   (Hrsg.), Verwaltungsgerichtsordnung, Kommentar, 2003.

Schübel−Pfister, Aktuelles Verwaltungsprozessrecht, JuS 2014, S. 412 ff.

Sodan, Der Anspruch auf Rechtsezung und seine prozessuale Durchsetzbarkeit, NVwZ 2000, S. 601 ff.

Ule, Verwaltungsprozeßrecht, 9. Aufl., München 1987.

Wolff/Bachof/Stober, Verwaltungsrecht I, 10. Aufl., München 1994.

Würtenberger, Th., Verwaltungsprozessrecht, 3. Aufl., München 2011.

_____, Die Normerlaßklage als funktionsgerechte Fortbildung verwaltungsprozessualen Rechtsschutzes, AöR 105(1980), S. 370 ff.

Zippelius/Würtenberger, Deutsches Staatsrecht, 32. Aufl., München 2008.

국문초록

근래에 행정입법의 '부작위'에 대한 사법적 통제가 문제되고 있다. 종래 이러한 문제는 헌법소송으로 다루어져 왔지만, 이러한 문제는 행정소송이라는 점이 간과될 수 없다. 법규명령에 대한 헌법소원은 규범통제의 문제와 구별되어야 한다. 행정입법부작위는 법률하위규범이 흠결된 진정행정입법부작위와 법률하위규범이 제정되어 있어도 그 내용이나 범위 등이 불충분하거나 불완전한 부진정행정입법부작위로 구분할 수 있다. 이러한 부진정행정입법부작위에 대해서도 소송을 제기할 수 있는지가 논의되고 있다. 이러한 문제는 불완전한 입법에 의해 의료보험이나 사회보장수급 등을 받지 못하는 경우가 대부분이다. 독일에서는 규범보충소송에 관한 명문의 규정은 없다. 그러나 학설은 독일 행정법원법 제47조에 따른 규범통제소송을 제기할 수 있다는 견해, 일반이행소송이나 확인소송을 제기할 수 있다는 견해 등이 대립하고 있다. 독일의 판례는 대체로 확인소송설을 따르고 있다. 우리나라에서는 구체적 규범통제제도를 채택하고 있다. 이와 관련하여 부진정행정입법부작위를 관철할 수 있는 소송형식으로는 부수적 규범통제의 방식이 고려될 수 있다. 수익처분의 거부에 대해 취소소송을 제기하면서, 그 근거 규범인 법규명령이 평등원칙을 위반하여 위법을 확인하는 방식이다. 그러나 이러한 방식은 설사 법규명령이 위법하더라도 그 규범을 일반적으로 무효라고 판시할 수 없고 적용을 배제할 수 있을 뿐이다. 원고가 취소판결을 받더라도 시행령의 개정하여 원고가 신청한 수혜적 내용을 포함하지 않는 한, 수익적 내용에 대한 재처분을 하기가 어렵다. 또 다른 방식은 독일의 이행소송이나 확인소송에 유사한 '당사자소송'을 제기하는 것이다. 이러한 소송을 통해 규범의 보충을 요구할 원고의 주관적 공권과 이에 상응하는 규범의 보충의무를 확인하는 방식이다. 권력분립의 원칙이나 명령제정권자의 형성적 자유를 감안하여 이행을 적극적으로 요구할 수는 없지만, 그 규범이 평등원칙을 위반하여 위법의 확인은 구할 수 있다. 독일의 규범보충소송에서도 평등원칙의 위반이 문제되고 있다. 이러한 경우에는 급부행정과 관련된 경우가 대부분이므로, 평등원칙의 심사에 있어서 자의금지의 원칙이 중요한 역할을 한다. 여기에서는 구별기준을 제대로 설정하여, 그 차별을 정당할 수 있는 명백한 사유가 있는지 여부를 심사해야 한다.

주제어: 행정입법부작위, 규범보충소송, 규범통제소송, 일반이행소송, 확인소송, 평등원칙, 규범제정요구소송, 합리성심사

Abstract

Norm Control of the Court over the Omissions or Incompleteness of the Administrative Legislation, such as Regulations and Rules, in Korea
— Focused on the so—called norm supplementary litigation of the German Law —

Prof. Dr. Namchul Chung*

Recently judicial control over the "omission" of administrative legislation has become an important problem. Conventionally, these issues have been treated as constitutional litigations, but these problems cannot in my opinion overlooked as administrative litigation. Besides constitutional appeal to administrative regulations and rules should be distinguished from norm control issues. The Omission of administrative legislation is normally divided into two types. One is that administrative legislation, such as administrative regulation or rule, can be completely omitted, and the other is that it can be incomplete or insufficient. It is being debated whether it is possible to file a lawsuit against such an omission of the administrative legislation. These problems are mostly due to imperfect legislation that does not receive medical insurance or social security. In Germany there is also no provision for the so—called norm supplementary litigation, but in German theory exists the view that norm control suit can be filed pursuant to Article 47 of the German Administrative Court Act, and that a general mandatory injunction suit or suit for declaratory relief can be filed. The German

---

* Sookmyung Women's University College of Law

case is largely followed by a litigation suit for declaratory relief. In Korea, a concrete normative control system is adopted. Therefore, the type of litigation that can carry out against administrative legislative omission is a subordinate norm control method. In the case of filing a lawsuit against the refusal or disposition of administrative agency, it is a system in which regulation or rule violates the principle of equality and so the illegality can be confirmed. However, this method cannot rule out the norm absolutely even if it is illegal. Although the plaintiff win a suit, it is difficult to gain a re-decision with profitable contents from administrative agency unless the beneficiary contents are finally not included through amendment of administrative regulation or rule. Another way is to bring a 'party action (Parteistreitigkeit)' similar to a general mandatory injunction suit or a suit for declaratory relief of the German Administrative Court Act. These lawsuits are a way to confirm the subjective rights of the plaintiffs who require supplementation of norms and also the obligation to supplement norms corresponding to them. Norm supplementary cannot be due to the separation of powers doctrine and the administrative legislation discretion actively demanded. But illegality of incomplete or insufficient norm can be confirmed by the court, if the norm violates the principle of equality. There is a legal problem with the violation of the principle of equality also in the norm supplementary lawsuits in Germany. In such cases, the rationality review plays an important role in the examination of the principle of equality. Here, the discrimination criteria should be set up properly to judge whether there is a clear reason to justify the discrimination.

Keywords: omission of administrative legislation, norm supplementary litigation, norm control suit, general mandatory injunction suit, suit for declaratory relief, principle of equality, norm enactment lawsuit, rationality review or rational base test

투고일 2017. 12. 11.
심사일 2017. 12. 25.
게재확정일 2017. 12. 28.

行政訴訟에서 假處分 規定의 準用

河明鎬*

대상결정: 대법원 1980. 12. 22.자 80두5 결정,
대법원 2015. 8. 21.자 2015무26 결정

Ⅰ. 대상결정과 그 쟁점

1. 대법원 1980. 12. 22.자 80두5 결정의 요지

행정소송법이 정한 소송 중 행정처분의 취소 또는 변경을 구하는

---

* 고려대학교 법학전문대학원 교수.

이른바 항고소송에 있어서는 (구) 행정소송법 제14조의 규정에 불구하고 민사소송법의 규정중 가처분에 관한 규정은 준용되지 않는다고 할 것이므로 행정처분의 집행정지 결정신청을 기각하는 결정이나 집행정지 결정을 취소하는 결정에 대하여서는 불복신청을 못하는 것이라고 할 것이나 이에 대하여도 민사소송법 제420조 제1항에 규정하는 특별항고는 할 수 있다.

2. 대법원 2015. 8. 21.자 2015무26 결정의 요지

(1) 사건의 개요

피신청인의 조합원들 중 일부인 신청인들이 2014. 10. 14. 도시 및 주거환경정비법(도시정비법)상의 주택재건축정비사업조합인 피신청인을 상대로 피신청인의 2014. 8. 10.자 관리처분계획변경안에 대한 총회결의의 무효확인을 구하는 소송을 제기하였다. 그 보전처분으로써, 위 총회결의의 효력을 본안소송 판결확정시까지 정지하는 결정을 구하는 신청을 하였다. 그러자 인천지방법원은 2015. 2. 5. 이 사건 총회결의의 효력을 위 무효확인소송의 판결선고시까지 정지한다는 취지의 가처분 결정을 하였다. 이에 대하여 피신청인의 보조참가인이 불복하여 즉시항고장을 제출하자, 인천지방법원은 이를 즉시항고로 보아 원심법원에 기록을 송부하였고, 원심법원은 항고심으로서 이 사건을 심리하여 항고기각결정을 하였다.

(2) 결정 요지

[1] 도시정비법상 행정주체인 주택재건축정비사업조합을 상대로 관리처분계획안에 대한 조합 총회결의의 효력을 다투는 소송은 행정처분에 이르는 절차적 요건의 존부나 효력 유무에 관한 소송으로서 소송결과에 따라 행정처분의 위법 여부에 직접 영향을 미치는 공법상 법률

관계에 관한 것이므로, 이는 행정소송법상 당사자소송에 해당한다. 그리고 이러한 당사자소송에 대하여는 행정소송법 제23조 제2항의 집행정지에 관한 규정이 준용되지 아니하므로(행정소송법 제44조 제1항 참조), 이를 본안으로 하는 가처분에 대하여는 행정소송법 제8조 제2항에 따라 민사집행법상 가처분에 관한 규정이 준용되어야 한다.

　[2] 가처분신청을 인용한 결정에 대하여는 민사집행법 제283조, 제301조에 의하여 가처분결정을 한 법원에 이의를 신청할 수 있을 뿐 이에 대하여 민사소송법 또는 민사집행법에 의한 즉시항고로는 다툴 수 없다. 이와 같이 가처분결정에 대한 불복으로 채무자의 즉시항고가 허용되지 아니하고 이의신청만 허용되는 경우 채무자가 가처분결정에 불복하면서 제출한 서면의 제목이 '즉시항고장'이고 끝부분에 항고법원명이 기재되어 있더라도 이를 이의신청으로 보아 처리하여야 한다.

3. 이 글에서 논의의 범위

　대상결정들의 주된 쟁점은 행정소송에서 민사집행법상 가처분 규정을 준용할 수 있는지 여부에 있다. 물론 대상결정들 중 대법원 2015. 8. 21.자 2015무26 결정은 도시정비법상 주택재건축정비사업조합을 상대로 관리처분계획안에 대한 조합총회결의의 효력을 다투는 소송과 관련된 것으로, 주택재건축조합의 행정주체성 여부, 행정주체성을 부여한 지방자치단체장의 처분의 성격, 관리처분계획결정의 처분성 여부, 그 결정에 이르게 된 조합총회결의의 의미와 분쟁해결방법, 이 경우의 소의 이익 등도 쟁점으로 삼아 논의할 수 있다. 특히 관리처분계획안에 대한 조합 총회결의를 다투는 소송이 민사소송이 아니라 당사자소송에 해당한다는 점은 매우 중요한 쟁점이다. 그러나 이 쟁점은 대법원 2009. 9. 17. 선고 2007다2428 전원합의체 판결에서 다루어진 것이고, 나머지 쟁점도 이미 한번쯤은 다루어졌던 것들이다.

따라서 이 글에서는 행정소송에서 민사집행법상 가처분 규정을 준용할 수 있는지 여부에 대하여 집중적으로 논의할 것이다. 아울러 가구제체계에 대한 행정소송법상의 규정과 그에 대한 판례는 일본의 가구제제도와 그 해석론에 강하게 영향을 받았을 것이라고 추정되므로, 현행 행정소송법상의 가구제제도의 체계가 형성되기까지의 역사적 고찰도 함께 행할 것이다.

II. 행정소송에서 가구제제도의 체계

1. 행정소송에서 가구제의 필요성

행정소송에서도 다른 소송분야와 마찬가지로 엄격한 소송절차를 거쳐 권리구제가 실현되므로, 필연적으로 많은 시일이 소요될 수밖에 없다. 그런데 당사자가 행정소송에서 승소하더라도 그 사이에 분쟁의 대상이 되고 있는 법률관계의 내용이 실현된다거나 처분의 공정력과 집행력으로 인하여 판결을 받기도 전에 집행이 종료되어버린다면, 당사자는 많은 시일과 비용을 들였을 뿐 실질적인 권리구제가 이루어지지 않게 된다. 따라서 판결에 이르기 전이라도 잠정적인 조치로서 임시적인 구제제도가 필요하게 된다.[1]

2. 민사집행법에서 보전처분의 체계

민사집행에서 보전처분은 "민사소송의 대상이 되고 있는 권리 또는 법률관계에 대한 쟁송이 있을 것을 전제로 그 확정판결의 집행을 용

---

1) 김남진·김연태, 행정법 I, 제21판, 법문사, 2017., 853면.

이하게 하거나 그 확정판결이 있을 때까지의 손해발생을 방지하고자 하는 목적에서, 그 보전된 권리 또는 법률관계에 대한 본안소송과는 별도의 독립된 절차에 의하여 잠정적인 처분을 하고 그 집행을 통하여 현상을 동결하거나 임시의 법률관계를 형성하는 제도"를 말하고,[2) 통상 가압류와 가처분을 합친 것이다.

그 중 가처분은 금전채권 이외의 권리 또는 법률관계에 관한 확정판결의 강제집행을 보전하기 위한 집행보전제도로서, 다툼의 대상(계쟁물)에 관한 가처분과 임시의 지위를 정하기 위한 가처분의 두 가지로 나뉜다.[3)

다툼의 대상에 관한 가처분은 "채권자가 금전 이외의 물건이나 권리를 대상으로 하는 청구권을 가지고 있을 때 그 강제집행시까지 다툼의 대상(계쟁물)이 처분·멸실되는 등 법률적·사실적 변경이 생기는 것을 방지하고자 계쟁물의 현상을 동결시키는 보전처분"으로서, 그 피보전권리는 특정물에 대한 이행청구권이다. 한편, 임시의 지위를 정하기 위한 가처분은 "당사자 사이에 현재 다툼이 있는 권리 또는 법률관계가 존재하고 그에 대한 확정판결이 있기까지 현상의 진행을 그대로 방치한다면 권리자가 현저한 손해를 입거나 급박한 위험에 처하는 등 소송의 목적을 달성하기 어려운 경우에 그로 인한 위험을 방지하기 위하여 잠정적으로 권리 또는 법률관계에 관하여 임시의 지위를 정하는 보전처분"으로서 통상 다툼이 있는 현존하는 권리관계가 확정되기 전에 임시의 권리자인 지위를 신청인에게 주는 것을 말한다. 이때의 가처분의 내용은 매우 다양하므로 일률적으로 말할 수 없으나 금지를 명하는 것뿐만 아니라 이행을 명하는 것도 가능하고, 이 경우 본안판결 전임에

---

2) 법원실무제요 민사집행[IV]-보전처분-, 법원행정처, 2003., 2면.
3) 이하의 설명은 법원실무제요 민사집행[IV], 7-9면 참조. 양자는 개념상으로는 명확하게 구분되나 실제에서의 구별이 쉬운 것은 아니다(이시윤, 신민사집행법, 제7개정판, 박영사, 2016., 637면).

도 불구하고 신청인에게 만족을 줄 수도 있다(단행적 가처분 또는 만족적 가처분).

3. 행정소송법상 가구제에 관한 규정

현행 행정소송법은 가구제로서 집행정지제도만 규정하고 있다. 항고소송이 제기된 경우 처분의 효력을 정지시킬 것인지의 여부는 입법정책의 문제이다.[4] 우리나라는 취소소송과 같은 항고소송의 제기로 처분 등의 효력이나 그 집행 또는 절차의 속행에 영향을 주지 않도록 하는 집행부정지의 원칙을 채택하고 있다(행정소송법 제23조 제1항). 다만 취소소송이 제기된 경우 처분 등이나 그 집행 또는 절차의 속행으로 인하여 생길 회복하기 어려운 손해를 예방하기 위하여 긴급한 필요가 있다고 인정할 때에는 법원은 당사자의 신청이나 직권에 의하여 집행정지결정을 할 수 있다(같은 조 제2항).

이러한 집행정지에 관한 행정소송법 제23조의 규정은 같은 법 제38조 제1항에 의하여 무효등확인소송에 준용되나, 같은 법 제38조 제2항과 제44조 제1항은 부작위위법확인소송과 당사자소송에서 위 집행정지에 관한 규정의 준용을 배제하고 있다.

한편, 같은 법 제8조 제2항에서 "행정소송에 관하여 이 법에 특별한 규정이 없는 사항에 대하여는 법원조직법과 민사소송법 및 민사집행법의 규정을 준용한다."라고 규정하고 있다.

---

4) 독일과 같이 항고소송이 제기되면 원칙적으로 그 처분의 효력이 정지되고 예외적으로 특별한 성질의 처분에 대해서만 처분청 등의 명령으로 집행이 정지되지 않도록 하는 입법례(집행정지의 원칙)가 있는 반면 프랑스나 일본과 같이 집행부정지의 원칙을 채택하는 나라도 있다. 집행부정지의 원칙을 취할 것인지 집행정지의 원칙을 취할 것인지 여부는 입법정책상 행정의 신속성·실효성을 우선시할 것인지 국민의 권리보호를 우선시할 것인지에 의하여 결정된다.

4. 문제가 되는 영역

행정소송법상의 집행정지는 침익적 행정행위가 이미 이루어진 것을 전제로 그 처분의 효력 등을 잠정적으로 정지시키는 것을 내용으로 하는 침익적 행정행위에 대한 현상유지적 효력금지가처분이라고 할 수 있다.[5] 집행정지는 통상의 민사소송이 아니라 취소소송과 같은 항고소송을 본안으로 하고 그 본안소송의 계속을 요건으로 하고 있다는 점에서 민사집행법상의 보전처분과 다르다.[6] 민사집행법학에서는 민사집행법상의 가압류와 가처분을 합한 것을 좁은 의미의 보전처분이라고 하고 그 밖의 보전처분을 특수보전처분으로 나누기도 한다. 그러한 분류방법에 의한다면, 집행정지는 특수보전처분에 해당한다.[7]

그런데 이러한 집행정지제도만 가지고서는 수익적 행정행위의 신청에 대한 부작위나 거부에 대한 잠정적인 허가 또는 급부 등을 명하여 적극적으로 잠정적인 법률상태를 정하는 조치를 행할 수는 없다. 그리고 장래에 위법한 처분이 행해질 것이 임박하였을 경우 다툼이 대상에 관한 현상을 유지시킬 수도 없다. 그리하여 민사집행법 제300조 제2항의 임시지위를 정하는 가처분에 관한 규정 등을 행정소송에도 준용하여 집행정지제도가 갖는 한계를 보완할 수 있는지가 논의되어 온 것이다.

그런데, 판례는 항고소송에 대해서는 행정소송법 제23조 제2항의 집행정지에 관한 규정이 있으므로 민사집행법상의 가처분에 관한 규정이 준용되지 않고(대법원 1980. 12. 22.자 80두5 결정), 당사자소송에 대해서는 집행정지에 관한 규정이 준용되지 않으므로 행정소송법 제8조 제2항에 따라 민사집행법상의 가처분에 관한 규정이 준용된다(대법원 2015.

---

5) 하명호, 행정쟁송법, 제3판, 박영사, 2017., 288면.
6) 김상수, 민사소송에서 본 행정소송－행정소송법개정시안을 중심으로－, 법조 제613권, 법조협회(2007. 10), 237면.
7) 이시윤, 위의 책, 568면.

8. 21.자 2015무26 결정)는 입장에 있다. 집행정지 규정이 있고 없음에 따라 행정소송법 제8조 제2항을 달리 해석하여 항고소송에는 민사집행법상의 가처분 규정이 준용되지 않고 당사자소송에는 준용된다는 것이다.

따라서 논의의 초점은 당사자소송이 아니라 항고소송에서 민사집행법상 가처분에 관한 규정이 준용되는지 여부이다. 그중에서도 집행정지로서 임시적인 권리구제가 이루어질 수 없는 경우에 논의의 실익이 있으므로, 이행을 명하는 것과 같은 적극적 가처분을 허용할 수 있는지가 주로 문제가 된다.

Ⅲ. 우리나라와 일본에서 가구제제도의 형성과 발전

1. 일본에서 가구제제도의 연혁

(1) 메이지헌법(明治憲法)과 행정재판법 시대

일본의 메이지(明治)정부는 메이지유신(明治維新)에 성공한 후 근대국가의 형성에 착수하면서 행정소송제도를 체계화하기 시작하였다. 1889년 대일본제국헌법(明治憲法)을 제정하였고, 그 다음해인 1890. 6. 30. 행정재판법을 제정하여 같은 해 10. 1.부터 시행하였다. 明治憲法 제61조에서는 "행정청의 위법한 처분에 의한 권리침해에 관한 소송으로서, 별도로 법률로 정하여 행정재판소의 재판에 속하게 한 것은 사법재판소에서 수리할 수 없다."라고 규정하여, 행정재판과 사법재판을 제도적으로 구분하였다. 그리고 사법재판소에서 행정사건을 심리할 수 없고, 행정재판은 행정부 소속의 행정재판소가 관할하게 하였다.[8]

---

8) 행정재판소는 1890. 10. 1. 동경에만 설치되었고 단심이었다. 다만 행정재판소는 사법재판소와 유사한 행정조직이었으며 사법재판소와 같이 직무상 독립된 행정재판관에 의하여 재판이 이루어졌다.

제국일본은 법치주의를 행정권에 대한 법적 통제라는 관점에서 이해하지 않고, 거꾸로 행정권의 명령에 복종하는 것이 법치주의라고 인식하였다. 이러한 행정우위의 발상 하에서 행정재판제도를 설계하였기 때문에, 행정재판은 권리침해를 요건으로 하면서도 열기주의를 채택하여 행정소송의 대상을 협소하게 한정하였을 뿐만 아니라 상소 및 재심도 금지하였다.

이 시기 행정소송제도의 특징은 행정권을 사법권의 통제 밖에 두고 행정의 자유로운 활동을 보장하려는 의도에서 구축되었다는 점,9) 행정재판제도는 공권력 행사의 법률적합성에 관한 사법심사를 배제하려는 것에서 더 나아가 국민의 출소기회를 가능한 한 좁게 설정하려고 의도하였다는 점,10) 행정주체를 행정객체에 비하여 특별하게 보호하고 그 우월성을 인정하려고 하였다는 점11) 등에 있다.

이러한 기조 하에서 행정행위는 재판결과 그것이 위법하다고 결정될 때까지는 적법한 것으로 추정되므로, 소가 제기되었더라도 그 집행을 정지하는 것은 부당하게 행정의 진행을 막을 염려가 있고 남소로 이끌 우려가 있다는 사고방식에 입각하여,12) 행정재판법 제23조 본문에서 "법률칙령에 특별한 규정이 있는 것을 제외하고는 행정청의 처분 또는 재결의 집행은 정지되지 않는다."라고 규정하여 집행부정지의 원칙을 채택하였다.

다만 행정소송이 제기된 것과 관계없이 그 처분을 집행한다면, 원고가 승소하더라도 권리를 회복하는 것이 사실상 불가능하게 되고 행정

---

9) "사법권의 독립이 요구되는 것과 같이 행정권도 사법권에 대해서 동등하게 독립이 요구된다."라는 왜곡된 권력분립론에 입각하여 明治시대의 행정재판제도가 정당화되었다(高柳信一, 行政国家制より司法国家制へ, 公法の理論: 田中二郎先生古稀記念 下 2, 有斐閣, 1977., 2,226頁 참조).
10) 高柳信一, 前揭論文(각주 9), 2,227頁.
11) 高柳信一, 前揭論文(각주 9), 2,228頁.
12) 美濃部達吉, 行政裁判法, 千倉書房, 1929., 232頁 참조.

소송이 어떠한 실효도 없게 될 수 있으므로, 행정재판법 제23조 단서에
서는 "행정청 및 행정재판소는 그 직권에 의하거나 원고가 원하는 바에
따라 필요하다고 인정하는 경우에는 그 처분 또는 재결집행을 정지할
수 있다."라는 예외를 인정하였다.13) 여기에서 주목하여야 할 점은 행정
재판이 사법작용이 아니라 행정의 자기통제작용에 불과하다고 인식하였
으므로,14) 집행정지도 당연히 행정작용이라고 인식하였을 것이라는 점
이다. 그리고 집행정지의 요건도 구체적으로 제시하지 않고 있었다. 그
리하여 학설은 당시의 민사소송법 제755조를 원용하면서 가처분과 같이
만일 계쟁처분을 집행할 때에는 당사자의 "권리의 실행이 실행이 가능
하지 않거나 이를 행사하는 것이 현저하게 곤란하게 할 위험이 있는 경
우"에 집행정지가 가능하다고 설명하고 있을 뿐이었다.15)

(2) 사법국가제로의 전환과 행정사건특례법의 제정

1) 행정국가에서 사법국가로의 전환

전후 일본은 明治憲法 하에서의 행정재판제도를 폐지하고, 미국식
의 일원적인 사법재판소제도를 채택하였다. 전후의 일본국헌법은 사법
권이 최고재판소 및 그 계통에 속한 하급재판소에 전속한다는 취지를
밝히고(제76조 제1항), "특별재판소는 설치할 수 없다. 행정기관은 종심
으로서 재판을 행할 수 없다."라고 규정하면서(제76조 제2항), "누구도 재
판소에서 재판을 받을 권리를 빼앗을 수 없다."라고 규정하였다(제32조).

이 규정들의 취지는 행정사건의 재판을 최종적으로 행할 수 있는
특별한 행정재판소를 설치할 수 없고, 행정사건에 관한 소송의 최종심
을 사법재판소에 유보하여 법의 통일성을 기하려고 하였던 것에 있

---

13) 美濃部達吉, 前揭書, 232-233頁 참조.
14) 당시 일본에서는 행정재판과 소원은 실질적인 차이가 있는 것이 아니라 심리절차
    나 심리기관 등에서 나타나는 형식적인 차이가 있는 정도라고 인식하였던 것으로
    보인다(美濃部達吉, 前揭書, 46頁 참조).
15) 美濃部達吉, 前揭書, 233頁.

다.16) 그 결과 일본국헌법 하에서는 민사사건인지 행정사건인지를 묻지 않고 법률상의 쟁송에 해당하는 한 사법재판소에서 심리되어야 하고, 明治憲法 아래에서 사법권으로부터 완전한 독립성을 가지고 있었던 행정권은 법률상의 쟁송에 관한 한 사법적인 통제에 따르게 되었다.

이와 같은 개혁을 한마디로 요약하면, '행정국가에서 사법국가로의 전환'이라고 부를 수 있다. 이러한 사법국가로의 전환은 연합국군총사령부(GHQ)가 주도하고 민주화의 요구에 따라 '사법의 우위'를 강화하는 방향으로 진행되던 사법개혁의 일환이었다.

2) 민사소송법의 응급적 조치에 관한 법률의 시행

위와 같은 신헌법 하에서 사법제도의 개혁을 위하여 임시법제조사위원회 및 사법법제심의회가 구성되었고 위 위원회에서는 행정소송법제에 관해서도 논의를 하였다. 그리하여 임시법제조사위원회는 1946. 10. 22.과 23. 개최된 제3회 총회에서 행정소송에 관한 특칙 요강을 의결하였다. 그에 따라 사법성 민사국은 법제국의 심사를 거쳐 1946. 2. 19. 행정사건소송특례법안을 작성하기에 이른다.17) 위 법안 제12조 제1항에서는 집행부정지의 원칙을 채택하되, "다만 재판소는 필요하다고 인정하는 때에는 언제라도 신청에 의하거나 직권으로 결정으로 처분의 집행정지 그 밖에 필요한 조치를 명하거나 그 명령을 취소하거나 변경할 수 있다."라고만 규정되어 있었다.

위 행정사건소송특례법안은 GHQ의 승인을 받지 못하고 입법이 좌절되었다. GHQ의 승인을 받지 못했던 이유는 최종안의 단계에서 제외되기는 하였지만 하급심 단계에서 행정재판소나 행정부를 설치하거나 행정관의 경력을 가진 자를 재판관으로 임명할 수 있도록 하는 것18)

---

16) 南博方・高橋滋, 条解 行政事件訴訟法 第3版補正版, 弘文堂, 2009., 5頁.
17) 위 법안의 전문은 高柳信一, 行政訴訟法制의改革, 戰後改革4・司法改革, 東大社硏編, 1975., 324-325頁에 수록되어 있다.
18) 행정관으로서 전력을 자격요건의 하나로 하는 특별재판관을 마련하는 내용의 재

등 행정국가적인 잔재를 남겨놓았다는 의심을 받았고, GHQ가 소원전
치주의를 시사하였음에도 불구하고 이를 채택하지 않았기 때문일 것이
라고 추측된다.[19]

그런데, 일본국헌법 시행에 의하여 전전의 행정재판법은 폐지되어
야 하므로, 임시적인 특례법이 필요하였다. 그 과정에서 '행정국가에서
사법국가로 전환'됨에 따라 행정사건에 대한 특별한 소송절차법을 제정
하지 않더라도 일반소송법에 의하여 충분히 처리될 수 있다는 사고방식
이 채택되었다. 그에 따라 1947. 5. 3. 헌법의 시행과 아울러 법률 제75
호 「일본국헌법의 시행에 따른 민사소송법의 응급적 조치에 관한 법률」
(日本国憲法の施行に伴う民事訴訟法の応急的措置に関する法律)이 제정되었고,
위 법률에서는 위법한 행정처분의 취소·변경을 구하는 소송에 대하여
출소기간의 제한만 규정하였을 뿐 아무런 규정을 두지 않았다.[20]

3) 헤이노(平野)사건의 발생과 그 영향

이렇게 일본국헌법 하에서 행정소송은 민사소송법에 따라 심리되
는 형태로 시작하였으나, 이는 임시적 조치에 불과한 것이었고 1947.
12. 말에 실효되는 것이었다. 따라서 일본정부는 그 이후를 대비하여 행
정소송법제의 기초작업을 재개하였다. 그런데, 갑자기 발생한 이른바
平野사건은 행정사건소송특례법의 방향을 바꿀 정도로 중대한 영향을
미쳤다.

사회당 우파에 속하고 있었던 平野力三 중의원의원은 중앙공직적

판소법안은 1947. 3. 5. GHQ의 심사과정에서 명확하게 거부되었다(高柳信一, 前揭
論文(각주 17), 329頁).
19) 高柳信一, 前揭論文(각주 17), 331頁, 高地茂世·納谷廣美·中村義幸·芳賀雅顯, 戰後の
司法制度改革, 成文堂, 2007., 159頁.
20) 위 법률 제8조에서는 "행정청의 위법한 처분의 취소 또는 변경을 구하는 소는 다
른 법률(昭和22年 3월 1일 전에 제정된 것을 제외한다)에 특별히 정한 것을 제외
하고, 당사자가 그 처분이 있었다는 것을 안 날로부터 6개월 이내에 이를 제기하
여야 한다. 다만, 처분을 한 날로부터 3년을 경과한 때에는 소를 제기할 수 없다."
라고 규정하고 있었을 뿐이다.

부심사위원회의 1948. 1. 13.자 심사결과에 기하여 같은 달 14. 내각총리대신으로부터 공직추방의 각서해당자로 지정되었다. 그리하여 같은 달 27. 내각총리대신을 상대로 위 지정처분에 대한 효력정지가처분을 신청하자, 동경지방재판소는 같은 해 2. 2. 위 지정처분에 대하여 본안판결확정시까지 효력을 정지하는 가처분을 발령하였다. 지방재판소가 내린 하나의 민사사건에 불과한 가처분결정은 사법국가제 하에서 사법권과 행정권의 관계에 대한 중대한 문제를 제기하였다.[21]

이 가처분결정에 의하여 큰 충격을 받은 GHQ는 같은 해 2. 5. 최고재판소에 위 가처분결정을 취소하라는 최고사령관의 구두지령을 전달하였고, 이러한 초헌법적인 지령에 따라 동경지방재판소는 같은 날 "가처분결정을 취소하고, 이 사건 가처분신청을 각하한다."라는 결정을 하였다.

GHQ는 행정사건도 일반 민사소송법에 의하여 처리하는 것을 원칙으로 하고 있었지만, 이 사건을 계기로 행정사건의 특수성을 강하게 의식하게 되었고 행정사건이 어느 정도는 일반 민사소송법과 다른 원칙에 의하여 처리되어야 한다고 방침을 변경하게 되었다.[22] 그 이후 소원전치주의와 집행정지에 관하여 집중적으로 문제를 제기하게 된다.

특히 민사소송법상 가처분제도는 사실관계와 법률관계를 본안이 확정될 때까지 잠정적으로 동결하는 것을 넘어서 적극적으로 임시의 지위를 형성하는 것도 가능하여, 행정소송에서의 집행정지보다 구제의 폭이 넓고, 재판소가 가처분사건을 심리할 때 주로 신청인의 이익보전의 필요성을 고려하고 행정청이 추구하는 공익에 대한 고려가 소홀해질 수 있다고 인식하게 되었다. 그 결과 GHQ가 보기에는 포츠담선언에 기한 일본점령관리정책의 가장 중요한 사항 중의 하나인 '일본국민을 기만하

---

21) 이 사건의 쟁점과 그 결정에 관한 자세한 사항은 高柳信一, 前揭論文(각주 17), 337-338頁, 高地茂世 外 3人, 前揭書, 162-163頁 등 참조.
22) 高柳信一, 前揭論文(각주 17), 339頁.

고 이로써 정복으로 나아간 과오를 범한 자의 권력 및 세력'의 영구제거
라는 점을 사법부가 전혀 고려하지 않고 가처분을 결정하였다는 것이다.

4) 행정사건소송특례법의 제정과 가구제에 관한 규정

GHQ는 平野사건에 관한 가처분 결정일의 다음날인 1948. 2. 3. 사
법성 민사국의 행정사건소송특례법안 기초담당자 등을 불러 그때까지
작성되었던 행정사건소송특례법안 중 집행정지조항을 수정하라고 지시
하였다. 그렇게 수정된 행정사건소송특례법안은 1948. 6. 25. 제정되고
같은 해 7. 1. 공포되어 같은 달 15.부터 시행되었다.

행정사건소송특례법은 행정사건에 대한 민사소송법의 특례를 정하
는 것을 그 취지로 하였다. 위 법 제10조에서는 행정사건소송의 제기에
의하여 행정처분의 집행을 정지하지 않는 것을 원칙으로 하고, 행정처
분에는 가처분에 관한 민사소송법의 규정을 적용하지 않되, 집행정지제
도를 마련하여 재판소가 특별한 사유가 있는 경우에만 집행정지를 명할
수 있는 것으로 하면서, 집행정지결정에 대한 내각총리대신의 이의제도
를 인정하였다.

행정사건소송특례법의 제정과정에서 GHQ는 平野사건을 계기로
내각총리대신과 같은 상급 행정청의 처분에 대해서는 집행을 정지할 수
없도록 하는 정도의 입장을 가지고 있었고, 이에 대하여 일본 정부는
집행정지의 요건을 엄격하게 하는 것으로 대응하였다. 그 과정에서 뜻
하지 않게 모든 처분에 대한 집행정지의 요건도 강화되고 내각총리대신
의 이의제도도 생겨서 행정의 판단권이 재판소의 결정보다 우위에 서게
되는 결과가 되어버렸다. 그리하여 내각총리대신은 집행정지대상이 되
었던 처분의 발급자인 당사자 내지 행정권의 수장의 지위에서 마치 행
정권과 사법권의 관계를 조정하는 국가의 수장인 것과 같은 지위로 격
상하게 되었고, 그에 따라 중대한 국익에 관련된 처분에 대하여 사법부
의 집행정지권한을 제약하는 절대적인 권능을 부여받게 되었다.23)

5) 행정사건소송법의 제정과 그 이후의 경과

행정사건소송특례법은 제정되고 얼마 되지도 않아 권리구제에 충실하지 않았다는 비판받았고 해석과 운용상의 문제점도 제기되었다. 그리하여 행정사건소송법이 1962. 5. 7. 제정되어 같은 달 16. 공포되고 같은 해 10. 1.부터 시행되었고, 그와 동시에 구 행정사건소송특례법이 폐지되었다.

행정사건소송법은 가구제에 관해서는 행정사건소송특례법과 취지를 달리하지는 않았다. 다만 행정사건소송특례법은 집행정지명령과 내각총리대신의 이의를 제10조에 규정하였지만, 행정사건소송법은 제25조와 제26조에서 집행정지결정 및 그 취소를, 제27조에서 내각총리대신의 이의를 나누어서 규정하였다. 이는 내각총리대신의 이의를 중시한 것도 있고, 집행정지의 규정을 완비한 결과이기도 하다.[24] 한편, 가처분 배제에 관한 규정도 위치를 변경하여 행정사건소송법은 제5장 보칙 제44조에 별도로 규정하였다. 가처분은 취소소송을 본안소송으로 하는 경우에만 배제되는 것처럼 해석될 염려가 있고, 특히 명문규정이 없는 무효확인소송 등에서 적용의 가부에 대하여 해석이 나뉘었으므로, 이러한 의문을 해소하기 위한 것이었다.[25]

(3) 2004년 행정사건소송법의 개정

일본은 1999년 이래 계속되어온 사법개혁의 일환으로 '국민의 권리이익을 보다 실효적으로 구제'하기 위하여 절차를 정비한다는 것을

---

23) 高柳信一, 前揭論文(각주 17), 351頁. 내각총리대신이 이의를 제기하여 집행정지를 할 수 없게 되면 기성사실이 완성된 상태가 되고, 그 결과 처분의 취소 또는 변경이 공공복지에 적합하지 않은 상태에 이르러 판결단계에서 사정판결에 의하여 청구가 기각된다면, 궁극적으로 행정우위의 소송제도가 완성되게 된다(高地茂世 外 3人, 前揭書, 170頁).
24) 高橋貞三, 行政事件訴訟法案の成立, 民商法雜誌 第46卷 第6号, 有斐閣(1962. 9), 18頁.
25) 室井力・芝池義一・浜川淸, 行政事件訴訟法・國家賠償法, 第2版, 日本評論社, 2006., 461頁.

기본으로 하여, 행정사건소송법의 개정을 추진하였다. 그리하여 「행정
사건소송법의 일부를 개정하는 법률안」이 2004. 6. 2. 제정되어 2004.
6. 9. 공포되고 2005. 4. 1.부터 시행되고 있다. 2004년 개정내용 중 가
구제에 관한 것은 다음과 같다.

첫째, 집행정지의 요건을 정비하였다. 행정사건소송법 제25조 제2
항 본문이 정한 집행정지의 요건을 판단할 때, 손해의 회복 곤란성만
고려하는 것이 아니라 손해의 정도나 처분의 내용 및 성질도 고려할 수
있도록 '회복이 곤란한 손해'라는 문언을 '중대한 손해'라는 문언으로 개
정하였다.

둘째, '가의무이행' 및 '가금지'제도를 새롭게 신설하였다. 의무이행
소송과 금지소송이 신설됨에 따라 그 본안판결을 기다리고 있는 것으로
는 보상할 수 없는 손해가 생길 우려가 있는 경우에 신속하고 실효적인
권리구제를 할 수 있도록 하기 위하여, 재판소는 신청에 의하여 결정으
로 일정한 요건 아래에서 임시로 의무이행을 명하거나 처분을 하는 것
을 금지하는 새로운 가구제제도를 규정하였다. 그 요건으로서, ① 보상
할 수 없는 손해를 피하기 위하여 긴급한 필요가 있는 때(가구제의 필요
성), ② 본안에 대하여 이유가 있다고 볼 수 있는 때(본안의 승소가능성),
③ 공공의 복지에 중대한 영향을 미칠 우려가 없을 것 등을 갖추어야
한다. 가의무이행 · 가금지는 중대한 손해가 아니라 보상할 수 없는 손
해라는 보다 강한 요건이 필요하고, 본안의 승소가능성이라는 요건이
적극적으로 규정되어 있다는 점26)에서 집행정지보다 요건이 엄격하게
설정되었다.

---

26) 이렇게 규정되면, 집행정지와는 달리 신청인이 본안의 승소가능성에 관한 소명책
임을 부담한다고 해석될 수 있다{北村和生, 行政訴訟における仮の救濟, ジュリス
ト, 1263号, 有斐閣(2004. 3), 72頁}.

2. 우리나라에서 가구제제도의 연혁

(1) 헌법의 제정과 사법국가제의 채택

제국일본은 아직 법치주의가 완전히 시행되지 않고 있다는 명분하에, 식민지 조선에서 사법(司法)제도가 형식적으로 시행된 것과 달리 행정쟁송제도는 아예 시행하지 않았다.[27] 다만 처분청 및 상급청에 대한 이의신청제도와 한두 개 항목에 대한 소원이 허용되고 있었으므로, 그 범위에서는 집행정지에 관한 규정이 적용되었을 것이다.

해방 후 제헌헌법은 대법원이 행정소송도 담당하는 사법국가제를 채택함과 아울러 행정소송에서 개괄주의를 취하였다. 그 이유는 전전의 일제가 행정국가제와 행정소송에서 열기주의를 채택하여 국민들이 행정소송을 제기할 기회를 원천적으로 봉쇄하였던 점을 감안하여, 행정권의 처분에 관한 소송을 행정권 자신에게 맡기는 것은 국민의 자유와 권리를 보장하는 의미에 있어서 적당치 않다고 보았기 때문이다.[28]

(2) 행정소송법의 제정

제헌헌법은 제76조 제1항에서 "사법권은 법관으로써 조직된 법원이 행한다."라고 규정하고, 제81조에서 "대법원은 법률의 정하는 바에 의하여 명령, 규칙과 처분이 헌법과 법률에 위반되는 여부를 최종적으로 심사할 권한이 있다."라고 규정하고 있었을 뿐이었다. 따라서 행정재판의 최종심은 반드시 대법원에서 행해져야 한다는 원칙만 지켜진다면 나머지 사항은 입법정책의 문제가 된다.

그리하여 행정소송체계에 관한 구체화 작업은 행정소송법 제정과

---

27) 하명호, 행정심판의 개념과 범위−역사적 전개를 중심으로 한 해석론−, 인권과 정의 제445호, 대한변호사협회(2014. 11), 13면.
28) 유진오의 1948. 6. 23. 국회본회의에서 대한민국헌법 제안이유 설명 참조. 그 전문은 헌법제정회의록(제헌의회), 국회도서관, 1967., 102−111면에 수록되어 있다.

정으로 넘어가게 되는데, 우리나라 행정소송법은 헌법이 제정된 이후 약 3년이라는 상당한 시간이 경과한 1951. 8. 24.에야 비로소 법률 제213호로 제정되어 1951. 9. 14.부터 시행되었다. 행정소송법은 그 제정 시점이 한국전쟁이 한창이었던 때이었기 때문에 새로운 조국에서 시행될 행정소송제도의 바람직한 방향에 대하여 충분한 논의와 연구가 미비한 상태에서, 단지 일제강점기 하에서의 행정쟁송제도의 현황을 극복하고 그 당시 일본에서 시행중이던 행정사건소송특례법을 참조하여 급하게 제정되었을 것이라고 강하게 추정된다.29)

(3) 행정소송법 제정과정에서 가구제에 관한 논의

행정소송법안은 1951. 7. 19. 제2대국회 제11회 제29차 국회본회의와 그 다음날인 20. 제30차 국회본회의 제1독회에서 법무부장관 조진만의 제안설명과 대체토론이 이루어졌다. 여기에서 가장 큰 쟁점은 행정소송의 전속관할을 고등법원으로 할 것인지 지방법원으로 할 것인지였다.

그런데, 일본의 행정사건소송특례법을 제정할 당시 가구제제도를 어떻게 설계할 것인지에 관하여 논란이 매우 많았던 것과 달리, 우리나라의 행정소송법 제정과정에서는 이에 대하여 별다른 논란 없이 제10조에서 집행부정지의 원칙 하에서 법원의 직권 또는 당사자의 신청에 의하여 법원의 결정에 의하여 집행이 정지되는 구조를 취하고,30) 그 밖의

---

29) 전문위원 한문수는 1969. 4. 26, 제7대국회 제69회 제4차 법제사법위원회에서 부작위위법확인소송과 무효확인소송 도입의 필요성을 설명하면서, "한두 가지 참고로 말씀드릴 것은 현행 행정소송법은 일본의 구법인 행정사건소송특례법을 그대로 번역한데 불과한 것입니다. 일본에서는 1962년에 행정사건소송특례법을 폐지해 가지고 새로 행정사건소송법을 제정해 가지고……"라고 발언하고 있다{국회사무처 회의록, 제7대국회 제69회 제4차 법제사법위원회(1969. 4. 26.), 5면}.

30) 제정 행정소송법 제10조에서는 "처분의 집행으로 인하여 회복할 수 없는 손해가 생할 우려가 있고 또 긴급한 사유가 있다고 인정한 때에는 법원은 직권 또는 당사자의 신청에 의하여 처분의 집행정지결정을 할 수 있다. 전항의 집행정지가 공공의 복리에 중대한 영향을 미치게 할 우려가 있는 때에는 법원은 직권 또는 당사자

가구제에 대해서는 아무런 규정을 두지 않으면서 제14조에서 "본법에 특별한 규정이 없는 사항은 법원조직법과 민사소송법의 정하는 바에 의한다."라고 규정하였다.

다만 제정과정에서 김의준 의원은 민사소송법상의 가처분과 관계 등에 대하여 설명을 구하였고, 법무부장관은 우리나라 행정소송법은 민사소송법상의 가처분 규정의 적용배제조항을 두고 있지 않으므로 필요에 따라 가처분도 가능하다는 취지로 다음과 같이 답변하였다.[31]

『다른 나라의 입법례에 있어서는 집행정지 이외의 가처분은 허가하지 않는 규정이 있습니다. 그러나 우리 행정소송법에 있어서는 이러한 규정이 없으니까 따라서 제14조의 민사소송법 규정에 의해서 일반적 가처분할 필요가 있으면 허용될 줄로 해석합니다.』

(4) 1984년 행정소송법의 전부개정

1980년대에 들어서면 우리나라는 이미 고도 산업사회로 진입하여 행정수요가 양적·질적으로 팽창하고 행정작용도 그 영역이 확대되면서 행위형식이 다양화되고 있었다. 그럼에도 불구하고 행정소송법은 1951년 제정된 이래 30여 년간 주요내용의 개정이 이루어지지 않았다. 그리하여 법무부는 행정소송법 개정법률안을 마련하고, 그 법안은 1984. 11. 29. 제11대 국회 제123회 제13차 국회본회의에 상정되어 가결되었고, 1985. 10. 1.부터 행정심판법과 함께 시행되기에 이른다. 1984년에 개정된 행정소송법은 종래의 제정 행정소송법을 전문개정한 것이나, 그 개정의 규모나 성격 등에 비추어 본다면 사실상 새로운 법률의 제정이라고 하더라도 무방할 정도라고 평가할 수 있다.[32]

의 신청에 의하여 언제든지 정지처분결정을 취소할 수 있다."라고 규정하였다.
31) 국회사무처 회의록, 제2대국회 제11회 제29차 국회본회의(1951. 7. 19.), 16면의 김의준 의원의 질의내용과 법무부장관 조진만의 답변내용 참조.
32) 이상규, 신행정쟁송법의 특색과 문제점, 사법행정 제26권 제1호, 한국사법행정학회(1985. 1), 40면 참조.

그러나 가구제에 관해서만큼은 종전과 같이 집행부정지 원칙을 채택하고 별다른 개정사항이 없었다. 다만 그 적극적 요건으로 "처분 등이나 그 집행 또는 절차의 속행으로 인하여 생길 회복하기 어려운 손해를 예방하기 위하여 긴급한 필요가 있다고 인정할 때"와 소극적 요건으로 "공공복리에 중대한 영향을 미칠 우려가 있을 때"라고 규정하는 등 집행정지의 요건과 집행정지의 취소절차를 정비하는 수준이었다.33)

3. 우리나라와 일본의 비교

明治維新을 통한 일본의 근대화는 서구열강과 동등한 부강한 국가건설을 지향하는 것이었다.34) 부국강병을 위해서는 천황을 중심으로 관민일체가 될 필요가 있었고 그러기 위해서는 국회개설을 포함한 입헌정체의 수립이 필수적이라고 생각하였다.35) 그러나 그 입헌제는 군권주의를 건드리지 않는 한도 내에서 헌법을 성립시키기 위한 최소한도로 첨가된 것에 불과하였다. 이러한 행정우위의 발상 하에서 행정권을 사법권의 통제 밖에 두고 행정의 자유로운 활동을 보장하려는 의도에서 행정재판제도가 구축되었던 것이다.

전후 GHQ에 의하여 주도된 사법개혁의 일환으로 행정소송제도는 '행정국가에서 사법국가로' 전환되었다. 그러나 平野사건을 계기로 행정사건의 특수성을 강하게 의식하고, 일본정부에게 행정권의 우월성을 확보하도록 하는 행정사건소송특례법의 제정을 촉구하였고, 특히 점령관

---

33) 1984년 행정소송법 개정을 위하여 설치된 행정쟁송제도개선을 위한 특별분과위원회(공법연구특별분과위원회)의 개정시안에서는 무효등확인소송에서 가처분이 허용되도록 규정하였으나{최송화, 현행 행정소송법의 입법경위, 공법연구 제31집 제3호, 한국공법학회(2003), 8면}, 이는 행정소송법안에 반영되지 않았다.
34) 방광석, 근대일본의 국가체제 확립과정, 혜안, 2008., 30면 참조.
35) 김창록, 근대일본헌법사상의 형성, 법사학연구 제12호, 한국법사학회(1991), 229면. 의회의 설립마저도 정부와 국민이 일체화되어야 국가가 강성해진다는 인식하에서 그 필요성이 있다고 생각하였다(방광석, 위의 책, 47면 참조).

리정책에 걸림돌이 되는 행정소송법상의 가구제에 대한 억제를 요구하
였다. 그리하여, 행정사건소송특례법상의 가구제는 원래 행정작용이지
만, 집행정지결정의 권한은 법률에 의하여 특별히 재판소에 위임된 것
이고, 따라서 처분 또는 공권력의 행사와 관련된 가처분을 배제하는 것
은 당연한 것을 규정한 것에 불과하다는 사고방식에 입각하여 형성되었
다.36) 이렇게 형성된 가구제제도의 근간은 오늘날의 행정사건소송법에
도 온존하게 되었다.

　　우리나라에서 일제강점기에 일본의 근대법학을 배우고 일본의 경
찰조직과 검찰, 법원을 통하여 근대적 실무를 익힌 법학자와 실무가들
이 해방 후 이승만정권에서 일본의 군국주의적 법문화와 법학을 계승·
발전시켰다는 것37)은 부인할 수 없는 사실이고 불가피한 측면마저 있
다. 이러한 사정은 행정소송분야에서도 마찬가지이어서, 우리나라 행정
소송법은 일본의 행정사건소송특례법을 참조하여 제정되어 오늘날에
이르고, 전전부터 형성된 행정소송의 특수성과 '사법권의 한계'를 강조
하는 사고방식은 오늘날까지 계승되어 일본의 행정소송법학이나 실무
에 내재되어 있을 뿐만 아니라 우리나라에도 지대한 영향을 미쳤다.38)

---

36) 室井力·芝池義一·浜川淸, 前揭書, 462頁. 아울러 그렇기 때문에 공공성의 요건에 대
　　한 위임받은 재판소의 판단보다 행정부의 수장인 내각총리대신의 판단이 우월하
　　므로, 내각총리대신의 이의신청제도도 아무런 문제가 없다고 한다(田中二郎, 行政
　　爭訟の法理, 有斐閣, 1954., 200頁 참조).
37) 김성돈·이정훈·다키이 가즈히로·류부곤·박성민, 한국사법의 근대성과 근대화를
　　생각한다: 신화와 우상을 넘어선 성찰적 법의 역사를 위하여, 세창출판사, 2013.,
　　75-76면 참조.
38) 이렇게 해방직후 행정소송법의 제정과정과 그 이후의 해석론의 전개에서 일본의
　　행정법학에 의존했던 것은 사실이나, 그것은 우리가 극복해야 할 그 시대의 한계
　　일 뿐 그들의 업적을 폄훼할 이유가 될 수는 없다고 생각한다. 이후 2세대 행정법
　　학자들은 독일을 비롯한 프랑스, 영미 등의 이론들을 무분별한 수입법학의 범람
　　이나 홍수를 걱정할 정도로 행정법 전반에 걸쳐 소개하였다. 그러한 1세대와 2세
　　대 행정법학자의 노력이 자양분이 되어, 오늘날 어느 정도 합의된 형태의 한국 행
　　정법체계가 성립되기에 이르렀다{하명호, 목촌 김도창 박사의 복리행정법, 공법연
　　구 제44집 제1호, 한국공법학회(2015. 10), 285면 참조}.

다만 가구제제도 만큼은 일본의 입법의도와 달랐다. 물론 집행부정지의 원칙 하에서 법원의 직권 또는 당사자의 신청에 의하여 법원의 결정에 의하여 집행이 정지되는 구조를 취한 것은 일본과 마찬가지이다. 그러나 우리나라 행정소송법의 입법자는 민사소송법상의 가처분 규정의 적용배제조항을 두지 않음으로써, 집행정지로 커버되지 않는 행정소송에서의 가구제제도의 공백을 민사집행법상의 가처분을 준용하여 보완하려고 의도하였거나 적어도 그에 대하여 개방적인 태도를 가지고 있었다. 그리고 행정부의 일방적인 조치로 사법부가 행한 집행정지를 저지하는 '내각총리대신의 이의' 같은 제도도 도입하지 않았다. 따라서 이러한 상황을 무시하고 일본의 해석론을 그대로 따르는 것은 우리나라와 일본에서의 가구제제도의 체계와 형성과정에서의 입법의도와 규정상의 차이를 간과한 것이라고 생각된다.

Ⅳ. 항고소송에서 가처분의 허용 여부

1. 판례의 논거

앞에서 본 바와 같이 판례는 집행정지 규정의 존재여부에 따라 행정소송법 제8조 제2항을 달리 해석하여, 당사자소송에서는 민사집행법상의 가처분 규정이 준용된다고 한 반면, 항고소송에 대해서는 소극적이다. 그런데 그 논거에 대해서는 별다른 설명을 하지 않고 있기 때문에 그것을 소극설을 취하는 학설을 통하여 추측할 수밖에 없다.

먼저 생각할 수 있는 판례의 논거로는 행정소송법 제8조 제2항에서 민사집행법을 준용하겠다는 것은 성질상 허용되는 경우에 한하는 것이고, 권력분립의 원칙 등의 이유로 항고소송에서 가처분 규정을 준용하는 것은 성질상 허용되지 않는 경우에 해당한다는 것이다. 처분의 적법여부를 판단하는 것은 사법권의 범위 내에 있으나 그 전단계에 해당하는 가처분은 그 테두리를 벗어난 것이라는 논리이다.[39]

다음으로 행정소송법상 집행정지제도에 관한 규정이 일반법인 민사집행법상 가처분제도에 대한 특별규정이라는 점을 논거로 한 듯하다. 따라서 집행정지 이외의 나머지에 관해서는 가처분을 허용할 수 없다는 것이다.[40]

2. 판례에 대한 비판

(1) 가처분 준용여부에 대한 개방적 규율

행정소송법상 집행정지제도에 관한 규정이 민사집행법상 가처분제도에 대한 특별규정이라는 점을 인정하더라도 하더라도, 그것이 항고소송에서 민사집행법상의 수많은 규정 중에서 유독 가처분 규정만 준용이 배제되어야 하는 논거로 부족하다.

우리 행정소송법은 일본에서와는 달리 명문으로 가처분의 배제규정을 두지 않고 있으므로, 행정소송법 제8조 제2항에서 정한 것처럼 민사집행법상의 가처분 규정을 준용하는 것이 오히려 문리에 맞거나 적어도 그에 대하여 개방적이다.

(2) 헌법합치적 법률해석의 관점

행정소송에서 가구제제도는 법치국가의 원리, 헌법 제10조의 국가의 기본권 보호의무와도 헌법적인 관련이 있겠지만, 헌법 제27조에서 보장하는 재판청구권에서 그 직접적이고 구체적인 근거를 찾을 수 있

---

39) 김철용, 행정법 I, 제11판, 박영사, 2008., 709면에서 소극설에 대한 설명 참조. 김철용 교수님은 적극설을 취하고 있다.
40) 강구철, 항고소송에 있어서의 가구제도의 문제점, 법학논총 제12호, 국민대학교 법학연구소(2000. 2), 167면.

다. 재판청구권은 단순히 재판을 받을 권리를 의미하는 것이 아니라 신
속하고 공정한 재판을 통하여 자신의 정당한 권리를 구제받을 수 있는
권리를 말한다.[41] 그리고 신속하고 공정한 재판을 통한 효율적인 권리
보호의 요청은 재판청구권에 내재된 본질적인 요소가 되고,[42] 이러한
요청으로부터 본안절차에서 권리보호가 무의미하게 되지 않도록 민사
집행법상의 보전처분과 같은 예방적·사전적 권리보호를 제공할 것이
요구된다.[43] 결국 효율적인 권리보호의 요청은 민사집행법상의 보전처
분이나 행정소송에서 가구제제도의 헌법적 근거로 작동한다고 볼 수
있다.[44]

　　독일의 경우에도 기본법 제19조 제4항에서는 "누구든지 공권력에
의하여 자신의 권리가 침해된 때에는 소송을 제기할 수 있다."라고 규
정하고 있는데, 여기에서 적시의 권리보호라는 요청이 도출되고,[45] 행
정소송에서의 가구제와 같은 잠정적인 권리보호는 여기에서 유래하는
것으로 해석하고 있다.[46]

　　그런데, 일본의 경우에는 행정소송법상의 가구제가 권리를 실효적
으로 보장하기 위한 임시의 권리구제제도이므로 사법작용에 속한다는
우리나라와 독일에서의 상식과는 달리, 행정작용설에 입각하여 행정사
건소송특례법이 제정되었다. 집행정지에서 행정부의 판단이 사법부의
판단에 우위를 두는 내각총리대신의 이의제도, 공권력의 행사를 저해하
는 가처분을 배제하기 위한 가처분의 배제조항 등이 헌법에 어긋나지
않도록 해석되기 위해서는 행정소송에서의 가구제가 사법작용이 아니

41) 장영수, 헌법학 제10판, 홍문사, 2017., 882면.
42) 한수웅, 헌법학, 제5판, 법문사, 2015., 913면 참조.
43) 한수웅, 위의 책, 913면.
44) 정영철, 권리보호의 효율성명령에 근거한 거부처분에 대한 행정소송법상 가구제,
　　법학논총 제29집 제4호, 한양대학교 법학연구소(2012), 610면 참조.
45) 김현준, 독일 행정소송상 가구제, 공법연구 제45집 제4호, 한국공법학회(2017. 6),
　　156면.
46) 정영철, 위의 논문, 604면.

라 행정작용이라는 전제가 필요했을 것이다. 그리하여 본안소송은 사법
작용이나 그에 대한 임시구제는 행정작용이라는 납득하기 어려운 논리
는 행정사건소송특례법이 폐지되면서 행정사건소송법이 제정되고 2004
년의 개혁이 있었음에도 불구하고 오늘날까지 온존하고 있고, 놀랍게도
지금도 다수설의 지위를 차지하고 있다.[47]

앞에서 본 것처럼 우리나라의 경우에는 행정소송법이 제정될 때
'내각총리대신의 이의' 같은 제도도 도입하지 않았고, 행정소송에서의
가구제의 공백을 민사집행법상의 가처분을 준용하여 메우는 것에 대하
여 개방적인 태도를 취하였다. 그럼에도 불구하고 판례가 GHQ의 점령
정책을 차질 없이 수행하려는 의도와 행정권 우위의 왜곡된 권력분립적
사고방식에 영향을 받은 일본의 행정소송제도의 입안자들의 인식을 따
르는 것은 헌법 제27조의 재판청구권에서 도출되는 효율적인 권리보호
의 요청을 저버리는 해석이라고 생각한다.

(3) 가구제제도의 공백과 효율적 권리구제의 요청

독일 행정법원법상 가구제는 집행정지와 가명령의 이원적 체계로
되어 있다. 집행정지는 침익적 행정행위의 취소소송에 적용되는 것이고,
가명령은 수익적 행정행위에 대한 임시적인 권리보호로서 집행정지가
적용되지 않는 의무이행소송, 일반이행소송, 부작위소송, 확인소송, 기관
쟁송 등의 소송유형에 적용된다.[48] 따라서 독일에서는 공백 없는 가구
제제도가 형성되어 있고, 그 안에서 침익적 행정행위인지 수익적 행정행
위인지에 따라 집행정지냐 가명령이냐의 선택문제만 있을 뿐이다.

일본에서는 행정사건소송법 제25조에서 집행정지를 규정하고, 제
44조에서 행정청의 처분 및 그 밖의 공권력의 행사에 해당하는 행위에
대한 가처분의 배제를 규정하고 있었다. 따라서 가처분 배제조항이 적

47) 南博方·高橋滋, 前揭書, 482頁.
48) 강구철, 위의 논문, 145면, 김현준, 위의 논문, 158면 참조.

용되는 범위에 관하여, 여기에서 말하는 공권력의 행사가 무엇을 의미
하고 항고소송에서의 처분 개념과 같은 것인지, 공권력의 행사를 저해
할 수 있는 가처분은 무엇인지 등에 관한 관점에 따라 복잡하게 견해가
나뉘었다.49) 그런데, 2004년의 행정사건소송법이 개정됨으로써 가의무
이행·가금지제도가 도입되어, 위와 같은 문제는 입법적으로 상당부분
해소되었다. 그리하여 오늘날 일본에서는 공권력의 행사에 해당하는 행
위는 집행정지냐 가명령이냐의 선택문제이고, 그 외의 행위에 대해서는
민사상 가처분이 적용되는지의 문제가 된다. 그런데, 토지수용의 재결
무효를 전제로 토지소유권의 확인의 구하는 민사소송이나 공무원의 면
직처분의 무효를 전제로 그 지위확인을 구하는 당사자소송에서는 여전
히 문제가 남아 있다. 행정사건소송법 제44조에 의하여 소송유형을 불
문하고 처분 그 밖의 공권력의 행사에 해당하는 행위에 대한 가처분은
배제되고, 위와 같은 소송은 항고소송이 아니어서 집행정지나 가의무이
행·가금지의 대상도 아니기 때문이다.50)

그런데 우리나라는 판례대로라면 당사자소송에서는 민사집행법상
가처분의 적용문제가 되고, 항고소송에서는 집행정지가 적용되느냐 가
구제를 포기하느냐의 문제가 된다. 그러나 헌법 제27조에서 도출되는
효율적인 권리보호의 요청을 염두에 두면 가구제가 포기되는 법률해석
은 가급적 피하여야 한다는 것은 앞에서 본 것과 같다.

사실 가구제는 본안소송의 발전과 밀접하게 관련되어 있다. 우리나
라의 현행 행정소송법에서는 예방적 금지소송이나 의무이행소송을 명
시하고 있지 않다. 이를 기화로 우리나라에서는 가명령의 본안소송에

---

49) 이에 관한 자세한 설명은 室井力·芝池義一·浜川清, 前揭書, 462-471頁, 강구철, 위
   의 논문, 155-161면 참조.
50) 최우용, 일본 개정 행정사건소송법의 가구제에 관한 연구, 공법학연구 제9권 제1
   호, 한국비교공법학회(2008. 2), 38면 참조. 2004년 행정사건소송법을 개정하면서
   이러한 문제를 입법적으로 해결하지 않고 남겨둔 것에 대해서는 개정의 준비과정
   에서 이미 비판하는 견해가 있었다(北村和生, 前揭論文, 73頁).

해당할 수 있는 행정소송의 유형이 없으니, 논리필연적으로 그에 관한 임시적 구제수단도 허용될 수 없으므로, 항고소송에서 민사집행법상의 가처분 규정은 준용될 수 없다는 견해가 있다.[51]

그러나 우리나라의 경우에도 원고가 수익적 행정행위를 신청하였는데 거부되거나 방치된 경우 그 거부처분에 대한 항고소송(취소소송·무효확인소송·부작위위법확인소송)을 제기한 결과 그 위법성이 판명되어 승소판결을 받아 확정되면 행정청은 취소판결의 기속력 중 판결의 취지에 따른 재처분의무가 발생한다. 그러므로 비록 행정소송법의 소송유형 중에서 의무이행소송이 명시되어 있지는 않지만 수익적 행정행위의 발령을 구하는 우회적인 권리구제수단이 존재하는 것이다. 따라서 그에 따른 가구제제도가 필요하다.

판례는 각종 신청에 대한 거부처분에 대하여 효력을 정지하더라도 단지 거부처분이 없는 상태(신청 당시의 상태)로 돌아가는 것에 불과하여, 집행정지가 되더라도 당사자가 허가를 받은 것과 같은 상태가 되는 것은 아니기 때문에 거부처분에 대한 집행정지결정은 신청의 이익이 흠결되어 부적법하다는 입장에 있다.[52] 그리하여 대법원은 국립학교 불합격처분,[53] 투전기업소허가 갱신불허처분,[54] 교도소장의 접견허가 거부처분,[55] 사단법인 한국컴퓨터게임산업중앙회의 점검필증교수거부처분[56] 등에 대한 집행정지신청을 모두 부적법하다고 판시하였다.

서울행정법원의 결정례 중에서는 한약사시험 응시원서 접수 거부처분의 경우 집행정지가 있으면 일단 시험을 볼 수 있다는 사고 하에서 집행정지를 허용한 것이 있다.[57] 일본의 하급심 재판례 중에서도 체류

---

51) 강구철, 위의 논문, 170면 참조. 정영철, 위의 논문, 618면도 같은 견해이나 다만 거부처분의 침익적 성격을 강조하고 집행정지로 해결하자고 주장한다.
52) 가령 대법원 1995. 6. 21.자 95두26 결정.
53) 대법원 1963. 6. 29.자 62두9 결정.
54) 대법원 1992. 2. 13.자 91두47 결정, 대법원 1993. 2. 10.자 92두72 결정.
55) 대법원 1991. 5. 2.자 91두15 결정.
56) 대법원 1995. 6. 21.자 95두26 결정.

기간갱신불허가처분의 효력정지로 인하여 허가 없이 체류하는 권리를 취득하는 것은 아니지만, 신청인이 체류기간이 경과한 후에도 불법체류자로서 당장 추방되지는 않게 되므로 집행정지의 요건을 충족한다고 판시한 것도 있다.58)

위 하급심 결정들이 취한 논리는 거부처분이 없는 상태를 유지하는 것만으로도 신청의 이익이 있다면 거부처분의 집행정지를 부적법하다고 볼 수는 없다는 것이다. 그러나 한약사시험 응시원서의 접수에 대한 거부처분이 잠정적으로 그 효력이 정지된다고 하더라도 한약사시험의 응시원서를 제출하였던 상태로 돌아갈 뿐이고 한약사시험을 응시할 자격이 형성되는 것은 아니다. 왜냐하면, 집행정지의 결정에는 행정소송법 제23조 제6항에 의하여 제30조 제1항이 준용되어 반복금지효 같은 기속력은 인정되지만, 같은 조 제2항에 의하여 인정되는 거부처분 취소판결에서의 재처분의무와 같은 효력은 부여되어 있지 않기 때문이다. 한편, 체류기간갱신불허가처분의 효력정지결정도 행정청에게 위와 같은 재처분의무가 부과되어 있지 않기는 마찬가지이어서 그 결정으로 체류자격이 형성되는 것이 아니다. 아마도 위 효력정지결정은 체류기간 갱신불허가처분의 후속절차인 퇴거명령 등에 대한 속행을 정지하고자 하는 의도였을 것이라고 추측된다.

한편, 거부처분이 침익적 행정행위의 성질을 가지고 있으므로 집행정지가 가능하다는 식으로 논거는 다르지만 위와 같은 하급심 결정례와 결론을 같이 하는 견해가 있다.59) 그러나 거부처분은 신청을 받아들이지 않아서 궁극적으로 자유권적 기본권이나 사회권적 기본권을 침해하

---

57) 서울행정법원 2000. 2. 18자 2000아120 결정. 그밖에도 국립대학교 입학시험에서 1차 전형불합격처분의 효력정지결정(서울행정법원 2003. 1. 14.자 2003아95 결정), 대구광역시 폐기물시설 민간투자사업 사전 자격심사 탈락처분 집행정지결정(대구지방법원 2010. 4. 16.자 2010아89 결정)의 사례도 문헌에서 소개되고 있다.

58) 東京地方裁判所, 1970. 9. 14. 決定.

59) 정영철, 위의 논문, 616면.

는 결과를 낳을 수는 있지만, 그 자체로는 침익적이지도 수익적이지도 않는 것에 불과하므로, 위와 같은 논거도 받아들이기 힘들다.

결국 위와 같은 하급심 결정이 의도한 것은 집행정지결정의 형식을 빌리기는 하였지만 잠정적으로 한약사시험을 응시할 수 있는 자격을 부여한 적극적 가처분을 행한 것과 같은 결과를 내기 위한 것이다. 이러한 점을 감안하면 현행법체제 하에서도 거부처분에 대한 항고소송을 본안으로 성질상 위와 같은 가처분이 허용된다고 보아야 한다. 그래야만 공백 없는 신속한 권리보호가 도모될 수 있는 것이다.

3. 구체적인 적용

항고소송에서 가처분이 허용된다면 빈번한 임시적인 규율로 인하여 법원이 행정에 지나치게 개입하게 됨으로써, 행정권한이 침해되는 결과가 생길 수 있거나 법원의 부담이 가중될 수 있다는 우려가 있다. 그러나 가구제는 본질상 소송물에 대한 종국적인 효력을 가지는 판단을 행할 수는 없고, 본안판단을 원칙적으로 선취할 수 없다. 다만 신청인이 본안판단을 기다려서는 수인할 수 없는 불이익을 입을 것이라고 우려되는 경우, 특히 본안판단이 늦어질 것이라는 고도의 개연성이 있을 경우 임시적인 본안선취가 예외적으로 허용될 뿐이다.60) 따라서 가처분 신청은 엄격한 요건 해석 및 이익형량을 거치게 될 것이므로 위에서 우려하는 정도로 인용되는 경우는 그리 많지 않을 것이고, 오히려 원고의 지위를 임시적으로 보호해 줌으로써 의무이행소송의 제도적 취지를 극대화함으로 인한 순기능이 클 것으로 예상된다.

민사집행법상 가처분의 내용은 매우 다양하고, 그 중에서는 본안판결 전임에도 불구하고 신청인에게 만족을 줄 수도 있다. 이러한 만족적

---

60) 김현준, 위의 논문, 178면 참조.

가처분은 그 신청을 받아들이는데 매우 신중해질 것이다. 예컨대, 본안 판단에 앞서 정보공개처분을 할 것을 가처분으로서 명하는 것은 쉽지 않을 것이다. 반면에 근로자가 산업재해를 당하여 요양승인을 신청하였으나 위법하게 거부당한 경우에는 근로자 본인의 자력 부족으로 인하여 즉각적인 보호가 주어지지 않는다면 근로자 본인에게 돌이킬 수 없는 피해가 발생할 수 있게 되는데, 이러한 경우에는 가처분을 통한 임시적인 규율로써 당해 근로자가 신속하게 사실상의 요양을 받을 수 있도록 할 수 있을 것이다.

　　항고소송에서 가처분 규정이 준용된다고 해석하더라도 민사집행법에서와 같이 본안소송의 계속을 전제로 하지 않아도 되는 것인지는 어려운 문제이다. 행정소송법 제23조 제2항에서는 본안소송의 계속을 집행정지의 요건으로 규정하고 있는데, 그 취지는 집행정지결정만 받아놓고 본안소송을 제기하지 않을 경우 행정법관계의 안정성을 해칠 우려가 있기 때문에 이를 방지하기 위한 것이다. 같은 이유에서 항고소송의 제기 없이 민사상의 가처분의 형식을 빌려 행정청에게 일정한 처분을 명하거나 금하는 가처분을 구하는 것은 현행법의 해석론으로는 허용되기 어렵다고 생각한다. 또한, 항고소송에서의 가처분이 권리구제와 직접적인 관련성이 없다면 사법권의 한계를 넘어서 권력분립의 원칙에 반할 염려도 있다. 예컨대, 각종 허가영업을 양수한 자들이 허가명의자를 상대로 허가명의변경절차이행청구권을 피보전권리로 하여 허가명의변경금지를 구하는 민사상 가처분신청을 하면서, 그 실효성의 확보를 위하여 그 허가를 담당하는 행정청이나 국가를 제3채무자로 하여 허가명의를 변경하여 주지 말 것을 구하는 경우, 행정청을 제3채무자로 한 위와 같은 가처분은 허용될 수 없을 것이다.61)

　　아울러 장래에 위법한 처분이 행해질 것이 임박하였을 경우 그 처

---

61) 대법원 1973. 6. 29. 선고 73다23 판결, 대법원 1992. 7. 6. 자 92마54 결정, 대법원 2000. 4. 25. 선고 98두7923 판결.

분의 금지를 구하는 소송유형(예방적 금지소송)은 현행법상 명시되어 있지 않다는 것을 빌미로 판례가 이를 허용하지 않으므로,[62] 그것을 본안으로 할 것을 예정하고 현상을 유지하는 것을 목적으로 하는 가처분에 대한 논의도 그다지 현실적이지 않다.

V. 입법적 노력

만일 의무이행소송이나 예방적 금지소송이 도입된다면 민사집행법상 가처분 규정이 준용되거나 행정소송법상 가처분제도가 입법화되어야 할 것이다. 그런데, 우리나라는 2000년대 들어서서 행정소송의 실효성 확보나 현대형 행정에 대한 권리구제의 실질화를 기하기 위하여 행정소송법을 개정하려는 시도를 하였다.

대법원은 2002. 4. 행정소송법 전면개정의견을 마련하여 2006. 9. 8. 국회에 제출하기도 하였고(2006년 대법원안), 법무부도 2006. 4. 26. 행정소송법 개정안을 마련한 다음 2007. 11.경 국회에 제출하였지만(2007년 법무부안), 위 시도들은 17대 국회가 임기만료로 해산하면서 자동으로 폐기되었다. 최근에도 법무부는 2012. 5. 24. 「행정소송법 개정 공청회」를 개최한 다음 거기에서 채택된 행정소송법 개정시안(2012년 개정시안)을 기초로 행정소송법 전부개정법률안을 만들어 2013. 3. 20.부터 같은 해 4. 30.까지 입법예고까지 거쳤으나, 국회에 제출도 못해보고 19대 국회가 임기만료로 해산되었다.

우리나라의 개정안들은 집행정지의 요건을 완화하여 권리구제의

---

62) 판례는 행정소송법상 행정청이 일정한 처분을 하지 못하도록 그 부작위를 구하는 청구는 허용되지 않는 부적법한 소송이라고 한다(대법원 2006. 5. 25. 선고 2003두 11988 판결). 따라서 신축건물의 준공처분을 해서는 안 된다는 내용의 부작위를 구하는 청구는 행정소송에서 허용되지 않는다(대법원 1987. 3. 24. 선고 86누182 판결).

적시성과 실효성을 확보하려고 하였다. 다만 그 요건을 완화하는 구체적인 방법에서는 다소간의 차이가 있다. 2006년 대법원안에서는 현행법에서 인정하고 있는 집행정지사유인 "회복하기 어려운 손해를 예방하기 위하여 긴급한 필요가 있다고 인정할 때" 이외에 "처분 등이 위법하다는 현저한 의심이 있을 때"를 집행정지사유의 하나로 추가하려고 시도하였다. 이에 대하여 2007년 법무부안과 2012년 개정시안은 일본의 행정사건소송법과 마찬가지로 "회복하기 어려운 손해"를 "중대한 손해"로 변경하여 완화하고자 하였다. 다만 2012년 개정시안에서는 집행정지의 소극적 요건인 "본안 청구가 이유 없음이 명백한 경우"를 명문화하였다. 그리고 2006년 대법원안과 2012년 개정시안에서는 이른바 담보제공부 집행정지제도를 도입하기로 하였으나, 2007년 법무부안에서는 이를 도입하지 않았다.

한편, 우리나라의 개정안들은 모두 본안의 관할법원은 다툼의 대상에 관한 가처분과 임시의 지위를 정하는 가처분을 할 수 있도록 하되, 집행정지로써 목적을 달성할 수 없는 경우에 한하여 허용되는 것으로 보충적으로 규정하였다. 다만 그 요건에 관하여, 2006년 대법원안은 "처분 등이 위법하다는 상당한 의심이 있는 경우로서 …… 필요가 있는 경우"라고 규정하였는데, 2007년 법무부안은 이를 보다 강화하여 "긴급한 필요가 있는 경우"로 하였고, 여기에다가 2012년 개정시안은 위 양안이 요건으로 한 "처분 등이나 부작위가 위법하다는 상당한 의심이 있는 경우"를 더욱 강화하여 "현저한 의심이 있는 경우"로 하고, "공공복리에 중대한 영향을 미칠 우려가 있거나 신청인의 본안 청구가 이유 없음이 명백한 경우"라는 집행정지의 소극적 요건을 마찬가지로 규정하였다. 참고로 2012년 개정시안 제26조는 다음과 같다.

2012년 개정시안 제26조(가처분) ① 본안이 계속된 법원은 처분등이 위법 하다는 현저한 의심이 있는 경우로서 다음 각 호의 어느 하나에 해당하 는 경우에는 당사자의 신청에 의하여 결정으로 가처분을 할 수 있다.

1. 다툼의 대상에 관하여 현상이 바뀌면 당사자가 권리를 실행하지 못하 거나 그 권리를 실행하는 것이 매우 곤란할 우려가 있어 다툼의 대상 에 관한 현상을 유지할 긴급한 필요가 있는 경우

2. 다툼이 있는 법률관계에 관하여 당사자의 중대한 손해를 피하거나 급 박한 위험을 피하기 위하여 임시의 지위를 정하여야 할 긴급한 필요 가 있는 경우

② 법원은 제1항에 따른 가처분 결정을 하는 경우 소송의 대상이 된 처 분등의 당사자인 행정청 및 이해관계자에게 재산상 손해가 생길 우 려가 있는 때에는 가처분을 신청한 자로 하여금 권리자를 지정하여 그 손해에 대한 담보를 제공하게 할 수 있다. 이 경우 권리자로 지 정된 자는 그 담보물에 대해서 질권자와 동일한 권리를 가진다.

③ 제2항에 따른 담보에 관하여는 「민사소송법」 제120조 제1항, 제122 조 및 제124조부터 제126조까지의 규정을 준용한다.

④ 제1항 제2호에 따른 가처분의 재판에는 변론기일이나 당사자가 참 석할 수 있는 심문기일을 열어야 한다. 다만, 그 기일을 열어 심리하 면 가처분의 목적을 달성할 수 없는 사정이 있는 경우에는 그러하지 아니하다.

⑤ 제1항에 따른 가처분은 제24조 제2항에 따른 집행정지로 목적을 달 성할 수 있는 경우에는 허용되지 아니한다.

⑥ 제1항에 따른 가처분에 대해서는 제24조 제3항·제4항·제7항, 제 25조, 제31조 및 제32조제1항을 준용한다.

위와 같이 우리나라의 개정안들은 모두 의무이행소송과 예방적 금 지소송을 도입하고 그에 따른 가구제제도를 마련하려고 한 것에서는 일

치한다. 이러한 입법적 시도들은 헌법 제27조에서 요청하는 효율적인 권리보호를 실현하기 위하여 바람직하다. 행정소송의 실효성 확보나 현대형 행정에 대한 권리구제의 실질화를 이룰 수 있도록 하루바삐 행정소송법이 개정되기를 바라마지 않는다.

그러나 입법이 미비한 것을 빌미로 국민의 권리구제에 부합하는 해석론의 전개를 주저하는 판례의 태도는 바람직하지 않다. 이와 관련한 최송화 교수님의 다음과 같은 언급은 중요한 시사점을 제시하므로,[63] 결론을 대신하여 기술한다.

새로운 소송유형의 인정여부나 소송요건에 대한 인정여부를 입법에 지나치게 의존하는 것은 매우 바람직하지 않다. 이러한 분야는 법원에 의한 법발전이 가장 요구되는 분야인 만큼 법원이 새로운 문제에 대해 새로운 판결례를 선보여서 문제를 해결하고 그러한 구체적인 사례해결에서의 검증을 거쳐 추후에 보다 완결된 방식으로 입법으로 수용하는 것이 자연스러운 발전의 과정이라고 사료된다.

---

63) 최송화, 한국의 행정소송법 개정과 향후방향, 행정판례연구 Ⅷ, 박영사(2003), 438면.

참고문헌

[논문]

강구철, 항고소송에 있어서의 가구제도의 문제점, 법학논총 제12호, 국민
    대학교 법학연구소(2000. 2)
김상수, 민사소송에서 본 행정소송-행정소송법개정시안을 중심으로-,
    법조 제613권, 법조협회(2007. 10)
김창록, 근대일본헌법사상의 형성, 법사학연구 제12호, 한국법사학회
    (1991)
김현준, 독일 행정소송상 가구제, 공법연구 제45집 제4호, 한국공법학회
    (2017. 6)
이상규, 신행정쟁송법의 특색과 문제점, 사법행정 제26권 제1호, 한국사법
    행정학회(1985. 1)
정영철, 권리보호의 효율성명령에 근거한 거부처분에 대한 행정소송법상
    가구제, 법학논총 제29집 제4호, 한양대학교 법학연구소(2012)
최송화, 한국의 행정소송법 개정과 향후방향, 행정판례연구 Ⅷ, 박영사
    (2003)
최송화, 현행 행정소송법의 입법경위, 공법연구 제31집 제3호, 한국공법학
    회(2003)
최우용, 일본 개정 행정사건소송법의 가구제에 관한 연구, 공법학연구 제
    9권 제1호, 한국비교공법학회(2008. 2)
하명호, 목촌 김도창 박사의 복리행정법, 공법연구 제44집 제1호, 한국공
    법학회(2015. 10)
하명호, 행정심판의 개념과 범위-역사적 전개를 중심으로 한 해석론-,
    인권과 정의 제445호, 대한변호사협회(2014. 11)
高橋貞三, 行政事件訴訟法案の成立, 民商法雜誌 第46卷 第6号, 有斐閣

(1962. 9)

高柳信一, 行政国家制より司法国家制へ, 公法の理論: 田中二郎先生古稀記
　　念 下 2, 有斐閣(1977)

高柳信一, 行政訴訟法制の改革, 戰後改革4·司法改革, 東大社研編(1975)

北村和生, 行政訴訟における仮の救濟, ジュリスト, 1263号, 有斐閣(2004. 3)

[단행본]

김남진·김연태, 행정법 I, 제21판, 법문사, 2017.

김성돈·이정훈·다키이 가즈히로·류부곤·박성민, 한국사법의 근대성과
　　근대화를 생각한다: 신화와 우상을 넘어선 성찰적 법의 역사를 위하
　　여, 세창출판사, 2013.

김철용, 행정법 I, 제11판, 박영사, 2008.

방광석, 근대일본의 국가체제 확립과정, 혜안, 2008.

법원실무제요 민사집행[IV]-보전처분-, 법원행정처, 2003.

이시윤, 신민사집행법, 제7개정판, 박영사, 2016.

장영수, 헌법학 제10판, 홍문사, 2017.

하명호, 행정쟁송법, 제3판, 박영사, 2017.

한수웅, 헌법학, 제5판, 법문사, 2015.

헌법제정회의록(제헌의회), 국회도서관, 1967.

南博方·高橋滋, 条解 行政事件訴訟法 第3版補正版, 弘文堂, 2009.

美濃部達吉, 行政裁判法, 千倉書房, 1929.

高地茂世·納谷廣美·中村義幸·芳賀雅顯, 戰後の司法制度改革, 成文堂, 2007.

室井力·芝池義一·浜川清, 行政事件訴訟法·國家賠償法, 第2版, 日本評論
　　社, 2006.

田中二郎, 行政爭訟の法理, 有斐閣, 1954.

국문초록

판례는 항고소송에 대해서는 행정소송법 제23조 제2항의 집행정지에 관한 규정이 있으므로 민사집행법상의 가처분에 관한 규정이 준용되지 않고, 당사자소송에 대해서는 집행정지에 관한 규정이 준용되지 않으므로 행정소송법 제8조 제2항에 따라 민사집행법상의 가처분에 관한 규정이 준용된다는 입장에 있다. 즉, 집행정지 규정이 있고 없음에 따라 항고소송에는 민사집행법상의 가처분 규정이 준용되지 않고 당사자소송에는 준용된다는 것이다.

이러한 해석론은 일본의 행정소송법학과 판례의 영향을 받은 것으로 추정된다. 그러나 일본은 전통적으로 사법부에 대한 행정부의 우위사상에 따라 행정소송에서의 가구제절차를 사법작용이 아니라 행정작용이라고 인식하고 있다. 이러한 사고방식에 입각하여, 행정소송법에 집행정지에서 행정부의 판단이 사법부의 판단에 우위를 두는 내각총리대신의 이의제도, 공권력의 행사를 저해하는 가처분을 배제하기 위한 가처분의 배제조항 등을 두고 있는 것이다.

그러나 우리나라의 경우에는 일본과 달리 행정소송법이 제정될 때 행정소송에서의 가구제절차의 공백을 민사집행법상의 가처분을 준용함으로써 보완하려고 하였다. 그럼에도 불구하고 판례가 위와 같은 견해를 취하는 것은 우리나라와 일본의 임시적 권리구제절차에 대한 입법의도와 행정소송법 규정상의 차이를 무시한 것이다.

한편, 판례대로 해석하면, 항고소송에서는 가처분이 허용되지 않음으로써 임시적 권리구제절차의 공백이 발생하게 된다. 이러한 해석은 헌법 제27조의 재판청구권에서 도출되는 효율적인 권리보호의 요청에 반하는 것이므로, 헌법합치적인 발상의 전환이 필요하다.

주제어: 가처분, 가구제, 집행정지, 항고소송, 당사자소송, 준용

Abstract

Regulation of Provisional Dispositions in Administrative Litigation

Ha, Myeong Ho*

Article 23.2 of the Administrative Litigation Act applies to appeal litigation. Hence, regarding such appeals, provisions regarding provisional dispositions under the Civil Execution Act do not apply, and in party litigations, suspension of execution does not apply. Thus, it is the court's view that provisions regarding provisional dispositions under the Civil Execution Act apply for party litigations according to Article 8.2 of the Administrative Litigation Act. In other words, depending on whether provisions for suspension of executions exist or not, injunction provisions under the Civil Execution Act do not apply in appeal litigations, but do apply to party litigations.

This interpretation is believed to be influenced by Japanese administrative litigation laws. But the Japanese perceive temporary injunctions in administrative litigation as administrative acts, rather than judicial acts, according to their traditional views of superiority of its administrative bodies over the judiciary. On such understanding, Japan's administrative litigation laws have a system of allowing for opposition by the Prime Minister, in which the executive's judgment overrides the judgment of the judiciary in the suspension of execution. Also, injunctions that hinder the exercise of public power may be excluded.

---

* Korea University

But in Korea, unlike Japan, when the Administrative Litigation Act was enacted, it attempted to compensate for the vacancy of temporary injunctions in administrative litigation by applying the provisions of provisional disposition in the Civil Execution Act. Hence, the Court taking the view above ignores the differences of legislative intent and differences in regulation between the legislative and administrative laws of Japan and Korea in relation to temporary injunctions.

On the other hand, if interpreted according to precedents, a gap will remain open for temporary injunctions in appeal litigations. This interpretation contradicts the demand for effective protection of rights derived from the right to trial of Article 27 of the Constitution. Hence a transition based on Constitutional values are necessary.

Keywords: Provisional disposition, Temporary injunction, Suspension, Appeal litigation, Party litigation, To apply with necessary modifications

투고일 2017. 12. 11.
심사일 2017. 12. 25.
게재확정일 2017. 12. 28.

公法上 留止請求權 實現의
法治國家的 課題

金鉉峻*

대법원 2016. 11. 10. 선고 2013다71098 판결

Ⅰ. 문제의 제기

1. 공법상 유지청구권과 공익론

유지청구(留止請求)란 권리에 대한 침해가 발생하지 않게 하거나, 침해가 이미 발생한 경우 더 이상 침해가 확대되지 않도록 침해행위에 대한 소극적 또는 적극적 조치를 구하는 것이다. 일반적으로 유지청구는 사인 간의 소음피해 등으로 인한 법률관계와 같은 민사관계에서 이루어지고 있지만, 공항에 이·착륙하는 항공기로 인한 소음피해와 같이, 국가 등의 행정주체가 설치·관리하는 공공의 영조물, 즉 강학상 공물(公物)로부터 소음피해를 입고 있는 사인이 행정주체나 행정청에 대하여

---

* 영남대 법학전문대학원 교수

소음피해의 방지를 요구하는 경우도 있다. 후자는 공법상 법률관계에서
이루어지는 유지청구이므로 통상적인 민사관계에서 이루어지는 민사상
유지청구와는 구별하여 '공법상 유지청구'라고 파악할 수 있다. 공법상
유지청구는 소음발생원인 공물을 설치·관리하는 국가와의 상린관계를
민법상의 상린관계와 동일하게 보지 않고, 공법적 특수성을 가진 법률
관계로 본다는 점에서 민사상 유지청구와는 구분될 것이다.

그런데, 민사상 유지청구와는 달리 '공법상 유지청구(권)'는 흔히
사용되는 용어가 아니고, 이러한 문제점을 지적한 선행연구도 잘 발견
할 수 없다. 소송실무에서도, 가령 공항소음사건이나 사격장소음사건에
있어서 국가배상법 제5조를 근거로 하여 손해배상청구만이 문제되지,
소음피해를 방지하기 위한 유지청구가 다투어지는 경우는 잘 볼 수 없
다. 그 이유는 여러 가지가 있겠지만, 양자의 구분기준인 '공익'1)개념을
이해하기 어렵다는 데에도 크게 기인할 것 같다. 공익개념의 난해성은
독일의 저명한 (법)사회학자 루만(N. Luhmann)이 이를 아이거산(山) 북
벽(Eigernordwand) 등반에 비유할2) 정도가 아니던가!

난공불락처럼 보이는 공익개념 앞에서 그래도 다행스러운 것은 이
러한 공익을 이해하기 위하여 의지할 수 있는 선행연구3)가 있다는 점
이다. 아이거 북벽 등반의 어려움을 마다하지 않았을 공익연구는 이론
적 탐구에서 그치지 않고, '행정소송법 개정'이라는 또 다른 험산준령
등반으로 이어졌는데,4) 이론과 실천에 걸친 법치주의 구현을 위한 시도

---

1) 행정법상 공익개념에 관해서는 최송화, 공익론 - 공법적 탐구 -, 서울대학교 출판
   부, 2002, 21-64쪽.
2) Luhmann, Der Staat 1962, 375(Schlacke, Überindividueller Rechtsschutz, Mohr
   Siebeck, 2008, 9쪽에서 재인용).
3) 최송화, 공익론(2002)은 공익개념을 공법적 문제화의 대상으로 전제한 뒤, 독일,
   미국, 영국의 공법상 공익개념에 대한 비교법적 검토를 바탕으로 우리나라 문제
   상황에서의 공익개념, 입법·사법에서의 공익문제, 나아가 개별공법영역에서의 공
   익문제까지 다루고 있는 체계적인 공익 연구서이다.
4) 행정소송법 개정시도는 여러 차례 있었지만, 가장 최근의 작업결과로는 법무부의

이었음이 틀림없다.

2. 연구의 범위와 목적

대상판례는 항공헬기 소음에 대하여 손해배상청구 및 유지청구를 구한 사건인데, 여기서는 후자에 초점을 맞춘다. 공공의 영조물의 설치·관리의 하자가 문제되는 경우 국가배상법 제5조에 따라 손해배상청구만을 문제 삼았던 종래 판례[5]와는 달리, 대상판례에서는 유지청구까지 함께 판단했다는 점이 특기할 만하다. 그런데, 민사소송으로 제기된 이 사건의 제1심 법원에서 대법원에 이르기까지 이러한 유지청구가 민사법원의 관할인지, 행정법원의 관할인지는 문제삼지 않았다. 그러나 이 쟁점은 '실효성있고, 빈틈없는 행정소송'(wirksamer und lückenloser Rechtsschutz)의 요청과 직결되는 법치주의 실현이라는 중요한 문제이다. 이러한 문제의식을 바탕으로 본고는 대상판례의 평석을 통하여 공·사법 지경(地境)의 언저리에 있는 법률관계를 행정법 영역으로 확보하고, 이를 행정소송에서 다룰 수 있게 하려는 목적을 가지고 있다.

주도로 2011.11 구성된 행정소송법 개정위원회(위원장: 최송화)의 개정시안이 있다(2012. 5. 24. 법무부 행정소송법 개정 공청회자료 참조). 동 개정시안은 정부부처 간 협의 등을 거쳐 2013.3.20. 행정소송법 전부개정안으로 제시되었으나, 국회에서 그 입법적 결실을 거두지 못했고, 행정소송법 개정은 동법 개정을 바라는 많은 사람들에게 마치 '아이거 북벽'처럼 인식되어가고 있다.

5) 광주공군비행장 항공기소음사건(대법원 2015. 10. 15. 선고 2013다23914 판결), 대구K2공군기지 항공기소음사건(대법원 2010. 11. 25. 선고 2007다74560 판결), 김포공항 항공기소음사건(대법원 2005. 1. 27. 선고 2003다49566 판결), 매향리사격장사건(대법원 2004. 3. 12. 선고 2002다14242 판결), 웅천사격장사건(대법원 2010. 11. 11. 선고 2008다57975 판결).

II. 대상판결

1. 사안의 개요

피고(대한민국) 소유의 대전 서구 소재 대 2,926㎡ 지상에는 1985. 9. 16. 설치된 충남지방경찰청 항공대가 위치하고 있으며, 위 항공대에는 헬기가 이·착륙하는 헬기장(이하 '이 사건 헬기장'이라고 한다)이 있다.

이 사건 헬기장은 남동쪽 한 면이 대 3,212㎡(이하 '이 사건 토지'라고 한다)에 접하고 있고, 그 반대쪽인 북서쪽 한 면은 자동차정비업소와 접해 있으며, 남서쪽은 2차로 도로에 접해 있고, 그 도로 반대편에는 갑천이 흐르며, 갑천 너머로 넓은 농경지가 있는 반면, 이 사건 헬기장의 북동쪽으로는 명암마을과 도솔산이 있어 그 방면으로는 헬기가 이·착륙을 할 수 없게 되어 있다. 한편 '충남지방경찰청 항공대의 국지비행 절차도'에 기재된 '장주요도'에는, 헬기가 좌선회를 하면서 이 사건 토지의 상공을 거쳐서 이 사건 헬기장에 착륙하고, 이륙 시에는 갑천 방향으로 이륙하도록 주요 항로가 그려져 있다.

충남지방경찰청 항공대는 소형 헬기(7인승) 한 대를 보유하고 있고, 이 사건 헬기장은 응급환자 이송 또는 각종 공공 업무를 위하여 위 헬기뿐만 아니라 다른 경찰청 소속 헬기(15인승, 7인승), 충남·충북소방헬기(14인승) 등의 이·착륙 장소로도 사용되어 왔다. 이 사건 헬기장이 사용된 횟수는 2004년경부터 2008년경까지 충남지방경찰청 소속 헬기가 약 571회, 다른 지방경찰청 및 충남·충북소방헬기가 약 51회(그중 충남소방헬기가 2005. 1. 1.부터 2009. 8. 13.까지 약 27회이다)이고, 이·착륙 당시의 풍향과 지상 및 공중의 장애물을 고려하여 이 사건 토지의 상공을 통과하여 접근하는 방식 또는 갑천 쪽에서 접근하는 방식 등을 선택하여 헬기가 이·착륙하여 왔다.

이 사건 토지는 이 사건 헬기장이 설치되기 전부터 금남교통운수

주식회사의 차고지로 사용되어 왔으며, 이 사건 토지에 있는 건축물(이하 '이 사건 건축물'이라고 한다)은 이 사건 헬기장이 설치되기 약 1년 전인 1984. 7. 10.경부터 위 금남교통운수의 차고지 및 주유소, 정비소로 이용되어 왔다.

　　원고는 2008. 2. 13. 대전광역시 서구청장에게 이 사건 토지 지상에 10실의 분향소를 갖춘 지상 4층, 지하 1층 건축면적 640.95㎡, 연면적 3,465.91㎡ 규모로 장례식장 건물을 신축하기 위한 건축허가를 신청하였고, 2008. 8. 19. 대전광역시 서구청장으로부터 이 사건 토지에 관하여 장례식장 건축을 목적으로 한 토지거래허가를 받은 다음, 금남교통운수 주식회사로부터 이 사건 토지를 매수하여 2008. 9. 18. 소유권이전등기를 마쳤다.

　　대전광역시 서구청장은 2008. 10. 31. 원고에게, ① 충남지방경찰청장으로부터 헬기 운항 시 하강풍으로 인하여 장례식장을 이용하는 사람들의 인명 피해 등이 우려되어 건축허가를 제한할 중대한 공익상의 필요가 있다는 의견이 제시되었고, ② 명암마을 주민 107명으로부터 이 사건 토지에 장례식장이 입지할 경우 소음, 악취, 주차난, 교통사고 위험, 지가하락 등으로 주거환경이 저해된다는 이유로 집단민원이 지속적으로 발생되고 있다는 등의 사유로 위 건축을 불허가하는 처분(이하 '건축불허가 처분'이라고 한다)을 하였다.

　　이에 원고는 2008. 11. 25. 대전광역시 서구청장을 상대로 대전지방법원 2008구합4123호로 건축불허가 처분의 취소를 구하는 소를 제기하였다. 법원은 2009. 9. 30. '이 사건 토지에 장례식장이 입지하게 된다면 이 사건 헬기장에 헬기가 이·착륙하는 경우 발생하는 하강풍으로 인하여 장례식장 이용객들의 인명 피해 우려가 매우 심각할 것으로 판단되고, 이 사건 토지와 민가는 8m 도로를 사이에 두고 있을 뿐이어서 장례식장이 들어설 경우 소음으로 인한 거주환경의 피해가 참을 한도를 넘을 것으로 판단되는 등으로 이 사건 토지에 장례식장의 건축을 제한

하여야 할 중대한 공익상 필요가 인정된다'는 이유로 원고의 청구를 기
각하는 판결을 선고하였다. 이에 대한 원고의 항소와 상고가 모두 기각
되어 그 판결이 그대로 확정되었다.

원고는 2009. 11. 13. 및 같은 달 19일 이 사건 토지에 관하여 소매
점, 일반음식점, 사무소 용도로 건축허가(증축) 및 공작물축조 신청을
하였다. 그러나 대전광역시 서구청장은 2009. 12. 1. 원고에게, ① 충남
지방경찰청장으로부터 헬기 운항 시 하강풍으로 인하여 장례식장을 이
용하는 사람들의 인명 피해 등이 우려되어 건축허가를 제한할 중대한
공익상의 필요가 있다는 의견이 제시되었고, ② 이 사건 토지는 대전광
역시장이 명암마을 거주자의 보건·휴양 및 정서생활의 향상을 위하여
국토의 계획 및 이용에 관한 법률 제25조의 규정에 따라 대전 도시관리
계획(공원) 결정을 위한 행정절차를 거쳐 2009. 12. 중에 대전 도시관리
계획(공원) 결정 및 고시가 예정되어 있는 지역이므로 위 공익사업의 추
진을 위하여 건축허가를 제한할 중대한 공익상의 필요가 있다는 이유로
불허가 처분을 하였다. 이에 원고는 2009. 12. 10. 이 사건 토지에 관하
여 단독 주택 용도의 건축허가(증축) 신청을 하였는데, 대전광역시 서구
청장은 2009. 12. 17. 위와 같은 이유로 다시 불허가 처분을 하였다.

원고는 2010. 4. 7. 대전광역시 서구청장에게 이 사건 건축물을 그
대로 둔 채, 이 사건 건축물의 용도를 제2종 근린생활시설(사무소)에서
장례식장으로 변경해 달라는 내용의 허가신청을 하였다. 대전광역시 서
구청장은 2010. 4. 13. 충남지방경찰청장으로부터 장례식장을 이용하는
이용객들의 안전을 보호하기 위하여 허가를 제한하여야 할 중대한 공익
상의 필요가 있어 부동의한다는 의견이 있다는 등의 이유로 위 건축물
용도변경 허가신청을 불허가한다는 내용의 처분(이하 '용도변경 불허가처
분'이라고 한다)을 하였다.

이에 원고는 2010. 10. 11. 대전광역시 서구청장을 상대로 대전지
방법원 2010구합4089호로 용도변경 불허가처분의 취소를 구하는 소를

제기하였다. 법원은 2011. 8. 10. '헬기의 하강풍으로 인하여 장례식장에 왕래하는 사람들이나 물건들에 심각한 피해를 입힐 우려가 큰 것으로 보이고, 이는 이 사건 건축물의 용도를 장례식장으로 변경하는 것을 거부할 중대한 공익상의 필요가 있는 경우에 해당된다'는 등의 이유로 원고의 청구를 기각하는 판결을 선고하였다. 이에 대한 원고의 항소와 상고가 모두 기각되어 위 판결이 그대로 확정되었다.

원고는 이 사건 헬기장에 헬기가 이·착륙함에 있어서 이 사건 토지의 상공을 통과함에 따른 안전문제로 말미암아 이 사건 토지 지상에 건축물의 신축, 증축, 용도변경이 불허가 되는 등 이 사건 토지의 이용에 심각한 제한이 있다는 이유로, 소유권에 기한 방해배제청구권에 근거하여 피고가 이 사건 헬기장에 헬기가 이·착륙함에 있어 이 사건 토지의 상공을 통과하는 것의 금지를 구하며, 또한 피고는 이 사건 헬기장을 설치·관리함에 있어서 이 사건 토지에 손해를 주지 않는 방법을 선택하거나 원고에게 정당한 보상을 하였어야 함에도 불구하고 이를 위반하여 이 사건 토지의 이용에 제한을 가하였으므로 그로 인한 손해배상을 구하는 소를 제기하였다.

2. 판결 중 '상공 통과 금지 청구'에 대한 판단

(1) 대전지방법원 2012. 8. 16. 선고 2010가합7823 판결

피고가 설치한 이 사건 헬기장에 이·착륙하는 헬기가 바람의 영향으로 이 사건 토지 방향으로 이·착륙하는 경우에는 이 사건 토지의 소유권이 미치는 이 사건 토지의 상부를 통과하게 되지만, 한편 이 사건 헬기장의 남동쪽 한 면(좌측)이 이 사건 토지와 접해 있고, 그 반대쪽인 북서쪽 한 면(우측)은 ○○자동차공업사와 접해 있으며, 이 사건 헬기장의 남서쪽 한 면(앞쪽)은 2차로 도로에 접해 있고, 그 도로 반대편에는 갑천이 흐르며, 갑천 너머로 넓은 농경지가 있는 반면, 이 사건 헬기장의 북동쪽으로는 명암마을과 도솔산이 있어 그 방면으로는 헬기가 이·착륙을 할 수 없게 되어 있는 사실, '충남지방경찰청 항공대의 국지비행 절차도'에 기재된 '장주 요도'에 따르면 헬기가 좌선회를 하면서 이 사건 토지를 거쳐 이 사건 헬기장에 착륙하고, 이륙시에는 갑천 방향으로 이륙하도록 주요 항로가 그려져 있는 사실, 충남지방경찰청 항공대는 소형 헬기(7인승) 한 대를 보유하고 있고, 이 사건 헬기장은 응급환자 이송 또는 각종 도정 업무를 위하여 위 헬기뿐만 아니라 타 경찰청 소속 헬기(15인승, 7인승), 충남·충북소방헬기(14인승) 등의 이·착륙 장소로도 사용되어 왔는데, 2005. 1. 1.부터 2009. 8. 13.까지 이 사건 헬기장이 사용된 횟수는 약 27회이고, 이·착륙 당시의 풍향과 지상 및 공중의 장애물을 고려하여 이 사건 토지를 통과하여 접근하는 방식 또는 갑천 쪽에서 접근하는 방식 등을 선택하여 헬기가 이·착륙하여 온 사실, 이 사건 헬기장의 설치에 있어서 관계법령의 위반이 있다고 보기는 어려운 사실 등이 인정되는바, 위 인정사실에 나타난 헬기의 이·착륙 횟수, 이 사건 헬기장을 둘러싼 지형과 지상물의 배치로 인하여 헬기의 이·착륙 당시의 풍향에 따라서 헬기가 이 사건 토지를 통과하는 것이 불가피한 경우가 있는 점, 이 사건 헬기장의 운영을 위한 이 사건 토지의 사용에 관하여 민법상 주위토지통행권이 (유추)적용될 수도 있는 것으로 보이는 점, 이 사건 토지에 관한 이용상의 문제는 헬기의 통과 자체로 인한 것이 아니라 그로 인한 건축허가상의 제한 등으로 인한 것인 점 등에 비추어 보면, 이 사건 헬기장에 헬기가 이·착륙하면서 이 사건 토지의 상공을 통과함으로써 발생하는 방해는 원고의 수인한도 내에 있다고 할 것이므로, 아래에서 보는 바와 같이 원고가 피고에 대하여 이 사건 헬기장의 설치, 운영으로 인한 손해의 배상을 구함은 별론으로 하고, 원고가 피고에 대하여 이 사건 헬기장에서 헬기를 운행함에 있어서 이 사건 토지의 상공을 통과하지 말 것을 청구하는 부분은 받아들이기 어렵다.

(2) 대전고등법원 2013. 8. 27. 선고 2012나4891 판결

피고가 이 사건 토지의 상공 중 헬기의 이·착륙 항로로 사용되는 부분을 사용할 권원이 있다는 점에 관한 주장·증명이 없는 한, 원고는 이 사건 토지의 소유권에 터잡아 피고가 위 부분을 헬기의 이·착륙 항로로 사용하는 행위의 금지를 구할 수 있고, 이는 설령 이 사건 헬기장의 설치에 있어서 관계 법령의 위반이 있다고 볼 수 없다거나 이 사건 헬기장에 헬기가 이·착륙함에 있어서 이 사건 토지의 상공을 통과하는 것이 불가피하며, 이 사건 헬기장이 공익적 목적으로 사용되고 있다는 사정만으로 달리 볼 수 없다(피고로서는 이 사건 토지의 상공 부분을 이용하는 것이 불가피하고 또한 공익상 필요가 있다면 관련 법령에 따른 수용이나 협의 취득 등의 절차를 통하여 이 사건 토지 또는 이 사건 토지의 상공 부분의 사용권을 취득함으로써 그 사용권원을 적법하게 확보하는 것이 원칙일 것이다).

(3) 대법원 2016. 11. 10. 선고 2013다71098 판결

원심 판시와 같은 사정만으로는 이 사건 헬기장에 이·착륙하는 헬기가 이 사건 토지의 상공을 비행하여 통과함으로써 원고의 이 사건 토지 상공에 대한 정당한 이익이 '참을 한도'를 넘어 침해되어 원고가 피고를 상대로 그 금지를 청구할 수 있다고 단정하기 어렵다.

따라서 원심으로서는 앞서 본 법리에 따라 위에서 본 사정들뿐만 아니라 헬기가 이 사건 토지를 통과할 때의 비행고도 및 비행빈도 등 비행의 태양, 이 사건 헬기장의 사회적 기능, 이 사건 토지 상공을 통한 비행이 금지될 경우 이 사건 헬기장의 운영에 초래되는 영향, 이 사건 헬기장의 운영으로 원고가 받는 실질적 피해와 권리행사 제한의 구체적 내용, 이 사건 토지의 이용 현황 및 활용 가능한 대안 등 다른 관련 사정을 좀 더 충실하게 심리한 다음, 이 사건 헬기장에서 헬기가 이·착륙할 때 이 사건 토지 상공을 통과하는 것이 금지될 경우 소송당사자뿐

아니라 지역 주민 등 일반 국민이 받게 될 이익과 불이익을 비교·형량
하고, 공공업무 수행에 초래되는 지장의 내용과 대체 방안의 존부 등을
함께 고려하여 헬기가 이 사건 토지 상공을 통과하는 것의 금지를 청구
할 수 있는지를 판단하였어야 한다.

그럼에도 원심은 위와 같은 점을 충분히 살피지 아니한 채 곧바로
원고가 피고를 상대로 이 사건 토지의 소유권에 터 잡아 헬기가 이 사
건 토지 상공을 통과하는 것의 금지를 구할 수 있다고 판단하였다. 이
러한 원심의 판단에는 토지 상공의 비행으로 인한 토지소유자의 정당한
이익 침해에서 참을 한도 및 방해의 제거 및 예방 등 방지청구권에 관
한 법리를 오해하여 필요한 심리를 다하지 아니함으로써 판결에 영향을
미친 잘못이 있다. 이를 지적하는 취지의 상고이유 주장은 이유 있다.

Ⅲ. 실효성있고 빈틈없는 행정소송의 헌법적 요청

1. 행정소송의 사각지대

우리나라 행정소송론에 있어서 '실효성있고 빈틈없는 행정소송제
도의 실현'보다 더 중요한 과제가 또 있을까. 행정소송의 원고적격론이
권리침해 및 위법한 행정작용에 대비한 '대문' 설치 정도의 것이라면,
빈틈없는 행정소송의 정비문제는 뚫린 '담벼락'에 비유할 수 있지 않을
까. 독일, 프랑스 등에서 수입한 '대문' 중 어느 것이 더 외풍을 촘촘히
막아줄까를 고민하는 것도 중요하지만, 방한·방풍의 의미를 아예 무색
하게 만드는 담벼락의 휑한 구멍을 보수하는 것은 그 이상의 시급한 문
제가 아닐까.

이러한 담벼락 구멍의 예로서 의무이행소송과 예방적 금지소송, 그
리고 이와 맞물리는 가구제제도의 흠결을 들 수 있지만, 그게 전부가

아니다. '처분'이 존재하지 않는 공법상 법률관계에서 다툼이 있는 경우
에 확인소송, 일반적 이행소송, 예방적 금지소송 등이 이용될 수 있어야
하는데, 그렇지 못한 것이 우리 행정소송의 현실이다. 이는 입법론만이
아니라 해석론의 문제이기도 하다.

　　본격적인 논의에 앞서 '헌법적 요청'을 언급하는 이유는 '실효성있
고 빈틈없는 행정소송'이라는 쟁점을 대상판례에서도 찾아볼 수 있고,
이는 결국 근본적으로 재판받을 권리를 포함한 법치국가원리에 귀착되
는 문제이기 때문이다.

2. 실효성있고, 빈틈없는 행정소송의 과제

　　독일 기본법 제19조 제4항을 근거로 인정되는 실효성있고, 빈틈없는
행정소송의 요청이 이와 같은 조항이 없는 우리 헌법 하에서도 인정될 수
있을지가 문제될 수 있지만, 독일 기본법 제19조 제4항의 '사법심사의 보
장'(Rechtsweggarantie) 역시 법치국가원리의 한 부분으로 이해할 수 있다.[6]
또한, 일반적 재판청구권은 공권력작용에 대한 사법심사를 받을 권리까지
도 포함한다고 보아야 하므로, 헌법 제27조의 재판청구권에서도 이러한
행정소송 보장까지 포함한다고 해석해야 할 것이다. 이러한 헌법상 요청
에 부응하려면, 감추어진 열기주의(verstecktes Enumerationsprinzip)[7]와 같
은 이용이 제한된 행정소송이 아니라, 권리보호에 있어서 사각지대가
없는 행정소송이어야 한다.

　　행정소송이 헌법상 법치국가원리와 재판청구권 보장에 부합하기
위해서는 무엇보다 '소송으로의 접근성'(access to justice)과 '효율적 구제
(effective remedies)'라는 2개의 요청이 충족되어야 한다.[8] '소송으로의

---

6) 이에 대해서는 특히 Schmidt－Aßmann, "Art. 19 IV GG als Teil des Rechtsstaatsprin
　　zips", NVwZ 1983, 1 ff.
7) 이에 대해서는 Bickenbach, Das Bescheidungsurteil als Ergebnis einer Verpflichtung
　　sklage, 2006, S. 38 참조.

접근성', 다른 말로 '사법(司法)접근성'은 주로 원고적격과 관련하여 논의
되곤 하지만, 실체적 권리가 있으면 이를 실현할 수 있는 행정소송수단
이 보장되어야 한다는, 즉 권리구제의 사각지대가 없어야 한다는 점은
우리나라 현실에서 더 중요한 의미를 가질 것이다.

3. 공법상 유지청구권과 민사소송?

대상판례에서 대법원은 민사소송으로 제기된 이 소를 아무런 의문
도 제기하지 않고 받아들여 본안심사를 하였다. 원심(대전고등법원)에서는
소유권에 기한 유지청구권(방지청구권)을 인정했지만, 대상판결은 '참을
한도' 판단에서 참을 한도를 넘어선 것이 아니라고 보고 원심을 파기·환
송한 것이다. 이 점에서 대상판례는 후술하는(IV) 일본의 오사카국제공
항 항공기소음판례나 아츠키기지 항공기소음사건(제1차~제3차)의 판례
에서 이와 유사한 사안을 민사소송에서 다룰 수 없다고 본 것과 다르
다. 대상판례에서도 법원의 관할문제와 관련된 피고의 반대항변이 있어
이 점이 판단되었거나, 법원이 직권으로 이 점을 판단했으면 더 좋았을
것이라는 아쉬움이 남는 부분이다.

대상판례에서 원고가 유지청구권을 주장하는 근거는 소유권에 기
한 방해제거청구권, 즉 물권적 청구권이었다. 이는 통상적인 민사상 유
지청구권에 있어서 종래 법원이 일관되게 유지해 온 입장이기도 하다.[9]
즉 환경권이나 인격권에 기한 유지청구권은 일체 인정하지 않았음이 그
간 판례의 입장이었고,[10] 또한 인근 건축물의 소유권자인 이 사건 원고
의 입장에서는 굳이 다른 권리를 원용할 필요성도 없었을 것이다. 그러

---

8) 이 점을 강조하는 Schmidt-Aßmann, Verwaltungsrechtliche Dogmatik, 2013, S. 94.
9) 대법원 2007.6.15. 선고 2004다37904,37911 판결; 대법원 1997. 7. 22. 선고 96다
    56153 판결 등.
10) 다만, 토지소유권과 함께 환경권을 굴진공사의 중지와 금지를 청구할 권리의 근거
    로 보는 판례로는 대법원 2008.9.25. 선고 2006다49284 판결.

나, 공항소음과 같이 다수의 피해자가 발생하는 사안의 경우 피해자 중에서는 그 소음피해지역에서의 소유권 등 물권을 가지고 있지 않는 자도 있기 때문에, 물권적 청구권에 근거해서만 유지청구권을 인정하는 것은 문제가 없지 아니하다. 이는 민사상 유지청구권에서도 지적되는 문제점이지만,11) 국가나 지방자치단체를 상대로 유지청구를 구하는 공법상 법률관계에서도 마찬가지 문제가 아닐 수 없다.

나아가, 이 사안이 민사법원의 관할이 될 수 없는 행정사건이라고 볼 경우 우선 항고소송의 대상이 되는 '처분'이 존재하는지, 존재하지 않는다면 이를 당사자소송으로 다툴 수 있는지도 밝힐 필요가 있다.

Ⅳ. 일본 및 독일 판례와의 비교

1. 일본 - 아츠키기지 소음소송을 중심으로12)

(1) 아츠키기지 제1차소송~제3차소송

가나가와(神奈川)현의 아츠키(厚木)기지 인근주민들(원고)은 이 기지에 이·착륙하는 자위대항공기 및 미군항공기의 소음에 의한 신체적·정신적 손해를 이유로 하는 '손해배상'과 항공기소음으로 인한 피해가 발

---

11) 김홍균, 환경법, 2017, 1022쪽.

12) 아츠키기지소송 이전에 일본에서 공항소음으로 인한 공법상 유지청구의 문제와 관련된 것으로 일찍이 일본의 유명한 환경사건인 오사카(大阪) 국제공항사건에 관한 최고재판소 판례(1981年12月16日民集35卷10号1368頁)가 있다. 이 사건은 1959년 국제공항으로 개설된 이후, 대형제트기가 빈번히 이·착륙하게 되면서 발생하는 소음피해에 대하여 1969년 인근주민들이 공항설치자인 국가를 피고로 하여 일정한 시간(오후 9시~익일 오전 7시) 공항사용을 금지하고, 손해배상을 민사소송으로 제기했던 것인데, 이에 대하여 최고재판소는 이·착륙을 위한 공항사용행위는 공권력의 행사와 일체(一體)이기 때문에 민사상 유지(民事差止)는 허용되지 않는다고 하여 소를 각하했다. 이에 대한 상세는 古城誠, "大阪国際空港事件 - 空港公害と差止請求", 淡路剛久·大塚直·北村喜宣(編), 環境法判例百選, 有斐閣, 84-85頁).

생하지 않도록 소음발생행위의 '금지'(유지)를 구하는 소를 제기했는데,
제1차에서 제3차에 걸친 소송의 결론만 보면 다음과 같다.

　　제1차 아츠키소송 최고재판소판결[13]은 1995. 12. 26. 민사상 청구
로서 자위대기의 이·착륙등의 금지를 구하는 소에 대하여 이러한 청구
는 필연적으로 방위청장관에게 위임된 자위대기의 운항에 관한 권한 행
사의 취소·변경 내지 그 발동을 구하는 청구를 포함하게 되므로, 행정소
송으로서 요건을 갖추어 어떠한 청구를 할 수 있는가는 별론으로 하더
라도 (민사상 소로서는) 부적법하다고 판시했다.

　　제2차 아츠키소송의 확정판결인 東京高等裁判所 판결[14]은 1999.
7. 23. 미군기 비행 유지청구에 대해서는 각하하고, 자위대기 비행 유지
청구에 대해서는 기각했다.

　　제3차 아츠키소송에서는 손해배상만을 구하고 유지청구를 구하지
않았다.

　(2) 아츠키기지 제4차소송[15]

　1) 사안의 개요

　　해상자위대 및 미해군이 사용하는 아츠키해군비행장의 인근에 거
주하는 원고들이 자위대 및 미군이 사용하는 항공기가 발생시키는 소음
에 의해 정신적·신체적 피해를 입고 있다고 주장하며, 국가를 상대방
으로 하여 행정사건소송법에 근거하여, 주위적으로는 아츠키기지에 있
어서 매일 오후 8시부터 오전 8시까지의 사이에 운항 등의 금지를 항고

---

13)　最一小判平5.2.25民集47卷2号643頁.
14)　東京高裁昭61.4.9五七(ネ)2768号·3032号.
15)　2016. 12. 8. 제4차 아츠키기지소송의 최고재판소 판결이 내려진 이후에도, 미해군
　　과 해상자위대가 공동사용하는 아츠키기지(神奈川県 大和, 綾瀬両市)의 항공기소
　　음피해에 대하여 인근 주민 6,063명은 2018. 8. 4. 국가에 대하여 총액 86억엔 여
　　의 손해배상과 야간·조조의 비행금지를 구하는 제5차 아츠키기지소음소송을 요코
　　하마(横浜) 지방법원에 제기했다(毎日新聞, 2017. 8. 4).

소송으로, 예비적으로는 이러한 운항에 의해 일정한 소음을 원고들의 거주지에 도달시키지 않는 것 등을 당사자소송으로 구했던 사안이다.

 2) 심리의 경과
 가. 제1심
제1심은 자위대기 운항금지청구에 관한 소에 대하여, 법정항고소송으로서의 금지의 소(행소법 제3조7항, 제37조의4)와는 친하지 않지만, 무명항고소송으로서 적법하다고 본 뒤, 상기 청구에 관하여, 방위대신은 본 건 비행장에 있어서 매일 오후 10시부터 오전 6시까지 부득이하다고 인정되는 경우를 제외하고는, 자위대기를 운항시켜서는 안 된다는 일부인용판결을 했다(예비적 청구에 관한 소에 대해서는 모두 부적법한 것으로 각하함).

또한, 미군기 운항금지청구에 관한 소에 대해서는 본 건 비행장의 사용허가라는 존재하지 않는 행정처분의 금지를 구하는 것으로서 부적법하여 각하를 면치 못한다고 하고, 예비적 청구에 대해서는 이를 기각 또는 소를 각하했다.

 나. 원심
제2심은 자위대기 운항금지청구에 관한 소에 대해서 법정항고소송으로서의 예방적 금지(差止)의 소의 소송요건인 '중대한 손해를 발생시킬 우려'가 있다고 인정한 후, 상기 청구에 관하여 방위대신은 2016년 12월 31일까지, 부득이한 사유에 따른 경우를 제외하고, 본 건 비행장에서 매일 오후 10시부터 오전 6시까지 자위대기를 운항시켜서는 안 된다는 일부인용의 판결을 했다(예비적 청구에 관한 소에 대해서는 모두 부적법한 것으로 각하함).

또한, 미군기에 관한 각 청구에 대해서는 제1심과 거의 같은 취지로 판시했다.

3) 최고재판소 판결(2016.12.8. 선고)[16]

최고재판소는 다음과 같은 이유를 들어 일본 행소법상의 예방적 금지소송(差止訴訟)의 대상으로 보아, 행정소송에서 유지청구를 판단했다.

"원고는 본건 비행장에 이·착륙하는 항공기가 일으키는 소음으로 수면장해, 청취방해 및 정신적 작업의 방해, 불쾌감, 건강피해의 불안 등을 비롯하여 정신적 고통을 반복·계속적으로 받고 있고, 그 정도는 경시하기 어렵다. 이러한 소음은 본건 비행장에서 내외의 정세 등에 따라 배치되어 운항되는 항공기의 이·착륙이 행해지는 정도에 따라 발생하고, 이를 반복계속적으로 받게 됨으로써 축적되어 갈 우려도 있기 때문에 이러한 피해는 사후적으로 그 위법성을 다투는 취소소송 등에 의해 구제될 수 없는 성질을 가지고 있다. 이러한 손해는 처분이 행해진 후에 취소소송 등을 제기하는 것 등으로는 용이하게 구제를 받을 수 있는 것이 아니고, 행정사건소송법 제37조의4 제1항[17])의 '중대한 손해를 발생시킬 우려가 있다고 인정된다."

그러나, 최고재판소는 본안심사에서는 방위대신의 고도의 정책적·전문기술적인 광범위한 재량을 전제로 하여 자위대기 운항의 고도의 공공성, 공익성, 운항의 자주(自主)규제의 실태, 총 1조 440억엔을 넘는 주택방음공사 등의 주변대책사업의 실시를 인정함으로써, 행소법 제37조의4 제5항[18])의 재량권의 일탈·남용을 부정하였다.[19]

---

16) 最高裁判所第一小法廷2016·12·8判決, 平成27年(行ヒ)第512号, 平成27年(行ヒ)第513号.
17) 일본 행정사건소송법 제37조의4 제1항: 差止訴訟은 일정한 처분 또는 재결이 행해짐으로써 중대한 손해가 발생할 우려가 있는 경우에 한하여 제기할 수 있다. 다만, 그 손해를 피할 다른 적당한 방법이 있는 때에는 그러하지 아니하다.
18) 일본 행정사건소송법 제37조의4 제5항: 差止訴訟이 제1항 및 제3항에 규정되어 있는 요건에 해당하는 경우에 있어서, 그 差止訴訟에 관련되는 처분 또는 재결에 관하여, 행정청이 그 처분이나 재결을 하여서는 아니 된다는 것이 당해 처분이나 재결의 근거가 되는 법령의 규정으로부터 명백하다고 인정되거나, 또는 행정청이 그 처분이나 재결을 하는 것이 재량권의 범위를 유월하거나 그 남용으로 인정되는 때에는, 재판소는 행정청이 그 처분 또는 재결을 해서는 아니 된다는 취지를

(3) 대상판례와 일본판례의 비교

일찍이 공용관련하자로 인한 유지청구를 민사소송으로 제기할 수 없다는 오사카국제공항 소음사건의 판례가 있었다. 아츠키기지 소음소송에서도 원고는 제1차에서 제3차에 걸친 민사소송의 형태로 유지청구를 구했지만, 일본 법원은 이는 민사소송으로 다툴 수 없는 행정사건으로 보았다. 이에 원고는 제4차 아츠키기지소송에서는 민사소송으로서의 유지청구소송과 함께 행정소송으로서의 유지청구소송을 제기하였던 것이다. 제4차 아츠키기지 소음소송의 원고는 이러한 유지청구권의 근거로서 민사소송으로는 인격권을, 행정소송으로는 예방적 금지소송에 관한 일본 행정사건소송법 제37조의4를 근거로 삼았다.

대상판례의 사안은 헬기장 바로 옆의 개인의 재산권이 문제되었던 것이긴 하지만, 항공기소음이 다수인에게 미칠 수 있어, 다수의 인근주민들도 원고가 될 수 있는 경우이다. 이렇게 볼 때, 일본의 공항기지소음사건의 경우와 본질적으로 다르지 않은 사안이라 할 것이다. 그런데도, 아무런 의문의 제기도 없이 민사법원의 관할로 유지청구사건을 다룬 점은 재검토해야 할 문제라고 생각된다. 최소한 이러한 사안이 행정사건인지, 민사사건인지에 대하여 판단을 했어야 했다.

2. 독일

명하는 판결을 한다.

19) 제4차 아츠키소송 최고재판결에 대해서는 神橋 一彦, "自衛隊機飛行差止めと行政訴訟 : 第4次厚木基地訴訟上告審判決 [最高裁第一小法廷平成28.12.8]", 法学教室 (438), 2017/03, 135; 人見 剛, "自衛隊機運航処分差止請求を否定した事例 : 第4次厚木基地訴訟最高裁判決 [第一小法廷平成28.12.8]", 法学セミナー 62(3), 2017/3, 117.

(1) 행정입법에 대한 행정소송: 확인소송

독일에서의 항공기 소음문제에 관한 소송은 일본이나 우리나라에 서와는 다른 양상의 행정소송문제로 나타난다. 항공기의 항로(Flugroute) 에 대한 결정이 행정입법(법규명령)으로 정해지기 때문에, 소음을 발생시 키는 항공기로써 항로를 이용할 권리가 없다는 확인소송을 행정소송 형 태로 제기할 수 있는지가 쟁점이 되고 있다.[20] 독일에서 법규명령을 다 투는 행정소송으로서 행정법원법 제47조의 규범통제절차[21]가 마련되어 있지만, 이러한 규범통제절차는 연방의 법규명령에 대해서는 적용되지 않는 등 행정입법에 대한 사법심사로서 한계가 있다. 따라서, 행정입법 에 대한 행정소송으로서 부수적 규범통제, 확인소송, 일반적 이행소송 등과 같은 다양한 소송수단이 강구되고 있는 것이 독일의 상황이다.[22]

항로결정 역시 '연방'의 행정입법에 의해 정해지므로 행정법원법 제47조가 적용되지 않는다. 그럼에도 불구하고 포괄적인 권리보호의 요 청인 기본법 제19조 제4항에 부응하기 위한 행정소송 수단이 강구되고

---

20) 이러한 논의에 대해서는 Ziekow, "Zulässigkeit der Klage eines Bundeslandes gegen die Festlegung von Flugrouten", in: Festschrift für W.-R. Schenke, 2011, S. 1325 ff.; Rubel, "Rechtsschutz gegen Flugrouten", DVBl 2015, 526 ff.

21) 독일 행정법원법 제47조 (1) 고등행정법원은 그 재판권의 틀에서 다음 각 호의 사 항의 유효성에 관하여 신청에 따라 판단한다.
1. 건설법전의 규정에 따라 제정된 조례와 건설법전 제246조 제2항에 근거한 법규 명령
2. 기타 州법의 하위에 있는 법규정으로서 州법이 이를 규정하고 있는 경우
(2) 법규정이나 그 적용을 통하여 자신의 권리가 침해되었거나 가까운 장래에 침 해될 것이라고 주장하는 모든 자연인 또는 법인, 그리고 모든 행정청은 법규정의 공포 후 1년 이내에 규범통제절차를 제기할 수 있다. 규범통제절차는 법규정을 제 정한 단체, 영조물 또는 재단을 상대로 제기되어야 한다. 고등행정법원은 법규정 에 따라 관할권에 영향을 받은 주와 기타 공법상 법인에게 일정 기간 내에 의견진 술의 기회를 부여할 수 있다. 제65조 제1항, 제4항, 제66조는 준용된다.

22) Schenke, "Altes und Neues zum Rechtsschutz gegen untergesetzliche Normen", NVwZ 2016, 720; Rubel, "Rechtsschutz gegen Flugrouten", DVBl 2015, 526 참조.

있는데, 소송실무상 주로 이용되고 있는 행정소송유형은 (항로결정에 관한) 행정입법 제정권의 부존재 확인을 구하는 소송이다.[23] 이는 항로를 정하는 규범을 통하여, 원고에게 부여된 권리가 침해되었음의 확인을 구하는 소송이다. 다만, 이러한 확인소송을 인정할 경우 일정한 제한 하에서 규범통제절차를 하도록 한 행정법원법 제47조의 입법취지에 맞지 않는 것은 아닌가라는 이유에서 이러한 다툼을 행정분쟁이 아닌 헌법분쟁으로 보고 헌법소원의 방법을 이용해야 한다는 주장도 유력하게 제기되고 있다.[24]

(2) 단순고권 행정작용에 대한 예방적 금지소송

이와 같이 독일에서 항공기소음에 대한 유지청구의 문제는 행정입법에 대한 사법심사의 문제로 귀착되며, 이는 주로 행정입법에 대한 확인소송이 행정법원법 제47조의 규범통제절차가 있음에도 불구하고 허용될 수 있는지의 문제로 나타난다. 이러한 상황은 항로결정이 반드시 법규명령으로 결정되는 것은 아닌 우리의 경우와는 맞지 않는 부분이라 할 수 있다.

이 점을 종합적으로 고려할 때, 공항소음과 관련하여 독일법에서 우리가 주목할 만한 소송유형은 공공시설로부터 발생하는 소음에 대한 유지청구권을 실현하는 예방적 금지소송(Unterlassungsklage)이라고 생각된다. 독일에서는 공법상 유지청구권이 소송으로 실현되는 경우로서 행정행위의 금지를 구하는 행정소송만이 아니라 단순고권작용의 금지를 구하는 행정소송도 인정되고 있다. 가령, 소방싸이렌으로 인한 소음,[25]

---

23) BVerwG, NJW 2000, 3584; BVerwG, NVwZ 2004, 473; BVerfG, NVwZ 2006, 922 (923); Fellenberg/Karpenstein, NVwZ 2006, 1133; Ziekow in Sodan/Ziekow, Kommentar zum VwGO, § 47 Rn. 24.

24) Schenke, "Altes und Neues zum Rechtsschutz gegen untergesetzliche Normen", NVwZ 2016, 720 (724).

25) BVerwGE 68, 62; BVerwG, NJW 1988, 2396.

공법상 시설의 종소리로 인한 소음,26) 학교소음,27) 공공스포츠시설이나 공공 그릴(Grill)시설로부터의 소음28)에 대한 유지청구소송인 예방적 금지소송이 법원에서 허용되고 있다. 이와 같은 사안들에 대하여 독일 법원이 행정소송으로 다툴 수 있도록 한 것은 공공시설로부터 발생하는 소음의 금지를 구하는 사인의 권리를 공권으로 보았고, 이러한 법률관계를 행정법관계로 보았다는 데에 근본적으로 기인한다. 즉, 행정법원법 제40조 제1항 제1문("연방법률이 명시적으로 그 분쟁을 다른 법원의 관할로 한 경우를 제외하고는, 헌법쟁송을 제외한 모든 공법상 분쟁에 대해서는 행정소송을 제기할 수 있다.")에 따른 공법상 분쟁(öffentlich-rechtliche Streitigkeiten nichtverfassungsrechtlicher Art)으로 파악한 것이다. 요컨대, 사인이 발생시키는 소음에 대한 유지청구는 민사소송으로 제기해야 하지만, 공공시설로부터 발생하는 소음에 대한 유지청구는 행정소송으로 제기해야 한다고 보는 것이 독일 판례의 입장이라고 할 수 있다.

(3) 대상판례와 독일 판례의 비교

항공기소음에 대한 유지청구의 다툼이 행정입법에 대한 행정소송 문제로 나타나는 것은 독일에서 항로를 행정입법에서 결정하기 때문이다. 이에 관한 독일 판례는 행정입법에 대한 행정소송이라는 별도의 측면에서 우리에게 시사하는 바가 적지 않지만, 본고의 주제인 공법상 유지청구권을 실현하는 소송유형문제는 아니다. 대상판례와의 법비교 차원에서 관심을 가지고 보아야 할 부분은 오히려 단순고권작용의 금지를 구하는 행정소송이 인정되고 있다는 점이다. 굳이 우리나라 식으로 표현하자면, 예방적 금지소송은 항고소송의 유형만이 아니라, 당사자소송 유형으로서도 이용된다는 것이다. 후자의 소송유형은 앞으로 대상판결

---

26) BVerwG, NJW 1992, 2779.
27) OVG Koblenz, NVwZ 1990, 279.
28) BVerfG, NJW 1997, 2501.

의 사안과 같은 공법상 유지청구권의 실현을 위한 행정소송유형으로서 검토해야 한다고 생각된다.

따라서, 독일에서의 항로를 정한 행정입법에 대한 행정판례는 우리의 항공기소음 유지청구의 사안과 비교검토하기에 적절하지 않은 면이 있지만, 행정행위가 아닌 행정작용에 대한 예방적 금지소송을 인정하는 독일의 행정판례는 우리에게 시사하는 바가 크다고 할 것이다. 이와 비교하여, 최소한 공법관계인지, 사법관계인지에 대해서 별다른 의문을 제기하지 않고 민사소송으로 받아들인 대상판례는 재검토가 필요하다고 볼 수밖에 없다.

V. 공법상(행정법상) 유지청구권을 실현하는 소송

1. 민법상 유지청구권과 행정법상 유지청구권의 구별

'유지청구권'은 대법원29)에서 사용했던 용어이긴 하지만, 대상판례에서와 같이 최근 들어 대법원은 '방지청구권'이라는 비교적 알기 쉬운 용어로서 대신하고 있는 점도 간과할 수 없다.30) 이러한 경향이 계속된다면 앞으로 판례에서 '유지청구권'이라는 용어를 볼 수 없을 것이라는 전망도 해 보게 된다. 따라서 새로운 흐름에 따라 '유지청구권'이 아니라, 공법상 '방지청구권'이라는 용어를 사용하는 것도 의미가 있겠지만, 이미 민사법학의 주제로서 '유지청구권'에 대한 연구는 상당부분 이루어져 있고, 공법상 유지청구권을 밝히기 위해서는 이러한 민사상 유지청

---

29) 대법원 2007. 6. 15. 선고 2004다37904,37911 판결.
30) 가령 대법원 2015. 9. 24. 선고 2011다91784 판결; 2015. 10. 15. 선고 2013다89433,89440,89457 판결. 이러한 판례는 모두 한국도로공사가 설치·보존하는 도로에서 발생하는 소음피해가 문제가 된 것이다.

구권과 비교하지 않을 수 없는데,[31] 그 비교검토의 용이성을 고려하여
여기서는 '유지청구권'이라는 표현을 쓰기로 한다.

　민법상 유지청구권과 행정법상 유지청구권의 구별은 공·사법의 구
별이라는 근본적인 문제로 거슬러 올라갈 것이다. 법률관계설, 주체설,
이익설 등이 양자의 구별기준으로 논의되고 있지만, 공공시설로부터 발
생하는 생활방해(임밋시온)로부터의 방어문제는 사인간의 상린관계문제
와 마찬가지로 사법적 규율이 가능하다는 주장도 있을 수 있다. 그러나
소음과 같은 생활방해가 생존배려(Daseinsvorsorge)의 차원에서 이루어지
는 공공목적을 달성하기 위한 과정에서 또는 이와 직접적인 기능성 관
련성이 있는 경우에서 나타나고 있다는 점을 간과할 수 없다.[32] 따라서,
이는 통상적인 사인간의 상린관계와는 달리 파악하여야 하며, 이때의 유
지청구권은 '상린관계에서의 국가'(Staat als Nachbar)에 대한 것이 아니라
공적 생존배려조치에 대한 유지청구권으로 보아야 한다. 그리고 이는 공
법상 분쟁으로서 그것이 헌법적 분쟁이 아닌 한 행정소송으로 제기해야
타당할 것이다.[33] 공행정주체가 제3자에게 그 이용을 허용하는 데 그치
는 경우라면 이러한 제3자에 대한 개입을 요구할 수 있는 청구권이 발
생한다고 할 수 있고, 이는 마찬가지로 공법적 분쟁이 되겠지만, 직접
제3자인 사인에게 유지청구권을 행사할 경우 그것은 민사문제가 될 것
이다.[34] 이상과 같은 해석론은 독일 행정법원법의 '헌법분쟁을 제외한
공법분쟁'(öffentlich-rechtliche Streitigkeiten nichtverfassungsrechtlicher Art)
에 대한 것이지만, 우리나라의 행정소송과 민사소송의 구분에 있어서도

---

31) 공·사법상 유지청구권의 비교검토에 대한 일반론으로는 김현준, "환경상 이익 침
해에 대한 민·행정법상 유지청구권 - 유지청구와 관련한 공·사법상 청구권의 교
차분석 -", 환경법연구 37-2, 2015, 103-139쪽.
32) 포르스트호프(Forsthoff)의 생존배려(생활배려)에 기한 공익개념에 대해서는 최송
화, 앞의 책, 71-74쪽.
33) Hufen, Verwaltungsprozessrecht, 2016, Rn. 39.
34) 위와 같음.

역시 이러한 공·사법 구분에 바탕을 둔 해석론이 그대로 타당하다고 생각된다.

2. 우리나라에서 공법상 유지청구권을 실현할 소송

우리나라에서 항공기소음피해에 대한 유지청구권을 실현할 수 있는 소송으로 생각할 만한 유형들을 보면서, 그 이용가능성을 살펴본다.

첫째, 항고소송으로서의 예방적 금지소송은 현행 행정소송법상 항고소송의 유형으로 규정되어 있지 않고, 이러한 소송유형이 법정외항고소송으로서도 대법원이 부인하고 있는 현실에서35) 무명항고소송으로서의 예방적 금지소송은 그다지 활용될 여지가 없다. 그러나, 향후 원고들은 예비적 청구의 형태로나마 시도하면서 법원의 입장변화를 기대하는 것도 생각해 볼 수 있다. 그 경우에 항공기운항에 관한 행정청의 권한행사가 처분성을 가지는지가 다투어져야 할 것이다. 일본의 제4차 아츠키기지소송의 제1심판결에서는 통상적인 처분이 아닌 공권력작용으로 보고 이를 법정외 항고소송으로 보아야 한다고 판시했는데,36) 항공기소음의 사안에 있어서 처분성을 가진 행정작용을 특정하기가 어렵다는 점을 보여주는 부분이기도 하다.

둘째, '처분'의 개념을 넓게 해석하여, 항공기운항에 관한 행정청의 권한행사를 처분으로 보고, 우리나라 행정소송으로서 주로 이용되고 있는 취소소송으로 이를 다투는 것도 생각해볼 수 있다. 권력적 사실행위

---

35) 행정청의 부작위를 구하는 청구는 행정소송에서 허용되지 아니하는 것이므로 부적법하다고 보는 대법원 1987. 3. 24. 선고 86누182 판결.

36) 제4차 아츠키소송 제1심판결에 대해서는 松井章浩, "第4次厚木基地騷音訴訟第一審判決における米軍機離發着差止めの可否[橫浜地裁平成26.5.21]," 新·判例解説watch: 速報判例解説 17, 2015/10, 331-334.; 神橋 一彦, "受認義務構成のゆくえ─第4次厚木基地訴訟(自衛隊飛行差止請求) 第1審判決について, 立教法学第91号, 2015, 1頁 이하 참조.

가 취소소송의 대상이 되고 있는 예37)를 이와 유사한 상황으로 볼 수 있다. 이러한 항공기 운항으로 인한 소음의 상황은 계속적 성질을 가진 다는 점에서 협의의 소이익의 관문도 통과할 여지도 많다. 그러나, 항공 기의 이·착륙행위에서 처분개념을 도출하는 것은 쉽지 않을 뿐만 아니 라, 처분성 도출에 지나치게 – 또는 무리하게 – 해야만 하는지도 의문 스럽다.

셋째, 대상판결과 같이 이러한 유지청구권을 민사소송으로 다투는 것이다. 이 점에 관한 한 같은 상황일 수 있는 국가배상, 손실보상, 공 법상 부당이득반환청구 등이 민사소송으로 이루어지고 있음은 주지의 사실이다. 공법관계인 이러한 법관계가 민사소송으로 이루어지는 것이 바람직하지는 않음은 긴말이 필요 없지만, 그렇다고 다른 대안도 없이 민사소송의 관할이 아니라고 하는 것은 국민의 재판받을 권리의 측면에 서 더 문제가 될 수도 있다.38) 따라서, 일본의 오사카국제공항사건에서 공항소음에 대한 민사상 유지청구를 부적법한 것으로 본 판례나, 제1차 아츠키기지 소음사건에서 민사상 유지청구를 부적법한 것으로 보고 '단 지' 각하한 판례보다는 민사소송에서 이를 다루도록 한 것은 빈틈없는 권리보호라는 시각에서 상대적으로는 더 나은 판결이었다고도 할 수 있 다. 그러나, 공물의 관리행정을 포함한 공행정작용에 대하여, 그것이 공 정력을 가진 처분으로까지 인정되지 않는 경우라 하더라도, 민사법원에 서 이를 다룬 것은 공·사법 구분을 전제로 행정소송제도를 둔 취지에는 맞지 않다고 할 것이다.

넷째, 공법상 법률관계에 관한 소송으로서 당사자소송을 이용하는 방안이다. 현행 행정소송법상 당사자소송의 규정이 지나치게 단순하

---

37) 가령, 대법원 2014. 2. 13. 선고 2013두20899 판결.
38) 행정소송을 민사소송으로 처리하였더라도 구체적인 위법사유가 없는 한 위법하다 고 볼 것은 아니라는 안철상, "행정소송과 민사소송의 관계", 법조 2008/1, 359쪽 은 이와 관련해서도 음미해볼 수 있다.

여39), 단지 '공법상 법률관계'라는 포괄적인 요건밖에 없긴 하지만, 빈틈없는 권리보호의 차원에서 처분이 아닌 행정작용을 다룰 수 있는 행정소송으로서 당사자소송을 의지할 수밖에 없는 면이 있다. 이때 당사자소송은 '처분이 아닌 행정작용'에 대한 예방적 금지를 구하는 소송형태가 될 것이다. 이러한 주장에 대하여, 항고소송으로서의 예방적 금지소송을 인정하지 않는 것과 같은 이유에서 당사자소송으로서의 예방적 금지소송도 부정해야 한다는 주장이 나올 수 있다. 그러나 '처분'이 아닌 행정작용에 대한 예방적 금지는 처분의 예방적 금지에 비하여 더 적극적으로 해석할 여지가 많고, 이것이 '공법상 법률관계'에 해당한다는 점에서 당사자소송으로서의 해결방법이 적절한 소송수단이라고 할 것이다. 다만, 이러한 처분이 나타나지 않는, 즉 항고소송의 대상이 아닌 사안에서, 민사소송 사안인지, 당사자소송 사안인지를 어떻게 구분할 것인가가 문제된다.

3. 민사소송과 당사자소송의 구분과 공법상 청구권

공법상 당사자소송과 민사소송을 구분하기 위하여 '행정청의 처분 등을 원인으로 하는 법률관계에 관한 소송 그 밖의 공법상 법률관계에 관한 소송'의 의미를 파악해야 한다. 당사자소송과 민사소송의 구별에 관하여 판례는 소송물을 기준으로 하여 그것이 공법상 권리이면 당사자소송, 사법상 권리이면 민사소송으로 보는 반면에, 학설(통설)은 소송물의 전제가 되는 법률관계를 기준으로 그것이 공법상 법률관계면 당사자소송, 사법상 법률관계이면 민사소송이라고 본다.40) 그런데, 소송물을

39) 행정소송법 제3조 제2호의 개념정의규정 이외에 피고적격(제39조), 재판관할(제40조), 제41조(제소기간), 소의 변경(제42조), 제43조(가집행선고의 제한)에서 그 간략한 내용이 규정되어 있고, 제44조(준용규정)을 통하여 취소소송에 관한 다수의 규정을 준용하는 형태로 되어 있다.
40) 이러한 판례에 대한 비판적 검토를 바탕으로 통설의 입장을 지지하는 하명호, "공

기준으로 공·사법상 법률관계를 구분하면서, 소송물 인식기준에 관한
판례의 입장인 이른바 구 소송물이론을 따를 경우 소송물은 소의 모습
과 관계없이 실체법상 권리 또는 법률관계의 주장으로 볼 수 있는데,
이러한 실체법상 권리 또는 법률관계의 법적 성질(Rechtsnatur)을 판단하
기 위해서는 해당 청구권의 기초(Anspruchsgrundlage)를 검토하지 않을
수 없다. 이행소송의 경우 청구취지에서는 그에 이르게 된 법적 관점은
표시되지 않아 법률요건이 기재된 청구원인의 보충이 있어야 소송물이
특정될 수 있기 때문에[41] 이러한 점이 더욱 뚜렷하겠지만, 확인소송의
경우에도 청구권의 성질 파악을 위하여 청구권의 기초를 검토해야 한다
는 점에서는 크게 다르지 않다고 생각된다. 따라서 당사자소송과 민사
소송의 구분기준, 즉 공·사법관계의 구분기준에 관하여 소송물을 기준
으로 공·사법의 성격을 파악할 때에도 소송물의 전제가 되는 법률관계
등을 검토하지 않을 수 없다고 생각된다. 이와 관련하여 우리 대법원이
손해배상청구권, 부당이득반환청구권 등에 대하여 그 청구권의 기초가
무엇인지를 살피지 않은 채 곧 바로 이를 사법상 법률관계로 파악하
는[42] 것은 적절하지 않다고 할 것이다. 이러한 실체적 청구권은 사법상
권리에서 출발했고, 법원으로서는 사법상 법률관계로서 일상적으로 다
루고 있지만, 그 청구권의 기초가 되는 법률관계 또는 사실관계의 내용
을 볼 때 공법상 청구권으로 보아야 하는 것도 있다. 이에 관한 근본적
인 검토가 될 공·사법 법률관계의 구분기준에 관한 방대한 논의는 여기

법상 당사자소송과 민사소송의 구별과 소송상 취급", 인권과 정의 380, 2008/4,
   56-62쪽.
41) 소송물의 특정과 관련된 이행소송과 확인소송의 차이점에 대해서는 하명호, 위의
   논문, 55-57쪽 참조.
42) 가령, 부가가치세 환급세액 지급청구가 당사자소송의 대상인지 여부에 관한 대법
   원 2013. 3. 21. 선고 2011다95564 전원합의체 판결("그 법적 성질은 정의와 공평
   의 관념에서 수익자와 손실자 사이의 재산상태 조정을 위해 인정되는 부당이득
   반환의무가 아니라 부가가치세법령에 의하여 그 존부나 범위가 구체적으로 확정
   되고 조세 정책적 관점에서 특별히 인정되는 공법상 의무라고 봄이 타당하다.").

서는 다 할 수 없고,[43] 대상판례에서의 유지청구권의 법적 성질만 살펴
보면 그것은 '공공의 영조물의 설치·관리의 하자로 인한 권리침해의 발
생'에 기초를 두고 있으며, 행정주체의 공물관리가 가지는 법적 성격은
사인간의 상린관계에서 나타나는 민사법적 성격과는 다른 공법적 성질
을 가지는 것으로 보아야 할 것이다. 따라서 이는 공법상 법률관계에
관한 소송인 당사자소송으로 다투어야 할 것이다.[44]

4. 공익만을 위한 유지청구권과 행정소송?

약간의 여론(餘論)을 문제제기의 수준에서만 더해 보자.

행정소송을 제기하기 위해서 언제나 '최소한 부수적으로나마 사익
(私益)도'라는 사익보호성의 굴레에 얽매여야 하는 것은 아니다. 주관소
송을 원칙으로 하는 행정소송 체계에도 '사익보호성', 즉 '개별성'이 소
제기요건의 절대적 기준은 될 수 없다. 가령, 필요한 경우 개별법의 형
태로 이러한 '사익보호성' 내지 '개별성'을 벗어나는 '공익'만을 위한 행
정소송이 인정될 수 있다. 예컨대 생물다양성, 기후보호와 같은 순수한
환경공익침해를 방어하기 위한 유지청구권을 실현할 수 있는 단체소송
(공익소송)도 입법론상 검토할 수 있다. 미국법에서는 사적 불법방해만
이 아니라, 공적 불법방해(public nuisance)를 근거로 하는 유지청구소송
이 법원에서 다투어지고 있고,[45] 보호규범론을 바탕으로 한 철저한 주
관소송제도를 가진 독일에서도 최근 유럽법의 영향으로 '행정소송에서

---

43) 이러한 연구로는 박정훈, 公·私法 區別의 方法論的 意義와 限界 — 프랑스와 독일
　　에서의 발전과정을 참고하여 —, 공법연구 37−3, 2009, 83−110쪽 참조. 소송실무
　　상 행정사건과 민사사건의 구분에 관해서는 안철상, 앞의 논문, 336쪽 이하.
44) 당사자소송을 민사소송으로 제기한 경우 발생하는 이송 등의 문제에 관한 상세는
　　안철상, 위의 논문, 356−362쪽.
45) 최인호, "미국법상 불법방해(Nuisance)와 유지청구", 법학논총 34−2, 2017,
　　131−137쪽 참조.

의 공익'(Gemeinwohl im Verwaltungsprozess)이 새로운 쟁점으로 부각되고 있는 점은 이와 관련하여 참고할 만하다.[46]

Ⅵ. 맺음말

포괄적이고 빈틈없는 행정소송은 처분성이 없어 항고소송의 대상이 못 되지만, 그렇다고 민사상 법률관계로는 볼 수 없는 공법관계에 관한 소송까지 포함하는 것이다. 의무이행소송, 예방적 금지소송의 허용여부 문제와 같은 항고소송 차원에서의 '빈틈'만이 아니라, 비(非)처분인 행정작용이 행해진 경우에 발생하는 권리보호의 '사각지대'도 법치주의와 재판받을 권리를 훼손시킬 수 있음을 잊어선 안 된다. 그리고, 이러한 행정상 법률관계에 관한 분쟁은 민사소송이 아닌 행정소송으로서 당사자소송으로 다투어야 한다. 이러한 점에서 대상판결은 민사소송으로는 공법관계를 효율적으로 판단할 수 없다는 점을 간과했다는 한계를 가진다.

이 문제는 결국 공법상 법률관계와 민사상 법률관계를 구분하는 척도인 공익에 관한 것이어서, 우리는 아이거 북벽을 오르는 노고의 결실인 공익론[47]을 다시 찾지 않을 수 없다. 행정소송법 개정을 통하여

---

46) 여러 관련문헌 가운데에서도 특히 Schmidt-Aßmann, "Gemeinwohl im Verwaltungsprozess", Gedächnisschrift für Winfried Brugger, 2013, S. 411-427.

47) 공익에 관한 법관계가 공법관계이지만(최송화, 공익론, 73쪽), 행정소송법상 항고소송을 제기하려면 사익보호성, 즉 이익의 개별성이 있어야 한다. 이러한 이유로 행정소송에 있어서 '개인권'과 '공익' 간의 관계가 문제될 수 밖에 없다. 이러한 양자의 관계는 세 가지 태도로 접근할 수 있는데, ① 양자를 서로 대립하는 것으로 보고 서로 길항(拮抗)관계로 파악하는 방법, ② 개인의 이익을 공익에 포함시켜 고찰하는 방법, ③ 공익을 개인의 이익에 완전히 융해시켜서 생각하는 방법, 즉 공익은 개개의 시민과는 별도로 존재하는 어떤 것이 아니라 개개인의 이익의 총계라고 보는 방법이 그것이다(최송화, 공익론, 48-49쪽). 그 가운데 공법관계이면

법치주의를 보다 구현하고자 했던 노력 역시 공익론의 연장으로 보아야
할 것인데, 이제 이러한 공익론을 이어가야 할 우리에게는 '실효성있고
빈틈없는 행정소송제도'의 확립이 과제로서 주어져 있다.

서, 주관소송을 제기해야 하는 대상판례의 경우는 ③의 방법으로 개인권과 공익
의 관계를 이해해야 하리라 생각된다.

참고문헌

김현준, "환경상 이익 침해에 대한 민·행정법상 유지청구권 — 유지청구
　　와 관련한 공·사법상 청구권의 교차분석 —", 환경법연구 37-2,
　　2015, 103-139쪽.
김홍균, 환경법, 홍문사, 2017.
박정훈, 公·私法 區別의 方法論的 意義와 限界 — 프랑스와 독일에서의
　　발전과정을 참고하여 —, 공법연구 37-3, 2009, 83-110쪽.
안철상, "행정소송과 민사소송의 관계", 법조 Vol. 57 No.1, 2008,
　　319-365쪽.
최송화, 공익론 - 공법적 탐구 -, 서울대학교 출판부, 2002.
최인호, "미국법상 불법방해(Nuisance)와 유지청구", 법학논총 34-2,
　　2017, 113-147쪽.
하명호, "공법상 당사자소송과 민사소송의 구별과 소송상 취급", 인권과
　　정의 380, 2008/4, 52-72쪽.

古城誠, "大阪国際空港事件 — 空港公害と差止請求", 淡路剛久、大塚直、
　　北村喜宣(編), 環境法判例百選, 有斐閣, 2011, 84-85.
松井章浩, "第4次厚木基地騒音訴訟第一審判決における米軍機離発着差止め
　　の可否 [横浜地裁平成26.5.21]," 新·判例解説watch: 速報判例解説
　　17, 2015/10, 331-334.
神橋 一彦, "受認義務構成のゆくえ—第4次厚木基地訴訟(自衛隊飛行差止請
　　求) 第1審判決について, 立教法学第91号, 2015, 1-29.
神橋 一彦, "自衛隊機飛行差止めと行政訴訟 : 第4次厚木基地訴訟上告審判
　　決 [最高裁第一小法廷平成28.12.8]", 法学教室 (438), 2017/03, 135.
人見 剛, "自衛隊機運航処分差止請求を否定した事例 : 第4次厚木基地訴訟最
　　高裁判決 [第一小法廷平成28.12.8]", 法学セミナー 62(3), 2017/3, 117.

Bickenbach, Das Bescheidungsurteil als Ergebnis einer Verpflichtungsklage: Streitgegenstand, verfassungsrechtliche Grundlagen, verwaltungsprozessrechtliche Voraussetzungen, Wirkungen (Schriften zum Prozessrecht, Bd. 197), 2006.

Fellenberg/Karpenstein, "Feststellungsklagen gegen den Normgeber", NVwZ 2006, 1133.

Hufen, Verwaltungsprozessrecht, C.H.Beck, 2016.

Luhmann, "Besprechung von Schubert, Glendon, The Public Interest. A Critique of the Theory of a Political Concept. The Free Rress of Gencoe, New York 1960, 244 S.", Der Staat 1962, S. 375−376.

Maunz/Dürig/Schmidt−Aßmann(Hrsg.), Kommentar zum GG (beck−online).

Rubel, "Rechtsschutz gegen Flugrouten", DVBl 2015, 526.

Schenke, "Altes und Neues zum Rechtsschutz gegen untergesetzliche Normen", NVwZ 2016, 720.

Schlacke, Überindividueller Rechtsschutz, Mohr Siebeck, 2008.

Schmidt−Aßmann, "Art. 19 IV GG als Teil des Rechtsstaatsprinzips", NVwZ 1983, 1.

Schmidt−Aßmann, Verwaltungsrechtliche Dogmatik, Mohr Siebeck, 2013.

Schmidt−Aßmann, "Gemeinwohl im Verwaltungsprozess", in: Anderheiden/Keil/Kirste/Schaefer(Hrsg.), Gedächnisschrift für Winfried Brugger, 2013, S. 411−427.

Ziekow, in: Sodan/Ziekow(Hrsg.), Kommentar zum VwGO, Nomos, 2005.

Ziekow, "Zulässigkeit der Klage eines Bundeslandes gegen die Festlegung von Flugrouten", in: Festschrift für W.−R. Schenke, 2011, S. 1325−1343.

국문초록

유지청구(留止請求)란 권리에 대한 침해가 발생하지 않게 하거나, 침해가 이미 발생한 경우 더 이상 침해가 확대되지 않도록 침해행위에 대한 소극적 또는 적극적 조치를 구하는 것이다. 일반적으로 유지청구는 사인 간의 소음피해 등으로 인한 법률관계와 같은 민사관계에서 이루어지고 있지만, 공항에 이·착륙하는 항공기로 인한 소음피해와 같이, 국가 등의 행정주체가 설치·관리하는 공공의 영조물, 즉 강학상 공물(公物)로부터 소음피해를 입고 있는 사인이 행정주체나 행정청에 대하여 소음피해의 방지를 요구하는 경우도 있다.

대상판례는 항공헬기 소음에 대하여 손해배상청구 및 유지청구를 구한 사건인데, 공공의 영조물의 설치·관리의 하자가 문제되는 경우 국가배상법 제5조에 따라 손해배상청구만을 문제 삼았던 종래 판례와는 달리, 유지청구까지 함께 판단했다는 점이 특기할 만하다. 민사소송으로 제기된 이 사건의 제1심에서 최종심에 이르기까지 법원은 이러한 유지청구가 민사법원의 관할인지, 행정법원의 관할인지는 문제삼지 않았다. 그러나, 이는 통상적인 민사관계에서 이루어지는 민사상 유지청구와는 구별되는 '공법상 유지청구'에 관한 사안이므로 행정소송인 당사자소송으로 다루어야 할 것이다. 공법상 유지청구는 소음발생원인 공물을 설치·관리하는 국가와의 상린관계를 민법상 상린관계와 동일하게 보지 않고, 공법적 특수성을 인정한 것이라는 점에서 민사상 유지청구와 구분된다.

실효성있고 빈틈없는 행정소송은 처분성이 없어 항고소송의 대상이 못되지만, 그렇다고 민사상 법률관계로는 볼 수 없는 공법관계에 관한 소송까지 포함하는 것이다. 비(非)처분인 행정작용이 행해진 경우에 권리보호의 '사각지대'가 발생한다면, 이는 법치주의와 재판받을 권리에 반하는 것이다.

이러한 문제에 근본적으로 접근하기 위하여 우리는 아이거 북벽을 오르는 노고의 결실인 공익론을 다시 찾지 않을 수 없다. 실효성있고 빈틈없는 행정소송 체계를 확립해야 하는 과제도 우리에게 주어져 있다.

주제어: 공법상 유지청구권, 공익, 법치국가, 민사소송과 행정소송,
　　　　항공기소음

Abstract

The Public Right to Injunction and the Rule of Law
— Supreme Court Decision 2013Da71098 Decided
November 10, 2016 —

Hyun—Joon Kim*

An injunction is a remedy in the form of a court order that compels a party to do or refrain from specific acts. It is a measure to prevent an infringement of rights from occurring, or to prevent further infringement when an infringement has already occurred. In general, injunctive relief occurs in civil relationships, such as legal relationships, caused by noise nuisances among citizens. However, there are also cases where citizens suffering from noise damage from public facilities installed and managed by the nation, such as the noise caused by aircraft landing at the airport, demand the prevention of noise damage to the country.

On November 10, 2016, the Supreme Court decided on an injunction against aircraft noise as civil litigation. This ruling is characterized by judging injunctive relief, unlike the previous case, which only dealt with claims for damages under Article 5 of the National Compensation Act against noise caused by public facilities. The court accepted the case as a civil suit. However, this should be the jurisdiction of the administrative litigation, especially the Party Litigation, because it is injunctive relief in the public law that is different from civil legal relations.

* Professor, Yeungnam Univ. Law School

The effective and gapless judicial review system should cover not only the Appeal Litigation but also the Party Litigation. If there is a blind spot of judicial review, when administration action as non—Verwaltungsakt occurs, it can be a violation of the rule of law and the right to trial.

In order to fundamentally approach this problem, we must look back at the public interest theory, which is the result of efforts like climbing the North Face of the Eiger. The task of establishing an effective and gapless judicial review system has also been given to us.

Keywords: public right to injunction, public interest, rule of law, civil litigation and administrative litigation, aircraft noise

투고일 2017. 12. 11.
심사일 2017. 12. 25.
게재확정일 2017. 12. 28.

合議制行政機關의 設置와 條例制定權*

張暻源**

대법원 2014. 11. 13. 선고 2013추111 판결

Ⅰ. 사안의 개요

부산광역시 기장군은 군민의 알 권리를 증진하고 효율적인 군보발행을 위해 기장군보 발행 등에 필요한 사항을 조례로 규정하고 있다. 2013. 7. 5. 기장군의회는 기존 조례에 따라 내부 인사만으로 구성된 군보발행 편집회의를 폐지하고, 군의회 의원 2명과 외부위원을 포함하여 13명 이내로 구성하는 편집위원회를 신설하는 내용의 조례개정안(이하

---

* 이 논문은 2016년도 서울시립대학교 연구년교수 연구비에 의하여 연구되었음.
** 서울시립대학교 법학전문대학원 교수

'이 사건 조례안'이라 함)을 의결하여 원고에게 이송하였다. 2013. 7. 25.
기장군수는 이 사건 조례안이 법령에 위반된다는 이유로 피고에게 그
재의를 요구하였고 2013. 8. 9. 기장군의회는 이 사건 조례안을 그대로
재의결하였다.

　　이에 기장군수는 지방자치단체의 집행기관에 속하는 행정기관을
설치할 고유권한은 지방자치단체의 장에 있고 이런 집행기관의 설치에
관한 조례안의 발의도 지방자치단체의 장에게 있으므로 자신의 본질적
인 권한을 침해하여 위법하다며 대법원에 이 사건 조례안 재의결에 대
한 무효확인을 구하는 소를 제기한 것이다.

〈이 사건 조례안의 내용〉

【제1조】 군정홍보 강화로 군민의 알 권리를 증진시키고 효율적인 군보발행
　　을 위하여 부산광역시 기장군보 발행 등에 필요한 사항을 규정함을 목적
　　으로 한다.

【제6조】 군보발행 업무를 효율적으로 운영하기 위하여 종전에 원고의 내부
　　인사만으로 운영되던 편집회의를 폐지하고 편집위원회(이하 '이 사건 편
　　집위원회'라 함)를 둔다.

【제7조】 위원회가 군보의 종합기획, 게재내용의 검토 및 배열 등 군보발행
　　전반에 관한 업무를 담당한다.

【제8조】 ① 위원회는 위원장 및 부위원장 각 1명을 포함한 13명 이내의 위원
　　으로 구성하되 위원장은 부군수로 하고 부위원장은 위원회에서 추천한다.

② 제2항 위원은 군 소속 5급 공무원과 군의회 의원 2명 및 군보발행에 관한
　　학식과 경험이 풍부한 사람 중에서 군수가 임명 또는 위촉한다.

II. 문제의 제기

오늘날 우리나라의 지방자치는 건국 이래 헌법상 지방자치제도의 보장을 천명하여 왔으나, 실질적인 의미에서 지방자치의 발전은 1988년의 지방자치법 개정을 토대로 1995년 주민이 직접 지방자치단체의 장을 직접 선거로 선출하면서부터라고 할 수 있다. 이러한 의미에서 우리나라의 지방자치는 이미 성숙한 단계로 접어드는 성년을 넘어섰다고 할 수 있다. 그러나 다른 정치적·재정적인 이유로 우리의 지방자치제도는 정착되지 못하고 있는 것이 현실이다. 한편 자치입법으로서의 조례는 지방자치제도를 지속적으로 유지·발전시키는 근간이라 할 수 있으며 지방자치단체가 자기책임으로 임무를 수행하기 위한 매우 중요한 도구가 된다[1]는 점에서 이에 대한 올바른 이해와 실현이 중요하다. 따라서 지방의회의 조례제정권과 관련하여 지방자치 실현의 양축이라 할 수 있는 집행기관과 의결기관 사이에서 발생하는 갈등과 조정은 지방자치를 성숙하게 만드는 불가피한 과정으로 볼 수 있을 것이다. 이러한 과정에서 자치입법으로서 조례를 제대로 이해하기 위해서는 지방자치단체 내 권력관계의 현실을 살펴 볼 필요가 있다.

2016년 말 기준 행정안전부 통계에 따르면 우리나라의 자치법규는 총 95,002건으로 조례 71,220건, 규칙 23,782건으로 2015년과 비교하여 3,759건이 증가하였다. 2016년 한해에만 총 27,934건의 자치법규가 제정되거나 개정, 폐지된 것이다. 이는 지방자치단체가 행하는 사무의 증대와 더불어 이의 실행을 위한 자치입법의 활동이 매우 활발하게 진행되고 있음을 보여준다. 반면 조례제정에 대한 다툼은 2013년까지는 증가하다가 최근 3년간은 감소하는 경향을 보이고 있다.[2] 재의요구된 조

---

1) 홍정선, 「행정법특강」, 박영사, 2016, 933면.
2) 행정안전부 통계에 의한 년도별 재의건수 : 36건('10년) – 50건('11년) – 27건('12년) – 42건('13년) – 27건('14년) – 23건('15년) – 21건('16년)이다(2016 지방자치단체

례안 중 의원발의안은 18건(86%)으로, 2015년(21건, 91%)에 비해 재의건
수와 재의요구 비율이 모두 감소한 것으로 나타났다. 재의요구결과는
재의결 5건, 부결 4건, 계류 12건이며, 재의결한 조례 중 법령위반을 이
유로 대법원에 제소된 조례는 2건에 이르고 있다. 1995년 이후 '16년까
지 대법원제 제소된 건수는 총 161건이며 연평균 7건 내외로 무효 85건
(52%), 유효 43건(27%), 기타 33건(21%)에 이른다.3) 이는 조례제정권의
범위와 한계에 관한 판례의 축적으로 다툼이 되는 조례의 위법여부에
대한 판단이 어느 정도 예측 가능한 정도에 이르렀다는 것을 반증한다.
  현행 지방자치법은 지방의회와 지방자치단체의 장에게 각자의 임
무와 권한을 부여하여 견제와 균형을 이루도록 하고 있다. 따라서 법률
에 특별한 규정이 없는 한 조례로써 견제의 범위를 넘어 상대방의 고유
한 권한을 침해하는 규정을 제정할 수 없는 것이 원칙이다.4) 이에 따라
판례도 기본적으로 법률의 특별한 규정이 없는 한 지방의회는 지방자치
단체장의 고유한 권한을 침해하는 내용의 조례를 제정할 수 없으며,5)
지방자치단체장의 사무집행에 관한 의회의 감시·통제기능을 박탈하는
내용의 조례도 허용되지 않는다고 본다.6)
  대상판례에서는 합의제행정기관의 설치가 지방자치단체장의 고유

조례·규칙 현황, 행정자치부 자치법규과).
3) 연도별 제소 결과('95~'16)

제소 결과	계	'95~ '07	'08	'09	'10	'11	'12	'13	'14	'15	'16
계	161	88	5	22	6	9	8	10	10	1	2
무효	85	68	3	2	−	5	6	1	−		
유효	43	9	−	20	3	2	1	4	−		
기타*	33	11	2	−	3	2	1	5	10	1	2

* 취하, 각하, 계류 * 제소자별 : 주무장관 11. 시도지사 64, 시군구청장 86
  [자료] 2016 지방자치단체 조례·규칙 현황, 행정자치부 자치법규과
  (http://www.mois.go.kr/frt/bbs/type001/commonSelectBoardArticle.do?bbsId=BBSMSTR_000000000
    056&nttId=57488. 접속일 2017. 11. 28.)
4) 박균성, 「행정법강의」, 박영사, 2015, 992면.
5) 대법원 2001. 11. 27 선고, 2001추57 판결.
6) 대법원 1997. 4. 11 선고, 96추38 판결.

한 권한인지 여부와 지방의회가 조례로 합의제행정기관을 설치하거나 그 내용을 변경하는 경우 법령에 위반되는지가 문제된다. 이러한 문제를 검토하기 위해 본고에서는 합의제행정기관의 설치에 관하여 법령의 위임이 필요한지, 합의제행정기관 설치를 지방의회가 조례로써 제안하는 경우 법령에 위반되는지의 여부에 관한 기존 판례의 입장과 비교하여 오늘날 지방분권의 시대에서 자치입법권이 나아갈 방향에 대한 의견을 제시하고자 한다.

Ⅲ. 합의제행정기관의 설치와 권한배분

1. 지방자치단체 내의 권력분립과 견제와 균형

지방자치단체의 조직형태를 권력구조의 측면에서 보면, 기관통합형과 기관대립형으로 분류해 볼 수 있다. 기관통합형이란 의결기능과 집행기능이 하나의 기관에 집중되어 있는 형태를 말하고, 기관대립형이란 지방자치단체 내의 의사결정권과 집행권을 분리하여 의사결정권은 지방의회에, 집행기능은 지방자치단체장에게 부여하여 상호 견제와 균형에 의해 자치사무를 처리하는 형태를 말한다.[7] 우리나라의 지방자치제도는 기관대립형에 속하는 것으로 볼 수 있으며, 의결기관인 지방의회와 집행기관인 지방자치단체장을 주민이 직접 선출하도록 하고, 양 기관을 서로 대립시킴으로써 각자의 권한을 분담하여 상호간의 견제와 균형을 도모하고 있다.[8] 대법원도 우리 지방자치제도는 후자의 기관대립형에 속하는 것으로 보고 있다.[9] 하지만 우리는 이러한 기관대립형을

---

7) 홍정선, 「신지방자치법」, 박영사, 2013, 210면.
8) 정하중, 「행정법개론」, 법문사, 2017, 975면.

취하면서도 현실적으로는 지방자치단체장에게 폭넓은 집행권을 부여함으로써 지방정부의 집행권한을 지방의회의 권한보다 강하게 인정하는 양상을 보이고 있다. 이러한 상황에서 본 대상판례는 지방자치단체장의 합의제행정기관의 설치를 고유한 집행권의 영역으로 보아 지방의회에 의한 통제의 대상에서 배제함으로써 이러한 현실을 확인해 주고 있다. 하지만 지방자치단체의 자치입법으로서 조례는 의회가 사용할 수 있는 가장 기본적이고 핵심적 요소로서,10) 지방자치단체장의 집행권을 통제하는 중요한 수단이 된다.

　　헌법 제117조 제1항은 "지방자치단체는 … 법령의 범위 안에서 자치에 관한 규정을 제정할 수 있다"고 하여 지방자치단체의 자치입법권을 헌법상 보장하고 있다. '법령의 범위 안에서'라는 규정은 조례를 제정하기 위해서는 법령에서 명문으로 위임하여야 할 것을 요구하는 것은 아니며, 상위 법령의 입법취지와 모순·저촉되지 않는 범위 안에서 제정할 수 있다는 것을 말한다.11) 이를 토대로 지방자치법 제22조는 "지방자치단체는 법령의 범위 안에서 그 사무에 관하여 조례를 제정할 수 있다."고 다시 한 번 확인하고 있다. 이러한 점에서 지방의회는 지방자치단체의 대의기관으로서의 지위를 가짐과 동시에 독자적으로 입법 및 의결기관으로서의 지위뿐만 아니라 집행권에 대한 행정감시기관으로서의 지위를 가지고 있다.

　　나아가 지방자치법 제30조, 제39조제1항제1호 및 제66조제1항을 종합해 보면 원칙적으로 지방의회는 지방자치단체의 최상위의 의결기관으로서 모든 자치사무에 관한 의사결정권한을 가지며 조례의 제정 및 개폐에 대한 의결권을 가진다. 이는 지방의회가 지방자치단체의 최고

---

9) 대법원 2011. 4. 28 선고, 2011추18 판결.
10) 강인태, "지방자치단체의 자치입법권의 범위와 한계", 「서강법률논총」 제1권, 2012, 94면.
11) 이주희, 「지방자치법 이론과 운영」, 서장출판사, 2010, 218면.

의사형성기관임을 의미한다.[12]

대법원은 대상판결에서 기존의 판결[13]을 인용하며 아래와 같이 기장군의회가 법령에 위반하여 기장군수의 고유권한을 침해하였다고 판시하였다. 그러나 합의제행정기관이 가지는 성격을 고려할 때 이의 설치에 관한 기존 판례들의 검토를 토대로 대상판결의 결론이 타당한지면밀한 검토가 필요하다.

"지방자치법 제101조, 제103조, 제112조, 제127조, 지방자치단체의 행정기구와 정원기준 등에 관한 규정(이하 '행정기구규정'이라 한다) 제5조, 제7조, 제36조 제2항의 각 규정을 종합하면, 지방자치법령은 지방자치단체의 장으로 하여금 지방자치단체의 대표자로서 당해 지방자치단체의 사무와 법령에 의하여 위임된 사무를 관리·집행하는 데 필요한 행정기구를 설치할 고유권한과 이를 위한 조례안의 제안권을 가지도록 하는 반면 지방의회로 하여금 지방자치단체장의 행정기구 설치권한을 견제하도록 하기 위하여 지방자치단체의 장이 조례안으로써 제안한 행정기구를 축소·통폐합할 권한을 가지도록 하고 있다."

2. 합의제행정기관의 설치와 조례제안권

1) 합의제행정기관의 의의

일반적으로 행정기관이라 함은 권한분배단위로서의 행정기관과 사무분배단위로서의 행정기관으로 구분된다. 권한분배단위로서의 행정기관은 행정주체의 행정사무를 담당하는 지위를 말하고, 사무분배단위로서의 행정기관은 일정한 행정사무를 분담하는 조직을 의미한다.[14] 반면

---

12) 홍정선, 전게서, 225면.
13) 대법원 2005. 8. 19 선고, 2005추48 판결.
14) 김동희, 「행정법 II」, 박영사, 2016, 8−9면.

의사결정의 구조를 기준으로 보면, 독임제행정기관과 합의제행정기관으로 구별할 수 있다. 독임제행정기관은 행정기관의 의사가 결정자 1인의 책임과 결정에 의해 이루어지는 반면, 합의제행정기관은 행정기관의 의사가 다수의 위원에 의해 집단적으로 결정된다는 점에서 차이가 있다. 독임제행정기관은 책임소재가 명확하고 신속한 조치를 취할 수 있는 장점이 있지만, 신중하고 공정한 판단을 하지 못할 우려가 있다는 단점이 있다. 반면에 합의제행정기관은 의사결정을 신중하게 하고, 각종 이해관계를 반영하고 조정할 수 있다는 장점이 있지만, 사무처리를 신속하게 하지 못하고 최종 책임을 귀속시키기 어려운 단점을 가지고 있다.15) 독임제행정기관과 달리 합의제행정기관의 유형이나 설립기준 등에 대한 구체적인 규정은 마련되어 있지 않으나,16) 합의제행정기관은 그 구성적인 측면에서 볼 때 민주적 의사결정을 지향하고, 신중한 결정을 내리기 위한 집행기관의 역할을 하거나, 경우에 따라서는 행정에 관한 의사결정자가 최종적인 판단을 내리기 위한 자문기관의 역할을 하기도 한다.

2) 합의제행정기관 설치의 법적 근거

지방자치단체에서 합의제행정기관을 설치하기 위하여 법령의 근거를 요하는지가 문제된다. 이와 관련하여 대법원은 "지방자치단체는 그 소관 사무의 범위 내에서 필요한 경우에는 심의 등을 목적으로 자문기관을 조례로 설치할 수 있는 외에, 그 소관 사무의 일부를 독립하여 수행할 필요가 있을 경우에는 합의제행정기관을 조례가 정하는바에 의하여 설치할 수 있는바,17) 이와 같은 지방자치법 제107조제1항(현행 제116

---

15) 김철용, 「행정법」 제6판, 고시계사, 2017, 658면.
16) 박석희/정진우, "합의제행정기관 현황분석과 유형분류에 관한 연구", 「행정논총」 (제42권 제4호), 2004, 164면.
17) 대법원 2000. 11. 10 선고, 2000추36 판결. [인천광역시동구주민자치센터설치 및 운영 조례안]

조제1항)의 규정에 따라 당해 지방자치단체의 조례로 정하면 되는 것이
지 헌법이나 다른 법령상으로 별도의 설치근거가 있어야 하는 것은 아
니라 할 것이다."18)라고 판시하여 법령의 위임이 없이도 설치 할 수 있
다는 입장이다.

한편 지방자치단체의 합의제행정기관의 법적 근거는 지방자치법
제6장 집행기관 제3절 소속 행정기관에서 찾아 볼 수 있다. 지방자치단
체는 그 소관사무의 일부를 독립하여 수행할 필요가 있으면 법령이나
그 지방자치단체의 조례로 정하는 바에 따라 합의제행정기관을 설치할
수 있고, 그 설치·운영에 관하여 필요한 사항은 대통령령이나 그 지방자
치단체의 조례로 정한다(지방자치법 제116조제1항 및 제2항). 지방자치법
시행령 제79조는 '그 소관사무를 독립하여 수행할 필요'를 구체적으로
i) 고도의 전문지식이나 기술이 요청되는 경우, ii) 중립적이고 공정한
집행이 필요한 경우, iii) 주민의사의 반영과 이해관계의 조정이 필요한
경우로 규정하고 있다.

3) 합의제행정기관 설치에 관한 기존의 판례

합의제행정기관의 설치와 관련한 조례를 지방의회가 제안하여 의
결하는 경우에 대하여 지금까지 판례의 입장은 대체로 법령의 특별한
규정이 없는 한 합의제행정기관의 설치는 다른 집행기관과 마찬가지로
지방자치단체장의 고유한 권한이며 이에 대하여 지방의회가 간여할 수
없다는 입장으로 보인다.

먼저, 청주시행정정보공개조례 사건19)을 살펴보면, 지방의회의원
이 발의하여 청주시행정정보공개심의회를 두는 조례를 제정하고자 한
바 있다. 해당 조례안에는 제12조에서 '집행기관의 자문에 응하고 제11
조제1항의 규정에 의하여 접수된 이의신청의 공개거부를 심의·의결하기

18) 대법원 1997. 4. 11 선고, 96추138 판결. [충청북도청소리옴부즈만조례안]
19) 대법원 1992. 6. 23 선고, 92추17 판결.

위하여 청주시행정정보공개심의회를 둔다'고 규정하고, 제13조에서는 '위원회는 시장이 위촉한 9인 이내의 위원으로 하되 집행기관의 공무원 3인과 시의회의원 3인 및 학계 등 전문성을 가진 3인 이내로 구성한다' 는 내용이다. 이에 관한 조례안재의결무효확인소송에서 대법원은 지방 자치단체장의 조직편성권을 침해하였는지에 대하여는 판시하지 않았으나, 조례로써 행정정보공개심의위원회에 시의회의원이 위 동수의 비율로 참여하는 것은 법령에 위반하지 않는다고 판시한 바 있다.

    반면 대법원은 광주광역시 북구 행정기구 설치조례 일부개정조례 안에 대한 수정재의결무효확인청구사건20)에서, 지방자치단체의 행정기 구설치를 위한 조례를 제안하는 권한은 지방자치단체장에게 있다고 판 시한 바 있다. 이 사건은 광주광역시 북구 구청장이 조례로 주민자치과 를 자치정책과로 변경하는 내용을 제안하였고, 북구 의회가 주민자치과 를 폐지하고, 가정복지과를 신설하는 내용으로 수정발의하여 의결한다 는 것이었다. 이에 대해 대법원은 "지방자치단체의 장이 사무를 관리·집 행하는데 필요한 행정기구를 설치할 고유권한과 이를 위한 조례안의 제 안권을 가지고, 반면 지방의회로 하여금 지방자치단체장의 행정기구 설 치권한을 견제하도록 하기 위하여 지방자치단체의 장이 조례안으로써 제안한 행정기구를 축소·통폐합할 권한을 가지므로… 지방의회가 지방 자치단체의 장이 조례안으로 제안한 행정기구를 다른 행정기구로 전환 하여 수정의결하는 것은 위법하다."라고 판시하였다.

    또한 제주특별자치도의회의 의원 10인이 제안한 '제주특별자치도 연구위원회의 설치 및 운영에 관한 조례안'에 대한 무효확인소송21)에서 대법원은 위 판례22)를 그대로 인용한 후에 "…지방자치단체의 장은 합

---

20) 대법원 2005. 8. 19 선고, 2005추48 판결.
21) 대법원 2009. 9. 24 선고, 2009추53 판결.
22) 대법원 2005. 8. 19 선고, 2005추48 판결.

의제행정기관을 설치할 고유의 권한을 가지며 이러한 고유권한에는 그 설치를 위한 조례안의 제안권이 포함된다고 봄이 상당하므로, 지방의회가 합의제행정기관의 설치에 관한 조례안을 발의하여 이를 그대로 의결, 재의결하는 것은 지방자치단체장의 고유권한에 속하는 사항의 행사에 관하여 지방의회가 사전에 적극적으로 개입하는 것으로서 관련 법령에 위반되어 허용되지 않는다."고 판시하였다.

위와 같은 관련 유사판례들을 비교해 보면 대법원의 기본적인 입장은 지방자치단체의 장은 자치사무를 관리·집행하는데 필요한 행정기구를 설치할 고유권한과 이를 위한 조례안을 제안할 권한을 가지고 있고, 지방의회는 소극적·사후적으로 지방자치단체의 장이 제안한 행정기구를 축소·통폐합할 권한만 있다는 것으로 해석할 수 있다.

Ⅳ. 지방자치단체장의 인사권과 지방의회의 인사추천권

그러나 대상판결의 사안에서 문제된 이 사건 조례안은 '위원회의 위원은 군 소속 5급 공무원과 군의회 의원 2명 및 군보발행에 관한 학식과 경험이 풍부한 사람 중에서 군수가 임명 또는 위촉한다'는 내용이 포함되어 있는바, 이는 지방자치단체장의 인사권과 지방의회의 인사추천권과도 관련된다. 따라서 위 조례의 내용이 지방자치단체장의 인사권을 침해하는지에 대한 검토가 필요하다.

1. 지방자치단체장의 인사권

지방공무원법 제6조제1항은, "지방자치단체의 장(특별시·광역시·도 또는 특별자치도의 교육감을 포함한다. 이하 같다)은 이 법에서 정하는 바에

따라 그 소속 공무원의 임명·휴직·면직과 징계를 하는 권한(이하 "임용
권"이라 함)을 가진다"고 규정하고 있다. 이 규정에 따르면, 지방자치단
체장은 소속 공무원에 대한 신규임명과 전보 등에 대한 권한을 가지고
있다. 이처럼 지방자치단체장은 법령과 조례·규칙으로 정하는 바에 따
라 그 임면·교육훈련·복무·징계 등에 관한 사항을 처리하는 인사권을
가진다. 그러나 이는 집행기관의 인사권에 대하여 지방의회가 간여할
수 없다는 의미는 아니며, 집행기관의 인사권을 본질적으로 제한하는
적극적인 개입이 제한될 뿐이다.23)

2. 지방의회의 인사추천권과 이에 대한 조례제정권의 한계

대법원은 법령이 지방자치단체장에게 전속적인 인사권을 정하고
있는 경우에는 당해 법령에서 달리 정함이 없는 한, 하위 법규인 조례
로는 위 지방자치단체장의 전속적인 인사권을 제한 할 수 없다는 점을
아래와 같이 명확히 하고 있다.

"단체장의 기관구성원 임명·위촉권한이 조례에 의하여 비로소 부여
되는 경우는 조례에 의하여 단체장의 임명권한에 견제나 제한을 가하는
규정을 둘 수 있다고 할 것이나, 상위법령에서 단체장에게 기관구성원
임명·위촉권한을 부여하면서도 그 임명·위촉권의 행사에 대한 의회의
동의를 받도록 하는 등의 견제나 제약을 규정하고 있거나 그러한 제약
을 조례 등에서 할 수 있다고 규정하고 있지 아니하는 한, 당해 법령에
의하여 그 임명·위촉권은 단체장에게 전속적으로 부여된 것이라고 보
아야 할 것이어서 하위법규인 조례로써는 위 단체장의 임명·위촉권을
제약할 수 없다 할 것이고 의회의 지방자치단체 사무에 대한 비판, 감

---

23) 홍전선,「신지방자치법」, 박영사, 2013, 380면.

시, 통제를 위한 행정사무감사 및 조사권의 행사의 일환으로 위와 같은
제약을 규정하는 조례를 제정할 수도 없다고 할 것이다."[24]

　　대법원은 합의제행정기구 위원의 위촉, 해촉에 지방의회의 동의를
받도록 하는 것은 사후에 소극적으로 개입하는 것으로서 지방의회의 집
행기관에 대한 견제권의 범위에 속하는 적법한 규정이라고 하면서, 기
본적으로 지방의회는 인사권에 있어서도 사후적·소극적인 견제에 그쳐
야 한다는 입장이다.

3. 관련 판례의 검토

　　그러나 앞서 본 관련 유사판례와 같이 대법원은 합의제행정기관의
구성에 있어서 조례로써 정보공개심의위원회를 집행기관의 공무원 3인
과 시의회의원 3인 및 학계 등 전문성을 가진 3인 등 시장이 위촉한 9
인 이내의 위원으로 구성하도록 한 것에 대하여 법령에 위반된다고 볼
수 없다고 판시[25]하여 합의제행정기관의 구성에 주민을 대표하는 지방
의회의원이 지방의회의 의견을 반영할 수 있는 정도의 비율로 참여하도
록 한 것은 기본적으로 허용된다고 본다. 하지만 또 다른 사안에서는
"조례로써 합의제행정기구의 위원 12명 중 9명을 시의원으로 구성하고
그 위원이 될 시의원을 의장이 추천하여 시장이 위촉하도록 한 것은,
위와 같은 정도를 넘어서 사실상 집행기관의 인사권을 독자적으로 행사
하거나 동등한 지위에서 합의하여 행사하는 정도로 인사추천권을 행사
하는 것은 집행기관의 인사권에 사전에 적극적으로 개입하는 것으로 허

---

24) 대법원 1993. 2. 9 선고, 92추93 판결. [대구직할시 도시계획위원회조례중개정조례
　　(안)무효확인]
　　위 사안에서는 대구시의회가 대구시장의 전속적 권한인 위 위원회의 임명·위촉권
　　의 행사에 미리 시의회의 동의를 얻도록 조례를 개정하였고 판례는 이에 대하여
　　위법한 것으로 판단하였다.
25) 대법원 1992. 6. 23 선고, 92추1 판결7.

용될 수 없다"26)고 보았다. 또한 "합의제행정기관의 구성에 있어서 지방자치단체장이 3명을, 지방의회 의장이 2명을 위촉하게 한 것은 위에서 보다 더 나아간 것으로 지방의회가 지방자치단체장의 인사권에 대하여 더욱 적극적으로 개입하는 것으로 허용되지 않는다"27)는 입장이다.

위와 같은 기존 판례의 입장을 살펴보면, 대법원은 지방자치단체장의 인사권에 대하여 의결기관과 집행기관 사이의 권한의 분리 및 배분의 취지를 들면서 지방의회가 조금이라도 사전적·적극적으로 관여하는 것을 엄격하게 해석하여 법령위반으로 보고, 지방의회가 행사할 수 있는 견제권의 범위를 굉장히 협소하게 해석하고 있는 것으로 보인다.28) 즉, 판례는 인사권이 가진 특수성에 비추어 앞서 본 합의제행정기관 설치권에 대하여 지방자치단체장의 고유한 권한을 인정하여 지방의회의 견제와 통제권의 범위를 보다 제한적으로 해석하는 것으로 보인다.

V. 대상판례의 검토

1. 합의제행정기관 설치의 필요성

본 대상판례에서 문제된 행정기관은 합의제행정기구로서 편집위원회이다. 이 편집위원회는 부산광역시 기장군보 발행업무를 효율적으로 운영하기 위하여 '이 사건 조례안'29)에 의하여 그 설치가 제안되었

---

26) 대법원 1993. 2. 9 선고, 92추93 판결.
27) 대법원 1994. 4. 26 선고, 93추175 판결.
28) 김수진, "합의제행정기관의 설치에 관한 조례 제정의 허용 여부", 「행정판례연구」 제15-2집, 2010, 19면.
29) 문제된 이 사건 조례안의 내용:
　【제1조】군정홍보 강화로 군민의 알 권리를 증진시키고 효율적인 군보발행을 위

는바, 우선 위 합의제행정기구를 설치할 필요성이 인정되는지 여부가 문제된다.

지방자치법 제116조 제1항, 제2항에서는 '지방자치단체는 그 소관 사무의 일부를 독립하여 수행할 필요가 있으면 법령이나 그 지방자치단체의 조례로 정하는 바에 따라 합의제행정기관을 설치할 수 있고, 그 설치·운영에 관하여 필요한 사항은 대통령령이나 그 지방자치단체의 조례로 정한다고 규정하고 있고, 지방자치법 시행령 제79조는 '그 소관 사무를 독립하여 수행할 필요'를 구체적으로 ① 고도의 전문지식이나 기술이 요청되는 경우, ② 중립적이고 공정한 집행이 필요한 경우, ③ 주민의사의 반영과 이해관계의 조정이 필요한 경우로 규정하고 있다.

본 사안의 경우, 기장군보발행은 지방자치단체가 군정홍보강화의 목적으로 군민의 알 권리를 증진시켜 지방자치단체의 업무에 주민의사를 반영하고 이에 따른 이해관계를 조정하기 위한 목적으로 시행되는 업무라 할 수 있다. 이는 지방자치법 시행령 제79조제3항에 해당한다. 나아가 기장군보발행에 있어 중립적이고 공정한 집행이 필요한 점도 인정된다. 따라서 동조 제2항의 필요사유에도 해당한다고 볼 수 있다.

또한 지방자치단체의 행정기구와 정원기준 등에 관한 규정 제5조 (기구의 설치시 고려사항)에 비추어 볼 때 이 사건 편집위원회의 설치는 i) 기구의 목적과 기능의 명확성·독자성·계속성 ii) 기구가 수행하여야 할 사무 또는 사업의 성질과 양에 따른 규모의 적정성 iii) 주민편의, 행정능률 등을 고려한 효율성 iv) 통솔범위, 기능의 중복유무 등 기구의 능률성 등의 기준을 충족하고 사무의 위탁가능성은 없는 것으로 볼 수 있다.

하여 부산광역시 기장군보 발행 등에 필요한 사항을 규정함을 목적으로 한다.
【제6조】 군보발행 업무를 효율적으로 운영하기 위하여 종전에 원고의 내부인사만으로 운영되던 편집회의를 폐지하고 편집위원회(이하'이 사건 편집위원회'라 한다)를 둔다.

결국 기장군보의 발행을 위하여 지방자치법 제116조에 의하여 합의제행정기관인 편집위원회를 설치할 필요성은 인정된다고 본다.

2. 합의제행정기관의 설치 제안권

대상판결에서는 광주광역시 북구 행정기구 설치조례 일부개정조례안 사건30)을 인용하면서 이 사건 조례안이 법령에 위반된다고 판시하였다. 그러나 광주광역시 북구 행정기구 설치조례 일부개정조례안 사건은 일부개정조례안으로써 과(科)를 변경하는 사안으로, 대상판결과 제주특별자치도 연구위원회 설치 및 운영에 관한 조례안 사건에서 문제되는 합의제행정기구를 설치하는 사안과는 다르게 취급되어야 한다.

인용된 사안의 내용은, 지방의회가 지방자치단체장이 제안한 조직편성의 과(科)를 변경하는 것은 조직편성권자의 의사를 왜곡하는 것으로, 만약 의회가 이를 의결해 줄 수 없다면 이를 수정할 기회 또한 조직편성권자가 가져야 한다는 것이다. 따라서 지방자치단체장이 편성한 행정기구를 의회가 다른 기관으로 수정의결하는 것은 지방자치단체장의 조직편성권을 침해하는 것으로 볼 수 있다. 그러나 대상판결과 제주특별자치도 연구위원회 설치 및 운영에 관한 조례안 사건31)은 집행부 조직 중 방송통신위원회 등과 같이 공정하고 중립적인 결정을 내리기 위한 합의제기구가 필요하여 조직·편성한 경우이다. 청주시행정정보공개조례사건32)은 이와 동일한 측면에서 이해할 수 있는데, 이 사건에서는 대법원이 조례가 위법하지 않다고 판단하여 지방의회의 조례제정권 범위 내라는 점이 확인된다. 예컨대, 지방의회가 어떤 사무의 성질상 중립적이고 공정한 집행이 필요하여 합의제행정기구를 설치하는 정치적인

---

30) 대법원 2005. 8. 19 선고, 2005추48 판결.
31) 대법원 2009. 9. 24 선고, 2009추53 판결.
32) 대법원 1992. 6. 23 선고, 92추17 판결.

결정을 하였다면, 집행기관으로서는 이를 존중하여야 하는 것이다. 이와 같은 합의제행정기구를 지방자치단체의 장이 스스로 제안하지 않았기 때문에 조직편성권을 침해하였다고 판단한 것은 위에서 비교한 바와 같이 조직편성권이 침해되는 다른 국면에서 인용된 법리와 혼동한 것이다. 이는 결과적으로 지방자치단체의 최고의 의사형성기관으로서 지방의회의 권한을 크게 축소한 것으로 평가할 수 있다. 결론적으로 대상판결에서의 조례안은 조직편성권자가 제안한 조직을 수정의결하여 조직편성권자의 의사를 왜곡하는 것으로 보기 어렵고, 지방자치단체의 최고의 의사형성기관으로서 지방의회가 집행권을 견제하기 위한 적법한 권한행사의 범위에 속하는 것으로 해석할 필요가 있다.

또한 대법원은 지방자치법 제101조, 제103조, 제112조, 행정기구규정 제5조, 제7조, 제36조제2항의 각 규정을 종합하여 지방자치법은 지방자치단체의 장으로 하여금 지방자치단체의 사무와 법령에 의하여 위임된 사무를 관리 · 집행하는 데 필요한 행정기구를 설치할 고유권한과 이를 위한 조례안의 제안권을 가진다고 판시하였다. 그러나 행정기구규정은 그 수범자로 지방자치단체의 장을 규정하고 있는 것이지, 이로부터 지방의회의 권한이 축소된다는 결론이 필연적으로 도출되는 것은 아니다. 오히려 지방자치법 제39조, 제66조, 제116조를 종합하면, 합의제행정기구는 '조례'로 설치할 수 있으며, 조례의 제정권자가 지방의회라는 점은 명확하다. 따라서 지방자치법과 행정기구규정으로부터 합의제행정기구의 설치제안권이 지방자치단체의 장에게만 전속하는 것으로 해석하기 어렵다.

3. 지방자치단체장의 인사권 침해여부

이 사건 조례안에는 군의회 의원 2명을 편집위원회의 구성에 참여하도록 하는 내용이 포함되어 있는바, 이러한 조례안의 내용이 지방자치단체장의 인사권을 침해하는 것으로서 위법한 것인지가 문제된다.

이 사건 조례안의 내용을 보면, 기장군보의 발행을 위한 편집위원회를 설치함에 있어서 편집위원회의 구성원 13명 중 2명만을 군의회 의원으로 구성하도록 하고 있다. 이러한 구성비율은 위원회의 의사결정에 군의회의 의견을 반영할 수 있는 정도에 불과한 것으로 평가할 수 있다.

또한 대법원은 합의제행정기관의 구성에 있어서 조례로써 정보공개심의위원회를 집행기관의 공무원 3인과 시의회의원 3인 및 학계 등 전문성을 가진 3인 등 시장이 위촉한 9인 이내의 위원으로 구성하도록 한 것에 대하여 법령에 위반된다고 볼 수 없다고 판시33)하여 합의제행정기관의 구성에 주민을 대표하는 지방의회의원이 지방의회의 의견을 반영할 수 있는 정도의 비율로 참여하도록 한 것을 기본적으로 허용한 바 있다.

따라서 앞서 논의한 바와 같이 조례로 지방자치단체장의 인사권을 침해하는 것을 매우 제한적으로 허용하는 판례의 입장에 비추어보더라도 이 사건 조례안의 내용은 단순히 합의제행정기관인 편집위원회의 구성에 주민을 대표하는 지방의회 위원이 지방의회의 의견을 반영할 수 있는 정도의 비율로 참여하게 하는 것이고 또한 군수가 위 위원회의 위원을 임명 또는 위촉하도록 규정하고 있으므로 합의제행정기관이 아닌 다른 집행기관을 설치하는 경우와 동일하게 보아 일률적으로 위법한 것으로 평가해서는 안 될 것이다.

---

33) 대법원 1992. 6. 23 선고, 92추17 판결.

Ⅵ. 맺음말

지방자치단체에서의 합의제행정기관은 다른 집행기관과 달리 민주적이고 신중한 의사결정이 필요하다는 이유에서 설치하는 것이다. 즉 의사결정권자의 독단적이고 자의적인 결정을 방지하는데 목적이 있다. 이는 지방자치행정의 민주화를 도모하는 데 기여한다고 볼 수 있다. 그렇다면, 지방의회가 조례로 합의제행정기관을 설치하거나 그 구성위원의 일부를 추천하는 내용을 담고 있다고 해서 일률적으로 지방자치단체장의 권한침해로 보아서는 안 될 것이다. 본 대상판례에서는 조례로 설치하려는 기관이 합의제행정기관이라는 점에 주목할 필요가 있다. 이에 대해 의회의 지방자치단체장에 대한 견제권한을 봉쇄할 경우 공정하고 민주적인 의사결정을 지향하는 합의제기관을 설치하려는 본연의 의미를 상실하게 될 우려가 있다.

대상판결의 사안은 지방자치단체의 의사형성기관으로서 지방의회의 적법한 권한행사로 판단되는 사안임에도 불구하고, 조직편성권자가 제안한 내용을 수정의결을 통해 과(科)를 변경하여 조직편성권자의 의사를 왜곡하는 사안과 동일시하여 이를 인용하는 오류를 범하고 있다. 이는 결국 지방자치단체 내 권력에 대한 견제와 균형을 이루지 못하는 결과를 가져온다.

오늘날 지방자치단체장은 우월한 권한과 집행부의 전문성을 바탕으로 자신의 권한을 확대하고 있는 실정이다. 이에 대하여 지방의회는 이러한 자치단체장의 권한 확대를 억제하고 견제하기 위하여 조례를 제정함으로써 자신의 역할을 다하고 있는 것이다. 지방의회는 집행기관에 대한 감시와 견제를 통하여 지방자치단체장과 어느 정도의 긴장관계를 유지하며 균형을 이루어야 하고,34) 이를 통해 지방자치제도의 발전과

---

34) 장경원, "조례제정권의 범위와 한계", 「행정판례연구」 제16-1집, 2011, 326면.

주민 복지의 향상을 이루어야 한다.

이러한 점을 고려하면, 대법원은 지방자치법상 지방자치단체장과 지방의회의 권한 배분에 관한 최종적 해석권을 가지고 있는 기관으로서 지방의회가 지방자치단체장의 집행권에 대한 견제기능을 제대로 수행할 수 있도록 지방의회의 조례제정권의 범위를 새로운 시각에서 바라볼 필요가 있다.

참고문헌

김동희, 「행정법 II」, 박영사, 2016

김철용, 「행정법」 제6판, 고시계사, 2017

박균성, 「행정법강의」, 박영사, 2015

이주희, 「지방자치법 이론과 운영」, 서장출판사, 2010

정하중, 「행정법개론」, 법문사, 2017

행정자치부 자치법규과, 「2016 지방자치단체 조례·규칙 현황」, 2017

홍정선, 「신지방자치법」, 박영사, 2013

홍정선, 「행정법특강」, 박영사, 2016

강인태, "지방자치단체의 자치입법권의 범위와 한계", 「서강법률논총」 제1
    권, 2012

김수진, "합의제 행정기관의 설치에 관한 조례 제정의 허용 여부", 「행정
    판례연구」 제15−2집, 2010

박석희/정진우, "합의제 행정기관 현황분석과 유형분류에 관한 연구", 「행
    정논총」(제42권 제4호), 2004

장경원, "조례제정권의 범위와 한계", 「행정판례연구」 제16−1집, 2011

국문초록

　　본고는 합의제행정기관의 설치가 지방자치단체장의 고유한 권한인지
여부와 지방의회가 조례로 합의제행정기관을 설치하거나 그 내용을 변경하
는 경우 법령에 위반되는지에 관한 판례의 입장을 검토하였다. 이러한 문
제를 검토하기 위해 합의제행정기관의 설치에 관하여 법령의 위임이 필요
한지, 합의제행정기관 설치를 지방의회가 조례로써 제안하는 경우 법령에
위반되는지의 여부에 관한 기존 판례의 입장과 비교하여 오늘날 지방분권
의 시대에서 자치입법권이 나아갈 방향에 대한 의견을 제시하고자 한다.
　　대상판례는 합의제행정기관의 설치에 관하여 지방의회가 조례로 재의
결한 것이 지방자치단체의 장의 조직편성권을 침해하였다고 판단하였다. 그
러나 대상판결에서의 조례안은 조직편성권자가 제안한 조직을 수정의결하
여 조직편성권자의 의사를 왜곡하는 것으로 보기 어렵고, 지방자치단체의
최고의 의사형성기관으로서 지방의회가 집행권을 견제하기 위한 적법한 권
한행사의 범위에 속하는 것으로 해석할 필요가 있다.
　　이 사건 조례안의 내용은 단순히 합의제행정기관인 편집위원회의 구성
에 주민을 대표하는 지방의회 위원 2명이 지방의회의 의견을 반영할 수 있
는 정도의 비율로 참여하게 하는 것이고 또한 해당 군수가 위 위원회의 위
원을 임명 또는 위촉하도록 규정하고 있으므로 합의제행정기관이 아닌 다
른 집행기관을 설치하는 경우와 동일하게 보아 일률적으로 위법한 것으로
평가해서는 안 된다.
　　지방자치단체에서의 합의제행정기관은 다른 집행기관과 달리 민주적이
고 신중한 의사결정이 필요하다는 이유에서 설치하는 것이다. 그렇다면, 지
방의회가 조례로 합의제행정기관을 설치하거나 그 구성위원의 일부를 추천
하는 내용을 담고 있다고 해서 일률적으로 지방자치단체장의 권한을 침해
하는 것으로 보아서는 안 될 것이다.
　　본 대상판례에서는 조례로 설치·구성하려는 기관이 합의제행정기관이

라는 점에 주목할 필요가 있다. 이에 대해 지방의회의 지방자치단체장에 대한 견제수단을 제한할 경우 공정하고 민주적인 의사결정을 지향하는 합의제기관 설치의 본연의 의미를 상실하게 될 우려가 있다. 대법원은 지방자치법상 지방자치단체장과 지방의회의 권한 배분에 관한 최종적 해석권을 가지고 있는 기관으로서 지방의회가 지방자치단체장의 집행권에 대한 견제기능을 제대로 수행할 수 있도록 지방의회의 조례제정권의 범위를 새로운 시각에서 바라볼 필요가 있다.

주제어: 합의제행정기관, 조례제정권, 자치입법권, 인사권, 견제와 균형

Abstract

Establishment of Collegiate Administrative Agencies & Legislative Rights of Local Ordinances

Prof. Dr. Chang, Kyung-Won*

This paper deals with whether the establishment of Collegiate Administrative Agencies is belonging to the unique authority of the head of local government. In addition, it deals with whether it violates the law, if the local council establishes an administrative institution by enacting of ordinance. This paper examines whether delegation of laws and ordinances is necessary for the establishment of Collegiate Administrative Agencies. It compares past precedents as to whether it violates the law, if the local council proposes the establishment of the Collegiate Administrative Agencies with a ordinance. Finally, it gives opinions on the direction of autonomous legislative power in the era of decentralization today.

The judicial precedent of the case in this paper ruled that the decision by the local council in the case of the establishment of the Collegiate Administrative Agencies violated the organization right of the head of the local government. However, it is hard to see the ordinance of the local council for the establishment of Collegiate Administrative Agencies as distorting the intention of the organizational organizer. The self-governing legislative power of local council of the case should be considered as the scope of right exercise of legitimate powers to check the executive power.

---

* University of Seoul Law School

The Ordinance simply lets the 2 members of the local council participate in the composition of the editorial committee, the administrative committee of the consensus system, at a rate that is enough to reflect the opinion of the local council. It also stipulates that the member of the committee shall be appointed or commissioned by the head of local government. Therefore, it should not be judged as illegal as same as the case of establishing another executive agencies other than the Collegiate Administrative Agencies.

Unlike other executive agencies, Collegiate Administrative Agencies are necessary for democratic and prudent decision – making. In this case, it should not be seen always as a violation of the authority of the head of the local governments simply because the local council stipulates the recommending some members for Collegiate Administrative Agencies with ordinance.

It should be noted that the issue concerned is that the organization to be constituted by the ordinance is the Collegiate Administrative Agencies. If we limits the power of checking of the local council against the heads of local governments in this case of establishing the Collegiate Administrative Agencies, it is not meaningful to establish a consensus – based agency that is oriented towards fair and democratic decision – making. The Supreme Court is the body that has the final interpretation authority on the distribution between the authorities of the local governor and the local council in the Local Autonomy Law. Therefore, a new interpretation is needed in order to let the local council properly carry out the checks against the executive power of the head of local government.

Keywords: Collegiate Administrative Agencies, enactment of ordinance, self – governing legislative power, personnel appointing power, checks and balances

투고일 2017. 12. 11.
심사일 2017. 12. 25.
게재확정일 2017. 12. 28.

기초 지방의회의 재의결에
대한 제소권자
- 주무부장관의 제소권 인정 여부를
중심으로 -

문상덕*

대상판결 : 대법원 2016. 9. 22. 선고 2014추521 전원합의체 판결
[조례안재의결무효확인]

Ⅰ. 대상판결의 개요

1. 사실관계 : 조례안의 재의결 및 제소 경위

① 이 사건 소송의 원고는 행정자치부장관[1], 피고는 강화군의회인

---

* 서울시립대 법학전문대학원 교수, 법학박사
1) 판결 당시의 행정자치부는 이후 정부조직법의 개정으로 현재는 '행정안전부'로 변경
　되었으나, 본 평석에서는 당시의 판례 및 법령에 입각하여 행정자치부로 사용한다.

데, 피고는 2013. 12. 20.「강화군 도서 주민 정주생활지원금 지원 조례
안」(이하 '이 사건 조례안'이라 한다)을 의결하여 강화군수에게 이송하였다.

② 강화군수는 이 사건 조례안에 대한 인천광역시장의 재의요구
지시에 따라 이 사건 조례안이 상위법의 근거 없이 제정되어 지방재정
법 제17조 제1항에 위반된다는 취지[2]로 피고에게 이 사건 조례안에 대
한 재의를 요구하였고, 피고는 2014. 2. 10. 이 사건 조례안을 원안대로
재의결하였다.

③ 원고인 행정자치부장관은 2014. 3. 7. 강화군수에게 재의결된
이 사건 조례안에 대한 제소를 지시하였으나 강화군수가 이에 응하지
아니하자, 2014. 3. 21. 이 사건 소를 직접 제기하였다.

2. 판결의 주요 내용 : 소의 적법 여부

이 판결은 대법원 전원합의체판결로서 대법원의 공식입장이 된 다
수의견에 대하여 2인의 대법관의 반대의견이 붙어있다. 그 주요 내용을
각각 정리하면 다음과 같다.

(1) 다수의견의 주요 내용

지방자치법 제172조는 지방의회의 의결이 법령에 위반되거나 공익

---

2) 당시의 지방재정법(법률 제11900호, 2013.7.16., 일부개정) 제17조(기부·보조 또는
   출연의 제한) 제1항은, "지방자치단체는 개인 또는 단체에 대한 기부·보조·출연·그
   밖의 공금 지출을 할 수 없다. 다만, 지방자치단체의 소관에 속하는 사무와 관련
   하여 다음 각 호의 어느 하나에 해당하는 경우와 공공기관에 지출하는 경우에는
   그러하지 아니하다."고 규정하고 있는바, 이 사건 조례안 제3조에서 지원하도록
   규정한 도서 주민에 대한 정주생활지원금은 위 법 각호에서 예외적으로 공금 지
   출이 가능한 것으로 규정한 제1호~제4호의 사유에는 해당하지 않는다고 보아, 이
   조례안 제3조가 지방재정법 제17조 제1항에 위반된다는 것이다.

을 현저히 해친다고 판단되면 시·도에 대하여는 주무부장관이, 시·군 및 자치구에 대하여는 시·도지사가 재의를 요구하게 할 수 있고, 재의 요구를 받은 지방자치단체의 장은 의결사항을 이송받은 날부터 20일 이 내에 지방의회에 이유를 붙여 재의를 요구하여야 하며(제1항), 주무부장 관이나 시·도지사는 제1항의 재의요구에 대하여 지방의회에서 재의한 결과 전과 같이 재의결된 사항이 법령에 위반된다고 판단됨에도 불구하 고 해당 지방자치단체의 장이 소를 제기하지 아니하면 그 지방자치단체 의 장에게 제소를 지시하거나 직접 제소할 수 있고(제4항), 위의 제소의 지시에도 불구하고 해당 지방자치단체의 장이 법정기한 내에 제소하지 않으면 주무부장관이나 시·도지사는 직접 제소할 수 있다(제6항)고 규 정하고 있다,

　다수의견은, 이 조항들의 문언과 입법 취지, 제·개정 연혁 및 지방 자치법령의 체계 등을 종합적으로 고려하여 보면, 지방의회 재의결에 대하여 제소를 지시하거나 직접 제소할 수 있는 주체로 규정된 '주무부 장관이나 시·도지사'는 시·도에 대하여는 주무부장관을, 시·군 및 자 치구에 대하여는 시·도지사를 각 의미한다고 해석하는 것이 타당하다 고 한다.

　다수의견이 이와 같은 결론을 도출한 주요 이유는 다음과 같다.

　① 지방의회의 재의결에 대한 주무부장관이나 시·도지사의 제소 지시 또는 직접 제소는 해당 지방자치단체의 장의 재의요구에 대하여 지방의회가 전과 같은 내용으로 재의결을 한 경우 비로소 할 수 있는 것이므로, 지방의회의 재의결에 대한 제소 지시 또는 직접 제소 권한(이 하 '제소 등 권한'이라고 한다)은 관련 의결에 관하여 해당 지방자치단체의 장을 상대로 재의요구를 지시할 권한이 있는 기관에게만 있다고 해석하 는 것이 지방자치법 제172조의 체계에 부합한다.

② 이와 달리 주무부장관의 경우 재의요구 지시 권한과 상관없이 모든 지방의회의 재의결에 대한 제소권이 있다고 본다면 시·군 및 자치구의회의 재의결에 관하여는 주무부장관과 시·도지사의 제소권이 중복됨에도 지방자치법은 그 상호관계를 규율하는 규정을 두고 있지 아니하다. 이는 주무부장관과 시·도지사의 지도·감독 권한이 중복되는 경우에 관한 지방자치법 제163조 제1항 및 제167조 제1항이 '1차로 시·도지사의, 2차로 행정자치부장관 또는 주무부장관의 지도·감독을 받는다.'는 명시적인 규정을 두어 중복되는 권한 사이의 상호관계를 규율하고 있는 입법태도와 명백하게 다르다.

③ 지방자치법은 1949년 제정된 이래 장관이 시·군·자치구의회의 재의결에 대하여 직접 통제·감독 권한을 행사할 수 있도록 하는 규정을 두고 있지 아니하다가, 1994. 3. 16. 법률 제4741호로 개정되면서 현행 지방자치법 제172조 제4항과 유사한 규정을 제159조 제4항으로 신설하였으나, 그 개정이유에서 장관의 감독 권한을 시·군·자치구에 대해서까지 확대하는 것인지에 대하여는 전혀 언급이 없는데, 국가와 지방자치단체 사이의 권한 통제라는 중요한 사항에 관하여 입법자가 아무런 설명 없이 권한의 중복관계에 대한 명확한 규정도 두지 아니한 채로 통제 및 감독 권한을 확장하였다고 보기는 어렵다.

④ 그 밖에 지방자치법은 제16조 제3항 내지 제7항, 제170조 제2항, 제172조 제7항 등에서 주민 감사청구에 따른 감사 절차, 직무이행명령의 대집행, 지방의회 의결에 대한 재의요구 지시의 불이행에 따른 제소 지시 또는 직접 제소에 대하여 '주무부장관이나 시·도지사'의 권한과 후속조치를 규정하고 있는데, 관련 규정의 체계와 형식, 내용에 비추어 보면 위 각 조항들은 각 조의 제1항에 따라 주무부장관은 시·도에 대하여, 시·도지사는 시·군 및 자치구에 대하여 각각 일정한 권한

을 가지고 있는 것이 전제되어 있음을 알 수 있다.

⑤ 헌법 제107조제2항은 "명령·규칙 또는 처분이 헌법이나 법률에 위반되는 여부가 재판의 전제가 된 경우에는 대법원은 이를 최종적으로 심사할 권한을 가진다."라고 규정함으로써 명령·규칙에 대한 추상적 규범통제가 아닌 구체적 규범통제를 원칙으로 하고 있으므로, 위법 여부가 문제 되는 조례는 사후적으로도 법원에 의한 심사의 대상이 될 수 있다고 할 것이어서, 반드시 주무부장관의 제소 지시 또는 직접 제소 방식에 의하여 조례안에 대한 사전 통제를 해야 할 필요성이 크다고 보기도 어렵다.

요컨대, 대법원(다수의견)은 지방자치법령의 문언과 체계, 제·개정 연혁, 지방자치단체의 조례에 대한 사후통제 가능성 등을 종합적으로 고려하여, 피고의 이 사건 조례안 재의결에 대하여는 인천광역시장이 강화군수에게 제소를 지시하거나 직접 제소할 수 있을 뿐, 원고인 행정자치부장관이 강화군수에게 제소를 지시하거나 직접 제소할 수는 없다고 할 것이므로, 이 사건 소는 법률상 근거가 없는 소로서 부적법하고 따라서 이 사건 소를 각하하였다.

(2) 반대의견의 주요 내용

한편 이 판결에 대한 대법관 2인의 반대의견에서는, 다음과 같은 이유에서 행정자치부장관이 이 사건 소를 제기할 수 있다고 보았다.

① 법치국가원리는 모든 국가권력의 행사가 법의 지배 원칙에 따라 법적으로 구속을 받는 것을 뜻한다. 국민이 선출하는 대통령과 국회의원을 포함하여 모든 국가기관은 헌법과 법률에 위배되는 행위를 하여서는 아니 된다. 지방자치단체라고 하여 여기에서 예외일 수는 없다. 지

방자치단체는 주민의 복리에 관한 사무를 처리하고 재산을 관리하며 법령의 범위 안에서 자치에 관한 규정을 제정할 수 있으나(헌법 제117조 제1항), 그 조례제정권은 어디까지나 '법령의 범위 안에서' 이루어져야 한다(지방자치법 제22조). 그리고 여기에서 말하는 '법령의 범위 안에서'란 '법령에 위반되지 않는 범위 내에서'를 가리키므로 지방자치단체가 제정한 조례가 법령에 위반되는 경우에는 효력이 없다(대법원 2002. 4. 26. 선고 2002추23 판결, 대법원 2007. 2. 9. 선고 2006추45 판결 등 참조).

　　지방자치단체의 자주성·자율성은 최대한 존중되어야 하므로 이에 대한 국가의 관여는 가능한 한 배제하는 것이 바람직하다. 그러나 지방자치도 헌법과 법률에 의하여 국가법질서의 테두리 안에서 인정되는 것이고, 지방자치행정도 중앙행정과 마찬가지로 국가행정의 일부이므로, 지방자치단체는 지방자치의 본질을 해하지 아니하는 범위 내에서 어느 정도 국가의 지도·감독을 받지 아니할 수 없다(대법원 1998. 5. 8. 선고 97누15432 판결 참조).

　　② 이 사건 법률조항(지방자치법 제172조)의 문언상 지방자치단체의 조례가 법령에 위반된다고 판단됨에도 불구하고 해당 지방자치단체의 장이 소를 제기하지 아니함을 이유로 대법원에 제소를 하는 경우에 그 제소권자를 주무부장관 또는 시·도지사로 병렬적으로 규정하고 있는 점, 이 사건 법률조항의 취지가 국가가 지방자치행정의 합법성을 감독하고 국가법질서의 통일성을 유지하려는 데 있다는 점 등에 비추어 보면, 주무부장관은 해당 지방자치단체가 '시·도' 또는 '시·군 및 자치구'인지 관계없이 그 제소권을 가진다고 보아야 하고, 다수의견과 같이 '시·도'에 대하여는 주무부장관에게, '시·군 및 자치구'에 대하여는 시·도지사에게만 있다고 해석할 것은 아니다. 만약 이와 달리 주무부장관에게 '시·군 및 자치구' 의회의 조례안 재의결에 대하여 제소할 권한이 없다고 해석한다면, 주무부장관은 조례안 재의결이 법령에 위반된다고 판단하는 경우

에도 시·도지사가 제소하지 아니하면 그 위법한 상태를 용인할 수밖에 없게 되고, 그 결과 법령 위반 여부가 문제 되는 동일한 내용의 조례안이 시·도지사의 제소 여부에 따라 그 효력을 달리하는 결과가 발생할 우려가 있다.

③ 또한 상위법령에 위반됨에도 형식적 요건만 갖추면 일정한 절차를 거쳐 조례로 제정될 수 있도록 하고, 사후적으로 사법심사를 거쳐 무효화되도록 하는 것은 지방행정의 낭비를 초래하고, 자치입법에 대한 주민의 신뢰를 실추시키는 결과를 야기하며, 회복하기 어려운 법질서의 혼란을 가져올 수 있는 점 등에 비추어 볼 때, 이 사건 법률조항은 이를 사전에 시정하기 위한 제도적 장치로서 지방자치제도의 본질적 내용을 침해한다고 볼 수 없으므로(헌법재판소 2009.7.30. 선고 2007헌바75 전원재판부 결정 참조), 이 점에서도 이 사건 법률조항의 적용 범위를 축소하여 해석할 것은 아니다.

④ 나아가 위법 여부가 문제 되는 조례가 이 사건과 같이 지방자치단체가 개인 등에 대한 기부·보조 등을 하는 내용의 것이어서 지방재정법 위반 여부가 문제 되는 경우라면 다수의견처럼 사후적·구체적 규범통제가 그 위법성 시정을 위한 적절한 수단이 될 수 있는지도 의문이다. 예를 들어, 지방재정법 제17조 제1항은 지방자치단체의 개인 또는 법인·단체에 대한 기부·보조, 그 밖의 공금 지출을 법률에 규정이 있는 경우 등으로 제한하고 있는데, 만약 이에 위반되는 내용의 조례안이 재의결된 경우에 그로 인하여 수혜를 받은 주민이 그 조례의 효력을 다투어 제소하는 예는 상정하기 어려울 것이다. 당해 시·군 및 자치구 주민 이외의 사람은 조례의 적용대상이 아니므로 그 효력을 다툴 법률상 이익을 인정받기도 어렵다. 이러한 조례는 일단 시행되고 나면 그 효력 여부가 법원의 심사대상이 될 가능성이 크지 아니하다. 지방의회가 위

법한 조례를 제정하였다면 법치국가원리상 그 조례의 효력은 부정함이
마땅하다. 그런데 사후적·구체적 규범통제가 이를 위한 적절한 수단이
되지 못한다면 이 사건 법률조항이 그 제소권자를 주무부장관 또는 시·
도지사로 병렬적으로 규정한 문언대로 시·군 및 자치구의 조례안에 대
하여도 주무부장관이 직접 제소할 수 있다고 보는 것이 옳다. 이상과
같은 이유로 다수의견에 찬성할 수 없음을 밝힌다.

Ⅱ. 주요 쟁점의 정리

이 판결은 군의회의 조례안 재의결에 대하여 행정자치부장관의 제
소권을 부인하여 소를 각하한 것이다. 따라서 핵심 쟁점은 원고인 행정
자치부장관의 제소권 인정 여부라고 할 수 있다.

다수의견은 제소권을 부인하고 있고 반대의견은 제소권을 인정하
고 있다. 이렇게 행정자치부장관의 제소권 인정 여부에 대하여 판단이
갈라진 이유는 우선 지방자치법 제172조 등 관련 규정에 대한 해석방법
과 그 입법취지, 그리고 조례에 대한 규범통제제도의 의의 등에 대한
이해의 차이에서 비롯된 것으로 보인다.

1. 관련 조문의 체계적 해석

다수의견은 먼저 본 사안의 직접 근거규정인 지방자치법 제172조
의 제1항 및 제4항·제6항의 해석과 관련, 동 조 제1항에 의할 때 지방
의회 의결에 대하여 "시·도에 대하여는 주무부장관이, 시·군 및 자치
구에 대하여는 시·도지사"가 재의를 요구하게 할 수 있고, 이러한 요구
지시에 따른 단체장의 재의 요구에 대하여 지방의회가 재의결할 경우
그 위법성에도 불구하고 해당 단체장이 제소하지 않을 때에는 제4항·

제6항에 의하여 "주무부장관이나 시·도지사"가 제소를 지시하거나 직접 제소를 할 수 있는 것인데, 이 제4항·제6항에서 말하는 "주무부장관이나 시·도지사"는 제1항에서와 같이 '시·도에 대하여는 주무부장관, 시·군 및 자치구에 대하여는 시·도지사'의 의미로 새기는 것이 타당하다고 한다. 다수의견의 기본취지는 재의 요구를 지시할 권한이 있는 기관에게만 제소 지시 내지 직접 제소권이 있다고 해석하는 것이 법 제172조의 체계에 부합한다는 것이다.

    이 외에도 지방자치법의 다른 조항인 법 제163조 제1항3) 및 제167조 제1항4)에서는 주무부장관과 시·도지사의 지도·감독 권한이 중복되는 경우에 '1차로 시·도지사의, 2차로 행정자치부장관 또는 주무부장관의 지도·감독을 받는다.'는 명시적인 규정을 두어 중복되는 권한 사이의 상호관계를 규율하고 있는데 비하여, 법 제172조에는 이러한 규정을 두고 있지 않은바, 이와 같이 국가와 지방자치단체 사이의 권한 통제라는 중요한 사항에 관하여 입법자가 아무런 설명 없이 권한의 중복관계에 대한 명확한 규정도 두지 아니한 채로 통제 및 감독 권한을 확장하여 주무부장관에게도 제소 지시 내지 직접 제소권이 인정되는 것으로 보기는 어렵다는 것이다.

    마지막으로 지방자치법은 제16조제3항 내지 제7항에서의 주민 감사청구에 따른 감사절차, 제170조제2항에 의한 직무이행명령의 대집행, 제172조제7항에 의한 지방의회 의결에 대한 단체장의 재의요구 지시의 불이행에 따른 제소 지시 또는 직접 제소에 대하여 '주무부장관이나 시·도

---

3) 법 제163조(지방자치단체조합의 지도·감독) ① 시·도가 구성원인 지방자치단체조합은 행정자치부장관의, 시·군 및 자치구가 구성원인 지방자치단체조합은 1차로 시·도지사의, 2차로 행정자치부장관의 지도·감독을 받는다. 다만, 지방자치단체조합의 구성원인 시·군 및 자치구가 2개 이상의 시·도에 걸치는 지방자치단체조합은 행정자치부장관의 지도·감독을 받는다.
4) 제167조(국가사무나 시·도사무 처리의 지도·감독) ① 지방자치단체나 그 장이 위임받아 처리하는 국가사무에 관하여 시·도에서는 주무부장관의, 시·군 및 자치구에서는 1차로 시·도지사의, 2차로 주무부장관의 지도·감독을 받는다.

지사'의 권한과 후속조치를 규정하고 있는데, 이 역시 관련 규정의 체계
와 형식, 내용에 비추어 보면 위 각 조항들은 각 조의 제1항에 따라 주
무부장관은 시·도에 대하여, 시·도지사는 시·군 및 자치구에 대하여
각각 일정한 권한을 가지고 있는 것이 전제되어 있다고 한다. 따라서
지방자치법 제172조의 제1항과 제4항·제6항의 관계도 위의 조항들과
같은 규정체계로 이해하여야 한다는 것이다.

    한편 반대의견은 다수의견의 이러한 문언 내지 조문 체계적 해석
에 대하여, 이 사건 법률조항의 문언상 해당 지방자치단체의 장이 소를
제기하지 아니함을 이유로 대법원에 제소를 하는 경우에 그 제소권자를
'주무부장관 또는 시·도지사'로 '병렬적'으로 규정하고 있는 점 등을 들
어, 주무부장관은 해당 지방자치단체가 '시·도' 또는 '시·군 및 자치구'인
지 관계없이 그 제소권을 가진다고 보아야 한다고 주장한다.

2. 조례안 재의결 제소제도의 입법 목적 내지 취지

    다수의견에서 아쉬운 점은, 지방의회의 조례안 재의결에 대한 위법
성 통제의 수단으로서 단체장의 제소가 없을 시에 '주무부장관이나 시·
도지사'가 제소 지시를 하거나 직접 제소할 수 있도록 한 사법적 통제방
식의 제도적 목적이나 취지에 대하여는 거의 언급하고 있지 않다는 것
이다.

    반대의견은 오히려 이러한 점에 방점을 두어, 지방자치도 헌법과
법률에 의하여 국가법질서의 테두리 안에서 인정되는 것이고, 지방자치
행정도 중앙행정과 마찬가지로 국가행정의 일부이므로, 지방자치단체는
지방자치의 본질을 해하지 아니하는 범위 내에서 어느 정도 국가의 지
도·감독을 받지 아니할 수 없으며, 이러한 법치국가원리 하에서 지방
자치단체도 위법행위를 해서는 안 되므로, 그 조례제정권도 어디까지나
'법령의 범위 안에서' 즉 '법령에 위반되지 않는 범위 내에서' 행사되어

야 한다는 것이고, 이러한 견지에서 이 사건 법률조항의 취지도 국가가 지방자치행정의 합법성을 감독하고 국가법질서의 통일성을 유지하려는 데 있기 때문에, 주무부장관은 해당 지방자치단체가 '시·도' 또는 '시·군 및 자치구'인지 관계없이 그 제소권을 가진다고 보아야 한다는 것이다. 그리고 만약 다수의견과 같이 주무부장관에게 '시·군 및 자치구' 의회의 조례안 재의결에 대하여 제소할 권한이 없다고 보면, 주무부장관은 조례안 재의결이 법령에 위반된다고 판단하는 경우에도 시·도지사가 제소하지 아니하면 그 위법한 상태를 용인할 수밖에 없게 되고, 그 결과 법령 위반 여부가 문제 되는 동일한 내용의 조례안이 시·도지사의 제소 여부에 따라 그 효력을 달리하는 결과가 발생할 우려가 있다고도 주장한다.

3. 조례에 대한 사후적 규범통제제도의 의의

다수의견은 조례에 대한 사후적 법원심사제도(구체적 규범통제제도)가 마련되어 있으므로 반드시 주무부장관의 제소 지시 또는 직접 제소 방식에 의하여 조례안에 대한 사전 통제를 해야 할 필요성이 크다고 보기도 어렵다고 보는데 비하여, 반대의견은 특히 이 사건에서와 같이 지방자치단체가 개인 등에 대한 기부·보조 등을 하는 내용의 것이어서 지방재정법 위반 여부가 문제 되는 경우라면 다수의견처럼 사후적·구체적 규범통제가 그 위법성 시정을 위한 적절한 수단이 될 수 있는지 의문이라고 본다. 즉 지방재정법 제17조 제1항은 지방자치단체의 개인 또는 법인·단체에 대한 기부·보조, 그 밖의 공금 지출을 법률에 규정이 있는 경우 등으로 제한하고 있는데, 만약 이에 위반되는 내용의 조례안이 재의결된 경우에 그로 인하여 수혜(사안의 경우 정주생활지원금)를 받은 주민이 그 조례의 효력을 다투어 제소하는 예는 상정하기 어려울 것이고, 따라서 이러한 조례는 일단 시행되고 나면 그 효력 여부가 법원의 심사대상이 될 가능성이 크지 않을 것이다.

　　지방의회가 국법에 반하는 위법한 조례를 제정하였다면 법치국가
원리상 그 조례의 효력은 부정함이 마땅한데도 사후적·구체적 규범통제
가 이를 위한 적절한 수단이 되지 못한다면 이 사건 법률조항이 그 제
소권자를 주무부장관 또는 시·도지사로 병렬적으로 규정한 문언대로
시·군·자치구의 조례안에 대하여도 주무부장관이 직접 제소하여 국가
에 의한 종국적 사법적 통제의 가능성을 확보하는 것이 타당하다는 것
이다.

Ⅲ. 지방의회 의결에 대한 재의(再議) 및 제소(提訴) 제도

1. 지방자치단체의 장의 재의요구와 제소

(1) 지방자치법의 규정 현황

　　먼저 지방자치법상 지방의회의 의결에 대한 지방자치단체의 장의
재의요구에 관하여는 몇 개의 조문에서 규정하고 있다.

　　① 법 제26조제3항은 조례안이 지방의회에서 의결되어 지방자치단
체의 장에게 이송된 경우 그 조례안에 대하여 이의가 있으면 단체장은
이유를 붙여 지방의회로 환부(還付)하고, 재의(再議)를 요구할 수 있다고
하고 있다.

　　② 법 제107조제1항은 지방자치단체의 장은 지방의회의 의결이 월
권이거나 법령에 위반되거나 공익을 현저히 해친다고 인정되면 그 의결
사항을 이송받은 날부터 20일 이내에 이유를 붙여 재의를 요구할 수 있
다고 하고 있다.

③ 법 제108조제1항은 지방자치단체의 장은 지방의회의 의결이 예산상 집행할 수 없는 경비를 포함하고 있다고 인정되면 그 의결사항을 이송받은 날부터 20일 이내에 이유를 붙여 재의를 요구할 수 있다고 하고, 제2항에서도 지방의회가 다음 각 호의 어느 하나에 해당하는 경비를 줄이는 의결을 할 때에도 1항과 같다고 규정하고 있다.

한편 단체장의 위와 같은 재의요구에 대하여 지방의회가 재의한 결과 재적의원 과반수의 출석과 출석의원 3분의 2 이상의 찬성으로 전과 같은 의결(재의결)을 하면 그 의결사항은 확정되는데, 지방자치단체의 장은 이렇게 재의결된 사항이 법령에 위반된다고 판단되면 대법원에 소(訴)를 제기할 수 있다.

(2) 단체장에 의한 재의요구 및 제소제도의 의의

1) 단체장에 의한 재의요구제도

지방의회의 의결에 대한 단체장의 재의요구와 그 재의결에 대한 단체장의 제소제도는, 기본적으로 지방자치단체의 기관구성의 방식과 밀접한 관계가 있다. 즉 우리의 헌법과 지방자치법은 지방자치단체의 기관구성을 기관대립(분립)형으로 설계하고 있는데, 지방자치단체의 의사를 내부적으로 결정하는 최고 의결기관으로 지방의회를, 외부에 대하여 지방자치단체의 대표로서 지방자치단체의 의사를 표명하고 그 사무를 통할하는 집행기관으로 지방자치단체의 장을 두도록 규정하고, 의회는 행정사무의 감사 및 조사권 등을 통하여 지방자치단체의 장의 사무집행을 감시·통제할 수 있게 하고 지방자치단체의 장은 의회의 의결에 대한 재의요구권 등으로 의회의결권 행사에 제동을 가할 수 있게 함으로써 (권력분립적 의미의) 상호 견제와 균형을 유지하도록 하고 있다.[5]

---

5) (社)지방행정연구소 편저, 「逐條 地方自治法解說(增補版)」, (社)지방행정연구소, 2000, 438−439면.

이러한 재의요구제도는 지방자치법상 지방의회가 의결한 조례안에
이의가 있거나 그 의결이 월권, 법령 위반, 공익의 현저한 침해, 예산상
집행불가능한 경비 포함, 삭감불가사항에 대한 경비 삭감 등에 해당할
경우, 의결 내용을 집행하여야 할 집행기관의 장인 단체장으로 하여금
그 의결에 대한 거부의 의사를 표함과 동시에 지방의회에 그에 대한 재
고(再考)를 요청할 수 있게 한 것이다.

그런데 법 제172조제1항에 의하면, 위와 같은 단체장의 재의요구
외에도 지방의회의 의결이 법령에 위반되거나 공익을 현저히 해친다고
판단되면 시·도에 대하여는 주무부장관이, 시·군 및 자치구에 대하여는
시·도지사가 재의를 요구하게 할 수 있고, 재의요구를 받은 지방자치
단체의 장은 의결사항을 이송받은 날부터 20일 이내에 지방의회에 이유
를 붙여 재의를 요구하여야 한다고 하여, 재의 요구 지시에 따른 단체
장의 재의요구제도 역시 규정하고 있다.6) 이러한 재의요구 지시에 의하
여 단체장의 재의요구로 이어질 수 있지만,7) 그것이 단체장의 자발적
의사에 기한 것이 아니라 국가감독기관의 재의요구 지시에 따른 것이라
는 점에서, 단체장의 자발적 판단에 기한 재의요구와는 규정의 목적이

---

6) 박균성, 「행정법강의(제14판)」, 박영사, 2017, 1018-1019면에 의하면, "재의요구
지시의 사유와 관련하여 본 조항이 법령 위반 또는 현저한 공익 저해를 들고 있지
만 그것이 자치사무에 관한 의결일 경우에는 재의요구 지시 또한 법령에 위반되
는 경우에 한하는 것으로 새기는 것이 자치권 보장의 차원에서 타당할 것"이라고
보고 있다.
  역시 동지의 입장에서 조성규, "지방자치단체에 대한 국가감독의 법적 쟁점", 『지
방자치와 행정법』(遁石홍정선교수정년기념논문집, 박영사, 2016. 429면에서도, "자
치사무에 관한 의결까지도 감독청이 부당성을 이유로 재의요구명령을 할 수 있는
것으로 규정하고 있는바, 지방의회의 민주적 정당성을 고려할 때 자치권에 대한
본질적 침해의 소지가 있다."고 비판하고 있음을 참조 바란다.
7) 감독기관의 재의요구 지시가 있으면 단체장은 이에 따를 의무가 있기는 하지만 이
를 이행하지 않을 경우에도 그것을 강제하거나 감독기관이 대신할 수는 없다. 지
방의회의 의결이 법령에 위반된다고 보아 재의요구 지시를 한 경우에는 법 제172
조제7항에 의거하여 주무부장관이나 시·도지사가 대법원에 직접 제소할 수 있을
뿐이다.

나 취지, 그 요건과 사유 등을 달리하고 있어 서로 별개의 제도로 해석하여야 할 것이다.[8]

2) 단체장에 의한 제소제도

한편 단체장에 의한 제소제도는, 재의요구된 지방의회의 의결이 가중정족수에 의하여 재의결되어 확정되더라도 그 재의결이 법령에 위반된다고 판단되는 경우에는 지방의회에 대한 견제의 차원에서 단체장이 지방의회를 피고로 하여 대법원에 제소하여 사법적으로 효력을 다툴 수 있게 한 것이다. 따라서 이 소는 행정소송법상의 전형적인 기관소송의 일례로 볼 수 있다.[9]

요컨대 지방의회의 의결에 대한 단체장의 재의요구 및 그 재의결에 대한 제소제도는, 지방자치단체 내부에 있어서의 의결기관에 대한 집행기관의 권력분립적 견제적 수단의 의미를 갖는 것이라고 할 수 있다.

2. 감독기관에 의한 제소 지시 및 직접 제소

(1) 지방자치법상의 규정 현황

지방자치법 제172조 제7항에 의하면, 위 제1항에 따라 지방의회의 의결이 법령에 위반된다고 판단되어 주무부장관이나 시·도지사로부터 재의요구 지시를 받은 지방자치단체의 장이 재의를 요구하지 아니하는 경우(법령에 위반되는 지방의회의 의결사항이 조례안인 경우로서 재의요구 지시를 받기 전에 그 조례안을 공포한 경우를 포함한다)에는 주무부장관이나 시·도지사는 제1항에 따른 기간이 지난 날부터 7일 이내에 대법원에 직접 제소할 수 있도록 하고 있다. 즉 주무부장관이나 시·도지사의 재의요구 지시가 있었음에도 단체장이 재의요구를 하지 않으면, 주무부장관이나 시·도지사가 바로 직접 제소할 수 있도록 한 것이다.

---

8) (社)지방행정연구소 편저, 앞의 책, 439면.
9) 동지의 견해로 홍정선, 「新지방자치법(제3판)」, 박영사, 2015, 395면.

그리고 법 제172조제4항은, 재의요구된 지방의회의 의결이 가중정
족수에 의하여 재의결되어 확정되었으나 그 재의결이 법령에 위반된다
고 판단됨에도 불구하고 해당 단체장이 제소하지 않으면 주무부장관이
나 시·도지사가 지방자치단체의 장에게 제소를 지시하거나 직접 제소할
수 있도록 하고 있고, 제소 지시를 받은 단체장이 일정한 기간 내에 제
소하지 않는 경우에도 직접 제소할 수 있다(동조 제6항).

(2) 감독기관에 의한 제소 지시 및 직접 제소의 의의

지방의회 의결 또는 재의결에 대한 주무부장관이나 시·도지사의 제
소 지시 및 직접 제소제도는 앞의 재의요구와는 달리 그 사유가 법령
위반에 한정되는데, 이는 지방의회의 의결의 위법성 여부는 종국적으로
법원만이 판단할 수 있는 것이므로 대법원에의 제소라는 사법적 통제수
단을 활용할 수 있도록 한 것이다. 제소 지시 및 제소는 지방자치단체
특히 지방의회의 의결에 대한 법원의 합법성 통제를 가능하게 하기 위
하여 감독기관에게 인정된 수단으로서, 그 자체는 지방자치단체에 대한
감독주체인 국가의 사무라고 할 수 있을 것이다.

이처럼 감독기관에 의한 제소 지시 및 직접 제소는, 앞의 단체장에
의한 재의요구 및 제소와는 제도의 목적 내지 취지 등에 있어서 분명한
차이가 있는 것으로서, 후자가 지방자치단체 내부기관 사이에 견제수단
으로서 인정된 것이라면, 전자는 지방자치단체에 대한 감독기관의 합법
성 통제수단으로서 인정된 것이라고 할 수 있다.

원래 지방자치제도 그 자체도 국법에 의하여 인정된 것이고 지방
자치단체의 자치권 역시 천부의 권리나 선국가적 권리라기보다는 헌법
과 법률에 의하여 국가로부터 전래된 권리라고 할 것이므로, 지방자치
단체의 자치활동도 국법의 틀 내에서 이루어져야 하고 그것을 통하여
국법질서의 확립과 통일성의 확보가 가능하여야 할 것이다. 이것을 가
능하게 하는 것이 국가의 합법성 감독 내지 법적 감독(Rechtsaufsicht)이

다.10) 즉 자치권이 보장되는 지방자치단체의 조직과 운영에도 법치주의
는 적용되는 것이며, 그것을 최후적으로 담보하는 장치가 국가의 합법
적 감독 내지 통제라는 것이다.11) 본 논문에서 다루고 있는 지방의회의
재의결 등에 대한 감독기관의 제소 지시 및 직접 제소제도는 바로 이러
한 국가감독의 필요성과 취지에 입각하여 지방자치법이 국가감독기관
에게 특별히 부여한 합법성 통제수단의 하나라고 할 것이다.

Ⅳ. 제소 지시 및 제소권의 주체인 시·도지사의 지위 내지 법적 성격

1. 문제의 제기

지방의회의 의결 내지 재의결에 대한 제소 지시 및 직접 제소권이
지방자치법상 주무부장관이나 시·도지사에게 인정된다는 것은 앞서 살
펴본 바와 같다. 그런데 제소 지시권 및 직접 제소권의 주체인 주무부
장관이나 시·도지사는 어떠한 지위 내지 성격의 감독기관이라고 할 수
있는 것인가?

먼저 주무부장관이 중앙정부의 국가행정기관으로 지방자치단체에
대한 감독기관의로서의 지위와 성격을 갖는다는 점에 대해서는 의심의
여지가 없으므로 이에 대하여는 상론의 필요가 없을 것이다.

그러면 감독기관으로서의 시·도지사는 과연 어떠한 지위 내지 성격
의 기관이라고 하여야 할 것인가? 즉 주무부장관과 같이 국가행정기관
의 지위와 성격을 갖는 것인가, 아니면 시·도라는 광역지방자치단체의

---

10) 정남철, "지방자치단체에 대한 국가감독 및 사법적 통제", 『지방자치와 행정법』
    (遁石홍정선교수정념기념논문집, 박영사, 2016. 405면 참조.
11) 조성규, 앞의 논문, 2016. 433면

대표 및 그 집행기관의 장으로서의 지위 내지 성격을 가지고 기초지방
의회의 재의결 등을 감독하는 것인가? 제소 지시 및 제소권의 주체인
시·도지사라는 감독기관의 지위 내지 성격을 검토하는 것은, 본 사건
의 판결에서 다수의견과 반대의견이 갈린 것처럼, 기초지방의회의 재의
결에 대한 주무부장관의 제소권을 부정할 것인지 아니면 인정할 것인지
의 문제와도 밀접한 관련이 있는 것으로 보인다.

그리고 이것을 본격적으로 고찰하기에 앞서서 참고로, 시·도지사
가 국가기관의 지위 내지 성격을 가지고 지도·감독사무를 하도록 한
예로, 지방자치법 제167조(국가사무나 시·도사무 처리의 지도·감독) 제1항
및 제163조(지방자치단체조합의 지도·감독) 제1항의 경우를 먼저 살펴보고
자 한다.

2. 국가위임사무, 지방자치단체조합에 대한 지도·감독과 시·도지사 지위

(1) 국가위임사무에 관한 지도·감독과 시·도지사

먼저 지방자치법 제167조(국가사무나 시·도사무 처리의 지도·감독)
제1항을 살펴보면, 동 조항은 "지방자치단체나 그 장이 위임받아 처리
하는 국가사무에 관하여 시·도에서는 주무부장관의, 시·군 및 자치구
에서는 1차로 시·도지사의, 2차로 주무부장관의 지도·감독을 받는다."
고 규정하고 있는바, 지도·감독의 내용이 위임된 국가사무에 관한 것
이므로 당연히 중앙행정기관인 주무부장관이 지도·감독권을 행사하는
것이고 그러한 지도·감독사무 자체도 국가사무라고 할 수 있지만, 지
도·감독사무 수행상의 편의 등을 고려하여 법률상 시·군 및 자치구에
서는 1차로는 시·도지사에게 지도·감독하게 하고 주무부장관은 2차로
최종적인 지도·감독을 하게 한 것이다. 따라서 이 경우의 시·도지사는
국가사무인 지도·감독사무를 수행하는 국가행정기관으로서 주무부장

관에 대한 하급행정기관의 지위 내지 성격을 가지는 것으로 보는 것이 타당할 것이다.12)

이와는 달리 제167조제2항과 같이 "시·군 및 자치구나 그 장이 위임받아 처리하는 시·도의 사무에 관하여는 시·도지사의 지도·감독을 받는" 경우에는, 지도·감독의 내용이 위임된 시·도사무에 관한 것이므로 당연히 위임 측인 시·도지사가 지도·감독권을 갖는 것이고 그러한 지도·감독사무 자체도 시·도사무라고 할 수 있을 것이며, 이 경우의 시·도지사는 시·도의 대표로서의 지위와 성격을 갖는다고 보아야 할 것이다.13)

(2) 지방자치단체조합에 대한 지도·감독과 시·도지사

그리고 위 제167조제1항과 유사한 예인 제163조에 의한 지방자치단체조합의 지도·감독조항을 살펴보면, 그 제1항은 "시·도가 구성원인 지방자치단체조합은 행정자치부장관의, 시·군 및 자치구가 구성원인 지방자치단체조합은 1차로 시·도지사의, 2차로 행정자치부장관의 지도·감독을 받는다."고 규정하고 있다. 지방자치단체조합이란 2개 이상의 지방자치단체가 하나 또는 둘 이상의 사무를 공동으로 처리할 필요가 있을 때 규약을 정하여 그 지방의회의 의결을 거쳐 시·도는 행정자치부장관의, 시·군 및 자치구는 시·도지사의 승인을 받아 설립할 수 있는 것으로서(법 제159조①), 지방자치단체조합과 그 사무는 지방자치단체의 자치조직에 의한 자치사무의 성격을 가지는 것이라고 할 수 있다. 하지만 이러한 조합 내지 그 사무에 관한 지도·감독은 합법성 통제와 국가법질서 유지의 차원에서 국가의 몫이라고 할 수 있으므로 국가사무라 할 것이고, 다만 지도·감독사무 수행상의 편의 등을 고려하여 법률상

---

12) 同늘의 견해로서 예컨대 (社)지방행정연구소 편저, 앞의 책, 439면 ; 박균성, 앞의 책, 2017, 1018−1019면 참조.
13) 同늘의 견해로서 박균성, 앞의 책, 2017, 1019면.

시·군 및 자치구에서는 1차로는 시·도지사에게 지도·감독하게 하고 주무부장관은 2차로 최종적인 지도·감독을 하게 한 것이라고 본다. 따라서 이 경우의 시·도지사 역시 국가사무인 지도·감독사무를 수행하는 국가행정기관으로서 주무부장관에 대한 하급행정기관의 지위 내지 성격을 갖는 것으로 보는 것이 타당할 것이다.

3. 제소 지시 및 제소권의 주체인 시·도지사의 지위

앞서 살펴본 것처럼, 지방의회 재의결 등에 대한 주무부장관이나 시·도지사의 제소 지시 및 직접 제소제도는 지방자치단체에 대한 국가 감독적 차원에서 채택된 것으로서, 지방의회의 의정활동의 합법성 통제를 가능하게 하는 수단이다. 지방의회를 포함한 지방자치단체의 활동의 합법성을 감독하고 이를 통하여 국법질서의 통일성을 유지·관리하는 것은 국가의 기본적 역할이자 책무이다. 국가는 지방자치단체의 자치활동에 대한 불법·부당한 간섭을 하여서도 안 되지만, 그 합법성을 확보할 종국적인 책임을 부담하고 있기도 한 것이다.

이러한 관점에서 볼 때, 지방의회의 재의결 등에 대한 합법성 통제는 국법질서의 확립과 그 통일성 유지의 차원에서 국가적 차원에서 전국 통일적으로 관리되고 행사되어야 한다고 본다. 그리고 그러기 위해서는 이러한 합법성 감독의 권한과 책임이 국가의 중앙행정기관에 최종적으로 귀속되어 있어야 할 것이다. 그렇지 않고 대상판결의 다수의견의 결과와 같이 각 시·도 단위로 제각각 합법성 통제를 할 수 있음에 그치게 된다면, 개별 시·도지사의 재량적 판단에 따라 제소 지시 내지 제소권이 제각각 행사되거나 제대로 행사되지 않을 수도 있어, 전국적으로 산재한 기초 지방의회의 재의결 등에 대한 합법성 통제와 통일적 국법질서의 유지라는 국가적 책무가 제대로 수행되지 못할 수도 있게 될 것이다. 예컨대, A도 관할구역 내의 b시와 C도 관할구역 내의 d시의 조례안이 동일한 제명과 내용의 조례안인데 모두 상위 법령 위반의 위법 사유를 가진 것들이라고 가정할 때, A도지사와 C도지사의 제소권 행사의 차이로 인하여 b시의 조례는 그대로 발효되어 시행되어 버리고 d시의 조례안은 대법원의 위법무효판결로 시행되지 못하게 되었다면, 이러한 불균형적 자치입법상황을 국가의 합법성 감독과 국법질서의 통일성 유지의 차원에서 어떻게 이해하고 받아들일 수 있겠는가.

이와 같은 문제의식과 관점에서 볼 때, 기초지방의회 재의결 등에 대한 시·도지사의 제소 지시 및 제소권 역시 이러한 국가의 감독권에서 비롯된 것이고 이러한 국가사무인 감독사무를 수행하는 시·도지사는 광역지방자치단체의 대표나 그 집행기관의 장으로서가 아니라 국가행정기관으로서의 지위와 성격을 갖는다고 보아야 할 것이며,14) 그러한 국가감독제도의 목적과 취지가 국법질서의 확립 및 그 통일성의 유지에 있으므로 그러한 감독권은 최종적으로 전국적 사무관할권을 가진 주무부장관과 같은 국가행정기관에 귀속, 귀일(歸一)되어 있어야 한다고 본다. 따라서 이 경우의 시·도지사는 국가감독기관인 주무부장관에 대한 하급행정기관의 지위 내지 성격을 갖는 것으로 보는 것이 타당하고, 따라서 만일 시·도지사가 제소 지시 내지 제소권을 행사하지 않는 경우에는 최종적 국가감독책임을 부담하고 있는 주무부장관이 제소 지시 내지 직접 제소할 수 있다고 보아야 할 것이다.

---

14) 동지의 견해로서, 박균성, 앞의 책, 2017, 1031면. "이 제소지시 및 직접 제소는 지방의회에 대한 국가기관의 통제권이며 동시에 지방자치단체의 장의 제소에 대한 감독권의 성질을 갖는다. 제172조의 권한을 행사함에 있어서 시·도지사는 국가기관의 지위를 갖는다고 보아야 한다."

V. 본 판결(다수의견)에 대한 비판적 검토

1. 법령의 문언 내지 체계 해석과 관련한 쟁점 검토

다수의견은 기초지방의회의 의결 내지 재의결에 대한 제소 지시 및 제소의 직접적 근거인 지방자치법 제172조의 제1항, 4항, 6항을 중심으로 하여 이 조항들의 문언과 입법 취지, 제·개정 연혁 및 지방자치법령의 체계 등을 종합적으로 고려한 결과, 지방의회 재의결 등에 대하여 제소를 지시하거나 직접 제소할 수 있는 주체로 규정된 '주무부장관이나 시·도지사'는 시·도에 대하여는 주무부장관을, 시·군 및 자치구에 대하여는 시·도지사를 각 의미한다고 해석함으로써, 시·군 및 자치구에 대하여는 주무부장관의 제소 지시 및 제소권을 부인하고 있다. 그런데 다수의견의 이러한 해석태도는 타당한 것인가?

(1) 재의요구 지시권자와 직접 제소권자의 동일성 여부

먼저 다수의견이 지방의회의 재의결에 대한 주무부장관이나 시·도지사의 제소 지시 또는 직접 제소는 해당 지방자치단체의 장의 재의요구에 대하여 지방의회가 전과 같은 내용으로 재의결을 한 경우 비로소 할 수 있는 것이므로, 지방의회의 재의결에 대한 제소 지시 또는 직접 제소 권한은 관련 의결에 관하여 해당 지방자치단체의 장을 상대로 재의요구를 지시할 권한이 있는 기관에게만 있다고 해석하는 것이 지방자치법 제172조의 체계에 부합한다고 한 것과 관련해서는, 물론 제소 지시 내지 제소는 재의요구 지시에 따른 재의결에 대하여 이루어지는 것이기는 하나, 제소 지시 및 제소권자가 항상 재의요구 지시권자와 동일해야 하는지는 의문이다.

재의요구 지시는 (제소 지시 및 제소와는 달리) 의회의 의결이 법령에 위반되는 경우뿐 아니라 공익을 현저히 해친다고 판단되는 경우에도 할 수 있다(법 제172조제1항). 즉 재의요구 지시는 지방의회 의결의 합법성 뿐 아니라 합목적성 확보의 목적도 포함되어 있으며, 이것은 감독권 행사의 일환이기는 하나 근본적으로는 지방자치단체의 장으로 하여금 지방의회에 대한 견제권을 행사하도록 촉구하는 의미가 있음에 그치는 것이다.

이에 비하여 제소 지시 및 직접 제소는 내부기관간 견제의 차원을 넘어서서 지방자치단체에 대한 국가감독기관에 의한 합법성 통제수단으로서 국가 법질서의 확립과 그 통일적 유지·관리의 필요성에서 — 재의요구 지시를 어느 기관이 하는지와는 별개로 — 국가의 중앙행정기관인 주무부장관의 권한에 해당한다고 보는 것이 맞을 것이다. 따라서 시·군·자치구 의회의 조례안 재의결에 대하여도 그것이 법령에 위반된다고 판단하는 한 비록 그 재의요구를 시·도지사가 지시하였다 하더라도 제소 지시 및 직접 제소는 시·도지사뿐 아니라 주무부장관 역시 할 수 있다고 보는 것이 타당할 것이다.

(2) 주무부장관의 최종적 감독권으로서의 제소권을 인정하여야 할 이유

한편 다수의견은, 주무부장관의 경우 재의요구 지시 권한과 상관없이 모든 지방의회의 재의결에 대한 제소 등 권한이 있다고 보게 되면 시·군 및 자치구의회의 재의결에 관하여는 주무부장관과 시·도지사의 제소 등 권한이 중복되게 되는데, 지방자치법은 그 상호관계를 규율하는 규정을 두고 있지 않을 뿐 아니라, 이는 주무부장관과 시·도지사의 지도·감독 권한이 중복되는 경우[15]에 명시적인 규정을 두어 중복되는 권한 사이의 상호관계를 규율하고 있는 입법태도와 명백하게 다르기 때문에, 제소 지시 및 제소권과 관련해서는 주무부장관에게 중복적 권한

---

15) 지방자치법 제163조 제1항 및 제167조 제1항이 '1차로 시·도지사의, 2차로 행정자치부장관 또는 주무부장관의 지도·감독을 받는다.'고 규정한 경우를 의미.

을 인정할 수 없다고 해석하고 있다.

지방자치법이 국가위임사무와 지방자치단체조합의 지도·감독과 관련하여 그 대상이 시·군 및 자치구일 경우에 장관과 시·도지사의 감독권 중복을 피하기 위하여 '1차로 시·도지사의, 2차로 행정자치부장관 또는 주무부장관'의 지도·감독을 받는다는 식으로 명시적인 규정을 두어 상관관계를 규율하고 있는 것은 바람직하다.

그러나 그렇다고 하여, 다수의견과 같이 제소 지시 내지 제소권에 관하여는 이러한 명시적 규정이 없으므로 주무부장관의 권한을 중복적으로 인정할 수 없다고 단정하는 것은 또한 타당한가. 사실 다수의견과 같이 제소 지시 내지 제소권에 관하여도 위와 같이 권한 중복의 관계를 분명히 하는 명시적 규정을 두면 좋았을 것이다. 하지만 제소 지시 내지 제소권 행사와 관련해서 지방자치법이 그 대상에 따라 감독주체를 명시적으로 분리 규정하고 있는 것도 아니다. 즉 반대의견이 지적하고 있는 것처럼, 지방자치법 제172조 제4항, 제6항은 제소 지시 내지 제소권자를 '주무부장관 또는 시·도지사'로 '병렬적'으로 규정하고 있고, 이 조항만을 문리적으로 해석한다면 시·군 및 자치구의회의 재의결에 대하여도 주무부장관의 제소 지시 내지 제소권을 부인하기 어렵다고 본다. 게다가 이 제도의 핵심적 취지가 국가가 지방의회의 재의결 등에 대한 합법성을 확보하고 국법질서의 통일성을 유지·관리하려는 데 있다는 점을 감안한다면, 그러한 국가감독의 최종적 귀속주체로서의 주무부장관의 제소 지시 및 제소권을 부인하여야 할 이유는 없다고 본다. 그리고 오히려 이렇게 보아야만, 220여 이상의 기초 지방의회에서 제각각 이루어지는 재의결 등이 위법함에도 관할 시·도지사가 제소 지시 내지 제소를 하지 않는 경우, 최종적으로 주무부장관이 제소 지시 내지 직접 제소함으로써 합법적이고 통일적인 국가법질서의 유지·관리를 가능하게 할 수 있는 것 아닌가 한다.

주무부장관과 시·도지사의 제소권 중복으로 인한 혼란 내지 충돌

문제도 그리 우려할만한 것이 못된다. 시·도지사가 위법하다고 판단하여 제소 지시 내지 제소하면 주무부장관은 대법원의 판단을 지켜보면 될 일이고 만일 시·도지사가 제소 지시 내지 직접 제소하지 않는 상황이 되면 주무부장관이 직접 제소 지시 내지 제소하여 역시 대법원의 판단을 기다리면 되는 것이다. 따라서 다수의견과 같은 입장에서 관련 법조문의 문언 내지 체계적 해석에 편향되어 지방자치단체에 대한 감독체계의 근간을 무너뜨리는 결과를 초래할 수 있다고 우려[16]하기보다는, 관련 법조문의 문언뿐 아니라 그 제도적 목적 내지 입법취지에 착목하여 보다 합리적이고 바람직한 국가감독체계를 해석해 내는 것이 바람직할 것이다. 법치주의 확립의 관점에서 진짜 우려하여야 할 것은 기초 지방의회의 재의결 등이 위법한데도 아무도 제소권을 행사하지 않음으로써 위법한 의정활동의 결과가 그대로 방치되거나 실행되는 상황일 것이다.

그리고 앞서 언급한 것처럼, 법령상 인정된 시·도지사의 제소 지시 및 직접 제소권 역시 이러한 국가의 감독권에서 비롯된 것이고 이러한 국가감독권을 행사하는 시·도지사는 국가행정기관으로서 주무부장관에 대한 하급행정기관의 지위 내지 성격을 갖는다고 보아야 하며, 이렇게 보는 이상 주무부장관에 의한 최종적인 감독권으로서의 제소 지시 내지 제소권을 부정할 수는 없다고 본다.

2. 다수의견에 의할 때 초래될 수 있는 문제점 비판

(1) 시·도지사의 법령해석능력 부족 및 국법질서 불안정성의 초래

제소 지시 내지 제소의 사유는 국가의 '법령 위반'으로 한정되는데,

---

16) 김길량, "지방자치법 제172조 제4항, 제6항에 따라 군의회를 상대로 조례안재의결 무효확인의 소를 제기할 수 있는 원고적격", 대법원판례해설 제110호, 2016, 216면.

그 결과 기초 지방의회의 재의결 등의 법령 위반 여부가 강하게 의심되거나 위법의 확신이 있어야 제소 지시 내지 제소로 이어질 수 있을 것이다. 그런데 이러한 법령 위반 여부의 판단은 사안의 내용이나 관련 법령에 따라 간단치 않을 수 있고 매우 복잡하거나 세밀한 해석이 필요할 수도 있으며 그 해석주체에 따라 다양하거나 상반된 해석이 나올 수도 있는 것이다. 그 결과 다수의견과 같이 주무부장관의 제소 지시 내지 제소권을 부정하고 개별 시·도지사가 제각각 법령 위반 여부를 판단하여 제소 지시 내지 제소권 행사 여부를 종국적으로 결정하게 하면, 국가법질서의 통일적 유지의 차원에서는 매우 부적절하거나 불안정적인 결과가 초래될 수도 있을 것이다. 반대의견이 지적하는 바와 같이 법령 위반 여부가 문제 되는 동일한 내용의 조례안이 전국 여러 기초의회에서 재의결된 경우 관할 시·도지사의 제소 여부에 따라 해당 조례의 성립 내지 효력을 달리하는 차별적 결과가 발생할 우려마저 있다는 것이다.

지방자치단체도 법령의 집행주체로서 관련 법령의 자주적 해석권이 있는 것이지만, 국가 법령에 대한 행정해석은 당해 법령의 소관부처가 있는 중앙정부의 유권해석에 의하는 것이 1차적이다. 당해 법령의 소관부처가 아닌 시·도지사의 법령 해석에 기초하여 당해 지방의회 재의결의 위법 여부를 판단하게 하는 것은 통일적인 국법질서의 유지·관리의 측면에서 적절하지 않을 뿐 아니라 실제 시·도지사의 법령해석능력이나 그를 둘러싼 지역적 정황 등이 다를 수 있다는 점을 감안할 때 바람직하지도 않다고 본다.

(2) 사후적 규범통제수단의 기능부전으로 인한 한계

다수의견이 조례에 대한 사후적 구체적 규범통제의 가능성을 이유로, 반드시 주무부장관의 제소 지시 또는 직접 제소 방식에 의한 사전통제의 필요성이 크다고 보기도 어렵다고 한 데 대해서도, 조례에 대한

사후적 규범통제의 가능성을 지나치게 확대하고 있다는 점에서 비판가
능하다고 본다.

조례에 대한 규범통제는 국법질서의 확립의 관점에서는 가능한 사
전통제의 방식에 의한 것이 바람직하다. 그것은 사후적 사법심사를 거
쳐 무효화되도록 하는 것은 지방행정의 낭비를 초래하고, 자치입법에
대한 주민의 신뢰를 실추시키는 결과를 야기하며, 회복하기 어려운 법
질서의 혼란을 가져올 수 있기 때문이다.17)

사후적 규범통제는 구체적 규범통제제도로서 본안소송이 적법하게
계속된 경우의 선결문제심리로서만 사법심사가 가능한 것이다. 따라서
본안소송이 제기되지 않거나 적법하지 않으면 선결심리로서의 조례에
대한 규범통제는 이루어지기 어렵다. 반대의견의 지적처럼, 특히 이 사
건의 조례안은, 지방자치단체가 개인 등에 대한 기부·보조 등을 하는
내용으로 하는 수익적인 성질의 것(정주생활지원금)이어서 그로 인하여
수혜를 받은 주민이 처분취소소송 등의 본안소송을 제기하거나 그 소송
제기 후 그에 적용된 조례의 효력을 다툴 것을 상정하기는 어려울 것으
로 보인다. 따라서 이러한 조례는 일단 시행되고 나면 그 효력 여부가
법원의 심사대상이 될 가능성 자체가 크지 않다고 보는 것이 맞다. 따
라서 다수의견이 조례에 대한 사후적 법원심사제도(구체적 규범통제제도)
가 마련되어 있어 반드시 주무부장관의 제소 지시 또는 직접 제소 방식
에 의하여 조례안에 대한 사전 통제를 해야 할 필요성이 크다고 보기도
어렵다고 하는 주장은 수용하기 어렵다고 본다. 오히려 조례에 따라서
는 사후적 법원심사제도(구체적 규범통제제도)를 통한 사법통제의 가능성
이 매우 낮거나 곤란하기 때문에, 사전적 규범통제의 필요성이 더욱 큰
경우가 많다는 점을 간과하지 말아야 할 것이다.

---

17) 헌법재판소 2009. 7. 30. 선고 2007헌바75 전원재판부 결정 참조

참고문헌

김남철, 「행정법강론」, 박영사, 2016
김동희, 「행정법(Ⅱ)」, 박영사, 2016
김철용, 「행정법(전면개정 제6판)」, 고시계사, 2017
박균성, 「행정법강의(제14판)」, 박영사, 2017
홍정선, 「新지방자치법(제3판)」, 박영사, 2015
(社)지방행정연구소, 「逐條 地方自治法解說(增補版)」, (社)지방행정연구소, 2000

고헌환. "조례의 사법적 통제와 주요 쟁점에 관한 법리의 검토". 「법학논총」 제33집, 숭실대학교 법학연구소, 2015
김길량, "지방자치법 제172조 제4항, 제6항에 따라 군의회를 상대로 조례 안재의결무효확인의 소를 제기할 수 있는 원고적격", 대법원판례해설 제110호, 2016
김병록, "조례통제를 위한 제 방안에 관한 연구," 「일감범학」 15호, 건국 대 법학연구소, 2009
김영범, "조례제정권의 확대에 관한 연구", 박사학위논문, 원광대학교 대학원, 2012
김춘환, "지방자치단체의 사무와 조례제정에 관한 판례검토", 「법학논총」 21(1), 2014
김훈/정회근, "조례의 사법적 통제에 관한 소고", 「지방자치법연구」 제16 권제4호, 2016
문상덕, "지방자치쟁송과 민주주주의," 「지방자치법연구」 제10권제2호, 2010
박정훈, "지방자치단체의 자치권을 보장하기 위한 행정소송", 「지방자치법 연구」 제1권2호, 한국지방자치법학회, 2001
심소명, "자치입법권의 강화에 관한 연구", 박사학위논문, 충남대학교 대

학원, 2014

양승미, "법령과 조례의 관계에 대한 연구 : 국가와 지방자치단체의 입법
분담을 중심으로", 박사학위논문, 이화여자대학교 대학원, 2010

이재삼, "현행 지방자치법상 자치사무의 쟁점사항 연구". 「법학연구」 56,
2014

鄭南哲, "地方自治團體에 대한 國家藍督및 司法的 統制", 「지방자치법연
구」 제16권제3호, 2016

정남철, "지방자치단체에 대한 국가감독 및 사법적 통제", 「지방자치와 행
정법」(遁石홍정선교수정녑기념논문집, 박영사, 2016

정연주, "조례제정권의 헌법적 한계와 통제 - 헌결 1995.4.20. 92헌마
264,279(병합) 및 대판 1992.6.23. 92추17 등과 관련하여 - "「헌법판
례연구」, 박영사, 2002

조성규, "지방자치법제에 있어 분권개헌의 의의 및 과제", 「지방자치법연
구」 제12권제3호, 2012

조성규, "지방자치단체에 대한 국가감독의 법적 쟁점", 「지방자치와 행정
법」(遁石홍정선교수정년기념논문집, 박영사, 2016

최승원, "조례의 본질," 「지방자치법연구」 제6권제1호, 한국지방자치법학
회, 2006

국문초록

　　본 논문은 대법원 2016. 9. 22. 선고 2014추521 전원합의체 판결을 대상으로 하여, 기초 지방의회의 조례안재의결무효확인소송의 제소권자에 관하여 다수의견이 주무부장관의 제소권을 부정하고 시·도지사의 제소권만 인정한 데 대하여, 지방자치 법령의 문언 내지 체계 해석의 관점, 지방자치단체에 대한 국가감독 특히 합법성 감독제도의 차원에서 전체적으로 판례(다수의견)를 비판적으로 검토하였다.

　　법령의 문언 내지 체계 해석과 관련해서는, 다수의견이 기초 지방의회의 의결 내지 재의결에 대한 제소 지시 및 제소의 직접적 근거인 지방자치법 제172조의 제1항, 제4항 및 제6항을 중심으로 하여 이 조항들의 문언과 입법 취지, 제·개정 연혁 및 지방자치법령의 체계 등을 종합적으로 고려한 결과, 지방의회 재의결 등에 대하여 제소를 지시하거나 직접 제소할 수 있는 주체로 규정된 '주무부장관이나 시·도지사'를 재의요구 지시권자와 동일시하여 시·도에 대하여는 주무부장관을, 시·군 및 자치구에 대하여는 시·도지사를 각 의미한다고 해석함으로써, 시·군 및 자치구에 대하여는 주무부장관의 제소 지시 및 제소권을 부인하고 있는 데 대하여, 다수의견과 같이 제소 지시 및 제소권자가 항상 재의요구 지시권자와 동일해야 하는지에 대하여 의문을 제기하였다. 재의요구 제도와 감독기관에 의한 직접 제소제도는 제도의 목적과 취지를 달리하는 것이므로, 재의요구 지시권자와 제소 지시 및 제소권자를 동일시하여야 할 필연적 이유는 없다고 보았고, 그러한 관점에서 그 재의요구를 시·도지사가 지시하였다 하더라도 제소 지시 및 제소는 시·도지사뿐 아니라 주무부장관도 할 수 있다고 보았다.

　　그리고 제소 지시 내지 제소권 행사와 관련해서 지방자치법이 그 대상에 따라 감독주체를 명시적으로 분리 규정하고 있는 것이 아니라, '주무부장관 또는 시·도지사'로 '병렬적'으로 규정하고 있고, 제소 지시 내지 제소권 부여의 제도적 취지가 국가가 지방의회의 재의결 등에 대한 합법성을 확보하고 국법질서의 통일성을 유지·관리하려는 데 있다는 점을 감안할 때 그러한 국가감독의 최종적 귀속주체로서의 주무부장관의 제소 지시 및 제소권을 부인하여야 할 이유는 없다고 보았다.

그리고 다수의견에서와 같이 기초 지방의회의 재의결에 대한 제소 지시 및 직접 제소권을 시·도지사만이 행사할 수 있다고 보게 되면, 법령 위반 여부가 문제 되는 동일한 내용의 조례안이 전국 여러 기초의회에서 재의결된 경우 관할 시·도지사의 제소 여부에 따라 해당 조례의 성립 내지 효력을 달리하는 차별적 결과가 발생할 우려마저 있다는 점도 지적하였다.

또한 다수의견이 조례에 대한 사후적 구체적 규범통제의 가능성을 이유로, 반드시 주무부장관의 제소 지시 또는 직접 제소 방식에 의한 사전통제의 필요성이 크다고 보기도 어렵다고 한 데 대해서도, 조례에 대한 사후적 규범통제의 가능성을 지나치게 확대하고 있다는 점, 특히 이 사건의 조례안처럼 지방자치단체가 개인 등에 대한 기부·보조 등을 하는 내용으로 하는 수익적인 성질의 것(정주생활지원금)이어서 그로 인하여 수혜를 받은 주민이 처분취소소송 등의 본안소송을 제기하거나 그 소송 제기 후 그에 적용된 조례의 효력을 다툴 것을 상정하기는 어려울 것이기 때문에, 조례에 대한 사후적 법원심사제도(구체적 규범통제제도)의 활용가능성이 낮을 수 있다는 점도 비판적으로 지적하였다.

요컨대 지방자치단체(기초 지방의회)에 대한 국가감독 특히 합법성 감독의 수단으로서 인정된 감독기관에 의한 제소 지시 및 직접 제소권은 시·도지사에 뿐만 아니라 중앙정부의 소관부처장인 주무부장관에게 최종적으로 인정된다고 해석하는 것이, 현행 지방자치법령의 체계해석적 측면이나 국가감독법제의 입법취지적 관점에서 더욱 타당하다고 판단하였다.

주제어: 지방자치, 자치권, 국가감독, 재의 요구, 제소 지시, 직접 제소

Abstract

The right of an action for the re-decision
of the Local Assembly at the Base

MUN, Sang-Deok*

This article analyzes the Supreme Court [S. Ct.]. 2014Chu521, Sep. 22, 2016. (S. Kor.), focusing on the right of an action for the re-decision of the local assembly at the base. The majority opinion of the Supreme Court Grand Bench Decision on the right of an action for the re-decision of the local assembly at the base insists that not the secretary of competent ministry but the governor of a province has the right of an action for the re-decision of the local assembly at the base.

But in my opinion, on the viewpoint of the drafts and system of Local Government Act, the purpose and the legislative intend and the history of the article 1, 4, 6 of §172 of Local Government Act, not the governor of a province but the secretary of competent ministry has the right of an action for the re-decision of the local assembly at the base. It is because that the secretary of competent ministry can control and realize the order and the unification of the national law by the right of an action for the local assembly at the Base.

Otherwise, if the governor of a province has the right of an action for the local assembly as the majority opinion of the Supreme Court Grand Bench Decision, the result of the control for the re-decision of

---

* Prof. of Law school, University of Seoul

the local assembly at the base may be different among some provinces despite the almost same re−decision of the local assembly.

Keyword: Local Autonomy, the right of self−government, national supervision, commanding of the instituting a lawsuit, instituting a lawsuit

투고일 2017. 12. 11.
심사일 2017. 12. 25.
게재확정일 2017. 12. 28.

지방자치단체에 대한 감독청의
직권취소의 범위와 한계

조성규*

대상판결 : 대법원 2017. 3. 30. 선고 2016추5087 판결

Ⅰ. 사안의 개요 및 판결의 요지

1. 사안의 개요

서울특별시제1인사위원회위원장은 2016. 4. 14. 서울특별시 시간선택제임기제공무원(라급 8급 상당, 이하 '이 사건 공무원'이라고 한다) 40명의 채용에 관한 공고(이하 '이 사건 채용공고'라고 한다)를 하였다.

이 사건 채용공고에 의하면, 이 사건 공무원들은 '정책지원요원'으로 임용되어 서울특별시의회 사무처에 소속되어, ① 주요 이슈 등에 대한 사전적인 입법 현안 발굴 및 조사·분석·정책 지원, ② 자치법규 제·개정안 마련 지원 및 입법절차 진행 지원, ③ 조례안 제·개정안에 대한 공

---

* 전북대학교 법학전문대학원 교수

청회·토론회 행사지원 및 전문가·지역주민 의견수렴 지원, ④ 정책연구
위원회 및 의원연구단체의 정책개발 및 운영 지원, ⑤ 민원에 대한 현
장중심의 의견청취·조사 및 데이터 관리, 지속적인 모니터링 업무지원
등과 같은 상임위원회별 입법지원요원(입법조사관)에 대한 업무지원 업
무를 담당하도록 되어 있다.

이에 감독청인 당시 행정자치부장관(현 행정안전부장관)은 2016. 4.
19. 서울특별시장에게 이 사건 채용공고는 '지방의회의원 개인별 유급
보좌 인력'의 도입을 목적으로 하는 것으로 「지방재정법」 제3조 제1항,
제47조 제1항, 제67조 제2항 등 관련 법 규정에 위반된다는 이유를 들
어, 2016. 4. 21.까지 이 사건 채용공고를 취소하라는 내용의 이 사건
시정명령을 하였다.

그럼에도 서울특별시장이 이 사건 시정명령에 응하지 아니하자, 행
정자치부장관은 2016. 4. 21. 이 사건 채용공고를 직권으로 취소하였고
(이하 '이 사건 직권취소처분'이라고 한다), 서울특별시장은 행정자치부장관
을 피고로 하여 이 사건 직권취소처분의 취소를 구하는 소를 대법원에
제기하였으나, 대법원은 서울특별시장의 청구를 기각하였다.

2. 대법원 판결의 요지

[1] 행정소송법상 항고소송은 행정청이 행하는 구체적 사실에 관
한 법집행으로서의 공권력의 행사 또는 거부와 그 밖에 이에 준하는 행
정작용을 대상으로 하여 위법상태를 배제함으로써 국민의 권익을 구제
함을 목적으로 하는 것과 달리, 지방자치법 제169조 제1항은 지방자치
단체의 자치행정 사무처리가 법령 및 공익의 범위 내에서 행해지도록
감독하기 위한 규정이므로 적용대상을 항고소송의 대상이 되는 행정처
분으로 제한할 이유가 없다.

[2] 지방의회의원에 대하여 유급 보좌 인력을 두는 것은 지방의회

의원의 신분·지위 및 처우에 관한 현행 법령상의 제도에 중대한 변경을 초래하는 것으로서 국회의 법률로 규정하여야 할 입법사항이다.

　　[3] 지방자치단체 인사위원회위원장이 시간선택제임기제공무원 40명을 '정책지원요원'으로 임용하여 지방의회 사무처에 소속시킨 후 상임위원회별 입법지원요원(입법조사관)에 대한 업무지원 업무를 담당하도록 한다는 내용의 채용공고를 하자, 행정자치부장관이 위 채용공고가 법령에 위반된다며 지방자치단체장에게 채용공고를 취소하라는 내용의 시정명령을 하였으나 이에 응하지 않자 채용공고를 직권으로 취소한 사안에서, 위 공무원의 담당업무, 채용규모, 전문위원을 비롯한 다른 사무직원들과의 업무 관계와 채용공고의 경위 등을 종합하면, 지방의회에 위 공무원을 두어 의정활동을 지원하게 하는 것은 지방의회의원에 대하여 전문위원이 아닌 유급 보좌 인력을 두는 것과 마찬가지로 보아야 하므로, 위 공무원의 임용은 개별 지방의회에서 정할 사항이 아니라 국회의 법률로써 규정하여야 할 입법사항에 해당하는데, 지방자치법은 물론 다른 법령에서도 위 공무원을 지방의회에 둘 수 있는 법적 근거를 찾을 수 없으므로, 위 공무원의 임용을 위한 채용공고는 위법하고, 이에 대한 직권취소처분은 적법하다.

Ⅱ. 대법원 판결의 쟁점

　　본 대상판결의 쟁점은 외형상 두 가지로 나타나는바, 하나는 감독청의 직권취소의 대상에 관한 문제로서, 서울특별시의 '채용공고'가 직권취소의 대상에 해당하는 지이며, 다른 하나는 사안의 채용공고의 위법 여부에 관한 문제로서, 행정자치부장관의 직권취소가 적법한지에 관한 쟁점이다. 그 외에 대상판결에서 판단되지는 않았지만, 이 사건 직권취소가 국가감독제도의 본질에 따른 한계를 준수한 적법한 것인지 여부가 문제된다.

첫 번째 쟁점인 직권취소의 대상의 문제와 관련하여서는 구체적으로, 「지방자치법」 제169조가 감독처분의 대상으로 규정하고 있는 '명령 또는 처분'의 의미가 무엇인지, 특히 동 규정상의 '처분' 개념이 항고소송의 대상인 처분개념과 동일한 것인지가 문제된다. 이와 관련하여 대상판결에서는 직접적인 쟁점이 되지는 않았지만, 직권취소의 대상의 문제는 소송요건의 문제인지, 본안의 문제인지가 추가적인 법적 쟁점으로 논의될 필요가 있다. 즉 직권취소의 대상이 아님에도 직권취소가 행해진 경우, 이에 대한 취소소송은 소송요건의 문제로서 각하의 대상인지, 본안판단의 대상인지가 문제된다.

두 번째 쟁점인 직권취소가 적법한지의 문제는 전형적인 본안요건의 문제로서, 이에 있어서는 우선적으로 이 사건 채용공고가 위법한지가 문제되며, 그와 더불어 – 판례가 직접 쟁점으로 다루지는 않았으나– 직권취소 처분 자체가 법적 한계를 준수한 적법한 처분인지가 문제된다.

채용공고가 위법한지의 문제에 대한 판단을 위해서는 우선적으로 채용공고의 실질1)에 대한 검토가 필요하다. 즉 채용공고를 단순히 외형상으로만 보면 이는 단지 이전의 채용결정의 추진을 위한 외부적 공고절차에 불과한바, 그렇게 본다면 채용공고는 그 자체로는 독자적인 법적 의미는 없는 것으로 그 위법 여부는 순수히 절차적인 관점에서만 판단되어야 하는데 반해, 채용공고가 채용의결 등 채용에 관한 법적 행위를 포괄하는 행위로 이해된다면, 채용공고의 위법 여부는 채용행위 자체에 대한 위법성 판단의 문제가 될 것이다. 따라서 채용공고가 감독청의 직권취소의 대상으로서 독자적인 법적 의미를 갖는 행위인지에 대한

---

1) 채용공고의 법적 성질에 대한 논의와 관련하여, 채용공고가 처분성을 갖는지에 대한 고찰이 필요하다는 견해도 있으나, 이는 전술한 감독청의 직권취소의 대상의 문제이며, 채용공고의 위법 여부의 판단에 직결되는 문제는 아니다. 이에 대해서는 후술한다.

논의가 필요하다.

채용공고의 취소를 실질적으로 보아 채용행위의 취소로 이해하는 경우에는 결국 ─ 종래 다수의 판례에서 다루어진 ─ 지방의원에 대한 유급보좌인력의 채용이 법적으로 허용되는 것인지의 여부가 쟁점이 되는 것으로, 이에 있어서는 지방자치단체의 자치권, 특히 자치조직권의 문제와 더불어, ─ 판례가 설시하는 바와 같이 ─ 법률유보원칙과의 관계가 주된 법적 문제가 된다.

Ⅲ. 감독청의 직권취소의 대상에 관한 법적 쟁점

1. 감독청의 직권취소의 법적 성격

「지방자치법」제169조 제1항은 "지방자치단체의 사무에 관한 그 장의 명령이나 처분이 법령에 위반되거나 현저히 부당하여 공익을 해친다고 인정되면 시·도에 대하여는 주무부장관이, 시·군 및 자치구에 대하여는 시·도지사가 기간을 정하여 서면으로 시정할 것을 명하고, 그 기간에 이행하지 아니하면 이를 취소하거나 정지할 수 있다"고 하여, 지방자치단체에 대한 사후적 감독수단으로서 시정명령 및 취소·정지권을 규정하고 있다.

지방자치단체는 법제도적으로 독립된 행정주체로서 국가와 대등한 관계에서 존재한다. 따라서 국가와의 관계에서 본질적인 상하관계나 종속관계가 존재하는 것은 아닌바, 국가에 의한 당연한 감독관계가 인정되는 않는다. 다만 현대적 국가구조 하에서 지방자치권의 본질은 국가로부터 완전히 독립된 고유권으로서의 의미를 가질 수는 없는바, 지방자치 역시 국가법질서 내에서 존재하는 것이며, 따라서 국가법질서의 통일성이라는 관점에서 ─ 지방자치의 헌법적 보장에도 불구하고 ─ 국가에 의한 감독은 불가피하다.

　다만 그러한 국가감독권은 본질적으로 발생하는 것은 아닌바, 지방
자치권에 대한 침해와 제한을 내용으로 하는 국가감독²⁾에 대해서는 법
률상 근거가 필요하며(국가감독법정주의³⁾), 그러한 관점에서 국가에 의한
사후적 감독의 법적 근거로 규정된 것이 「지방자치법」 제169조이다.

　따라서 「지방자치법」 제169조에 대한 법적 쟁점의 논의에 있어서
는 지방자치법제에 있어 국가감독권의 법제화라는 규범적 본질에 대한
고려가 중요하며, 이는 사후적 감독의 대상으로서 '명령이나 처분'의 의
미에 대한 이해에 있어도 마찬가지이다.

　한편 지방자치단체에 대한 국가감독은 상하관계에서 비롯되는 본
질적인 감독관계가 아니라, 독립된 권리주체로서 외부법관계에 대한 일
방적 감독인 점에서 그 법적 근거는 엄격하게 이해하는 것이 타당하다.
따라서 국가감독법정주의에 있어 '법'의 의미는 엄격하게 판단되어야 할
것으로, 법률에 직접 근거를 두거나 적어도 법률의 직접적인 위임에 의
한 법규명령에 근거를 두어야 한다. 그러한 관점에서 본다면 지방자치
권의 제한에 관한 법적 근거와 관련하여 '법령'의 의미를 광범위하게 이
해하고 있는 헌법재판소의 입장⁴⁾은 지방자치의 헌법적 보장이라는 관

---

2) 지방자치단체의 종류에 따라 광역지방자치단체는 직접적으로 국가감독의 대상이
　되는데 반해, 기초지방자치단체의 경우는 제1차적 감독기관은 시·도지사가 되지
　만, 후자의 경우도 넓은 의미에서는 국가적 감독의 일종인 동시에 상호 독립된 법
　주체간의 감독관계라는 점에서 규범적 본질은 동일한바, 본 고에서는 양자를 통
　합하여 국가감독으로 통칭한다.
3) 우리나라 지방자치법제는 국가감독법정주의를 명시적으로 규정하지는 않고 있지
　만, 지방자치법원리상 당연한 것으로 보아야 하며, 비교법적으로 일본 지방자치법
　제245조의2는 국가 관여의 법정주의를 명시적으로 규정하고 있다.
4) 헌법재판소는 지방자치의 외연적 한계로서 '법령'의 의미를 소위 법규적 내용의 행
　정규칙까지 확대하고 있어, 지방자치권에 대한 과도한 침해의 소지가 크다. "헌법
　제117조 제1항에서 규정하고 있는 '법령'에 법률 이외에 헌법 제75조 및 제95조 등
　에 의거한 '대통령령', '총리령' 및 '부령'과 같은 법규명령이 포함되는 것은 물론이
　지만, 헌법재판소의 "법령의 직접적인 위임에 따라 수임행정기관이 그 법령을 시

점에서는 문제의 소지가 있다고 할 것이다.

2. 지방자치법제에 있어 국가감독의 규범적 본질

지방자치단체에 대한 국가감독의 문제는 국가와 지방자치단체 간의 관계를 어떻게 설정할 것인가에 의존하는 것으로, 국가와 지방자치단체의 기본적 관계의 설정은 지방자치제도의 본질적 출발점이자 지방자치권을 법제도적으로 어떻게 이해할 것인지에 대한 기본적 인식의 표현이다.[5]

주지하다시피 지방자치는 직접 헌법의 의해서 보장된 제도로서, 헌법이 보장하는 지방자치의 본질은 국가와는 독립된 법인격을 가진 지방자치단체가 자신의 지역의 사무에 대해 자신의 책임으로써 수행하는 것, 즉 자기책임성의 보장을 내용으로 한다. 여기서 자기책임성이란 다른 고권주체, 특히 국가의 합목적성에 대한 지침으로부터의 자유를 의미하며, 고유한 정책적 구상에 따라 결정할 수 있는 능력을 말하는 것으로, 결국 자기책임성은 사무의 수행 여부, 시기 및 방법 등과 관련하여 지방자치단체의 자유의사에 놓이게 된다는 것이며,[6] 법원리적으로는 재량의 인정이다.[7]

따라서 지방자치단체는 국가와 대등한 관계에서 독립된 법인격을

행하는데 필요한 구체적 사항을 정한 것이면, 그 제정형식은 비록 법규명령이 아닌 고시, 훈령, 예규 등과 같은 행정규칙이더라도, 그것이 상위법령의 위임한계를 벗어나지 아니하는 한, 상위법령과 결합하여 대외적인 구속력을 갖는 법규명령으로서 기능하게 된다고 보아야 한다"고 판시한 바에 따라, 헌법 제117조 제1항에서 규정하는 '법령'에는 법규명령으로서 기능하는 행정규칙이 포함된다."(헌법재판소 2002.10.31. 선고 2002헌라2 전원재판부 강남구와행정자치부장관간의권한쟁의).

5) 조성규, "지방자치단체에 대한 국가감독의 법적 쟁점", 「지방자치법연구」 제16권 제3호(2016.9.), 345면.

6) 홍정선, 「신지방자치법」, 박영사, 2009. 50면.

7) Schmidt—Aßmann, Kommunalrecht, in: ders.(Hrsg.), Besonderes Verwaltungsrecht, 11. Aufl., 1999, S. 20 (Rn. 19).

가지고 존재하는 고권주체이며, 헌법이 보장하는 지방자치권, 특히 자기책임성의 관점에서 보면 지방자치단체에 대한 국가감독은 일견 모순되어 보이며, 그러한 이유에서 지방자치단체에 대한 국가의 감독·통제를 부정하는 입장도 있다.

그러나 오늘날 현대 국가에서 지방자치단체는 국가로부터 완전하게 독립된 고유한 존재가 아니라,[8] 국가와 중첩적으로 존재하며 궁극적으로 국가이익을 도모하는 점에서 국가와의 관련성에서 비롯되는 국가의 감독·통제를 전면적으로 부인하는 것은 설득력이 없으며, 타당하지도 않다. 지방자치권 역시 국가법질서의 한계 내에서 인정되어야 하는 것으로, 국가법질서의 위반에 대한 통제의 필요성은 지방자치권의 보장을 이유로 제한될 문제가 아니라, 지방자치의 본질상 오히려 지방자치의 당연한 이면이라고 할 수 있다.[9] 지방자치단체에 대한 국가의 감독 및 통제의 목적은 법률로 표현되는 국가적인 이익이 지역적인 특수성에 의하여 왜곡되거나 변질되지 아니하도록 보장하는데 있다.[10]

지방자치권이 헌법적으로 보장된다는 것의 법제도적 함의가 국가에 의한 감독과 통제가 금지된다는 것은 아니다. 국가와 지방자치단체의 중첩성에서는 물론, 법치주의의 요청상 지방자치의 헌법적 보장은 국가에 의한 감독과 통제 자체를 불허하는 것이 아니라, 국가의 감독과 통제는 헌법상 보장된 지방자치권을 침해할 수 없다는 본질적 한계의 설정을 내용으로 하는 것이다. 즉 지방자치에 있어 국가의 감독과 통제는 허용성의 문제가 아니라, 그 범위와 정도의 문제가 규범적 본질이라

---

8) 법원리적으로도 지방자치권의 법적 성격을 고유권으로 이해하는 입장은 찾아보기 어려우며 국가로부터 전래된 권리로 이해하는 것이 일반적이다. 다만 그 전래의 의미는 국가의 통치권으로부터의 전래가 아니라 직접 헌법에 의해서 전래된 것으로 이해되는바, 전래설의 의미가 국가로부터의 종속관계를 의미하는 것은 아니다.
9) 조성규, 앞의 글, 352면.
10) 김호정, "지방자치단체에 대한 국가의 감독과 통제", 「외법논집」 제33권 제2호 (2009.5.), 510면.

고 할 것이다.11)

이를 감독처분으로서 직권취소의 문제와 결부시켜 본다면, 지방자치단체에 대한 감독청의 직권취소는 국가법질서의 통일성을 위한 위법성의 통제를 본질로 하는 것으로, 이는 지방자치 전반에 대하여 허용되며, 구체적인 행위의 성격은 중요하지 않다. 다만 헌법상 보장된 지방자치의 이면인 점에서 감독청의 통제는 보충적이어야 하며, 지방자치단체의 자율적인 감독통제가 우선이 되어야 한다는 감독권 행사의 한계가 요구된다.12)

헌법상 보장된 지방자치의 취지상 국가감독을 제한적으로 이해하여야 한다는 것은 당연한 명제이다. 다만 분명한 것은 국가감독의 제한은 그 대상의 문제가 아니라, 국가감독의 정도와 내용의 문제이다. 국가의 위법성 감독은 지방자치의 보장도 법치주의 내에서 허용된다는 당연한 원리의 제도화이기 때문이다. 지방자치행정 중 국가감독의 대상이 제한된다는 것은 결국 위법하더라도 통제할 수 없는 지방자치의 영역이 인정하는 것과 동일한 것으로, 이는 법치주의라는 대명제에서는 물론, 지방자치를 보장하는 기본적 이념과도 배치된다.

3. 국가감독처분으로서 직권취소의 대상

앞서 살펴본 국가감독의 본질 및 국가감독법정주의의 관점에서 볼 때, 국가감독처분으로서 직권취소권의 범위와 한계는 당연히 그 근거법에 따라 판단되어야 한다.

「지방자치법」 제169조 제1항은 국가 등에 의한 사후적 감독의 대

---

11) 조성규, 앞의 글, 346면.
12) 비교법적으로 일본 지방자치법 제245조의3은 국가관여의 기본원칙을 명시적으로 규정하고 있으며, 이에 따르면 국가관여는 목적달성을 위하여 필요한 경우 최소한으로 행해져야 하며, 동시에 지방자치단체의 자주성에 대해 배려를 하여야 하는 것을 기본원칙으로 규정하고 있다.

상을 '지방자치단체의 사무에 관한 그 장의 명령이나 처분'으로 규정하고 있는데, 동규정의 해석과 관련하여 사후적 감독의 대상인 '지방자치단체의 사무'는 지방자치법제의 체계상 자치사무와 단체위임사무를 말한다고 보는 것이 일반적이다.[13] 다만 동규정이 사후적 감독의 대상으로 규정하고 있는 '명령'과 '처분'의 의미를 어떻게 볼 것인지에 대해서는 논란이 있으며, 특히 '처분'의 의미가 행정쟁송법상 논의되는 '처분' 개념과 구별되는 것인지가 문제되는바, 대상판결의 주된 쟁점도 여기에 있다.

전술한 바와 같이 「지방자치법」 제169조는 국가감독의 법제도화이며, 국가감독의 본질상 동규정에 따른 '명령'과 '처분'은 행정법상 논의되는 행정작용의 엄격한 개념구분을 의도한 것이라기보다는 포괄적이고 일반적인 의미의 것으로 이해하는 것이 타당하다고 보인다. 그렇게 본다면 '명령'이란 일반추상적인 법정립행위를, '처분'이란 개별구체적인 행위를 뜻한다.[14]

즉 「지방자치법」은 사후적 감독의 대상과 관련하여, 사무수행에 있어 국가와 지방자치단체의 관계에 대한 고려는 당연히 필요한 점에서 '지방자치단체의 사무'로 그 사무의 성격에 대한 고려를 하고 있는 반면, 자치사무와 단체위임사무인 한 그 행위 유형의 구체적 형태에 대해서는 특별한 제한을 두지 않고, '명령"이나" 처분'이 일반적으로 사후적 감독의 대상이 되는 것으로 규정하고 있다. 즉 일반추상적 작용이나 (개별)구체적 작용에 대한 특별한 구분 없이 일반적으로 사후적 감독의

---

13) 이에 대해 기관위임사무도 동규정에 따른 시정명령 등의 대상이 될 수 있다고 보는 입장도 있으나(김동희, 「행정법Ⅱ」, 박영사, 2017, 123면), 지방자치법 체계상으로는 물론 사무의 본질상 특별한 법적 근거 없이도 일반적 감독권이 인정되는 기관위임사무를 포함하는 것은 적절치 않다고 보인다. 동시에 지방자치법 제169조 제2항은 '자치사무'에 관한 감독처분에 대해서만 대법원에 제소를 허용하고 있는바, 단체위임사무는 직권취소의 대상 문제와 감독처분취소소송의 대상 문제에 있어 그 허용성이 상이하게 된다.

14) 홍정선, 앞의 책, 645-646면.

대상이 되도록 규정하고 있는바, 이는 행위의 구체적 성질이 중요한 것이 아니라, 어떠한 유형의 행위이든 법치행정의 원칙상 위법한 행위를 통제한다는 것이며, 이는 지방자치'행정'에 대한 적법성 통제를 본질로 하는 국가감독의 본질상 당연하다.

국가감독은 지방자치도 국가 법질서 내에서 존재하는 것으로, 국가 법질서의 통일성이라는 요청에서 비롯되는 것이고,15) 따라서 국가감독의 대상도 당연히 그에 상응하는 구조로 제도화되어야 한다. 그렇게 본다면 위법의 여지가 있는 지방자치단체의 모든 법적인 행위가 대상이 되어야 하며, 행정작용 중에서 처분성이 있는 것으로만 제한될 이유는 없다. 특히 자치사무의 경우에는 법적 근거 없이는 국가에 의한 권력적 감독이 허용되지 않는바, 동 규정의 '명령'과 '처분'을 좁은 의미로 이해하게 되면 그 이외의 행정작용은 위법한 경우에도 전혀 통제의 방법이 없다는 부당한 결론에 이르게 된다.16)

물론 「지방자치법」 제169조를 문언적으로만 해석하여 직권취소의 대상은 엄격한 '처분'개념으로 한정되어야 한다고 보는 것이 불가능해 보이지는 않으나, 지방자치법은 지방자치제도를 창설적으로 형성하는 것이 아니라 헌법에 보장된 지방자치를 구체화하는 것이며, 국가감독의 본질이 지방자치'행정'에 대한 위법성의 통제를 목적으로 하는 점에서 문리적 해석을 통해 '처분'개념을 행정쟁송법상의 것과 동일하게 보는 것은 타당하지 않다.

이러한 결론은 법원리적인 것일 뿐만 아니라 현실적으로도 타당성을 갖는바, 「지방자치법」 제169조를 엄격하게 해석하여 직권취소의 대상을 행정쟁송법상 '처분'으로 한정하는 경우, '처분' 이외의 다른 행정

---

15) 홍정선교수도 "감독청의 취소·정지제도는 지방자치단체가 국가의 한 부분이라는 것으로부터 나오는 것"이라고 하여, 지방자치와 국가감독의 본질적 관련성을 인정하고 있다(홍정선, 앞의 책, 647면).

16) 그러한 점에서 동 규정의 '장의 명령'을 장의 규칙으로 해석하는 입장(박균성, 행정법론(하), 박영사, 2016, 205면) 역시 너무 제한적인 것이 아닌지 의문이다.

작용에 대한 국가의 감독 및 통제의 가능성은 허용되지 않는바, 동조항
의 의미가 처분 이외의 다른 행정작용은 위법해도 무방하며, 그에 대해
서는 위법성을 통제하지 않겠다는 의미로 이해할 수는 없기 때문이다.
지방자치의 헌법적 보장이 법치행정의 원리에 우선하거나 이를 대체할
수는 없다.

추측컨대 「지방자치법」 제169조의 해석과 관련하여 이를 행정쟁송
법상 '처분'개념으로 엄격하게 해석하려는 시도는 아마도 헌법상 보장된
지방자치의 취지를 최대한 고려하여 국가에 의한 감독처분의 대상을 제
한함으로써 국가의 통제 범위를 축소하려는 의도가 아닌가 생각된다.
지방자치의 취지상 국가의 감독과 통제를 최소화하여야 한다는 방향성
은 당연히 수긍할 수 있으나, 이는 전술하였듯이 국가감독의 대상의 문
제가 아니라 국가감독을 통한 통제의 정도와 방법의 문제이다. 즉 국가
감독의 대상이 되는지의 여부는 지방자치의 헌법적 보장으로부터 비롯
되는 당연한 논리적 귀결이 아니며, 오히려 지방자치의 헌법적 보장에
도 불구하고 국가감독은 일반적으로 허용되지만, 다만 국가감독은 헌법
상 보장된 지방자치의 본질 및 취지를 과도하게 침해하는 것이어서는
안된다는 제한의 법리가 지방자치의 헌법적 보장으로부터 비롯되는 국
가감독 제한법리의 기본틀이다.[17]

비교법적으로도 보더라도, 우리나라 지방자치제도와 비교적 유사
한 일본의 경우에는 우리나라와 달리 국가에 의한 사후적 감독의 내용
으로 직접적인 조치인 취소·정지권은 규정하지 않고, 대신 시정의 요
구만을 규정하고 있을 뿐이나[18](일본 지방자치법 제245조의5), 반면 시정

─────────────────

[17] 만약 「지방자치법」 제169조의 문리적 해석에 치중한다면, 국가에 의한 직권취소의
대상은 '지방자치단체의 장'의 명령과 처분이어야 하며, 본 사안과 같이 지방자치
단체 인사위원회위원장의 행위가 대상이 될 수는 없다고 보아야 할 것임에도, 본
사안과 관련하여 주체에 대한 법적 문제가 제기되지는 않고 있는바, 이는 동 규정
의 엄격한 문리적 해석의 한계를 보여주는 반증이라 할 수 있다.

[18] 일본 지방자치법이 국가의 사후적 감독조치로서 시정명령만을 규정하고 취소·정

요구의 대상은 '해당 자치사무의 처리'로 규정하여, 특정한 행위유형이 아닌 지방자치행정 전반이 국가감독의 대상임을 명시하고 있다.

대법원은 대상판결에서 비로소 직권취소의 대상인 처분 개념이 행정쟁송법상의 것과 구별되는 것임을 명확히 밝히고 있으나, 이미 그 이전부터 대법원은 「지방자치법」 제169조에 의한 시정명령 및 직권취소의 대상과 관련하여 엄격한 처분 개념과의 구별을 전제로 하여 왔던 것으로 보이는바, 승진임용발령[19]은 전형적 처분개념에 해당하는 것으로 볼 수 있으나, 교육감이 관내 교육지원청과 각급 학교에 보낸 학교생활기록부에의 기재 보류지시[20]나 교육감의 학교생활기록부 기재요령 안내[21] 등은 전형적인 처분 개념과는 구별되는 것이라 할 것이다.

4. 감독청의 직권취소의 대상과 「행정소송법」상 항고 소송의 대상의 구별

(1) 감독처분취소소송의 법적 성격

「지방자치법」 제169조 제2항은 감독청의 취소·정지처분에 대하여 이의가 있는 지방자치단체의 장은 대법원에 제소를 할 수 있도록 규정하고 있고, 이에 따른 감독처분취소소송의 법적 성격에 대해서는 항고소송으로 보는 입장[22]과 기관소송으로 보는 입장[23]의 대립이 있다.

지권을 규정하지 않은 것 역시 국가감독의 제한 문제는 그 대상의 문제가 아니라 사후적 통제의 정도와 방법의 문제임을 반증하는 것이라 할 것이다.

19) 대법원 2007. 3. 22. 선고 2005추62 전원합의체 판결.
20) 대법원 2014. 2. 27. 선고 2012추183 판결.
21) 대법원 2014. 2. 27. 선고 2012추190 판결.
22) 홍정선, 앞의 책, 648면; 이경운, "현행 지방자치 관련 법제의 문제점과 개선방향 - 지방분권 관련 법제를 중심으로", 「저스티스」 2002. 10., 17면; 박정훈, "지방자치단체의 자치권을 보장하기 위한 행정소송", 「지방자치법연구」 2001.12., 17면; 송영천, "지방자치제 시행과 관련한 각종 쟁송의 제문제", 「저스티스」 통권 제69호, 45면.

지방자치단체가 처리하는 사무유형에 따라 논의가 달라질 수 있으나, 적어도 현행법제와 같이 자치사무에 대한 감독처분취소소송을 전제하는 경우에는, 국가와 지방자치단체는 서로 독립된 별개의 행정주체로서 외부법관계에 존재하는 동시에, 감독처분취소소송은 헌법상 보장된 지방자치권에 대한 감독청의 일방적이고 권력적인 침익적 조치에 대한 구제수단으로서 마련되어 있는 것인바, 이는 지방자치권의 보호를 직접적인 목적으로 하는 것으로 항고소송의 성격을 갖는 것으로 보아야 하며,24) 그러한 입장이 통설적 입장이다.

다만 감독처분취소소송이 항고소송의 본질을 갖는 것은 분명하나, 이는 지방자치권에 대한 권리구제수단인 점에서 - 사인의 권리구제를 본질로 하는 -「행정소송법」상 항고소송과는 제도적 의미는 구별되어야 한다. 그렇게 본다면 「지방자치법」 제169조 제2항은 「행정소송법」상 항고소송에 대한 특칙으로서, 그에 따른 소송은 항고소송의 한 특수한 유형이라고 보는 것이 일반적이다.25)

---

23) 백윤기, "권한쟁의심판과 기관소송", 「재판자료」 76집(1997), 390면. 이광윤, "기관소송에 있어서의 쟁점", 「고시계」 1994.8., 107면.

24) 지방자치법 제169조의 소송을 항고소송으로 이해하는 입장에 대해서는 동조항이 원고를 지방자치단체장으로 규정하고 있는 것을 근거로 비판이 있기도 하지만, 감독처분의 대상인 지방자치단체장의 명령이나 처분 자체가 단체장 개인의 행위가 아닌 지방자치단체의 대표자로서의 지위에서 행하는 것인바, 실질적으로는 권리주체로서 법인격을 갖는 지방자치단체가 원고이고 단체장은 그 지방자치단체의 대표로서 제소하는 것으로 보아야 할 것이다.

25) 「지방자치법」 제169조 제2항에 따른 소송은 자치사무와 단체위임사무에 대한 감독처분을 대상으로 하는바, 자치사무에 대한 감독처분은 당연히 처분성이 인정되어 감도처분취소소송을 항고소송으로 보는데 법논리적 문제가 없다. 반면 단체위임사무의 경우에는 국가와 지방자치단체는 위임관계에서 존재하는 결과 감독처분에 대해 행정행위성을 인정할 수 없다는 입장도 적지 않다. 그러나 위임관계에 있다고 하여 지방자치단체의 독립된 행정주체로서의 지위가 상실되는 것은 아니며, 감독조치가 권리주체 간에 일방적이고 권력적으로 행해지는 경우라면 처분성의 개념본질을 충족시킨다고 보아야 할 것이다. 특히 최근의 처분성 확대 경향을 통해서 볼 때, 단체위임사무에 대한 국가의 감독처분에 대해서는 적절한 권리구제수단이 인정되기 어려운 점, 동일한 원고와 피고 간의 소송이 사무의 성격 때문에

감독처분취소소송의 법적 성격을 항고소송으로 보는 경우, 항고소송의 본질상 소의 대상으로서 처분성의 문제가 제기되며, 「지방자치법」 제169조 제2항 역시 감독처분취소소송의 대상을 감독청의 '취소처분' 또는 '정지처분'으로 규정하고 있다. 다만 이와 관련하여서는 자치사무에 관한 지방자치단체장의 취소·정지 처분만이 소의 대상이 되는지,[26] 아니면 감독청이 처분청으로 하여금 취소·변경을 하도록 명령하는 처분도 소의 대상에 해당하는지에 대하여 논란이 있다.

이에 대해서는 권한분쟁의 효율적 해결을 위해서 형성적 효과를 발생하는 취소·정지처분 외에 취소·변경을 하도록 명령하는 처분도 「지방자치법」 제169조에 따른 감독처분취소소송의 대상이 된다고 보아야 한다는 입장도 있다.[27] 일면 타당한 논거이나, 그러나 동조의 성격은 독립된 행정주체 간에서 자치권의 '침해'에 대한 특별한 권리구제수단인 점에서는 물론, 국가 감독의 구조상 취소·정지의 명령은 취소·정지에 선행되어야 하는 시정명령과 본질상 동일한 것인 점에서 취소·정지의 명령과 취소·정지 처분은 구별하는 것이 타당하다고 보인다. 다만 현행법제와 같이 취소·정지처분만 제소의 대상이 되며, 시정명령에 대한 제소는 허용되지 않는 상황을 고려한다면,[28] 취소·정지를 명하는 처분을 취소·정지처분과 동일하게 보아 소송의 대상으로 하는 실익이 있을 수 있을 것이다.

그 본질이 달라지는 것은 적절하지 않다는 점 등을 고려하면 단체위임사무에 대한 감독처분에 대해서도 처분성 인정이 어려운 것만은 아니라고 보인다. 다만 본 사안은 자치사무의 성격을 갖는다고 보아야 하는 점에서 항고소송의 성격을 인정하는데 문제는 없다고 보인다.

26) 박정훈, 앞의 글, 18면.
27) 송영천, 앞의 글, 45면.
28) "지방자치법 제169조 제2항은 자치사무에 관한 명령이나 처분의 취소 또는 정지에 대하여서만 소를 제기할 수 있다고 규정하고, 주무부장관이 지방자치법 제169조 제1항에 따라 시·도에 대하여 행한 시정명령에 대하여도 대법원에 소를 제기할 수 있다는 규정을 두고 있지 않으므로, 시정명령의 취소를 구하는 소송은 허용되지 않는다."(대법원 2014. 2. 27. 선고 2012추183 판결).

(2) 감독처분취소소송의 대상과 감독처분 대상의 구별

감독처분취소소송의 법적 성격을 항고소송으로 이해하는 입장에서 연유하는 것인지는 모르겠지만, 직권취소의 대상으로서 '처분' 개념과 항고소송의 대상으로서 '처분'개념을 동일한 것으로 보아야 한다는 논의가 있다. 이러한 입장에 의하면, 감독처분인 직권취소의 대상으로 「지방자치법」 제169조가 '처분' 개념을 사용하고 있는 것과 관련하여, "실정법상 동일한 개념에 대해 달리 해석할 이유는 없으며, 지방자치법에는 그러한 개념정의에 관한 규정도 없다"는 이유로, 지방자치법 제169조 제1항의 '처분' 개념은 행정절차법 제2조 제2호, 행정심판법 제2조 제1호 및 행정소송법 제2조 제1호 등에 규정된 '처분' 개념과 마찬가지로 쟁송법상 처분개념과 동일한 것으로 이해해야 한다고 주장한다.29) 그러한 관점에서는 대상판결에 대하여 직권취소의 대상을 항고소송의 대상인 처분 개념과 달리 확대하고 있는 것은 아무런 근거없는 부당한 결론이라고 비판하고 있다.30)

그러나 - 항고소송설을 전제로 하는 경우 - 감독청의 감독권의 행사 행위가 '처분'이어야 한다는 것과 감독권의 행사 대상이 처분이어야 한다는 것은 전혀 다른 차원의 문제이다. 아래 그림상 전자는 (A)의 문제인데 비해 후자는 (B)의 문제로서, 서로 별개의 차원의 문제를 단지

소송형태	소송의 본질	소의 대상 (A)	소의 대상인 '처분'의 대상 (B)
「지방자치법」상 감독처분취소소송	항고소송설이 통설	감독청의 '처분'	지방자치단체장의 명령이나 처분(지방자치법 제169조 제1항)
「행정소송법」상 항고소송	항고소송	행정청의 '처분'	제한 없으며, 단지 법적 근거만 필요(법률유보원칙)

---

29) 정남철, "지방자치단체에 대한 감독수단으로서 직권취소의 대상 및 위법성 판단기준", 「법조」 2017. 8. (724권), 501면.

30) 정남철, 위의 글, 500면.

실정법상 용어의 동일성만으로 동일하게 취급하여야 한다는 비판은 적절하지 않다.

　'처분성'개념은 본질적으로 항고소송에서 제기되는 문제로서, 감독처분취소소송이 항고소송이라는 본질상 제기되는 '처분성'의 문제는 「지방자치법」 제169조 제2항이 규정하는 취소소송의 대상으로서 국가감독에 '처분성'이 인정되어야 한다는 것이지, 국가감독권의 대상이 '처분'이어야 한다는 것과는 전혀 무관하다. 즉 국가감독권의 대상으로서 '처분'개념의 문제는 항고소송의 관점이 아닌, 지방자치법제에 있어 국가감독의 본질이라는 측면에서 접근되어야 하는 문제이다.

　그렇게 본다면, 「지방자치법」 제169조가 직권취소의 대상을 '명령'이나 '처분'으로 규정하였음에도 대법원이 대상판결에서 아무런 논거도 없이 항고소송의 대상인 행정처분에 제한되지 아니한다고 보고 있어 문제라는 비판은 적절하지 않다. 직권취소의 대상으로서 '처분'의 문제는 감독처분의 대상, 즉 행정작용의 대상의 문제로서, 소의 대상성과는 전혀 본질을 달리하는 것인 점에서 양자는 당연히 구별되어야 하는 것이며, 오히려 양자를 동일하게 볼 근거가 무엇인지 의문이다.

　전술한 바와 같이, 지방자치단체에 대한 위법성 통제를 목적으로 하는 국가감독이 지방자치단체의 행정작용 중 일부로만 그 대상이 제한된다는 것은 법논리적 타당성은 물론 현실적으로 타당한 것은 아니다. 처분이라는 용어에만 치중하여 양자를 동일시하는 것은 - 물론 「지방자치법」 제169조의 규정이 입법기술상 적절한 것이었는지는 별론으로 - 지나친 형식적인 접근이라고 보이며, 오히려 「지방자치법」 제169조의 문리적 해석에 의하더라도, 동 규정은 직권취소의 대상을 지방자치단체장의 '명령이나 처분'이라고 규정하여 '명령'과 '처분'을 동일한 차원에서 취급하고 있는 점에서 보면, 처분 개념이 항고소송에서의 처분 개념과 다르다는 해석도 충분히 가능하다고 보인다. 즉 소송의 대상이라는 측면에서 일반추상적 작용과 개별구체적 작용은 본질적으로 상이하게 취급됨에도, 「지방자치법」 제169조가 일반추상적 명령과 개별구체적 처분을 직권취소의 대상이라는 측면에서 동일하게 규정하고 있는 것은 적어도 행위의 유형에 대한 구별은 의도하지 않은 것으로, 직권취소의 대상을 포괄적으로 규정한 것으로 보는 것이 타당하다.

따라서 일반추상적 작용부터 개별구체적 작용 모두가 직권취소의 대상이 되는 상황에서 동 규정의 '처분'개념을 엄격하게 항고소송상의 개념으로 제한할 이유는 없다. 물론 동 규정상의 '명령'개념이 다소 불명확한 것이기는 하지만,31) 행정법 체계상 명령은 통상적으로 행정입법에 관련된 개념인 것이 일반적이며,32) 설령 '명령' 개념을 행정입법 이외의 다른 작용으로 이해하더라도 그것이 동 규정의 '처분'을 엄격한 처분으로 한정하여야 할 논리적 이유가 되는 것은 아니다. 어차피 직권취소의 대상을 처분 이외의 것으로 포괄적으로 규정한 것은 분명하기 때문이다.

결론적으로 직권취소의 대상을 항고소송의 처분 개념과 구별하여 넓게 본 대상판결의 입장은 국가감독의 본질을 고려할 때 타당하다고 보인다.

다만 논점을 다소 달리하여, 감독처분취소소송을 항고소송으로 보는 입장에서는 당연히 소의 대상인 감독행위에는 '처분성'이 인정되어야 하며, 이는 항고소송의 것과 동일한 것으로 이해되어야 하는 것은 물론

---

31) 이에 대해 「지방자치법」 제169조가 규정하는 '명령'은 일반추상적 규율로서 명령을 의미하는 것이 아니라, 여기에서 말하는 '명령'은 규칙과 같이 법규범의 성격을 가진 것이 아닌, 개별·구체적인 행정작용으로 해석하는 것이 바람직하고. 여기에는 처분으로 보기 어려운 행정주체 내부의 지시나 직무명령 등이 포함될 수 있다고 보는 입장(정남철, 앞의 글, 501면)도 있으나, 통상적인 입법용례에서는 물론, 항고소송의 성격 및 국가감독의 본질 등 여러 가지 측면에서 적절하지 않다고 보인다.

32) 대법원의 명령·규칙심사권을 규정한 헌법 제107조 제2항의 해석과 관련하여서도 '명령'의 의미는 법규명령으로 이해하는 것이 일반적이다(권영성, 「헌법학원론」, 법문사, 2007, 1081면).

이다. 그러한 점에서는 소송요건으로서 감독청의 감독행위가 '처분'에 해당하는지는 이론적으로는 논의될 수 있는바, 이와 관련하여 전통적인 처분 개념, 즉 처분 개념을 항고소송의 기능과 결부시켜 '행정청의 구체적 사실에 관한 공권력 행사로서 국민의 권리·의무에 직접적으로 영향을 미치는 행위'라고 이해하는 입장을 엄격하게 적용하면, '국민'에 대한 행위가 아닌 지방자치단체에 대한 감독행위는 처분 개념에 해당하지 않는다고 볼 여지도 있게 된다. 그러나 오늘날 항고소송의 본질적 기능은 '국민'의 권리구제로 국한되는 것이 아니라, 법주체간의 권리 침해에 대해 '권리구제'로 이해되는 점에서 감독행위에 처분성을 인정하는 것은 특별한 문제가 없다고 보인다.[33]

물론 사무의 성격에 따라 논의의 차이는 있지만, 적어도 자치사무 영역에서의 국가감독의 경우, 감독처분의 수명자인 지방자치단체는 국가를 대신하는 감독청과는 외부법관계에 존재하며, 따라서 감독청의 의사표시로서 교정적 감독처분은 지방자치단체의 자치권에 직접적인 영향을 가져오는 것으로 행정행위의 성질을 가지는 것으로 보아야 한다.[34] 즉, 지방자치단체는 독립된 법인격의 주체로서 자치사무와 관련하여 헌법적으로 보호되는 주관적 법적 지위를 가지고 있는 것이기 때문에, 이에 대해 일방적으로 발해지는 감독조치는 지방자치단체의 자치권에 직접적인 영향을 주는 공권력의 행사로서 행정행위에 해당하는 것이다.[35] 자치사무에서의 감독처분을 행정행위로 보는 것은 독일에서의 일반적 입장이기도 하다.[36]

---

33) 같은 취지로, 송영천, 앞의 글, 51면.
34) 조성규, "지방자치권의 사법적 보장 : 항고소송의 가능성을 중심으로", 「행정법연구」 제14호(2005), 127면.
35) 같은 결론으로, 홍정선, 앞의 책, 648면; 이에 비해, 김남진, 「행정법 I」, 법문사, 1997, 864면에서는 지방자치단체를 수명자로 하는 점에서 일종의 특수한 행정행위로 보고 있다.
36) Wolff/ Bachof/ Stober, Verwaltungsrecht Ⅱ, 5. Aufl., 1987, S. 88 (Rn. 187); Seewald, Kommunalrecht, in: Steiner(Hrsg.), Besonderes Verwaltungsrecht, 5.

따라서 대상판결의 사안과 같이, 지방자치단체의 자치사무인 경우에는 이에 대한 감독청의 직권취소가 처분에 해당하는지에 대한 별도의 논의는 무의미하다고 볼 것이다.

5. 직권취소의 대상 문제는 소송요건인지, 본안문제인지

대상판결에서 쟁점으로 다루어진 것은 아니지만, 직권취소의 대상이 아님에도 감독청의 직권취소가 있었고 이에 대해 대법원에 제소가 된 경우, 이는 소송요건으로 각하사유인지, 아니면 본안요건으로 인용사유인지가 문제된다. 물론 대상판결의 입장과 같이, 직권취소의 대상을 넓게 이해하는 경우에는 특별한 문제가 되지 않을 것이며, 현실적으로는 주로 사무의 유형과 관련하여 기관위임사무에 대한 시정명령이나 취소·정지가 문제될 수 있을 것으로 보인다.37)

이를 일반적으로 접근하면, 직권취소의 대상이 아님에도 직권취소를 한 것은 무권한의 행위로서 이는 위법의 문제가 된다고 보는 것이 타당할 것이다. 물론 비행정행위에 대한 논의와 유사하게, 이를 소의 대상의 문제로 보아 각하사유로 보는 것도 가능하며, 판례도 그러한 입장인 것으로 보인다.38) 그러나 소의 대상 문제는 감독청의 감독행위가

Aufl., 1995, Rn. 367 (S. 146) 등 통설의 입장이며, 독일에서는 적법성감독조치에 대한 항고소송의 가능성에 대해서는 전혀 의심의 여지가 없는 것으로 본다.

37) 기관위임사무에 대한 시정명령이나 취소·정지의 허용성에 대해서는 논란이 있으나, 사무의 본질상 특별한 법적 근거가 없더라도 일반적인 국가감독이 가능하다는 입장에 의하게 되면, 직권취소의 대상문제도 제기되지 않는다.

38) 판례는 기본적으로 직권취소의 대상의 문제를 각하사유로 보고 있는 듯하나, 다만 판례상 사안은 기관위임사무에 대한 것인 점에서 직권취소의 대상 문제 일반으로 확대할 수 있을지는 의문이다. "이 사건 직권취소처분은 기관위임사무에 관하여 행하여진 것이라 할 것이어서, 자치사무에 관한 명령이나 처분을 취소 또는 정지하는 것에 해당하지 아니하므로, 지방자치법 제169조 제2항에 규정된 소를 제기할 수 있는 대상에 해당하지 아니한다. 따라서 이 사건 소는 부적법하다."(대법원 2014. 2. 27. 선고 2012추190 판결). "이 사건 직권취소처분은 기관위임사무에 관

'처분'이냐의 문제이지 감독행위의 대상이 적법한지의 문제는 아니다. 항고소송의 대상인 처분 개념은 권리침해 행위를 본질로 하는 것인바, 감독의 대상이 아닌 행위에 대해 일방적으로 취소를 하였다면, 이는 자치권을 침해하는 위법한 감독이 되는 것이지, 자치권의 침해가 없어서 처분이 아니라고 보는 것은 적절하지 않다.

특히 지방자치법제에 있어 국가감독은 독립된 법인격체인 지방자치단체에 대해 포괄적인 위법성의 통제를 허용하는 제도인 점에서, 그 이면으로 위법한 국가감독에 대한 사법적 구제가능성을 넓게 인정하는 것이 필요하다. 더욱이 현행 법제상 국가의 감독처분에 대해서는 「지방자치법」 제169조 제2항에 따른 대법원에의 제소 이외에는 별다른 권리구제 수단이 없다는 점을 고려하면 동조항에 따른 감독처분취소소송의 허용성을 넓게 인정할 필요성은 더욱 크다.

소의 각하는 결국 위법 판단의 유보인 점에서 위법성 통제를 본질로 하는 국가감독제도에 있어서는 적절하지 않은바, 직권취소의 대상의 문제는 본안문제로 보아 위법성의 판단을 하는 것이 타당하다. 특히 오늘날 항고소송의 본질이 단순히 '국민'의 권리구제 수단이 아닌, 위법한 권리침해에 대한 구제인 점에서 보면, 다른 권리구제수단이 인정되지 않는 지방자치권의 침해에 대해 제기된 소를 각하하는 것은 극단적으로 법치주의 부정과 동일한 의미가 될 수 있다. 통상적인 행정구제제도에 있어서 항고소송의 각하, 즉 처분성의 부정은 곧바로 권리구제의 부정이 아니라 상이한 소송형식의 선택의 문제가 되는데 반해, 이를 지방자치단체에 대해 동일하게 적용하기는 곤란한바, 본안문제로 다루는 것이 타당하다.

하여 행하여진 것이라 할 것이어서, 자치사무에 관한 명령이나 처분을 취소 또는 정지하는 것에 해당하지 아니하므로, 지방자치법 제169조 제2항에 규정된 소를 제기할 수 있는 대상에 해당하지 아니한다."(대법원 2014. 2. 27. 선고 2012추183 판결) 등.

다만 현실적으로 사례가 되고 있는 기관위임사무에 대한 시정명령
이나 직권취소의 경우는 달리 볼 여지도 있는바, 기관위임사무의 경우
에는 사무의 본질상 독립된 행정주체가 아닌, 국가 내부적인 상하관계
에서 일반적인 국가감독권이 인정되므로 자치사무와 달리, 처분성의 문
제로 볼 수 있는 여지가 있으며, 전술한 판례의 입장은 주로 기관위임
사무에 대한 감독처분의 문제이다.

Ⅳ. 이 사건 채용공고의 위법성 여부

1. 직권취소의 대상으로서 채용공고의 본질

국가감독의 본질이 지방자치단체의 위법한 행정에 대한 통제에 있
는 점에서, 감독청이 직권취소를 통해 달성하려고 하는 적법성의 본질
이 어디에 있는지를 명확하게 하는 것이 필요하며, 이는 직권취소가 적
법한지에 대한 본안문제의 핵심이다. 사안에서 감독청은 채용공고에 대
해 직권취소를 하였는바, 직권취소의 대상이 된 채용공고가 그 자체로
적법성 회복의 목적인 독자적인 행위인지, 아니면 채용공고를 통해 달
성하고자 하는 행정작용이 적법성 회복의 목적인지가 판단되어야 할 것
으로, 이를 위해서는 이 사안에 있어 채용공고의 본질적 의미에 대한
고찰이 필요하다.

다만 이와 관련하여, 대상판결이 직권취소의 대상이 된 채용공고가
「행정소송법」상의 처분에 해당하는지 여부를 판단하지 않은 점을 비판하
는 입장도 있으나,39) 전술한 바와 같이, 국가감독의 본질상 감독처분의
대상이 항고소송의 처분과 동일성을 요구하는 것은 아니며, 오히려 보다

---

39) 정남철, 앞의 글, 501면.

본질적인 것은 직권취소가 – 자치권을 침해하지 않고 – 적법하게 행해졌
는지의 판단이고, 이를 위해서는 직권취소를 통해 달성하려는 적법성의
내용, 즉 지방자치단체의 위법행위의 본질이 무엇인지가 중요하다.

　이렇게 본다면, 채용공고에 대한 감독청의 직권취소가 채용에 대한
공고 그 자체의 위법성 시정을 목적으로 하는 것으로 보기는 어려우며,
채용공고를 통해 추진되는 채용행위 자체의 위법성 시정을 목적으로 하
는 것으로 보아야 한다. 즉 채용공고는 지방의원에 대한 유급보좌인력
의 도입에 대한 정책적 결정, 인사위원회의 의결 및 이에 따른 후속적
추진절차로서 이루어진 것으로, 내용적으로는 유급보좌인력을 도입하는
행위의 하나의 단계적 절차인바, 국가감독의 측면에서 채용공고의 본질
은 채용의결에 대한 대외적 표시라는 사실상의 의미에 불과한 것이 아
니라, 인사위원회에 의한 유급보좌인력 채용결정을 대외적으로 대표하
는 행위로 이해할 수 있다.

　거듭 지적하지만, 「행정소송법」상 항고소송의 대상 문제라면 인사
위원회의 의결과 채용공고의 법적 성격을 엄격하게 구분하여야 필요성
이 있다고 할 수 있으나, 여기서의 인사위원회의 의결과 채용공고의 구
별은 – 소송대상의 문제가 아닌 – 직권취소의 대상의 문제인 점에서 엄
격한 처분성의 문제로 접근할 것은 아니다. 소의 적법성 문제는 감독행
위의 '처분성'의 문제일 뿐이다. 특히 「지방자치법」 제169조 제2항에 의
한 감독처분취소소송은 지방자치권에 대한 국가감독제도의 이면으로,
위법한 국가감독에 대한 사법적 구제제도인바, 그 본질적 의의는 자치권
의 위법한 침해 여부에 대해 사법적 판단 기회를 부여하는 데에 있다.

　이렇게 본다면 채용의결이나 채용공고나 국가감독의 의미에 있어
서는 채용이라는 행위를 포괄하는 것으로 보아야 하며, 이 사안에 있어
감독청이 채용의결이 아닌 채용공고를 직권취소의 대상으로 한 것도 채
용공고가 채용의결의 종국적 절차로서 채용절차를 포괄하는 것으로 보
았기 때문으로 보이며, 오히려 한편에서는 내부적인 의결보다는 의결의

확정적 추진인 채용공고에 대한 국가감독이 보다 적절하고 효율적일 수도 있을 것이다.40)

따라서 본 사안에서 채용공고에 대한 직권취소는 실질적으로는 서울특별시 인사위원회에 의한 유급보좌인력 채용 자체에 대한 국가감독권의 행사로서 직권취소를 의미하며, 채용공고의 위법성에 대한 문제는 결국 유급보좌인력 채용의 위법 여부라는 문제로 귀결된다. 즉 본 사안은 실질적으로는 지방의원에 대한 유급보좌인력의 설치에 관한 사안이며, 종래 많은 사안에서 유급보좌인력의 설치 근거로서 조례안재의결의 무효가 다투어진 대신,41) 유급보좌인력의 채용공고에 대한 국가감독권의 행사로서 직권취소처분에 대한 다툼의 형태로 제기된 것이라는 차이가 있을 뿐이다.

2. 유급보좌인력 채용의 위법 여부

(1) 법률유보원칙의 적용 여부

대상판결을 비롯하여 대법원 판결이 지방의원에 대해 유급보좌인력을 두는 문제에 대해 기본적으로 접근하고 있는 법적 쟁점은 유급보좌인력을 두는 것이 국회가 법률로 정하여야 하는 입법사항에 해당하는지에 관한 것으로서, 법원리적으로 본다면 법률유보원칙의 적용 여부,

---

40) 대상판결이 직권취소의 대상으로서 '처분'개념을 부당히 확대하였다고 비판하는 입장에서는 자치권의 과도한 침해를 근거로 하고 있으나, 오히려 그 결론적 입장은 채용공고가 처분이 아니라 그 이전의 채용에 관한 인사위원회의 결정을 처분으로 보아야 하고, 이에 대해 직권취소가 행해져야 한다고 주장한다(정남철, 앞의 글, 506면). 그러나 이는 직권취소의 가능성은 동일하게 유지한 채 직권취소의 대상만을 전환한 것으로 자치권 침해의 제한이라는 관점에서 무슨 실익이 있는지는 의문이다.

41) 대법원 1996.10.15. 선고 95추56 판결; 대법원 1996. 12. 10. 선고 96추121 판결; 대법원 2012.5.24.선고 2011추49 판결; 대법원 2012.12.26.선고 2012추91 판결; 대법원 2013. 2. 14. 선고 2012추60 판결 등.

즉 법률의 수권이 필요한지의 문제라고 할 것이다.

이와 관련하여 대상판결은 "지방의회의원에 대하여 유급 보좌 인력을 두는 것은 지방의회의원의 신분·지위 및 그 처우에 관한 현행 법령상의 제도에 중대한 변경을 초래하는 것으로서 국회의 법률로 규정하여야 할 입법사항"이라는 그간의 확고한 전제[42]를 반복하면서, 현행 법제에 의할 때, ⅰ) 지방의회의원의 신분·지위 및 그 처우에 관하여 지방자치법 제33조는 의정활동비, 공무여비 및 월정수당에 관한 내용을 규정하고, 제34조는 회기 중 직무로 인한 사망·상해 시 등에 보상금을 지급하도록 규정하고 있을 뿐이라는 점, ⅱ) 지방자치법 제90조는 지방의회에 그 사무를 처리하기 위하여 조례로 정하는 바에 따라 사무처(국·과) 및 사무직원을 둘 수 있도록 규정하고 있으나, 이는 지방의회가 의결기관으로서 기능을 수행하는 데에 필요한 의사운영의 보좌 및 그에 수반되는 여러 가지 행정사무의 처리를 위한 것이지 지방의회의원 개개인의 활동에 대한 보좌를 하도록 하는 규정은 아니므로, 위 각 규정이 지방의회의원에 대하여 유급 보좌 인력을 둘 수 있는 근거가 될 수 없다는 점,[43] 그리고 ⅲ) 지방자치법 제56조 제1항은 지방의회는 조례로 정하는 바에 따라 위원회를 둘 수 있다고 규정하고, 제59조는 위원회에는 위원장과 위원의 자치입법활동을 지원하기 위하여 지방의회의원이 아닌 전문지식을 가진 위원(이하 '전문위원')을 두되(제1항), 위원회에 두는 전문위원의 직급과 정수 등에 관하여 필요한 사항은 대통령령으로 정한다고(제3항) 규정하며, 이에 따라 「지방자치단체의 행정기구와 정원기준 등에 관한 규정」[별표 5]에서 전문위원의 직급과 정수를 규정하고 있으나, 이는 전문지식을 가진 전문위원의 설치에 관한 규정으로 전문위원이 아닌 유급 보좌 인력을 둘 수 있는 근거가 될 수 없다는 점,[44]

---

42) 대법원 2012. 5. 24. 선고 2011추49 판결; 대법원 2013. 1. 16. 선고 2012추84 판결; 대법원 2012. 5. 24. 선고 2011추49 판결 등.
43) 대법원 1996. 12. 10. 선고 96추121 판결도 동일한 취지이다.

ⅳ) 지방자치법 제112조는 지방자치단체의 사무를 분장하기 위하여 필
요한 행정기구와 지방공무원을 둘 수 있도록 규정하고, 지방공무원 임용
령 제21조의3은 임기제공무원의 임용에 관하여 규정하고 있으나, 위 규
정은 지방자치단체의 사무를 처리하기 위한 임기제지방공무원을 둘 수
있다는 규정에 불과할 뿐, 지방의회의원에 대하여 유급 보좌 인력을 둘
수 있는 근거가 될 수는 없다는 점 및 ⅴ) 지방자치법 외 다른 법령에서
도 지방의회의원에 대해 유급 보좌 인력을 둘 수 있는 법적 근거를 찾을
수 없다는 점 등을 들어 실질적으로 지방의원에 대한 유급 보좌인력을
두는 것은 내용으로 하는 이 사건 채용공고는 위법하다고 보고 있다.

　　즉 대상판결은 현행 법제상 지방의회의원에 대하여 전문위원이 아
닌 유급 보좌 인력을 둘 수 있도록 한 법적 근거가 없으므로 유급보좌
인력의 채용은 위법하다는 그간의 대법원의 기본적 입장을 반복하여,
이 사건 채용공고는 실질적으로 유급보좌인력의 채용을 내용으로 하는
것이므로 위법하다는 입장이다.

　　그러나 대상판결을 비롯하여, 유급보좌인력의 채용과 관련하여 법
률유보의 원칙을 엄격하게 적용하는 대법원의 입장은 동의하기 어렵다.
지방자치단체의 독립된 행정주체성을 고려할 때, 지방자치에 있어 법률
유보원칙의 적용 여부 자체에 대해서도 논란이 있으나, 이를 차치하고
현대적 법치주의에 있어 법률유보의 본질은 국민의 권리보장, 즉 행정
권에 의한 자의적인 침해를 방지하는데 있다. 그러한 점에서 행정법원
리상 법률유보의 범위에 대해서는 논란이 있으나, 적어도 행정의 상대
방인 국민에게 침익적이거나(침해유보설) 본질적으로 중요한 사항인 경
우(본질성설 또는 중요사항유보설)에 대해 요구되는 원리이다. 지방자치에
있어 법률유보의 문제는 특히 조례와 법률과의 관계에서 문제되는바,
이와 관련하여 「지방자치법」 제22조 단서가 명시적으로, "주민의 권리

---

44) 대법원 2012. 12. 26. 선고 2012추91 판결도 동일한 취지이다.

제한 또는 의무 부과에 관한 사항이나 벌칙을 정할 때에는 법률의 위임이 있어야 한다"고 규정하여, 침해유보설을 취하고 있는 것도 그러한 취지이다.

주지하는바와 같이, 지방자치의 헌법적 보장은 국가와 대등한 관계에서 독립적 행정주체로서 지방자치단체를 인정하고 있는바, 국가의 입법의사로서 법률과 지방자치단체의 자주적 입법의사로서 조례와의 관계에서 법률유보는 필연적인 법논리적 관계가 아니며, 오히려 법률유보의 적용은 지방자치의 헌법적 보장에 위반된다는 논리도 충분히 가능하다. 그러한 점에서 「지방자치법」 제22조 단서에 대해서는 위헌론의 논의가 있으나, 현재의 법원 실무의 입장처럼 합헌성을 전제로 하는 경우에도, 지방의회의원에 대해 유급 보좌인력을 두도록 하는 것이 주민의 권리를 제한하거나 의무를 부과하는 침익적 영역인지는 의문이다.[45] 그러한 의문은 규율형식과 관련하여 더욱 큰 바, 유급보좌인력의 도입을 내용으로 하는 조례의 경우라면 법률유보의 문제가 제기될 수 있더라도, 이 사건과 같이 공무원의 채용공고가 문제되는 사안에서조차 아무런 법적 근거 없이 – 조례의 경우와 동일한 내용으로 – 법률유보의 원칙을 끌어들이는 것이 타당한지는 의문이며, 이러한 대법원의 입장이 헌법상 보장된 지방자치에 대한 법리적 고려가 충분히 행해진 결과인지에 대한 의구심 또한 지울 수 없다.

지방의회는 지방자치에 있어 대의제민주주의의 실현수단으로 헌법상 필수기관이며, 지방의회의 입법역량의 제고를 통한 자치입법의 실질적 보장, 집행기관에 대한 적절한 통제를 통한 책임성의 확보는 지방자치의 본질적 부분이다. 지방의회의 입법역량의 미미 및 전문성 부족으

---

45) 물론 침익적 행정의 의미를 넓게 보아 유급보좌인력의 도입은 지방자치단체에 대해 상당한 재정상의 부담을 수반하게 되므로, 지방자치법 제22조 단서의 적용가능성을 주장할 수 있는 여지도 있을지 모르나, 일반적인 재정상의 부담까지 포함시켜 이해한다면, 이는 지방자치의 모든 행정이 침익적 행정에 해당하게 되고, 결국은 자치입법으로서 조례를 부정하는 것과 동일한 결론이 되게 된다.

로 인해 지방의회가 실질적인 기능부전에 빠져있는 우리나라 지방자치의 현실에서, 현행 보좌제도의 한계를 극복하고 지방의회의 입법역량 및 전문성 강화를 통해 지방의회 본연의 기능에 충실하고자 하는 유급 보좌인력의 도입 시도가 과연 판례가 설시하는 바와 같이 "현행 지방의회제도의 중대한 변경을 초래하는 것"인지 의문이다. 법령이 허용하고 있기 때문에 '전문의원'은 가능하고, 법령에 명시적 허용이 없기 때문에 명칭 여하를 불문하고 전문보좌인력을 두는 것은 불가능하다는 것은 지나친 형식 논리이다.

물론 유급보좌인력의 도입을 통해 공무원이 확대되고, 이를 통해 지방자치단체의 재정적 부담이 증대됨으로써 가뜩이나 열악한 지방재정에 대한 우려의 목소리가 큰 것은 사실이다. 그러나 그러한 문제는 제도의 도입에 따른 그 운용의 통제 내지 책임성의 문제이지 도입 자체를 부정할 논거가 되지는 않는다. 사후에 있을지도 모르는 문제점을 우려해 자율적 제도의 도입 자체를 부정한다는 것은 책임성 담보 차원의 문제가 아니라, 이미 지방자치 내지 지역의 자율성을 부정하는 것과 사실상 마찬가지이다.

그럼에도 대법원은 지방의원에 대해 유급보좌인력을 두는 문제가 법률유보의 대상이 되어야 하는 것에 대한 아무런 법적 근거도 제시하지 않은 채, 단지 '지방의회의원의 처분 등에 대한 중대한 변경'이라는 논리만 내세우고 있다. 지방의회의 본연의 기능을 수행하기 위한 제도적 장치가 과연 제도의 중대한 변경인지도 의문이며, 설사 중대한 변경이라고 하더라도 지방자치는 법령상 제도에 대해서는 아무런 중대한 변경을 할 수 없는 것이라면 지방자치단체는 국가의 하부행정기관과 무엇이 다른지 의문이다. 대상판결에 있어 법률유보원칙의 적용은 법논리적으로는 물론, 헌법상 보장된 지방자치의 본질에 대한 고려가 미흡한 것이라는 비판을 피하기 어렵다고 보이는바, 유급 보좌인력을 두는 문제에 대한 법치주의적 접근은 엄격한 법적 근거의 문제로 적극적으로 이해할 것은 아니며, 법률우위원칙의 관점에서 법령 위반 여부가 판단되어야 할 문제이다.

(2) 법적 근거의 존부 여부

지방의원에 대해 유급 보좌인력을 두는 것은 법령에 위반되지 않는 한 특별한 법적 근거가 없어도 가능하다고 보아야 하지만, 설령 대상판결의 입장처럼 법률상의 근거가 필요하다고 보는 경우라도, 과연 현행 법제상 지방의회에 유급 보좌 인력을 둘 수 있는 법적 근거가 전혀 없다고 할 것인지에 대해서는 보다 신중한 필요하다.

지방의회의 주민대표성, 조례의 민주적 정당성의 결과, 조례에 대한 법률의 위임은 일반적인 위임법리와 달리, 포괄적인 위임도 가능하다는 것이 판례의 입장이며,46) 이는 헌법이 보장하는 지방자치의 자율성에서 비롯된 것이므로 반드시 조례에 대한 위임의 경우에만 한정하여 적용될 것은 아니다.

이미 그러한 입장에서 대법원은 조례에 대하여 직접적이고 명시적인 위임근거가 존재하지 않는 경우에도 간접적 근거 및 규정취지 등의 고려를 통하여 조례에 대한 수권을 넓은 범위에서 허용하고 있다.47)

---

46) 대법원 2006. 9. 8. 선고 2004두947 판결; 대법원 2014.12.24. 선고 2013추81 판결.
47) 법령의 명시적 위임없이 조례로 풍력발전사업의 허가기간 설정, 재허가절차, 허가취소 등을 규정한 사안에서 대법원은 "전기사업법 제7조 제6항은 '전기사업 허가의 세부기준·절차와 그 밖에 필요한 사항'을 산업통상자원부령으로 정하도록 위임하고 있는데, 특별법 제221조의2 제4항은 '전기사업법 제7조 제6항에 따라 산업통상자원부령으로 정하는 사항 외에 지역적 특색을 고려한 풍력발전사업의 구체적 기준 및 절차'를 도조례에 위임하고 있다. 그 규정 취지는 도조례로 제주특별자치도의 지역적 특색을 고려하여 '전기사업 허가의 세부기준·절차와 그 밖에 필요한 사항'으로서 산업통상자원부령이 정하는 사항에 위배되지 아니한 범위에서 그 외의 '풍력발전사업 허가의 세부기준·절차와 그 밖에 필요한 사항'을 추가적으로 정할 수 있도록 한 것이다. 그런데 이 사건 **조례안 제13조의2에서 정한 풍력발전사업의 허가기간 설정, 재허가절차, 허가취소 등은 모두 위 '풍력발전사업 허가의 세부기준·절차와 그 밖에 필요한 사항'에 포함된다**고 할 것이다."(대법원 2014.12.24. 선고

그러한 관점에서 본다면, 현행 법제상 지방의회의원에 대한 유급 보좌인력의 설치를 명시적으로 허용하거나 조례에 위임한 규정은 없다고 하더라도, 「지방자치법」의 취지 등에 비추어 볼 때, "지방의회는 소속 의원들이 의정활동에 필요한 전문성을 확보하도록 노력하여야 한다"고 규정하고 있는 「지방자치법」 제38조 제2항이나, 지방의원의 자치입법활동을 지원하기 위하여 전문위원을 두도록 한 같은법 제59조, "위원회에 관하여 이 법에서 정한 것 외에 필요한 사항은 조례로 정한다"고 규정한 제62조, 지방의회에 조례로 정하는 바에 따라 사무직원을 둘 수 있도록 한 제90조 및 제91조 등을 통하여 보좌인력 도입에 대한 포괄적 위임의 근거를 도출하는 것도 전혀 무리한 일은 아니라고 보인다.[48]

「지방자치법」 이외에도 「지방분권 및 지방행정체제개편에 관한 특별법」 제14조 제3항은 "국가 및 지방자치단체는 지방의회의원의 전문성을 높이고 지방의회 의장의 지방의회 소속 공무원 인사에 관한 독립적인 권한을 강화하도록 하는 방안을 마련하여야 한다"고 규정하고 있는바, 지방의원의 전문성을 제고하는 방안 중 중 가장 기본적인 것이 바로 보좌관 제도의 도입이기 때문에 지방자치의 취지를 고려한다면 동법의 규정 역시 지방의원에 대한 유급보좌인력의 도입을 위한 포괄적 법적 근거가 될 수 있다.[49] 특히 이 사안 채용공고에 있어 유급보좌인

2013추81 판결)라고 판시하였으며, 법령의 명시적 근거없이 자동차 등록요건으로 차고지의 확보를 추가한 조례안에 대하여도 대법원은 "도시교통정비촉진법 제19조의10 제3항에서 **교통수요관리에 관하여 법에 정한 사항을 제외하고는 조례로 정하도록 규정하고 있고, 차고지확보제도는** 차고지를 확보하지 아니한 자동차·건설기계의 보유자로 하여금 그 자동차·건설기계를 운행할 수 없도록 하는 것으로서 **결과적으로 자동차 등의 통행량을 감소시키는 교통수요관리(그 중 주차수요관리) 방안의 하나에 해당하므로**, 같은 법 제19조의10 제3항의 규정은 비록 포괄적이고 일반적인 것이기는 하지만 차고지확보제도를 규정한 조례안의 법률적 위임근거가 된다."(대법원 1997.04.25. 선고 96추251 판결)고 판시하고 있다.
48) 조성규, "조례에 의한 지방의원 유급보좌인력 도입의 허용성", 「지방자치법연구」 제17권 제4호(2017.12.), 27면.
49) 조성규, 위의 글, 27면.

력은 시간선택제임기제공무원의 신분인 점에서, 대상판결은 임기제공무
원의 임용에 관한 「지방공무원 임용령」제21조의3의 규정은 유급보좌인
력의 법적 근거가 될 수 없다고 판시하고 있으나, 일부 시간선택제임기
제공무원의 임용시험에 대해 자율성을 규정하고 있는 동조 제3항 및 시
간선택제임기제공무원의 근무시간에 대해 자율성을 규정하고 있는 「지
방공무원 임용령」제21조의7[50] 등은 이 사안의 유급보좌인력의 설치를
위한 포괄적인 법적 근거가 될 수 있다고 볼 수 있는 여지도 충분히 있
다고 보인다.

결국 조례에 대한 포괄적 위임이 허용되는 현행 법제하에서 포괄
적 위임의 근거를 어떻게 도출할 것인지에 있어서는, 법령 해석에 있어
문리적 해석에 치중하기 않고 지방자치의 헌법적 보장의 이념과 취지를
얼마나 충실히 고려할 것인지에 대한 사법부의 태도에 결정적으로 의존
하는바, 대상판결을 비롯하여 현재 대법원의 입장은 헌법상 보장된 지
방자치의 취지나 이념에 대한 고려보다는 여전히 실정법의 문리적 해석
에 치중하고 있다는 인상을 지울 수 없다.

(3) 법령위반 여부와 지방자치단체의 자치권

대상판결은 이 사건 채용공고의 위법성, 즉 유급보좌인력을 두는
것이 법령에 위반되는지의 여부에 대해서는 적극적으로 판단하지 않았
다.[51] 전술한 바와 같이, 지방의원에 대한 유급보좌인력의 문제는 엄격

---

50) 지방공무원 임용령 제21조의7(시간선택제임기제공무원 및 한시임기제공무원의 복
무 등) 지방자치단체의 장은 「지방공무원 복무규정」 제2조에도 불구하고 시간선
택제임기제공무원 및 한시임기제공무원의 근무시간을 주당 15시간 이상 35시간
이하의 범위에서 정한다.

51) 다만 대법원은 지방의원에 대한 유급보좌인력의 보수를 포함하여 예산안을 의결
한 사안에서 「지방재정법」 위반이라고 판시한 바가 있으며(대법원 2013.01.16. 선
고 2012추84 판결), 대상판결에서도 감독청인 당시 행정자치부장관은 이 사건 채
용공고는 '지방의회의원 개인별 유급 보좌 인력'의 도입을 목적으로 하는 것으로
「지방재정법」 위반임을 이유로 시정명령을 하였으나. 직권취소처분에 대한 취소

한 법률유보의 문제라기보다는 소극적 한계로서 법령 위반 여부가 판단되는 것이 타당하다고 보이는바, 현행 법제상 지방의원 개인별 유급보좌인력을 명시적으로 금지하고 있지 않은 이상, 법령 위반의 문제는 헌법상 보장된 지방자치권의 관점에서 접근되어야 한다.

주지하다시피, 지방자치의 헌법적 보장은 지방자치단체에 대하여 지역의 사무에 대한 전권한성의 보장과 자신의 사무를 "자신의 책임"하에서 규율할 수 있도록 보장하는 것을 내용으로 하며, 추상적으로 보장되는 자기책임성의 구체적이고 실질적인 보장을 위해 제도화된 법적 수단이 지방자치단체의 소위 자치고권이다.

특히 지방자치는 행정을 본질로 하며, 행정의 자율성은 행정을 수행하는 조직 및 인사의 자율성과 직결되는바, 지방자치단체의 자치조직권은 지방자치의 자율성 보장에 있어 불가결한 권한이며, 그러한 점에서 지방자치단체의 자치조직권은 자치입법권 등과 마찬가지로 지방자치의 헌법적 보장으로부터 비롯되는 자치고권의 일종으로, 지방자치의 핵심내용이 된다. 지방자치는 사무의 합리적인 배분 및 그에 대한 사무수행의 자율성의 보장을 본질적 내용으로 하는바, 사무수행에 대한 자율성의 보장은 당연한 그 이면으로서 사무수행 기구 및 조직에 대한 자치조직권 및 자치인사권의 보장을 포함하여야 한다. 자치조직권 및 자치인사권이 수반되지 않는 사무배분 및 권한의 이양은 형식적인 자치로서 권한의 분산에 지나지 않기 때문이다.52)

따라서 헌법상 보장된 지방자치권에 해당하는 자치조직권에 대해 법령상의 명시적 제한이 없다면, 자치조직권에 근거한 지방자치단체의 행위는 원칙적으로 적법하다고 보아야 하는 것이 헌법이 보장하는 지방자치의 본질에 부합하는 해석이다.

특히 자치조직권은 전통적으로 지방자치단체의 자치행정을 위한

소송에서는 실제 쟁점으로 다루어지지는 않았다.
52) 조성규, "지방재정과 자치조직권", 「지방자치법연구」 제14권 제4호, 70면.

수단인 점에서 주로 지방자치단체장의 조직 및 인사권을 중심으로 논의되고 있으나, 이는 지방자치단체의 자치고권에 해당하는바, 자치조직권의 주체에는 지방의회도 당연히 포함된다. 따라서 지방의회의 조직 및 인사와 관련하여서도 당연히 자율성이 인정되는 것으로 보아야 하며, 그 결과 지방의회의 고유한 기능인 입법기능과 집행기관에 대한 견제기능을 위한 보좌인력의 도입에 대한 문제 역시 자치조직권의 관점에서 규범적 자율성이 인정되어야 한다.

그럼에도 불구하고 대상판결은 일반적 법원리로서 법률유보의 문제만 고려할 뿐, 헌법상으로 보장되는 지방자치권에 대한 고려는 전혀 행하고 있지 않다고 보인다. 지방자치는 직접 헌법에 의해서 보장된 제도이며, 따라서 지방자치권에 대한 법적 쟁점에 있어서는 일반 행정법원리 외에 헌법이 보장하는 지방자치권에 대한 고려가 당연히 있어야하며, 특히 법을 해석하고 선언하는 것이 본질인 사법권에 있어서는 이는 당연한 책무이다. 물론 지방자치제도는 법률에 의한 구체화에 의존하지만, 그렇다고 하여 지방자치가 '법률'에 의해 보장되는 것은 아니며, 법률은 단지 헌법을 구체화하는 기능을 하는 것이지, 지방자치권을 창설적으로 형성할 수는 없다. 현대 법치주의국가에서 헌법은 더 이상 장식적 규범이 아니며, 그 자체로 직접 규범력을 가지는 법규범이다. 그러한 점에서 사법권이 헌법상 보장된 지방자치의 이념을 적극적으로 실현하는 것은 바로 지방자치영역에서의 법치주의의 실현이며, 이는 동시에 사법권의 당연한 책무이기도 하다.

대상판결은 지방의회제도의 중대한 변경이기 때문에 국회가 법률로 정해야 한다는 논리를 펴고 있으나, 지방자치의 중대한 내용을 모두 법률로 정해야 한다면 이는 지방자치의 전국적획일화에 불과하다. 지방자치제도 자체가 국가에 의한 획일적인 제도화 대신에 각 지방의 특유한 상황에 따른 경쟁적 발전을 통하여 전 국가의 균형적 발전을 도모하는 제도라는 점을 기억한다면, 지방자치단체의 조직의 형성에 대해서도

각 지역의 특유한 상황이 고려될 수 있도록 자율성을 부여하여야 한다
는 것은 지방자치에 있어 본질적인 요청이라 할 것이다.

Ⅴ. 직권취소의 적법 여부

직권취소의 대상이 되는 채용공고가 위법하다는 사실만으로 감독
처분으로서 직권취소가 당연히 적법한 것으로 되는 것은 아니며, 직권
취소가 적법하기 위해서는 다시 직권취소가 국가감독제도의 본질에 따
른 한계를 준수하였는지가 판단되어야 한다. 지방자치의 헌법적 보장이
국가감독을 부인하는 논거가 될 수 없는 것은 분명하지만, 그렇다고 하
여 국가감독에 무제한의 자유가 인정되는 것은 아니며, 지방자치의 헌
법적 보장은 국가감독에 대해 그 자체로 본질적인 한계를 설정하기 때
문이다.

국가감독의 본질은 국가법질서의 통일성을 위한 위법성의 통제로
서, 법률로 표현되는 국가적 이익과 지방자치의 원활한 수행을 확보하
는데 그 목적이 있다.53) 따라서 합법성감독은 일반적으로 허용된다는
명제 하에서도 국가가 지방자치단체의 모든 위법에 대해서 감독하고 시
정하여야 할 책임이 있는 것은 아니라고 할 것이다. 국가감독은 국가와
지방자치단체의 대등한 협력관계를 전제로 국가의 일방적 개입이 불가
피한 경우를 제도화한 것으로서, 지방자치단체에 대한 국가감독은 국가
전체의 이익을 위해서 필요한 경우에, 그것도 지방자치단체의 위법한
활동의 방치가 공익상 중대한 영향을 끼칠 우려가 있는 경우에만 행사
되어야 한다.54) 국가와의 중첩성을 본질로 하는 지방자치에 있어 국가

---

53) 김호정, 위의 글, 519면.
54) 조성규, "지방자치단체에 대한 국가감독의 법적 쟁점", 「지방자치법연구」 제16권
　　제3호(2016.9.), 354면.

이익과의 명확한 구분이 용이하지는 않지만, 이론적으로 말한다면 비록 위법한 사실이 있더라도 국가적 이익에 영향을 미치지 않는다면 국가감독은 허용되지 않으며, 지방자치단체의 모든 위법한 행위를 바로잡고자 개입하는 것 자체가 국가감독의 남용이 된다고 할 것이다.[55] 이를 법원리적으로 본다면, 국가감독에 있어 형량의무 및 비례원칙의 적용이다.

「지방자치법」 제169조는 국가감독의 수단으로서 시정명령 외에 직권취소의 가능성을 규정하고 있으며, 자치사무에까지 직권취소를 허용하는 것에 대해서는 헌법이 부여한 지방자치단체의 자치권을 과도하게 침해하는 것으로서 위헌의 소지가 있다는 지적도 있다.[56] 그러나 본질적인 상하관계이든 법률에 근거한 감독관계이든 감독권의 행사로서 위법 여부를 판단하는 것을 권력분립원리의 위반으로 보기는 곤란하며, 전술한 바와 같이 지방자치의 헌법적 보장이 국가감독의 금지를 내용으로 하는 것은 아닌바, 이를 헌법 위반이라고 보기는 곤란하다. 특히 공법의 기본구조인 권력관계에서는 권리의무에 관한 일방적인 조치는 행정행위법제의 당연한 구조이다. 동시에 감독청의 위법 여부의 판단이 종국적인 것이 아니고, 이에 대해서는 대법원의 제소가 가능하다는 점에서 위법 판단에 대한 사법부의 권한을 침해한 것으로 보기는 어려운바,[57] 합헌이라고 보는 견해가 오늘날 일반적인 입장이다.

다만 직권취소 규정이 합헌이라는 전제 하에서 보더라도, 직권취소

55) 이기우, "지방자치단체에 대한 감사원 감사의 한계", 「지방자치법연구」 제6권 제1호(2008), 117면 참조.
56) 김철용, "지방자치단체에 대한 국가의 관여", 「공법연구」 제18집(1990), 87면 이하; 정세욱, "중앙과 지방간의 관계", 「지방자치연구」 1989.12., 91면; 김기진, 「지방자치법주해」, 박영사, 2004, 716면. 위헌론은 기본적으로 자치사무의 수행에 있어 국가와 지방자치단체는 외부법 관계에 있으므로, 자치사무에 관한 지방자치단체장의 명령·처분의 위법 여부의 판단은 법률상 쟁송이며, 위법 여부의 판단은 사법작용이므로 사법권의 대상이 되어야 함에도 감독청이 위법을 이유로 취소·정지하는 것은 권력분립원칙에 반하는 위헌이라고 주장한다.
57) 같은 취지로, 홍정선, 앞의 책, 647면.

가 감독청의 기속행위라고 볼 수는 없으며, 직권취소권의 발동에 있어
서는 헌법이 보장하는 지방자치의 취지 및 국가감독의 본질에 합당한
재량의 행사가 요구된다. 즉 이 사건 채용공고가 위법하다는 사실은 시
정명령 및 취소·정지권의 발동근거이자 가능성이며, 감독처분의 적법
성의 필요충분조건이 아니다.

　　그럼에도 대상판결에서는 위법성의 쟁점으로, 채용공고가 직권취
소의 대상이 되는지, 채용공고가 위법한지에 대해서만 판단하고 있으
며, 직권취소 자체의 적법성에 대한 판단 없이 채용공고의 위법성으로
부터 바로 직권취소가 적법하다고 결론을 내리고 있는바, 이는 지방자
치법제의 관점에서는 다소 아쉽다고 할 것이다.

　　국가감독의 근거규정은 국가감독권의 수권근거인 동시에 지방자치
권의 보호를 위한 한계규범으로서 기능하는바, 국가의 합법성 감독에도
비례원칙의 의한 제한이 존재한다.[58] 따라서 국가감독의 목적인 적법상
태의 회복을 위하여 필요한 한도에서 최소한도의 침해를 가져오는 수단
을 취하는 것만이 허용된다. 이러한 비례원칙의 고려에 있어서는 특히
자기책임성의 관점에서 자기시정의 기회를 통하여 법위반상태를 제거
할 수 있는 기회가 주어져야 한다는 점이 중요하다.

　　물론 이 사안과 같이 시정명령이 전제되고, 그에 대한 불응을 이유
로 한 직권취소는 통상적으로 위법하다고 보기는 어려울 것으로 보이
며, 대상판결 역시 그러한 점이 고려된 것이 아닌가 선해할 수 있다. 그
러나 시정명령의 불응의 경우에도 현행법상 취소처분 외에 정지처분의
가능성도 고려될 수 있는 한편, 특히 현행 법제상 시정명령 자체에 대
해서는 대법원의 제소 등 불복방법이 허용되지 않음을 고려하면, 감독
청의 시정명령의 적법성 여부에 대한 사법적 판단 없이, 지방자치단체
의 장의 명령이나 처분의 위법성만으로 다시 바로 당해 행위의 효력을

---

58) Schmidt-Assmann, a,a.O., Rn.43; Bracker, Theorie und Praxis der Kommunal
　　aufsicht, Festgabe zum 70. Geburtstag von Unruh, 1983. S. 465

부인하는 직권취소를 허용하는 것이 항상 타당한 것인지에 대해서는 신중한 검토가 필요할 것으로 보인다.

Ⅵ. 결론을 대신하여

대상판결이 국가감독의 대상을 「행정소송법」상 처분 개념에 얽매이지 않고 넓게 보고 있는 것은 국가감독의 본질상 기본적으로 타당하다. 혹자는 그러한 대법원의 입장을 자치권에 대한 과도한 침해라고 비판하기도 하나, 지방자치권의 보장 및 보호 역시 법치주의의 한계 내에서 가능한 것이다. 국가감독은 지방자치'행정'에 대한 위법성 통제를 본질로 하는 것으로, 국가감독은 그 자체로 지방자치제도의 일부이며, 국가감독권의 허용이 지방자치권의 보장과 모순되거나 배척되는 것은 아니다. 따라서 국가감독은 지방자치'행정' 전반을 대상으로 허용되는 것이며, 행정의 유형이나 속성에 따라 제한되는 것은 아니라고 보아야 하는바, 따라서 국가감독권의 내용으로서 직권취소의 대상을 「행정소송법」상 처분 개념과 구별하여 확대하고 있는 대법원의 입장은 타당하다.

다만 지방자치행정에 대한 국가감독권의 인정이 무제한의 감독을 허용하는 것은 아니며, 그 감독권 행사의 내용과 정도는 헌법이 보장하는 지방자치의 본질에 부합하는 것이어야 한다. 그러한 점에서 채용공고를 직권취소의 대상으로 본 대법원의 입장의 타당성과는 달리, 채용공고가 위법한 것으로 이에 대한 직권취소가 적법하다는 대법원의 결론은 아쉬운 점이 있다.

지방자치는 자신의 사무에 대한 자기책임적 수행을 본질로 하며, 자기책임에 의한 사무수행을 위해서는 필요한 조직과 인력에 대한 자율성의 보장은 당연하다. 헌법이 보장하는 지방자치의 내용에 자치입법권, 자치조직권 등이 당연히 포함된다는 것도 그러한 이유에서이다. 그럼에도 불구하고 대법원의 결론은 채용공고의 위법 여부에 대한 판단에 있어, 유급보좌인력의 도입이 가지는 자치입법권 및 자치조직권의 측면에 대한 고려는 전혀 행해지지 않은 채, 실정법 중심의 법률유보원칙 및 법률우위원칙의 형식적 해석을 통해 위법성을 도출하고 있다.

지방자치는 헌법적 보장에도 불구하고 실질적으로는 법률에 의한 구체화에 의존할 수밖에 없는바, 지방자치를 구체화하는 법률이 헌법적 보장의 취지를 충분히 반영하고 있지 못하거나 모호한 상황이라면, 그러한 법을 해석하고 선언하는 대법원은 실정법에 매몰될 것이 아니라, 헌법이 보장하는 지방자치의 취지나 본질에 대한 법원리적 고려를 보다 충실히 행했어야 하는 것이 아닌가 하는 아쉬움이 남는다. 유급보좌인력의 채용공고가 위법하다는 대법원의 최종적 결론보다 채용공고의 위법성 판단에 있어 지방자치법제의 고유한 법원리에 대한 고려가 전혀 없었다는 판단과정이 더 아쉬운 이유이다.

지방의회가 지방자치의 본질적 부분이고, 지방자치는 헌법적으로 보장되는 제도라는 점에서 유급보좌인력의 도입을 둘러싼 규범적 문제 역시 단순히 실정법 차원의 문제가 아닌, 지방자치의 헌법적 보장이라는 관점을 기본틀로 하여 접근하여야 한다. 지방자치의 헌법적 보장이 일반화되어 있는 현대의 헌법구조상, 지방자치권에 대한 이해는 단순히 이론적인 차원의 것이 될 수는 없으며, 이는 법규범적인 것이 되어야 하며 그 기준과 내용은 헌법이 직접 제공하고 있다고 보아야 한다.

물론 헌법의 최고규범성의 결과, 추상적 헌법규율을 구체화하는 법률이 중요하며, 특히 지방자치제도는 헌법적으로 보장된 제도임에도 제도적 보장의 성격상 실제적으로는 「지방자치법」 등 법률이 지방자치의 기본적 규율을 담당하고 있다. 그러나 「지방자치법」은 구체화된 헌법이어야 한다. 따라서 「지방자치법」은 지방자치의 내용은 물론 자치권의 보호가능성 및 범위에 관하여 본원적인 결단을 내릴 수는 없으며, 지방자치의 헌법적 보장의 의미를 충실히 구현하여야 하는 것이다. 그러한 요청은 지방자치 관련 법제를 해석하고 선언하는 사법권에도 마찬가지이다.

　지방자치권이 헌법적으로 보장되어 있는 이상, 헌법에 의도된 지방자치의 이념과 본질을 실현하는 것은 지방자치영역에서의 법치주의의 실현임을 명확히 인식하여야 할 것이다.

참고문헌

권영성,「헌법학원론」, 법문사, 2007

김남진,「행정법Ⅰ」, 법문사, 1997

김동희,「행정법Ⅱ」, 박영사, 2017

박균성, 행정법론(하), 박영사, 2016

홍정선,「신지방자치법」, 박영사, 2009

한국지방자치법학회 편,「지방자치법주해」, 박영사, 2004

김철용, "지방자치단체에 대한 국가의 관여",「공법연구」제18집(1990)

김호정, "지방자치단체에 대한 국가의 감독과 통제",「외법논집」제33권
제2호(2009.5.)

박정훈, "지방자치단체의 자치권을 보장하기 위한 행정소송",「지방자치법
연구」2001.12.

송영천, "지방자치제 시행과 관련한 각종 쟁송의 제문제",「저스티스」통
권 제69호

백윤기, "권한쟁의심판과 기관소송",「재판자료」76집(1997)

이광윤, "기관소송에 있어서의 쟁점",「고시계」1994.8.

이경운, "현행 지방자치 관련 법제의 문제점과 개선방향 - 지방분권 관련
법제를 중심으로",「저스티스」2002. 10.

이기우, "지방자치단체에 대한 감사원 감사의 한계",「지방자치법연구」제
6권 제1호(2008)

정남철, "지방자치단체에 대한 감독수단으로서 직권취소의 대상 및 위법
성 판단기준",「법조」2017. 8. (724권)

정세욱, "중앙과 지방간의 관계",「지방자치연구」1989.12.

조성규, "지방자치단체에 대한 국가감독의 법적 쟁점",「지방자치법연구」
제16권 제3호(2016.9.)

조성규, "지방자치권의 사법적 보장 : 항고소송의 가능성을 중심으로",
　「행정법연구」 제14호(2005)
조성규, "지방재정과 자치조직권", 「지방자치법연구」 제14권 제4호
조성규, "조례에 의한 지방의원 유급보좌인력 도입의 허용성", 「지방자치
　법연구」 제17권 제4호

Bracker, Theorie und Praxis der Kommunal aufsicht Festgabe zum 70.
　Geburtstag von Unruh, 1983
Schmidt—Aßmann, Kommunalrecht, in: ders.(Hrsg.), Besonderes
　Verwaltungsrecht, 11. Aufl., 1999
Seewald, Kommunalrecht, in: Steiner(Hrsg.), Besonderes
　Verwaltungsrecht, 5. Aufl., 1995
Tettinger/ Erbguth/ Mann, Besonderes Verwaltungsrecht, 10. Aufl. 2009
Wolff/ Bachof/ Stober, Verwaltungsrecht Ⅱ, 5. Aufl., 1987

국문초록

   지방자치법 제169조는 지방자치단체장의 명령 또는 처분이 위법한 경
우 감독청은 시정명령을 거쳐 취소·정지할 수 있도록 하여, 지방자치단체
에 대한 국가감독을 규정하고 있다.
   대상판결은 서울특별시인사위원회위원장이 지방의회의 의정활동을 보
좌하기 위한 목적으로 임기제공무원을 채용하는 공고를 하였고, 이러한 채
용공고가 위법하다는 이유로 감독청인 행정안전부장관이 시정명령을 거쳐
직권취소를 하자 이에 대해 대법원에 제소한 사안으로, 대법원은 채용공고
는 감독청의 직권취소의 대상이 되는 처분이며, 채용공고는 법령상 근거
없이 지방의원의 유급보좌인력의 도입을 목적으로 하는 것으로서 위법한바,
이 사건 직권취소는 적법하다고 판결하였다.
   대상판결과 관련하여 첫째, 채용공고가 처분으로서 직권취소의 대상이
될 수 있는지, 둘째, 유급보좌인력의 채용을 내용으로 하는 채용공고가 위
법한 것인지가 쟁점이 되며, 대상판결에서 직접 판단된 것은 아니지만, 셋
째 직권취소처분이 재량의 한계를 준수하였는지 여부가 문제된다.
   우선 직권취소의 대상과 관련하여, 지방자치법 제169조는 직권취소의
대상을 명령 또는 처분이라고 규정하고 있으나, 그 의미는 항고소송의 대
상인 처분과는 구별되는 보다 넓은 의미의 것으로 보아야 한다. 국가감독
은 지방자치의 보장에도 불구하고 국가법질서의 통일성 확보를 위해 지방
자치단체의 위법행위에 대한 통제를 목적으로 하는 것이며, - 항고소송과
같이 - 권리구제를 목적으로 하는 것이 아니다. 이러한 국가감독은 지방자
치의 보장과 모순된 것이 아니며, 오히려 지방자치 보장의 이면에 해당하
는 것으로, 따라서 국가감독에 있어서는 행위의 성격에 따른 구별이 필요
한 것이 아니며, 지방자치단체의 행위 전반을 대상으로 하는 것이다. 그러
한 점에서 판례의 입장은 타당하다.
   둘째, 유급보좌인력의 채용을 내용으로 하는 채용공고가 위법한 것인
지와 관련하여, 대법원은 지방의원에 대한 유급보좌인력의 도입은 국회가

법률로 정해야 할 사항으로 현행 법제상 그러한 법적 근거가 없으므로 위법하다고 보고 있다.

그러나 대법원의 입장은 법논리적으로는 물론 헌법상 보장된 지방자치의 취지에 비추어보더라도 타당하지 않다. 우선적으로 대법원이 지방의원에 대한 유급보좌인력의 설치가 반드시 법률로 정하여야 할 사항이라고 보는 논거가 명백하지 않다. 일반적인 법률유보의 원칙상으로는 물론, 「지방자치법」 제22조 단서를 고려하더라도 유급보좌인력의 설치가 주민의 권리 제한이나 의무 부과와 직결되는 사항이라고 보기는 어렵다. 오히려 지방의회는 헌법에 의해 보장된 필수기관으로, 대의제 민주주의의 실현을 위한 주민의 대표기관인 점에서는 물론, 지방자치단체에게는 자율적 사무수행에 필요한 조직과 인력에 대한 자치조직권이 헌법적으로 보장되고 있음을 고려할 때, 지방의원에 대한 유급보좌인력의 설치 여부는 당연히 조례에 근거하여 규율될 수 있는 것으로 보아야 한다. 특히 우리나라 지방자치제도의 가장 큰 병폐의 하나로 지적되는 지방자치단체의 책임성이라는 관점에서 보더라도, 지방의원에 대한 유급보좌인력의 설치는 지방의회의 입법역량을 강화하고, 이를 통해 집행부에 대한 충실한 견제를 통해 궁극적으로 지방자치단체의 책임성을 제고하는데 기여할 수 있다.

그러한 점에서 대상판결이 이 사건 채용공고를 위법하다고 본 결론은 단순히 실정법제에 의존한 판단으로서, 지방자치법제의 관점에서는 타당하지 않다.

지방자치권이 헌법적으로 보장되어 있는 이상, 헌법에 의도된 지방자치의 이념과 본질을 실현하는 것은 지방자치영역에서의 법치주의의 실현이며, 이는 사법권의 책무이기도 하다. 지방자치 관련 분쟁에 있어 단순히 실정법의 해석·선언에 그쳐왔던 그간의 소극적 입장을 벗어나 헌법상 보장된 지방자치의 이념의 실질적 구현을 위한 사법부의 적극적 태도를 기대한다.

주제어: 지방자치, 국가감독, 처분성, 유급보좌관, 직권취소, 법률유보

Abstract

Scope and Limits of State Supervision of Local Authorities
An analysis of the Supreme Court Case No. 2016Chu5087, decided on March 30, 2017 −

Cho, Sung Kyu*

Article 169 of the Local Autonomy Law stipulates that if the order or disposition of the head of the local government is illegal, the Authority may cancel and suspend the order or disposition through a correction order.

The concerned Supreme Court decision ruled that the cancellation of the Authority is legitimate in the case where the chairman of the Seoul Metropolitan City Personnel Committee made an announcement to hire a civil servant for the purpose of assisting the local council, and the Minister of Government Administration and Home Affairs at that time as the Authority canceled the job announcement after issuing a correction order based on the illegality of the job announcement.

The issue of the judgment is twofold: First, whether or not the job announcement is subject to cancellation by the Authority, and second, whether the job announcement is illegal.

Regarding the first issue, Article 169 of the Local Autonomy Law stipulates that the object of revocation by the Authority is an order or disposition, but the meaning of the disposition at that time should be regarded as broader than the disposition of the subject of the appeal.

---

* Prof. Dr., Law School, Chonbuk National University

State supervision of local governments is not aimed at the remedy of an right like an appeal suit but for the purpose of controlling the illegal acts of local governments for the unity of the national legal system, and therefore the object of state supervision should not be distinguished according to the nature of the administrative function, but should be regarded as the entire administration of the local government. In that respect, the conclusion of the ruling is correct.

Regarding the second issue, the Supreme Court is stipulating that it is illegal to give a paid assistant to a local councilor because it is a matter to be determined by law, but there is no such ground in the present law.

However, the position of the Supreme Court is not correct in light of the logic of law as well as the purpose of local autonomy guaranteed by the Constitution. First of all, it is not clear that giving a paid assistant to a local councilor is necessarily a matter of law.

It is not reasonable due to the general contents of the principle of the rule of law, and it is difficult to see that the paid assistant system restricts the rights of residents or imposes an obligation even if Article 22 of Local Autonomy Law is considered. Rather, the local council is a mandatory institution guaranteed by the Constitution as a representative body of the people to realize representative democracy, and self-governing authority for the organization and manpower necessary for autonomous administrative affairs in local governments is constitutionally guaranteed. In this regard, the introduction of a paid assistant system for local councilors should be regarded as autonomous by local governments, even without the mandate of national law.

In this regard, the Supreme Court 's conclusion that is unlawful for recruitment announcements of this case is merely a judgment based on actual laws, and is not justified from the standpoint of the local autonomous legal system.

Since local autonomy is a system guaranteed directly by the Constitution, realization of the ideology of local autonomy intended by the Constitution is the realization of the rule of law in the local autonomous region, which is also the responsibility of the judiciary.

Keywords: local councilor, local autonomy. paid assistant, Supreme Court, state supervision, local authorities, Article 169 of the Local Autonomy Law

투고일 2017. 12. 11.
심사일 2017. 12. 25.
게재확정일 2017. 12. 28.

성소수자의 난민인정요건*
-대법원 2017. 7. 11. 선고 2016두56080 판결의 비판적 검토-

崔桂暎**

"전통적으로 행정법학은 국내법을 대상으로 하는 것이었으나 행정현상의 국제화는 행정법의 관심을 국내법에만 고정시키기 힘들게 만들고 있다. (국제화에 대한 대응은)… 국제법의 규범력이 강화되면 될수록 행정법학의 주요 문제로 대두될 전망이다."[1]

* 이 논문은 서울대학교 법학발전재단 출연 아시아태평양법연구소의 2017년도 학술연구비지원을 받았음.
** 서울대학교 법학전문대학원 교수
1) 최송화, "한국 행정법학 50년의 성과와 21세기적 과제", 「서울대학교 법학」, 제36권 제2호, 1995, 153-154면.

Ⅰ. 대상판결의 개요2)

1. 사건의 개요

(1) 처분의 경위

원고는 이집트 국적의 외국인으로서 2014. 4. 5. 관광·통과(B-2) 체류자격으로 대한민국에 입국하여 체류하다가 체류기간 만료일(2014. 5. 5.) 전인 2014. 5. 2. 피고(서울출입국관리사무소장)에게 난민인정신청을 하였다. 피고는 2015. 1. 14. 원고에게 「난민의 지위에 관한 1951년 협

---

2) 성적 지향 또는 성정체성에 기초한 박해를 두려워하는 사람들을 광범위하게 아우르기 위해 성소수자라는 용어를 사용하였다. 여기에는 레즈비언(lesbian), 게이(gay), 양성애자(bisexual), 트랜스젠더(transgender), 인터섹스(intersex) 등이 포함된다. 난민 관련 영어 문헌에서는 LGBTI라는 약어가 사용되는 경우가 많다. 성소수자(sexual minorities), 성적 지향(sexual orientation), 성정체성(gender identity) 등의 용어에 관해서는 유엔난민기구의 지침인 「국제적 보호에 관한 지침 제9호: 난민의 지위에 관한 1951년 협약 제1조 제A항 제2호 및 1967년 의정서의 맥락에서 성적 지향 또는 성정체성에 근거한 난민 신청(Guidelines on International Protection No. 9: Claims to Refugee Status based on Sexual Orientation and/or Gender Identity within the context of Article 1A(2) of the 1951 Convention and/or its 1967 Protocol relating to the Status of Refugees)」의 'Ⅲ. 용어' 참조. 이 글에서는 위 지침 한글판(유엔난민기구, 「난민 지위의 인정기준 및 절차 편람과 지침」, 2014)의 번역어를 따랐다.
이 글에서 자주 인용될 유엔난민기구의 지침은 위 지침과 「국제적 보호에 관한 지침 제2호: 난민의 지위에 관한 1951년 협약 제1조 제A항 제2호 및 1967년 의정서의 맥락에서 특정사회집단의 구성원 신분(Guidelines on International Protection No. 2: "Membership of a Particular Social Group" Within the Context of Article 1A(2) of the 1951 Convention and/or its 1967 Protocol Relating to the Status of Refugees)」이다. 이하 이 글에서 「유엔난민기구 지침」이라고만 하면, 앞서의 성적 지향 또는 성정체성에 관한 지침(제9호 지침)을 가리키는 것이고, 「유엔난민기구 특정사회집단 지침」이라고 하면 위의 특정사회집단의 구성원 신분에 관한 지침(제2호 지침)을 가리키는 것이다.
이 논문에서 참고한 유엔난민기구나 다른 나라의 지침, 보고서, 판례 등은 대부분 유엔난민기구의 웹사이트인 http://www.refworld.org에서 찾을 수 있다.

약」(이하 '난민협약'이라 한다) 제1조, 「난민의 지위에 관한 1967년 의정서」(이하 '난민의정서'라 한다)에서 난민의 요건으로 규정한 '박해를 받게 될 것이라는 충분히 근거가 있는 공포'가 있는 경우에 해당하지 않는다는 이유로 난민불인정결정(이하 '이 사건 처분'이라 한다)을 하였다.

(2) 원고의 주장

원고는 동성애자로서 그 사실이 본국에 있는 가족과 커뮤니티에 밝혀졌다. 현재 이집트에서 법적으로 동성애를 유죄라고 명문화하고 있지는 않으나 이집트 정부는 동성애를 '이슬람에 반하는 성행위·이단적 행위'로 규정하고 동성애자들에 대해 풍기문란죄를 적용하여 처벌해왔다. 또한 원고의 형은 원고가 동성애자라는 사실이 알려져 2014. 4. 20. 자유정의당으로부터 납치를 당했다가 두 달만에 풀려난 바 있는데, 원고의 형이 납치를 당한 이유는 자유정의당이 동성애자인 원고를 잡기 위한 것이었다. 따라서 원고는 귀국시 특정 사회집단의 구성원인 신분으로 인하여 생명, 신체의 위협을 당할 가능성이 높은 난민에 해당한다. 그런데도 피고의 난민인정신청을 거부한 이 사건 처분은 위법하다.

2. 원심법원의 판단3) - 청구인용

원심법원은 원고에게는 이집트에서 이집트 정부 등으로부터 동성애자라는 이유만으로 박해를 받을 우려가 있다고 볼 만한 충분한 근거 있는 공포가 있으므로 원고는 난민에 해당한다고 판단하였다. 그 근거는 다음과 같다.

---

3) 서울고등법원 2016. 10. 6. 선고 2016누38619 판결.

(1) 진술의 신빙성

원고의 난민면접조사에서의 진술 내용과 원심 당사자본인신문에서의 진술 내용이 자신의 성정체성을 알게 된 경위, 대한민국에 입국하기 전까지의 행적, 동성애자들에 대한 이집트에서의 제재 상황 등에 관하여 일관되고 이집트의 객관적인 상황과도 부합하므로 원고의 진술은 전체적으로 신빙성이 있다. 원고의 진술에 의하면, 원고를 동성애자로 인정할 수 있고 이러한 사실은 이집트에서 다른 사람들도 알게 된 것으로 보인다.

(2) 박해의 가능성

이집트에서 동성애자의 상황에 의하면, 이집트에서는 동성애자임을 밝혀지면 박해를 받을 위험이 매우 높은 것으로 보이고, 난민의 기본적인 권리와 자유의 광범위한 행사를 보장하고자 하는 난민협약의 취지상 그러한 우려로 인하여 자신의 성적 지향을 외부로 표현하지 못하는 경우 그 자체를 박해의 일종으로 볼 수 있다.

3. 대법원의 판단 - 파기환송

대법원은 원심판단에는 난민의 개념, 난민신청인의 진술의 신빙성 판단 기준 등에 관한 법리를 오해하여 필요한 심리를 다하지 아니함으로써 판결에 영향을 미친 잘못이 있다는 이유로 원심판결을 파기하고 사건을 원심법원에 환송하였다.

대법원의 판단은 크게 두 부분으로 이루어져 있다. 하나는 동성애자가 난민으로 인정받기 위한 요건에 관한 법리적 판단이고, 다른 하나는 원고 진술의 신빙성에 관한 판단[4][5]이다. 이 평석에서 다루고자 하는 주제는 전자, 즉 동성애자가 난민으로 인정받기 위한 요건에 관한 부분이다. 이에 관한 판결의 내용은 아래와 같다.

(1) '특정 사회집단'의 의미 및 동성애라는 성적 지향이 특정 사회집단에 해당하는지

난민법 제1조, 제2조 제1호, 난민협약 제1조, 난민의정서 제1조의 규정을 종합하여 보면, 법무부장관은 인종, 종교, 국적, 특정 사회집단의 구성원 신분 또는 정치적 의견을 이유로 박해를 받을 충분한 근거 있는 공포로 인해 국적국의 보호를 받을 수 없거나 국적국의 보호를 원하지 않는 외국인 또는 그러한 공포로 인하여 대한민국에 입국하기 전에 거주한 국가로 돌아갈 수 없거나 돌아가기를 원하지 아니하는 무국적자인 외국인에 대하여 신청이 있는 경우 난민협약이 정하는 난민으로 인정하여야 한다.

이때 '특정 사회집단'이란 한 집단의 구성원들이 선천적 특성, 바

---

4) 대법원은 원고의 진술에 일관성과 설득력이 부족하고, 전체적인 진술의 신빙성이 떨어질 뿐 아니라, 그 진술이 이집트의 객관적인 정황에 부합하는지를 확인할 자료가 부족하다는 점까지 종합하여 볼 때, 이 사건에서 원고가 이집트 정부 등으로부터 박해를 받게 될 것이라는 충분한 근거가 있는 공포를 가지고 있다고 인정하기는 부족하다고 판단하였다.

5) 성적 지향에 기초한 난민신청의 경우 본인이 성소수자라는 신청인 진술의 신빙성을 어떠한 기준으로 판단할 것인가도 어려운 문제이다. 신청인 자신의 진술 이외에 이를 뒷받침할 물증이나 증인이 없는 경우가 많고, 한 사람의 내밀하고 사적인 생활과 관계들을 살펴보아야 하기 때문이다. Nicole LaViolette, "'UNHCR Guidance Note on Refugee Claims Relating to Sexual Orientation and Gender Identity': a Critical Commentary", International Journal of Refugee Law 22.2 (2010), 3.4. 성적 지향 또는 성정체성의 입증에 관해서는 「유엔난민기구 지침」 62~66항, International Commission of Jurists(ICJ), Refugee Status Claims Based on Sexual Orientation and Gender Identity - A Practitioners' Guide, February 2016, pp. 18 이하 참조. 한편 유럽연합사법재판소는 2014년 A, B, C v. Staatssecretaris van Veiligheid en Justitie(C-148/13 to C-150/13, European Union: Court of Justice of the Europe an Union, 2 December 2014) 판결에서 인간의 존엄성 존중, 사생활의 존중의 관점에서 성적 지향에 관한 진술의 신빙성을 판단할 때 준수해야 할 한계를 제시한 바 있다.

낄 수 없는 공통적인 역사, 개인의 정체성 및 양심의 핵심을 구성하는 특성 또는 신앙으로서 이를 포기하도록 요구해서는 아니 될 부분을 공유하고 있고, 이들이 사회환경 속에서 다른 집단과 다르다고 인식되고 있는 것을 말하며, 동성애라는 성적 지향이 난민신청자의 출신국 사회의 도덕규범이나 법규범에 어긋나 그것이 외부로 드러날 경우 그로 인해 박해에 노출되기 쉬우며, 이에 대해 출신국 정부에서 보호를 거부하거나 보호가 불가능한 경우에는 특정 사회집단에 해당한다고 볼 수 있다.

(2) '박해'의 의미 및 동성애자들이 난민으로 인정받기 위한 요건

'박해'란 '생명, 신체 또는 자유에 대한 위협을 비롯하여 인간의 본질적 존엄성에 대한 중대한 침해나 차별을 야기하는 행위'를 말한다. 동성애라는 성적 지향 내지 성정체성이 외부로 공개될 경우 출신국 사회의 도덕규범에 어긋나 가족이나 이웃, 대중으로부터의 반감과 비난에 직면할 수 있어, 이러한 사회적 비난, 불명예, 수치를 피하기 위해서 스스로 자신의 성적 지향을 숨기기로 결심하는 것은 부당한 사회적 제약일 수 있으나, 그것이 난민협약에서 말하는 박해, 즉 난민신청인에 대한 국제적인 보호를 필요로 하는 박해에 해당하지는 아니한다. 그러나 난민신청인의 성적 지향을 이유로 통상적인 사회적 비난의 정도를 넘어 생명, 신체 또는 자유에 대한 위협을 비롯하여 인간의 본질적 존엄성에 대한 중대한 침해나 차별이 발생하는 경우에는 난민협약에서 말하는 박해에 해당한다. 따라서 동성애자들이 난민으로 인정받기 위해서는, 출신국에서 이미 자신의 성적 지향이 공개되고 그로 인하여 출신국에서 구체적인 박해를 받아 대한민국에 입국한 사람으로서 출신국으로 돌아갈 경우 그 사회의 특정 세력이나 정부 등으로부터 박해를 받을 우려가 있다는 충분한 근거 있는 공포를 가진 사람에 해당하여야 한다.

4. 대상판결 이전의 판례의 동향

대상판결 이전에 공간된 대법원 판결 중 성적 지향에 기초한 난민 신청에 대해 판단한 판결은 없는 것으로 보인다. 하급심에서는 몇 개의 판례를 발견할 수 있다.[6] 서울행정법원 2009. 12. 24. 선고 2009구합 30165 판결에서는 파키스탄 국적의 남성 동성애자에 대하여, 서울행정 법원 2012. 2. 9. 선고 2011구합22952 판결에서는 나이지리아 국적의 남성 동성애자에 대하여, 각각 박해를 받을 충분한 공포가 있으므로 난민 으로 인정하여야 한다고 판단하였다.[7] 두 판결에서는 '특정 사회집단'의 의미나 동성애자가 이에 해당하는지 여부에 대한 판단은 따로 이루어지 지 않았다. 동성애자가 '특정 사회집단'에 해당함을 전제로 하여 판단하 였다고 보인다. 또한 두 사건 모두 원고는 출신국에서 동성애자임을 이 유로 박해를 받은 경험이 있다고 진술하였고, 법원은 그 진술에 신빙성 이 있다고 판단하였다. 서울행정법원 2013. 4. 25. 선고 2012구합32581 판결은 동성애로 인한 박해가능성을 주장하는 우간다 국적의 여성 신청 자의 난민신청에 대하여 난민으로 인정하여야 한다고 판단하였으나, 항 소심인 서울고등법원 2014. 1. 16. 선고 2013누14872 판결에서는 자신 이 동성애자라는 원고의 진술에 신빙성이 없다는 이유로 난민불인정결 정은 적법하다고 판단하였다. 앞서의 판결들과 마찬가지로 '특정 사회집 단'의 의미나 동성애자가 이에 해당하는지 여부에 대한 판단은 따로 이 루어지지 않았지만, 법리상 동성애자가 '특정 사회집단'의 구성원에 해당 한다는 점은 1심과 항소심 모두 전제로 하고 있는 것으로 보인다.

---

6) 대법원 종합법률정보(glaw.scourt.go.kr)와 로앤비(www.lawnb.com)에서 '난민', '동 성애' 등을 검색어로 검색한 결과이다.
7) 두 사건 모두 항소기각으로 확정되었다(서울고등법원 2010. 7. 14. 선고 2010누 3093 판결, 서울고등법원 2012. 12. 13. 선고 2012누7785 판결).

II. 문제의 소재

대상판결은 처음으로 성소수자의 난민신청에 관한 법리를 전개한 대법원 판결이다. 위 판결에서는 ① 특정 사회집단의 의미, ② 성적 지향에 기초한 집단이 특정 사회집단에 해당하는지, ③ 성적 지향을 숨기는 것이 박해에 해당할 수 있는지, ④ 성소수자가 난민으로 인정받기 위해서는 과거의 구체적인 박해 경험이 필요한지가 쟁점으로 다루어졌다. 이 글에서는 '성소수자가 특정 사회집단 구성원인지'(III-①, ②)와 '성적 지향을 숨기는 것이 박해에 해당할 수 있는지'(IV-③, ④)로 나누어 대상판결의 분석이 타당한지 검토하고자 한다.

성소수자의 난민신청은 1980년대 후반부터 여러 나라에서 인정되기 시작하여 현재는 다양한 쟁점에 대한 유엔난민기구 지침, 여러 나라의 판례와 정부 지침, 연구결과가 쌓여있다. 대상판결은 성소수자가 난민으로 인정받기 위한 요건을 엄격하게 제한하고 있는데, 비교법적으로 볼 때 이러한 제한적인 접근이 올바른 것인지 살펴보는 데 주안점을 둘 것이다.8)

---

8) 난민법은 난민협약, 난민의정서의 난민요건을 그대로 수용하였기 때문에 국제규범인 난민협약, 난민의정서에 대한 정확한 이해가 필수적이다. 김성수, "난민의 요건과 출입국관리법상 난민인정에 관한 검토", 정인섭/황필규(편), 난민의 개념과 인정절차, 경인문화사, 2011, 137면 참조.

Ⅲ. 성소수자가 특정 사회집단 구성원인지

1. 특정 사회집단의 판단기준

(1) 의의

난민협약상 난민으로 인정받기 위해서는 박해의 위험이 협약에서 열거하고 있는 다섯 가지 사유, 즉 인종, 종교, 민족, 특정 사회집단 구성원 신분, 정치적 의견과 관련성이 있어야 한다(난민협약 제1조 제A항 제2호, 난민법 제2조 제1호).

특정 사회집단 개념은 다른 4개의 박해사유와 비교할 때 불확정적이고 개방적이라는 데 그 특징이 있다. 위 개념은 난민협약 성립 당시에 알려지지 않았거나 아직 발생하지 않았던 새로운 박해사유를 난민 개념에 받아들일 수 있도록 함으로써 난민협약이 시대의 변화에 맞춰 발전하는 것을 가능하게 한다.[9] 현재 이 글의 주제인 성적 지향 외에도, 성(gender), 가족이나 친족, 경제적·사회적 계급, 연령, 장애, 직업 등이 특정 사회집단에 해당하는 것으로 인정되고 있다.

특정 사회집단 개념은 여러 나라의 판례와 문헌을 통하여 논쟁을 거치면서 발전하여 왔다.[10] 논의의 주된 흐름은 두 가지 접근법으로 요약될 수 있다. 하나는 '보호대상 특성 접근법'(protected characteristics approach)이고, 다른 하나는 '사회적 인식 접근법'(social perception approach)이다.

9) 김성수, 앞의 글, 203면; Andreas Zimmermann & Claudia Mahler in: Andreas Zimmermann(ed.), The 1951 Convention Relating to the Status of Refugees and its 1967 Protocol ‐ A Commentary, Oxford, 2011, Article 1A, para 2, 395 이하. 특정 사회집단에 기초한 난민신청은 난민협약 초기에는 많지 않아 실제 중요성이 크지 않았지만, 1980년대 이후 비중이 점점 늘면서 중요성이 커지게 되었다.
10) 특정 사회집단 개념의 발전과정을 소개한 우리나라 문헌으로는 김성수, 앞의 글, 203면 이하; 조정현, "난민지위협약상 박해의 이유", 정인섭/황필규(편), 앞의 책, 121면 이하; 김태환, "난민법상 난민요건으로서 특정 사회집단 구성원에 관한 연구", 「사법논집」, 제56집, 2013, 288면 이하 참조.

전자를 '내부적 접근법'(internal approach), 후자를 '외부적 접근법'(external approach)이라고 부르기도 한다.

(2) '보호대상 특성 접근법'과 '사회적 인식 접근법'

1) 보호대상 특성 접근법

보호대상 특성 접근법은 '변경될 수 없는 특성' 또는 '변경될 수는 있지만 인간의 존엄성에 매우 근본적인 것이어서 바꿀 것을 요구할 수 없는 특성'에 기초하여 집단을 판단하는 방식이다.[11] 미국과 캐나다의 판례에서 이러한 접근법을 찾아볼 수 있다.[12] 이는 특정 사회집단과 함께 박해사유로 열거된 인종, 종교, 민족, 정치적 의견이 모두 변경불가능한 특성이라는 데 착안한 것이다. 열거된 박해사유의 공통점은 개인이 바꿀 수 없는 것이거나 개인의 정체성에 근본적으로 중요한 것이어서 바꾸도록 강요할 수 없는 사유이다.[13] 캐나다 대법원은 Ward 판결[14]에서 특정 사회집단을 세 집단으로 분류하였다. ① 선천적인 또는 변경불가능한 특성을 지닌 집단, ② 인간의 존엄성에 매우 근본적인 특성이어서 이를 포기하도록 요구하는 것이 인간의 존엄성을 해할 정도인 특성을 지닌 집단,[15] ③ 과거의 특정한 지위에 있었다는 사실로부터 구성되는 집단으로서 과거의 일을 바꿀 수 없기 때문에 변경불가능한 특

---

11) 보호대상 특성 접근법을 지지하는 대표적인 문헌으로는 James C. Hathaway & Michelle Foster, The Law of Refugee Status(2nd ed.), Cambridge, 2014, pp. 423 이하.

12) Matter of Acosta, A-24159781, United States Board of Immigration Appeals, 1 March 1985; Attorney General v. Ward [1993] 2.S.C.R. 689, Canada: Supreme Court, 30 June 1993.

13) 법률해석 원칙인 ejusdem generis 원칙에 따른 해석이다. ejusdem generis란 'of the same kind'라는 뜻의 라틴어로서, 구체적 개념들과 함께 일반적 개념이 열거되어 있으면, 일반적 개념은 함께 열거된 구체적 개념과 유사한 개념으로 한정하여 해석하여야 한다는 원칙이다.

14) 위 Attorney General v. Ward.

15) Ward 판결에서는 ①과 ②에 해당하는 예로 성(gender), 언어적 배경, 성적 지향(이상 ①)과 인권운동가(②)를 들고 있다.

성을 지닌 집단16)이 그것이다.

2) 사회적 인식 접근법

사회적 인식 접근법은 사회에서 한 집단으로 인식되는 경우에 특정 사회집단으로 보는 접근법이다.17) 이에 따르면, 인식가능한 집단 또는 사회 전체로부터 구분되는 집단으로 볼 수 있게 해 주는 특징을 어느 집단의 구성원들이 공유한다면, 특정 사회집단으로 볼 수 있다. 오스트레일리아18)와 프랑스19)의 판례에서 이러한 접근법을 발견할 수 있다.

3) 비교

양자를 비교하면, 사회적 인식 접근법이 보호대상 특성 접근법보다 특정 사회집단을 넓게 파악하는 입장이다. 사회적 인식 접근법은 보호대상 특성 접근법에 따라 특정 사회집단으로 인정되는 집단을 대부분 포함할 수 있다.20)

보호대상 특성 접근법은 박해사유를 열거하고 있는 난민협약의 취지에 부합하도록 특정 사회집단 개념을 제한적으로 해석한다는 장점이 있다. 특정 사회집단이 포괄적인 개념이라면 나머지 네 개의 사유를 굳이 열거할 필요가 없었을 것이다.21) 반면 사회적 인식 접근법의 시각에서 보면, 난민협약은 '사회' 집단이라고만 규정하고 있을 뿐 집단의 특

---

16) 과거의 결사, 직업, 지위 등이 이에 해당한다. Herald Dörig in: Hailbronner/Thym(ed.), EU Immigration and Asylum Law - A Commentary, 2nd. ed., 2016, Part. D Ⅲ Art. 10, 12 참조.
17) 사회적 인식 접근법을 지지하는 대표적인 문헌으로 Guy S. Goodwin-Gill & Jane McAdam, The Refugee in International Law(3rd ed.), Oxford, 2007, pp. 84 이하.
18) Applicant A v. Minister for Immigration & Ethnic Affairs [1997] HCA 4.
19) Conseil d'Etat, Case No. 171858, 23 June 1997.
20) T. Alexander Aleinikoff, "Protected Characteristics and Social Perceptions: an Analysis of the Meaning of 'Membership of a Paricular Social Group", in Erika Feller, Volker Türk & Frances Nicholson(ed.), Refugee Protection in International Law - UNHCR's Global Consultation on International Protection, Cambridge, 2003, p. 297.
21) T. Alexander Aleinikoff, 앞의 글, pp. 294-295.

성이 '변경불가능'할 것이나 '근본적'일 것을 규정하고 있지는 않으므로
보호대상 특성 접근법은 협약의 근거 없이 난민보호의 범위를 좁히는
것이라고 비판된다. 변경불가능하거나 근본적인 특성에 기초한 집단이
아니더라도 사회에서 하나의 집단으로 인식되고 그 집단이 박해의 대상
이 된다면, 난민보호를 거부할 이유가 없다는 것이다.[22]

다만, 양자의 차이는 현실적으로 크지 않은 것으로 보인다. 대부분
의 사안에서는 어느 접근법을 취하더라도 같은 결론에 이르게 된다. 변
경될 수 없는 특성 또는 인간의 존엄성에 매우 근본적인 것이어서 바꿀
것을 요구할 수 없는 특성에 기초한 집단은 사회에서도 하나의 집단으
로 인식될 가능성이 높기 때문이다.[23][24] 예외적인 사안에서만 결론에
차이가 있게 된다.[25] 또한 보호대상 특성 접근법과 사회적 인식 접근
법의 기준 자체도 불확정적인 측면이 있기 때문에 같은 접근법을 취
하더라도 실제 인정범위는 나라와 학자에 따라 차이가 있는 것으로
보인다.[26]

---

22) T. Alexander Aleinikoff, 앞의 글, pp. 296 이하.
23) Andreas Zimmermann & Claudia Mahler, 앞의 책, Article 1A, para 2, 404.
24) T. Alexander Aleinikoff, 앞의 글, pp. 300, 310 이하에서는, 두 접근법 사이의 관계
    를 서로 모순되는 것으로 보지 말고, 보호대상 특성 접근법이 사회적 인식 접근법
    의 핵심 부분을 개념화한 것으로 이해할 것을 제안하고 있다. 이에 따르면 보호대
    상 접근법에 기초하여 특정 사회집단으로 인정되지 못하더라도 다시 사회적 인식
    접근법에 따라 특정 사회집단으로 인정될 수 있는지를 검토하여야 한다. 뒤에서
    볼 「유엔난민기구 특정사회집단 지침」의 권고(선택적 적용)와 궤를 같이 하는 접
    근방식으로 보인다.
25) 「유엔난민기구 특정사회집단 지침」 제13항에서는 보호대상 특성 접근법에 따르면
    특정 사회집단 구성원이라 보기 어렵지만, 사회적 인식 접근법에 따르면 특정 사
    회집단 구성원으로 볼 수 있는 예로 점포의 주인, 특정 직업 종사자를 들고 있다.
26) 예를 들어 T. Alexander Aleinikoff, 앞의 글, pp. 295-296에서는 보호대상 특성 접
    근법에 따라 지주가 특정 사회집단 구성원이 아니라고 판단한 영국 판례에 대하
    여 보호대상 특성을 넓게 해석하는 입장에서는 지주도 특정 사회집단의 구성원이
    될 수 있다고 분석하고 있다.

(3) 선택적 적용과 중첩적 적용

유엔난민기구는 난민보호의 공백이 생기지 않도록 두 가지 접근법을 선택적(alternative), 순차적으로 적용해야 하다는 입장이다. 보호대상 특성 접근법에 따라 특정 사회집단으로 인정되지 않더라도, 추가적으로 사회적 인식 접근법에 따라 해당 집단이 사회에서 별도로 인식될 수 있는지 판단해 보아야 한다.[27]

그런데 유엔난민기구의 권고와 달리, 유럽연합에서는 두 가지 접근법을 중첩적으로 적용하여 두 접근법을 모두 충족해야만 특정 사회집단으로 볼 수 있도록 규정하였다. 유럽연합 지침에서는 어떤 집단이 특정 사회집단이려면, "집단의 구성원이 선천적 속성, 변경될 수 없는 공통적 배경, 정체성이나 양심에 매우 근본적이어서 개인으로 하여금 포기하도록 강요할 수 없는 특성이나 신념을 공유"하고 "그 집단이 사회에서 다르다고 인식되기 때문에 해당 국가에서 구별될 수 있는 정체성을 가져야 한다"고 규정하였다.[28] 전반부는 보호대상 특성 접근법에 따른 것이고, 후반부는 사회적 인식 접근법에 따른 것인데, 두 개의 요건을 '그리고'(and)로 연결하는 방식을 채택하였다. 위와 같은 유럽연합의 입법방식에 대해서는, 보호의 공백을 없애기 위해 두 접근법을 선택적으로 적용하도록 한 유엔난민기구의 지침을 오해하여 잘못 적용한 것이고, 이전까지 조약에 해석에 대해 국제적으로 통용되던 기준보다 더 엄격한 기준을 설정하였으며, 이를 뒷받침할 근거도 제시되지 않았다는 비판이 제기된다.[29]

---

27) 「유엔난민기구 특정사회집단 지침」제10-13항.

28) Asylum Qualification Directive 2011/95/EU 제10조 제1항 (d).

29) James C. Hathaway & Michelle Foster, 앞의 책, pp. 429 이하; Herald Dörig 앞의 책, Part. D Ⅲ Art. 10, 14-15; Andreas Zimmermann & Claudia Mahler, 앞의 책, Article 1A, para 2, 405-407 참조. Herald Dörig, 앞의 책, Part. D Ⅲ Art. 10, 14에 따르면, 처음 집행위원회 제출안에는 전자, 즉 보호대상 특성 접근법에 따른 부분

2. 성소수자에 대한 박해사유인 '특정 사회집단'

성적 지향에 기초한 난민신청은 박해사유 중 종교나 정치적 의견의 문제로 다루어지는 경우도 있지만,30) 일반적으로는 특정 사회집단의 문제로 다루어진다.31) 성소수자가 특정 사회집단 구성원에 해당한다는 점은 현재 여러 나라에서 널리 인정되고 있다.32) 유럽연합 지침에서는 공통된 성적 지향에 기초한 집단이 특정 사회집단이 될 수 있다고 규정하고 있고,33) 난민협약을 이행한 국내법에서 이를 명시하고 있는 국가들도 있다.34)

명시적인 법규정이 없는 경우에도 여러 국가의 판례에서 성소수자는 특정 사회집단으로 인정된다.35) 어떠한 접근방식에 의하든, 즉 보호대상 특성 접근법의 입장에서 판단하든, 사회적 인식 접근법의 입장에서 판단하든, 성소수자는 특정 사회집단으로 인정된다.36) 전자에 따라 판단할 때에도, 성적 지향을 '선천적이어서 변경불가능한 특성'으로 보는 판례도 있고, '정체성이나 인간의 존엄성의 근본적인 부분이어서 변경할 것을 요구할 수 없는 특성'으로 보는 판례도 있다. 둘 중 어느 하나에는 해당한다는 판단, 즉 성적 지향은 '선천적이어서 변경불가능한

만이 규정되어 있었는데, 이사회의 토론과정에서 후자, 즉 사회적 인식 접근법에 따른 부분이 추가된 것이고, 추가된 이유에 대한 설명은 찾을 수 없다고 한다.

30) 종교 또는 정치적 의견의 문제로 다루어지는 경우에 관해서는 「유엔난민기구 지침」 제42, 43, 50항; Andreas Zimmerman & Claudia Mahler, 앞의 책, Artcle 1A, para 2, 522-523 참조.

31) 다만, 박해사유는 상호배타적인 것은 아니고 서로 중첩될 수 있다(「유엔난민기구 지침」 제40항)

32) 「유엔난민기구 지침」 제46항.

33) Asylum Qualification Directive 2011/95/EU 제10조 제1항 (d)

34) 프랑스, 영국, 사이프러스, 몰도바, 아일랜드, 남아프리카 공화국, 스웨덴 등.

35) 상이한 접근법을 취한 여러 나라의 판례에 대해서는 Andreas Zimmermann & Claudia Mahler, 앞의 책, Artcle 1A, para 2, 527-530; International Commission of Jurists (ICJ), 앞의 책, 193-197 참조.

36) 「유엔난민기구 지침」 제46항.

특성'을 지녔거나 '정체성이나 인간의 존엄성의 근본적인 부분이어서 변경할 것을 요구할 수 없는 특성'을 지녔다는 판단도 찾아볼 수 있다. 적어도 둘 중 하나에 해당하는 것은 분명하고, 어느 쪽에 해당하더라도 특정 사회집단으로 인정받는다는 점에서는 차이가 없으므로, 어느 쪽에 해당하는지 굳이 가릴 필요가 없기 때문이다.37)

3. 대상판결의 분석

(1) 대법원은 대상판결에서 처음으로 특정 사회집단의 의미를 정의하였다. 특정 사회집단이란 "한 집단의 구성원들이 선천적 특성, 바뀔 수 없는 공통적인 역사, 개인의 정체성 및 양심의 핵심을 구성하는 특성 또는 신앙으로서 이를 포기하도록 요구해서는 아니 될 부분을 공유하고 있고", "이들이 사회환경 속에서 다른 집단과 다르다고 인식되고 있는 것"을 말한다는 것이다. 전반부는 보호대상 특성 접근법에 따른 것이고, 후반부는 사회적 인식 접근법에 따른 것이다.

그런데 판결문의 표현에 비추어 보면 양 접근법을 중첩적으로 적용하도록 하고 있는 것으로 보인다. 이는 앞서 본 유럽연합 지침의 입법태도와 유사한 것으로서, 난민보호의 공백을 없애기 위해 양자를 선택적으로 적용하도록 권고한 「유엔난민기구 특정사회집단 지침」보다 좁게 특정 사회집단의 의미를 파악하고 있는 것이다. 대상판결에는 두 접근법을 중첩적으로 적용하도록 한 이유가 나타나 있지 않고, 해당 사건에서는 동성애자를 특정 사회집단으로 인정하고 있으므로, 중첩적 적용이 난민보호의 축소를 가져올 것인지는 현재로서는 예측하기 어렵다. 실제 적용과정에서 전반부의 특성을 공유하고 있는 집단에 대해 사회적으로 하나의 집단으로 인식되지 않는다는 이유로 특정 사회집단임을 부

---

37) James C. Hathaway & Michelle Foster, 앞의 책, pp. 442-443.

정하지 않도록 하여야 할 것이다.[38]

　　(2) 나아가 대법원은 동성애자 집단이 특정 사회집단에 해당한다고 판단하였다. "동성애라는 성적 지향이 난민신청자의 출신국 사회의 도덕규범이나 법규범에 어긋나 그것이 외부로 드러날 경우 그로 인해 박해에 노출되기 쉬우며, 이에 대해 출신국 정부에서 보호를 거부하거나 보호가 불가능한 경우에는 특정 사회집단에 해당한다"는 것이다. 앞서 본 것처럼 동성애자를 포함한 성소수자 집단은 어떠한 접근법에 따르든 특정 사회집단에 해당할 수 있으므로 결론적으로 위와 같은 판단은 타당한 것으로 보인다. 다만, 그 논거가 특정 사회집단 개념에 관한 대상판결의 일반론을 반영하고 있는 것은 아니어서 정확한 의미를 알기 어렵다.

　　우선 보호대상 특성 접근법에 관한 부분, 즉 "선천적 특성, 바뀔 수 없는 공통적인 역사, 개인의 정체성 및 양심의 핵심을 구성하는 특성 또는 신앙으로서 이를 포기하도록 요구해서는 아니 될 부분"을 공유하고 있는지에 대한 판단이 없다. 특정 사회집단에 해당한다고 판단한 이상 세 가지 범주 중 어느 하나에 해당할 것이고, "바뀔 수 없는 공통적인 역사"에 기초한 것은 아닐 것이므로, 동성애라는 성적 지향은 "선천적 특성"이거나 "개인의 정체성…의 핵심을 구성하는 특성"에 해당한다는 판단을 전제로 하고 있는 것으로 보인다.

　　다음으로 "동성애라는 성적 지향이 난민신청자의 출신국 사회의 도덕규범이나 법규범에 어긋나 그것이 외부로 드러날 경우 그로 인해 박해에 노출되기 쉬우며, 이에 대해 출신국 정부에서 보호를 거부하거나 보호가 불가능한 경우" 부분은 사회적 인식 접근법을 반영하고 있는 것으로 보인다. 사회적 인식 접근법에 따라 판단할 때, 어떠한 집단에

---

38) 유럽연합 지침의 해석에 있어서도 후반부의 사회적 인식 부분은 전반부의 보호대상 특성 부분을 세부적으로 보완하는 것일 뿐 특정 사회집단을 제한하고자 하는 것은 아니라는 주장이 제기된다. Herald Dörig, 앞의 책, Part. D Ⅲ Art. 10, 15 참조.

대한 차별 또는 박해행위가 있다는 사실은 고려요소가 될 수 있다. 차별 그 자체는 박해가 아니다. 또한 어떤 집단의 구성원이 박해를 받는다는 사실만으로 그 집단을 난민협약상의 특정 사회집단이라고 할 수는 없다. 그러나 차별 또는 박해행위가 있다는 사실은 해당 사회에서 그 집단을 하나의 집단으로 인식하고 있다는 사실에 대한 유력한 징표가 된다. 예컨대 국가가 남성 동성애자에게만 특별한 법규범을 적용한다면, 이들은 사회 전체로부터 구분되는 특정 집단으로 인식되고 있는 것이다.[39] 다만, 사회적 인식을 확인할 수 있는 여러 징표 중에서 왜 '박해에 대한 노출'과 '정부의 보호 거부 또는 불능'만 대상판결에서 언급되고 있는지는 의문이다.

(3) 한편 대법원은 대상판결 이후 대법원 2017. 12. 5. 선고 2016두42913 판결에서 대상판결과 동일하게 특정 사회집단의 의미를 정의하고, 난민신청자가 국적국인 라이베리아로 돌아갈 경우 '여성 할례'(female genital mutilation)를 받을 가능성이 있다면 난민으로 인정될 수 있다고 판단하였다. 어떠한 집단이 특정 사회집단인지 구체적인 설명은 없으나, '라이베리아의 여성' 또는 '라이베리아에서 할례의 대상이 되는 특정 연령대 그리고/또는 특정 부족의 여성'을 특정 사회집단으로 인정한 취지로 읽을 수 있을 것이다.

---

39) Applicant A v. Minister for Immigration & Ethnic Affairs [1997] HCA 4(오스트레일리아)의 McHugh 대법관 작성부분; Andreas Zimmermann & Claudia Mahler, 앞의 책, Article 1A, para 2, 411, 529; T. Alexander Aleinikoff, 앞의 글, p. 301 참조. 이에 대해 동어반복에 불과하다는 비판으로는 Andreas Zimmermann & Claudia Mahler, 앞의 책, Article 1A, para 2, 411 참조.

Ⅳ. '성적 지향을 숨기는 것'이 박해에 해당할 수 있는지

1. 개관

대법원은 대상판결에서 동성애자가 "스스로 자신의 성적 지향을 숨기기로 결심하는 것"은 난민협약의 박해에 해당하지 아니하므로, 동성애자들이 난민으로 인정받기 위해서는 "출신국에서 이미 자신의 성적 지향이 공개되고 그로 인하여 출신국에서 구체적인 박해를 받아 대한민국에 입국한 사람"이어야 한다는 논리를 전개하고 있다. 위와 같은 논리가 타당한지 검토하기 위해서는, ① '성적 지향을 숨기는 것'은 박해에 해당할 수 없는지, ② 성적 지향이 드러나지 않아 과거에 박해를 받은 경험이 없는 사람은 난민으로 인정받을 수 없는 것인지를 차례로 살펴보아야 할 것이다. 이를 위하여 먼저 ①의 쟁점에 관한 외국의 판결례와 지침을 검토하고자 한다. 성소수자의 박해가능성과 관련하여, 신청자가 출신국으로 돌아가서 자신의 성적 지향을 숨기고 삶으로써 박해를 피할 수 있다면 박해의 위험은 부정된다는 논리가 여러 나라의 행정결정이나 판결에서 나타난 바 있다.40) 그러나 오스트레일리아와 영국의 대법원, 그리고 유럽연합사법재판소는 이러한 논리를 거부하였다. 아래 2.에서는 위 판결들을, 3.에서는 유엔난민기구 등의 지침을 살펴볼 것이다. 다음으로 ②의 쟁점에 관하여, 일반적으로 과거의 박해사실이 난민인정의 요건이 되는지를 검토한 후[4. (1)], 과거에 성적 지향을 드러내지 않아 박해에 노출되지 않았다는 사실이 난민인정에 장애가 되는지를 검토할 것이다[4. (2)].

---

40) 이 문제는 영어문헌에서 concealment 또는 discretion의 표제 하에 논의된다. 여기에서 discretion은 재량이 아니라 discreet(조심스러운)의 명사형이다.

2. 외국의 판결례

(1) Appellant S395/2002 v. Minister for Immigration and Multicultural Affairs[오스트레일리아][41]

1) 사건의 개요

신청자들은 방글라데시 국적이고, 오스트레일리아에서 난민신청을 하였다. 신청자들은 방글라데시로 돌아간다면 동성애자임을 이유로 박해를 받을 충분한 근거가 있는 공포가 있다고 주장하였다. 행정청은 난민신청을 거부하였고, 난민심판소(Refugee Review Tribunal)도 위 결정에 대한 불복신청을 기각하였다.

난민심판소는 방글라데시 형법에서 동성애 행위를 범죄로 규정하고 있고, 기소되는 경우는 드물지만 방글라데시 사회에서 남성동성애자가 심각한 위해의 위험 없이 자유롭게 살기는 어렵다는 사실을 인정하였다. 그러나 동성애자들이 "조심스럽게"(discreetly) 행동한다면 동성애 관계를 유지할 수 있다는 사실도 인정하였다. 위와 같은 사실인정을 토대로, 난민심판소는 신청자들이 과거에 조심스럽게 행동하여 성적 지향으로 인하여 심각한 위해를 겪은 적이 없으므로 돌아가더라도 장래에 박해를 받을 가능성이 없다고 판단하였다. 신청자들은 이전까지 조심스럽게 살아왔고 돌아가더라도 그렇게 행동하지 않을 것이라고 볼 이유가 없다는 것이다.

2) 법원의 판단

오스트레일리아 대법원[42]은 4:2로 신청자들의 청구를 인용하였다. 다수의견은 동성애자들이 조심스럽게 행동한다면 박해의 대상이 되지 않을 것이라는 판단은 문제가 있다는 데 의견을 같이 하였다. 난민심판

---

41) [2003] HCA 71, Australia: High Court, 9 December 2003.
42) 명칭은 High Court이지만, 오스트레일리아 사법체계에서는 최고법원이므로 대법원이라고 번역하였다(http://www.hcourt.gov.au/about/role-of-the-high-court).

소의 판단은 방글라데시의 남성 동성애자 집단을 조심스러운 집단과 그렇지 않은 집단으로 나누는 것이고, 이에 따르면 조심스러운 집단은 박해를 받을 가능성이 낮으므로 난민신청이 인용되기 더 어려워진다. 또한 난민심판소의 결정은 난민신청자가 박해를 피하기 위해 합리적인 조치를 해야 한다는 요건을 새로이 만들었다는 점에서도 옳지 않다. "박해를 받는 자가 국적국 내에서 위해를 피하기 위한 행동을 함으로써 위해를 없앨 수 있다는 이유로, 박해가 더 이상 난민협약상의 박해가 아닌 것으로 바뀌는 것은 아니다." 다수의견은 이를 인종과 종교로 인한 박해에 비유하여 설명하였다. 난민보호를 받기 위한 요건으로 자신의 신앙 또는 의견을 바꾸거나 인종 또는 민족적 정체성을 숨기기를 요구받는다면 난민협약의 목적이 훼손될 것이다. 이는 방글라데시 남성 동성애자 집단에 대해서도 마찬가지이다. 난민심판소는, 심각한 위해의 위험으로 인하여 신청자들의 행동이 영향을 받았는지, 신청자들이 위해를 피하기 위하여 조심스럽게 행동한 것인지, 그 자체가 박해에 해당하는 것은 아닌지를 살펴보았어야 했다. 신청자들이 조심스럽게 행동했던 것이 방글라데시에서 동성애자로서 자유롭게 살아가는 것이 불가능하기 때문이었다면 난민으로 인정했어야 한다는 것이다.

(2) HJ(Iran) and HT(Cameroon) v. Secretary of State for the Home Department[영국][43)44)

1) 사건의 개요

이란 국적의 HJ와 카메룬 국적의 HT는 남성 동성애자이다. 위 사람들은 각각 이란과 카메룬에서 동성애자는 법적인 금지와 사회적 적대감의 대상이 되므로 국적국으로 돌아간다면 성적 지향을 이유로 박해를 받을 충분한 근거가 있는 공포가 있다고 주장하면서 영국에서 난민신청

---

43) [2010] UKSC 31, United Kingdom: Supreme Court, 7 July 2010.
44) 이 판결을 소개한 우리나라 문헌으로는 김태환, 앞의 글, 2013, 319-320면.

을 하였다. 행정청은 난민신청을 거부하였고, 신청자들은 위 결정에 대해 난민이민심판소(Asylum and Immigration Tribunal)와 항소법원(Court of Appeal)에 순차적으로 불복하였으나 받아들여지지 않았다.

HJ 사건에서 항소법원은 '합리적 수인가능성'(reasonalbe tolerability) 기준을 적용하였다. 국적국에 돌아가서 성적 지향을 숨기고 사는 것이 합리적인 관점에서 볼 때 수인가능하다면 박해가능성이 없다는 것이다. HT 사건에서 항소법원은 신청자가 카메룬으로 돌아가면 성적 지향을 숨기고 살 것이므로 박해의 위험이 없다고 판단하였다. 이 사건에서는 합리적 수인가능성 기준이 따로 적용되지 않았다.[45]

2) 법원의 판단

영국 대법원은 만장일치로 항소법원의 판결에 법리를 오해한 잘못이 있다고 판단하고, 두 사건을 난민이민심판소에 환송하였다. 우선 합리적 수인가능성 기준은 근본적으로 잘못된 논리에 기초하고 있다고 비판되었다. 위 기준은 신청자로 하여금 자신의 정체성을 억누르도록 강요하는 것이므로 난민협약에 반한다는 것이다.

난민협약의 바탕에는 동성애자도 박해의 두려움 없이 동성애자로서 자유롭게 살 수 있어야 한다는 전제가 깔려 있다. 출신국은 그들을 보호하고 자유롭게 살 수 있는 것을 가능하게 해 주어야 한다.[46]

다음으로 성적 지향을 숨기고 살 경우에 박해의 공포를 판단하기 위한 새로운 기준을 제시하였다. 행정청은 아래의 순서로 판단하여야 한다.[47]

---

45) 두 사건은 별개의 사건으로 항소법원의 판결은 따로 이루어졌지만, 대법원은 두 사건을 함께 판단하였다.
46) [65]
47) [82]

1. 신청인은 동성애자인가? 또는 출신국의 잠재적 박해자에 의해 동성애자로 취급될 것인가?
2. 만약(if) 그렇다면, 신청인이 출신국으로 돌아간다면 어떻게 행동할 것인가?
3. 만약(if) 신청인이 자유롭게 생활하여 박해의 실제적인 위험에 노출될 것이라면, 박해를 받을 충분한 근거 있는 공포가 인정된다. 이는 신청인이 성적 지향을 숨기고 살면 위험을 피할 수 있더라도 마찬가지이다.
   만약(if) 반대로 신청인이 성적 지향을 숨기고 생활하여 박해를 피할 것이라면, 신청인이 왜(why) 그렇게 행동할 것인지 살펴보아야 한다.
4. 만약(if) 신청인이 성적 지향을 숨기고 살기로 결정한 것이 단지 그렇게 살기를 원했기 때문이거나 사회적 압력, 예를 들어 가족이나 친구 때문이라면, 난민신청은 거부되어야 한다. 그러한 사회적 압력은 박해에 해당하지 않기 때문이다.
   만약(if) 반대로 신청인이 성적 지향을 숨기고 사는 실질적인 이유가 동성애자로서 자유롭게 살 경우 따르게 될 박해의 공포 때문이라면, 다른 요건이 충족되는 한, 난민신청은 인용되어야 한다. … 성적 지향을 숨기고 살면 박해를 피할 수 있다는 이유로 난민신청을 거부한다면, 이는 난민협약이 보호하고자 하는 권리, 즉 동성애자가 박해의 공포 없이 자유롭게 살 수 있는 권리를 무력화하는 것이다.

위 기준을 사건명을 따서 HJ and HT test라고 부르거나 if(만약)과 why(왜)로 구성되어 있기 때문에 if and why test라고 부른다. HJ and HT test는 최근에도 여전히 선례로 적용되고 있고,[48] 정부 지침에서도

---

48) LC (Albania) v. Secretary of State for the Home Department v. the United Nations High Commissioner for Refugees (Intervener), [2017] EWCA Civ 351, United

이에 따르도록 정하고 있다.[49]

위의 (1), (2) 판결은 성소수자 난민과 관련하여 분수령이 되는 판결로 평가된다. 신청자가 박해를 피하기 위해 성적 지향을 숨기고 살 수 있다면 난민으로 인정될 수 없다는 이른바 discretion doctrine을 정면으로 거부하고 있기 때문이다. 다만, 위 판결들의 결론에는 동의하면서도 논증방식에 대해서는 의문을 제기하는 견해도 있다. 성적 지향이 드러났을 때 겪게 될 외부적 위해에 기초하여 박해를 인정할 것이 아니라, 성정체성을 숨기고 행동을 바꾸어야 하는 데 따르는 내부적인 심리적 위해 자체를 박해로 보아야 한다는 것이다.[50]

(3) X, Y, Z v Minister voor Immigratie en Asiel[유럽연합][51]

1) 사건의 개요

시에라리온 국적의 X, 우간다 국적의 Y, 세네갈 국적의 Z는 네덜란드에서 난민신청을 하였다. 신청자들은 각각 출신국에서 동성애로 인해 박해를 받을 위험이 있다고 주장하였다. 신청자들은 이미 박해를 받았다거나 박해의 위협을 직접적으로 받았다는 점은 증명하지 못하였다. 행정청은 난민신청을 거부하였고, 신청자들은 위 결정에 대해 법원에 소를 제기하였다. 1심 법원에서 X와 Y의 청구는 인용되었으나 Z의 청구는 기각되었다. 행정청과 Z는 세 판결에 대해 각각 국가위원회(Raad van State)[52]에 불복하였다. 국가위원회는 세 사건의 공통 쟁점에 대해 유럽연합사법재판소에 선결문제에 대한 판단을 구하였다. 그 중 성적

Kingdom: Court of Appeal (England and Wales), 9 May 2017.

49) 뒤의 3.

50) James C. Hathaway, & Jason Pobjoy, "Queer cases make bad law," NYUJ Int'l L. & Pol. 44 (2011), pp. 346 이하.

51) C-199/12 ─ C-201/12, European Union: Court of Justice of the European Union, 7 November 2013.

52) 일반행정사건의 최고법원이다.

지향을 숨기는 것과 관련된 질문은 아래와 같다.

1. 동성애자인 외국인에게 박해를 피하기 위해 출신국에서 성적 지향을 숨길 것을 기대할 수 있는가?
2. 1.에 대한 대답이 부정적이라면, 동성애자인 외국인에게 박해를 피하기 위해 출신국에서 성적 지향의 표현을 자제할 것을 기대할 수 있는가? 만약 그렇다면 어느 정도를 기대할 수 있는가? 나아가 동성애자는 이성애자보다 더 자제할 것이 기대되는가?
3. 이와 관련하여 성적 지향의 핵심 영역에 관한 표현 방식과 그 밖의 영역에 관한 표현 방식이 구별될 수 있다면, 성적 지향의 핵심 영역에 해당하는 것은 무엇이고, 이를 어떻게 결정할 수 있는가?

  2) 법원의 판단

법원은 첫 번째 문제에 관하여, 난민신청자에게 박해를 피하기 위해 출신국에서 성적 지향을 숨길 것을 기대할 수 없다고 판단하였다. 성적 지향은 한 사람의 정체성의 근본적인 부분이어서 포기할 것을 요구할 수 없기 때문이다. 두 번째 문제에 관해서도, 성적 지향의 표현을 자제할 것을 기대할 수 없다고 판단하였다. 박해의 위험은 사안의 사실관계에 기초하여 개별적으로 평가되어야 하고, 성적 지향의 표현을 자제함으로써 박해를 피할 수 있는지는 박해의 위험성을 판단할 때 고려할 요소가 아니다. 이성애자보다 표현을 더 자제함으로써 박해를 피할 수 있는지도 마찬가지이다. 첫 번째, 두 번째 질문에 대한 대답이 부정적이었으므로, 세 번째 질문을 답할 필요가 없는 질문이다. 다만, 법원은 핵심 영역과 그 밖의 영역을 구별할 필요가 없다는 점을 덧붙여 언급하였다.[53]

---

53) 위 사건에서 제출된 유엔난민기구의 의견서에서는 핵심 영역과 그 밖의 영역의 구

위와 같은 X, Y, Z 판결의 논리는 (2)의 HJ and HT 판결과는 접근법을 달리 한다. HJ and HT test에 의하면, '신청인이 성적 지향을 숨기거나 그 표현을 자제할 것이라면, 신청인은 왜 그렇게 행동할 것인가?'도 검토되었을 것이다.54) 그러나 유럽연합사법재판소는 성적 지향을 숨기거나 표현을 자제함으로써 박해를 피할 수 있다는 점은 박해의 위험을 판단할 때 아예 고려요소 자체가 아니라고 판단하였다.55)

(4) 신앙과 정치적 신념

한편 난민신청자가 출신국에 돌아가 일정한 행위를 하거나 하지 않음으로써 박해를 피할 수 있다면 충분한 근거 있는 공포는 부정된다는 논리는, 비단 성적 지향에 관해서 뿐만 아니라 신앙이나 정치적 신념에 관해서도 주장된 바 있다.56) 그러나 이에 대해서도 유럽연합사법재판소와 영국 대법원은, 성적 지향의 경우와 마찬가지로 그러한 논리를

별이 필요 없다는 점을 보다 구체적으로 설명하고 있다. 성적 지향은 한 사람의 정체성에 관한 것이다. 정체성은 외모, 말투, 행동, 옷과 같은 다양한 방식으로 표현되거나 드러난다. 성적 지향을 드러내는 행동이 사소하더라도, 중요한 것은 행동 그 자체가 아니라 그 행동이 가져올 결과이다. 그러므로 핵심 영역과 그 밖의 영역의 구별은 충분한 근거가 있는 공포가 있는지와 무관하다. UNHCR intervention before the Court of Justice of the European Union in the cases of Minister voor Immigratie en Asiel v. X, Y and Z, 5.3.

54) Herald Dörig, 앞의 책, Part. D Ⅲ Art. 9, 28.

55) 위 판결의 연장선상에서 HJ and HT test를 적용해서는 안된다는 입장으로 UN High Commissioner for Refugees, International Commission of Jurists: Expert Roundtable on asylum claims based on sexual orientation or gender identity or expression Brussels, 27 June 2014 — X, Y and Z: The "A, B, C" of Claims based on Sexual Orientation and/or Gender Identity?, 27 June 2014, p. 6; International Commission of Jurists (ICJ), 앞의 책, pp. 94-96.

56) Hugo Storey, "Persecution: Towards a working definition", Vincent Chetail & Céline Bauloz(ed.), Research Handbook on International Law and Migration, Edward Elgar, 2014, pp. 511-513에서는 성적 지향, 신앙, 정치적 신념에 관하여 신청자로 하여금 일정한 행위를 하지 않을 것을 요구할 수 있는지가 문제된 사건들을 '행동변경'(behaviour modification) 사건으로 함께 묶어 분석하고 있다.

거부하였다. 유럽연합사법재판소는 Bundesrepublik Deutschland v. Y , Z 사건57)에서, 신청자가 출신국에 돌아가면 종교행사에 참여할 것으로 예상되고 그로 인해 박해의 위험에 노출될 수 있다면 난민으로 인정하여야 한다고 판단하였다. 종교행사에 참여하지 않음으로써 박해를 피할 수 있다는 사실은 고려되어서는 안 된다. 영국 대법원은 RT(Zimbabwe) and others v Secretary of State for the Home Department 사건58)에서 정치적 신념에 대해서도 HJ and HT test를 적용하였다. 이 사건에서 신청자들은 아무런 정치적 신념이 없었지만, 귀국했을 때 독재 정권을 지지하지 않는다는 의심을 받지 않기 위해서는 정권에 대한 충성심이 있다고 가장해야 하는 상황이었다. 정권을 지지하지 않는다는 의심을 받으면 박해를 받을 가능성이 있었기 때문이다. 법원은, 정치적 신념을 갖지 않을 권리도 근본적인 권리로서 난민협약이 보호하고자 하는 권리이므로, 어느 누구도 자신이 믿지 않는 정치적 의견을 갖거나 표현하도록 강요해서는 안 된다고 판단하였다. 그러므로 정권에 대한 충성심을 가장함으로써 박해를 피할 수 있다는 사실은 고려요소가 될 수 없다.

3. 유엔난민기구 등의 지침

「유엔난민기구 지침」에서도 "신청인이 본인의 성적 지향 또는 성 정체성을 은폐하거나 조심함으로써 박해를 피할 수 있거나 과거에 그렇게 해왔다 하더라도 이것이 난민지위를 인정하지 않는 정당한 이유가 될 수는 없"고, "박해를 피하기 위해 본인의 정체성, 의견, 성격을 바꾸거나 은폐하지 않았다고 해서 이들의 난민지위를 거부할 수는 없"음을

---

57) C-71/11 and C-99/11, European Union: Court of Justice of the European Union, 5 September 2012, [73]-[80]. 파키스탄 국적의 아흐마디(Ahmadi) 교 신자가 신앙을 기초로 난민신청을 한 사건이다. 신청자는 종교로 인하여 과거에 박해의 대상이 되거나 박해의 직접적인 위협을 받은 사실이 없다.
58) [2012] UKSC 38, United Kingdom: Supreme Court, 25 July 2012, [42]-[43].

확인하고 있다.59) "신청인이 출신국으로 돌아갔을 때 어떤 곤란에 직면하게 되는가", 즉 "돌아갔을 때 일어날 수 있는 일과 그것이 박해에 해당할지 여부를 사실에 기반하여 검토해야 한다." "신청인이 출신국에서 자신의 정체성이 드러나지 않도록 조심함으로써 부정적인 결과를 초래하지 않고 살 수 있는가"는 고려할 사항이 아니다.60) 나아가 위 지침에서는 "강제적으로 본인의 성적 지향 또는 성정체성을 숨기는 일" 자체가 박해가 될 수 있다고 설명하고 있다. "차별적인 그리고 반감을 가진 태도, 규범과 가치는 성소수자들의 정신적, 신체적 건강에 심각한 영향을 미칠 수 있으며 때로는 박해에 해당되는 견디기 어려운 고충으로 이어질 수 있다."61)

또한 미국 정부의 지침에서도 "성적 지향을 숨기거나 포기하도록 강요받는 것은 박해에 해당할 수 있다"고 분명하게 서술하고 있다. "자신의 정체성이 공개될지도 모른다는 두려움 속에 사는 성소수자는, 공개될 경우 겪게 될 심각한 결과를 피하기 위해 종종 자신의 성적 지향을 숨기기" 때문이다.62) 영국 정부의 지침은 앞서의 HJ and HT test에 따르도록 규정하고 있다. 그러므로 박해의 두려움 때문에 성적 지향을 숨길 것으로 예상된다면 박해의 위험이 인정되어야 한다.63)

59) 「유엔난민기구 지침」 제31항.
60) 「유엔난민기구 지침」 제32항.
61) 「유엔난민기구 지침」 제33항.
62) United States Bureau of Citizenship and Immigration Services, Guidance for Adjudicating Lesbian, Gay, Bisexual, Transgender and Intersex(LGBTI) Refugee and Asylum Claims, 27 December 2011, 4.1.
63) UK Visas and Immigration, Sexual identity issues in the asylum claim version 6.0, Published 16 February 2015, Last updated 2 August 2016, pp. 36-38.

4. 과거의 박해 경험과 성소수자의 난민인정

(1) 과거의 박해사실과 난민인정

난민 개념은 장래에 출신국에 돌아갔을 때 박해를 받을 가능성이 있을 것, 즉 장래의 박해가능성을 요건으로 하고, 출신국에서 이미 박해를 받았을 것, 즉 과거의 박해사실을 요건으로 하지 않는다.[64] 물론 이미 출신국에서 박해를 받은 경험이 있다는 사실은 나중에 출신국에 돌아가면 박해를 받을 위험이 있다는 점을 추정하게 하는 중요한 간접사실이다. 과거의 박해경험에 관한 신청자 진술의 신빙성은 많은 난민사건에서 핵심적인 쟁점이 되곤 한다. 유럽연합 지침에서도, 신청자가 이미 박해를 받았다거나 박해의 위협을 직접적으로 받았다는 사실은, 그러한 박해가 반복되지 않을 것이라고 인정할 만한 충분한 이유가 없는 이상, 신청자에게 충분한 근거가 있는 공포가 있다는 점을 추정하게 하는 중요한 간접사실이 된다고 규정하고 있다.[65] 그러나 과거의 박해사실은 어디까지나 장래의 박해가능성을 증명하기 위한 수단일 뿐이고, 그 자체가 필수적인 것은 아니다. 과거에 박해를 경험했더라도 출신국의 정황이 바뀌어서 신청자가 돌아가더라도 박해를 받게 될 위험이 없다면 난민이 될 수 없다. 거꾸로 아직 박해를 받은 사실이 없더라도 장래에 박해 위험이 있다면 난민이 될 수 있다. 요컨대 과거의 박해는 난민인정의 필요조건도 충분조건도 아니다.[66]

---

64) 난민협약의 전신인 IRO 규약의 난민 개념에서는 장래의 박해 위험이 있는 경우뿐만 아니라 과거의 박해 경험이 있는 경우도(즉, 과거의 박해 경험만으로도) 난민으로 인정하였으나, 난민협약에서는 장래의 박해 위험에 근거하여서만 난민으로 인정될 수 있는 것으로 규정되었다. James C. Hathaway & Michelle Foster, 앞의 책, pp. 162-163 참조.
65) Asylum Qualification Directive 2011/95/EU 제4조 제4항.
66) James C. Hathaway & Michelle Foster, 앞의 책, p. 169.

(2) 성소수자가 과거에 성적 지향을 드러내지 않아 박해에 노출되지 않았던 경우

앞서 본 오스트레일리아의 Appellant S395/2002 판결[67]에서는 신청자가 과거에 성적 지향을 숨기고 살아서 박해를 받지 않았다는 사실로부터 미래에도 박해가능성이 없다고 추론하는 것은 잘못된 판단이라고 지적하였다. "많은 경우 신청자가 그렇게 행동했던 것은 오로지 박해를 받는 것을 두려워했기 때문이다. 박해를 피할 수 있는 방식으로 행동하지 않으면 박해를 받을 것이라는 두려움이 바로 충분한 근거 있는 박해의 공포에 해당한다." 영국의 HJ(Iran) and HT(Cameroon) 판결[68]에서도 성적 지향을 숨기고 살았던 이유가 숨기지 않으면 박해를 받을 것을 두려워했기 때문이라면 과거에 안전했다는 사실이 충분한 근거 있는 공포가 없다는 판단을 뒷받침하지 못한다고 하였다.[69]

「유엔난민기구 지침」에서도 과거의 박해 경험이 난민인정의 요건이 될 수 없음을 분명히 하고 있다. "모든 성소수자 신청인들이 과거에 박해를 경험한 것은 아닐 수 있다. … 박해를 당한 과거의 경험이 난민지위의 전제조건은 아니며", "신청인이 출신국으로 돌아갔을 때 겪게 될 곤란에 대한 평가에 근거"하여 충분한 근거 있는 공포가 인정되는지 판단하여야 한다. "신청인은 본인이 출신국을 떠나기 전에 출신국 정부가 본인의 성적 지향 또는 성정체성에 대해 알고 있었는지를 증명할 필요가 없다."[70] 미국 정부의 지침에서도, 성소수자 난민신청자가 과거에 박해를 경험하지는 않았지만 장래의 박해에 대한 충분한 근거 있는 두려움이 있을 수 있고, 이 경우 난민으로 인정될 수 있다고 설명하고 있

---

67) 위 2.의 (1).
68) 위 2.의 (2).
69) James C. Hathaway & Michelle Foster, 앞의 책, pp. 168-169; 김성수 앞의 글, 170면 참조.
70) 「유엔난민기구 지침」 제18항.

다. "위해를 피하기 위해 출신국에서 성적 지향을 숨겨야 했던 신청자는 박해의 이를 정도의 침해를 받지 않았을 수 있다. 이러한 신청자는 출신국을 떠나기 전에 박해의 주체가 그들의 성적 지향을 알았다는 점을 증명할 필요가 없고, 돌아간다면 알게 될 것이라는 점만 증명하면 된다."[71] 영국 정부의 지침도 같은 취지이다. "신청자가 과거에 성적 지향을 드러낸 적이 없다는 사실을 성적 지향을 자발적으로 숨긴 것과 동일시해서는 안 된다."[72]

5. 대상판결의 분석

(1) 대상판결은 동성애자가 "스스로 자신의 성적 지향을 숨기기로 결심하는 것"은 난민협약의 박해에 해당하지 않는다고 판단하고 있다. 그런데 성적 지향을 숨기기로 결심하게 되는 동기로는 사회적 비난을 피하기 위한 것, 즉 "동성애라는 성적 지향 내지 성정체성이 외부로 공개될 경우 출신국 사회의 도덕규범에 어긋나 가족이나 이웃, 대중으로부터의 반감과 비난에 직면할 수 있어, 이러한 사회적 비난, 불명예, 수치를 피하기 위"한 것만 언급되고 있다. 그러나 성적 지향을 숨기게 되는 동기는 박해를 피하기 위한 것일 수도 있다. 성적 지향이 공개되면 "생명, 신체 또는 자유에 대한 위협을 비롯하여 인간의 본질적 존엄성에 대한 중대한 침해나 차별이 발생"[73]할 수 있기 때문에 성적 지향을 숨기게 될 수도 있다. 이 점은 앞서 본 여러 나라의 판례나 유엔난민기구 등의 지침에서도 확인되고 있다. 원심판결에서는 박해의 "우려로 인하여 자신의 성적 지향을 외부로 표현하지 못하는 경우 그 자체를 박해의 일종으로 볼 수 있다"고 판시하고 있으나, 대상판결에서는 그러한

---

71) United States Bureau of Citizenship and Immigration Services, 앞의 지침, 5.2.
72) UK Visas and Immigration, 앞의 지침, p. 38.
73) 대상판결에서의 박해의 정의이다.

가능성에 대한 언급이 전혀 없다.

(2) 대상판결은 해당 사안과 관련하여 "원고가 자신의 성적 지향을 외부에 공개하지 않았고 동성애 관련 활동을 적극적으로 하지 않았"으므로 원고가 박해를 받을 충분한 근거가 있는 공포를 가지고 있다고 판단하기 어렵다고 한다. 그러나 대상판결에서도 인정하고 있듯이 "이집트의 객관적 정황에 의하면 동성애자라는 것이 외부에 알려지면 처벌받을 가능성"이 있다. 그렇다면 원고가 과거에 성적 지향을 외부에 공개하지 않았던 이유는 동성애자라는 것이 외부에 알려지면 처벌받을 가능성이 있기 때문일 수도 있다. 이 점에서 성적 지향을 숨기게 되는 동기가 (오로지) 사회적 비난을 피하기 위한 것이라는 대상판결의 전제는 해당 사안의 사실관계에 비추어 보아도 잘못된 것이다.

(3) 대상판결은 "동성애자들이 난민으로 인정받기 위해서는, 출신국에서 이미 자신의 성적 지향이 공개되고 그로 인하여 출신국에서 구체적인 박해를 받아 대한민국에 입국한 사람"이어야 한다고 판단하고 있다. 그러나 과거의 박해사실은 난민인정의 요건이 아니고, 단지 장래의 박해가능성을 추정하게 하는 유력한 간접사실일 뿐이다. 성적 지향에 기초한 난민신청이라고 해서 달리 판단할 이유는 없다. 또한 과거에 박해를 받지 않았다는 사실로부터 장래의 박해가능성이 없다는 점을 추정할 수도 없다. 과거에 박해를 받지 않은 것은 단지 박해의 두려움으로 성적 지향을 드러내지 못한 결과일 수도 있기 때문이다.

(4) 대상판결은 "원고가 단순히 동성애라는 성적 지향을 가지고 있다는 이유만으로 이집트 정부나 자유정의당 등의 주목을 받아 박해를 받을 충분한 근거가 있는 공포를 가지고 있다고 판단하기" 어렵다고 설시하고 있다. 이는 성소수자가 출신국으로 돌아간 후에 성적 지향을 외부로 표현할 수 있다는 점을 전혀 고려하지 않고 있는 것이고, 결국 출신국으로 돌아가서 성적 지향을 숨기고 살기를 요구하는 것과 다를 바 없다. 그러나 앞서 여러 나라의 판례에서 본 것처럼 성적 지향을 숨기고

살면 박해를 피할 수 있다는 이유로 난민신청을 거부하는 것은 성소수
자가 박해의 공포 없이 자유롭게 살 수 있는 권리를 부정하는 것이다.74)

(5) 성적 지향을 숨기거나 그 표현을 억제하도록 요구할 수 없는
이유는 성소수자 집단이 특정 사회집단으로 인정되는 이유와도 관계있
다. 성소수자 집단이 특정 사회집단으로 인정되는 이유는 성적 지향이
'선천적이어서 변경불가능한 특성'을 지녔거나 '정체성이나 인간의 존엄
성의 근본적인 부분이어서 변경할 것을 요구할 수 없는 특성'을 지녔기
때문이다.75) 성소수자가 성적 지향을 드러내지 않고 살 수 있다고 하는
것은 성적 지향이 선천적인 부분 또는 정체성이나 인간의 존엄성의 근
본적인 부분임을 부정하는 것이다.76)

(6) 이상과 같은 이유로 동성애자가 "스스로 자신의 성적 지향을
숨기기로 결심하는 것"은 난민협약의 박해에 해당하지 아니하므로, 동
성애자들이 난민으로 인정받기 위해서는 "출신국에서 이미 자신의 성적
지향이 공개되고 그로 인하여 출신국에서 구체적인 박해를 받아 대한민
국에 입국한 사람"이어야 한다는 대상판결의 법리는 타당하지 않다고
생각한다. 성적 지향이 드러나지 않아 과거에 박해를 받은 경험이 없더
라도, 출신국에 돌아가면 성적 지향을 이유로 박해를 받을 위험이 있다
면, 그 사람은 난민으로 인정되어야 한다. 이 때 장래의 박해가능성을

---

74) 대상판결은 "원고가 단지 동성애자라는 이유만으로 이집트 정부나 자유정의당 등
   이 주목할 정도인지"를 심리하여야 한다고 설시하고 있다. 그러나 주목가능성은
   일정한 행동에 기초하여 난민으로 인정되는 경우, 예를 들어 거주국에서의 행동
   때문에 '체재 중 난민"이 되는 경우에는 난민인정의 고려요소가 될 수 있을 것이
   지만(유엔난민기구 「난민의 지위에 관한 기준 및 절차 편람과 지침」 제96항), 성
   적 지향처럼 밖으로 표현하지 않을 것을 요구할 수 없는 특성에 기초하여 난민으
   로 인정되는 경우에는 고려요소가 되기 어렵다고 할 것이다. 성적 지향과 성정체
   성에 관한 「유엔난민기구 지침」에서도 주목가능성을 언급하고 있는 부분은 없다.
75) 위 Ⅲ. 3. (1).
76) James C. Hathaway & Michelle Foster, 앞의 책, p. 445; James C. Hathaway & Jason
   Pobjoy, 앞의 글, p. 336; HJ(Iran) and HT(Cameroon) v. Secretary of State for the
   Home Department, [11].

평가할 때에는 박해의 두려움으로 인해 성적 지향을 숨기고 살게 될 가능성도 함께 포함하여 평가하여야 한다.

V. 결론

대법원은 대상판결에서 성적 지향에 기초한 난민신청에 관한 법리를 처음으로 전개하였다. 특정 사회집단의 의미, 성적 지향에 기초한 집단이 특정 사회집단에 해당하는지, 성적 지향을 숨기는 것이 박해에 해당할 수 있는지, 동성애자가 난민으로 인정받기 위해서는 과거의 구체적인 박해 경험이 필요한지 등의 쟁점이 다루어졌다. 대법원은 성적 지향에 기초한 집단이 특정 사회집단에 해당할 수 있다고 판단하여 성소수자의 난민인정 가능성을 열어 두었다. 그러나 성적 지향을 숨기게 된 이유가 무엇인지 불문하고 어느 경우나 성적 지향을 숨기는 것은 박해에 해당하지 않는다고 판단하였고, 거기에 더하여 과거의 구체적인 박해 경험을 요건으로 함으로써, 성적 지향에 기초한 난민신청이 받아들여질 가능성은 현격하게 낮아지게 되었다. 그러나 난민협약의 난민 개념에 관한 다른 나라의 판례, 유엔난민기구나 다른 나라의 지침 등에 비추어 보면, 성소수자의 난민인정요건을 제한적으로 해석할 근거는 없는 것으로 보인다. 이 점에서 대상판결의 법리는 다시 검토될 필요가 있다.

참고문헌

정인섭·황필규(편), 난민의 개념과 인정절차, 경인문화사, 2011.
김태환, "난민법상 난민요건으로서 특정 사회집단 구성원에 관한 연구", 「
사법논집」, 제56집, 2013.
최송화, "한국 행정법학 50년의 성과와 21세기적 과제", 「서울대학교 법
학」, 제36권 제2호, 1995.

Andreas Zimmermann(ed.), The 1951 Convention Relating to the
Status of Refugees and its 1967 Protocol – A Commentary,
Oxford, 2011.
Guy S. Goodwin–Gill & Jane McAdam, The Refugee in International
Law(3rd ed.), Oxford, 2007.
International Commission of Jurists(ICJ), Refugee Status Claims Based
on Sexual Orientation and Gender Identity – A Practitioners'
Guide, February 2016.
James C. Hathaway & Michelle Foster, The Law of Refugee Status(2nd
ed.), Cambridge, 2014.
Kay Hailbronner & Daniel Thym(ed.), EU Immigration and Asylum
Law – A Commentary(2nd ed.), 2016.
Vincent Chetail & Céline Bauloz(ed.), Research Handbook on
International Law and Migration, Edward Elgar, 2014.
Erika Feller, Volker Türk & Frances Nicholson(ed.), Refugee Protection
in International Law – UNHCR's Global Consultation on
International Protection, Cambridge, 2003.

James C. Hathaway & Jason Pobjoy, "Queer cases make bad law",

NYUJ Int'l L. & Pol. 44 (2011).

Nicole LaViolette, "'UNHCR Guidance Note on Refugee Claims Relating to Sexual Orientation and Gender Identity': a Critical Commentary", International Journal of Refugee Law 22.2 (2010).

유엔난민기구, 「난민 지위의 인정기준 및 절차 편람과 지침」(한글판), 2014.

UNHCR intervention before the Court of Justice of the European Union in the cases of Minister voor Immigratie en Asiel v. X, Y and Z.

UNHCR, International Commission of Jurists, Expert Roundtable on asylum claims based on sexual orientation or gender identity or expression Brussels, 27 June 2014 − X, Y and Z: The "A, B, C" of Claims based on Sexual Orientation and/or Gender Identity?, 27 June 2014.

UK Visas and Immigration, Sexual identity issues in the asylum claim version 6.0, Published 16 February 2015, Last updated 2 August 2016.

United States Bureau of Citizenship and Immigration Services, Guidance for Adjudicating Lesbian, Gay, Bisexual, Transgender and Intersex(LGBTI) Refugee and Asylum Claims, 27 December 2011.

국문초록

대법원은 대상판결에서 성적 지향에 기초한 난민신청에 관한 법리를 처음으로 전개하였다. 특정 사회집단의 의미, 성적 지향에 기초한 집단이 특정 사회집단에 해당하는지, 성적 지향을 숨기는 것이 박해에 해당할 수 있는지, 동성애자가 난민으로 인정받기 위해서는 과거의 구체적인 박해 경험이 필요한지 등의 쟁점이 다루어졌다. 대법원은 성적 지향에 기초한 집단이 특정 사회집단에 해당할 수 있다고 판단하여 성소수자의 난민인정 가능성을 열어 두었다. 그러나 성적 지향을 숨기게 된 이유가 무엇인지 불문하고 어느 경우에나 성적 지향을 숨기는 것은 박해에 해당하지 않는다고 판단하였고, 거기에 더하여 과거의 구체적인 박해 경험을 요건으로 함으로써, 성적 지향에 기초한 난민신청이 받아들여질 가능성은 현격하게 낮아지게 되었다. 그러나 난민협약의 난민 개념에 관한 다른 나라의 판례, 유엔난민기구나 다른 나라의 지침 등에 비추어 보면, 성소수자의 난민인정요건을 제한적으로 해석할 근거는 없는 것으로 보인다. 이 점에서 대상판결의 법리는 다시 검토될 필요가 있다.

주제어: 난민, 성적 지향, 성소수자, 특정 사회집단, 박해

Abstract

Refugee Status Claims Based on Sexual Orientation

Choi, Kae young[*]

In the recent ruling, the Supreme Court has developed legal doctrines on refugee status claims based on sexual orientation for the first time. Issues such as the meaning of 'a membership of a particular social group', whether a group based on sexual orientation corresponds to a particular social group, whether the concealment of one's sexual orientation can constitute persecution, and whether specific past experiences of persecution are necessary for homosexuals to be recognized as refugees were addressed. The Supreme Court has opened the possibility for sexual minorities to be recognized as refugees by judging that groups based on sexual orientation can be particular social groups. However, the Supreme Court judged that concealing sexual orientation in any case regardless of the reason for concealing sexual orientation does not constitute persecution and in addition, the Supreme Court specified concrete past experience of persecution as a requirement so that the possibility for applications for refugees based on sexual orientation to be accepted was remarkably reduced. In light of the precedents of other countries on the concept of refugees and the guidelines of UNHCR and other countries, there seems to be no basis for a limited interpretation of the requirements for recognition of sexual minorities as refugees. In this respect, the legal doctrines of the target judgment should be reviewed again.

[*] Professor, School of Law, Seoul National University

Keywords: refugee, sexual orientation, sexual minorities, membership of a particular social group, persecution

투고일 2017. 12. 11.
심사일 2017. 12. 25.
게재확정일 2017. 12. 28.

出入國管理法上 外國人 保護命令 및 强制退去 規定의 問題點과 그 改善方案*

成重卓**

헌법재판소 2016. 4. 28.자 2013헌바196 결정에 대한 평석을 겸하여

Ⅰ. 서론

국내거주 외국인노동자 수는 2007년 이미 100만 명을 넘어서고 현재 200만 명을 초과한 상태이다. 글로벌 다문화시대를 맞아 우리나라의 국제적 위상이 현저히 높아지고는 있지만 국내체류 외국인노동자에 대한 보편적 인권보장의 관점에서는 개선해야 할 점이 여전히 많다. 특히

---

* 본고는 2017. 9. 15. 월례발표회때 필자가 발표한 원고를 가다듬고 재정리한 것임을 밝힙니다.
** 경북대 법학전문대학원 부교수, 법학박사, 변호사

출입국관리법과 국적법이 그들의 인권보장에 기여하는지, 혹은 오히려
침해하는지에 관해 논란의 중심에 있다. 아래에서는 그 중에서도 신체
적 구금에 관한 기본적 절차와 인권에 반할 여지가 큰 강제구금을 용인
한다는 비판을 받아온 출입국관리법상 강제퇴거 및 보호명령제도의 문
제점에 관하여, 2013헌바196 결정에 대해 비판적 검토를 하고 비교법적
고찰을 통해 그 개선점까지 검토하는 시간을 가지고자 한다.

Ⅱ. 2013헌바196 결정에 대한 비판적 검토

1. 결정에 관한 사실관계 및 심판대상

가. 사건개요

1) 청구인은 ○○ 국적의 외국인으로서, 1997. 9. 22. 단기방문 체
류자격으로 대한민국에 입국하여 불법체류하다가 2003. 3. 17. 서울출
입국관리사무소장(이하 '소장'이라 한다)에게 난민인정신청을 하였으나 불
허되었다.

2) 청구인은 2012. 10. 30. 다시 난민인정신청을 하였으나, 소장은
청구인의 불법체류에 대한 심사결정을 위해 청구인을 외국인보호실에
수용하고, 2012. 11. 1. 불법체류를 이유로 강제퇴거명령 및 보호명령을
하였으며, 2012. 11. 19. 난민불인정처분을 하였다.

3) 청구인은 2013. 1. 29. 위 강제퇴거명령 및 보호명령의 취소를
구하는 행정소송을 제기하면서(서울행정법원 2013구합3269), 보호명령의
근거조항인 출입국관리법 제63조 제1항에 대하여 위헌법률심판제청신
청을 하였으나(서울행정법원 2013아663), 2013. 6. 27. 모두 기각되자,
2013. 7. 11. 이 사건 헌법소원심판을 청구하였다. 청구인은 당해사건
판결에 대해 항소(서울고등법원 2013누45807) 및 상고(대법원 2014두36587)

하였으나 2014. 4. 18.과 2014. 8. 20. 모두 기각되었다.

4) 한편 청구인은 2013. 7. 24. 위 난민불인정처분의 취소를 구하는 소를 제기하였는바(서울행정법원 2013구합56713), 위 소송 계속 중 건강상 이유로 보호가 일시 해제되었는데, 2014. 4. 25. 난민불인정처분 취소판결이 선고되고, 그 판결이 2014. 12. 24. 확정되자(서울고등법원 2014누50301, 대법원 2014두41336), 보호가 완전히 해제되었다1).

나. 심판대상

이 사건 심판대상은 구 출입국관리법(2010. 5. 14. 법률 제10282호로 개정되고, 2014. 3. 18. 법률 제12421호로 개정되기 전의 것) 제63조 제1항(이하 '이 사건 법률조항'2)이라 한다)이 헌법에 위반되는지 여부이다.

2. 쟁점 및 판시사항

가. 이미 청구인은 보호해제된 바, 당해 소송사건인 취소소송의 소의 이익이 흠결되어 헌바 헌법소원심판의 적법성 요건인 재판의 전제성이 없는 것은 아닌지 문제된다.

나. 이 사건 법률조항의 '보호'란 사실상 구금의 성격을 갖는 것으로 청구인의 신체의 자유를 제한하는 것인바, 위 조항이 보호의 상한을 설정하지 않아 장기 혹은 무기한의 구금을 가능하게 하므로 과잉금지원

---

1) 당해 소송사건의 소의 이익 유무, 재판의 전제성과 관련하여 문제되는 부분이다.
2) 구 출입국관리법 : 제63조(강제퇴거명령을 받은 사람의 보호 및 보호해제) ① 사무소장·출장소장 또는 외국인보호소장은 강제퇴거명령을 받은 사람을 여권 미소지 또는 교통편 미확보 등의 사유로 즉시 대한민국 밖으로 송환할 수 없으면 송환할 수 있을 때까지 그를 보호시설에 보호할 수 있다.(현행 제63조(강제퇴거명령을 받은 사람의 보호 및 보호해제) ① 지방출입국·외국인관서의 장은 강제퇴거명령을 받은 사람을 여권 미소지 또는 교통편 미확보 등의 사유로 즉시 대한민국 밖으로 송환할 수 없으면 송환할 수 있을 때까지 그를 보호시설에 보호할 수 있다. <개정 2014.3.18.>)

칙에 반하여 신체의 자유를 침해하는지 여부가 문제된다.

다. 또한 이 사건 법률조항에 의한 보호는 체포·구속에 준하는 인신구속 작용임에도 그 개시와 연장을 행정청이 결정하고 중립적·객관적 기관(특히 사법기관)에 의한 통제가 이루어지지 않아 적법절차원칙에 반하는지가 문제된다.

3. 법정의견(각하)

가. 재판의 전제성 관련

헌법재판소법 제68조 제2항의 헌법소원심판 청구가 적법하기 위해서는 당해 사건에 적용될 법률이 헌법에 위반되는지 여부가 재판의 전제가 되어야 하고, 여기에서 재판의 전제가 된다는 것은 그 법률이 당해 사건에 적용될 법률이어야 하며, 그 위헌 여부에 따라 재판의 주문이 달라지거나 재판의 내용과 효력에 관한 법률적 의미가 달라지는 것을 말하고, 이러한 재판의 전제성은 위헌제청신청 당시뿐만 아니라 심판이 종료될 때까지 갖추어져야 함이 원칙이다(헌재 2010. 2. 25. 2007헌바 34 참조). 그러므로 법원에서 당해 소송사건에 적용되는 재판규범 중 위헌제청신청대상이 아닌 관련 법률에서 규정한 소송요건을 구비하지 못하였기 때문에 부적법하다는 이유로 소각하 판결을 선고하고 그 판결이 확정되거나, 소각하 판결이 확정되지 않았더라도 당해 소송사건이 부적법하여 각하될 수밖에 없는 경우에는 위헌제청신청대상인 법률의 위헌 여부에 따라 재판의 주문이 달라지거나 재판의 내용과 효력에 관한 법률적 의미가 달라지는 것이 아니어서 당해 소송사건에 관한 재판의 전제성 요건이 흠결되어 부적법하다(헌재 2005. 3. 31. 2003헌바113 참조). 그런데 청구인이 이 사건 심판청구 후인 2014. 4. 25. 난민불인정처분 취소소송에서 승소하고, 2014. 12. 24. 그 판결이 확정되자, 청구인에 대한 보호가 완전히 해제되었는바, 이로써 위 보호명령으로 인하여 청구인이 입은 권리와 이익의 침해는 해소되었으므로, 설령 이 사건 법률조항에 대하여 위헌결정이 선고되어 이미 확정된 위 보호명령 취소청구사건에 대한 재심이 개시되더라도 그 소는 위 보호명령의 취소를 구할 이익이 없어 부적법하여 각하될 수밖에 없다(대법원 2005. 5. 13. 선고 2004두4369 판결 참조). 따라서 위헌심판대상인 이 사건 법률조항의 위헌 여부에 따라 당해 소송사건인 위 보호명령 취소청구사건에 관한 재판의 주문이 달라지거나 재판의 내용과 효력에 관한 법률적 의미가 달라지는 것이 아니므로, 이 사건 심판청구는 재판의 전제성 요건을 갖추지 못하여 부적법하다.

나. 재판관 김창종, 재판관 안창호의 다수의견에 대한 보충의견

아래 보충의견은 재판의 전제성이 인정된다 하더라도 합헌이라는 취지이다.

1) 심사기준

출입국관리법상 보호는 내·외국인의 출입국과 외국인의 체류를 적절하게 통제·조정함으로써 국가의 이익과 안전을 도모하는 국가행정인 출입국관리행정의 일환으로 외국인의 체류자격의 심사 및 체류자격 없는 외국인의 강제퇴거절차의 집행을 위하여 이루어지는 것인바, 출입국관리행정 중 이와 같이 체류자격의 심사 및 퇴거 집행 등에 관한 사항은 광범위한 정책재량의 영역에 있다(헌재 2005. 3. 31. 2003헌마87; 헌재 2014. 4. 24. 2011헌마474등 참조). 그리고 이 사건 법률조항에 의한 보호는 불법체류자인 피보호자가 본국 또는 제3국으로 자진 출국함으로써 언제든지 보호대상에서 벗어날 수 있다는 점에서 일반적인 형사상 구금과 차이가 있으므로, 이러한 점을 고려하여 보다 완화된 기준에 의한 심사가 가능하다.

2) 신체의 자유 침해 여부

가) 입법목적의 정당성과 수단의 적정성

이 사건 법률조항은 강제퇴거명령을 받은 자에 대한 집행을 용이하게 함으로써 외국인의 출입국과 체류를 적절하게 통제하고 조정하여 국가의 안전을 도모하기 위한 것으로서 입법목적이 정당하며, 강제퇴거명령을 받은 사람을 출국 요건이 구비될 때까지 보호시설에 보호하여 신병을 확보하는 것은 강제퇴거명령의 신속하고 효율적인 집행을 위한 효과적인 방법이므로 수단의 적정성도 인정된다.

나) 피해의 최소성

(1) 보호의 필요성

이 사건 법률조항에 의한 보호대상은 출입국관리법상 강제퇴거명령을 받은 자로서, 불법 입국한 외국인, 불법으로 체류하는 외국인, 범죄를 범하여 일정한 형을 선고받은 외국인 등 대한민국에 유해한 행위를 한 외국인, 대한민국의 이익·공공의 안전을 해치거나 경제질서·사회질서를 해하거나 선량한 풍속을 해하는 행동을 할 염려가 있는 자 등 대한민국의 사회질서에 어긋난다고 인정되는 외국인이다(출입국관리법 제46조). 이들은 이미 국내체류기간동안 불법체류, 불법취업, 범죄행위 등의 범법행위를 한 외국인으로서 도주의 가능성이나 잠재적 위험성이 없다고 볼 수 없으므로, 본국으로 송환될 때까지 그 신병을 확보하기 위한 보호와 관리가 필요하고, 이는 난민신청자라고 하여 달라지지 않는다. 2014. 2. 기준 국내에 불법체류 중인 외국인은 183,488명으로 점차 늘어나고 있으며, 최근 5년간 보호일시 해제되었다가 소재불명으로 보호해제가 취소된 사례는 168건으로 보호일시해제제도를 악용하여 도망간 피보호자도 적지 않다. 이러한 상황에서 단순히 주거지 제한이나 정기적 보고 등의 방법만으로는 강제퇴거명령의 신속한 집행과 외국인의 효과적 체류 관리를 통한 국가 안전보장이라는 이 사건 법률조항의 입법목적을 달성하기 어렵다.

(2) 난민신청자에 관한 문제

(가) 2015. 5. 기준 난민신청자 중 난민으로 인정된 비율은 7%, 난민불인정처분취소소송을 제기한 자 중 법원에 의해 진정한 난민으로 인정된 비율은 6.5%에 불과하다. 이러한 상황에서 강제퇴거대상자가 난민신청을 하였다는 이유로 이 사건 법률조항에 의한 보호의 대상에서 전면적으로 배제하게 되면, 불법체류사실이 발각될 경우 무조건 난민인정신청을 하는 자들이 대폭 증가할 수 있어 출입국관리행정에 일대 혼란을 야기할 수 있다. 더욱이 불법체류자들이 잠적할 경우 대부분 안정된 거주기반이나 직업이 존재하지 않기 때문에 쉽게 범죄의 유혹에 노출될 수 있고, 실제 이들에 의해 범죄가 발생할 경우 신원조회가 어려워 범인 검거에 곤란을 초래하는 등 국내 치안 질서 유지에도 부정적으로 작용하여 그에 따른 피해는 국민들의 몫으로 돌아갈 수 있다.

(나) 한편 사실조회 결과에 의하면, 불법체류 중인 외국인이라도 강제퇴거명령 및 보호명령 전에 난민신청을 하는 경우에는 특별히 법위반이 중대하지 않거나(형사범으로 처벌된 전력이 없고 출입국관리법 위반 정도가 경미한 경우) 도주 가능성이 있는 경우가 아니면 난민심사를 위한 합법적인 체류를 허용하고 있고, 보호 중 난민신청자에 대하여는 우선심사대상으로 분류하여 난민인정 심사 및 결정을 보다 신속히 진행하도록 하고 있다.

(다) 따라서 강제퇴거사유가 있는 불법체류자가 난민신청을 하는 경우, 그를 보호 대상에 포함시킨 다음 뒤에서 보는 바와 같이 구체적 사건에 따라 보호일시해제를 하는 등 개별적으로 보호의 필요성을 판단한다고 하여 곧바로 신체의 자유에 대한 과도한 제한이라고 단정할 수 없다.

(3) 보호기간의 상한 설정 문제

(가) 일단 강제퇴거명령이 내려진 자들에 대하여는 강제퇴거가 가

능할 때까지 신병을 확보할 필요성이 있으므로 보호기간의 상한을 정하는 것 자체에 어려움이 있다. 보호기간을 한정하는 경우에는 불법체류자 등 강제퇴거명령을 받은 자의 송환 가능시점이 지연될 경우 강제퇴거명령의 집행이 어려워지고, '송환할 수 있을 때까지' 보호하여야만 송환이 가능해진 시점에 신속하게 강제퇴거를 이행할 수 있다. 강제퇴거명령을 받은 사람이 여권이 없거나 유효기간이 도과된 경우는 주한자국공관으로부터 여행증명서를 발급받고 출국항공권을 예약하는 등 출국요건을 구비하여야 하고, 우리나라나 송환국의 사정으로 교통편 확보가지연되는 경우 교통편이 마련될 때까지 기다려야 하는데, 각 나라의 사정이나 절차 진행 상황 등에 따라 소요기간이 달라질 수밖에 없으므로언제 송환이 가능해질 것인지 미리 알 수가 없다. 따라서 특정한 일시까지로 보호기간을 한정하지 않고 '송환할 수 있을 때까지' 보호할 수있도록 한 것은 이 사건 법률조항의 입법목적 달성을 위하여 불가피한측면이 있다.

(다) 다만 최근 통계(2014년부터 2015년 8월까지)에 의하면, 일반 강제퇴거대상자의 경우 송환 준비를 갖추어 송환되기까지 평균 보호기간이 12일 정도에 지나지 않는 반면, 난민신청자의 경우는 난민인정절차나 관련 쟁송이 장기화됨으로써 이 사건 법률조항에 의한 장기 보호의문제가 발생하는 경우가 있다. 그러나 소장 등은 피보호자 등의 청구를받으면 피보호자의 정상(情狀), 해제요청사유, 자산, 그 밖의 사항을 고려하여 2천만 원 이하의 보증금을 예치시키고 주거의 제한이나 그 밖에필요한 조건을 붙여 보호를 일시 해제할 수 있는바(출입국관리법 제65조), 난민불인정 처분에 대한 취소소송의 1심 또는 2심에서 승소한 경우에는판결 확정 전이라도 보호일시해제 하도록 하고 있고, 난민신청자라는신분의 특수성을 고려하여 보호일시해제를 위한 최소 보증금(300만 원)도 감액해 주고 있다. 또한 보호기간이 3개월을 넘는 경우 3개월마다미리 법무부장관의 승인을 받아야 하고 승인을 받지 못하면 지체 없이

보호를 해제하여야 하며(출입국관리법 제63조), 법원에서 구체적 사건별로 난민신청자에 대한 강제퇴거명령 및 보호명령의 집행을 정지하거나 취소하는 사례도 있다. 이와 같이 이 사건 법률조항에 의한 보호가 지나치게 장기화되는 것을 방지하기 위한 다양한 제도가 마련되어 있으며, 다른 나라의 입법례를 살펴보아도 일본, 프랑스, 호주, 캐나다 등과 같이 퇴거집행을 위한 구금기간의 상한을 설정해 두지 않은 나라가 적지 않다. 이러한 점들을 종합하면, 이 사건 법률조항은 피해의 최소성에 반하지 아니한다.

다) 법익 균형성

이 사건 법률조항은 국가의 안전보장 및 질서유지와 직결되는 출입국관리 및 체류관리를 위한 것으로 이러한 공익은 매우 중대한 반면, 이 사건 법률조항에 의해 보호되는 외국인들은 강제퇴거대상자로서 강제퇴거명령을 집행할 수 있을 때까지 일시적·잠정적으로 신체의 자유를 제한받는 것이므로 이러한 사익이 공익에 비하여 현저히 크다고 보기 어렵다. 따라서 법익 균형성 요건도 충족한다. 그러므로 이 사건 법률조항은 청구인의 신체의 자유를 침해하지 아니한다.

3) 적법절차원칙 위반 여부

가) 강제퇴거명령이나 보호명령 등 출입국관리에 관한 공권력 행사와 관련하여 그 단속, 조사, 판정, 집행 업무를 동일한 행정기관에서 하게 할 것인지, 서로 다른 행정기관에서 하게 하거나 사법기관을 개입시킬 것인지는 입법정책적인 문제이며, 반드시 객관적·중립적 기관에 의한 통제절차가 요구되는 것은 아니다. 오히려 출입국관리와 같은 전문적인 규제분야에서는 동일한 행정기관으로 하여금 단속, 조사, 판정, 집행 업무를 동시에 수행하게 하는 것이 행정의 경험과 전문성을 살리고, 신속한 대처를 통한 안전한 국경관리를 가능하게 하며, 외교관계 및 급변하는 국제정세에 맞춰 적절하고 효율적인 출입국관리를 가능하게

하는 길이라고 볼 수도 있다. 미국이나 일본의 경우도 강제퇴거대상자의 결정과 구금 여부에 대한 결정, 각 결정들의 집행이 동일한 행정조직 내에서 이루어지고 있으며 사법부가 개입하는 것은 아니다. 따라서 출입국관리법상 이 사건 법률조항에 의한 보호의 개시(소장 등의 보호명령 발부)나 연장(법무부장관의 승인) 단계에서 사법부의 판단을 받도록 하는 절차가 규정되어 있지 않다고 하여 곧바로 적법절차원칙 위반이라고 볼 수는 없다.

나) 나아가 피보호자는 보호의 원인이 되는 강제퇴거명령에 대하여 취소소송을 제기함으로써 그 원인관계를 다툴 수 있고, 보호명령 자체의 취소를 구하는 행정소송을 제기하거나 그 집행의 정지를 구하는 집행정지신청을 할 수 있다. 이와 같이 행정쟁송을 통해 사법부로부터 보호의 적법 여부를 판단 받을 수 있는 이상 객관적·중립적 기관에 의한 통제절차가 없다고 볼 수 없다.

다) 한편, 출입국관리법에 의하면, 출입국관리공무원은 보호명령서를 집행할 때 강제퇴거명령을 받은 사람에게 이를 보여주어야 하고(출입국관리법 제53조, 제63조 제6항, 같은 법 시행령 제78조 제1항), 3일 이내에 보호대상자의 법정대리인, 배우자, 직계친족, 형제자매, 가족, 변호인 등에게 보호의 일시, 장소 및 이유를 서면으로 통지하여야 하며, 보호대상자가 원하는 경우에는 긴급한 사정이나 그 밖의 부득이한 사유가 없으면 국내에 주재하는 그의 국적이나 시민권이 속하는 국가의 영사에게 보호의 일시·장소 및 이유를 통지하여야 한다(출입국관리법 제54조, 제63조 제6항). 또한 피보호자는 보호에 대한 이의신청을 하면서 이의의 사유를 소명하는 자료를 제출할 수 있고(출입국관리법 시행령 제69조 제1항), 행정소송을 통하여도 자신의 의견을 진술하거나 자료를 제출할 수 있는 등 고지와 청문의 기회가 보장되어 있다. 이러한 점들을 종합할 때, 이 사건 법률조항은 헌법상 적법절차원칙에 반한다고 볼 수 없다.

4) 소결

그렇다면 이 사건 법률조항은 헌법상 적법절차원칙을 위배하였다거나 과잉금지원칙에 반하여 청구인의 신체의 자유를 침해하였다고 할수 없다.

4. 각하 결정에 대한 비판

헌법재판소는 그동안 헌법재판법상 위헌법률심판이나, 위헌심사형 헌법소원의 경우에도 재판의 전제성이 없더라도 헌법적 해명이 긴요히 필요하거나 당해 조항으로 인한 기본권 침해가 반복될 우려가 있는 경우에는 헌법질서의 수호자로서의 사명을 다하기 위하여 본안판단을 하는 경우가 있어 왔다3). 그런데, 이 사건 법률조항의 위헌 여부에 대한 판단은 외국인의 출입국과 난민신청이 기하급수적으로 증대되고 있는 현실적 상황에서 외국인의 기본권으로서4) 신체의 자유와 직결되는 매

---

3) 헌재 1993. 12. 23. 93헌가2; 헌재 2003. 6. 26. 2002헌바3; 헌재 2013. 7. 25. 2012헌바63 등
4) 헌법 제10조 제2문은 "국가는 개인이 가지는 불가침의 기본적 인권을 확인하고 보장할 의무를 진다"고 규정하고 있듯이 기본권은 모든 인간이 향유하는 인권에 뿌리를 두고 있다. 비록 헌법 제11조 이하의 개별 기본권이 국민에게 인정되는 것처럼 규정하고 있지만 외국인도 국민과 유사한 지위에 있으므로 원칙적으로 기본권 주체성이 인정된다는 것이 학설과 헌법재판소의 견해이다.(헌재 1994. 12. 29. 93헌마120; 헌재 2001. 11. 29. 99헌마494 결정 등) 이에 대해 반대의견은, 기본권의 주체를 '모든 국민'으로 명시한 우리 헌법의 문언, 기본권 주체에서 외국인을 제외하면서 외국인에 대해서는 국제법과 국제조약으로 법적지위를 보장하기로 결단한 우리 헌법의 제정사적 배경, 국가와 헌법 그리고 기본권과의 근본적인 관계, 헌법상 기본권의 주체는 헌법상 기본적 의무의 주체와 동일해야 한다는 점, 외국인의 지위에 관한 헌법상 상호주의 원칙, 청구인이 주장하는 기본권의 내용이 인간으로서의 권리인지 국민으로서의 권리인지 검토하여 기본권 주체성 인정 여부를 결정하는 것은 구별기준이 불명확하고 판단 순서가 역행되어 헌법재판 실무처리 관점에서도 부당한 점, 외국인에 대해서는 국제법이나 조약 등에 의하여 충분히 그 지위를 보장할 수 있는 점에 비추어 보면 모든 기본권에 대하여 외국인의 기본권

우 중요한 헌법문제라고 볼 수 있으며, 아직 이 문제에 대하여 헌법재판소의 해명이 이루어진 바도 없다. 특히 2015년 당시 보호 중인 난민신청자(16명)의 평균 보호기간은 약 425일에 달하므로, 결국 이 사건 법률조항의 위헌성을 다툴 실익이 있는 자들은 장기 보호의 문제가 발생하는 위 소수의 난민신청자들이라고 볼 수 있다. 그렇다면 이 사건과 같이 난민신청자가 제기한 사건에서 이 사건 법률조항에 대한 헌법적 해명을 할 필요성이 더욱 크다고 할 것이며, 이 사건에서 판단하지 않는다면 앞으로 또 다른 난민신청자가 행정소송과 헌법소원을 제기하는 것을 기다려야 이 사건 법률조항의 위헌 여부에 대한 헌법적 해명을 할 수 있을 것이므로 해명의 필요성은 충분히 인정된다고 할 것이다.

더욱이 이 사건 법률조항에 의한 보호명령이 재차 반복적으로 이루어질 수 있고, 현재도 일부 난민신청자들이 이 사건 법률조항에 의해 장기 보호되고 있어 기본권 침해 논란이 계속되고 있으므로, 심판의 이익이 인정된다고 볼 여지가 충분히 있다고 할 것인바, 법정의견은 본안판단을 애써 회피하기 위한 형식적 논리를 개진한 것이라고 밖에 평가되지 않는다.

한편 법정의견은 아니지만 보충의견이 본안을 판단하면서 위 심판대상 법조항이 위헌인지를 검토하기 위한 기준을 완화된 기준으로 설정하고 있는 것 역시 부당하다. 자유의지와 이성을 가진 것이 인간 존엄의 근거라고 본다면, 신체의 자유는 이성을 담는 그릇이므로 자유의 본령이며 가장 본질적 요소 중 하나라고 할 것이다. 실제로 영미법에서 권리보장의 근원을 이루는 적법절차의 원칙은 신체의 자유를 어떻게 보장할 것인지를 고민하다 발전한 시대정신이라고 보아도 과언이 아니다.

주체성을 부정함이 타당하다고 보았다.

법문상 무제한적 구금까지 가능하도록 허용하고 있는 것은 신체의 자유의 본질적 영역을 제한하는 것임이 분명하므로, 헌법재판소가 단지 입법재량에 속한다는 논거로 만연히 완화된 기준을 적용하는 것은 중대한 기본권 제한을 초래하는 경우에마저 헌법심사를 스스로 포기하는 것과 마찬가지이다.

또한 위 보충의견이 ㉠난민5)신청을 한 자 중 강제퇴거명령을 받은 자와 ㉡일반 강제퇴거명령을 받은 자는 본질적으로 다른 지위에 있음에도 불구하고, 탈법적 난민신청만을 우려하여 무제한 보호조치도 가능하도록 하는 것이 불가피하다고 본 것 역시 평등원칙에 위배되는 판단이다. 이 사건 출입국관리법 제63조 보호명령 조항은 '강제퇴거대상자로서 송환 가능한 자임이 확실한 자'를 상대로 '송환에 필요한 준비와 절차를 마칠 필요한 최소한의 기간' 동안만 잠정적·일시적으로 보호하는 데 그 입법취지가 있는데, 출입국관리법 제62조 제4항은 강제퇴거명령을 받은 사람이 난민인정신청을 하였으나 난민인정 여부가 결정되지 아니한 경우 또는 난민불인정결정에 대한 이의신청 심사가 끝나지 않은 경우 송환하여서는 아니된다고 규정하고 있다. 결국, 당초에 강제퇴거대상자였다가 난민신청을 한 이 사건 청구인과 같은 난민신청자는 송환 가능한 자인지 불확실한 자들로서, 송환에 필요한 준비와 절차를 마칠 시간이 아니라 난민인정결정에 소요되는 시간이 필요한 자들이므로, 이 사건 법률조항이 애초에 예정하고 있는 자들이라고 볼 수도 없다. 그럼에도 불구하고 강제 송환되지 아니할 권리를 핵심으로 하는 난민신청자를 강제퇴거명령의 집행확보를 위해 구금하는 모순

---

5) "난민"이란 인종, 종교, 국적, 특정 사회집단의 구성원인 신분 또는 정치적 견해를 이유로 박해를 받을 수 있다고 인정할 충분한 근거가 있는 공포로 인하여 국적국의 보호를 받을 수 없거나 보호받기를 원하지 아니하는 외국인 또는 그러한 공포로 인하여 대한민국에 입국하기 전에 거주한 국가로 돌아갈 수 없거나 돌아가기를 원하지 아니하는 무국적자인 외국인을 말한다. 난민법 제2조 제1호.

적인 결과가 발생한다.6)

〈참고〉 2013. 12., 2014. 8. 화성보호소, 청주보호소, 여수출입국관리사무소
정보공개청구결과 편집7)

해당 연도	보호집행일수(일)					
	화성 (일반)	화성 (난민신청자)	청주 (일반)	청주 (난민신청자)	여수 (일반)	여수 (난민신청자)
2012	12.5	375	12.5	143	16.3	156
2013	12.1	171	12.1	149	15.9	122
2014	11.3	100	11.9	124	16	83
2015 (상반기)	10.0	84.3	13.5	98	14.2	0(없음)

III. 현행 출입국관리법상 외국인 보호명령 및 강제퇴거 규정에 대한 비판적 검토

1. 현행법의 취지와 문제점

가. 강제퇴거의 의의와 문제점

강제퇴거는 출입국관리소장 등이 출입국관리법을 위반한 외국인에
대하여 국내체류를 불허하고 그 외국인의 의사에 반하여 대한민국의 영
토 밖으로 퇴거시키는 행정처분이다. 강제퇴거명령에는 이른바 '집행부
정지원칙'이 적용됨으로 인하여 이의신청의 제기 혹은 행정소송의 제기

---

6) 위 헌법재판소 결정 중 반대의견.
7) 이일, 출입국관리법에 따라 보호된 사람의 인신보호법 미적용의 문제, 공익법센터
   어필, 2015, 34쪽.

여부와 관계없이 퇴거명령이 집행될 수 있고, 임금체불이나 산업재해 등으로 피해구제를 받아야 하거나 인권 침해적 단속의 대상이 되었더라도 이미 강제퇴거집행을 받은 이후임이 보통이다. 결국은 위법한 강제퇴거처분에 대해 다툴 실익이 거의 없어지게 되는 것이다. 또한 형식적으로는 출입국관리법 소정의 강제퇴거대상자가 되더라도, 실제로 강제퇴거를 시키는 것이 현저하게 부당한 결과로 나타나는 경우도 적지 않다는 점이 지적된다.[8] 또한 강제퇴거사유에 해당하는 외국인을 부득이하게 강제퇴거 하더라도 외국인의 기본적 인권은 지켜져야 할 것인데, 자의적인 체포, 부당하게 장기화된 구금, 폭행이나 욕설과 같은 문제가 일어나기도 하는 것이 현실이다. 또한 난민에 해당함에도 난민의 지위를 얻지 못하여 자국에서 고문받거나 사형당할 위험이 있는 개인의 추방 금지에 대한 규정이 없다는 문제도 있다[9].

나. 보호명령의 의의

출입국관리공무원은 외국인이 출입국관리법 제46조제1항 각 호의 어느 하나(강제퇴거의 대상자)에 해당된다고 의심할 만한 상당한 이유가 있고 도주하거나 도주할 염려가 있으면 지방출입국·외국인관서의 장으로부터 보호명령서를 발급받아 그 외국인을 보호할 수 있다(출입국관리법 제51조 제1항). 이는 말이 보호이지 사실상 강제구금에 해당한다. 즉, 유엔난민기구의 구금지침(Detention Guideline)에서는 구금의 개념을 '비호신청인의 자유의 박탈이나 폐쇄된 장소에 갇혀 자의로 떠나는 것이

---

8) 예컨대, 내국인 배우자의 학대에 못 이겨 가출하였기 때문에 출입국관리법위반사범이 된 경우나 심각한 산업재해를 입어 치료중인 자가 그 보상을 받기 전에 외국인고용법 소정의 기간을 도과하는 경우 등. 이에 대해서는 정승규, "외국인근로자에 대한 강제퇴거처분과 절차적 구제수단의 모색". 노동법논총 제17집, 2009, 356~357쪽.
9) 김병록, "불법체류 외국인 강제퇴거의 인권 문제", 법학논총 제17권 제3호, 2010, 26~27쪽.

허락되지 않는 것을 의미하며, 교도소나 특별한 의도로 건설된 구금센터 또는 폐쇄적 수용시설 등을 포함할 수 있으나 이러한 장소에 한정되지 않는다.'라고 하여 구금을 형식이 아닌 '자유의 박탈', '자의로 떠나는 것이 허락되지 않는 것'과 같은 실질적 기본권 침해의 존부를 기준으로 판단하고 있고, 대법원도 출입국관리법의 보호명령에 따른 보호가 일정 기간 외국인의 의사에 반하여 신체를 박탈한다는 점에서 실질적인 인신구속에 해당한다고 보았으며(대법원 2001. 10. 26. 선고 99다68829 판결), 헌법재판소도 2016. 4. 28. 2013헌바196 결정에서 헌법재판권 9인 중 6인이 외국인 '보호'가 신체적 자유를 제한한다고 보았고, 특히 4인의 반대의견은 외국인 보호가 형사절차상 '체포나 구속'에 준하여 외국인의 신체의 자유를 박탈하는 것이라는 의견을 개진하기도 하였다. 또한, 이와 관련하여, 서울행정법원은 2015. 6. 18. 선고 2015구단50576호 사건에서, "실제 난민으로 어느정도 인정될 가능성이 인정되는 경우에는 그 가능성, 도주 우려 등에 관한 면밀한 심사 없이 난민신청 직후 기계적으로 내려진 이 사건 강제퇴거명령과 이에 따른 보호명령은 신병확보의 필요성만을 강조한 나머지 이로 인하여 발생하는 원고의 중대한 불이익을 도외시한 것으로서 더 이상 그 정당성을 주장하기 어렵다."는 의미 있는 판단을 한 바 있다.

다. 보호명령 기간의 문제점

이 사건 법률조항은 보호기간의 상한을 설정하고 있지 않아 강제퇴거명령을 받은 자를 대한민국 밖으로 송환할 수 있을 때까지 무기한 보호를 가능하게 한다. 기간의 상한이 정해져 있지 않은 보호는 피보호자로 하여금 자신이 언제 풀려날 지 전혀 예측할 수 없게 한다는 점에서 실제 보호기간의 장단과 관계없이 그 자체로 심각한 정신적 압박감을 가져온다. 따라서 적정한 보호기간의 상한이 어느 정도인지는 별론으로 하더라도, 최소한 그 상한을 법에서 명시함으로써 피보호자로 하여금 자신이 보호될 수 있는 최대기간을 예측할 수 있게 할 필요가 있으며, 단지 강제퇴거명령의 집행을 용이하게 한다는 행정목적 때문에 기간의 제한 없는 보호를 가능하게 하는 것은 행정의 편의성과 획일성만을 강조한 것으로 그 자체로 피보호자의 신체의 자유에 대한 과도한 제한이다. 다만 2014. 3. 18. 개정된 현행 출입국관리법 제63조 제2항은 "지방출입국·외국인관서의 장은 제1항에 따라 보호할 때 그 기간이 3개월을 넘는 경우에는 3개월마다 미리 법무부장관의 승인을 받아야 한다."고 하고, 동조 제3항은 "지방출입국·외국인관서의 장은 제2항의 승인을 받지 못하면 지체 없이 보호를 해제하여야 한다."라고 규정하여 부분적으로 이 문제가 시정된 바 있다.

그러나 실제 2015년 8월 기준 현재까지 보호기간 연장에 대한 법무부장관의 사전승인 역시 강제퇴거집행이 지연되는 상태에서 소장 등이 승인신청서류를 제출하면 거의 예외 없이 승인되는 것이 현실[10]임에 비추어 보더라도, 같은 내부기관에 불과한 법무부장관의 심사 및 판단은 보호의 적법성을 담보하기 위한 실질적인 통제절차로서의 의미를 갖는다고 보기 어렵다. 나아가 보호기간이 3개월을 넘을 경우 3개월마다 법무부장관의 승인을 받도록 하였다고 하더라도, 위 규정에 따른 보호명령은 일시적인 사유로 외국인을 즉시 송환할 수 없는 경우 3개월 내외의 단기간 동안 그 신병을 확보하기 위한 제도라고 보아야 하는데, 장기간의 구금은 보호명령 제도의 취지를 넘어서 난민신청자의 이익을 심대하게 침해하는 것이므로 허용되기 어렵다.

또한, 최근 외국인노동자의 퇴직급여와 관련하여 출국만기보험금 제도가 신설되었는데, 보험약관에 따르면 외국인노동자가 출국하지

---

10) 위 헌법재판소 결정 중 반대의견.

않으면 퇴직급여를 받을 수 없다. 보호명령제도는 불법체류 외국인을
규제하고 그 수를 줄이기 위한 입법목적을 가진 것인데, 보호명령에
의한 보호조치가 장기화될 경우 해당 외국인에 대한 퇴직급여가 지급
될 수 없는 문제가 발생할 수 있다. 이는 지나치게 외국인에게 불이익
하고 반사적으로 외국인 고용주나 보험사에 대해서는 유리한 규정으
로 작용하고 있는 실정11)이다. 퇴직금의 법적 성격에 대하여 공로보
상설, 은혜설 등의 견해대립이 있었으나 오늘날에는 후불임금적 성격
을 가진다고 보는 것이 통설적 견해이다. 출국만기보험금제도 자체도
위헌 시비12)가 있었지만, 기간 상한이 없는 보호명령으로 인하여 무

---

11) 문제는 사용자 또는 노동자가 찾아가지 않은 출국만기보험금과 귀국비용보험금이
계속 증가하고 있으며, 미청구금을 어떻게 관리해야 될지 관련 법이나 규정이 없
다는 데 있다. 2012년까지 출국만기보험 미청구금은 241억원이다. 보험료 미청구
금이 발생하는 이유는 노동자가 근로계약 기간 중 사업장을 이탈해 미등록 상태
(불법체류)이거나 사용자들이 적극적으로 퇴직금을 해당 보험사에 신청하지 않은
경우가 대부분이라는 것이 보험업계의 설명이다. 출국만기보험 및 귀국비용보험
과 관련해 법적·제도적 문제점이 몇 가지 있다. 우선 외국인 노동자가 1년 이상
근무하고 사업장을 이탈했을 경우도 퇴직금이 고스란히 사용자에게 귀속된다. '외
국인 고용법(시행령)'에 따르면 피보험자 등이 사업장을 이탈하는 경우 그 일시금
(출국만기보험금)은 사용자에게 귀속된다고 규정돼 있다. 사업장을 이탈한 미등록
외국인 노동자는 귀국비용보험도 사실상 찾을 수 없다. 귀국비용보험금을 수령하
려면 해당 사업장에서 귀국확인서를 받아 보험사에 제출해야 하는데, 서로 불편
한 관계 때문에 나온 직장에 가서 관련 서류를 받기가 쉽지 않기 때문이다.(경향
신문, "외국인 노동자가 안찾아간 보험금 어디로?",2012. 9.1.자 기사)
12) 헌재는, 이와 관련하여, "불법체류자는 임금체불이나 폭행 등 각종 범죄에 노출될
위험이 있고, 그 신분의 취약성으로 인해 강제 근로와 같은 인권침해의 우려가 높
으며, 행정관청의 관리 감독의 사각지대에 놓이게 됨으로써 안전사고 등 각종 사
회적 문제를 일으킬 가능성이 있다. 또한 단순기능직 외국인근로자의 불법체류를
통한 국내 정주는 일반적으로 사회통합 비용을 증가시키고 국내 고용 상황에 부
정적 영향을 미칠 수 있다. 따라서 이 사건 출국만기보험금이 근로자의 퇴직 후
생계 보호를 위한 퇴직금의 성격을 가진다고 하더라도 불법체류가 초래하는 여러
가지 문제를 고려할 때 불법체류 방지를 위해 그 지급시기를 출국과 연계시키는
것은 불가피하므로 심판대상조항이 청구인들의 근로의 권리를 침해한다고 보기
어렵다."고 판시한 바 있다.(헌재 2016. 3. 31. 2014헌마367 [기각])

제한적인 임금체불이 용인된다는 것은 결코 묵과할 수 없는 문제라고 할 것이다.

라. 강제퇴거명령 및 보호명령의 절차상 문제점

1) 영장주의 비적용 문제

강제퇴거 대상자에 대한 보호명령을 내리는 경우, 보호처분은 실질적으로 인신구속의 성격을 가진다. 그런데 현행 출입국관리법 제51조 제1항은 "출입국관리공무원은 외국인이 제46조제1항 각 호의 어느 하나에 해당된다고 의심할 만한 상당한 이유가 있고 도주하거나 도주할 염려가 있으면 지방출입국·외국인관서의 장으로부터 보호명령서를 발급받아 그 외국인을 보호할 수 있다."라고 규정하고 있다. 이는 출입국관리공무원이 사무소장 또는 외국인보호소장으로부터 보호명령서를 발부받아 보호명령을 집행하도록 하는 것이다. 이러한 보호명령서에 대하여, 영장주의가 적용되는지 여부에 대해 논란13)이 있지만 현행법은 영장주의를 적용하지 않고 있다.

---

13) 이 경우에도 사전영장주의가 지켜져야 한다고 보는 견해로는 정승규, 위의 글, 360쪽. 반면 현행 우리 헌법 제12조 제3항의 영장주의는 수사절차에서의 적법절차를 강화하기 위한 것으로 해석하는 견지에서 반대하는 견해로는 하명호, "외국인 보호 및 강제퇴거절차와 구제절차에 대한 공법적 고찰", 고려법학 제52호, 2009, 199쪽.

〈참고〉 국제형사사법재판소(ICC) 자유권규약과 국내 형사절차, 출입국관리
법상 보호제도 비교[14)

	국제적 입법기준	한국 형사정차상 구속제도	출입국관리법상 보호제도
구금의 개시	행정청의 청구	행정청(수사기관)의 청구	출입국관리공무원의 신청
구금여부 결정주체	판사 또는 독립된 기관에 의한 '구금의 필요성' 심사 후 구금결정	**판사**의 '구금의 필요성' 구속영장실질심사 후 구금결정	**출입국관리사무소장의 결정(강제퇴거명령만 발령되면 구금의 필요성 심사 無)**
구금의 연장절차	행정청의 (자동연장×)	행정청의 (자동연장×) 구속기간연장신청	**사실상 자동연장** (법무부장관의 사전승인 형해화)
구금여부 연장주체	판사의 '구금계속의 필요성' 심사 후 연장결정	**판사**의 '구속기간 연장의 필요성' 심사 후 구속기간연장허가	**법무부장관(구금계속의 필요성 심사 無, 단지 강제퇴거명령 집행이 지연되는 사유만 소명)**
구금기간의 상한	입법되어야 함	수사단계: 최장 30일, 재판단계 14월	**없음**
불복방법	청구에 따라 판사에게 다툴 기회 보장	청구에 따라 **판사**에게 다툴 기회 보장: 구속적부심	신청에 따라 **법무부장관**에게 다툴 기회 보장: 보호에 대한 이의

    보호명령은 인신구속에 관한 것이므로 원칙적으로 검사의 신청, 판
사의 발부라는 엄격한 영장주의가 적용이 되어야 마땅하다. 다만, 그 예
외를 두는 경우라도, 적어도 출입국관리공무원이 아닌 객관적·중립적
지위에 있는 자가 그 인신구속의 타당성을 심사할 수 있는 장치가 있어
야 한다. 그런데 현재 출입국관리법상 보호제도는 보호의 개시, 연장 단
계에서 제3의 독립된 중립적 기관이나 사법기관이 전혀 관여하고 있지

---

14) 이일, 위의 글, 37쪽.

않다. 출입국관리법상 외국인에 대한 강제퇴거절차는 ① 출입국관리공
무원이 용의자를 단속하여 조사를 진행한 후 ② 지방출입국·외국인관
서의 장이 보호명령서를 발부하여 출입국관리공무원이 집행하고(강제퇴
거심사를 위한 보호), ③ 다시 장 등이 강제퇴거 여부를 심사하여 결정하
고 보호명령서를 발부한 후 ④ 출입국관리공무원이 집행하는(강제퇴거집
행을 위한 보호) 구조로 되어 있다. 따라서 출입국관리사무소 내 하급자
와 상급자의 관계에서 사실상 동일한 주체가 용의자 조사, 긴급보호, 강
제퇴거명령과 보호명령의 발령 및 집행을 모두 함께 하고 있는 것이다.
즉, 이는 앞서 지적한 바대로, 동일 내부 집행기관의 상급자에게 구 결
정을 받는 정도로는 독립기관 결정의 요청에 부합하는 절차적 통제는
사실상 불가능하다는 평가다.

2) 의견진술 등 행정절차의 형해화 문제

이 사건 헌법재판소 결정의 보충의견이 피력하듯 피보호자는 강제
퇴거명령이나 보호명령, 이의신청에 대한 기각결정 등에 대하여 행정소
송을 제기할 수 있으나, 행정소송과 같은 일반적·사후적인 사법통제수
단만으로는 우리나라 사법시스템이나 국어에 능통하지 못한 외국인의
신체의 자유를 충분히 보장하기에 미흡하다. 또한 인신구속에 관한 침
익적 행정처분의 경우 외국인이라고 하더라도 마찬가지로 사전고지, 청
문, 의견진술 기회 등이 보장되어야 함이 원칙인데, 출입국관리법상 보
호명령을 발부하기 전에 청문절차를 거치도록 특별히 규정되어 있지 않
고, '외국인의 출입국에 관한 처분'은 행정절차법의 적용대상에서 제외
되어 있으며(행정절차법 제3조 제2항 제9호, 같은 법 시행령 제2조 제2호), 형
사소송법상 구속 전 피의자심문 절차(영장실질심사)와 같은 제도도 전혀
마련되어 있지 않다. 즉, 보호명령을 받는 자는 사전에 자신에게 유리한
진술을 할 수 있는 기회가 사실상 전혀 없다.[15] 보호에 대한 이의신청

---

15) 대한변호사협회가 2014년 발간한 '외국인보호소 실태조사 결과 보고서'에서는 장

단계에서도 법무부장관이 필요하면 관계인의 진술을 들을 수 있도록 재량으로 정하고 있을 뿐이며(출입국관리법 제63조 제6항, 제55조 제3항), 보호기간 연장에 대한 법무부장관의 사전승인 역시 피보호자에게 진술이나 소명기회를 부여하지 않은 채 기관장 등이 제출한 서류심사로만 이루어지고 있다. 무엇보다, 출입국관리법 제60조에서는 이의신청에 대한 규정을 두고 있지만, 외국인보호소 등에 수용된 외국인은 시간적, 공간적 제약을 받을 수밖에 없고, 이의신청권 행사를 위해 언어의 장벽을 넘어 자료를 수집한다거나 스스로 이의신청서를 작성한다는 것도 사실상 불가능하여 사문화된 규정에 불과하다.16)

마. 실효적 구제수단의 부재

보호라는 명목 하에 이루어지는 구금의 개시도, 구금의 연장도 법관에 의하지 않는 출입국관리법 제63조 구금은 실무상 구제수단이 존재하지 않는다. 현행법상 보호명령을 받은 외국인이 취할 수 있는 구제수단은 ① 보호일시해제17) 신청, ② 법무부장관의 (3개월 보호연장)사전승인18)에 대한 취소소송, ③ 보호에 대한 이의신청19)20) 불허처분에 대한

기 구금 외국인 6명 중 5명은 보호 당시 보호명령서나 긴급보호서를 제시받지 못했다고 기록되어 있으며, 대상 결정의 보충의견은 행정소송에서 자신의 의견을 진술할 기회가 있음을 들고 있는데 외국인의 경제적, 언어적 한계를 고려하면 행정소송만으로는 사실상 전혀 진술 기회가 실질적으로 보장되지 않는다고 볼 수밖에 없다.

16) 박귀천·이유봉, 출입국관리법과 국적법 개선에 관한 연구, 한국법제연구원, 2012, 82쪽.

17) 출입국관리법 제65조(보호의 일시해제) ① 보호명령서나 강제퇴거명령서를 발급받고 보호되어 있는 사람, 그의 보증인 또는 법정대리인등은 대통령령으로 정하는 바에 따라 지방출입국·외국인관서의 장에게 보호의 일시해제를 청구할 수 있다. <개정 2014.3.18.>

18) 출입국관리법 제63조(강제퇴거명령을 받은 사람의 보호 및 보호해제) ② 지방출입국·외국인관서의 장은 제1항에 따라 보호할 때 그 기간이 3개월을 넘는 경우에는 3개월마다 미리 법무부장관의 승인을 받아야 한다. <개정 2014.3.18.>

19) 출입국관리법 제55조(보호에 대한 이의신청) ① 보호명령서에 따라 보호된 사람이

항고소송, ④ 강제퇴거명령 및 보호명령 취소의 소를 상정해 볼 수 있다. 보호일시해제 제도는 잠정적인 성격을 가지므로 거부처분 취소소송을 설령 인용받는다고 하더라도 위법한 보호명령에서 완전히 벗어나게 하지 못한다. 법무부장관의 사전승인은 항고소송 대상성에 대해 논란이 있다. 또한 이의신청 불허와 관련하여서는 서울행정법원 2013. 12. 13. 선고 2013구합18810 판결에서 "이의신청불허는 특별행정심판으로서 재결의 성격을 가지기 때문에, 장기구금과 같은 하자는 재결고유의 하자가 아니어서 다툴 수 없다"고 보았다[21]. 결국 보호명령 처분 자체에 대한 취소소송밖에 남지 않는데, 이 또한 실무상 제소기간이 도과 문제 등으로 실제 소송화 되는 경우는 거의 없다고 한다. 나아가 설령 본안 판단을 받을 수 있는 경우라고 하더라도, 처분의 위법성은 처분시를 기준으로 판단하므로 처분시에는 보호명령의 발령이 적법하였으나 이후 집행이 장기화되었기에 과거의 보호명령이 위법하여 취소해야한다고 해석하기도 어렵고, 구금의 상한규정이 없는 상태에서 법원이 단지 장기구금만을 이유로 당초 적법한 보호명령처분을 취소할 수 있을지도 의문이다. 결국, 언어와 경제적 한계가 있는 외국인이 이러한 소송수단을 사용할 수 있는 지를 차치하고서라도, 법률적으로도 상정할 수 있는 구제수단이 거의 없는 것이다.

나 그의 법정대리인등은 지방출입국·외국인관서의 장을 거쳐 법무부장관에게 보호에 대한 이의신청을 할 수 있다.

② 법무부장관은 제1항에 따른 이의신청을 받은 경우 지체 없이 관계 서류를 심사하여 그 신청이 이유 없다고 인정되면 결정으로 기각하고, 이유 있다고 인정되면 결정으로 보호된 사람의 보호해제를 명하여야 한다.

20) 한편, 행정심판법 제3조는 "다른 법률에 특별한 규정(별도의 불복절차)이 있는 경우"에는 행정심판 청구권을 인정하지 않는다는 규정하고 있는바, 위 보호명령의 경우에도 위 별도의 불복절차(이의신청)가 있는 것으로 보아 행정심판법에 따른 심판청구를 할 수 없다고 보아야 한다.

21) 실제로 법무부장관이 장기구금을 이유로 이의신청을 받아들인 사례는 단 한 건도 없다고 한다. 이일, 위의 글, 42쪽.

2. 비교법적 검토

가. 기간상한에 관하여

신체의 자유 제한과 관련한 국제적 기준과 외국 입법례를 보면, 유엔자유권규약위원회와 유엔난민기구는 구금 상한이 반드시 법률에 의해 규정되어 있어야 하고 상한이 정해져 있지 않은 구금은 그 자체로 자의적 구금에 해당한다고 보고 있다. 이에 독일은 강제추방을 위한 구금은 6개월까지 명할 수 있고, 더 긴 기간이 소요될 것으로 예상되는 경우 최대 12개월 연장할 수 있도록 정하고 있으며, EU불법체류자 송환지침 역시 이와 동일하다. 미국은 강제퇴거대상인 외국인을 구금하되 90일 이내에 퇴거를 집행하도록 하고 있고, 연방대법원은 퇴거기간 경과 후 구금을 연장할 필요가 있는 경우라도 무제한 구금이 허용되는 것이 아니라 그 합리적 기간은 6개월로 추정된다고 판시하였다[22). 그 밖에도 스웨덴은 2개월의 상한 후 2개월 연장가능, 오스트리아는 6개월의 상한, 아일랜드는 21일, 프랑스는 6개월 상한규정을 각 두고 있다[23).

나. 영장주의 적용 등 적법절차와 관련하여

1) 독일

독일의 경우 퇴거 심사를 위한 준비구금(우리나라의 강제퇴거심사를 위한 보호와 유사)과 퇴거 집행을 위한 확보구금(이 사건 법률조항에 의한 보호와 유사) 모두에 대하여 법관의 영장을 발부받을 것과 청문절차를 거칠 것을 요건으로 하고 있는바(체류법 제62조 및 제62a조), 구금의 개시단계에서부터 법관에 의한 통제가 이루어진다. 또한, 강제추방을 위한 구금은 다른 경미한 법익 침해 수단을 통해 달성될 수 있는 경우에는 가능한 한

---

22) 위 헌법재판소 결정 중 반대의견.
23) 일본변호사협회, 출입국관리에 있어서 신체구속제도의 개선을 위한 의견서, 2014, 19면.

최소한의 기간으로 제한되어야 하며, 미성년자와 미성년자를 둔 가족에 대한 구금조치는 극히 예외적인 경우에만 허용된다(체류법 제62조 제1항). 위 구금은 예비구금(Vorbereitungshaft)과 보안구금(Sicherungshaft)으로 나뉘는데, 제63조 구금과 동일한 보안구금은 "법원의 명령"을 얻어 개시되며(체류법 제62조 제3항), 최대 6개월까지 상한을 갖고, 외국인이 강제추방의 집행을 방해하는 경우 최대 12개월까지 연장될 수 있으며 예비구금기간은 보안구금기간에 산입된다(체류법 제62조 제4항). 심지어 외국인에게 책임없는 사유로 인하여 향후 3개월 내에 강제추방이 불가능한 사정이 확인되는 경우에는 보안구금의 개시조차 허용되지 않는데, 이는 보안구금이 강제추방명령의 집행확보를 위한 것이기 때문이다(체류법 제62조 제3항).[24]

  2) 프랑스[25]

  프랑스에서는 출입국사범을 기본적으로 형사범과 같은 성격으로 파악하여 그 단속에 있어 형사소송법상의 규정이 적용된다. 따라서 출입국사범 단속을 위한 수색·체포에 있어 영장이 필요한지 여부는 형사소송법상의 일반원칙이 적용된다. 다만, 외국인에 대한 신원조사에 있어서는 외국인법전 제611조의1 제1항이 적용되어 해당 외국인이 뚜렷한 위법행위의 혐의가 없더라도 출입국관리의 목적을 달성하기 위해 사법경찰관(officiers de police judicaire, OPJ) 등이 그에게 신원의 증명을 요구할 수 있다. 위 규정이 적용되는 범위 내에서는 영장 없이 출입국사범 단속을 수행할 수 있게 되는데, 주의할 점은 이러한 경우는 주로 공공장소에서 이루어지는 신원확인 절차에 해당하고 개인주택처럼 전적으로 私的인 공간은 물론이고 외국인들이 집단적으로 거주하는 주거 및

---

24) 김대근 외4, 출입국관리상 인권제고를 위한 형사정책적 대응 – 불법체류외국인을 중심으로, 2014, 332 내지 334쪽.
25) 이하, 박정훈 외 3,"미국 등 주요 선진국가의 행정조사와 영장주의 – 출입국관리법상 행정강제와 영장주의에 관한 비교법적 고찰", 법무부 연구보고서, 2011. 12.

숙소 등처럼 상당한 정도 사생활이 보호되어야 하는 곳에서는 영장주의
가 상당히 엄격하게 적용되고 있다는 점이다. 또한, 보호명령 조치와 관
련하여 실무에서 자주 문제가 되는 것은 외국인법전 제6권 제2편 소정
의 위법행위에 관련하여 사법수사의 절차를 취할 수 있는 경우가 극히
제한되어 있어 당사자의 신분확인 또는 관련 신고에 국한된 법제 하에
서 보호조치의 기간을 어느 정도까지 허용할 수 있는가가 문제가 되었
다. 이와 관련하여 2000년 7월 7일 프랑스 대법원26)은 외국인을 단 한
번의 취조만으로 24시간 가까이 보호조치에 처하고 그 사이에 다른 조
치는 전혀 취하지 않아서 결국 이 보호조치가 강제출국을 위한 행정유
치(rétention administrative)27)의 수단으로 이용됐다 하더라도 이 보호조
치가 "법정기간인 24시간을 초과하지 않은 한" 적법하다는 판결을 내린
바 있다. 이 판례에 의거하여 적법한 보호조치의 기간에 대해 생각해
본다면, 만약 사법수사상 필요하다고 인정될 수 없는 "外的"동기에 의
해 외국인을 24시간 넘게 보호조치하는 경우에는 당해 절차가 법원에
의해 취소될 가능성이 높아지게 된다.

3) 영국

UK 이민법상 출입국사범 단속 역시 프랑스와 마찬가지로 일반 형
사절차와 같은 구조와 법리에 입각해 있다. 즉, UK의 이민법에서는 출
입국사범 단속과 일반 형사절차를 처음부터 같은 차원에서 다루고 있
다. UK의 이러한 입법적 태도는 한편으로는 출입국사범을 일반 형사범
과 같은 시각에서 바라봄으로써 이민법 위반을 형사법상 범죄와 같은
무게로 다룰 우려가 있다는 지적도 가능하겠지만, 다른 한편으로는 출
입국사범단속과 일반 형사절차를 동일선 상에서 취급하고 있기 때문에

---

26) Arrêt, le 7 juillet 2000, chambre mixte de la Cour de cassation.
27) 행정유치(rétention administrative)는 외국인을 강제출국되기 전까지 일정한 폐쇄장
   소에 유치시켜 두는 절차를 말한다. 외국인법 제5권, 특히 법률부 제551조의1 내
   지 제555조의3, 시행령부 제551조의1 내지 제553조의17 참조.

오히려 이러한 입법적 태도가 공권력에 의한 기본권의 침해 가능성에 대한 방지를 영장제도를 통해 극대화할 수 있다는 장점이 있다. 물론 UK 이민법에는 이민관리 또는 경찰관이 영장 없이 토지·건물 등에 진입하여 수색, 체포할 수 있는 권한이 광범위하게 인정되고 있다.

4) 유럽연합 EU불법체류자 송환지침

유럽연합 회원국들에게 국내법적 효력을 갖는 Directive인 "EU불법체류자 송환지침"은 자유권규약이 엄격히 금지하는 자의적 구금을 막기 위하여 구금의 개시단계와 연장심사단계의 법원에 의한 영장발부 등 적법성심사(제15조 제2항, 제3항), 구금기간의 상한(6월, 최대12월 연장가능하여 최장 18월, 제15조 제5 내지 6항) 등을 상세히 명시28)하고 있다.

5) 미국

미국 이민법은 출입국사범 단속을 순수 행정법의 영역으로 보아 일반 형사법과는 다른 법리에서 파악하고 문제를 해결하려는 경향을 보인다. 일례가 INS v. Lopez–Mendoza, 468 U.S. 1032 (1984) 사건인데, 이 사건은 이민법상 행정조사와 영장주의 간의 관계에 대한 미국 판례 원칙을 정립한 판례이다. 위 사건에서, 연방대법원은 다음과 같이 판시하고 있다. ① 강제퇴거심판은 문제된 사람이 미국 내에 체류할 수 있는 적격이 있는지 여부를 결정하는 순전히 비형사적 소송이다. 강제퇴거의 목적은 기존의 범법행위를 처벌하는 데 있는 것이 아니라 이민법의 침해 상태의 지속에 종지부를 찍는 데 있다. 이와 같은 강제퇴거심판의 비형사적 성격으로 인해 형사재판의 맥락에서 적용되는 각종 보호법리는 강제퇴거적부심에는 적용되지 않는다(468 U.S. 1038–1039). ② 형사소송에서든 민사(행정)소송에서든 피고인에 대한 불법체포가 있었

---

28) DIRECTIVE 2008/115/EC OF THE EUROPEAN PARLIAMENT AND OF THE COUNCIL of 16 December 2008 on common standards and procedures in Member States for returning illegally staying third–country nationals.

다 해서 그 결과 피고인의 "신체"(body)나 정체성(identity)이 훼손되는 것은 아니다. 따라서 불법체포가 있었다는 사실만으로 이후의 강제퇴거 적부심에 영향을 미치는 것은 아니다(468 U.S. 1039-1040).

6) 일본

한국과 같은 법제를 취하고 있는 일본의 경우도 구금기간의 상한과 독립된 심사가 가능하도록 하는 규정이 없는 것에 대해 자유권규약위원회, 고문방지위원회에서 문제를 제기한 바가 있으나 제도개선이 이루어지지 않고 있다. 일본변호사협회는 6개월을 상한으로 하는 제도개선을 법무성에 권고하고 있다.[29] 다만, 일본의 경우는 불법체류자의 적발과정은 지방재판소 또는 간이재판소의 재판관의 허가를 받아 실시한다는 것을 보았다. 즉 일본은 기본적으로 令書[영장]주의를 채택하는 등 불법체류자에 대한 수색·압수 과정에서 인권을 중시하려는 배려를 보이고 있다.[30]

3. 개선방안

가. 영장주의 원칙 확립

출입국관리법상의 보호명령은 기본적으로 인신구속 및 이동의 자유 등을 빼앗는 것이므로 헌법 제12조에 의한 영장주의를 적용하여야 한다는 주장이 학계와 시민단체 등에서 줄기차게 제기되고 있는 실정이며, 비교법적으로 보아도 대부분의 선진국에서는 원칙적으로 영장주의를 채택하고 있음을 알 수 있다. 다만, 불법체류자 문제가 나날이 심각해지는 상황에서 그에 대한 실효적 대응을 위해 적절한 예외를 인정함이 상당하다.[31] 예컨대, 강제퇴거명령자에 대한 최초 긴급보호는 현행

---

29) 일본변호사협회, 위의 글, 19쪽.
30) 박정훈, 위 보고서, 136쪽.
31) 최근 영장주의와 구금기한 상한을 명시한 출입국관리법 일부개정법률안(임종성의

범 체포에 준하는 것으로 보아32), 현행범 체포가 헌법상 영장주의 적용의 예외로 삼을 수 있도록 하는 경우 등이다.

나. 구금기간 상한의 명시

구금기간의 절대적 상한을 명시할 필요가 있다. 당국은 이와 같은 경우 강제퇴거명령의 신속한 집행이 어려워진다고 하나, 이는 마치 '수사의 필요성이 있으므로 영원히 구속해야 한다'와 마찬가지로 합리성이 없는 주장이다. 행정상 목적달성의 필요성이 있다 하더라도 처분은 공익과 사익의 비교형량을 통해 적법하게 행해야 하는 것이며, 필요성이 있다고 무기한 행정청이 인신구속을 할 수 있는 권한을 갖는 것은 부당하기 때문이다. 특히, 장기구금의 폐해가 가장 심각한 난민신청자의 경

원 대표발의, 의안번호−5364호)이 국회에 계류 중이다.

<개정주요내용>

가. 강제퇴거 대상자 심사결정을 위해 외국인을 보호하는 경우 출입국관리공무원으로 하여금 구두 또는 고지문으로 해당 외국인에게 진술거부권, 변호인선임권이 있으며 보호에 대한 이의 신청을 할 수 있음을 알리도록 함(안 제51조제6항 신설).

나. 지방출입국·외국인관서의 장이 강제퇴거명령을 받은 외국인을 보호하고자 할 경우 관할지방법원의 영장을 받도록 하고, 그 보호 기간의 상한을 6개월로 하되 예외적으로 6개월의 범위에서 1차에 한하여 연장할 수 있도록 함(안 제63조).

다. 보호영장에 따라 보호된 외국인이나 그 법정대리인등에게 법원에 대하여 보호의 적부심사를 청구할 수 있도록 함(안 제63조의2 신설).

라. 보호영장에 따라 보호된 외국인, 그 보증인 및 법정대리인등에게 법원에 대하여 보호의 일시해제를 청구할 수 있도록 하고, 청구권자의 청구가 없더라도 관할지방법원이 상당하다고 인정하는 경우 직권으로 보호의 일시해제를 결정할 수 있도록 함(안 제65조의2 신설).

마. 지방출입국·외국인관서의 장 및 법원에 대한 보호의 일시해제 청구 절차에 관하여 보호시설 안에 게시하도록 함(안 제66조의3 신설).

32) 참고로 일본의 경우, 긴급보호가 헌법 제33조에 위반하는지가 다투어진 사건에서, 일본 최고재판소는 직접 헌법 제33조 위반여부를 판단하지 않고, 현행범의 논리를 가지고 수용이 '현행법 체포 또는 이에 유사하는 것이므로, 사법부의 (사전)영장을 요하지 않는다는 것은 명백하다'고 판시한 바 있다,

우 출입국관리법 제63조에서 규정한 구금의 정당성은 더욱 약화된다. 왜냐하면, 법률상 강제퇴거명령 집행을 할 수 없는 자에게 강제퇴거명령을 내리는 것이어서 사실 그 공익이라는 것이 보호가치가 비교적 낮은 '미래의 공익'에 불과하기 때문이며, 원칙적으로 제63조 구금은 '3개월 내외의 단기간 동안 그 신병을 확보하기 위한 제도'이지 '송환이 안되는 사정이 있을 때 무기한 구금할 수 있는 권능을 당국에 부여하고자 만들어진 근거'가 아니기 때문이다.[33] 인간에 관한 기본적, 보편적 인권이 보호되는 법치국가를 천명한 이상 잠정적이 아닌 그 이상의 장기간 구금은 반드시 사법적 절차를 거쳐 실정법 위반을 이유로 형벌부과로서만 가능하도록 하여야 한다. 법률이나 사법적 판단이 아닌 행정권력의 재량적 판단 하에 무기한 구금을 허용하는 것은 권력분립원칙, 법치주의 정신에 정면으로 위반될 수 있기에 더욱 그러하다. 한편, 구금기간의 절대적 상한이 얼마여야 하는지에 대해서는 보다 면밀한 검토가 필요하나, 해외 법제 및 형량해야 할 공익과 사익 등을 고려하면 보호명령 자체는 3월 또는 6월을 상한으로 하되 연장을 거듭하더라도 총 수용기간이 최대 1년을 넘을 수 없도록 출입국관리법 제63조에 법정하는 것이 적정하다. 1년이 넘을 경우에 구금을 해제하면 강제퇴거명령의 집행확보가 어려워진다는 반론이 있을지 모르나, 오히려 1년이 넘은 경우에도 송환을 할 수 없었다면 송환할 수 없는 자에 대해서 내려진 강제퇴거명령 자체의 정당성이 없었던 경우로 볼 수 있다.

다. 사법부 등 독립된 기관에 의한 보호여부와 계속의 필요성 심사[34]

앞서 지적한 바와 같이, 3월마다 이루어지는 법무부장관의 사전승인제도는 독립된 기관에 의한 구금의 필요성 심사라고 보기 어렵다. 출

---

33) 이일, 위의 글, 44쪽.
34) 이일, 위의 글, 46 내지 46쪽.

입국관리부처가 아닌 법원 등 독립된 제3의 기관에 의한 구금 계속의
필요성 심사가 이루어지도록 하기 위해 다음과 같은 대안을 생각해 볼
수 있다. ① 직접적으로 한국의 사법구금과 마찬가지로 개시단계에서도
일종의 영장주의를 도입하고, 구금기간의 연장단계에서도 법관의 심사
를 받게 하는 방법 ② 구금의 개시단계는 출입국관리사무소장이 하게
하되, 1차 구금이 종료된 후 구금기간의 연장이 필요할 경우에만 일종
의 영장주의를 도입하여 구금연장의 필요성을 법관에게 소명케 한 후
심사를 받게 하는 방법35) ③ 현행 체계를 유지하되 구금의 연장을 실질
적인 심사로 대체하는 방법. 만약 ③을 택할 경우 현행제도와는 달리
제63조 구금의 기간을 3월 6월로 한정하되 그 이상의 구금이 필요할 경
우 형식상 서류심사에 그치는 법무부장관의 사전승인이 아니라 출입국
관리사무소 등이 별도의 3월 또는 6월을 기간으로 하는 '보호명령서'에
의한 보호명령처분을 새롭게 하되, 당사자의 소명기회를 보장하는 대면
심사를 보장하고, 구금계속의 필요성을 소명할 자료를 해당 당사자로부
터 반드시 받아 이를 충분히 심사를 한 후 보호기간연장에 대한 허가를
내부적으로 법무부장관에게 득하게 하는 형태를 생각해 볼 수 있다. 무
엇보다, 항고소송을 통한 사법적 구제를 실효화 하려면 제도적으로, 1
차 구금이 종료되고 구금기간을 연장하는 행정청의 판단을 독립된 처분
의 형태로 이루어지게 하여야 하고, 그에 대하여 항고소송으로 다툴 수
있음을 적극적으로 사전 고지하여야 한다. 또한 구금의 개시단계에서도
'즉시 송환할 수 없을 경우' 외에 '구금의 필요성', '구금의 상당성'과 같
은 요건을 법정하여 기계적인 구금이 아닌 실질적 심사를 요청하고, 신
설해야 할 연장단계에도 '구금연장의 필요성', '구금연장의 상당성'과 같

35) 참고로, 대상 결정의 보충의견도 위와 같은 취지의 입법론을 개진한 바 있다. ―
    보충의견 해당 부분"이 사건 법률조항에 의한 보호는 신체의 자유를 제한하는 측
    면이 있으므로, 보호기간이 3개월을 넘는 경우 이를 연장할지에 대한 판단을 사법
    부가 심사하여 결정하도록 함으로써 외국인의 인권 보호에 진일보한 입법정책을
    택하는 것이 바람직한 것으로 보인다."

은 요건을 법정하여 실질적 심사 기준을 마련할 필요가 있다.

라. 인신보호법 제2조 개정

위에서 설명한 것처럼 구금계속의 필요성, 구금계속의 상당성을 일탈하거나, 구금기간의 상한을 일탈한 장기구금의 위법성을 법관에 의해 판단받을 절차와 방법이 마련되어야 할 것이다. 이를 위해서는 아래 인신보호법 제2조[36]의 제외사유에서 출입국관리법상의 보호제도 배제부분을 삭제함으로써 출입국관리법 제63조 규정상의 구금(보호명령) 자체를 언제든지 인신보호법 제3조 구제청구 규정에 따라 법원에 구제심사를 받을 수 있도록 보장하는 방법을 적극 고려해 볼 수 있다.

출입국관리법상 보호 조치된 자가 현행 인신보호법의 적용이 배제된 주요 이유에는, 출입국관리행정 특수성(강제퇴거사유 존부 심사 및 강제퇴거명령 집행을 확보하는 행정목적 담보, 효율적인 집행 목적)과 나름의 사전절차 및 사후적 구제수단이 보장되어 있어 인신보호법 적용의 필요성이 크지 않다고 판단하였기 때문으로 이해된다. 이와 관련하여, 인신보호

---

36) 인신보호법 제1조(목적) 이 법은 위법한 행정처분 또는 사인(私人)에 의한 시설에의 수용으로 인하여 부당하게 인신의 자유를 제한당하고 있는 개인의 구제절차를 마련함으로써 「헌법」이 보장하고 있는 국민의 기본권을 보호하는 것을 목적으로 한다.
제2조(정의) ① 이 법에서 "피수용자"란 자유로운 의사에 반하여 국가, 지방자치단체, 공법인 또는 개인, 민간단체 등이 운영하는 의료시설·복지시설·수용시설·보호시설(이하 "수용시설"이라 한다)에 수용·보호 또는 감금되어 있는 자를 말한다. 다만, 형사절차에 따라 체포·구속된 자, 수형자 및 「출입국관리법」에 따라 보호된 자는 제외한다.
제3조(구제청구) 피수용자에 대한 수용이 위법하게 개시되거나, 적법하게 수용된 후 그 사유가 소멸되었음에도 불구하고 계속 수용되어 있는 때에는 피수용자, 그 법정대리인, 후견인, 배우자, 직계혈족, 형제자매, 동거인, 고용주 또는 수용시설 종사자(이하 "구제청구자"라 한다)는 이 법으로 정하는 바에 따라 법원에 구제를 청구할 수 있다. 다만, 다른 법률에 구제절차가 있는 경우에는 상당한 기간 내에 그 법률에 따른 구제를 받을 수 없음이 명백하여야 한다.

법 제2조 제1항 단서 중 "「출입국관리법」에 따라 보호된 자는 제외한다." 부분이 헌법 제12조 제6항에 반하여 청구인들의 신체의 자유 침해 여부와 청구인들의 평등권 침해 여부가 다투어진 사건(인신보호법 제2조 1항 위헌확인 소송 : 헌재 전원재판부 2012헌마686, 2014.8.28.)에서, 헌재는 심판대상조항이 출입국관리법에 따라 보호된 사람을 인신보호법에 따라 구제청구를 할 수 있는 피수용자의 범위에서 제외한 것은 합리적인 이유가 있고, 심판대상조항은 청구인들의 평등권을 침해하지 아니한다고 판시한 바 있다.37)

그러나, 앞서 설명한 바와 같이, 현행 출입국관리법상 보호명령을 실효적으로 다툴 수 있는 수단이 크지 않은 이상 인신보호법 제2조를 개정하여 보호명령을 받은 자로 하여금 사법적 판단을 받을 기회를 보다 폭넓게 인정할 필요성이 있다고 할 것이다. 무엇보다, 인신보호법은 원칙적으로 청구일로부터 2주내에 법원이 심문기일을 지정해야 한다고 규정(동법 시행령 제10조)하고 있으므로 일반 항고소송보다 보다 더 신속한 권리구제가 가능하다.

---

37) 인신보호법 제2조 1항 위헌확인 소송(헌재 전원재판부 2012헌마686, 2014.8.28.) : "심판대상조항이 출입국관리법에 따라 보호된 사람을 인신보호법에 따라 구제청구를 할 수 있는 피수용자의 범위에서 제외한 것은, 출입국관리법상 보호가 외국인의 강제퇴거사유의 존부 심사 및 강제퇴거명령의 집행확보라는 행정목적을 담보하고 이를 효율적으로 집행하기 위해 행해지는 것으로 신체의 자유 제한 자체를 목적으로 하는 형사절차상의 인신구속 또는 여타의 행정상의 인신구속과는 그 목적이나 성질이 다르다는 점, 출입국관리법이 보호라는 인신구속의 적법성을 담보하기 위한 엄격한 사전절차와 사후적 구제수단을 충분히 마련하고 있는 이상, 인신보호법의 보호범위에 출입국관리법에 따라 보호된 자를 포함시킬 실익이 크지 아니한 점을 고려한 것이며, 여기에는 합리적 이유가 있다."

Ⅳ. 결론

대상 헌법재판소 2013헌바196 결정은, 그동안 헌법재판소가 위헌
법률심판 내지 위헌심사형 헌법소원의 경우에도 헌법적 해명이 긴요히
필요하거나 당해 조항으로 인한 기본권 침해가 반복될 우려가 있는 경
우 예외적으로 재판의 전제성을 인정해왔던 나름의 원칙을 저버리고 단
지 이미 보호명령에 의한 보호조치가 종료되었다는 이유로 본안판단을
포기하고 말았다. 이는 국내 거주 200만 명을 도과한 글로벌 시대에 외
국인의 신처적 자유권 등에 관해 헌법재판소가 그 판단을 포기하였다는
것으로 비춰져 일응 비판받아 마땅하다. 오늘날 다문화, 다인종이 한 국
가에서 공존하는 세계화 현상은 필연적이라고 할 수 밖에 없고 이러한
현실 속에서, 국내 거주 외국인의 지위와 권리는 적어도 생명, 신체와
같은 기본적인 권리 측면에서는 국가안보와 질서유지를 저해하지 않는
한 최대한 내국인과 차별없이 보장되어야 한다. 그런 점에서 인간의 권
리 중 핵심적 가치에 해당하는 신체의 자유를 사실상 무한정 제한하는
것조차 방임할 수 있는 현행 출입국관리법상 보호명령제도는 시급히 개
정되어야 할 것이다. 나아가 난민신청을 한 자를 모두 보호명령제도에
대한 탈법행위자로 취급하는 정부 당국의 외국인 출입국에 대한 근본적
태도도 전환되어야 한다. 그러므로 향후 법개정을 통해 출입국관리법에
보호명령의 절대적 상한기한을 법정하고, 보호명령의 개시와 연장, 유
지의 적법성에 대하여 영장주의와 사법적 판단을 받을 수 있도록 출입
국관리법과 인신보호법 관련 조항에 대한 입법적 개선이 이루어져야 마
땅하다.

참고문헌

김광성, "이주노동자의 권리보호를 위한 관련법제 개선방안", 「비교노동법
　　논총」 제23집, 2011.
김대근 외4, "출입국관리상 인권제고를 위한 형사정책적 대응 - 불법체류
　　외국인을 중심으로", 한국 형사정책연구원, 2014. 2.
김병록, "불법체류 외국인 강제퇴거의 인권 문제"「법학논총」 제17권 3
　　호, 조선대학교 법학연구원, 2010.
노재철, "외국인노동자의 법적지위와 권리보호에 관한 연구", 동아대학교
　　박사학위논문, 2010.대한변호사협회, "외국인보호소 실태조사 결과 보
　　고서", 2014. 12.
문문조, "주요 국가의 외국인이주노동자의 지위와 규제에 관한 연구", 한
　　국법제연구원, 2007.
박귀천/이유봉, "출입국관리법과 국적법 개선에 관한 연구 - 외국인노동
　　자, 이주여성 및 이주아동문제를 중심으로 -", 한국법제연구원,
　　2012.
박정훈 외 3, "미국 등 주요 선진국가의 행정조사와 영장주의 - 출입국
　　관리법상 행정강제와 영장주의에 관한 비교법적 고찰", 법무부 연구
　　보고서, 2011. 12.
박종희/강선희, "이주근로자 인권보호에 관한 법제도 운영과 개선방안", 「
　　고려법학」, 고려대학교 법학연구원, 2008.
우기붕, "유럽연합 이민법제의 발전과 시사점 : EU Directive를 중심으로"
　　「법조」 제 59권 제1호, 2010.
이 일, "출입국관리법에 따라 보호된 사람의 인신보호법 미적용의 문제",
　　공익법센터 어필, 2015.
장서연, "새 정부 하에서 이주노동자의 인권 및 법적 쟁점 : 고용허가제,
　　출입국관리법 개정안을 중심으로". 시대를 건너는 법, 이주인권연대

2008년 정기심포지움 자료집, 2008.

정승규, "외국인근로자에 대한 강제퇴거처분과 절차적 구제수단의 모색", 「비교노동법논총」 제17집, 한국비교노동법학회, 2009.

하명호, "외국인 보호 및 강제퇴거절차와 구제절차에 대한 공법적 고찰", 「고려법학」 제52호, 2009.

한인상, "외국인근로자 관련법제 및 불법체류문제에 대한 비교법적 검토 - 우리나라와 독일을 중심으로", 「비교법논총」 제23집, 2011.

국문초록

헌법재판소 2013헌바196 결정은, 그동안 헌법재판소가 위헌법률심판 내지 위헌심사형 헌법소원의 경우에도 헌법적 해명이 긴요히 필요하거나 당해 조항으로 인한 기본권 침해가 반복될 우려가 있는 경우 예외적으로 재판의 전제성을 인정해왔던 예외를 적용하지 아니한 채 이미 보호명령에 의한 보호조치가 종료되었다는 이유로 각하 결정을 내리고 말았다. 물론 일반 헌법소원이 아닌 재판의 전제성을 엄격히 따지는 위헌법률심판이라는 재판의 본질이 작용하였겠지만, 국내 거주 200만 명을 도과한 글로벌시대에 외국인의 신처적 자유권 등에 관해 헌법재판소가 그 본안 판단을 포기한 것으로 비춰져 일응 비판받아 마땅하다. 무엇보다, 국내 거주 외국인의 지위와 권리 중 적어도 생명, 신체와 같은 기본적인 권리 측면에서는 국가 안보와 질서유지를 저해하지 않는 한 최대한 내국인과 차별없이 보장되어야 한다. 그런 점에서 신체의 자유를 사실상 무한정 제한할 수 있는 현행 출입국관리법상 보호명령제도는 개선되어야 한다. 그러므로 향후 법개정을 통해 출입국관리법에 보호명령의 절대적 상한기한을 법정하고, 보호명령의 개시와 연장, 유지의 적법성에 대하여 영장주의와 사법적 판단을 받을 수 있도록 함이 상당하다. 또한, 현행 인신보호법 제2조의 제외사유에서 출입국관리법상의 보호제도 배제부분을 삭제함으로써 출입국관리법 제63조 규정상의 구금(보호명령) 자체를 언제든지 인신보호법 제3조에 따라 법원에 구제심사를 받을 수 있도록 보장함이 상당하다.

주제어: 위헌법률심판, 재판의 전제성, 외국인의 기본권 보호,
출입국관리법, 보호명령제도, 신체의 자유

Abstract

Problems and Improvement of Foreigners' Protection Order and Forced Evictions in Immigration Control Law

Joong-Tak Sung*

The decision of the Constitutional Court in 2013 is based on the premise that if the Constitutional Court is required to constitutionally clarify the Constitutional Court's judgment or constitutional appeal, The Court held that the Protective Order under the Protective Order had already been terminated without applying the exceptions recognized. Of course, the essence of the judgment of the Constitutional Court, which strictly presupposes the essence of the trial rather than the general constitutional amendment, would have worked, but the Constitutional Court abandoned the judgment of the Constitutional Court over the rights of the foreigners' It should be criticized at first. Above all, in terms of the status and rights of foreigners residing in Korea and at least basic rights such as life and body, they should be guaranteed to the utmost without discrimination against the Koreans unless they impede the maintenance of national security and order. In this respect, the protection order system under the current Immigration Control Act, which can virtually limit the freedom of the body indefinitely, should be improved. Therefore, it is important to revise the law in the future so that the immigration control law will have an absolute time limit for protection orders, and warrants and judicial judgments on the legality of initiation, extension and maintenance of

* Prof., Lawyer, Ph.D. in law, Kyungpook National University Law School

protection orders. In addition, by removing the exclusion section of the protection system under the Immigration Control Act from the reason for exclusion of the current human protection law, the detention (protection order) of Article 63 of the Immigration Control Act itself can be rescinded at any time in accordance with Article 3 of the Personal Protection Act. Guarantee is significant.

Keyword: Constitutional Court Judgment, Essence of Trial, Protecting Basic Rights of Foreigners, Immigration Control Act, Protection Order System, Body Freedom

투고일 2017. 12. 11.
심사일 2017. 12. 25.
게재확정일 2017. 12. 28.

課稅豫告 通知 누락과 課稅處分의 節次的 違法 여부

金世鉉*

大法院 2016. 4. 15. 선고 2015두52326 判決을 中心으로

Ⅰ. 글을 시작하며

대법원은 최근 조세부과처분에서 절차적 적법성을 강조하면서 제대로 절차를 준수하지 않은 과세관청의 조세부과처분이 위법하다는 판결을 연속하여 선고하고 있다. 세무조사와 관련하여 대법원은 세무조사 대상 선정사유가 없음에도 세무조사대상으로 선정한 것은 적법절차의 원칙을 어긴 것이라거나, 국세기본법상 금지되는 재조사 여부를 넓게 해석한다거나, 세무조사가 과세자료의 수집 또는 신고내용의 정확성 검증이라는 본연의 목적이 아니라 부정한 목적을 위하여 행하여진 경우 세무조사에 의하여 수집된 과세자료를 기초로 한 과세처분이 위법하다는 등의 판결이 그러한 예이다.

---

* 서울行政法院 判事

한편, 대법원은 이러한 판결의 연장선 상에서 최근 과세예고 통지를 누락한 채 이루어진 과세처분이 위법한지 여부에 관한 판결(이하 '대상판결'이라 한다)을 선고하였는바, 이하에서는 최근에 선고된 대상판결을 분석해 보고자 한다.

II. 대상판결(대법원 2016. 4. 15. 선고 2015두52326 판결)

1. 사실관계

가. 원고(오스템임플란트 주식회사)는 치과용 임플란트 및 소프트웨어 제조·판매, 치과기자재 수입·판매 등 치과용 의료기기 제조 및 판매를 주된 영업으로 하는 주식회사로, 원고의 주된 고객은 치과의사, 치과병·의원이다.

나. 원고는 2007. 2. 12.부터 2010. 10. 4.까지 임플란트를 패키지 상품으로 판매하면서 일정금액(2007, 2008년의 경우 각 8,000,000원, 2009, 2010년의 경우 각 10,000,000원 또는 11,000,000원) 이상의 상품을 구매하는 치과병원, 의원에게 합계 약 65억 원의 해외경비를 지원하였다.

다. 원고는 2007. 7.경부터 2008. 8.경까지 원고가 운영하는 AIC(임상전문가 양성과정) 연수회에서 치과의사에 대한 임플란트 임상 강의를 담당하고 있는 디렉터(임상능력이 탁월하고 강의 진행이 가능한 치과의사 중 일부 선발된 인원)를 대상으로 관광, 골프 일정이 포함된 디렉터 워크샵을 개최하면서 디렉터 본인의 참가경비 전액과 그 가족의 참가경비 중 일부 합계 약 1억 6,800만 원을 지급하였다.

라. 원고는 위와 같이 고객들에 대한 해외여행경비 지원에 따른 비용(이하 '이 사건 지원비용'이라 한다)을 판매부대비용으로 보아 손금에 산입하여 각 사업연도 법인세를 신고·납부하였다.

마. 한편, 감사원은 원고에 대한 감사결과, 해외여행경비 지원은 제품 홍보 등 일반적인 판촉활동을 하기 위한 것이라기보다는 치과병·의원과의 관계개선 및 유인 목적이 더 크고, 그 지원액 역시 정상적인 거래관행에 비하여 과대한 이익을 제공하였으므로 이를 접대비로 보아 손금불산입한 후 법인세를 부과징수하여야 한다는 시정권고를 하였다.

바. 이에 따라 피고(금천세무서장)는 이 사건 지원비용을 접대비로 보아 접대비 한도 초과액을 손금불산입한 후, 원고에게 2013. 8. 10. 2007년 내지 2010년 귀속 법인세 합계 약 23억 9,100만 원(가산세 포함)을 경정·고지(이하 '이 사건 처분'이라 한다)하였다.

사. 원고는 이 사건 처분에 불복하여 2013. 11. 6. 조세심판원에 심판청구를 하였으나 2013. 12. 3. 기각되었다.

2. 소송의 경과

가. 1심: 서울행정법원 2015. 1. 16. 선고 2014구합53445 판결, 원고 패소

원고는 '피고가 과세예고 통지를 누락한 채 이 사건 처분을 하였다'는 주장은 하지 않은 채, '이 사건 지원비용은 판매부대비용이고 접대비에 해당하지 아니하므로, 이를 접대비로 보아 접대비 한도 초과액을 손금불산입한 이 사건 처분은 위법하다'고 주장하였고, 1심 법원은 여러 사정에 비추어 보면, 원고가 지출한 이 사건 지원비용은 접대비라 봄이 상당하므로 이 사건 처분은 적법하고, 이 사건 지원비용이 판매부대비용임을 전제로 한 원고의 주장은 이유 없다는 이유로 청구를 기각하였다.

나. 2심: 서울고등법원 2015. 9. 9. 선고 2015누35132 판결, 항소기각

원고는 2심에서는 1심에서 하지 않은 새로운 주장인 '피고가 과세

예고 통지를 누락한 채 이 사건 처분을 하였는데, 이는 원고의 과세전
적부심사의 기회를 박탈한 절차상 하자가 있어 위법하다'는 주장을 하
였다.

　　그러나, 2심 법원은 '과세전적부심사제도는 과세처분 이후의 사후
적 구제제도와는 별도로 과세처분 이전의 단계에서 납세자의 주장을 반
영함으로써 권리구제의 실효성을 높이기 위하여 마련된 사전적 구제제
도이기는 하지만, 조세 부과의 제척기간이 임박한 경우에는 이를 생략
할 수 있는 등 과세처분의 필수적 전제가 되는 것은 아닐 뿐만 아니라,
납세자에게 과세전적부심사청구의 기회를 주지 않았다고 하여 납세자
의 권리의무에 직접 어떠한 영향을 끼치는 것은 아니며, 사후적 구제절
차로서 법령에서 규정한 이의신청·심사청구·심판청구·행정소송 등 절차
를 통하여 과세의 적부에 대하여 불복할 수 있는 절차가 남아 있는 점
등을 감안하면, 피고가 이 사건 처분을 함에 있어 원고에게 과세전적부
심사청구의 기회를 주지 않았다고 하더라도 중대한 절차 위반이 있었다
고 보기 어려우므로 이 사건 처분이 위법하다고 할 수 없다'고 판시하면
서 원고의 위 주장을 배척하며 항소를 기각하였다.

　　한편, 원고는 이 사건 처분이 국세기본법 제81조의4 제2항 소정의
재조사금지원칙을 위반하였다거나, 이 사건 지원비용이 판매부대비용에
해당하는데 원고가 한 판촉행위는 일반화된 상관행으로 사회질서에 반
한다고 볼 수 없으므로 이 사건 지원비용을 손금에 산입할 수 있다고
주장하였으나, 위 법원은 위 주장을 받아들이지는 않았다.

다. 대법원 : 대상판결, 파기 환송

　　대상판결은 다음과 같이 판시하면서 2심의 판단은 '과세예고 통지
를 하지 아니하거나 납세자에게 과세전적부심사의 기회를 부여하지 아
니한 채 이루어진 과세처분의 효력 또는 과세예고 통지를 생략하거나
과세전적부심사를 거치지 않아도 되는 예외사유의 범위 등에 관한 법리

를 오해한 위법이 있다'는 이유로 원심판결을 파기하고 사건을 서울고
등법원에 환송하였다{그 후 파기환송심(서울고등법원 2016. 10. 28. 선
고 2016누41264 판결)에서는 원고의 청구가 인용되었고, 위 판결이 그
대로 확정되었다}. 이하는 대상판결의 판시사항이다.

   헌법 제12조 제1항에서 규정하고 있는 적법절차의 원칙은 형사소
송절차에 국한되지 아니하고 모든 국가작용 전반에 대하여 적용되며, 세
무공무원이 과세권을 행사하는 경우에도 이러한 적법절차의 원칙은 마
찬가지로 준수하여야 한다(대법원 2014. 6. 26. 선고 2012두911 판결 참조).

   한편 과세예고 통지는 과세관청이 조사한 사실 등의 정보를 미리
납세자에게 알려줌으로써 납세자가 충분한 시간을 가지고 준비하여 과
세전적부심사와 같은 의견청취절차에서 의견을 진술할 기회를 가짐으
로써 자신의 권익을 보호할 수 있도록 하기 위한 처분의 사전통지로서
의 성질을 가진다. 또한 과세처분 이후에 행하여지는 심사·심판청구나
행정소송은 시간과 비용이 많이 소요되어 효율적인 구제수단으로 미흡
한 측면이 있다는 점과 대비하여 볼 때, 과세전적부심사 제도는 과세관
청이 위법·부당한 처분을 행할 가능성을 줄이고 납세자도 과세처분 이
전에 자신의 주장을 반영할 수 있도록 하는 예방적 구제제도의 성질을
가진다. 이러한 과세예고 통지와 과세전적부심사 제도는 1999. 8. 31.
법률 제5993호로 국세기본법이 개정되면서 납세자의 권익 향상과 세정
의 선진화를 위하여 도입되었는데, 과세예고 통지를 받은 자가 청구할
수 있는 과세전적부심사는 위법한 처분은 물론 부당한 처분도 심사대상
으로 삼고 있어 행정소송과 같은 사후적 구제절차에 비하여 그 권리구
제의 폭이 넓다.

   이와 같이 사전구제절차로서 과세예고 통지와 과세전적부심사 제
도가 가지는 기능과 이를 통해 권리구제가 가능한 범위, 이러한 제도가
도입된 경위와 취지, 납세자의 절차적 권리 침해를 효율적으로 방지하
기 위한 통제방법 등을 종합적으로 고려하여 보면, 국세기본법 및 구

국세기본법 시행령이 과세예고 통지의 대상으로 삼고 있지 않다거나 과세전적부심사를 거치지 않고 곧바로 과세처분을 할 수 있는 예외사유로 정하고 있는 등의 특별한 사정이 없는 한, 과세관청이 과세처분에 앞서 필수적으로 행하여야 할 과세예고 통지를 하지 아니함으로써 납세자에게 과세전적부심사의 기회를 부여하지 아니한 채 과세처분을 하였다면, 이는 납세자의 절차적 권리를 침해한 것으로서 과세처분의 효력을 부정하는 방법으로 통제할 수밖에 없는 중대한 절차적 하자가 존재하는 경우에 해당하므로, 그 과세처분은 위법하다고 보아야 할 것이다.

그리고 국세기본법 제81조의15 제2항 각 호는 긴급한 과세처분의 필요가 있다거나 형사절차상 과세관청이 반드시 과세처분을 할 수밖에 없는 등의 일정한 사유가 있는 경우에는 과세전적부심사를 거치지 않아도 된다고 규정하고 있는데, 과세관청이 감사원의 감사결과 처분지시 또는 시정요구에 따라 과세처분을 하는 경우라도 국가기관 간의 사정만으로는 납세자가 가지는 절차적 권리의 침해를 용인할 수 있는 사유로 볼 수 없고, 그와 같은 처분지시나 시정요구가 납세자가 가지는 절차적 권리를 무시하면서까지 긴급히 과세처분을 하라는 취지도 아니므로, 위와 같은 사유는 과세관청이 과세예고 통지를 생략하거나 납세자에게 과세전적부심사의 기회를 부여하지 아니한 채 과세처분을 할 수 있는 예외사유에 해당한다고 할 수 없다.

Ⅲ. 관계 법령

1. 국세기본법 제81조의15(과세전적부심사)

① 다음 각 호의 어느 하나에 해당하는 통지를 받은 자는 통지를 받은 날부터 30일 이내에 통지를 한 세무서장이나 지방국세청장에게 통

지 내용의 적법성에 관한 심사[이하 이 조에서 "과세전적부심사"라 한다]를 청구할 수 있다. 다만, 법령과 관련하여 국세청장의 유권해석을 변경하여야 하거나 새로운 해석이 필요한 경우 등 대통령령으로 정하는 사항에 대해서는 국세청장에게 청구할 수 있다.

　　1. 제81조의12에 따른 세무조사 결과에 대한 서면통지

　　2. 그 밖에 대통령령으로 정하는 과세예고 통지

　　② 다음 각 호의 어느 하나에 해당하는 경우에는 제1항을 적용하지 아니한다.

　　1. 「국세징수법」 제14조에 규정된 납기전징수의 사유가 있거나 세법에서 규정하는 수시부과의 사유가 있는 경우

　　2. 「조세범 처벌법」 위반으로 고발 또는 통고처분하는 경우

　　3. 세무조사 결과 통지 및 과세예고 통지를 하는 날부터 국세부과 제척기간의 만료일까지의 기간이 3개월 이하인 경우

　　4. 그 밖에 대통령령으로 정하는 경우

2. 구 국세기본법 시행령(2015. 2. 3. 대통령령 제26066호로 개정되기 전의 것)

제63조의14(과세전적부심사의 범위 및 청구 절차 등)

　　② 법 제81조의15 제1항 제2호에서 "대통령령으로 정하는 과세예고 통지"란 다음 각 호의 어느 하나에 해당하는 것을 말한다.

　　1. 세무서 또는 지방국세청에 대한 지방국세청장 또는 국세청장의 업무감사 결과(현지에서 시정조치하는 경우를 포함한다)에 따라 세무서장 또는 지방국세청장이 하는 과세예고 통지

　　2. 세무조사에서 확인된 해당 납세자 외의 자에 대한 과세자료 및 현지 확인조사에 따라 세무서장 또는 지방국세청장이 하는 과세예고 통지

　　3. 납세고지하려는 세액이 3백만 원 이상인 과세예고 통지

③ 법 제81조의15 제2항 제4호에서 "대통령령으로 정하는 경우"란 「국제조세조정에 관한 법률」에 따라 조세조약을 체결한 상대국이 상호 합의 절차의 개시를 요청한 경우를 말한다.

■ 구 과세전적부심사사무처리규정
(2016. 7. 1. 국세청훈령 제2156호로 폐지제정되기 전의 것)

제5조(과세전적부심사청구 대상이 아닌 경우) 다음 각 호의 어느 하나에 해당하는 경우에는 법 제81조의15 규정에 따른 과세전적부심사청구 대상이 아니므로 제4조의 규정을 적용하지 아니한다.

1. 「국세징수법」 제14조에 규정하는 납기 전 징수의 사유가 있거나 세법에 규정하는 수시 부과의 사유가 있는 경우

2. 「조세범처벌법」 위반으로 고발 또는 통고처분 하는 경우

3. 세무조사결과 등 통지를 하는 날부터 국세부과제척기간의 만료일까지의 기간이 3월 이하인 경우

4. 국제조세조정에 관한 법률에 따라 조세조약을 체결한 상대국이 상호합의절차의 개시를 요청한 경우

5. 무납부경정 및 납부부족액경정의 경우

6. 감사원 감사결과 처분지시 또는 시정요구에 따라 고지하는 경우

Ⅳ. 대상판결의 검토

1. 논의의 순서

이 사건의 주요 쟁점은 조세 부과처분 이전에 납세자에게 과세예고 통지를 누락하여 과세전 적부심사청구 기회가 박탈된 경우, 조세 부과처분에 위법사유가 있는지, 만약 있다면 이를 중대하다고 볼 수 있는

지, 위법사유가 무효 또는 취소사유 중 어디에 해당하는지 여부 등이다.

아래에서는 과세예고 통지와 과세전적부심사에 관한 일반적인 사항을 살펴보고, 조세 소송에서의 절차적 하자에 관하여 살펴본 후 과세예고 통지의 흠결이 위법한지 여부를 살핀다. 또한, 이 사건 이후에 과세관청이 과세예고 통지를 거친 후 다시 부과처분을 할 수 있는지, 그렇다면 과세예고 통지의 흠결을 별도의 위법사유로 삼는 것의 실익은 무엇인지도 살펴본다(이 글에서는 과세예고 통지에 관한 대상판결을 중심으로 논의를 전개하고자 하므로, 해외여행경비를 지원한 비용이 판매부대비용인지 여부, 이 사건 처분이 재조사금지원칙을 위반하였는지 여부는 별도로 살펴보지는 않는다).

2. 과세예고 통지

국세기본법이나 같은 법 시행령에는 과세예고 통지에 관한 언급이 있지만, 구체적인 법적 성격이나 절차에 관한 규정은 존재하지 않는다. 과세예고 통지는 문언 그대로 과세를 하기 전에 과세를 할 것임을 예고하는 통지로서 과세처분 이전의 사전통지로서의 성격을 갖는다. 따라서 이는 행정절차법 제21조 제1항 소정의 처분의 사전통지와 유사하다.

국세기본법 제81조의12에는 대통령령으로 정하는 과세예고 통지를 받은 자는 과세전적부심사를 청구할 수 있다고 규정하고 있으므로, 결국 과세예고 통지는 과세전적부심사 청구의 전제 조건으로서 기능하고 있다[1].

한편, 과세관청이 과세처분을 하기 전에 반드시 과세예고 통지를 하여야 하는지에 관하여는 견해가 나뉘어질 수 있으나, 국세기본법 제81조의15 제1항 제2호, 국세기본법 시행령 제63조의14 제2항 제3호에

---

1) 심규찬, "과세예고 통지와 과세처분의 절차적 하자", 대법원판례해설 제108호, 법원도서관(2016), 8.

의하면 납세고지하려는 세액이 일정 금액 미만인 경우(기존에는 300만 원이 기준이었으나, 국세기본법 시행령이 2015. 2. 3. 대통령령 제26066호로 개정되면서 100만 원이 기준이 되었다)에는 과세예고 통지를 받더라도 위 시행령 제63조의14 제2항 제1, 2호에 해당하지 않으면 납세자는 과세전적부심사 청구를 할 수 없고, 과세예고 통지는 과세전적부심사의 전제 조건으로 기능하고 있는 점을 감안하면 과세전적부심사청구 대상인 경우에만 과세예고 통지를 하여야 한다고 봄이 상당하다.

3. 과세전 적부심사

가. 국세의 과세전 적부심사

1) 의의

과세전 적부심사는 세무조사 결과에 따른 과세처분 전에 과세할 내용을 미리 납세자에게 통지하여 그 내용에 이의가 있는 납세자에게 과세의 적법심사를 청구할 수 있는 기회를 주는 절차로서 과세처분 이전의 단계에서 납세자 권리구제의 실효성을 제고하기 위하여,[2] 세정에 대한 국민의 신뢰를 제고하기 위하여[3] 마련되었다.

과세전 적부심사 절차에서 만약 납세자가 의견진술의 기회를 보장해 달라고 신청할 경우 납세자는 의견진술 기회를 부여받게 된다. 따라서 과세전 적부심사 제도는 과세처분에 대한 청문 또는 청문 유사의 절차적 성격을 띤다.[4]

과세전 적부심사는 행정부 단계에서의 사전적 분쟁해결 절차인 점에서, 행정부 단계에서의 사후적 절차인 국세청에 대한 심사청구, 조세

---

[2] 임승순, 조세법 2016년도판, 박영사(2016), 104.
[3] 김완석, "과세전 적부심사제도의 문제점과 개선방안", 조세와 법 4, 서울시립대학교 법학연구소(2011. 12.), 4.
[4] 김완석·정지석, "납세자 권리구제 절차 개선방안 연구", 기획재정부·한국조세연구포럼(2010), 14

심판원에 대한 심판청구, 감사원에 대한 심사청구와 구별된다.5)

한편, 현재 국세청훈령인 '과세전적부심사사무처리규정'이 시행되고 있다.

2) 청구를 할 수 있는 자

적부심사를 청구할 수 있는 자는 국세기본법 제81조의12의 규정에 따른 세무조사결과에 대한 서면통지나 그 밖에 '대통령령으로 정하는 과세예고 통지'를 받은 자이다. 위 '대통령령으로 정하는 과세예고 통지'는 다음의 경우이다(2017. 2. 7. 개정된 국세기본법 시행령 제63조의14 제2항 기준).

① 세무서 또는 지방국세청에 대한 지방국세청장 또는 국세청장의 업무감사 결과(현지에서 시정조치하는 경우를 포함한다)에 따라 세무서장 또는 지방국세청장이 하는 과세예고 통지
② 세무조사에서 확인된 해당 납세자 외의 자에 대한 과세자료 및 현지 확인조사에 따라 세무서장 또는 지방국세청장이 하는 과세예고 통지
③ 납세고지하려는 세액이 1백만 원 이상인 과세예고 통지. 다만, 「감사원법」 제33조에 따른 시정요구에 따라 세무서장 또는 지방국세청장이 과세처분하는 경우로서 시정요구 전에 과세처분 대상자가 감사원의 지적사항에 대한 소명안내를 받은 경우는 제외한다6).

3) 청구기한 및 청구대상자

청구를 할 수 있는 기한은 위 통지를 받은 날부터 30일 이내이며, 세무서장 또는 지방국세청장에게 청구할 수 있되, 다음의 경우에는 국세청장에게 직접 청구할 수 있다(국세기본법 제81조의15 제1항, 국세기본법 시행령 제63조의14 제1항).

---

5) 이창희, 세법강의 제14판, 박영사(2016), 201.
6) 이 부분은 대상판결로 인하여 개정된 부분으로 보이는데 현행 국세기본법 시행령에 의하면, 감사원법 제33조에 따른 시정요구에 따라 세무서장 또는 지방국세청장이 과세처분하는 경우로서 시정요구 전에 과세처분 대상자가 감사원의 지적사항에 대한 소명안내를 받은 경우에는 과세전 적부심사 청구를 할 수 없게 되었다.

① 법령과 관련하여 국세청장의 유권해석을 변경하여야 하거나 새로운 해석이 필요한 것
② 국세청장의 훈령·예규·고시 등과 관련하여 새로운 해석이 필요한 것
③ 세무서 또는 지방국세청에 대한 국세청장의 업무감사 결과(현지에서 시정조치 하는 경우를 포함한다)에 따라 세무서장 또는 지방국세청장이 하는 과세예고 통지에 관한 것
④ 위 규정에 해당하지 아니하는 사항 중 과세전 적부심사 청구금액이 10억 원 이상인 것

4) 청구를 할 수 없는 경우

다음의 경우에는 과세전 적부심사를 청구할 수 없다(국세기본법 제81조의15 제2항, 국세기본법 시행령 제63조의14 제3항).

① 국세징수법 제14조에 규정된 납기전징수의 사유가 있거나 세법에서 규정하는 수시부과의 사유가 있는 경우
② 조세범 처벌법 위반으로 고발 또는 통고처분하는 경우
③ 세무조사 결과 통지 및 과세예고 통지를 하는 날부터 국세부과 제척기간의 만료일까지의 기간이 3개월 이하인 경우
④ 국제조세조정에 관한 법률에 따라 조세조약을 체결한 상대국이 상호합의 절차의 개시를 요청한 경우
⑤ 심사청구가 이유 있다고 인정되거나 과세전 적부심사 청구가 이유 있다고 인정되어 재조사 결정에 따라 조사를 하는 경우{국세기본법 제65조 제1항 제3호 단서(국세기본법 제66조 제6항 및 제81조에서 준용하는 경우를 포함한다) 및 제81조의15 제4항 제2호 단서에 따른 재조사 결정에 따라 조사를 하는 경우}

한편, 국세청 훈령인 과세전적부심사사무처리규정 제5조는 과세전 적부심사청구 대상이 아닌 경우를 규정하고 있는데, 이 사건 처분이 이루어진 2013년 무렵 시행 중이었던 구 과세전적부심사사무처리규정(2016. 7. 1. 국세청훈령 제2156호로 개정되기 전의 것) 제5조 제5호는 '무납부경정 및 납부부족액경정의 경우'를, 제6호는 '감사원 감사결과 처분지

시 또는 시정요구에 따라 고지하는 경우'를 규정하고 있었고, 이 사건에
서 과세관청인 피고는 위 제5조 제6호의 '감사원 감사결과 시정요구에
따라 고지하는 경우'에 해당한다고 보아 과세예고 통지를 하지 않은 것
으로 보인다. 한편 대상판결 이후인 2016. 7. 1. 과세전적부심사사무처
리규정이 개정되어 제5조 제5호는 '무납부경정 및 납부부족액, 이중환
급으로 확인되어 경정고지한 경우'로 개정되었고, 제6호는 삭제되었다.
　'감사원 감사결과 시정요구에 따라 고지하는 경우'에 과세전적부심
사청구를 할 수 없는지 여부는 아래에서 별도로 살펴보도록 한다.

　5) 조기결정신청제도
　세무조사 결과에 대한 서면통지, 과세예고 통지를 받은 자는 과세
전 적부심사를 청구하지 아니하고 통지를 한 세무서장이나 지방국세청
장에게 통지받은 내용의 전부 또는 일부에 대하여 과세표준 및 세액을
조기에 결정하거나 경정결정해 줄 것을 신청할 수 있다. 이 경우 해당
세무서장이나 지방국세청장은 신청받은 내용대로 즉시 결정이나 경정
결정을 하여야 한다.

　6) 과세전 적부심사 결정 전까지 과세표준 등에 관한 결정 등의
　　유보
　한편 과세전적부심사 청구를 받은 세무서장·지방국세청장 또는
국세청장은 그 청구부분에 대하여 불채택, 채택 등의 결정이 있을 때까
지 과세표준 및 세액의 결정이나 경정결정을 유보하여야 한다.
　다만, 국세청장에게 과세전 적부심사를 청구할 수 있는 경우 또는
과세전적부심사를 청구하지 아니하고 통지를 한 세무서장이나 지방국
세청장에게 통지받은 내용의 전부 또는 일부에 대하여 과세표준 및 세
액을 조기에 결정하거나 경정결정해 줄 것에 대한 신청이 있는 경우에
는 그러하지 아니하다.

나. 관세 및 지방세의 과세전 적부심사

현행 관세법 제118조 및 지방세기본법7) 제88조는 과세전 적부심사 제도를 규정하고 있어서 관세 및 지방세에 대하여도 납세자는 과세전적부심사를 청구할 수 있다.

4. 조세행정에서의 절차적 위법

가. 일반론

조세행정에 있어서 조세법률주의의 원칙상 절차의 위법이 인정되면 실체면에서 조세채무가 인정되는 경우에도 그 당부에 상관 없이 그 처분은 취소되어야 한다. 이는 곧 절차적 위법이 실체적 위법과는 별개의 독립된 소송물로 취급된다는 것을 의미한다.8)

조세채무와 관련한 절차적 사유에는 추계과세에 있어서의 추계사유의 부존재와 같이 과세표준과 세액의 확정절차를 위법한 것으로 만드는 사유가 있는 반면, 납세고지서 기재사항의 하자처럼 조세채무확정의 효력 발생에 관한 것도 있다. 절차적 사유에 위배한 처분이라고 하여 언제나 처분취소 사유가 되는 것은 아니다.

납세고지서의 기재사항이 누락되거나 미비된 경우 그것이 필요적 기재사항이 아니면 강행규정위반이 아닌 것은 당연하나, 필요적 기재사항에 누락이나 미비가 있는 경우 언제나 위법한 것으로 취소사유가 되는 것은 아니다. 기재사항의 하자의 유형이 다양하기 때문에 그 효과도 하자의 형태에 따라 달라지게 된다. 전체적인 과세처분이 내용에 비추어 인식이 가능하거나 그 기재 누락의 정도가 극히 사소한 경우에는 이를 부적법한 것이라고 할 수 없다.9)

---

7) 2017. 1. 4. 법률 제14524호로 개정되어 2017. 3. 28.부터 시행되는 것을 말한다.
8) 소순무·윤지현, 조세소송 개정8판, 영화조세통람(2016), 453.

대법원은 하나의 납세고지서에 의하여 본세와 가산세를 함께 부과
할 때에는 납세고지서에 본세와 가산세 각각의 세액과 산출근거 등을
구분하여 기재해야 하는 것이고, 또 여러 종류의 가산세를 함께 부과하
는 경우에는 그 가산세 상호 간에도 종류별로 세액과 산출근거 등을 구
분하여 기재함으로써 납세의무자가 납세고지서 자체로 각 과세처분의
내용을 알 수 있도록 하는 것이 당연한 원칙이어서 위와 같이 구분 기
재를 하지 않으면 위법하다고 판단하였다(대법원 2012. 10. 18. 선고 2010
두12347 전원합의체 판결).

그리고, 납세고지서를 발부함에 있어 그 내용에 객관적이고 명백한
하자가 있으면 무효라고 보아야 한다. 예컨대 납세고지서의 필요적 기
재사항(국세징수법 제9조 제1항에 의하면 국세의 과세기간, 세목, 세액 및 그 산
출 근거, 납부기한과 납부장소가 기재되어야 한다)을 전부 누락한 납세고지
서,[10] 납세의무자의 표시가 전혀 없거나, 그 표시가 있더라도 그 기재
에 있어서 이름은 제대로 기재되었지만 주민등록번호, 주소가 다르게
기재된 납세고지서,[11] 세무서장의 관인이 없는 납세고지서 등은 무효인
납세고지이다.[12]

나. 최근 대법원 판례 - 대법원 2016. 12. 27. 선고 2016두 49228 판결

대상판결 선고 이후 대법원은, 과세관청이 과세예고 통지 후 과세
전적부심사 청구나 그에 대한 결정이 있기 전에 과세처분을 한 경우,
국세기본법 및 국세기본법 시행령이 과세전적부심사를 거치지 않고 곧
바로 과세처분을 할 수 있거나 과세전적부심사에 대한 결정이 있기 전

9) 소순무·윤지현(주 8), 462, 오진환, "납세고지서의 기재사항과 송달", 재판자료 제60
집, 법원도서관(1993), 175.
10) 강인애, "조세부과처분의 무효와 취소(하)", 판례월보 185호, 1986. 2., 36
11) 서울고등법원 1992. 7. 21. 선고 92구7759 판결.
12) 오진환(주 9), 184.

이라도 과세처분을 할 수 있는 예외사유로 정하고 있다는 등의 특별한 사정이 없는 한, 그와 같은 과세처분은 납세자의 절차적 권리를 침해하는 것으로서 그 절차상 하자가 중대하고도 명백하여 무효라고 판시하였다(다만, 이 사건에서는 원고가 대손충당금으로 손금산입한 금액을 특수관계자에 대한 배당으로 소득처분하여야 한다는 이유로, 원고에게 과세예고 통지 후 30일이 되지 않은 일시에 원고에게 위 금액을 갑에 대한 배당으로 소득처분하는 내용의 소득금액변동통지를 하였고, 원천징수 배당소득세를 고지하자, 원고는 소득금액변통지에 대하여는 전심절차를 거치지 않은 상태에서 소득금액변동통지의 무효확인과 위 원천징수 배당소득세 부과처분의 취소를 구하였다. 대법원은 소득금액변동통지가 무효이므로 하자가 승계되어 원천징수 배당소득세 부과처분에는 취소사유가 있다고 본 것이다).

5. 대상판결의 검토

가. '감사원 감사결과 처분지시 또는 시정요구에 따라 고지하는 경우'에 과세전적부심사청구를 할 수 없는지 여부

이 사건에서는 감사원의 감사결과 시정권고가 있었고 이에 과세관청인 피고가 원고에게 과세예고 통지를 하지 않고 이 사건 처분을 하였던 것인데, 이는 아마도 과세전적부심사사무처리규정 제5조 제6호에서 '감사원 감사결과 처분지시 또는 시정요구에 따라 고지하는 경우'에는 납세자가 과세전적부심사청구를 할 수 없도록 규정하고 있었기 때문으로 생각된다. 그런데 위 경우는 국세기본법이나 같은 법 시행령에서는 과세전적부심사청구를 할 수 없는 경우로 규정하지 않고 있는 반면 국세청 훈령인 과세전적부심사사무처리규정에만 규정하고 있으므로 위 경우를 근거로 납세자가 과세전적부심사청구를 할 수 없다고 보아야 하는지 문제된다.

이에 관하여는 감사원법 제33조에 의하면 감사원이 감사결과 위법 또는 부당하다고 인정되는 사실이 있어서 소속 장관 등에게 시정, 주의 등을 요구하면 소속 장관 등은 감사원이 정한 날까지 이를 이행하여야 할 의무가 있으므로, 과세관청이 감사원의 시정요구가 있을 경우에는 그 이행이 강제되므로 위와 같은 경우에는 과세관청이 납세자에게 과세예고 통지를 하여 과세전적부심사청구의 기회를 줄 필요가 없다는 견해도 존재할 수는 있다.

   그러나, ① 과세전적부심사는 행정청 내부의 사전적 구제절차로서 법령상의 근거가 없으면 이를 함부로 제한하여서는 아니 되는 점, ② 그런데 국세기본법과 같은 법 시행령에서는 감사원의 시정요구 등이 있는 경우를 과세전적부심사청구 대상에서 제외하는 규정을 두고 있지 않으므로 이를 국세청 훈령에서 위 청구제외대상의 범위를 확대하여서는 아니 되는 점(과세전적부심사사무처리규정은 과세전적부심사 사무처리에 관한 일반지침을 정한 내부규정이라 할 것이고, 국세청은 법령에 위반되지 않는 한 과세전적부심사 사무처리의 지침과 기준을 정할 수 있다고 할 것이나, 과세전적부심사청구 대상이 아닌 경우에 관하여는 모법인 국세기본법이나 같은 법 시행령의 위임이 없어 무효라고 보아야 한다[13]), ③ 감사원의 감사결과에 오류가 있을 수도 있고 오류가 없다고 하더라도 감사원의 감사결과 처분지시나 시정요구가 있는 경우 납세자에게 과세전적부심사청구의 기회를 박탈하면서까지 신속하게 과세처분을 할 필요는 없어 보이는 점 등에 비추어 보면, 감사원의 감사결과 처분지시 또는 시정요구가 있는 경우라도 과세관청은 납세자에게 과세예고 통지를 하여 과세전적부심사청구의 기회를 주어야 한다고 봄이 상당하다[14].

---

13) 같은 의견으로는 서승원, "과세예고 통지를 하지 아니한 채 이루어진 과세처분의 절차적 하자 ─대법원 2016. 4. 15. 선고 2015두52326 판결에 관하여─", 조세법의 쟁점 Ⅱ, 경인문화사(2017), 13─14.
14) 같은 의견으로는 심규찬(주 1), 11.

나. 과세관청의 과세예고 통지 누락에 중대한 절차적 위법이 있는지 여부

앞서 본 바와 같이 감사원의 감사결과 처분지시 또는 시정요구에 따라 고지하는 경우에도 과세전적부심사청구를 할 수 있다고 보아야 하므로, 이 사건과 같이 과세관청이 과세예고 통지를 누락하여 납세자가 과세전적부심사청구를 할 수 없는 경우에는 중대한 절차적 위반이 있다고 보아야 하는지 여부가 문제된다. 행정법에서 행정행위의 하자 중 '절차의 하자'는 행정행위가 행해지기 전에 거쳐야 하는 절차 중 하나를 거치지 않았거나 거쳤으나 절차상 하자가 있는 것을 말하는데, 위 절차의 하자는 그 중요도에 따라 무효사유 또는 취소사유가 되며 경미한 하자는 효력에 영향을 미치지 않게 되기 때문이다[15].

1) 판례

우선, 대법원은 관세사건에서 과세전적부심사를 위한 사전통지를 누락한 채 고지된 증액경정처분을 위법하다고 보았다(대법원 2004. 5. 14. 선고 2004두695 판결). 당시 구 관세법(2003. 12. 30. 법률 제7009호로 개정되기 전의 것) 제118조 제1항은 과세전적부심사를 위한 세관장의 사전통지 의무에 관하여 규정하고 있었고 제5호는 '관세포탈죄로 고발되어 포탈

---

[15] 박균성, 행정법론(상) 제15판, 박영사(2016), 402. 같은 취지의 대법원 판결은 '개발행위허가에 관한 사무를 처리하는 행정기관의 장이 일정한 개발행위를 허가하는 경우에는 국토계획법 제59조 제1항에 따라 도시계획위원회의 심의를 거쳐야 할 것이나, 개발행위허가의 신청 내용이 허가 기준에 맞지 않는다고 판단하여 개발행위허가신청을 불허가하였다면 이에 앞서 도시계획위원회의 심의를 거치지 않았다고 하여 이러한 사정만으로 곧바로 그 불허가처분에 취소사유에 이를 정도의 절차상 하자가 있다고 보기는 어렵다. 다만 행정기관의 장이 도시계획위원회의 심의를 거치지 아니한 결과 개발행위 불허가처분을 함에 있어 마땅히 고려하여야 할 사정을 참작하지 아니하였다면 그 불허가처분은 재량권을 일탈·남용한 것으로서 위법하다고 평가할 수 있을 것이다'라고 판시하고 있다(대법원 2015. 10. 29. 선고 2012두28728 판결).

세액을 징수하는 경우'에는 사전통지의무의 예외를 두어 위 예외의 경
우 같은 조 제2항에 의하여 과세전적부심사 청구의 예외를 두었는데,
대법원은 위 사건에서 원고가 '관세포탈죄의 피고발인인 경우'에만 사전
통지대상에서 제외하는 것으로 봄이 상당하므로 피고는 위 증액경정처
분 전 원고에게 사전통지를 하여 과세전적부심사 청구 기회를 부여하여
야 했음에도 그러지 않았다는 이유로 위 증액경정처분을 위법하다고 본
것이다.

다만, 과세예고 통지를 누락한 채 과세처분을 하더라도 그 과세처
분에 절차상 위법이 있다고 인정하기 어렵다고 본 하급심 판결들{서울
고법 2015. 6. 2. 선고 2014누3480 판결16) 등}도 있다.

2) 학설 및 소결

다음으로 이에 관한 견해로는 과세예고 통지가 이루어지지 않아
과세전적부심사청구 기회를 상실하였더라도 납세자는 이의신청, 심사청
구, 심판청구, 행정소송 등의 절차를 통하여 과세처분에 관하여 불복할
수 있는 절차가 남아 있으므로, 국세기본법 시행령에도 과세적부심사
청구 대상의 예외를 규정하는 등 과세전적부심사청구가 과세처분 전 필
수적 절차라고 보기도 어렵다는 이유로 과세예고 통지 누락을 중대한
절차적 위반이 아니라고 보는 견해가 있을 수 있다.

생각건대, 과세예고 통지는 처분의 사전통지로서의 기능을 수행하
는데, 행정절차법 제21조 제1항은 '행정청이 당사자에게 의무를 부과하
거나 권익을 제한하는 처분을 하는 경우에는 처분의 제목, 당사자의 성
명 또는 명칭과 주소, 처분하려는 원인이 되는 사실과 처분의 내용 및
법적 근거, 의견을 제출할 수 있다는 뜻과 의견을 제출하지 아니하는
경우의 처리방법 등을 당사자 등에게 통지하여야 한다'고 규정하고 있

---

16) 위 판결은 대법원 2015. 10. 15. 2015두2772 판결에서 심리불속행 기각되어 그대로
   확정되었다.

다. 따라서 행정청이 침익적 행정행위를 함에 있어 사전통지절차를 누락하였다면 그 행정행위를 특별한 사정이 없는 한 위법하게 되고, 비록 행정절차법 제3조 제2항 제9호, 행정절차법 시행령 제2조 제5호에서 '조세관계법령에 의한 조세의 부과·징수에 관한 사항'은 위 법이 적용되지 않지만, 조세부과처분에도 행정절차법의 기본 원리가 적용되지 않는다고 볼 것은 아니다.17) 또한 우리 헌법은 제12조에서 적법절차의 원칙을 규정하고 있고, 조세를 부과하고 징수하는 조세행정에 있어서 적법절차의 원칙의 기능은 다른 행정영역과 비교할 수 없을 정도로 중요하며, 납세의무자의 입장에서는 과세전적부심사청구를 거치게 되면 사후적 구제절차에 비하여 경제적 비용이 적게 들고, 과세관청도 오류를 시정할 수 있어서 행정비용을 줄일 수 있는 점, 과세전적부심사청구의 기회가 주어지지 않으면 납세자의 조기결정신청권도 침해되는 점 등 제반 사정에 비추어 보면, 과세예고 통지 절차 누락은 중대한 절차상의 하자로 봄이 상당하다. 따라서 위와 같은 측면에서 대상판결은 정당하다.

다. 취소사유인지 무효사유인지

위와 같이 과세예고 통지의 누락이 중대한 절차상의 하자로서 위법하다고 본다면, 취소사유인지 무효사유인지가 검토되어야 한다. 통설에 의하면 하자의 치유는 취소할 수 있는 행정행위에 관하여서만 인정되므로 하자가 무효 사유라면 아래에서 보는 하자의 치유는 인정되지 않을 것이다.18)

---

17) 심규찬(주 1), 15.
18) 무효와 취소의 상대화를 전제로 무효사유에 해당하는 경우에도 치유를 인정할 수 있다는 견해로는 김철용, "무효인 행정행위와 취소할 수 있는 행정행위의 구별기준과 구별실익", 고시연구, 1975. 10., 29.

1) 판례
가) 기본 입장

판례는 '과세처분이 착오에 기인한 것이라고 하여 언제나 당연무효가 되는 것은 아니고, 다만 착오에 기한 과세처분의 절차 및 내용에 착오의 결과로 인하여 위법사유가 있게 된 경우 그 위법의 정도에 따라 무효 또는 취소사유가 될 수 있다고 할 것이나, 과세처분이 당연무효라고 하기 위하여는 그 처분에 위법사유가 있다는 것만으로는 부족하고 그 하자가 중대하고 명백한 것이어야 하며, 하자가 중대하고도 명백한 것인가의 여부를 판별함에 있어서는 당해 과세처분의 근거가 되는 법규의 목적, 의미, 기능 등을 목적론적으로 고찰함과 동시에 구체적 사안 자체의 특수성에 관하여도 합리적으로 고찰함을 요한다(대법원 1999. 5. 28. 선고 97누16329 판결 등 참조)'라고 판시하여 기본적으로 중대명백설을 따르고 있다. 또한, 대법원은 행정처분의 전제나 근거가 된 사실관계나 법률관계를 정확히 조사하여야 비로소 그 하자가 드러나는 경우 명백한 하자라고 할 수 없고, 위와 같이 조사하지 않더라도 그 하자가 쉽게 드러나는 경우 명백한 하자라고 할 수 있다고 함으로써[19] "구체적인 사실관계나 법률관계에 대한 조사의 필요성 여부"를 기준으로 제시한다.[20]

한편, 대법원은 최근 조세 신고행위에 관하여 제3자의 보호가 특별히 문제되지 않기 때문에 당해 신고납부 행위를 당연무효로 보아야 할 특별한 사정이 있는 때에는 예외적으로 명백성의 요건을 요구하지 않을 수도 있다는 판시하여 진일보한 입장을 취하였다(대법원 2009. 2. 12. 선고 2008두11716 판결[21]).

---

19) 대법원 1992. 12. 11. 선고 92누13127 판결, 대법원 1977. 6. 7. 선고 76누195 판결, 대법원 1985. 12. 24. 선고 84누573 판결, 대법원 1985. 6. 10. 선고 84누642 판결, 대법원 1989. 5. 23. 선고 88누681 판결.
20) 이에 관하여 중대명백설 중에서도 외형상(객관적) 명백설을 취하고 있는 것으로 판단된다는 견해로는 소순무·윤지현(주 8) 538.
21) 판시내용 : 취득세 신고행위는 납세의무자와 과세관청 사이에 이루어지는 것으로

나) 무효라고 본 경우

(1) 부과처분 고지절차 등의 하자

① 납세고지서를 납세자가 이미 세무서에 폐업신고를 한 종전의 영업장소에 우송하여 이를 송달받지 못한 경우(대법원 1979. 8. 31. 선고 79누168 판결)

② 납세자의 주소를 주민등록표에 의하여 확인할 수 있는데도 그 영업장소로 납세고지서를 발송하였다가 반송되자 바로 공시송달한 경우(대법원 1984. 5. 9. 선고 82누332 판결, 대법원 1990. 4. 13. 선고 89누1414 판결)

③ 지방세 납세고지서를 그 명의인의 주소, 거소에 문서로서 송달하지 아니한 경우(대법원 1982. 5. 11. 선고 81누319 판결)

④ 산업재해보상보험법상 보험료 체납에 대하여 산업재해보상보험법 제29조 소정의 납부통지 및 독촉절차 없이 한 압류처분(대법원 1994. 6. 24. 선고 93누6782 판결)

(2) 징수절차의 하자

① 납부통지서를 부적법한 공시송달에 의한 경우 그에 터잡은 압류처분(대법원 1981. 10. 6. 선고 81누18, 대법원 1992. 7. 10. 92누4246 판결)

② 납세의무자에 대한 과세처분이 있었다고 할 수 없는 경우 이를 전제로 한 압류처분(대법원 1993. 7. 27. 선고 92누15499 판결)

(3) 일반행정 분야

① 공람절차 누락 : 환지계획 인가 후에 당초의 환지계획에 대한 공람과정에서 토지소유자 등 이해관계인이 제시한 의견에 따라 수정하

서 취득세 신고행위의 존재를 신뢰하는 제3자의 보호가 특별히 문제되지 않아 그 신고행위를 당연무효로 보더라도 법적 안정성이 크게 저해되지 않는 반면, 과세요건 등에 관한 중대한 하자가 있고 그 법적 구제수단이 국세에 비하여 상대적으로 미비함에도 위법한 결과를 시정하지 않고 납세의무자에게 그 신고행위로 인한 불이익을 감수시키는 것이 과세행정의 안정과 그 원활한 운영의 요청을 참작하더라도 납세의무자의 권익구제 등의 측면에서 현저하게 부당하다고 볼 만한 특별한 사정이 있는 때에는 예외적으로 이와 같은 하자 있는 신고행위가 당연무효라고 함이 타당하다.

고자 하는 내용에 대하여 다시 공람절차 등을 밟지 아니한 채 수정된 내용에 따라 한 환지예정지 지정처분은 환지계획에 따르지 아니한 것이거나 환지계획을 적법하게 변경하지 아니한 채 이루어진 것이어서 당연무효라고 할 것이라고 한 사례(대법원 1999. 8. 20. 선고 97누6889 판결)

② 통지 결여 : 행정청이 무허가건물에 대한 행정대집행을 하기 전에 의무자에게 대집행영장에 의한 통지를 하지 않고 대집행영장을 무허가건물에 붙인 후 무허가건물을 철거하는 방법으로 대집행을 한 경우 그 하자가 중대·명백하여 당연무효라는 원심을 수긍한 사례{대법원 2014. 11. 27.자 2014두11489 (심리불속행 기각)판결}

다) 취소라고 본 경우

(1) 납세고지서 기재사항의 하자

① 납세고지서에는 과세표준과 세율 기타 세액산출근거를 기재하도록 하고 있는데 이러한 필요적 기재사항 누락의 경우는 원칙적으로 취소사유가 됨(대법원 1983. 4. 26. 선고 83누55 판결, 대법원 1985. 12. 10. 선고 84누243 판결, 대법원 1986. 10. 14. 선고 85누689 판결, 대법원 1988. 2. 9. 선고 83누404 판결, 대법원 1991. 4. 9. 선고 90누7401 판결, 대법원 2002. 7. 23. 선고 2000두6237 판결)

② 농어촌특별세와 관련하여 본세(특별부가세)가 면제되어 농어촌특별세만이 부과되는 경우에는 각 농어촌특별세의 과세표준 및 과세단위별 산출세액과 그 합산내역이 기재되지 않으면 취소사유가 됨(대법원 2002. 10. 25. 선고 2000두3078 판결).

(2) 징수절차의 하자

① 국세징수법에 의한 공매절차에서 체납자에게 공매통지를 하지 아니한 공매처분(대법원 1966. 7. 26. 선고 66누63 판결, 대법원 2012. 7. 26. 선고 2010다50625 판결)

② 독촉 절차 없이 한 압류처분{대법원 1987. 9. 22. 선고 87누383 판결, 대법원 1992. 3. 10. 선고 91누6030 판결(납세의무자가 세금을 납

부기한까지 납부하지 아니하기 때문에 과세청이 그 징수를 위하여 참가
압류처분을 하였는데 참가압류처분에 앞서 독촉절차를 거치지 아니하
였고 또 참가압류조서에 납부기한을 잘못 기재한 잘못이 있는 경우)}

(3) 일반행정 분야

① 청문절차 누락 : 석유판매업허가취소처분을 하면서 전라북도 석
유판매업자행정처분기준규칙(1982. 2. 24. 전라북도 규칙 제103호)이 정한
청문절차를 거치지 아니한 경우(대법원 1992. 5. 22. 선고 92누1032 판결)

② 사전 통지 결여

- 구 토지수용법(1990. 4. 7. 법률 제4231호로 개정되기 전의 것)
제16조 제1항에서는 건설부장관이 사업인정을 하는 때에는 지체 없이
그 뜻을 기업자·토지소유자·관계인 및 관계도지사에게 통보하고 기업
자의 성명 또는 명칭, 사업의 종류, 기업지 및 수용 또는 사용할 토지의
세목을 관보에 공시하여야 한다고 규정하고 있는데, 건설부장관이 위와
같은 절차를 누락한 경우(대법원 2000. 10. 13. 선고 2000두5142 판결)

- 해임처분 과정에서 처분 내용을 사전에 통지받거나 그에 대한
의견제출 기회 등을 받지 못했고 해임처분 시 법적 근거 및 구체적 해
임 사유를 제시받지 못한 경우(대법원 2012. 2. 23. 선고 2011두5001 판결)

2) 학설

가) 중대명백설

중대명백설은 행정행위의 하자의 내용이 중대하고 그 하자가 외관
상 명백한 경우에 그 하자는 무효사유가 되고, 그 중 어느 한 요건 또는
두 요건 전부를 결여한 경우에는 취소사유가 된다고 한다. 통설의 입장
이다. 여기에서 하자의 중대성이란 행정행위가 중요한 법률요건을 위반
하고 그 위반의 정도가 상대적으로 심하여 그 하자가 내용상 중대한 것
을 말한다. 그리고 하자의 명백성에 관하여는 여러 견해가 있지만 통설
및 판례는 외관상 명백한 경우를 말한다(외관상 명백설). 특히, 명백성 여

부에 대하여 일반적으로는 정상적인 인식능력을 가진 일반인을 기준으로 하여 객관적으로 판단하여야 한다고 한다[22].

나) 객관적 명백설

이 견해는 기본적으로 중대명백설을 취하면서도 명백성 요건을 완화하여 무효사유를 넓히려는 견해이다.[23] 행정처분의 요건이 존재하는지에 대한 행정청의 판단에 대하여 별도로 조사를 하지 않더라도 일견하여 인식할 수 있는 사실관계에 비추어 보면, 누가 보더라도 잘못이 있다고 쉽게 인정하는 경우뿐 아니라 관계 공무원이 그의 직무를 성실히 수행하기 위하여 당연히 요구되는 정도의 조사에 의해 인식할 수 있는 사실관계에 비추어 누구에 의해서도 객관적으로 하자가 있다고 인정될 수 있는 경우에도 명백성을 인정하려는 견해이다.[24]

다) 명백성보충요건설

행정행위가 무효로 되기 위하여는 하자의 중대성은 항상 그 요건이 되지만, 명백성은 항상 요구되는 것은 아니고 보충적으로 요구되는데, 구체적으로는 행정법관계의 법적 안정성, 제3자의 신뢰보호가 요구되는 경우에만 명백성이 추가로 요구되고 그 외의 경우에는 중대성만으로도 무효가 되어야 한다는 견해이다. 이 견해는 대법원에서 소수의견으로 제시된 적이 있다.[25]

---

22) 소순무·윤지현(주 8), 536, 홍정선, 행정법원론(상) 제22판, 박영사(2014), 417, 박균성(주 15), 396.

23) 박균성(주 15), 397.

24) 박홍대, "행정행위의 무효화 사유", 재판자료 제68집(1995), 186-197.

25) 대법원 1995. 7. 11. 선고 94누4615 전원합의체판결의 소수의견 : "구청장의 건설업 영업정지처분은 그 상대방으로 하여금 적극적으로 어떠한 행위를 할 수 있도록 금지를 해제하거나 권능을 부여하는 것이 아니라 소극적으로 허가된 행위를 할 수 없도록 금지 내지 정지함에 그치고 있어 그 처분의 존재를 신뢰하는 제3자의 보호나 행정법 질서에 대한 공공의 신뢰를 고려할 필요가 크지 않다는 점, 처분권한의 위임에 관한 조례가 무효이어서 결국 처분청에게 권한이 없다는 것은 극히 중대한 하자에 해당하는 것으로 보아야 할 것이라는 점, 그리고 다수의견에 의하면 위 영업정지처분과 유사하게 규칙으로 정하여야 할 것을 조례로 정하였거나

라) 구체적 가치형량설

이 견해는 구체적인 사안마다 권리구제의 요청과 행정의 법적 안
정성의 요청 및 제3자의 이익 등을 구체적으로 비교형량하여 무효, 취
소사유를 개별적으로 구분하여야 한다는 견해이다.

3) 검토

생각건대, 행정처분의 하자를 무효사유와 취소사유로 구별하는 것
은 행정처분에 대하여 다투는 쟁송수단의 차이를 불러온다는 측면에서
중요하다26). 즉, 위 하자가 무효 사유이면 처분무효확인소송을 제기하
여 제소기간 등에 제한이 없게 되고, 하자가 취소 사유이면 처분취소소
송을 제기하여야 하는데 제소기간 등 제한이 생기게 된다. 하자가 무효
인지 취소인지를 구별하는 것은 공익인 행정 목적 달성, 법적안정성 등
과 사익인 국민의 권리구제, 구체적 타당성 사이를 조정하는 것인데, 중
대명백설이 기본적으로 이러한 공익과 사익을 잘 조정하는 것으로 생각
된다. 다만, 대법원도 행정처분이 무효라고 하기 위해서는 행정처분에
내재된 하자가 중대할 뿐만 아니라 객관적으로도 명백하여야 한다고 하
면서도, 나아가 '어떠한 하자가 중대하고 명백한 것인지 여부는 그 법규
의 목적, 의미, 기능 등을 목적론적으로 고찰하여 행정법관계의 안정성
과 국민의 권익구제가 조화를 이룰 수 있도록 구체적 사안에 따라 합리
적으로 판단하여야 한다'고 판시하고 있는데 사안에 따라서 구체적 타

상위규범에 위반하여 무효인 법령에 기하여 행정처분이 행하여진 경우에 그 처분
이 무효로 판단될 가능성은 거의 없게 되는데, 지방자치의 전면적인 실시와 행정
권한의 하향분산화 추세에 따라 앞으로 위와 같은 성격의 하자를 가지는 행정처
분이 늘어날 것으로 예상되는 상황에서 이에 대한 법원의 태도를 엄정하게 유지
함으로써 행정의 법 적합성과 국민의 권리구제 실현을 도모하여야 할 현실적인
필요성도 적지 않다는 점 등을 종합적으로 고려할 때, 위 영업정지처분은 그 처분
의 성질이나 하자의 중대성에 비추어 그 하자가 외관상 명백하지 않더라도 당연
무효라고 보아야 한다".

26) 양시복, "지방세법상 과세처분의 무효사유로서의 중대명백설의 검토", 인권과 정
의 제406호, 대한변호사협회(2009), 131-132.

당성을 기할 필요가 있겠다.

4) 대상판결의 검토

과세전적부심사제도는 과세처분에 관한 사전적·예방적 권리구제 절차라는 데에 중요한 의미가 있고, 국세기본법 제81조의15 제2항에서 정하고 있는 예외사유에 해당한다는 등의 특별한 사정이 없는 한, 과세 관청은 과세처분에 앞서 납세자에게 과세전적부심사의 기회를 실질적으로 보장하여야 한다고 봄이 상당하다. 또한 납세자에게는 사후적 권리구제절차로서 이의신청·심판청구·행정소송 등의 불복방법이 마련되어 있기는 하나, 위법·부당한 과세처분이 행하여지면 그 후에 과세처분이 취소·변경된다고 하더라도 소송비용의 부담이나 시간·노력 등의 낭비 등의 불이익은 회복하기 어렵다. 과세전적부심사는 위법한 처분은 물론 부당한 처분도 심사대상으로 삼고 있어 행정소송에 비하여 권리 구제의 폭이 넓을 뿐만 아니라 그 결정이 30일 이내에 이루어져 신속하게 구제 받을 수 있다. 따라서 과세예고 통지절차 누락으로 과세전적부심사 청구 기회를 박탈한 것은 하자가 중대하다.

또한, 대법원은 대상판결 선고 이후에 앞서 본 2016두49228 판결에서 과세관청이 과세예고 통지 후 과세전적부심사 청구나 그에 대한 결정이 있기 전에 과세처분을 한 경우, 국세기본법 및 국세기본법 시행령이 과세전적부심사를 거치지 않고 곧바로 과세처분을 할 수 있거나 과세전적부심사에 대한 결정이 있기 전이라도 과세처분을 할 수 있는 예외사유로 정하고 있다는 등의 특별한 사정이 없는 한, 그와 같은 과세처분은 납세자의 절차적 권리를 침해하는 것으로서 그 절차상 하자가 중대하고도 명백하여 무효라고 판시하였는데, 과세예고 통지를 처음부터 누락한 경우는 위와 같이 과세예고 통지 후 과세전적부심사청구 전에 과세처분을 한 경우보다 그 절차의 하자가 더 크고 명백하다고 할 것이다.

따라서 대상판결에서 과세예고 통지 누락의 하자는 무효사유로 봄이 상당하다.27)

한편, 행정처분에 절차상 위법이 있는 경우에 절차상 위법이 행정처분의 독립된 위법사유가 되는지에 관하여28) 행정청이 절차의 하자를 치유하여 동일한 내용의 처분을 할 수 있으므로 소송 경제를 이유로 한 소극설, 행정절차의 실효성 보장을 위한 적극설, 기속행위의 경우는 행정절차가 실체적 판단에 영향을 미칠 수 없으므로 독립된 위법사유로 보지 않고 재량행위의 경우에는 행정청이 기본 처분과 다른 처분을 할 수도 있으므로 독립된 위법사유로 보는 절충설 등의 논의가 있으나, 행정소송법 제30조 제3항이 절차의 위법을 이유로 한 취소판결을 긍정하고 있으므로 판례의 입장인 적극설이 타당하다고 할 것이다.

6. 추가로 생각해볼 문제들

가. 하자의 치유 여부 및 재처분의 가부

과세관청이 그러한 절차적 위법을 시정하는 경우 하자가 치유되는지 여부와 과세관청이 종전의 부과처분을 취소하고 재처분을 할 수 있는지 여부도 중요하다.

1) 하자의 치유 가부

하자의 치유란 성립 당시에 적법요건을 결한 흠 있는 행정행위라 하더라도 사후에 그 흠의 원인이 된 적법요건을 보완하거나 그 흠이 취소사유가 되지 않을 정도로 경미해진 경우에 그의 성립 당시의 흠에도 불구하고 하자 없는 적법한 행위로 그 효력을 그대로 유지시키는 것을 말한다.29) 절차상 하자의 치유에 관하여서는 행정절차법에는 아무런 규

---

27) 반면 취소사유라는 견해로는 심규찬(주 1), 16.
28) 자세한 논의는 박균성(주 15), 664-667, 정하중, 행정법개론 제8판, 법문사(2014), 400-401 참조.
29) 박균성(주 15), 424.

정이 없어서 그 허용 여부는 해석에 맡겨져 있다30).

   가) 판례

   대법원은 '하자 있는 행정행위의 치유는 행정행위의 성질이나 법치
주의의 관점에서 볼 때 원칙적으로 허용될 수 없는 것이고, 예외적으로
행정행위의 무용한 반복을 피하고 당사자의 법적 안정성을 위해 이를
허용하는 때에도 국민의 권리나 이익을 침해하지 않는 범위에서 구체적
사정에 따라 합목적적으로 인정하여야 한다'고 한다(대법원 2002. 7. 9. 선
고 2001두10684 판결 등 참조).

   조세행정에서도 납세고지에 하자는 있으나 그 처분의 실체가 적법
한 경우에는 그 하자로 인하여 부과처분이 취소되면 다시 동일한 내용
의 처분 및 쟁송절차가 되풀이 되어 과세관청과 납세의무자 쌍방의 시
간과 비용을 낭비하는 면이 있어, 납세의무자의 이익을 해치지 않는 범
위 내에서 하자의 치유를 인정할 필요가 있다.31) 대법원도 납세고지에
관한 하자의 치유 가능성을 인정하였다32).

   납세고지서의 하자에 대한 치유에 관하여 대법원은, 서면으로 하여
야지 구두 혹은 전화로 보정하는 것은 허용되지 않는다고 한다.33) 따라
서 납세의무자가 나름대로,34) 사실상35) 세액산출의 근거를 알면서 소
송을 하였다고 하여도 하자가 치유되지는 않는다. 납세고지서의 하자를

30) 하명호, "처분에 있어서 절차적 하자의 효과와 치유", 행정소송 Ⅱ, 한국사법행정
    학회(2008), 143.
31) 소순무, "납세고지서 기재사항 하자의 치유", 대법원판례해설 제24호, 법원도서관
    (1996), 408.
32) 대법원 1983. 7. 26. 선고, 82누420 판결, 1984. 5. 9. 선고, 84누116 판결, 1984. 11.
    27. 선고, 82누488 판결 등
33) 대법원 1991. 3. 27. 선고 90누3409 판결, 대법원 1993. 4. 27. 선고 92누14083 판결.
    대법원 1988. 2. 9. 선고 83누404 판결 등 참조.
34) 대법원 1984. 2. 14. 선고 83누602 판결, 대법원 1985. 2. 26. 선고 83누629 판결 등
    참조
35) 대법원 1984. 6. 26. 선고 83누679 판결, 대법원 1984. 2. 28. 선고 83누674 판결, 대
    법원 1984. 3. 13. 선고 83누686 판결 등 참조

보완해 주는 서면은 법령 등에 의하여 납세고지에 앞서서 납세의무자에게 교부하게끔 되어 있어 납세고지서와 일체를 이루는 것으로 제한된다. 그런 서면으로 대법원은 과세예고 통지서,36) 과세안내서,37) 결정전 조사통지서38) 등을 들고 있지만, 추징조서 사본은 하자를 치유할 수 있는 서면이 아니다.39) 또한, 보정 서면은 법에 규정된 기재 사항이 모두 보정되어야 하며, 보정서면에 의하더라도 부과대상 토지 및 세액 산출 근거 등이 구제적으로 밝혀지지 않는 것이라면 하자가 치유되지는 않는다40).

나) 소결

행정절차의 독자적 의미를 강조하면서 만약 하자의 치유를 인정하면 당해 절차가 가지는 절차법적 의의가 정당하게 평가되지 못하게 됨을 이유로 하자의 치유를 부정하는 견해41)가 있지만 과세처분도 행정처분의 일종이므로 행정처분의 하자치유에 대한 일반론이 원칙적으로 타당하고42), 조세행정의 능률적 수행과 이해관계인의 권리보호라는 절차규정의 기능을 조화할 수 있다면 행정작용의 능률적 수행이라는 관점에서 인정할 수 있다고 할 것이다.43) 다만, 하자의 치유가 가능하다고 보더라도 치유가 가능한 시기에 관하여는 행정쟁송제기전설,44) 행정소

36) 대법원 1993. 7. 13. 선고 92누13981 판결, 대법원 1996. 3. 8. 선고 93누21408 판결 등 참조
37) 대법원 1995. 7. 11. 선고 94누9696 전원합의체 판결, 대법원 1995. 7. 14. 선고 94누1156 판결 등 참조
38) 대법원 2001. 6. 15. 선고 99두1882 판결, 대법원 2001. 3. 27. 선고 99두8039 판결, 대법원 2000. 1. 14. 선고 99두1212 판결 등 참조
39) 대법원 1995. 9. 26. 선고 95누665 판결
40) 대법원 1984. 2. 14. 선고 83누602 판결, 대법원 1990. 7. 10. 선고 89누176 판결, 대법원 1993. 4. 13. 92누10623 판결, 대법원 2005. 10. 13. 선고 2005두5505 판결, 대법원 1998. 6. 26. 선고 96누12634 판결 등 참조
41) 서원우, "행정상의 절차적 하자의 법적 효과", 서울대학교 법학 제27권 제2, 3호, 서울대학교 법학연구소(1996. 9.), 50.
42) 소순무·윤지현(주 8), 463.
43) 정하중(주 28), 295.

송제기전설, 쟁송종결시설45) 등이 있다. 생각건대, 행정경제와 법적안
정성 및 행정심판이 준사법적 성격을 가지는 점 등을 고려하면 행정쟁
송의 제기전까지 보완하여야 한다고 봄이 상당하다.

다) 대상판결의 검토

대상판결에서는 하자의 정도가 무효사유라고 봄이 타당하므로 하
자의 치유가 될 수 없다. 만약 위 하자의 정도를 취소사유라고 보더라
도 대상판결에서는 하자가 치유되지 않고 소송이 종결되었으므로 이 부
분은 그다지 문제되지 않는다.

2) 재처분의 가부

하자의 치유가 되지 않더라도 과세관청인 피고는 대상판결 이후에
재처분을 할 수 있는데 이 경우 재처분이 타당한지 여부를 살펴보자.

재처분이란, 일반적으로 어떤 선행처분에 관한 쟁송절차에서 선행
처분의 취소가 확정된 후에 과세관청이 선행처분과 일정한 관련이 있는
과세처분을 새로이 하는 경우를 의미한다46).

일반적으로 선행처분이 취소된 경우 기판력, 기속력과 관련하여 재
처분의 효력에 관하여는 다음과 같이 설명되고 있고 무효사유인 경우에
도 그와 같이 볼 수 있을 것이다.

즉, 기판력은 판결이 확정된 때에 동일한 사항이 문제되었을 경우
당사자가 이와 저촉되는 주장을 할 수 없고 법원도 이것과 저촉되는 판
단을 할 수 없는 효력을 의미한다.47) 절차 또는 형식이 위법함을 이유
로 과세처분을 취소하는 판결이 확정될 경우 그 확정판결의 기판력은
확정판결에 적시된 절차 또는 형식의 위법사유에 한하여 미치기 때문

44) 대법원 1997. 12. 26. 선고 97누9390 판결
45) 홍정선, 행정법원론(상) 제22판, 박영사(2014), 583.
46) 윤지현, "이른바 '특례제척기간'을 통한 과세관청의 '재처분'은 어느 범위에서 허용
  되는가? — 국세기본법 제26조의 2 제2 항이 정하는 제척기간의 적용범위에 관한
  고찰", 조세법연구 제15권 제3호, 한국세법학회(2009), 11−12.
47) 임승순(주 2), 339.

에, 과세처분권자가 그 확정판결에 적시된 위법사유를 보완하여 행한 새로운 과세처분은 확정판결에 의하여 취소된 종전 과세처분과는 별개의 처분으로서 확정판결의 기판력에 저촉되지 않는다.[48]

또한 행정소송법 제30조 제1항은 '처분 등을 취소하는 확정판결은 그 사건에 관하여 당사자인 행정청과 그 밖의 관계행정청을 기속한다'고 규정하고 있는데, 기속력이란 해당 행정청뿐 아니라 그 밖의 관계행정청이 판결의 판단내용을 존중하고 수인하여 그 취지에 따라 행동하도록 구속하는 효력을 의미한다[49]. 기속력은 취소판결에서 취소사유로 지적된 개개의 위법사유에 관하여만 미치고 그 밖의 위법사유에 대하여는 미치지 아니하므로, 절차의 위법을 이유로 처분이 취소되면 과세관청은 다시 적법한 절차를 거쳐서 같은 내용의 처분을 할 수 있고 그런 처분은 기속력에 반하지 않는다[50].

그리고, 학설은 절차적 위법으로 과세처분을 취소한 경우 재처분을 금지하면, 지나친 결과이고 납세자에게 정당화되기 어려운 이익을 안겨주는 것이므로 재처분이 가능하다고 한다.[51]

생각건데, 과세예고 통지절차의 누락을 무효사유라고 보더라도 과세관청의 재처분은 과세처분 취소판결의 기판력이나 기속력에 저촉된다고 보기는 어려울 것이다. 따라서 과세관청은 원고에게 과세예고 통지를 하여 과세전적부심사 청구 기회를 부여한 후 재처분을 할 수는 있을 것이다.

이에 관하여는 앞서 본 과세예고 통지 후 과세전 적부심사 전에 소

48) 구욱서, "과세처분 취소소송의 판결확정과 재처분의 가부", 인권과 정의 제283호, 대한변호사협회(2000), 81. 대법원 1986. 11. 11. 선고 85누231 판결, 대법원 1992. 5. 26. 선고 91누5242 판결.
49) 임승순(주 2), 341.
50) 구욱서(주 48), 81. 대법원 1992. 5. 26. 선고 91누5242 판결, 대법원 1987. 12. 8. 선고 87누382 판결 등 참조
51) 윤지현, "과세처분을 취소하는 확정판결이 있은 후 과세관청의 '재처분'이 가능한 범위", 조세법연구 제15권 제2호, 한국세법학회(2009), 108.

득금액변동통지를 한 사안인 대법원 2016. 12. 27. 선고 2016두49228 판결에서 과세예고 통지절차에 관한 위법이 무효사유라면 하자의 치유가 되지 않는데 재처분을 허용하는 것이 불합리하다는 실무가의 유력한 견해[52])도 있다. 이 견해는 '하자가 중대하고 명백하여 부과처분이 당연무효라고 하는 경우까지 다시 처분을 할 수 있다고 한다면, 절차상 하자를 이유로 처분을 취소하는 것이 납세자에게 아무런 이익이 되지 않는다'는 이유로, 세법이 보장한 납세자의 권리를 침해하였다는 이유로 처분이 취소된 경우에는 특례제척기간을 적용할 수 없고, 따라서 새로운 처분을 할 수 없다고 하는 것이 타당하다고 한다. 위 견해와 같이 해석할 수는 없을까 하는 의문이 들기도 한다.

나. 특례제척기간 적용의 문제

국세기본법 제26조의2 제1항의 제척기간을 '통상제척기간[53])', 같은 조 제2항의 제척기간을 '특례 제척기간[54])'이라고 흔히 부르는데, 통상의 조세 부과제척기간은 국세기본법 제26조의2 제1항 제3호에 의하여 5년이고 선행처분이 있은 후 전심절차를 거쳐 사건이 대법원까지 가면

---

52) 유철형, "[판세] 과세전적부심 건너뛴 과세처분은 무효인가?", 세정일보 2017. 3. 21.자 http://www.sejungilbo.com/news/articleView.html?idxno=8252 참조.

53) 국세기본법상의 통상제척기간은 납세자가 세금을 부과당하지 않고 일정한 시간이 지나면 세금을 내지 않게 되는 기간을 말한다. 국세기본법 제26조의2 제1항은 제1호에서 '납세자가 대통령령으로 정하는 사기나 그 밖의 부정한 행위로 국세를 포탈하거나 환급·공제받은 경우에는 그 국세를 부과할 수 있는 날부터 10년간', 제1호의2에서는 '납세자가 부정행위로 소득세법, 법인세법, 부가가치세법에 따른 가산세 부과대상이 되는 경우 해당 가산세는 부과할 수 있는 날부터 10년간', 제2호에서는 '납세자가 법정신고기한까지 과세표준신고서를 제출하지 아니한 경우에는 해당 국세를 부과할 수 있는 날부터 7년간', 제3호에서는 '제1호·제1호의2 및 제2호에 해당하지 아니하는 경우에는 해당 국세를 부과할 수 있는 날부터 5년간', 제4호에서는 '상속세·증여세는 제1호, 제1호의2, 제2호 및 제3호에도 불구하고 부과할 수 있는 날부터 10년간' 등을 규정하고 있다.

54) 납세자가 쟁송절차를 거쳤을 때 그 판결과 관련하여 과세관청이 통상제척기간이 경과한 뒤에도 예외적으로 일정한 처분을 할 수 있는 경우이다.

부과제척기간 5년이 도과되는 경우가 드물지는 않다. 만약 대상판결에서 문제되는 것은 2007년 내지 2010년 귀속 법인세이므로, 대상판결이 2016. 4. 15. 선고되었음을 감안하면 그 뒤에 재처분이 이루어질 경우 부과제척기간이 도과하였을 가능성이 크기 때문에 이 경우를 생각해보자.

대상판결과 관련 있는 특례제척기간은 국세기본법 제26조의2 제2항 제1호55)이고 위 규정에 의하면, 과세관청은 행정소송법에 따른 소송에 대한 판결이 확정된 경우 확정된 날부터 1년이 지나기 전까지 '경정결정'이나 '그 밖에 필요한 처분'을 할 수 있다.56) 특례제척기간과 관련하여 이 사건과 같이 절차적 위법이 있는 경우 과세관청이 부과처분 취소 확정일부터 1년 이전에 그 위법을 보완한 후 재처분을 할 수 있는지가 문제된다.

가) 판례

대법원은 특례제척기간 규정57)을 오로지 납세자를 위한 것이라고 보아 납세자에게 유리한 결정이나 판결을 이행하기 위하여만 허용된다고 볼 근거는 없으므로, 납세고지의 위법을 이유로 과세 처분이 취소되자, 과세관청이 그 판결 확정일로부터 1년 내에 그 잘못을 바로잡아 다

---

55) 국세기본법 제26조의2(국세 부과의 제척기간) ② 제1항에도 불구하고 다음 각 호의 구분에 따른 기간이 지나기 전까지 경정결정이나 그 밖에 필요한 처분을 할 수 있다.
　　1. 제7장에 따른 이의신청, 심사청구, 심판청구, 「감사원법」에 따른 심사청구 또는 「행정소송법」에 따른 소송에 대한 결정이나 판결이 확정된 경우: 결정 또는 판결이 확정된 날부터 1년
56) 국세기본법 제26조의2 제2항 본문은 2016. 12. 20. 법률 제14382호로 개정되기 전에는 '제1호에 따른 결정 또는 판결이 확정되거나 제2호에 따른 상호합의가 종결된 날부터 1년, 제3호에 따른 경정청구일 또는 조정권고일부터 2개월이 지나기 전까지는 해당 결정·판결, 상호합의, 경정청구 또는 조정권고에 따라 경정결정이나 그 밖에 필요한 처분을 할 수 있다'고 규정하여, 현재의 규정과 달리 규정하고 있었다.
57) 정확하게는 지방세법 제30조의2 제2항에 관한 사안이었지만 이는 국세기본법의 특례제척기간과 그 내용이 동일하다.

시 지방세 부과처분을 하였다면, 이는 위 구 지방세법 제30조의2 제2항
이 정하는 당해 판결에 따른 처분으로 제1항이 정하는 제척기간의 적용
이 없다고 판시하고 있다(대법원 1996. 5. 10. 선고 93누4885 판결 등 참조),
납세고지서의 필요적 기재사항을 누락하는 것과 같은 절차적 위법을 이
유로 부과처분이 취소된 경우 처분청은 다시 납세고지서의 누락사항을
기재한 고지를 하는 등의 적법한 절차를 거쳐 판결 확정일로부터 1년
내에 새로운 처분을 할 수 있다고 판시하고 있다(대법원 2010. 6. 24. 선고
2007두16493 판결 등). 즉 대법원은 납세고지서의 형식 문제 때문에 법원
이 부과처분을 취소하면 과세관청으로서는 판결 이후 그 하자를 바로잡
아 판결 확정일로부터 1년 내에 다시 동일한 처분을 할 수 있다고 보았
다[58].

나) 학설

학설들은 특례제척기간에 관한 규정은 실질적으로 과세관청의 이
익을 위하여 부과제척기간을 예외적으로 연장하는 효과가 있으므로 그
적용범위를 엄격하게 해석하는 것이 바람직하다고 보고 있는데[59], 대체
로 선행처분 취소 후 절차적 위법이 없는 새로운 재처분을 하는 것은
국세기본법에서 규정한 '그 밖에 필요한 처분'으로서 특례제척기간의 적
용요건을 충족시킨다는 본다.[60] 그 이유에 관하여는 이러한 경우는 선
행처분으로 인하여 이미 납세자가 해당 과세단위에 관하여 세금을 추가
로 부담할 수도 있다고 인식하게 되었고, 그로 인해 자료의 일실 가능
성도 줄어들었기 때문에, 이 때 통상제척기간의 예외를 인정하는 것도
충분히 정당화될 수 있다고도 설명할 수 있다고 한다.[61]

58) 이창희(주 5), 145-146.
59) 강석규, 조세법쟁론, 삼일인포마인(2017), 180.
60) 강석규(주 59), 182.
61) 윤지현(주 46), 37.

다) 소결

과세예고 통지 누락의 하자를 취소사유라고 본다면 통설, 판례에 따라 하자를 보완한 후 특례제척기간 내에 다시 과세처분을 할 수 있다고 봄이 상당하다. 또한, 과세예고 통지 누락의 하자를 무효라고 보더라도 현행법의 해석상 특례제척기간 내라면 재처분을 막을 수는 없다고 할 것이다.

라) 입법론

다만 과세예고 통지 누락의 하자가 있다고 보더라도, 위와 같은 하자를 보완하여 재처분하는 것을 가능하게 하는 국세기본법 제26조의2 제2항 제1호 규정이 존재함으로 인하여, 조세 부과처분이 세법에서 요구하는 형식이나 절차를 위반하더라도 납세자는 위 과세처분의 위법성을 주장하면서 그 무효 또는 취소를 구할 실익이 사실상 존재하지 않게 되므로, 입법론으로는 국세기본법 제26조의2 제2항 제1호 규정은 삭제되어야 한다고 생각한다.[62].

V. 글을 마치며

대법원은 대상 판결에서 과세예고 통지 절차를 누락하여 납세자에게 과세전적부심사청구의 기회를 주지 않은 채 과세처분을 한 경우 위 과세처분은 납세자의 절차적 권리를 침해한 것으로서 중대한 절차적 하자가 존재하는 경우에 해당하므로 위법하다고 판시하였다.

대상판결은 최근 조세 부과처분에서 절차적 정당성을 중시하는 대법원의 일관된 판례의 연장선에 있다. 조세행정에도 헌법상의 적법절차 원리가 준수되어야 하는 측면에서 대상판결은 결론적으로 타당하다.

---

62) 같은 의견으로는 김완석, "조세행정과 적법절차의 원리", 조세 제336호, 조세통람사(2016), 11.

우선 감사원의 감사결과 처분지시 또는 시정요구가 있는 경우라도 피고가 원고에게 과세예고 통지를 하여 과세전적부심사청구의 기회를 주어야 하므로, 과세예고 통지절차의 누락은 위법하고 중대한 절차상의 하자에 해당한다. 또한, 과세전적부심사제도는 과세처분에 관한 사전적·예방적 권리구제절차라는 데에 중요한 의미가 있고 대법원은 대상판결 선고 이후에 과세관청이 과세예고 통지 후 과세전적부심사 청구나 그에 대한 결정이 있기 전에 과세처분을 한 경우 위 과세처분을 납세자의 절차적 권리를 침해하는 것으로서 그 절차상 하자가 중대하고도 명백하여 무효라고 보았으므로 과세예고 통지를 누락한 대상판결의 경우도 이를 무효라고 보는 것이 논리적으로 옳다. 따라서 대상판결의 하자는 무효사유라고 보아야 한다.

대상판결 이후 하자를 보완한 후 피고가 재처분을 한다면 이는 적법하고 부과제척기간이 도과되었다고 하더라도 특례제척기간 1년 이내에는 가능하다고 할 것이다. 다만, 입법론으로는 대상판결과 같이 절차적 하자가 존재하는 경우 하자의 치유를 가능하게 하는 국세기본법 제26조의2 제2항 제1호의 특례제척기간 규정은 삭제되어야 한다고 생각한다.

참고문헌

1. 단행본

강석규, 조세법쟁론, 삼일인포마인(2017)
박균성, 행정법론(상) 제15판(2016년판), 박영사(2016)
소순무·윤지현, 조세소송 개정8판, 영화조세통람(2016)
이창희, 세법강의 제14판, 박영사(2016)
임승순, 조세법 2016년도판, 박영사(2016)
정하중, 행정법개론 제8판, 법문사(2014)
홍정선, 행정법원론(상) 제22판, 박영사(2014)

2. 논문

강인애, "조세부과처분의 무효와 취소(하)", 판례월보 185호, 1986. 2.
구욱서, "과세처분 취소소송의 판결확정과 재처분의 가부", 인권과 정의 제283호, 대한변호사협회(2000).
김철용, "무효인 행정행위와 취소할 수 있는 행정행위의 구별기준과 구별 실익", 고시연구, 1975. 10.
김완석, "조세행정과 적법절차의 원리", 조세 제336호, 조세통람사(2016)
김완석, "과세전 적부심사제도의 문제점과 개선방안", 조세와 법 4, 서울 시립대학교 법학연구소(2011. 12.)
김완석·정지석, "납세자 권리구제 절차 개선방안 연구", 기획재정부·한국 조세연구포럼(2010)
박홍대, "행정행위의 무효화 사유", 「재판자료」 제68집(1995)
서승원, "과세예고 통지를 하지 아니한 채 이루어진 과세처분의 절차적 하자 -대법원 2016. 4. 15. 선고 2015두52326 판결에 관하여-", 조 세법의 쟁점 Ⅱ, 경인문화사(2017)

서원우, "행정상의 절차적 하자의 법적 효과", 서울대학교 법학 제27권 제2, 3호, 서울대학교 법학연구소(1996. 9.)

소순무, "납세고지서 기재사항 하자의 치유", 대법원판례해설 제24호, 법원도서관(1996)

심규찬, "과세예고 통지와 과세처분의 절차적 하자", 대법원판례해설 제108호, 법원도서관(2016)

양시복, "지방세법상 과세처분의 무효사유로서의 중대명백설의 검토", 인권과 정의 제406호, 대한변호사협회(2009)

오진환, "납세고지서의 기재사항과 송달", 재판자료 제60집, 법원도서관(1993)

하명호, "처분에 있어서 절차적 하자의 효과와 치유", 행정소송 Ⅱ, 한국사법행정학회(2008)

윤지현, "이른바 '특례제척기간'을 통한 과세관청의 '재처분'은 어느 범위에서 허용되는가? – 국세기본법 제26조의 2 제2 항이 정하는 제척기간의 적용범위에 관한 고찰", 조세법연구 제15권 제3호, 한국세법학회(2009)

윤지현, "과세처분을 취소하는 확정판결이 있은 후 과세관청의 '재처분'이 가능한 범위", 조세법연구 제15권 제2호, 한국세법학회(2009)

유철형, "[판세] 과세전적부심 건너뛴 과세처분은 무효인가?", 세정일보 2017. 3. 21.
http://www.sejungilbo.com/news/articleView.html?idxno=8252.

국문초록

과세예고 통지 누락과 과세처분의 절차적 위법 여부
-大法院 2016. 4. 15. 선고 2015두52326 判決을 中心으로-

대법원은 최근 조세부과처분에서 절차적 적법성을 강조하면서 제대로 절차를 준수하지 않은 과세관청의 조세부과처분이 위법하다는 판결을 연속하여 선고하고 있다. 세무조사와 관련하여 대법원은 세무조사대상 선정사유가 없음에도 세무조사대상으로 선정한 것은 적법절차의 원칙을 어긴 것이라거나, 국세기본법상 금지되는 재조사 여부를 넓게 해석한다거나, 세무조사가 과세자료의 수집 또는 신고내용의 정확성 검증이라는 본연의 목적이 아니라 부정한 목적을 위하여 행하여진 경우 세무조사에 의하여 수집된 과세자료를 기초로 한 과세처분이 위법하다는 등의 판결이 그러한 예이다.

한편, 대법원은 이러한 판결의 연장선 상에서 최근 과세예고 통지를 누락한 채 이루어진 과세처분이 위법한지 여부에 관한 판결(이하 '대상판결'이라 한다)을 선고하였는바, 이 글에서는 최근에 선고된 대상판결을 분석해 보았다.

대법원은 대상 판결에서 과세예고 통지 절차를 누락하여 납세자에게 과세전적부심사청구의 기회를 주지 않은 채 과세처분을 한 경우 위 과세처분은 납세자의 절차적 권리를 침해한 것으로서 중대한 절차적 하자가 존재하는 경우에 해당하므로 위법하다고 판시하였다.

대상판결은 최근 조세 부과처분에서 절차적 정당성을 중시하는 대법원의 일관된 판례의 연장선에 있다. 조세행정에도 헌법상의 적법절차 원리가 준수되어야 하는 측면에서 대상판결은 결론적으로 타당하다.

우선 감사원의 감사결과 처분지시 또는 시정요구가 있는 경우라도 피고가 원고에게 과세예고 통지를 하여 과세전적부심사청구의 기회를 주어야 하므로, 과세예고 통지절차의 누락은 위법하고 중대한 절차상의 하자에 해당한다. 또한, 과세전적부심사제도는 과세처분에 관한 사전적·예방적 권리구제절차라는 데에 중요한 의미가 있고 대법원은 대상판결 선고 이후에 과세관청이 과세예고 통지 후 과세전적부심사 청구나 그에 대한 결정이 있기전에 과세처분을 한 경우 위 과세처분을 납세자의 절차적 권리를 침해하는 것으로서 그 절차상 하자가 중대하고도 명백하여 무효라고 보았으므로 과세예고 통지를 누락한 대상판결의 경우도 이를 무효라고 보는 것이 논리적으로 옳다. 따라서 대상판결의 하자는 무효사유라고 보아야 한다.

대상판결 이후 하자를 보완한 후 피고가 재처분을 한다면 이는 적법하고 부과제척기간이 도과되었다고 하더라도 특례제척기간 1년 이내에는 가능하다고 할 것이다. 다만, 입법론으로는 대상판결과 같이 절차적 하자가 존재하는 경우 하자의 치유를 가능하게 하는 국세기본법 제26조의2 제2항제1호의 특례제척기간 규정은 삭제되어야 한다고 생각한다.

주제어: 과세전적부심사, 과세예고통지, 절차적 위법, 무효와 취소, 재처분

Abstract

Procedural illegality in omission of advance notice of taxation

-Focusing on the Supreme Court Decision 2015Du52326 Delivered on April 15, 2016-

KIM, SE-HYUN*

Recently, the Supreme Court has ruled consecutively that the disposition of tax imposition of taxing authorities that do not observe the taxation procedure properly is illegal, emphasizing the procedural legality in disposition of tax imposition. For example, in relation to the investigation for taxable income, the Supreme Court declared, that selecting an individual or organization as subject of investigation for taxable income, despite the absence of any reasons for selecting an individual or organization as subject of investigation for taxable income, is a violation of the rule of having to comply with the legal procedures; interpreted the extent of reinvestigation prohibited in accordance with the framework act on national taxes in a broader sense; or declared that the taxation that is based on the materials for tax assessment collected through investigation for taxable income is illegal, if such an investigation for taxable income was conducted for unjustifiable purposes, rather than for its original purpose of collecting the materials for taxation or verifying the accuracy of the contents that were reported.

On the other hand, the Supreme Court handed down a sentence,

---

* Judge of Seoul Administrative Court

on an extension of such a ruling, on whether the taxation that has recently been executed without advance notice of taxation is illegal or not (hereinafter, 'the ruling'). Accordingly, this paper analyzed the ruling that has recently been sentenced.

The Supreme Court ruling showed in the ruling mentioned above, that taxation without giving any chance to request the pre−assessment review to taxpayer without advance notice of taxation, as mentioned above, is a violation of procedural rights of taxpayers and thus illegal as it has a grave procedural flaw.

The ruling is on an extension of the consistent judicial precedents by the Supreme Court emphasizing the procedural justification in the recent cases of disposition of tax imposition. The ruling is valid, in conclusion, in that the principle of legal procedures under the constitution must be observed in tax administration, too.

In the first place, even if there are disposition instructions or requirement for correction as a result of audit by the Board of Audit and Inspection of Korea, the dependent must give advance notice of taxation to plaintiff to give an opportunity to request the pre−assessment review. Thus the omission of advance notice of taxation procedure is illegal and has a grave procedural flaw. In addition, the pre−assessment review is significant in that it is a proactive and preventive remedy for violation of private right on taxation. Since the Supreme Court judged that the above taxation case was a violation of procedural rights of taxpayers if the taxation was enforced before the taxing authorities' claim of pre−assessment review or subsequent decision after giving the advance notice of taxation after the ruling mentioned above and the procedural flaws were grave and evident and thus nullified, it is reasonable to see the ruling as nullified as it omitted the advance notice of taxation. Therefore, the flaws in the ruling mentioned above must be considered as grounds of nullity.

If the defendant requests re-disposition after supplementing the flaws after the ruling, this is legitimate, but if the period of exclusion lapsed. the request would be allowed within one year of special period of exclusion. But, in de lege ferenda, it is thought that the provisions on special period of exclusion of item 1 of Para. 2 of Art. 26-2 of the Framework Act on National Taxes that can be applied to repair flaws if there are any procedural flaws like in the ruling above should be deleted.

Keywords: pre-assessment review, advance notice of taxation, procedural illegality, nullity and cancellation, re-disposition

투고일 2017. 12. 11.
심사일 2017. 12. 25.
게재확정일 2017. 12. 28.

미국 연방대법원 판결례에서 본
이중배상금지의 원칙

鄭夏明*

대상판결: 판결대법원 2017. 2. 3. 선고 2015두60075 판결

Ⅰ. 들어가며

　　우리나라는 지난 몇 년 동안 자살공화국이라는 오명을 쓰고 있어서 어린 초등학생에서부터 노인에 이르기까지 전 세대에 걸쳐 높은 자살률을 보여서 심각한 사회문제로 인식되고 있는 실정이다. 하루에도 몇 건씩 언론지상에 보도되는 자살에 사건에 대해 안타깝지 않는 사연이 없겠지만 그 중에서도 국방의무를 수행하고 있는 젊고 혈기 넘치는 인생의 최고의 황금기를 마음껏 즐겨야하는 군장병이 상관이나 동료의 가혹행위로 인하여 자살했다는 소식은 너무나 안타까운 일이라고 하겠다. 이러한 안타까운 사건이 일어나게 되면 그 유족들은 평생 가슴 속 풀리지 않은 슬픔을 안고 살게 될 것이고 그러한 자살사고로 이어지게

---

* 경북대학교 법학전문대학교 교수, 법학박사(S.J.D)

된 경위를 조사하여 관련자들을 처벌하는 등 사후적 조치들이 이루어져 사회이슈가 되곤 하지만 시간이 지나면 곧 기억 속에서 사라지는 일들이 반복적으로 일어나고 있다.

　　군대복무 중 상관의 가혹행위 등으로 다른 군인이 자살한 경우에 자살한 군인에 대하여 국가유공자로 인정할 것인지, 보훈대상자로 인정할 것인지, 국가배상책임을 인정할 것인지, 국가가배상책임을 인정한다면 어느 정도까지 인정해야할 것인지 등 여러 가지 법적 문제들이 제기될 수 있는 것이 사실이고 이에 대해서 우리나라 대법원에서도 꾸준히 판결을 이어왔고 연구자들에 의한 연구도 많이 이루어지고 있는 것 또한 사실이다.[1]

　　특히 우리나라에서는 헌법 제29조 제2항에 의하여 군인 등에 대한 이중배상금지의 원칙이 규정되어 있고[2] 국가배상법에서도 좀 더 구체적 규정을 가지고 있다.[3] 이중배상금지의 원칙의 구체적 적용한계에 대하여 우리 대법원은 2017. 2. 3. 선고 2015두60075 판결을 하였다. 이에 미국 연방대법원에서 판례를 통하여 발전시켜온 Feres 법리(the Feres

---

1) 대법원 2004. 3. 12. 선고 2003두2205 판결, 대법원 2012. 6. 18. 선고 2010두27363 전원합의체 판결, 대법원 2013. 7. 11. 선고 2013두2402 판결 등

2) 헌법 제29조
　② 군인·군무원·경찰공무원 기타 법률이 정하는 자가 전투·훈련등 직무집행과 관련하여 받은 손해에 대하여는 법률이 정하는 보상외에 국가 또는 공공단체에 공무원의 직무상 불법행위로 인한 배상은 청구할 수 없다.

3) 국가배상법, 일부개정 2017. 10. 31. [법률 제14964호]
　제2조(배상책임)
　① 국가나 지방자치단체는 공무원 또는 공무를 위탁받은 사인(이하 "공무원"이라 한다)이 직무를 집행하면서 고의 또는 과실로 법령을 위반하여 타인에게 손해를 입히거나, 「자동차손해배상 보장법」에 따라 손해배상의 책임이 있을 때에는 이 법에 따라 그 손해를 배상하여야 한다. 다만, 군인·군무원·경찰공무원 또는 예비군대원이 전투·훈련 등 직무 집행과 관련하여 전사(戰死)·순직(殉職)하거나 공상(公傷)을 입은 경우에 본인이나 그 유족이 다른 법령에 따라 재해보상금·유족연금·상이연금 등의 보상을 지급받을 수 있을 때에는 이 법 및 「민법」에 따른 손해배상을 청구할 수 없다. <개정 2009.10.21, 2016.5.29>

doctrine)에 대해서 분석해 보고 이를 우리나라 대법원 판례에 적용해보
고자 한다.

Ⅱ. 사례의 분석

1. 사건의 개요

이 사건 원고 甲은 소외인 망인 A의 아버지이다. A는 해군에 입대
하여 당직 사관으로 근무하던 중 A의 상관이 A에게 과도한 업무를 부
과하고 욕설과 폭언을 일삼자 2007. 4. 9. 새벽에 부대 인근 공원에서
스스로 목을 매 자살하였다. A의 아버지인 甲을 비롯한 A의 유가족들은
2010. 4. 6. 서울중앙지방법원 2010가합34109로 대한민국을 상대로 손
해배상을 청구하는 소를 제기하였고, 위 법원은 2010. 10. 13. 원고 일
부승소 판결을 선고하여 그 무렵 확정되었으며, 이에 따라 A의 유가족
들은 대한민국으로부터 합계 111,015,460원을 수령하였다.

甲은 2012. 7. 2. 피고(국가보훈처장)에게 국가유공자유족 등록신청
을 하였고, 피고는 2013. 8. 20. 'A는 국가유공자의 요건에 해당하지는
않으나, 보훈보상대상자의 요건에 해당한다'는 이유로 원고를 보훈보상
자법 제2조 제1항 제1호의 재해사망군경의 유족으로 결정하고 甲에게
보훈급여금을 지급하여 왔다.

그런데 피고는 2014. 8. 4. '국가배상법 제2조 제1항에 의하면 국가
배상법에 의한 손해배상금과 국가보훈처에서 지급하는 보훈급여금은
중복하여 수령할 수 없음에도 甲에게 이를 중복하여 지급하였다'는 이
유를 들어 甲에 대한 보훈급여금의 지급을 정지하는 결정(이하 '이 사건
처분')을 하였다.

이에 甲은 이 사건 처분의 취소를 구하는 소송을 제기하였고 원심

은 국가배상법에 의한 손해배상금을 먼저 지급받은 경우 보훈보상자법
제68조 제1항 제3호에 따라 환수하거나 환수 대신 그 금액에 해당하는
만큼의 보훈급여금의 지급을 거절할 수 있다는 전제에서, 甲에게 보훈
급여금의 지급을 정지한 이 사건 처분이 적법하다고 판단하였다.4) 이에
甲이 다시 상고하여 본 판결에 이르게 된 것이다.5)

2. 판례의 요지

　　[1] 국가배상법 제2조 제1항 단서는 헌법 제29조 제2항에 근거를
둔 규정이고, 보훈보상대상자 지원에 관한 법률(이하 '보훈보상자법'이라 한
다)이 정한 보상에 관한 규정은 국가배상법 제2조 제1항 단서가 정한
'다른 법령'에 해당하므로, 보훈보상자법에서 정한 보훈보상대상자 요건
에 해당하여 보상금 등 보훈급여금을 지급받을 수 있는 경우는 보훈보
상자법에 따라 '보상을 지급받을 수 있을 때'에 해당한다. 따라서 군인·
군무원·경찰공무원 또는 향토예비군대원이 전투·훈련 등 직무집행과
관련하여 공상을 입는 등의 이유로 보훈보상자법이 정한 보훈보상대상
자 요건에 해당하여 보상금 등 보훈급여금을 지급받을 수 있을 때에는
국가배상법 제2조 제1항 단서에 따라 국가를 상대로 국가배상을 청구할
수 없다.
　　[2] 전투·훈련 등 직무집행과 관련하여 공상을 입은 군인·군무원·
경찰공무원 또는 향토예비군대원이 먼저 국가배상법에 따라 손해배상
금을 지급받은 다음 보훈보상대상자 지원에 관한 법률(이하 '보훈보상자
법'이라 한다)이 정한 보상금 등 보훈급여금의 지급을 청구하는 경우, 국
가배상법 제2조 제1항 단서가 명시적으로 '다른 법령에 따라 보상을 지
급받을 수 있을 때에는 국가배상법 등에 따른 손해배상을 청구할 수 없

---

4) 서울고법 2015. 11. 23. 선고 (춘천)2015누337 판결.
5) 대법원 2017. 2. 3. 선고 2015두60075 판결.

다'고 규정하고 있는 것과 달리 보훈보상자법은 국가배상법에 따른 손해배상금을 지급받은 자를 보상금 등 보훈급여금의 지급대상에서 제외하는 규정을 두고 있지 않은 점, 국가배상법 제2조 제1항 단서의 입법취지 및 보훈보상자법이 정한 보상과 국가배상법이 정한 손해배상의 목적과 산정방식의 차이 등을 고려하면 국가배상법 제2조 제1항 단서가 보훈보상자법 등에 의한 보상을 받을 수 있는 경우 국가배상법에 따른 손해배상청구를 하지 못한다는 것을 넘어 국가배상법상 손해배상금을 받은 경우 보훈보상자법상 보상금 등 보훈급여금의 지급을 금지하는 것으로 해석하기는 어려운 점 등에 비추어, 국가보훈처장은 국가배상법에 따라 손해배상을 받았다는 사정을 들어 보상금 등 보훈급여금의 지급을 거부할 수 없다.

3. 사례의 쟁점

본 사례에서 자살로 사망한 A가 해군에 복무하는 군인이었고 사망원인이 자살이었으므로 국가유공자에 해당하지 않게 된 경우에 해당한다. A가 국가유공자에는 해당하지 않지만 자살을 하게 된 경위가 A의 상관의 가혹행위 즉 과도한 업무부과, 욕설, 폭언 등에 의한 것으로 밝혀져서 이에 대한 국가배상판결이 있었고 이러한 국가배상판결이 확정되고 난 이후 A의 아버지 甲이 보훈보상자법 등에 의한 보상을 청구한 경우에 헌법과 국가배상법에서 규정하고 있는 군인 등에 대한 이중배상금지의 원칙을 들어 이미 국가배상을 받았음을 근거로 해서 보훈보상자법 등에 의한 보상을 거부할 수 있는가에 있다고 하겠다. 본 사례의 핵심적 쟁점은 우리 헌법과 국가배상법에서의 규정하고 있는 이중배상금지의 원칙을 보훈보상자법 등에 의한 보상의 거부에도 적용할 수 있는가에 해당하는 것으로 이중배상금지의 원칙의 적용의 한계를 어떻게 해석할 것인가에 있다고 하겠다. 이러한 쟁점에 대한 참고자료로 이중배

상금지의 원칙을 인정하고 있는 미국 연방대법원의 판결례를 분석해 봄
으로써 그 시사점을 알아보고자 한다.

Ⅲ. 평석

1. 미국의 연방정부 국가배상법제

1) 1946년 연방불법행위청구법(The Federal Tort Claims Act 이하 'FTCA')

미국은 "왕은 불법을 저지르지 않는다."("the king can do no wrong
")6)라는 영국법의 전통을 이어받아서 주권면책의 법리(the doctrine of
sovereign immunity)를 수용하고 있다.7) 주권면책의 법리에 의하면 "정부
는 자신이 소송에 동의하는 범위 내에서만 소송을 당할 수 있고 정부의
동의는 오직 입법부에 의해서만 행사가 가능하다"는 것이다.8)
　이러한 주권면책의 법리에 대하여 연방정부의 입법기관이 의회에
서 제정한 법률이 바로 1946년 연방불법행위청구법(FTCA)이다.9) 연방

---

6) 1 William Blackstone, Commentaries 68. Guy I. Seidman, The Origin Of
Accountability: Everything I Know About the Sovereign's Immunity, I learned From
King Henry Ⅲ, 49 St. Louis L.J. 393, 477 (2005)에서 재인용.

7) 「주권은 스스로 동의하지 아니하는 한 소추되지 아니한다(the sovereignty can not
be sued without its consent)」라는 주권면책원칙에 의하여 연방공무원의 불법행위
에 대해 연방정부를 상대로 국가배상을 청구하는 것은 원칙적으로 인정되지 아니
하였다. 정하명, 대형허리케인피해와 미국연방정부손해배상책임 관련판결례, 공법
학연구 제13권 제4호, 2013, 429면 참조.

8) United States v. U.S. Fid. & Guar. Co., 309 U.S. 506, 514 (1940) ("Consent alone
give jurisdiction to adjudge against a sovereign. Absent that consent, the attempted
exercise of judicial power is void... . Public policy forbids the suit unless consent
is given, as clearly as public policy makes jurisdiction exclusive by declaration of
the legislative body.").

불법행위청구법(FTCA)에 의해 연방공무원의 불법행위에 의한 연방정부의 손해배상책임은 원칙적으로 불법행위지인 개별 주에서 불법행위(torts)가 인정되는 경우에 연방정부를 상대로 피해자가 연방법원에 손해배상소송을 제기할 수 있는 권리를 가지고 되고 손해배상책임이 인정이되면 연방기금(Federal treasury)에 의해서 손해배상이 이루어진다고 할것이다. 미국은 연방국가이므로 개별주의 법률에 따라서 불법행위(Torts)의 인정범위와 그에 따른 손해배상의 범위가 정해진다고 할 것이다. 불법행위법은 불법행위가 발생한 개별주의 법이 적용되는 분야라고할 것이다. 즉 이 분야는 연방법원이 개별주의 불법행위법을 적용하여연방공무원의 불법행위로 말미암아 피해가 발생한 경우라고 판단하는경우에는 불법행위자인 연방공무원이 아닌 연방정부가 손해배상책임을져야하는 것이다. 연방불법행위청구법률(FTCA)의 적용대상은 연방공무원의 과실에 의한 불법행위 부분이고 연방공무원의 고의로 인한 불법행위(intentional torts)는 예외적인 경우를 제외하고 원칙적으로 그 적용대상에서 제외된다.10)

　　연방불법행위청구소송의 제1심관할은 연방사실심법원(the United States District Courts)의 전속관할이고 피고는 오직 연방정부(the United States)이고 연방행정청(the Federal Agency)이나 연방공무원에게는 피고적격을 인정하지 않고 있다.11)

2) 1946년 연방불법행위청구법(FTCA) 이전의 연방정부 손해배상책임

　　미국에서 연방의회가 1946년 연방불법행위청구법률(FTCA)을 제정

---

9) 28 U.S.C. §2671 (1982).
10) 28 U.S.C. § 2680(h).
11) Gregory C. Sick, Official Wrongdoing and the Civil Liability of Federal Government and Officers, 8 U. St. Thomas L.J. 295, 300 (2011).

하기 이전에도 미국에서 연방공무원의 불법행위로 시민이 피해를 입은 경우에 전혀 국가손해배상을 해주지 않았던 것은 아니다. 미국 연방헌법은 국민의 청원권을 권리장전(the bill of rights)에서 인정하고 있다.12) 따라서 연방 공무원의 불법행위로 피해를 입은 미국 시민은 미국 연방의회에 청원권을 행사하여 개인적 법률(Private Law)의 제정을 요구할 수 있었고 이러한 청원을 미국 연방의회가 동의하고 대통령이 거부권을 행사하지 않으면 개인적 법률(Private Law)에 의하여 연방정부의 손해배상이 이루어지는 경우가 많았다. 하지만 이러한 구제방법은 동일 혹은 유사한 불법행위인 경우에도 손해배상이 이루어지는 경우가 있고 때에 따라서는 이루지지 않는 경우도 있고, 손해배상이 이루어지는 경우에도 그 손해배상의 범위가 각기 다른 점 등 여러 가지 문제점을 내포하고 있었다. 또한 1930년대 대공황 이후 연방정부의 기능이 확대됨에 따라서 연방공무원의 불법행위에 따른 손해배상을 구하는 개인적 법률(Private Law)의 입법청원도 당연히 증가하게 되고 이러한 입법청원으로 인하여 연방의회의 통상적 입법활동에 지장을 초래할 정도가 되었다.13)

연방의회가 1946년 연방불법행위청구법률(FTCA)를 제정하는 배경에는 연방공무원의 불법행위로 인한 피해자 구제의 확대와 개인적 법률(Private Law)의 입법청원으로 인한 연방의회의 부담을 줄이고 연방공무원의 불법행위로 인한 피해에 대하여 연방법원을 통한 사법구제의 길을

---

12) U.S. Const. Amend. Ⅰ.
13) 20세기 초반부터 미국에서는 개인적 입법(Private bill)에 연방불법행위에 대한 구제제도의 적합하지 않다는 것이 나타나기 시작하였다. 1920년대 초반에 해당하는 제68대 미국 연방의회에서 2000 여건 이상의 개인적 입법(Private bill)이 입법 청원되었지만 그 중에서 250건만 최종 입법화되었다. 이러한 현상은 1930년대에도 개선되지 않았고 1940년에 초반에 해당하는 제74대 연방의회와 제75대 연방의회에서는 2,300건 이상의 개인적 입법(Private bill)이 청원되었고, 제77대 연방의회에는 1,829건의 개인적 입법(Private bill)의 입법청원, 제78대 연방의회에서는 1,644건의 개인적 입법(Private bill)의 입법청원이 있었다. Paul Figley, In Defense of Feres: An Unfairly Maligned Opinion, 60 Am. U.L. Rev. 393, 398-340 (2010).

열어주려는 입법의도가 있었다.14)

연방대법원도 1946년 연방불법행위청구법률(FTCA)이 제정되기 이전에 입법청원을 통한 개인적 법률(Private Law)에 의한 연방의회에 피해자 구제활동은 매우 비효율적이었다고 평가하였다.15)

미국에서 1946년 연방불법행위청구법률(FTCA)이 제정되어 연방의회가 주권면책을 완전히 포기하여 연방공무원의 모든 불법행위에 대하여 연방정부가 손해배상책임을 진다고 해석할 수 있느냐에 대해서는 여러 가지 논의가 있다. 연방불법행위청구법률(FTCA) 자체에서도 주권면책을 명시적으로 포기하지 않은 부분을 규정하고 있다. 동법 §2680에서 폭넓은 면책규정을 규정하고 있다. a) 법률이나 규칙의 적용여부를 불문하고 연방공무원의 주의의무(duty of care)를 다하여 집행한 경우, 또는 연방행정청이나 그 직원의 재량적 권한의 행사(재량권의 남용여부는 불문)로 인한 손해, b) 우편물의 배달착오, 미전달 등의로 인한 손해, c) 국세·관세의 산정이나 징수, 세무공무원·세관공무원 기타 법집행공무원에 의한 물건의 압류를 이율 하는 손해, d) 미합중국의 검역활동으로 인해 야기된 손해, e) 공무원의 협박·폭행·불법구금·불법체포·악의적 기소·소송절차의 남용·명예훼손·비방·기망·계약상 권리의 방해 등의 행위로 인한 손해(다만 협박·폭행·불법구금·불법체포·악의적 기소·소송절차의 남용 등의 행위가 조사나 법집행에 종사하는 공무원에 의하여 행하여진 경우에는 국가의 배상책임이 인정된다), f) 재무부의 재정적 활동이나 통화제도의 규제로 인한 손해, i) 테네시유역 개발공사의 활동으로 인한 손해, j) 파나마운하관리회사의 활동으로 인한 손해, k) 연방토지은행·연방신용중개은행·협동은행의 활동으로 인한 손해 등은 면책된다.16) 이 중에서 우편사업으로 인한 손해, 해사사건으로 인한 손해, 세무공무원의 조

---

14) 이일세, 한·미 국가배상제도의 비교연구, 토지공법연구 제17집, 2003, 89-91면 참조.
15) Dalehite v. U.S., 346 U.S. 24-25 (1953).
16) 28 U.S.C. § 2580 (2006).

세징수나 물건압류로 인한 손해, 테네시유역개발공사의 활동으로 인한
손해, 파나마운하관리회사의 활동으로 인한 손해 등에 대해서는 다른
특별법률에 의하여 구제수단이 마련되어 있다.[17]

　　이렇게 주권면책을 명시적으로 포기하지 않은 부분 중에 본 평석
과 특별히 관련이 있는 부분은 군인 등의 전투활동 예외(the combatant
activity exception)과 외국에서 일어나는 불법행위(the foreign tort
exception)이다.[18] 따라서 미군이 전쟁 중 전투를 수행하다가 동료의 과
실행위로 사망하거나 부상을 당하더라도 연방불법행위청구법률(FTCA)
의 적용을 받지 않고 우리나라 보훈보상법제와 유사한 보훈법률들에 의
한 보상을 받게 된다. 부상자에 대한 연금(pension), 유족연금, 부상자에
대한 무료치료, 유족에 대한 6개월분의 보수지급, 유족보험금지급 등
수 많은 보상이 지급된다. 예비역에 대해서는 공무원우선채용제, 주거
혜택, 교육혜택 등 각종 특혜 또한 지급된다.[19]

　　대상판례에서 문제된 사례와 같이 전쟁 중인 아닌 평시 상황에서
상관의 가혹행위와 같이 비전투행위에 의하여 동료 군인이나 부하가 사
망하거나 부상을 입은 경우에는 연방불법행위청구법률(FTCA)상의 전투
활동 예외(the combatant activity exception)가 적용될 수 없다. 다음에서
소개하는 Feres의 법리(Feres doctrine)는 이렇게 전투활동 예외(the
combatant activity exception)가 적용될 수 없는 경우에 연방대법원의 판
례에 의해서 1946년 연방불법행위청구법률(FTCA)의 적용에 대한 예외
가 인정된 경우라고 할 것이다.

---

17) 정하명, 대형허리케인피해와 미국연방정부손해배상책임 관련판결례, 공법학연구
　　제13권 제4호, 2013, 430-433면 참조.
18) 28 U.S.C. §2680(j)(2006) "any claim arising out of the combatant activities of the
　　military or naval forces, or the Coast Guard, during time of war." 28 U.S.C.
　　§2680(k)(2006) "any claim arising in a foreign country."
19) Gregory C. Sick, Official Wrongdoing and the Civil Liability of Federal Government
　　and Officers, 8 U. St. Thomas L.J. 295, 403-5 (2011).

2. 연방대법원의 Feres의 법리(Feres doctrine)

1) Feres v. United States

이 사건의 발단은 미육군 중위였던 Rudolph Feres가 군대 막사에서 취침 중 정부의 과실에 의한 화재로 사망한 것이었다. 그는 명령에 의해 뉴욕주에 있는 연방군 주둔지였던 파인 캠프(Pine Camp) 막사에서 취침 중이었는데 난방장치의 하자와 부주의에 의한 화재로 사망하였다. 연방사실심법원(the district court)은 사건을 각하하였다.[20]

1949년 11월 4일 연방제2항소심법원(the Second Circuit)은 Augustus Hand 판사의 의견에 다른 판사들이 모두 동의하여 연방사실심법원의 판결을 승인하였다.[21]

이 판결에서 군인(service members)은 군복무관련부상(incident-to-service injuries)과 관련해서 연방정부를 대상으로 소송을 제기할 수 없다는 확립된 법원칙이 있다는 것을 언급하였다.[22] 이 판결에서 Hand 판사는 "만약 연방의회가 군복무 중인 군인들에게 연금제도 이상 어떤 보상체계를 부여하도록 의도하였다면 연방불법행위청구법률(FTCA)의 일반 조항에서 그러한 구제제도를 유추하도록 하지 않도록 명시적 규정으로 입법화하였을 것이다."라고 판시하였다.[23]

따라서 전투 중 당한 부상이 아니더라도 군복무관련부상(incident-to-service injuries)에 해당하는 경우에는 비록 연방불법행위청구법률(FTCA)에 명시적 적용 제외조항은 없다고 하더라도 주권면책의 원칙이 포기된

---

20) 177 F.2d 536 (1949).
21) 177 F.2d 535 (1949).
22) 177 F.2d 537 (1949).
23) Ibid 137. "If more than the pension system had been contemplated to recompense soldiers engaged in military service we think that Congress would not have left such relief to be implied from the general terms of the Tort Claims Act, but would have specifically provided for it."

것이 아니어서 연방정부를 대상으로 하는 손해배상청구소송을 제기할 수 없는 것으로 해석하게 된다. 이러한 해석에 근거하여 연방사실심법원에서 Feres의 청구에 대해 재판관할권이 없다는 것을 근거로 부적법 각하판결을 내린 것은 정당하다는 것이다.

2) Griggs v. United States[24]

이 사건은 Griggs 중령(Lt. Colonel Dudley Griggs)이 일리노이 주에 있는 스콧 공군기지(Scott Air Base)의 군병원에서 수술을 받던 중에 군의관의 의료과실로 사망한 것이었다. Griggs 중령은 현역 복무 중에 명령에 의해서 군병원에 입원한 상태였다. 연방사실심법원(the district court)은 원고 Griggs가 소장에서 연방불법행위청구법률(FTCA)의 어떤 적법한 주장도 명시적으로 언급하지 않았다는 것을 근거로 각하판결을 하였다.[25]

1949년 11월 19일 연방제10항소심법원(the 10th Circuit)은 사실심법원의 판결을 파기하였다.[26] 연방항소심법원에서 이렇게 사실심법원의 판결을 파기한 근거는 Griggs의 손해배상청구가 연방불법행위청구법률(FTCA)에서 규정한 명시적으로 면책규정에 해당하거나 명시적 면책규정으로부터 명백하게 유추할 수 있는 경우에 해당하지 않는다면 이 법률을 근거로 손해배상청구소송을 제기할 수 있다는 것이다.[27] 연방제10항소심법원(the 10th Circuit)은 연방불법행위청구법률(FTCA)에서 예외규정으로 정하는 있는 것은 전투활동 예외(the combatant activity exception)

---

24) 178 F.2d 1 (10th Cir. 1949).
25) 178 F.2d 1 (10th Cir. 1949).
26) 178 F.2d 3 (10th Cir. 1949).
27) 178 F.2d 2, 3 (10th Cir. 1949). "unless it [fell] within one of the twelve exceptions specifically provided therein; or, unless from the context of the Act it [was] manifestly plain that despite the literal import of the legislative words, Congress intended to exclude from coverage civil actions on claims arising out of a Government—soldier relationship."

이고 이 사례에서 문제된 것을 평상시에 일어난 사건이므로 연방사실심법원(the federal district court)의 재판관할권이 있다는 것이다.

3) Jefferson v. United States

1949년 12월 19일에 제4항소심법원(the 4th Circuit)은 Arthur Jefferson의 부상은 그가 군복무 중에 군대 의료진의 의료과실로 그의 몸에 수건을 남겨놓은 것에 기인한 것이지만 연방불법행위청구법률(FTCA)은 이러한 군복무관련부상(incident-to-service injuries)에 대한 법적 구제제도는 허용하고 있지 않다는 것을 근거로 재판관할권을 인정하지 않았던 연방사실법원(the federal district court)의 판결을 승인하였다.28) 이 판결은 Arthur Jefferson의 부상이 평상시 비전투행위인 미군의 의료과실에 의하여 발생한 것이지만 이것은 군복무관련부상(incident-to-service injuries)에 해당하고 따라서 연방불법행위청구법률(FTCA)상 전투활동 예외(the combatant activity exception)규정을 유추적용하여 연방사실심법원(the federal district court)의 재판관할권을 인정할 수 없다는 것이다.

이렇게 군복무관련부상(incident-to-service injuries)에 대한 연방항소법원들의 견해가 각기 다르게 나타나자 연방대법원에서는 이들 사건들을 병합하여 심리하게 되는데 이것이 1950년에 선고된 Feres v. United States판결29)이다.

4) 연방대법원 판결

미국의 대법원은 연방불법행위청구법률(FTCA)이 1946년에 입법화된 것은 연방정부기능의 확대와 연방정부의 과실로 인하여 야기되는 구제되지 않는 불법행위("remediless wrongs")의 수가 증가했다는 것, 보상을 구하는 개인적 입법(private bills)의 수가 증가했다는 것, 의회청구절

---

28) Jefferson v. United States, 178 F.2d 518, 519-20 (4th Cir. 1949).
29) 340 U.S. 135 (1950).

차의 부적절성과 가변성 그리고 특정 종류의 입법청원에 대한 연방의회
의 선호 등 여러 가지 이유들을 예시하였다.[30] 연방대법원은 "이 법률
의 주요목적은 구제수단이 없었던 사람들에게 구제수단을 확대하는 것;
비록 이미 구제수단이 잘 정비되어 있는 사람들에게 혜택이 우발적으로
주어진다고 하더라도 이것은 의도적이 아닌 것으로 나타났다. 연방의회
는 육군과 해군 장병을 대표하는 개인적 법률에 의하여 고통을 받지는
않았는데 이것은 그들과 그들의 유가족들에게는 법률에 의하여 종합적
구제 시스템이 구축되어 있기 때문이다."라고 판시하였다.[31]

　　연방대법원은 연방불법행위청구법률(FTCA)이 연방법원에 연방불법
행위청구소송에 대한 재판관할권을 부여했다는 것을 인정하면서도 "어
떤 청구가 법에 의하여 인정될 것인가 여부를 결정하기 위하여 이러한
재판관할권을 행사할지여부는 법원에 달려있다."고 하였다.[32] 연방불법
행위청구법률(FTCA)은 "연방정부는 유사한 상황 하에서 개인에게 불법
행위 책임 인정되는 동일한 행위와 범위 내에서만 불법행위 책임이 인
정된다고 규정하고 있다."라고 규정하고 있다.[33] 이에 비추어 보면 이
사건 원고의 청구는 사적 개인이 연방정부를 상대로 불법행위책임을 물
을 수 있는 것을 들고 있지 않기 때문에 이러한 요건을 갖추지 못한 것
으로 평가된다고 연방대법원은 판결하였다.[34]

---

30) Ibid 139-40.
31) Ibid 140. "The primary purpose of the Act was to extend a remedy to those who
    had been without; if it incidentally benefited those already well provided for, it
    appears to have been unintentional. Congress was suffering from no plague of
    private bill on the behalf of military and naval personnel, because a
    comprehensive system of relief had been authorized for them and their
    dependents by statute."
32) Ibid 141 "it remained for courts, in exercise of their jurisdiction, to determine
    whether any claim [was] recognizable in law."
33) 28 U.S.C. § 2674. "The United States shall be liable ... in the same manner and to
    the same extent as a private individual under like circumstances ..."
34) 340 U.S. 135, 141.(1950).

미국 대법원의 어떤 선례도 군장병이 연방정부나 상관을 상대로 과실에 의한 불법행위로 소송을 제기하는 것을 허용하고 있지 않고 어떤 개인도 연방정부가 군장병에게 가지는 것과 유사한 권한을 가지고 있지 않다고 판시하였다.35)

한편 연방불법행위청구법률(FTCA) 1346(b)에서는 불법행위지법요건("law of the place")을 규정하고 있다. 즉 연방공무원의 불법행위가 행하여진 주의 실체법에 의해 과실에 의한 손해배상책임이 인정되는 경우에만 연방정부가 그 책임을 진다는 것이다. 연방대법원은 미군장병과 연방정부의 관계는 명확히 연방적("distinctively federal")이라고 판시하였다.36) 이것은 미국은 연방제 국가이고 국방에 관한 권한은 연방정부가 전속적으로 가지는 권한이기 때문에 미국 장병은 연방정부에 속한다는 것이다. 따라서 미군의 주둔지에 따라서 개별주법이나 외국법이 적용되어 과실에 의한 손해배상의 범위가 서로 달라진다고 한다면 많은 문제점이 야기될 수 있기 때문에 군복무관련부상(incident−to−service injuries)에 대한 연방법원의 재판관할권을 인정할 수 없다는 것이다.37) 군복무행위에 따른 군장병의 부상 혹은 군복무와 관련된 행위로 인하여 발생하는 군장병의 부상은 연방불법행위청구법률(FTCA)에서 법적 구제를 규정하고 있지 않다고 연방대법원의 대법관 전원의 동의로 판시하였다.38)

이렇게 연방대법원이 Feres 법리(the Feres doctrine)을 확립한 배경에는 (1) 미군에서는 피해를 입은 미군장병을 위하여 개별적, 통일적, 종합적 무과실 손실보상체계(a separate, uniform, comprehensive, no−fault compensation scheme)를 확립하고 있고, (2) 미군장병에게 정부나 동료장병을 상대로 소송을 하는 것을 허용하는 것은 군대의 명령, 훈련 그

---

35) Ibid 142.
36) Ibid 143.
37) Ibid 144.
38) Ibid 146.

리고 효율성(military order, discipline, and effectiveness)에 부정적 영향을 미칠 수 있고, (3) 군복무관련 사건을 지방의 불법행위법이 적용되도록 하는 것은 불공정(unfairness)의 문제를 야기할 수 있다는 우려가 있었다고 할 것이다.39)

4) Feres 법리를 적용한 연방법원 판결례

1954년 연방대법원은 United States v. Brown 판결40)에서 예비역은 이미 군복무를 마쳤기 때문에 Feres 법리를 적용할 수 없다고 판결하였다. 군에서 7년 전에 제대한 예비역인 Brown이 보훈병원에서 부상을 입은 경우에는 그 부상이 군복무와 관련해서 일어난 사건이 아니기 때문에 Feres 법리를 적용할 수 없다는 것이다. 따라서 그는 연방정부를 상대로 국가배상소송을 제기하여 권리구제를 받을 수 있었다.

1983년 연방대법원은 Chappell v. Wallace 판결41)에서 전원합의로 군장병이 다른 군장병의 불법행위를 근거로 국가배상소송을 제기할 수 없다고 판시하였다. 이 사건은 5명의 해군병사들이 자신들의 상관 7명이 자신들에게 대하여 인종차별을 하였다는 것을 근거로 국가손해배상소송을 제기한 것이었다. 연방대법원은 Feres 법리를 적용하여 재판관할권을 인정하지 않았다.

1985년 연방대법원은 United States v. Shearer 판결42)에서 Feres 법리를 좀 더 확대 적용하였다. 이 사건은 군대 주둔지 밖(the off-base)에서, 비번 중(off-duty)에 일어난 동료 병사에 의한 다른 병사의 살인에 관한 것이었다. 원고는 당국이 과실로 다른 병사로부터 희생자를 보호하는 것에 실패했다고 주장하면서 국가배상소송을 제기하였지만 Feres 법리의 핵심은 병사와 장교의 특별한 관계, 군대 내에서의 사기

---

39) Julie Dickerson, A Compensation System for Military Victims of Sexual Assault and Harassment(c), 222 Mil. L. Rev. 211, 219 (2014).
40) 348 U.S. 110 (1954).
41) 462 U.S. 296 (1983).
42) 473 U.S. 52 (1985).

진작 등에 있기 때문이라고 하면서 원고의 주장을 받아들일 수 없다고 판시하였다.

　1987년 연방대법원은 United States v. Stanley 판결[43])에서 전직 군인이 자신이 군복무 중에 자신의 의지에 반하여 금지약물시험(LSD drug testing program)에 참가하게 했던 것은 자신의 헌법상 권리의 침해라는 것은 근거로 손해배상소송을 제기하였지만 군장병의 부상이 복무행위 중에 발생하였거나 복무행위와 관련하여 발생한 경우에는 Feres 법리를 적용하여 연방법원의 재판관할권을 인정하지 않았다.

　Feres 법리는 2017년에도 연방대법원에서 다루어질 만큼 미국 연방법원에 의해서 여전히 유효한 법리로 받아들여지고 있다.[44]) 이 판결에서 다루었던 원심법원 사례 주요내용은 현역인 미 공군 대위가 미군병원에서 임신중절 수술을 받는 중에 간호사의 실수로 약물이 잘못 투여되어 임산부와 태아가 심각한 장애를 앓게 된 사건에 대한 것으로 태아와 아버지이자 임산부의 남편이 미국연방정부를 상대로 손해배상소송을 제기했지만 연방항소심법원은 Feres의 법리를 적용하여 재판관할권을 인정하지 않았다.[45]) 이에 원고가 연방대법원에 상고하였지만 연방대법원이 상고를 허가하지 않아서 결국 연방항소심법원의 판결이 확정된 것이다.

Ⅲ. 맺으며

　Feres 법리의 핵심적 내용은 미국의 연방불법행위청구법(FTCA)에

---

43) 483 U.S. 669 (1987).
44) 미국 연방대법원 사건이송명령거부 Ortiz v. United States, 2017 U.S. LEXIS 2189 (U.S. Mar, 30, 2017).
45) Ortiz v. United States, 786 F.3d 817 (2015).

의하여 연방공무원의 불법행위에 대하여 일반 국민에게는 국가배상청
구권이 인정되기는 하지만 미군등에게는 대해서는 여전히 주권면책조
항이 인정되어 군복무관련부상(incident-to-service injuries)에 대해서는
연방정부의 불법행위책임을 인정할 수 없다는 것일 것이다. 따라서 미
군은 군복무와 관련한 피해에 대하여 연방정부를 대상으로 불법행위에
의한 국가배상소송을 제기할 수 없다.[46] 물론 피해를 입은 미군이나 유
족에게는 통일된 보상체계에 의하여 피해 군인 등이 어디에 거주하는지
혹은 어떤 지역에서 피해를 입었는지 관계없이 여러 가지 혜택이 주어
진다.

　　평화시 미군 등에 대한 이중배상금지의 원칙은 미국의 연방불법행
위청구법(FTCA)의 규정에 의하여 명시적으로 인정된 법원칙에 해당하
는 것은 아니고 연방국가인 미국에서는 개별 주법에 따라 불법행위
(Torts)가 인정되는 경우가 서로 다를 수 있으므로 연방공무원의 행위가
개별주법에 의하여 불법행위로 인정되는 경우에 연방정부의 책임을 인
정한다고 규정하고 있는데 미군은 미국연방헌법에 의하여 연방정부에
만 인정되는 것이므로 개별주법에 따라 불법행위책임과 손해배상이 달
라진다는 것을 상정하기 곤란하고 국가유공자 보상법 등에 의해서 종합
적이고 통일적인 보상을 해주는 것이 희생자에 대한 보상이나 군인의
사기 진작을 위해서 보다 바람직하다는 정책적 이유 등에 의해 연방대
법원의 판례에 의해서 인정되는 법리에 해당한다고 하겠다.

　　미국 연방대법원의 Feres 법리는 미국에서 군인 등에게는 군복무
관련부상(incident-to-service injuries)에 대하여 국가배상청구권을 인정
하지 않고 국가유공자 보상법 등에 의한 보상청구권만 인정된다는 것이
라고 할 것이다. 이것은 연방대법원이 판례를 통하여 발전시켜온 우리
나라의 이중배상금지 원칙과 유사한 제도라고 할 것이다. 우리나라의

---

46) Paul Figley, In Defense of Feres: An Unfairly Maligned Opinion, 60 Am. U.L. Rev.
　　393, 394 (2010).

이중배상금지의 원칙은 헌법과 국가배상법에 명시적 근거를 가지고 있고 그 적용범위와 한계에 대해서도 논의가 많이 있어왔다. 따라서 미국 연방대법원의 Feres 법리를 우리 대법원의 대상 판례의 사례에 그대로 적용하는 것은 법문화의 차이, 국가형태의 차이, 법적 구제제도의 차이 등으로 인하여 많은 무리가 따를 것이다. 하지만 군인등의 직무관련피해에 대한 이중배상금지의 원칙을 인정하는 법리적 근거는 매우 유사한 측면이 있는 것 또한 사실이다.47) 미국 연방대법원의 Feres 법리의 핵심은 군인등의 복무관련부상에 대하여 보훈보상법 등에 따른 보상금의 지급과는 별도로 국가를 대상으로 하는 불법행위에 의한 손해배상청구권의 인정하지 않는다는 것이다. Feres 법리는 군인 등에 대하여 국가배상청구권을 인정하지 않는다는 것이고 이에 따라 연방법원은 군복무관련부상(incident－to－service injuries)에 대한 군인 등의 국가배상청구에 대하여 재판관할권을 거부해오고 있다. 미국 연방대법원의 Feres 법리를 대상 대법원 판례의 사례에 적용하였을 때 국가배상청구권을 인정할 수 있는지에 대해서는 별도의 논의가 필요하겠지만 본 평석에 핵심적 내용이 되는 이중배상금지원칙을 적용하여 보훈보상자법 등에 따른 보

---

47) 대법원 2002. 5. 10. 선고 2000다39735 판결
　　헌법 제29조 제2항 및 이를 근거로 한 국가배상법 제2조 제1항 단서 규정의 입법 취지는, 국가 또는 공공단체가 위험한 직무를 집행하는 군인·군무원·경찰공무원 또는 향토예비군대원에 대한 피해보상제도를 운영하여, 직무집행과 관련하여 피해를 입은 군인 등이 간편한 보상절차에 의하여 자신의 과실 유무나 그 정도와 관계없이 무자력의 위험부담이 없는 확실하고 통일된 피해보상을 받을 수 있도록 보장하는 대신에, 피해 군인 등이 국가 등에 대하여 공무원의 직무상 불법행위로 인한 손해배상을 청구할 수 없게 함으로써, 군인 등의 동일한 피해에 대하여 국가 등의 보상과 배상이 모두 이루어짐으로 인하여 발생할 수 있는 과다한 재정지출과 피해 군인 등 사이의 불균형을 방지하고, 또한 가해자인 군인 등과 피해자인 군인 등의 직무상 잘못을 따지는 쟁송이 가져올 폐해를 예방하려는 데에 있고, 또 군인, 군무원 등 이 법률 규정에 열거된 자가 전투, 훈련 기타 직무집행과 관련하는 등으로 공상을 입은 데 대하여 재해보상금, 유족연금, 상이연금 등 별도의 보상제도가 마련되어 있는 경우에는 이중배상의 금지를 위하여 이들의 국가에 대한 국가배상법 또는 민법상의 손해배상청구권 자체를 절대적으로 배제하는 규정… .

상금의 지급을 거부할 수 있는가에 대하여는 이중배상금지원칙을 보훈
보상자법 등에 따른 보상금의 지급을 거부하는 근거에까지 적용하는 것
으로 해석하는 것은 지나친 확대해석에 해당할 여지가 있으며 오히려
대상 대법원 판결례와 같이 보훈보상법 등에 따른 보상금 지급에 대해
서는 이중배상금지원칙을 적용할 수 없는 것으로 해석하는 것이 적정한
해석에 해당한다고 할 것이다.

참고문헌

이일세, 한·미 국가배상제도의 비교연구, 토지공법연구 제17집, 2003

정하명, 대형허리케인피해와 미국연방정부손해배상책임 관련판결례, 공법
학연구 제13권 제4호, 2013

Gregory C. Sick, Official Wrongdoing and the Civil Liability of Federal
Government and Officers, 8 U. St. Thomas L.J. 403 (2011)

Guy I. Seidman, The Origin Of Accountability: Everything I Know
About the Sovereign's Immunity, I learned From King Henry Ⅲ,
49 St. Louis L.J. 393 (2005)

Julie Dickerson, A Compensation System for Military Victims of Sexual
Assault and Harassment(c), 222 Mil. L. Rev. 211 (2014)

Paul Figley, In Defense of Feres: An Unfairly Maligned Opinion, 60
Am. U.L. Rev. 393 (2010)

외 다수의 우리나라 법원의 판례와 미국 연방법원의 판례

국문초록

우리나라는 헌법 제29조 제2항과 국가배상법 제2조 제1항 단서에서 군인 등에 대한 이중배상금지의 원칙을 규정하고 있고 대법원은 "그 조항의 입법취지가 국가 또는 공공단체가 위험한 직무를 집행하는 군인 등에 대한 ·군무원·경찰공무원 또는 향토예비군대원에 대한 피해보상제도를 운영하여, 직무집행과 관련하여 피해를 입은 군인 등이 간편한 보상절차에 의하여 자신의 과실 유무나 그 정도와 관계없이 무자력의 위험부담이 없는 확실하고 통일된 피해보상을 받을 수 있도록 보장하는 대신에, 피해 군인 등이 국가 등에 대하여 공무원의 직무상 불법행위로 인한 손해배상을 청구할 수 없게 함으로써, 군인 등의 동일한 피해에 대하여 국가 등의 보상과 배상이 모두 이루어짐으로 인하여 발생할 수 있는 과다한 재정지출과 피해 군인 등 사이의 불균형을 방지하고, 또한 가해자인 군인 등과 피해자인 군인 등의 직무상 잘못을 따지는 쟁송이 가져올 폐해를 예방하려는 데에 있고, 또 군인 등이 전투, 훈련 기타 직무집행과 관련하는 등으로 공상을 입은 데 대하여 재해보상금, 유족연금, 상이연금 등 별도의 보상제도가 마련되어 있는 경우에는 이중배상의 금지를 위하여 이들의 국가에 대한 국가배상법 또는 민법상의 손해배상청구권 자체를 절대적으로 배제하는 규정"에 해당한다 해석하고 있다.(대법원 2002. 5. 10. 선고 2000다39735 판결) 대법원은 최근 국가배상법 제2조 제1항 단서가 보훈보상자법 등에 의한 보상을 받을 수 있는 경우 국가배상법에 따른 손해배상청구를 하지 못한다는 것을 넘어 국가배상법상 손해배상금을 받은 경우 보훈보상자법상 보상금 등 보훈급여금의 지급을 금지하는 것으로 해석하기는 어렵다고 판시하여 이중배상금지의 원칙의 적용범위를 점 더 명확히 하는 판결을 하였다.(대법원 2017. 2. 3. 선고 2015두60075 판결)

미국 연방대법원은 이미 1950년에 Feres v. United States 판결(340 U.S. 135 (1950))을 통하여 군복무관련부상(incident-to-service injuries)

에 대해서는 국가배상소송을 인정하지 않는다는 Feres의 법리를 확립하였다. 연방대법원의 판례를 통하여 확립된 Feres의 법리의 핵심적 내용은 이중배상금지의 원칙의 내용은 연방정부에 대한 국가배상을 청구하는 것을 금지한다는 것에 있는 것이므로 우리나라 대법원에서 이중배상금지의 규정을 해석하면서 비록 군관련 자살사고로 인하여 국가배상을 받은 경우라고 하더라도 보훈법상 보상 등은 청구할 수 있다고 판시한 것은 타당한 해석이라고 할 것이다.

주제어: 국가배상, 이중배상금지, Feres의 법리, 군복무관련부상,
        주권면책의 법리

Abstract

The Prevention of Double Compensation Clause and the U.S Supreme Court's Feres Doctrine

Jeong, Ha Myoung

The Korean Constitution Article 29(2) and the Korean State Compensation Act Article 2 provide the prevention of double compensation for the injured military men and police officials from their service related activities. The injured military men are only entitled to get veteran benefits and victim's compensations as prescribed by Act, but shall not be entitled to have a claim against the state on the grounds of unlawful acts committed by public officials in the course of military duties. Korean Supreme Court ruled "the prevention of double compensation clause is based on a uniform and comprehensive compensation program for injured veterans and victim's family."(Korean Supreme Court 2002. 5. 10. 2000Da39735) Korean Supreme Court recently ruled that the prevention of double compensation clause shall not limit the remained family's application for military victim's compensation program after the family already got the damage compensation from the government.(Korean Supreme Court 2017. 2. 3. 2015Du60075) The U.S Supreme Court established Fares Doctrine at Feres v. United States(340 U.S. 135 (1950)). According to the Fares Doctrine, the injured military man from incident−to−service injuries shall not sue against the U.S. but apply veteran's programs and

---

* Professor, Kyungpook National University Law School

other benefits. The Feres Doctrine would be a reference for the Korean Supreme Court's proper interpretation of the prevention of double compensation clauses of Korean Constitution and State Compensation Act.

Keywords: State Damages Compensation, the Prevention of Double Compensation, the Feres Doctrine, Incident−to−Service Injuries, the Doctrine of Sovereign Immunity

투고일 2017. 12. 11.
심사일 2017. 12. 25.
게재확정일 2017. 12. 28.

장애를 가진 학생에 대한 특수교육과 개별화교육에 관한 판례 검토*
– 2017년 미국 Endrew사건과 Fry사건을 중심으로 –

金聲培**

Ⅰ. 서론

인간은 자신을 둘러싼 환경[1]속에서 살아가며 자신을 기준으로 세계를 판단하는데 익숙하며, 자신과 다른 존재를 구별하고 자신과 유사

---

* 본 논문은 행정판례연구회의 연말학술대회에서 발표한 논문중의 마지막 장부분만을 특별히 추려서 정리한 논문으로서 외국판례소개부분과 분리하여 독립논문으로 발전시킨 논문임을 밝힙니다.
** 국민대학교 법과대학 부교수
1) 환경의 의미가 자신을 둘러싼 외부를 자신의 관점에서 평가하고 바라보는 것이다. 환경: 생활하는 주위의 상태. 생물에게 직접·간접으로 영향을 주는 자연적 조건이나 사회적 상황. 생활환경: 생활하고 있는 주위의 자연적 조건이나 사회적 상황. 네이버 사전.

한 존재와 함께 살아가려는 속성이 존재한다. 그래서 우리들은 익숙한 것과 익숙하지 않은 것을 구별하고 익숙한 것에 머물려는 본성으로 인하여, 자신과 다른 것을 구별하면서 부지불식간에 차별할 위험성을 안고 있다. 한번만 보고도 외형상 구별가능한 경우에는 차별의 위험성이 더욱 커지므로 성별, 인종 등의 차별에 대해서 다른 차별에 비하여 더욱 엄격한 심사를 하는 전통을 미국은 역사적 과오를 반성하는 차원에서 세워나갔으며, 장애인에 대한 차별에 대한 시정의 노력도 유사한 범주에서 이루어졌다.

장애인도 국민이므로 당연히 기본권의 주체이며, 국가의 보호를 받는다.2) 더욱이 우리 헌법은 장애자에 대한 특별한 보호의 근거를 두고 있어서 장애인에 대해서는 더욱 특별한 보호의무가 국가에 주어져 있다고 해석해야 하며, 국가는 장애인이 장애로 인하여 차별받지 않을 조치들을 제도적으로 마련하고 그 제도를 뒷받침해야 할 것이다.

그러나 우리나라의 현실은 산업화를 위해 힘겹게 앞만 보고 달려야 했던 시절과 별반 다르지 않은 장애인에 대한 처우가 이루어지고 있다. 심지어는 장애를 가진 학생들이 공부하는 시설에만 냉방기를 가동시키지 못하도록 하는 조치를 취한 학교장이 존재3)하고 장애인학교가 없어서 몇 시간을 통학버스에서 시달려야 하는 장애인학생이 존재하며 장애학생을 위한 특수학교를 설립하고자 인근 주민들을 설득하기 위해 무릎을 꿇고 비는 장애인학부모가 존재한다. 서울특별시 25개 자치구중

---

2) 헌법 제34조 제5항 신체장애자 및 질병·노령 기타의 사유로 생활능력이 없는 국민은 법률이 정하는 바에 의하여 국가의 보호를 받는다.
3) 냉방기가동금지조치는 강학상 행정행위는 아니지만, 권력적 사실행위로 구성하여 행정쟁송의 대상으로 삼을 수도 있지만 국민의 입장에서는 권력적 사실행위여부나 행정쟁송의 대상이 되는 것을 넘어서 공분의 대상이 될 것이며, 아직도 이런 일이 대한민국에서 발생할 수 있냐는 반응을 할 것이다. 또한 아동의 부모들이나 장애인 가족을 둔 국민들은 피눈물을 흘렸을 것이다. 관련기사 연합뉴스, 교장실은 하루종일틀면서…장애인학급만 에어컨 금지한 교장, 2017.12.11. http://www.yonhapnews.co.kr/bulletin/2017/12/11/0200000000AKR20171211092800004.HTML?input=1195m

8개의 구에는 장애인학교 조차 없으며,[4] 부산의 경우에도 한곳도 없는 구가 6개가 존재하고 있으며 특수학교가 없는 곳에도 많은 장애인 학생들이 존재하고 있다.[5] 장애인관련 법률들은 미국의 모델을 수용하여 체계적으로 내용적으로 많은 발전을 하였다.[6] 「장애아동 복지지원법」, 「장애인 건강권 및 의료접근성 보장에 관한 법률」, 「장애인고용촉진 및 직업재활법」, 「발달장애인 권리보장 및 지원에 관한 법률」, 「장애인기업활동촉진법」, 「장애인·노인 등을 위한 보조기기 및 활용촉진에 관한 법률」, 「장애인·노인·임산부 등의 편의증진 보장에 관한 법률」, 「장애인복지법」, 「장애인 등에 대한 특수교육법」, 「장애인활동 지원에 관한 법률」, 「장애인차별금지 및 권리구제 등에 관한 법률」, 「장애인 등에 대한 특수교육법」 등 무수한 단행법들이 현재 제정되어 시행되고 있다. 특히 교육과정과 교육현장에서의 차별은 장애를 가진 아이들이 정상적 성장과 발전을 저해할 뿐만 아니라 장애인이 사회적으로 바로 설 수 있는 기회까지 원천적으로 박탈하거나 저해할 수 있어서 그 위험성이 크다. 그럼에도 불구하고 장애를 가진 학생에 대한 사회적 편견과 차별이 일상화되어서 그 시정이 필요한 시점에 있다. 본 논문에서는 우리 특수교육의 모델이 된 미국의 법제[7]에서 발생한 개별화교육과 장애인차별

---

4) 관련기사 YTN, 조희연 "학부모 무릎 꿇은 강서 공청회, 특수학교 역사에 한 획", 2017.9.29. http://www.ytn.co.kr/_ln/0103_201709291104142456

5) 부산일보, 6개구 특수학교 '0'… 부산도 장애인학교 갈등 '시한폭탄', 2017.9.19. http://news20.busan.com/controller/newsController.jsp?newsId=20170918000318

6) 장애인교육에 관한 연방법원의 판례를 특별히 선정한 이유는, 행정판례연구회의 논문(김성배, 최근(2013/2014) 미국 행정판례의 동향 및 분석 연구, 행정법연구 XX-2, 행정판례연구회, 2014. 김성배, 최근(2015/2016) 미국 행정판례의 동향 및 분석 연구, 행정법연구 XX-2, 행정판례연구회, 2016.등)이나 공법학자의 발표에서 소외되었던 주제이면서, 최근의 강서구 특수학교설립논란과 관련하여 장차 행정쟁송이나 헌법소송이 제기될 가능성이 있으며, 우리 법의 해석과 적용 및 개정에 있어서 시사점을 제공하기 위하여 2017년 행정판례연구회 외국판례연구에서는 특별히 장애인 교육관련 연방대법원의 판례를 소개하기로 결정하였다. 관련동영상 https://www.youtube.com/watch?v=p8jLuaQdOcs

에 관한 사례를 분석하여 국내법제에 대한 시사점을 도출하고자 한다.

II. 적정한 맞춤형교육과 교육구의 책임사례

1. Endrew사건의 사실관계8)

자폐 증세를 가진 장애인 학생인 Endrew는 교육구 소속 공립학교의 유치원에서 4학년까지 맞춤형교육9)을 받았다. 학부모는 아이의 학업성적과 기능발달이 정체되었다고 생각했는데, 학교당국은 이전의 맞춤형교육과 별반 다르지 않은 5학년 맞춤형교육을 제안하였다. 이에 불만을 품은 학부모는 아이를 공립학교에서 자퇴시키고 자폐아전문사립학교에 입학시켰는데, 그 학교를 다니는 동안 아이는 상당한 진전을 이루게 되었다. 교육구와 공립학교당국은 사립학교에서 진전을 이루고 있을 때 뒤늦게 새로운 5학년 맞춤형교육프로그램을 제안하였지만 부모들은 이전의 프로그램에 비하여 더 향상된 것은 아니라고 판단하였고 공립학교로 돌아가면 사실상의 불이익이 존재할 것을 염려하여 공립학교로의 복귀를 거부하고, 사립학교등록금의 보전을 교육구에 요구하게 되었지만 거부당했다.

---

7) 김윤실·김남순, 미국 장애인교육법과 우리나라 특수교육법에서 개별화교육프로그램(IEP) 고찰, 특수교육학연구 제43권 제2호, 2008, 47면이하 참조 "양국법령의 차이점 비교를 통하여 향후 우리나라 특수교육의 IEP관련법 개정과 기타 관련 정책수립 과정에서 기초자료로 활용될 수 있으며 발전적 개선방안을 모색하는데 기여할 수 있을 것으로 기대한다", 김애화, 2004 미국 특수교육법 개정에 즈음하여 살펴본 미국 특수교육의 동향 : 학습장애 영역을 중심으로, 한국특수교육학회, 2005, 21면이하, 한현민, 개별화 교육시행의 근거법령에 대한 한·미간 비교연구, 특수교육연구, 2008, 57면 이하 (비교적 상세한 미국과의 비교를 선행연구로 진행함),

8) Endrew F. ex rel. Joseph F. v. Douglas County School Dist. RE-1, 137 S.Ct. 988 (2017)

9) "individualized education program(IEP)" 우리법제에서는 개별화교육으로 표현함.

2. 관련법률과 사건의 경과

1) 관련법률

연방법인 장애학생에 대한 교육법(이하 장애학생교육법)은[10] 주정부에게 장애를 가진 학생의 교육을 지원하도록 연방자금을 지원하고 있으며, 이런 자금지원을 받은 주정부는 법률상의 기준을 충족해야 한다. 주정부는 반드시 본법상의 지원을 받을 수 있는 장애학생에게 적절한 무상의 공교육[11]을 제공하여야 하며,[12] '적절한 무상의 공교육'은 맞춤형교육프로그램을 통해서 개개의 장애학생의 특성에 맞게 특화된 교육을 의미한다.[13] 동법상 맞춤형교육은 구체적인 절차를 걸쳐서 마련되어야 하고[14] 맞춤형교육팀에는 교사, 학교당국 및 해당 학부모가 포함된다. 동법은 맞춤형교육팀에서 맞춤형교육프로그램을 마련할 때에는 학부모와 교육자간의 협력을 강조하고 개별장애아동의 특별한 상황을 면밀하게 검토하도록 하고 있었다.[15] 장애아동교육에 대한 선례에서는 맞춤형교육프로그램은 특정 아동의 특수한 필요에 맞춤형으로 교육과 이와 관련된 서비스가 마련되어야 한다[16]고 하였다.

2) 사건경과

콜로라도 연방지방법원은 교육구가 교육비지불청구를 거부한 처분은 정당한 것이라고 교육구의 결정을 지지하는 판결[17]을 하였으며, 이에 대하여 학부모들은 항소하였으며 제10연방고등법원은 선례인 Board

---

10) the Individuals with Disabilities Education Act(IDEA)
11) free appropriate public education(FAPE)
12) § 1401(9)(D).
13) 20 U.S.C. §§ 1401(9)(D),1412(a)(1).
14) § 1414(d)(1)(B)
15) § 1414.
16) Rowley, 458 U.S., at 181, 102 S.Ct. 3034.
17) 2014 WL 4548439

of Ed. of Hendrick Hudson Central School Dist., Westchester Cty. v. Rowley사건(이하 Rowley사건)을[18] 적용하면서 최소한의 교육적 혜택·효과를 주도록 마련되었다면 당해 학생의 맞춤형교육프로그램은 적절한 것[19]이라며 동 사건에서 아동은 적절한 무상교육을 제공받았다면서 지방법원의 판결을 유지하였으나[20] 학부모가 연방 대법원에 상고하였다.

3. 대법원의 주문과 판결이유

1) 판결의 주문

본 판결문은 Roberts대법원장이 작성하였는데, 대법원은 장애학생교육법에 따른 주정부의 의무를 실질적으로 충족하기 위해서는 학교는 반드시 맞춤형교육프로그램을 제공하여야 하며, 그 맞춤형 교육은 당해 아동의 상황에 비추어 아동이 적절한 발전을 할 수 있도록 합리적으로 마련된 맞춤형 교육이어야 한다고 판단하면서 연방 고등법원의 판결을 파기·환송하였다.

2) 판결이유

대법원은 선례들을 먼저 검토하면서 장애인학생의 교육과 관련된 적절한 무상의 교육의 의미를 확정하고자 하였다. Rowley사건에서 대법원은 장애인교육법이 모든 법적용 대상 아동에게 실질적이고 적절한 교육프로그램을 제공하도록 하고 있으며, 이런 제공이 있었는지를 판단함에 있어서는 개별 아동의 맞춤형 프로그램이 당해 아동에게 교육적 효과(educational benefits)을 줄 수 있도록 합리적으로 마련된 교육프로그램이라면 그 요구조건을 충족한 것으로 판단하였다.[21] 장애학생들이 완

---

18) 458 U.S. 176, 102 S.Ct. 3034, 73 L.Ed.2d 690
19) 798 F.3d 1329, 1338
20) 798 F.3d 1329
21) Id., at 207, 102 S.Ct. 3034

전히 일반교실에 통합·적응할 수 있도록, 장애학생에 대한 맞춤형교육은 장애학생이 학년진급이 가능하고 과정통과를 할 수 있을 정도로 합리적으로 마련되어야 할 것이라고 보았다.[22] Rowley사건[23]에서 맞춤형교육의 제공여부가 쟁점이었는데, 그 사건에서는 맞춤형교육제공기준을 충족한 것으로 대법원은 판단하였지만 이런 사건에서 모든 장애아동의 학습권에 적용될 수 있는 일률적 판단기준을 마련하지는 않았고 대법원은 Rowley사건의 분석방법은 당해 사건에만 적용[24]하려 했다고 선례의 적용범위를 한정해서 해석하였다.

본 사건에서 대법원은 Rowley사건을 파기한 것은 아니며, Rowley사건과 장애학생교육법의 조문을 해석·적용하여 결론에 이르게 되었다. "적절하게 마련된" 교육프로그램이라는 것은 교육자의 전문적 지식과 경험, 학부모의 관점에 비추어 학교당국의 미래예측을 통해 적절한 교육프로그램을 마련하는 것이라고 대법원은 판단하였다. 대법원은 맞춤형교육프로그램에 대한 사법심사에서는 당해 프로그램이 법원이 생각하는 이상적인 프로그램에 해당하는지를 판단하는 것이 아니라, 당해 프로그램이 적절한(reasonable)한 것인지 여부를 심사하는 것이고 보았

---

22) Id., at 204, 102 S.Ct. 3034
23) Rowley사건은 1982년 대법원이 판결한 사건이었다. Rowley는 공립유치원에 다니는 청각장애아였으며, 보청기장치를 제공받아 유치원을 졸업하고 초등학교를 진학하면서 매일 1시간씩의 보충수업과 매주 3시간씩의 언어치료를 받는 것을 내용으로 하는 맞춤형교육프로그램을 받기로 하였지만 학부모는 유치원 때 임시로 제공되었던 수화통역사를 모든 수업에 배치해줄 것을 요청하였으나 교육구는 이를 거부한 사건이었다. 동 사건에서 연방대법원은 무상 공교육을 받을 수 있는 교육기회의 평등이라는 기준을 기본적 최저수준의 교육기회의 평등으로 해석하였다. 즉, 무상의 적절한 공교육은 장애아동의 잠재적 능력을 최대한 실현하는 관점이 아니라, 기본적인 평등한 교육기회의 제공의 관점으로 판단하였다. 동 판례에 대한 국내소개는 다음의 글 참조. 이황원, 장애아동을 위한 무상의 적절한 공교육(FAPE)과 관련한 미국의 판례분석, 특수아동교육연구, 제18권 3호, 한국특수아동학회, 2016, 99면이하.
24) Id., at 202, 102 S.Ct. 3034.

다.25) 그러면서 적절한 프로그램인지 여부를 판단하면서, 맞춤형교육프로그램은 반드시 당해 아동이 발전할 수 있도록 해야 하며, 맞춤형교육프로그램의 핵심은 학습적 진전과 기능적 진전을 추구하는 계획을 세우는 것이라고 대법원은 보았다. 맞춤형교육프로그램을 마련하면서 당해 프로그램이 추구하는 목표의 정도는 당해 장애아동의 상황에 비추어 적절해야 한다는 것은 당연한 것이라고 대법원은 판단하였다. Rowley사건은 많은 경우 적절한 맞춤형프로그램이 어떠해야 하는지에 대한 시사점을 제공한다고 대법원은 보았다. 그래서 일반교실에 장애아동이 완전히 통합적응하기 위해서, 일반적으로 맞춤형교육은 학년별 진급과 과정통과를 할 수 있을 정도로 대상아동에 적절하게 맞추어져야 한다는 Rowley판결을 인용하기도 하였다.26) 또한 Rowley의 결론은 장애학생교육법상의 적절한 무상공교육의 개념에 근거를 두고 있다고 보았다. 적절한 무상공교육의 개념의 한 요소는 특수한 교육이며, 특수한 교육은 장애를 가진 학생의 특수한 필요를 충족할 수 있도록 특별하게 마련된 지침으로 정의되고 있다.27) 대법원은 개별 장애학생의 특별한 필요를 충족시키는 것이 무엇인지를 판단함에 있어서, 맞춤형프로그램을 개발하는 과정을 규정하고 있는 장애학생교육법의 조문28)이 그 지침이 된다고 판단하였다. 또한 당 조문의 취지는 Rowley사건에서 일반학생 교육과정에서의 진전으로 초점을 맞춘 것과 동일한 취지라고 대법원은 보았다. 하지만 Rowley사건과 본 사건을 대법원은 구별하였다. Rowley사건은 일반교실에 완전히 통합·적응하지 못하고 학년수준을 성취할 수 없는 장애아동에 대한 확립된 기준을 마련하지 않았다고 대법원은 판단하였다. 만약 합리적으로 판단하기에 당해 학년수준의 진전이 적절하지 않을 경우라고 판단되는 경우에는 아동의 맞춤형교육프로그램이 당해

---

25) 우리나라의 재량처분에 대한 사법심사와 매우 유사한 구조로 심사를 한다.
26) 458 U.S., at 204, 102 S.Ct. 3034.
27) §§ 1401(9),(29).
28) §§ 1414(d)(1)(A)(i)(I)(aa), (II)(aa), (IV)(bb).

학년수준의 진전을 목표로 할 필요는 없다고는 하지만, 일반교실에서 교육받는 대부분의 아동에게 학년승급 성취가 적절히 도전적이어야 하는 것처럼 당해 장애아동의 관점에서 맞춤형프로그램은 반드시 적절하게 도전적이어야 한다고 대법원은 판단하였다. 각각의 목표는 다를 수 있지만 모든 아동들은 도전적인 목표를 성취할 수 있는 기회를 가져야 한다고 보았던 것이다.

대법원은 본 사건에 적용되는 기준은 제10연방고등법원에서 적용한 "단순히 최소한의 이상의 것29)"이 아니라 보다 엄격한 기준이라고 보았다. 장애학생교육법이 일반교실에 완전히 통합되어 교육받는 장애아동에게는 학년별 성취도를 일반적으로 고려하지만, 완전한 통합교육을 받지 않는 아동의 경우에는 단순히 최소한의 진전이상만 있으면 된다고 법을 해석하는 것은 옳지 않다고 대법원은 보았다.30)

본 사건에서 장애아동의 부모는 장애아동교육법에 의해 장애아동도 장애가 없는 아동이 누리는 기회를 실질적으로 동등하게 누릴 수 있도록31) 주정부가 장애아동에게 교육의 기회를 제공할 의무가 있다고 주장하였다.32) 이런 주장에 대하여 선례인 Rowley사건에서 하급심이 아주 유사한 기준을 채택하였지만 당 사건에서 대법원은 이런 견해를 명시적으로 배척하였다. 또한 의회가 Rowley판결이후 법상 무상의 적절한 공교육의 개념을 실질적으로 개정하지도 않았기에 무상의 적절한 공교육의 개념을 대법원의 선례의 분석과 상반된 방식으로 해석하지 않는다고 밝히고 있다.

맞춤형교육프로그램의 적합성은 맞춤형교육이 필요한 당해 아동의 특수한 상황을 기준으로 판단해야 한다고 대법원은 보았다.33) 동시에

29) than the "merely more than *de minimis* " test
30) 137 S. Ct. 988, 990-1001.
31) "substantially equal to the opportunities afforded children without disabilities."
32) Brief for Petitioner 40
33) Rowley, 458 U.S., at 206, 102 S.Ct. 3034.

행정전문성에 대한 법원의 존중은 전문성의 적용과 학교당국의 판단과
정에 기초하고 있다는 점을 대법원은 지적하였다. 장애학생교육법은 교
육당국자에게 장애학생의 인생에서 매우 중요한 결정을 할 수 있는 권
한과 책임을 부여하고 있다는 점을 지적하면서, 맞춤형교육과정의 설정
과정의 본질은 학부모와 학교당국이 당해 학생의 맞춤형교육이 추구해
야 할 진전의 정도에 대한 의견을 충분히 교환하고 공유하도록 하는 것
이라고 대법원은 보았다.34) 그래서 맞춤형교육과정에 대한 쟁점이 문제
된 사건에서 교육당국은 이런 사건이 재판에 까지 오게 되는 과정에서
학부모와 의견이 불일치하는 점에 대한 교육당국의 전문성과 판단을 설
명할 완전한 기회를 가지고 있었기에, 당해 재판과정에서 당해 장애아
동의 관점에서 아동이 적절한 진전을 이룰 수 있도록 합리적으로 마련
된 맞춤형교육이라는 점을 교육당국은 납득가능하게 설명할 수 있어야
한다는 점을 대법원은 지적하였다.35)

4. 시사점

최근 강서구에서 발생한 장애아특수학교설립논란으로 장애아동의
열악한 교육환경이 잠시 언론에 소개되기도 하였지만, 장애아(소수자)의
교육권에 대한 사회적 관심과 정치권의 관심은 적은 편이다. 장애아동
에 대한 미국판례의 소개도 주로 법학자가 아닌 교육전공자를 중심으로
이루어지고 있고 시의적절한 소개도 없는 편이다.36) 그런데, 우리 법제
에서도 1977년 「특수교육진흥법」이 제정되어 있었고 미국의 장애학생

---

34) 참조 §§ 1414,1415; Rowley, 458 U.S., at 208–209, 102 S.Ct. 3034.
35) 137 S. Ct. 988, 1001–1002, 197 L. Ed. 2d 335 (2017)
36) 본 판례에서 선례로 언급되는 1982년의 Rowley사건도 24년이 지난 2016년에야 국
   내논문에 소개되었다. 참고 이황원, 장애아동을 위한 무상의 적절한 공교육(FAPE)
   과 관련한 미국의 판례분석, 특수아동교육연구, 제18권 3호, 한국특수아동학회,
   2016, 99면이하.

교육법 개정의 핵심을 받아 들여서 2008년 「장애인 등에 대한 특수교육법」이 제정되고 일부 개정되어 현재에 이르고 있다. 동법은 제3조(의무교육 등), 제4조(차별의 금지),[37] 제5조(국가 및 지방자치단체의 의무), 제6조(특수교육기관의 설립 및 위탁교육) 등[38]의 규정을 두고 있어서, 강서구의 특수학교설립사태와 같은 배격사태가 발생되지 않을 것 같은 구조를 가지고 있으며, 제22조(개별화교육)[39]과 제28조(특수교육 관련서비스) 등의[40] 조문을 두고 있어서 미국의 장애아동교육법의 취지와 규정을 다수 반영하고는 있지만 운영의 실질은 전혀 다른 것으로 판단된다.

특히 동법 제4조의 차별의 금지는 개별화교육팀에서의 참여 등 보호자 참여에서의 차별금지를 규정하고 있어서, 미국의 법제와 유사한 규정을 가지고 있으며 동법 제3조와 시행령 제3조에 따라 의무교육과 무상교육을 실시하기 위하여 입학금, 수업료, 교과용 도서대금 및 학교

37) 제4조(차별의 금지) ② 국가, 지방자치단체, 각급학교의 장 또는 대학의 장은 다음 각 호의 사항에 관하여 장애인의 특성을 고려한 교육시행을 목적으로 함이 명백한 경우 외에는 특수교육대상자 및 보호자를 차별하여서는 아니 된다.
38) 제6조(특수교육기관의 설립 및 위탁교육) ① 국가 및 지방자치단체는 특수교육대상자의 취학편의를 고려하여 특수교육기관을 지역별 및 장애영역별로 균형 있게 설치·운영하여야 한다.
39) 제22조(개별화교육) ① 각급학교의 장은 특수교육대상자의 교육적 요구에 적합한 교육을 제공하기 위하여 보호자, 특수교육교원, 일반교육교원, 진로 및 직업교육 담당 교원, 특수교육 관련서비스 담당 인력 등으로 개별화교육지원팀을 구성한다. ② 개별화교육지원팀은 매 학기마다 특수교육대상자에 대한 개별화교육계획을 작성하여야 한다.
40) 제28조(특수교육 관련서비스) ① 교육감은 특수교육대상자와 그 가족에 대하여 가족상담 등 가족지원을 제공하여야 한다.
② 교육감은 특수교육대상자가 필요로 하는 경우에는 물리치료, 작업치료 등 치료지원을 제공하여야 한다.
③ 각급학교의 장은 특수교육대상자를 위하여 보조인력을 제공하여야 한다.
④ 각급학교의 장은 특수교육대상자의 교육을 위하여 필요한 장애인용 각종 교구, 각종 학습보조기, 보조공학기기 등의 설비를 제공하여야 한다.
⑤ 각급학교의 장은 특수교육대상자의 취학 편의를 위하여 통학차량 지원, 통학비 지원, 통학 보조인력의 지원 등 통학 지원 대책을 마련하여야 한다.

급식비는 국가 또는 지방자치단체가 반드시 부담하여야 하며, 학교운영
지원비, 통학비, 현장·체험학습비 등은 예산의 범위에서 부담하거나 보
조할 수 있도록 하였다. 문제는 미국의 사례와 마찬가지로 의무교육과
무상교육의 수준이 어떤 것인지에 관한 쟁점은 남아 있다. 제5조와 제6
조에 따라 국가 및 지방자치단체는 특수교육에 대해서는 우선 지원하여
야 하고, 필요한 경우 사립의 특수교육기관에 그 교육을 위탁할 수 있
지만, 동법 시행령 제4조[41])에 따라 사립의 경우에는 국립과 공립의 수
준이 되도록 지원하는 규정만이 존재한다. 미국의 경우처럼 사립특수학
교가 당해 아동에 대해 국립과 공립의 경우보다 더 우수한 교육수준과
발달기회를 제공하는 경우에는 그 경비를 국가나 지방자치단체가 보존
해줄 수 있는 법 개정이 필요할 것이며 국가의 적절한 의무교육의 확보
노력을 보장하기 위해서, 국가와 지방자치단체의 의무이행에 대한 심사
기준을 미국과 유사한 수준에서 마련해야 할 필요가 존재한다. 또한 제
22조 개별화교육의 조항에서 학부모의 참여권을 명시적으로 보장하고
개별화교육프로그램의 마련절차를 상세히 규정하여 당해 장애인에 대
한 맞춤형 개별화교육의 합리성과 교육적 성과를 담보할 수 있는 절차
적 보장 장치를 마련해야 할 것이다.

　　동 판례의 시사점은 미국 행정법판례에서 가장 많이 언급되는
Chevron판례가 직접적으로 언급되지는 않았지만[42]), 행정재량이 존재하
는 영역에서 행정판단을 가급적 존중하는 태도를 유지하지만, 그 행정
재량이 존중되기 위해서는 행정기관은 반드시 전문성을 가지고 절차적

---

41) 제2항 교육감은 특수교육대상자의 교육을 위탁한 사립 특수교육기관에 대하여 국
　　립 또는 공립 특수교육기관과 같은 수준의 교육을 할 수 있도록 운영비, 시설비,
　　실험실습비, 진로 및 직업교육비, 교직원의 인건비, 그 밖에 특수교육에 필요한 경
　　비를 지급하여야 한다.
42) 참조 김성배, 최근(2013/2014) 미국 행정판례의 동향 및 분석 연구, 행정법연구
　　XX-2, 행정판례연구회, 2014. 김성배, 최근(2015/2016) 미국 행정판례의 동향 및
　　분석 연구, 행정법연구 XX-2, 행정판례연구회, 2016, 259-261면.

정당성과 근거를 가지고 자신의 결정을 뒷받침할 수 있어야 한다는 점을 특수아동교육의 선례인 Rowley판례를 파기하지 않으면서 결과적으로는 구분하는 판례를 하였다는 점이다. 즉, 우리나라의 장애인 등에 관한 특수교육법상의 지방자치단체의 의무나 개별화교육의 모형이 되었던 미국의 맞춤형교육프로그램을 제22조에서 차용하고 있으므로 개별화교육을 통해서 적절한 무상공교육을 실현하고 있는지가 쟁점이 될 수도 있다. 그러면, 전문적 영역에서 행정권의 재량을 인정한다고 하더라도, 당해 장애아동이 겪은 특수한 사정을 기반 하여, 교육적 진보가 있을 수 있는지 등을 기준으로 적절한 개별화교육이 이루어지고 있는지 여부를 부모의 참여권이 적절히 보장되고 있었다는 것 등을 근거로 교육당국은 적절히 소명할 수 있어야 할 것이다. 동 판례는 일반학교에서 통합교육을 받는 것이 아니라, 특수한 사정상 특수교육을 받는 경우에는 개별 아동이 처한 특수한 사정을 기준으로 행정권의 재량을 존중하지만 그 존중은 절차적 요건과 정당성을 확보했는지 여부 등을 기준으로 개별 검토해야 한다는 선례를 세운 것이다.

Ⅲ. 장애학생교육법과 차별금지법위반의 경우 필요적 행정심판전치주의 적용여부

1. Fry사건의 사실관계[43]

Fry라는 아이는 심각한 뇌성마비 장애를 가진 여자아이이며, Wonder라는 잘 훈련된 장애우도우미견이 이 아이의 다양한 일상생활을 도와주고 있었다. Fry가 학교병설유치원을 입학하여 다녀야 할 때

---

43) Fry v. Napoleon Community Schools, 137 S.Ct. 743 (2017)

Fry의 부모는 학교당국에게 도우미견을 학교에 데리고 갈 수 있도록 하
는 허가를 요청하였으나 학교당국은 당해 학교의 개별화된 교육프로그
램이[44] 있기 때문에 도우미견의 도움은 필요 없다고 판단하여 그 요청
을 거부하였다. 자신들의 요청을 받아들이지 않자, 부모들은 아이를 자
퇴시키고 홈스쿨링을 실시하면서 주 교육부의 권리보장국에[45] 학교당
국이 도우미견의 출입을 거부한 것은 장애인법 제2편[46] 및 연방 재활
법[47]의 권리를 침해한 것이라며 이의를 제기하였다. 그랬더니 학교당국
은 그제야 도우미견을 동반하고 학교를 다닐 수 있다고 당초 신청을 받
아들이는 결정을 하였다. 하지만 자신들이 교육부등에 이의를 제기한
것으로 인하여 학교당국이 자신들의 딸을 차별하거나 사실상의 보복을
할 것이 염려된 부모님은 다시 그 학교로 돌아가는 대신, 도우미견의
동반을 환영해 주는 다른 학교로 딸을 진학시키게 된다. 이후 장애아동
과 그 부모들은 당해 교육구와 요청을 거절한 교장을 상대로 장애인법
제2편 및 연방 재활법 제504조 위반을 이유로 연방법원에서 소송을 제
기한다.

2. 관련법령

장애학생교육법은 모든 장애학생들에게 적절한 무상의 공교육을
제공할 의무를 주정부에게 지우며, 무상의 공교육에 관한 학교당국과
학부모간의 분쟁을 처리하는 정식적인 행정절차(행정심판포함)를 비교적
상세하고 규정하고 있다. 그런데 장애학생도 장애인이므로 장애인학생
교육법보다 더 포괄적인 적용대상을 가지고 있는 장애인법 제2절과 재
활법 제504조가 적용될 수 있다. 연방 장애인법은[48] 1990년에 제정되

---

44) "individualized education program"
45) the Department of Education's Office for Civil Rights (OCR)
46) Title Ⅱ of the Americans with Disabilities Act (ADA)
47) § 504 of the Rehabilitation Act.

었으며, 공립학교뿐만 아니라 다른 생활영역에서 장애학생뿐만 아니라 모든 장애인에 대한 차별을 금지하는 법률이다. 동법 제2편은 주정부 및 지방자치단체의 의무를 규정하고 있는데, 모든 주정부와 공공기관의 모든 프로그램, 활동 및 서비스제공에서 장애인에 대한 차별을 금지하고 있다. 1973년 재정된 연방 재활법 제504조[49]는 연방의 재정지원을 받는 프로그램과 사업에 있어서 장애인에 대한 차별을 금지하고 있으며[50] 동법에 대한 연방행정입법은 공공기관의 정책과 사업수행 및 수행절차가 필요하다면 장애인에게 차별이 되지 않도록 수정하고 조치할 것을 요구하고 있었다.[51] 또한 판례법은 제504조를 해석하면서 연방정부의 법규명령과 같이 제504조를 해석하면서 장애인과 관련된 사업이나 업무처리를 하면서 필요한 경우에는 기존의 관행을 합리적으로 수정하도록 의무지우고 있다고 해석하고 있었다.[52] 비록 연방대법원의 판례는 아니지만 연방 지방법원의 판례중에서는 장애인도우미견의 이용도 제504조에 의해서 보장되는 것으로 해석하는 판례도 존재하였다.[53] 연방 장애학생교육법 § 1412[54]은 3세에서 21세의 모든 장애학생에 대하여 무상의 적절한 공교육이 가능하도록 규정하고 있다. 장애학생교육법은 일종의 행정심판전치주의를 취하고 있지만[55] 장애인법이나 재활법은 이런 행정분쟁처리전치주의를 취하고 있지 않았다.

---

48) the Americans with Disabilities Act(ADA)
49) 29 U.S.C. § 794
50) 42 U.S.C. §§ 12131-12132; 29 U.S.C. § 794(a).
51) 28 C.F.R. § 35.130(b)(7) (2016)
52) Alexander v. Choate, 469 U.S. 287, 299-300, 105 S.Ct. 712, 83 L.Ed.2d 661 (1985).
53) Sullivan v. Vallejo City Unified School Dist., 731 F.Supp. 947, 961-962 (E.D.Cal.1990)
54) 20 U.S.C.A. § 1412
55) 청문절차와 협상절차를 통하고 이런 절차를 통해서 중립적 심판관이 원만한 해결을 유도하게 된다. 동법은 중재와 청문절차를 다 거친 후 사법심사가 가능한 구조로 되어있다. 20 U.S. Code § 1415 — Procedural safeguards

3. 사건의 쟁점

본 사건의 쟁점은 본 사건이 장애학생교육법이 적용되는 사건인지, 다른 법률에 의한 구제를 청구하는 경우에도, 교육과 관련되면 장애학생교육법에 규정된 행정구제절차를 필수적으로 거쳐야 하는지 여부와 만약 원고의 청구에 종속되어 결정한다면, 원고가 어떤 구제를 요청하는지를 법원은 어떻게 결정해야 하는 것인지에 대한 것이었다.

4. 소송경과

연방지방법원은 원고의 청구를 각하하여야 한다는 교육구의 요청을 받아들여 동법에 의하면 법원에 소송을 제기하기 전에 필요적으로 장애학생교육법[56]상의 행정구제절차를 모두 거친 후에만 소송이 가능하다고 하면서 각하하였다. 이에 장애학생이 항소하자 제6연방고등법원은 원고가 "교육에 관한" 해를 입었다고 주장하는 모든 경우에 § 1415(1)[57]가 적용된다고 하면서 원심판결을 지지하였다.

5. 대법원의 판단

8명의 재판관이 만장일치로 판결한 사건인데, Kagan대법관이 판결문을 작성하였다. 쟁점1에 대해서 대법원은 장애학생교육법의 핵심인 무상의 적절한 공교육의 제공거부와 다른 어떤 조치에 대해서 원고가 구제를 요청하는 경우에는 장애학생교육법상의 사전행정구제절차는 필요하지 않다고 판단하였다.[58] 그 근거로는 사전구제절차를 규정한 장애

---

56) The Individuals with Disabilities Education Act (IDEA) 20 U.S.C. § 1412(a)(1)(A), § 1415(1)
57) § 1415. Procedural safeguards

학생교육법 § 1415(l)의 법규정상 동조가 적용되는 범위에서 원고가 장애학생교육법상의 구제를 청구하는 경우에 적용되며, 장애학생교육법이 적용되는 장애학생이 처한 구체적 사정을 고려하여 적절한 구제나 필요한 지원을 산정하도록 하고 있다는 점을 지적하였다. 이런 점을 고려하면 대법원은 장애학생지원법에서 적절한 무상의 공교육이 가장 중핵적 요소라는 것을 알 수 있으며 장애학생지원법은 장애아동에 대한 적절한 무상교육제공에 초점을 맞추고 있다고 하였다. 그래서 장애학생지원법은 학교당국이 적절한 무상교육을 제공할 의무를 준수했는지를 행정절차를 통해서 검토하는 것으로 대법원은 판단하였다. 그래서 청문회의 주재관은 당해 장애학생이 적절한 무상공교육을 받았는지 여부를 기준[59])으로 당해 이의절차에 적합한 실질적인 구제방법을 판단한다고 보았다.

그래서 대법원은 장애학생교육법상의 사전행정구제절차의 필요적 경료여부는 원고의 청구가 적절한 공교육의 거부에 대한 구제요청인지에 달려 있다고 보았다. 그런데 대법원은 실질적으로 적절한 무상공교육의 거부에 대한 이의신청이지만, 장애학생교육법을 근거로 하는 것이 아니라 단순히 다른 법률을 근거로 구제신청을 하면서 행정심판전치주의를 회피하는 것은 안 된다고 판단하였다. 이와 반대로, 원고의 구제청구가 다른 법령에 근거하고 있으며, 또한 적절한 무상공교육의 거부를 다투는 것이 아니라면, 장애학생교육법상의 사전구제절차의 전치는 필요 없다고 판단하였다.

쟁점2에 대해서 대법원은 원고가 무상의 적절한 공교육의 거부에 대한 구제를 청구하는지 여부를 결정함에 있어서, 원고가 소장에 기재한 것보다 실제 원고가 구제를 요청하는 것이 본질적으로 무엇인지 판단하는 것이 중요하다고 보았다. 장애학생교육법 § 1415(l)은 명시적으

---

58) 137 S.Ct. 743, 752-758.
59) § 1415(f)(3)(E)(i).

로 장애학생교육법상 가능한 구제를 구하고 있는 것을 필수 요건으로 하고 있기에 원고의 청구에 대한 판단에 중심이 된다고 대법원은 보았다. 하지만 장애학생교육법 § 1415(l)은 학교당국이 무상의 적절한 공교육을 제공하지 않았을 경우에, 필요적으로 행정부 내부의 구제절차를 행정소송 전에 거치도록 규정하고 있기 때문에 대법원은 이런 판단을 함에 있어서 원고청구의 형식·표면을 보는 것이 아니라 본질·내용을 보아야 한다고 판단하였다. 장애학생교육법은 장애를 가진 아동에 대한 적절한 공교육을 보장하는 역할을 함에 비하여 장애인법 제2장과 재활법 제504조는 모든 연령의 장애인 전부에 대해서 공공기관을 이용함에 있어서 차별받지 않을 것을 보장하는 역할을 한다는 점을 지적하였다. 대법원은 3개의 법률이 상호배타적이거나 중첩되는 것을 부정하는 것이 아니기에 어떤 행위는 3개의 법률위반에 해당할 수 있다는 점도 적시하였다. 그래서 대법원은 아동인 학생에게만 적용되는 법률과 모든 장애인에게 적용되는 법률 중 어떤 법률을 실질적으로 원고가 근거로 구제를 청구하는지를 판단함에 있어서 적용되는 심사절차를 제시하였다. 첫째, 원고가 침해를 받았다고 하는 근거가 되는 처분 또는 행정작용이 학교에서만 가능한 것인지 아니면 모든 공공시설에서 일어날 수 있는 경우인지를 판단해야 하고 둘째, 학교에서 일어나지만 아동이 아닌 성인에게 일어난다면, 성인들도 침해를 받았다고 주장할 수 있는 사안인지를 검토해야 한다고 대법원은 보았다. 앞의 질문에 대해서 모두 예라는 대답이 가능한 경우에는, 원고가 명시적으로 무상의 공교육의 거부를 주장하는 것이 아니라면, 원고의 청구는 필요적 행정심판전치가 필요한 무상의 공교육거부가 아니라 소장에서 적시한 것이 실제 원고가 요구하는 구제일 가능성이 농후하지만, 만약 위 질문에 대한 대답이 '아니요'라면, 원고의 청구는 무상의 공교육거부와 관련된 것일 가능성이 농후하다고 대법원은 보았다. 소송에서 원고가 구제를 원하는 것이 정말 무엇인지는 소송경과에서 자연스럽게 드러날 수 있다고 대법원은 보

았다.[60] 즉, 원고가 장애학생교육법상의 행정부내부구제절차를 이용한
적이 있다면, 원고가 청구하는 구제가 무상의 적절한 공교육의 거부와
관련된 것임을 강력하게 암시하는 증거라고 보았고, 반대로 원고가 '무
상의 공교육의 거부'라는 용어를 명시적으로 사용하지 않았다면 장애학
생교육법상의 무상의 공교육거부에 대한 구제가 아니라 다른 법률상의
구제를 청구하는 강력한 증거라고 대법원은 보았다.

6. 검토와 시사점

일반적으로 행정심판이 임의적 전치주의로 변경되었고, 필요적 행
정심판전치주의가 적용되는 경우가 있다고 하더라도 비교적 명료하게
행정심판전치가 적용되는 대상이 개별법률에 규정되어 있는 우리나라
는 미국과 같은 충돌현상이 일어나지 않을 가능성이 높다. 하지만, 개별
법령을 입법하면서 행정내부적 구제절차를 필수적으로 규정하는 경우
에는 다른 법률상의 구제청구와 중복되는 영역이 발생할 수도 있게 된
다. 장애아동에 적용될 수 있는 현행법은 장애아동 복지지원법(임의적
이의신청제도),[61] 발달장애인 권리보장 및 지원에 관한 법률(특수한 이의

---

60) Fry v. Napoleon Cmty. Sch., 137 S. Ct. 743, 754 - 758, 197 L. Ed. 2d 46 (2017).
61) 제38조(이의신청) ① 제14조에 따른 복지지원 대상자 선정 및 복지지원 내용 결정
   이나 그 밖에 이 법에 따른 처분에 이의가 있는 사람은 시장·군수·구청장에게 이
   의신청을 할 수 있다.
   ② 제1항에 따른 이의신청은 그 처분이 있음을 안 날부터 90일 이내에 서면으로
   할 수 있다. 다만, 정당한 사유로 그 기간 내에 이의신청을 할 수 없음을 증명한
   경우에는 그 사유가 소멸한 날부터 60일 이내에 이의신청을 할 수 있다.
   ③ 제1항에 따른 이의신청이 있는 경우에는 청구인이나 그 대리인에게 의견진술
   의 기회를 주어야 한다. 다만, 그 청구인이나 대리인이 정당한 사유 없이 이에 응
   하지 아니하거나 주소불명 등으로 의견진술의 기회를 줄 수 없는 경우에는 그러
   하지 아니하다.
   ④ 제1항부터 제3항까지의 규정에 따른 이의신청의 방법 및 절차 등에 관하여 필
   요한 사항은 보건복지부령으로 정한다.

신청제도 부재), 장애인·고령자 등 주거약자 지원에 관한 법률(특별한 이의신청절차 부재), 장애인·노인 등을 위한 보조기기 지원 및 활용촉진에 관한 법률(특별한 이의신청절차 부재), 장애인복지법(임의적 이의신청절차),62) 장애인차별금지 및 권리구제 등에 관한 법률(장애아동에 대한 차별금지조항,63)진정절차64)와 단기소송제기기간,65)66) 손해배상특칙), 장애인활동지원에 관한 법률(제7장 이의신청 등67)), 장애인 등에 대한 특수교육법(제

---

62) 제84조(심사청구) ①장애인이나 법정대리인등은 이 법에 따른 복지조치에 이의가 있으면 해당 장애인복지실시기관에 심사를 청구할 수 있다. <개정 2017.2.8.>
② 장애인복지실시기관은 제1항에 따른 심사청구를 받은 때에는 1개월 이내에 심사·결정하여 청구인에게 통보하여야 한다.
③ 제2항에 따른 심사·결정에 이의가 있는 자는 「행정심판법」에 따라 행정심판을 제기할 수 있다.

63) 제35조(장애아동에 대한 차별금지) ①누구든지 장애를 가진 아동임을 이유로 모든 생활 영역에서 차별을 하여서는 아니 된다.
② 누구든지 장애아동에 대하여 교육, 훈련, 건강보호서비스, 재활서비스, 취업준비, 레크리에이션 등을 제공받을 기회를 박탈하여서는 아니 된다.
③ 누구든지 장애아동을 의무교육으로부터 배제하여서는 아니 된다.
④ 누구든지 장애를 이유로 장애아동에 대한 유기, 학대, 착취, 감금, 폭행 등의 부당한 대우를 하여서는 아니 되며, 장애아동의 인권을 무시하고 강제로 시설 수용 및 무리한 재활 치료 또는 훈련을 시켜서는 아니 된다.

64) 제38조(진정) 이 법에서 금지하는 차별행위로 인하여 피해를 입은 사람(이하 "피해자"라 한다) 또는 그 사실을 알고 있는 사람이나 단체는 국가인권위원회(이하 "위원회"라 한다)에 그 내용을 진정할 수 있다.

65) 제44조(시정명령의 확정) ①법무부장관의 시정명령에 대하여 불복하는 관계 당사자는 그 명령서를 송달받은 날부터 30일 이내에 행정소송을 제기할 수 있다.
② 제1항의 기간 이내에 행정소송을 제기하지 아니한 때에는 그 시정명령은 확정된다.

66) 제43조(시정명령) ①법무부장관은 이 법이 금지하는 차별행위로 「국가인권위원회법」 제44조의 권고를 받은 자가 정당한 사유 없이 권고를 이행하지 아니하고 다음 각 호의 어느 하나에 해당하는 경우로서 그 피해의 정도가 심각하고 공익에 미치는 영향이 중대하다고 인정되는 경우 피해자의 신청에 의하여 또는 직권으로 시정명령을 할 수 있다.

67) 제36조(이의신청) ① 제11조에 따른 수급자격 인정, 활동지원등급, 활동지원급여, 제35조에 따른 부당지급급여의 징수 등에 관한 특별자치시장·특별자치도지사·시장·군수·구청장의 처분에 이의가 있는 자는 그 결정 결과 등을 통지받은 날부터

36조 고등학교 과정 이하의 심사청구[68]) 등 다양한 법률들이 미국에서 발생한 사건에서 적용될 수 있는 국내법률이다. 현재 국내법률들은 명시적으로 필요적인 이의신청절차를 규정하고 있지는 않지만, 장애인과 장애학생의 권리보호를 위한 행정절차를 정비해야 하는데, 행정기관에 비하여 자료가 부족한 장애학생의 측면에서는 행정절차와 이의절차를 통해서 관련정보를 수집하고 이용할 수 있는 기회를 부여할 필요가 있다. 또한 이의신청을 거친 경우에 어떤 법률에 명시되거나 명시되어 있지는 않지만 이용한 이의신청절차에 따라서, 행정심판이나 행정소송의 제소기간이 달리 산정될 수 있는 경우도 발생할 수 있을 것이다. 예를 들면, 장애학생이 학교적응에 상당한 어려움이 있다면서 특정한 행정처분의 상황에 이의를 제기한 경우, 그 이의신청에 대한 결정은 있었으나 적법한 통지가 이루어지지 않았거나 적법한 통지가 이루어진 경우, 행정심판의 청구기간은 통지일로부터 90일 이내인지, 특정한 행정처분이 있었던 날로부터 180일 이내인지는 근거법률에 따라 달라질 수 있다. 이런 상황이 발생한다면, 우리 법원도 단순히 원고(심판청구인)가 적시한 청구내용과 근거법률만으로 형식적으로 판단할 것이 아니라, 중첩 적용될 수 있는 법률가운데서 어떤 법률상의 구제를 청구하는지를 판단함에 있

90일 이내에 특별자치시장·특별자치도지사·시장·군수·구청장에게 이의를 제기할 수 있다. 다만, 타당한 사유로 그 기간 내에 이의신청을 할 수 없었음을 소명하였을 때에는 그러하지 아니하다.

제37조(행정소송) 제11조에 따른 수급자격 인정, 활동지원등급, 활동지원급여, 제35조에 따른 부당지급급여의 징수 등에 관한 특별자치시장·특별자치도지사·시장·군수·구청장의 처분에 이의가 있는 자와 제36조에 따른 이의신청에 대한 결정에 불복하는 자는「행정소송법」에서 정하는 바에 따라 행정소송을 제기할 수 있다.

68) 제36조(고등학교 과정 이하의 심사청구) ① 특수교육대상자 또는 그 보호자는 다음 각 호의 어느 하나에 해당하는 교육장, 교육감 또는 각급학교의 장의 조치에 대하여 이의가 있을 때에는 해당 시·군·구특수교육운영위원회 또는 시·도특수교육운영위원회에 심사청구를 할 수 있다.

⑥ 제3항에서 정하는 심사결정에 이의가 있는 특수교육대상자 또는 그 보호자는 그 통보를 받은 날부터 90일 이내에 행정심판을 제기할 수 있다.

어서 미국의 사례가 시사점이 될 수 있을 것이다. 또한 특수한 배려가 필요한 장애인에 대한 장식적인 지원 법률의 나열이 아니라, 실질적으로 작동하고 도움이 되는 장애인관련 지원법으로 거듭나기 위해서는 절차적 보호와 이의절차를 정비할 필요가 존재하는데 미국의 판례에서 검토되었던 내용들이 입법의 참고자료로 사용될 수 있을 것이다.

Ⅳ. 결론

유사한 법체계를 가지고 있고 장애인에 대한 선진적 제도를 가진 것으로 평가되는 미국식 제도를 수용한 것으로 보이는 우리나라는 결과적으로는 미국과는 완전히 다른 상황 하에 있다. 실질적으로 결과적으로 상반된 결과가 나오는 것은 사회적 문화적 경제적 차이도 존재하지만, 절차적 참여권의 보장부분과 소송을 통한 구제가능성 등 법제도면에서도 차이가 존재한다. 장애인 등에 대한 특수교육법」 제4조의 차별의 금지는 개별화교육팀에서의 참여 등 보호자 참여에서의 차별금지를 규정하고 있어서, 미국의 법제와 유사한 규정을 가지고 있으며 동법 제3조와 시행령 제3조에 따라 의무교육과 무상교육을 실시하기 위하여 입학금, 수업료, 교과용 도서대금 및 학교급식비는 국가 또는 지방자치단체가 반드시 부담하여야 하며, 학교운영 지원비, 통학비, 현장·체험학습비 등은 예산의 범위에서 부담하거나 보조할 수 있도록 하였다. 문제는 미국의 사례와 마찬가지로 의무교육과 무상교육의 수준이 어떤 것인지에 관한 쟁점은 남아 있다. 미국의 경우처럼 사립특수학교가 당해 아동에 대해 국립과 공립의 경우보다 더 우수한 교육수준과 발달기회를 제공하는 경우에는 그 경비를 국가나 지방자치단체가 보존해줄 수 있는 법 개정이 필요할 것이며 국가의 적절한 의무교육의 확보노력을 보장하기 위해서, 국가와 지방자치단체의 의무이행에 대한 심사기준을 미국과 유사한 수준에서 마련해야 할 필요가 존재한다. 또한 제22조 개별화교육의 조항에서 학부모의 참여권을 명시적으로 보장하고 개별화교육프로그램의 마련절차를 상세히 규정하여 당해 장애인에 대한 맞춤형 개별화교육의 합리성과 교육적 성과를 담보할 수 있는 절차적 보장 장치를 마련해야 할 것이다.

Endrew사례의 시사점은 행정재량이 존재하는 영역에서 행정판단을 가급적 존중하는 태도를 유지하지만, 그 행정재량이 존중되기 위해서는 행정기관은 반드시 전문성을 가지고 절차적 정당성과 근거를 가지고 자신의 결정을 뒷받침할 수 있어야 한다는 것을 판례가 강조하였다는 점이다. 우리나라에서도 개별화교육을 통해서 적절한 무상공교육을 실현하고 있는지가 쟁점이 될 수도 있다. 그러면, 전문적 영역에서 행정권의 재량을 인정한다고 하더라도, 당해 장애아동이 겪은 특수한 사정을 기반 하여, 교육적 진보가 있을 수 있는지 등을 기준으로 적절한 개별화교육이 이루어지고 있는지 여부를 부모의 참여권이 적절히 보장되고 있었다는 것 등을 근거로 교육당국은 적절히 소명할 수 있어야 할 것이다. Endrew판례는 일반학교에서 통합교육을 받는 것이 아니라, 특수한 사정상 특수교육을 받는 경우에는 개별 아동이 처한 특수한 사정을 기준으로 행정권의 재량을 존중하지만 그 존중은 절차적 요건과 정당성을 확보했는지 여부 등을 기준으로 개별 검토해야 한다는 선례를 세운 것이다. Fry사건을 통한 국내의 시사점을 재정리하면, 현재 국내 장애학생관련 법률들은 명시적으로 필요적인 이의신청절차를 규정하고 있지는 않지만, 장애인과 장애학생의 권리보호를 위한 행정절차를 정비해야 하는데, 행정기관에 비하여 자료가 부족한 장애학생의 측면에서는 행정절차와 이의절차를 통해서 관련정보를 수집하고 이용할 수 있는 기회를 부여할 필요가 있다. 또한 이의신청을 거친 경우에 어떤 법률에 명시되거나 명시되어 있지는 않지만 이용한 이의신청절차에 따라서, 행정심판이나 행정소송의 제소기간이 달리 산정될 수 있는 경우도 발생할 수 있을 것이다. 예를 들면, 장애학생이 학교적응에 상당한 어려움이 있다면서 특정한 행정처분의 상황에 이의를 제기한 경우, 그 이의신청에 대한 결정은 있었으나 적법한 통지가 이루어지지 않았거나 적법한 통지가 이루어진 경우, 행정심판의 청구기간은 통지일로부터 90일 이내인지, 특정한 행정처분이 있었던 날로부터 180일 이내인지는 근거법률에 따라 달라질 수 있다. 이런 상황이 발생한다면, 우리 법원도 단순히 원고(심판청구인)가 적시한 청구내용과 근거법률만으로 형식적으로 판단할 것이 아니라, 중첩 적용될 수 있는 법률가운데서 어떤 법률상의 구제를 청구하는지를 판단함에 있어서 미국의 사례가 시사점이 될 수 있을 것이다. 또한 특수한 배려가 필요한 장애인에 대한 장식적인 지원 법률의 나열이 아니라, 실질적으로 작동하고 도움이 되는 장애인관련 지원법으로 거듭나기 위해서는 절차적 보호와 이의절차를 정비할 필요가 존재하는데 미국의 판례에서 검토되었던 내용들이 입법의 참고자료로 사용될 수 있을 것이다. 미국 판례는 사법정책적으로 장애인의 열악한 실정과 차별시정의 필요성을 인정한 상태에서 법이론을 구성한 것으로 보인다. 기존의 선례를 명시적으로 변경하지 않았지만, 장애인학생들의 교육적 성과와 진보는 중요한 기준이 되면 이를 판단함에 있어서 개별 장애학생의 특수한 사정을 고려하여 교육전문가와 학부모의 참여를 전제로 하여 그 참여의 수준과 과정에 대한 판단을 하고 있다는 것은 우리 법제 개선에 많은 참고가 될 것이다.

참고문헌

김성배, 최근(2013/2014) 미국 행정판례의 동향 및 분석 연구, 행정법연구 XX-2, 행정판례연구회, 2014.

김성배, 최근(2015/2016) 미국 행정판례의 동향 및 분석 연구, 행정법연구 XX-2, 행정판례연구회, 2016.

김애화, 2004 미국 특수교육법 개정에 즈음하여 살펴본 미국 특수교육의 동향 : 학습장애 영역을 중심으로, 한국특수교육학회, 2005,

이황원, 장애아동을 위한 무상의 적절한 공교육(FAPE)과 관련한 미국의 판례분석, 특수아동교육연구, 제18권 3호, 한국특수아동학회, 2016.

한현민, 개별화 교육시행의 근거법령에 대한 한·미간 비교연구, 특수교육연구, 2008.

참고판례

Alexander v. Choate, 469 U.S. 287, 299-300, 105 S.Ct. 712, 83 L.Ed.2d 661 (1985).

Benton House, LLC v. Cook & Younts Ins., Inc., 249 S.W.3d 878, 881 -882 (2008)

Board of Ed. of Hendrick Hudson Central School Dist., Westchester Cty. v. Rowley, 458 U.S. 176, 102 S.Ct. 3034, 73 L.Ed.2d 690 (1982)

Chevron U.S.A., Inc. v. Natural Resources Defense Council, Inc., 104 S.Ct. 2778 (1984)

Fry v. Napoleon Community Schools, 137 S.Ct. 743 (2017)

Endrew F. ex rel. Joseph F. v. Douglas County School Dist. RE-1, 137 S.Ct. 988 (2017)

Sullivan v. Vallejo City Unified School Dist., 731 F.Supp. 947, 961-962
(E.D.Cal.1990)

국문초록

　　우리나라의 현실은 산업화를 위해 힘겹게 앞만 보고 달려야 했던 시절과 별반 다르지 않은 장애인에 대한 처우가 이루어지고 있다. 심지어는 장애를 가진 학생들이 공부하는 시설에만 냉방기를 가동시키지 못하도록 하는 조치를 취한 학교장이 존재하고 장애인학교가 없어서 몇 시간을 통학버스에서 시달려야 하는 장애인학생이 존재하며 장애학생을 위한 특수학교를 설립하고자 인근 주민들을 설득하기 위해 무릎을 꿇고 비는 장애인학부모가 존재한다. 서울특별시 25개 자치구중 8개의 구에는 장애인학교 조차 없으며, 부산의 경우에도 한곳도 없는 구가 6개가 존재하고 있으며 특수학교가 없는 곳에도 많은 장애인 학생들이 존재하고 있다. 장애인관련 법률들은 미국의 모델을 수용하여 체계적으로 내용적으로 많은 발전을 하였다. 「장애아동 복지지원법」, 「장애인 건강권 및 의료접근성 보장에 관한 법률」, 「장애인고용촉진 및 직업재활법」, 「발달장애인 권리보장 및 지원에 관한 법률」, 「장애인기업활동촉진법」, 「장애인·노인 등을 위한 보조기기 및 활용촉진에 관한 법률」, 「장애인·노인·임산부 등의 편의증진 보장에 관한 법률」, 「장애인복지법」, 「장애인 등에 대한 특수교육법」, 「장애인활동 지원에 관한 법률」, 「장애인차별금지 및 권리구제 등에 관한 법률」, 「장애인 등에 대한 특수교육법」 등 무수한 단행법들이 현재 제정되어 시행되고 있다. 특히 교육과정과 교육현장에서의 차별은 장애를 가진 아이들이 정상적 성장과 발전을 저해할 뿐만 아니라 장애인이 사회적으로 바로 설 수 있는 기회까지 원천적으로 박탈하거나 저해할 수 있어서 그 위험성이 크다. 그럼에도 불구하고 장애를 가진 학생에 대한 사회적 편견과 차별이 일상화되어서 그 시정이 필요한 시점에 있다. 본 논문에서는 우리 특수교육의 모델이 된 미국의 법제에서 발생한 개별화교육과 장애인차별에 관한 사례를 분석하여 국내법제에 대한 시사점을 도출하고자 한다. 미국 판례는 사법정책적으로 장애인의 열악한 실정과 차별시정의 필요성을 인정한 상태에서 법이론을 구성한 것으로 보인다. 기존의 선례를 명시적으로 변경하지 않았지만, 장애인학생들의 교육적 성과와 진보는 중요한 기준이 되면 이를 판단함에 있어서 개별 장애학생의 특수한 사정을 고려하여 교육전문가와 학부모의 참여를 전제로 하여 그 참여의 수준과 과정에 대한 판단을 하고 있다는 것은 우리 법제개선에 많은 참고가 될 것이다.

주제어: 미국 판례, 개별화교육, 장애인 교육, 특수교육, 차별적 조치,
개별화교육, 맞춤형교육, 무상의 공교육, 적절한 공교육

Abstract

Analyses of American Cases about Special Education and Individualized Education for Persons with Disabilities

Sung—Bae Kim*

The reality of our country is being treated for people with disabilities that are not different from the days when we had to run for the sake of industrialization. There is even a school principal who has taken steps to ensure that students with disabilities are not allowed to operate the air conditioner only in facilities where they study. There are students with disabilities who have to ride on school bus for several hours because there is no school for the disabled nearby. There are parents with disabilities who are kneeling to persuade nearby residents to establish special schools for students with disabilities. Eight of the 25 municipalities in Seoul have no schools for the disabled. In Busan, there are six districts without special school for disabilities, but there are many students with disabilities. The laws of the disabled have made a lot of progress in terms of systematic and contents by accepting the American model. Numerous laws related with disabilities are currently being enacted and implemented such as "Welfare Support for Children with Disabilities Act", "Act on the Right to Health for Persons with Disabilities and Access to Medical Care", "Promotion of Employment of Persons with Disabilities and Occupational Rehabilitation Act", "Act on Guarantee and Support for

---

* Kookmin University College of Law

the Developmental Disabilities", "Act for Promotion of Disabled Persons Activity", "Act on the Promotion of Auxiliary Devices and Utilization for the Disabled, the Elderly, etc.", "Act on the Promotion of Convenience Promotion of Disabled Persons, Senior Citizens, and Pregnant Women", "Disabled Persons Welfare Act", "Special Education Law for Disabled Persons", "Act on Support for Disabled Persons", "Act on the Prohibition of Discrimination against Persons with Disabilities and Remedies for Rights", and "Special Education Law for Disabled Persons" etc. In particular, discrimination in curriculum and education is dangerous because children with disabilities can not only impede normal growth and development, but can also deprive or disrupt opportunities for disabled people to become socially justified. Nevertheless, social prejudice and discrimination against students with disabilities are commonplace, and it is necessary to correct them. This paper analyzes the case of discrimination education and disability discrimination in the US legal system which is a model of our special education. The United States case seems to constitute the theory of law in a state of judicial policy in recognition of the need for the poor situation of the disabled and correction of discrimination. Although the existing precedents have not been explicitly changed, the educational performance and progress of students with disabilities should be considered as important criteria. In consideration of the specific circumstances of individual students with disabilities, The fact that we are making judgments about the process will be a great reference for improving our legal system.

Keywords: American cases, Individualized education, discrimination, disabled student, disabilities, Free Appropriate Public Education, FAPE

투고일 2017. 12. 11.
심사일 2017. 12. 25.
게재확정일 2017. 12. 28.

附　　錄

研究倫理委員會 規程

제1장 총 칙

제 1 조 (목적)

이 규정은 사단법인 한국행정판례연구회(이하 "학회"라 한다) 정관 제26조에 의하여 연구의 진실성을 확보하기 위하여 설치하는 연구윤리위원회(이하 "위원회"라 한다)의 구성 및 운영에 관한 기본적인 사항을 정함을 목적으로 한다.

제 2 조 (적용대상)

이 규정은 학회의 정회원·준회원 및 특별회원(이하 "회원"이라 한다)에 대하여 적용한다.

제 3 조 (적용범위)

연구윤리의 확립 및 연구진실성의 검증과 관련하여 다른 특별한 규정이 없는 한 이 규정에 따른다.

제 4 조 (용어의 정의)

이 규정에서 사용하는 용어의 정의는 다음과 같다.

1. "연구부정행위"는 연구를 제안, 수행, 발표하는 과정에서 연구목적과 무관하게 고의 또는 중대한 과실로 행하여진 위조·변조·표절·부당한 저자표시 등 연구의 진실성을 심각하게 해치는 행위를 말한다.

2. "위조"는 존재하지 않는 자료나 연구결과를 허위로 만들고 이를 기록하거나 보고하는 행위를 말한다.

3. "변조"는 연구와 관련된 자료, 과정, 결과를 사실과 다르게

변경하거나 누락시켜 연구가 진실에 부합하지 않도록 하는 행위를
말한다.

    4. "표절"은 타인의 아이디어, 연구 과정 및 연구결과 등을 정
       당한 승인 또는 적절한 인용표시 없이 연구에 사용하는 행
       위를 말한다.

    5. "부당한 저자 표시"는 연구내용 또는 결과에 대하여 학술적
       공헌 또는 기여를 한 자에게 정당한 이유 없이 저자 자격을
       부여하지 않거나, 학술적 공헌 또는 기여를 하지 않은 자에
       게 감사의 표시 또는 예우 등을 이유로 저자 자격을 부여하
       는 행위를 말한다.

제2장 연구윤리위원회의 구성 및 운영

제5조 (기능)

위원회는 학회 회원의 연구윤리와 관련된 다음 각 호의 사항을 심
의·의결한다.

    1. 연구윤리·진실성 관련 제도의 수립 및 운영 등 연구윤리확
       립에 관한 사항
    2. 연구윤리·진실성 관련 규정의 제·개정에 관한 사항
    3. 연구부정행위의 예방·조사에 관한 사항
    4. 제보자 및 피조사자 보호에 관한 사항
    5. 연구진실성의 검증·결과처리 및 후속조치에 관한 사항
    6. 기타 위원장이 부의하는 사항

제6조 (구성)

① 위원회는 위원장과 부위원장 각 1인을 포함하여 7인 이내의 위
원으로 구성한다.

② 위원장은 부회장 중에서, 부위원장은 위원 중에서 회장이 지명

한다.

③ 부위원장은 위원장을 보좌하고 위원장의 유고시에 위원장의 직무를 대행한다.

④ 위원은 정회원 중에서 회장이 위촉한다.

⑤ 위원장과 부위원장 및 위원의 임기는 1년으로 하되 연임할 수 있다.

⑥ 위원회의 제반업무를 처리하기 위해 위원장이 위원 중에서 지명하는 간사 1인을 둘 수 있다.

⑦ 위원장은 위원회의 의견을 들어 전문위원을 위촉할 수 있다.

제 7 조 (회의)

① 위원장은 필요한 경우 위원회의 회의를 소집하고 그 의장이 된다.

② 회의는 재적위원 과반수 출석과 출석위원 과반수 찬성으로 의결한다. 단 위임장은 위원회의 성립에 있어 출석으로 인정하되 의결권은 부여하지 않는다.

③ 회의는 비공개를 원칙으로 하되, 필요한 경우에는 위원이 아닌 자를 참석시켜 의견을 진술하게 할 수 있다.

제 3 장 연구진실성의 검증

제 8 조 (연구부정행위의 조사)

① 위원회는 구체적인 제보가 있거나 상당한 의혹이 있는 경우에는 연구부정행위의 존재 여부를 조사하여야 한다.

② 위원회는 조사과정에서 제보자·피조사자·증인 및 참고인에 대하여 진술을 위한 출석과 자료의 제출을 요구할 수 있다.

③ 위원회는 연구기록이나 증거의 멸실, 파손, 은닉 또는 변조 등을 방지하기 위하여 상당한 조치를 취할 수 있다.

제9조 (제보자와 피조사자의 권리 보호)

① 위원회는 어떠한 경우에도 제보자의 신원을 직·간접적으로 노출시켜서는 안 된다. 다만, 제보 내용이 허위인 줄 알았거나 알 수 있었음에도 불구하고 이를 신고한 경우에는 보호 대상에 포함되지 않는다.

② 위원회는 연구부정행위 여부에 대한 검증과정이 종료될 때까지 피조사자의 명예나 권리가 침해되지 않도록 노력하여야 한다.

제10조 (비밀엄수)

① 위원회의 위원은 연구부정행위의 조사, 판정 및 제재조치의 건의 등과 관련한 일체의 사항을 비밀로 하며, 검증과정에 직·간접적으로 참여한 자는 검증과정에서 취득한 정보를 누설하여서는 아니된다.

② 위원장은 제1항에 규정된 사항으로서 합당한 공개의 필요성이 있는 때에는 위원회의 의결을 거쳐 공개할 수 있다. 다만, 제보자·조사위원·증인·참고인·자문에 참여한 자의 명단 등 신원과 관련된 정보가 당사자에게 부당한 불이익을 줄 가능성이 있는 때에는 공개하지 아니한다.

제11조 (제척·기피·회피)

① 위원은 검증사건과 직접적인 이해관계가 있는 때에는 당해 사건의 조사·심의 및 의결에 관여하지 못한다. ② 제보자 또는 피조사자는 위원에게 공정성을 기대하기 어려운 사정이 있는 때에는 그 이유를 밝혀 당해 위원의 기피를 신청할 수 있다. 위원회에서 기피 신청이 인용된 때에는 기피 신청된 위원은 당해 사건의 조사·심의 및 의결에 관여하지 못한다.

③ 위원은 제1항 또는 제2항의 사유가 있다고 판단하는 때에는 회피하여야 한다.

④ 위원장은 위원이 검증사건과 직접적인 이해관계가 있다고 인정하는 때에는 당해 검증사건과 관련하여 위원의 자격을 정지할 수 있다.

제12조 (의견진술, 이의제기 및 변론기회의 보장)

위원회는 제보자와 피조사자에게 관련 절차를 사전에 알려주어야 하며, 의견진술, 이의제기 및 변론의 기회를 동등하게 보장하여야 한다.

제13조 (판정)

① 위원회는 위원들의 조사와 심의 결과, 제보자와 피조사자의 의견진술, 이의제기 및 변론의 내용을 토대로 검증대상행위의 연구부정행위 해당 여부를 판정한다.

② 위원회가 검증대상행위의 연구부정행위 해당을 확인하는 판정을 하는 경우에는 재적위원 과반수 출석과 출석위원 3분의 2 이상의 찬성으로 한다.

제4장 검증에 따른 조치

제14조 (판정에 따른 조치)

① 위원장은 제13조 제1항의 규정에 의한 판정결과를 회장에게 통보하고, 검증대상행위가 연구부정행위에 해당한다고 판정된 경우에는 위원회의 심의를 거쳐 그 판정결과에 따라 필요한 조치를 건의할 수 있다.

② 회장은 제1항의 건의가 있는 경우에는 다음 각 호 중 어느 하나의 제재조치를 하거나 이를 병과할 수 있다.

  1. 연구부정논문의 게재취소
  2. 연구부정논문의 게재취소사실의 공지
  3. 회원의 제명절차에의 회부

4. 관계 기관에의 통보

5. 기타 적절한 조치

③ 전항 제2호의 공지는 저자명, 논문명, 논문의 수록 권·호수, 취소일자, 취소이유 등이 포함되어야 한다.

④ 회장은 학회의 연구윤리와 관련하여 고의 또는 중대한 과실로 진실과 다른 제보를 하거나 허위의 사실을 유포한 자가 회원인 경우 이를 제명절차에 회부할 수 있다.

제15조 (조사결과 및 제재조치의 통지)

회장은 위원회의 조사결과 및 제재조치에 대하여 제보자 및 피조사자 등에게 지체없이 서면으로 통지한다.

제16조 (재심의)

피조사자 또는 제보자가 판정결과 및 제재조치에 대해 불복할 경우 제15조의 통지를 받은 날부터 20일 이내에 이유를 기재한 서면으로 재심의를 요청할 수 있다.

제17조 (명예회복 등 후속조치)

검증대상행위가 연구부정행위에 해당하지 아니한다고 판정된 경우에는 학회 및 위원회는 피조사자의 명예회복을 위해 노력하여야 하며 적절한 후속조치를 취하여야한다.

제18조 (기록의 보관) ① 학회는 조사와 관련된 기록은 조사 종료 시점을 기준으로 5년간 보관하여야 한다.

부   칙

제1조 (시행일) 이 규정은 2007년 11월 29일부터 시행한다.

研究論集 刊行 및 編輯規則

제정: 1999. 08. 20.
제 1 차 개정: 2003. 08. 22.
제 2 차 개정: 2004. 04. 16.
제 3 차 개정: 2005. 03. 18.
전문개정: 2008. 05. 26.
제 5 차 개정: 2009. 12. 18.

제 1 장 총 칙

제 1 조 (目的)

이 규칙은 사단법인 한국행정판례연구회(이하 "학회"라 한다)의 정관 제27조의 규정에 따라 연구논집(이하 '논집'이라 한다)을 간행 및 편집함에 있어서 필요한 사항을 정함을 목적으로 한다.

제 2 조 (題號)

논집의 제호는 '行政判例硏究'(Studies on Public Administration Cases)라 한다.

제 3 조 (刊行週期)

① 논집은 연 2회 정기적으로 매년 6월 30일, 12월 31일에 간행함을 원칙으로 한다.
② 전항의 정기간행 이외에 필요한 경우는 특별호를 간행할 수 있다.

제 4 조 (刊行形式)

논집의 간행형식은 다음 각 호의 어느 하나에 의한다.

　　1. 등록된 출판사와의 출판권 설정의 형식

　　2. 자비출판의 형식

제 5 조 (收錄對象)

① 논집에 수록할 논문은 다음과 같다.

　　1. 발표논문: 학회의 연구발표회에서 발표하고 제출한 논문으로
　　　서 편집위원회의 심사절차를 거쳐 게재확정된 논문

　　2. 제출논문: 회원 또는 비회원이 논집게재를 위하여 따로 제출
　　　한 논문으로서 편집위원회의 심사절차를 거쳐 게재확정된
　　　논문

　　3. 그 밖에 편집위원회의 심사절차와 간행위원회의 의결을 거쳐
　　　수록하기로 한 논문 등

② 논집에는 부록으로서 다음의 문건을 수록할 수 있다.

　　1. 학회의 정관, 회칙 및 각종 규칙

　　2. 학회의 역사 또는 활동상황

　　3. 학회의 각종 통계

③ 논집에는 간행비용의 조달을 위하여 광고를 게재할 수 있다.

제 6 조 (收錄論文要件)

논집에 수록할 논문은 다음 각호의 요건을 갖춘 것이어야 한다.

　　1. 행정판례의 평석 또는 연구에 관한 논문일 것

　　2. 다른 학술지 등에 발표한 일이 없는 논문일 것

　　3. 이 규정 또는 별도의 공고에 의한 원고작성요령 및 심사기준
에 부합하는 학술연구로서의 형식과 품격을 갖춘 논문일 것

제 7 조 (著作權)

① 논집의 편자는 학회의 명의로 하고, 논집의 개별 논문에는 집필자(저작자)를 명기한다.

② 학회는 논집의 편집저작권을 보유한다.

제 2 장 刊行委員會와 編輯委員會

제 8 조 (刊行 및 編輯主管)

① 논집의 간행 및 편집에 관한 업무를 관장하기 위하여 학회에 간 행위원회와 편집위원회를 둔다.

② 간행위원회는 논집의 간행에 관한 중요한 사항을 심의·의결한다.

③ 편집위원회는 간행위원회의 결정에 따라 논집의 편집에 관한 업무를 행한다.

제 9 조 (刊行委員會의 構成과 職務 등)

① 간행위원회는 편집위원을 포함하여 회장이 위촉하는 적정한 수의 위원으로 구성하고 임기는 1년으로 하되 연임할 수 있다.

② 간행위원회는 위원장, 부위원장 및 간사 각 1인을 둔다.

③ 간행위원장은 위원 중에서 호선하고, 부위원장은 학회의 출판담당 상임이사로 하고, 간사는 위원 중에서 위원장이 위촉한다.

④ 간행위원회는 다음의 사항을 심의·의결한다.

  1. 논집의 간행계획에 관한 사항

  2. 논집의 특별호의 기획 등에 관한 사항

  3. 이 규칙의 개정에 관한 사항

  4. 출판권을 설정할 출판사의 선정에 관한 사항

  5. 그 밖에 논집의 간행과 관련된 중요한 사항

⑤ 간행위원회는 다음 각 호의 경우에 위원장이 소집하고, 간행위원회는 위원 과반수의 출석과 출석위원 과반수의 찬성으로 의결

한다.

1. 회장 또는 위원장이 필요하다고 판단하는 경우
2. 위원 과반수의 요구가 있는 경우

제10조 (編輯委員會의 構成과 職務 등)

① 편집위원회는 학회의 출판담당 상임이사를 포함하여 회장이 이사회의 승인을 얻어 선임하는 10인 내외의 위원으로 구성하고 임기는 3년으로 한다.

② 편집위원회는 위원장, 부위원장 및 간사 각 1인을 둔다.

③ 편집위원장은 위원 중에서 호선하고, 부위원장은 학회의 출판담당 상임이사로 하고, 간사는 위원 중에서 위원장이 위촉한다.

④ 편집위원회는 다음의 사항을 행한다.

1. 이 규칙에 의하는 외에 논집에 수록할 논문의 원고작성요령 및 심사기준에 관한 세칙의 제정 및 개정
2. 논문심사위원의 위촉
3. 논문심사의 의뢰 및 취합, 종합판정, 수정요청 및 수정후재심사, 논집에의 게재확정 또는 거부 등 논문심사절차의 진행
4. 논집의 편집 및 교정
5. 그 밖에 논집의 편집과 관련된 사항

⑤ 편집위원회는 다음 각 호의 경우에 위원장이 소집하고, 위원 과반수의 출석과 출석위원 과반수의 찬성으로 의결한다.

1. 회장 또는 위원장이 필요하다고 판단하는 경우
2. 위원 과반수의 요구가 있는 경우

제3장   論文의 提出과 審査節次 등

제11조 (論文提出의 基準)

① 논문원고의 분량은 A4용지 20매(200자 원고지 150매) 내외로 한다.

② 논문의 원고는 (주)한글과 컴퓨터의 "문서파일(HWP)"로 작성하고 한글사용을 원칙으로 하되, 필요한 경우 국한문혼용 또는 외국어를 사용할 수 있다.

③ 논문원고의 구성은 다음 각 호의 순서에 의한다.

   1. 제목

   2. 목차

   3. 본문

   4. 한글초록·주제어

   5. 외국어초록·주제어

   6. 참고문헌

   7. 부록(필요한 경우)

④ 논문은 제1항 내지 제3항 이외에 편집위원회가 따로 정하는 원고작성요령 또는 심사기준에 관한 세칙을 준수하고, 원고는 편집위원회가 정하여 공고하는 기한 내에 출판간사를 통하여 출판담당 상임이사에게 제출하여야 한다.

제12조 (論文審査節次의 開始)

① 논문접수가 완료되면 출판담당 상임이사는 심사절차에 필요한 서류를 작성하여 편집위원장에게 보고하여야 한다.

② 편집위원장은 전항의 보고를 받으면 편집위원회를 소집하여 논문심사절차를 진행하여야 한다.

제13조 (論文審査委員의 委囑과 審査 依賴 등)

① 편집위원회는 간행위원, 편집위원 기타 해당 분야의 전문가 중에서 심사대상 논문 한 편당 3인의 논문심사위원을 위촉하여 심사를 의뢰한다.

② 제1항의 규정에 의하여 위촉되어 심사를 의뢰받는 논문심사위원이 심사대상 논문 또는 그 제출자와 특별한 관계가 명백하게 있어 논문심사의 공정성을 해할 우려가 있는 사람이어서는 안 된다.

제14조 (秘密維持) ① 편집위원장은 논문심사위원의 선정 및 심사의 진행에 관한 사항이 외부로 누설되지 않도록 필요한 조치를 취하여야 한다.

② 편집위원 및 논문심사위원은 논문심사에 관한 사항을 외부로 누설해서는 안 된다.

제15조 (論文審査의 基準) 논문심사위원이 논집에 수록할 논문을 심사함에 있어서는 다음 각 호의 기준을 종합적으로 고려하여 심사의견을 제출하여야 한다.

　　1. 제6조에 정한 수록요건
　　2. 제11조에 정한 논문제출기준
　　3. 연구내용의 전문성과 창의성 및 논리적 체계성
　　4. 연구내용의 근거제시의 적절성 및 객관성

제16조 (論文審査委員別 論文審査의 判定) ① 논문심사위원은 제15조의 논문심사기준에 따라 [별표 1]의 [논문심사서](서식)에 심사의견을 기술하여 제출하여야 한다.

② 논문심사위원은 심사대상 논문에 대하여 다음 각호에 따라 '판정의견'을 제출한다.

　　1. '게재적합': 논집에의 게재가 적합하다고 판단하는 경우
　　2. '게재부적합': 논집에의 게재가 부적합하다고 판단하는 경우

3. '수정후게재': 논문내용의 수정·보완 후 논집에의 게재가 적합
하다고 판단하는 경우

③ 전항 제1호에 의한 '게재적합' 판정의 경우에도 논문심사위원은
수정·보완이 필요한 경미한 사항을 기술할 수 있다.

④ 제2항 제2호에 의한 '게재부적합' 판정 및 제3호에 의한 '수
정후게재' 판정의 경우에는 각각 부적합사유와 논문내용의 수정·보
완할 점을 구체적으로 명기하여야 한다.

제17조 (編輯委員會의 綜合判定 및 再審査) ① 편집위원회는 논문
심사위원 3인의 논문심사서가 접수되면 [별표 2]의 종합판정기준에
의하여 '게재확정', '수정후게재', '수정후재심사' 또는 '불게재'로 종
합판정을 하고, 그 결과 및 논문심사위원의 심사의견을 논문제출자
에게 통보한다.

② 편집위원회의 종합판정 결과, '수정후재심사'로 판정된 논문에 대
하여는 재심사절차를 진행한다. 이때 최초심사에서 '게재적합' 또는
'수정후게재' 판정을 한 심사위원은 교체하지 아니하고, '게재부적합'
판정을 한 논문심사위원은 다른 사람으로 교체하여 심사를 의뢰한다.

③ 전항의 논문을 재심사하는 논문심사위원은 '게재적합' 또는 '게
재부적합'으로만 판정하며, 편집위원회는 재심사의 결과 '게재적합'
이 둘 이상이면 '게재확정'으로 최종 판정한다.

제18조 (修正要請 등)

① 편집위원장은 제17조의 규정에 의해 '수정후게재/ 또는 '수정후
재심사' 판정을 받은 논문에 대하여 수정을 요청하여야 한다.

② 편집위원장은 제17조의 규정에 의해 '게재확정'으로 판정된 논
문에 대하여도 편집위원회의 판단에 따라 수정이 필요하다고 인정
하는 때에는 내용상 수정을 요청할 수 있다.

③ 편집위원회는 집필자가 전항의 수정요청에 따르지 않거나 재심

사를 위해 고지된 기한 내에 수정된 논문을 제출하지 않을 때에는 처음 제출된 논문을 '불게재'로 최종 판정한다.

제4장 기   타

제19조 (審查謝禮費의 支給) 논문심사위원에게 논집의 간행·편집을 위한 예산의 범위 안에서 심사사례비를 지급할 수 있다.

제20조(輔助要員) 학회는 논집의 간행·편집을 위하여 필요하다고 인정하는 때에는 원고의 편집, 인쇄본의 교정, 부록의 작성 등에 관한 보조요원을 고용할 수 있다.

제21조 (刊行·編輯財源) ① 논집의 간행·편집에 필요한 재원은 다음 각호에 의한다.
  1. 출판수입
  2. 광고수입
  3. 판매수입
  4. 논문게재료
  5. 외부 지원금
  6. 기타 학회의 재원
  ② 논문 집필자에 대한 원고료는 따로 지급하지 아니한다.

제22조 (論集의 配布) ① 간행된 논집은 회원에게 배포한다.
  ② 논문의 집필자에게는 전항의 배포본 외에 일정한 부수의 증정본을 교부할 수 있다.

附   則 (1999. 8. 20. 제정)

이 규칙은 1999년 8 월 20일부터 시행한다.

附　　則

이 규칙은 2003년 8 월 22일부터 시행한다
.

附　　則

이 규칙은 2004년 4 월 17일부터 시행한다.

附　　則

이 규칙은 2005년 3 월 19일부터 시행한다.

附　　則

이 규칙은 2008년 5 월 26일부터 시행한다.

附　　則

이 규칙은 2009년 12월 18일부터 시행한다.

[별표 1 : 논문심사서(서식)]

「行政判例研究」 게재신청논문 심사서

社團法人 韓國行政判例研究會

게재논집	行政判例研究 제15-2집	심사일	2010. . .
심사위원	소속	직위	
		성명	(인)
게재신청논문 [심사대상논문]			
판정의견	1. 게재적합　(　　　): 논집의 게재가 가능하다고 판단하는 경우 2. 게재부적합 (　　　): 논집의 게재가 불가능하다고 판단하는 경우 3. 수정후게재 (　　　): 논문내용의 수정·보완 후 논집의 게재가 가능하다고 판단하는 경우		
심사의견			
심사기준	• 행정판례의 평석 또는 연구에 관한 논문일 것 • 다른 학술지 등에 발표한 일이 없는 논문일 것 • 연구내용의 전문성과 창의성 및 논리적 체계성이 인정되는 논문일 것 • 연구내용의 근거제시가 적절성과 객관성을 갖춘 논문일 것		

※ 심사의견 작성시 유의사항 ※

▷ '게재적합' 판정의 경우에도 수정·보완이 필요한 사항을 기술할 수 있습니다.

▷ '게재부적합' 및 '수정후 게재' 판정의 경우에는 각각 부적합사유와 논문내용의 수정·보완할 점을 구체적으로 명기하여 주십시오.

▷ 표 안의 공간이 부족하면 별지를 이용해 주십시오.

[별표 2: 종합판정기준]

	심사위원의 판정			편집위원회 종합판정
1	○	○	○	게재확정
2	○	○	△	
3	○	△	△	수정후게재
4	△	△	△	
5	○	○	×	
6	○	△	×	수정후재심사
7	△	△	×	
8	○	×	×	
9	△	×	×	불게재
10	×	×	×	

○ = "게재적합" △ = "수정후게재" × = "게재부적합"

「行政判例研究」 原稿作成要領

I. 원고작성기준

1. 원고는 워드프로세서 프로그램인 [한글]로 작성하여 전자우편을 통해 출판간사에게 제출한다.
2. 원고분량은 도표, 사진, 참고문헌 포함하여 200자 원고지 150매 내외로 한다.
3. 원고는 「원고표지 − 제목 − 저자 − 목차(로마자표시와 아라비아숫자까 지) − 본문 − 참고문헌 − 국문 초록 − 국문 주제어(5개 내외) − 외국문 초록 − 외국문 주제어(5개 내외)」의 순으로 작성한다.
4. 원고의 표지에는 논문제목, 저자명, 소속기관과 직책, 주소, 전화 번호(사무실, 핸드폰)와 e−mail주소를 기재하여야 한다.
5. 외국문 초록(논문제목, 저자명, 소속 및 직위 포함)은 영어를 사용하 는 것이 원칙이지만, 논문의 내용에 따라서 독일어, 프랑스어, 중 국어, 일본어를 사용할 수도 있다.
6. 논문의 저자가 2인 이상인 경우 주저자(First Author)와 공동저자 (Corresponding Author)를 구분하고, 주저자·공동저자의 순서로 표기하여야 한다. 특별한 표시가 없는 경우에는 제일 앞에 기재 된 자를 주저자로 본다.
7. 목차는 로마숫자(보기 : I, II), 아라비아숫자(보기 : 1, 2), 괄호숫 자(보기: (1), (2)), 반괄호숫자(보기 : 1), 2), 원숫자(보기 : ①, ②)의 순으로 한다. 그 이후의 목차번호는 논문제출자가 임의로 정하여 사용할 수 있다.

II. 각주작성기준

1. 기본원칙

(1) 본문과 관련한 저술을 소개하거나 부연이 필요한 경우 각주로 처리한다. 각주는 일련번호를 사용하여 작성한다.

(2) 각주의 인명, 서명, 논문명 등은 원어대로 씀을 원칙으로 한다.

(3) 외국 잡지의 경우 처음 인용시 잡지명을 전부 기재하고 그 이후 각 주에서는 약어로 표시한다.

2. 처음 인용할 경우의 각주 표기 방법

(1) 저서: 저자명, 서명, 출판사, 출판년도, 면수.
번역서의 경우 저자명은 본래의 이름으로 표기하고, 저자명과 서명 사이에 옮긴이의 이름을 쓰고 "옮김"을 덧붙인다.
엮은 책의 경우 저자명과 서명 사이에 엮은이의 이름을 쓰고 "엮음"을 덧붙인다. 저자와 엮은이가 같은 경우 엮은이를 생략할 수 있다.

(2) 정기간행물: 저자명, "논문제목", 「잡지명」, 제00권 제00호, 출판연도, 면수.
번역문헌의 경우 저자명과 논문제목 사이에 역자명을 쓰고 "옮김"을 덧붙인다.

(3) 기념논문집: 저자명, "논문제목", 기념논문집명(000선생00기념논문집), 출판사, 출판년도, 면수.

(4) 판결 인용: 다음과 같이 대법원과 헌법재판소의 양식에 준하여 작성한다.
판결 : 대법원 2000. 00. 00. 선고 00두0000 판결.
결정 : 대법원 2000. 00. 00.자 00아0000 결정.
헌법재판소 결정 : 헌법재판소 2000. 00. 00. 선고 00헌가00

결정.

(5) 외국문헌 : 그 나라의 표준표기방식에 의한다.

(6) 외국판결 : 그 나라의 표준표기방식에 의한다.

(7) 신문기사는 기사면수를 따로 밝히지 않는다(신문명 0000. 00. 00.자). 다만, 필요한 경우 글쓴이와 글제목을 밝힐 수 있다.

(8) 인터넷에서의 자료인용은 원칙적으로 다음과 같이 표기한다.
저자 혹은 서버관리주체, 자료명, 해당 URL(검색일자)

(9) 국문 또는 한자로 표기되는 저서나 논문을 인용할 때는 면으로(120면, 120면-122면), 로마자로 표기되는 저서나 논문을 인용할 때는 p.(p. 120, pp. 121-135) 또는 S.(S. 120, S. 121 ff.)로 인용면수를 표기한다.

3. 앞의 각주 혹은 각주에서 제시된 문헌을 다시 인용할 경우 다음과 같이 표기한다. 국내문헌, 외국문헌 모두 같다. 다만, 저자나 문헌 혹은 양자 모두가 여럿인 경우 이에 따르지 않고 각각 필요한 저자명, 문헌명 등을 덧붙여 표기함으로써 구별한다.

(1) 바로 위의 각주가 아닌 앞의 각주의 문헌을 다시 인용할 경우

  1) 저서인용: 저자명, 앞의 책, 면수

  2) 논문인용: 저자명, 앞의 글, 면수

  3) 논문 이외의 글 인용: 저자명, 앞의 글, 면수

(2) 바로 위의 각주에 인용된 문헌을 다시 인용할 경우에는 "위의 책, 면수", "위의 글, 면수"로 표시한다.

(3) 하나의 각주에서 앞서 인용한 문헌을 다시 인용할 경우에는 "같은 책, 면수", "같은 글, 면수"로 표시한다.

4. 기타

(1) 3인 공저까지는 저자명을 모두 표기하되, 저자간의 표시는 "/"

로 구분하고 "/" 이후에는 한 칸을 띄어 쓴다. 4인 이상의 경우
성을 온전히 표기하되, 중간이름은 첫글자만을 표기한다.

⑵ 부제의 표기가 필요한 경우 원래 문헌의 표기양식과 관계없이
원칙적으로 콜론으로 연결한다.

⑶ 글의 성격상 전거만을 밝히는 각주가 너무 많을 경우 약자를
사용하여 본문에서 그 전거를 밝힐 수 있다.

⑷ 여러 문헌의 소개는 세미콜론(;)으로 하고, 재인용의 경우 원
전과 재인용출처 사이를 콜론(:)으로 연결한다.

III. 참고문헌작성기준

1. 순서
국문, 외국문헌 순으로 정리하되, 단행본, 논문, 자료의 순으로
정리한다.

2. 국내문헌
⑴ 단행본: 저자, 서명, 출판사, 출판연도.
⑵ 논문: 저자명, "논문제목", 잡지명 제00권 제00호, 출판연도.

3. 외국문헌
그 나라의 표준적인 인용방법과 순서에 따라 정리한다.

行政判例研究會 第12代 任員 名單

■제 12 대(2017. 2. 17. /2020.2.16.)

명예회장 金鐵容, 崔光律

고   문 金南辰, 金東熙, 金英勳, 朴鈗炘, 徐基錫, 徐廷友, 蘇淳茂,
         李康國, 李京運, 李光潤, 李鴻薰, 鄭夏重, 崔松和, 韓昌奎

회   장 金東建

부 회 장 朴正勳, 李承寧, 金重權

감   사 李殷祈, 孫台浩

상임이사 金敞祚/李鎭萬(기획), 俞珍式/徐圭永(섭외),
         李熙貞/張暻源(총무), 李賢修/河明鎬(연구), 崔瑨修(출판)

운영이사 姜基弘, 姜錫勳, 康鉉浩, 慶 健, 具旭書, 權殷旼, 琴泰煥,
         金光洙, 金國鉉, 金南撤, 金炳圻, 金聲培, 金性洙, 金聖泰,
         金秀珍, 金連泰, 金容燮, 金容贊, 金裕煥, 金義煥, 金鐘甫,
         金致煥, 金海龍, 金香基, 金鉉峻, 文尙德, 朴均省, 朴海植,
         房東熙, 裵柄皓, 白潤基, 石鎬哲, 宣正源, 成百玹, 成重卓,
         宋鎭賢, 申東昇, 辛奉起, 安東寅, 呂相薰, 吳峻根, 柳哲馨,
         尹炯漢, 李東植, 李元雨, 李重光, 林永浩, 張暻源, 藏尙均,
         田聖鉎, 田 勳, 鄭南哲, 鄭鍾舘, 鄭準鉉, 鄭夏明, 鄭亨植,
         鄭鎬庚, 趙成奎, 趙龍鎬, 曺海鉉, 趙憲銖, 朱한길, 崔桂暎,
         崔峰碩, 崔善雄, 崔允寧, 崔正一, 河宗大, 韓堅愚, 洪準亨

간   사 禹美亨/朴祐慶(총무), 金判基(연구),
         李眞洙/桂仁國/李在勳(출판)

行政判例研究 XXII-2(제2권)

2017년 12월 25일   초판인쇄
2017년 12월 31일   초판발행

편저자   사단법인 한국행정판례연구회
        대 표 김 동 건
발행인   안 종 만
발행처   (주)박영사

        서울특별시 종로구 새문안로3길 36, 1601
        전화 (733) 6771 FAX (736) 4818
        등록 1959. 3. 11. 제300-1959-1호(倫)

www.pybook.co.kr e-mail: pys@pybook.co.kr
파본은 바꿔 드립니다. 본서의 무단복제행위를 금합니다.

정 가 45,000원   ISBN 979-11-303-3206-2
                             ISBN 978-89-6454-600-0(세트)
                             ISSN 1599-7413 31

편저자와
협의하여
인 지 를
생 략 함